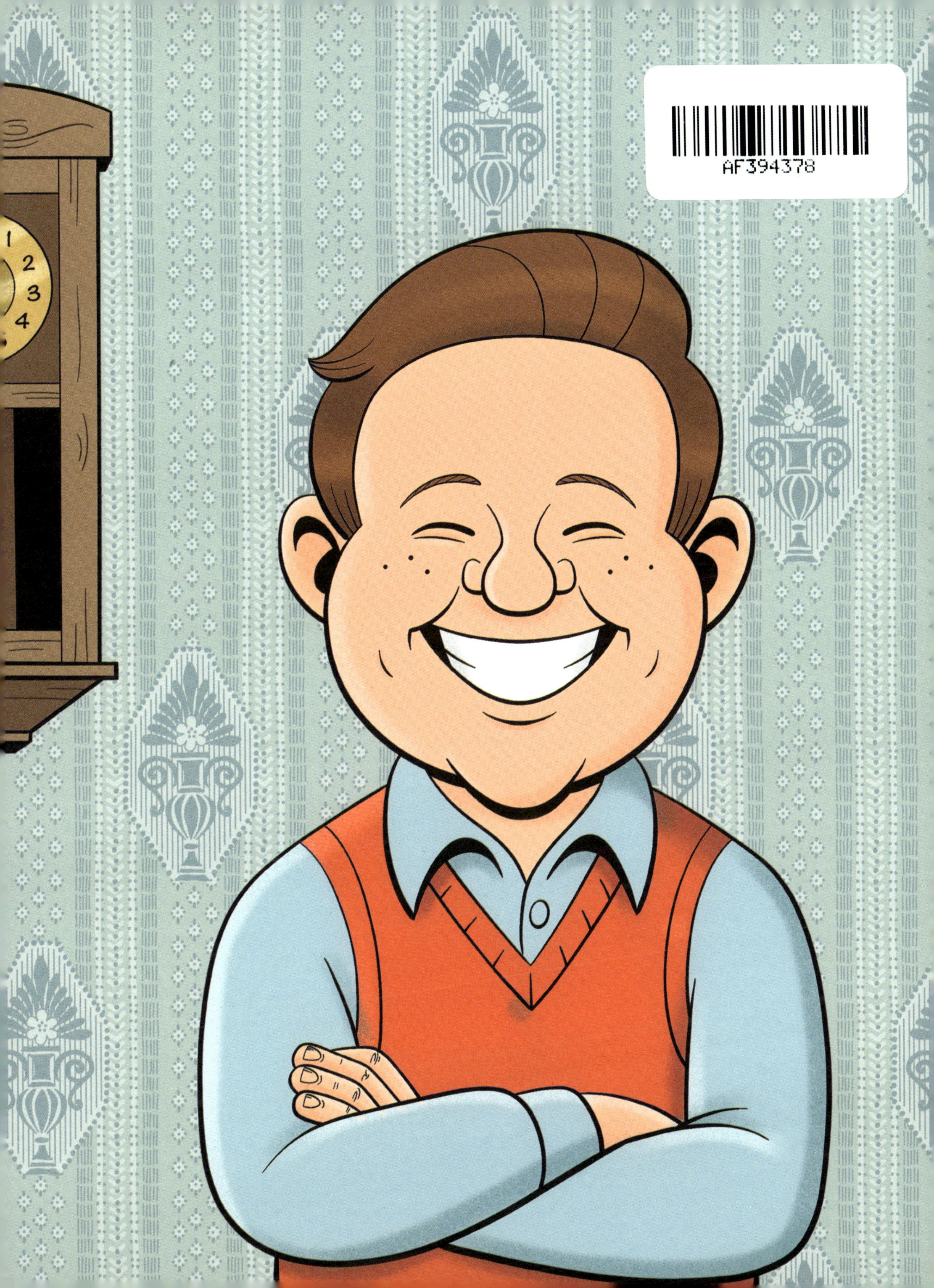
AF394378

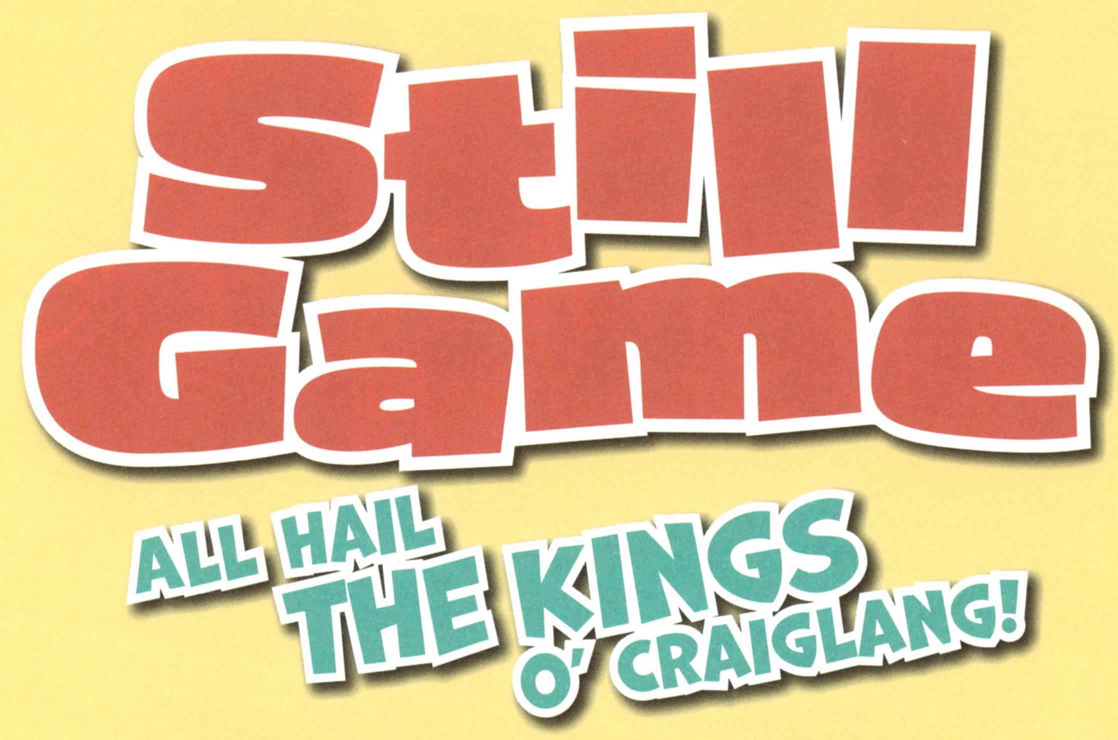

BRILLIANTLY BROUGHT TO LIFE BY COMEDIANS
FORD KIERNAN AND GREG HEMPHILL, JACK AND VICTOR
ARE NO ORDINARY OLDIES. THEY'RE SENIORS WI' SASS,
PENSIONERS WI' PUNCH AND STARS OF THEIR VERY OWN
AWARD-WINNING SHOW, STILL GAME.

FOR NINE SIDE-SPLITTING SEASONS THE LIFE-LONG PALS
HAVE BEEN GIE'IN THE YOUNG TEAM LALDY AND SHOWING EVERYONE
HOW TO GROW OLD DISGRACEFULLY. SO WHEN A'BODY ELSE IS
BUSY TAKING COMIC CHARACTERS TO CINEMA SCREENS, JACK AND
VICTOR CONTINUE DOING IT DIFFERENTLY, INSTEAD TRANSLATING
THEIR STAGE AND TELLY BOX ANTICS TO THE PRINTED PAGE.

FULL OF THEIR TRADEMARK BANTER AND THE CRAIGLANG GANG
YOU KNOW AND LOVE, THERE ARE SIX STORIES HERE FOR YOUR
ENTERTAINMENT AND AMUSEMENT.

SETTLE DOON WI' A WEE TEA AND SCONEO AND PREPARE
TO ENJOY THIS BELTIN' NEW COMIC COMPANION TO YOUR
FAVOURITE, ICONIC SCOTTISH COMEDY.

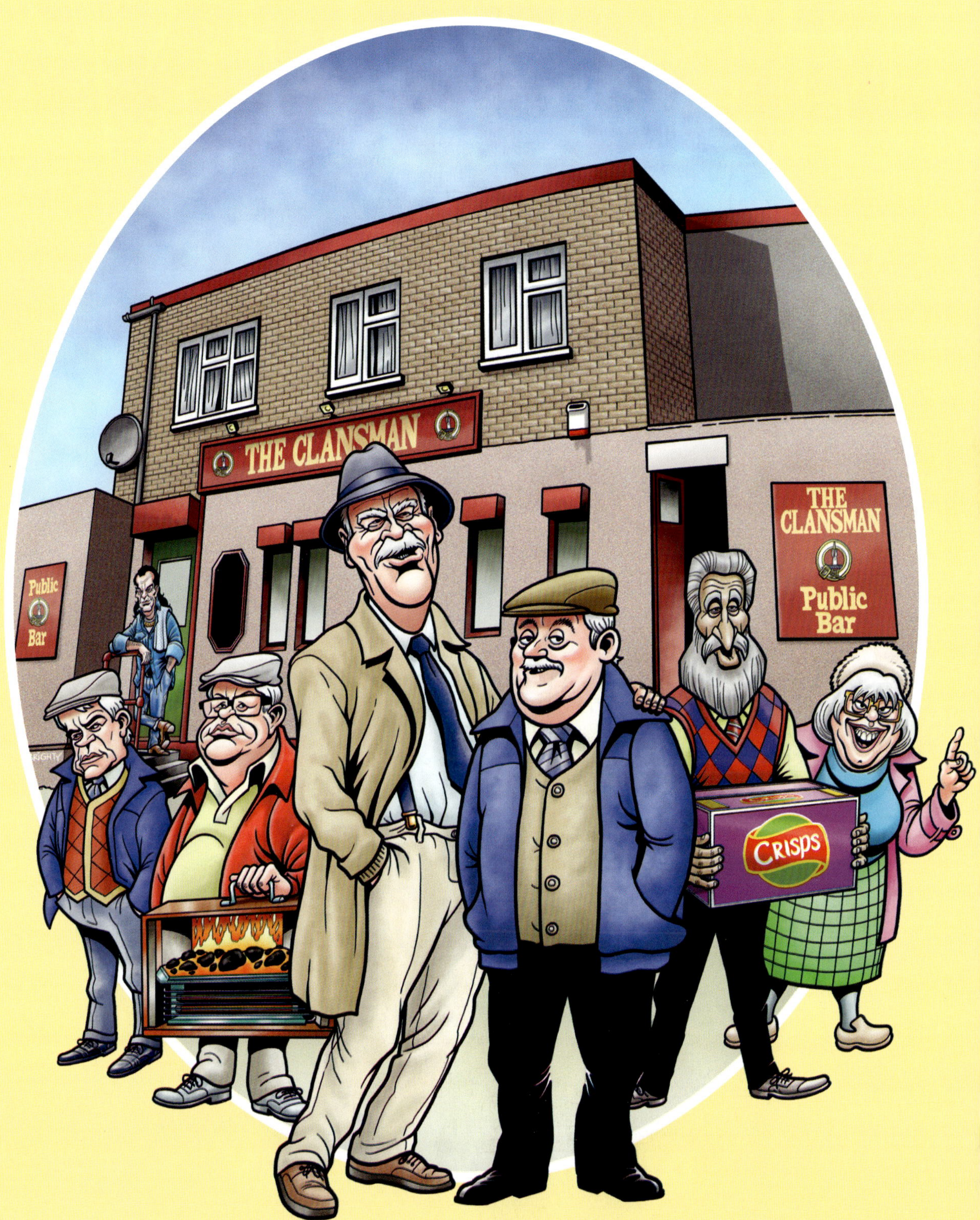

THE CLANSMAN
Public Bar
THE CLANSMAN
Public Bar
CRISPS

FLITTIN'

BY
FORD KIERNAN & GREG HEMPHILL

COMIC SCRIPT BY
DANIEL McGACHEY

PENCILS BY
KENNETH ANDERSON

INKS & COLOUR BY
**GORDON TAIT &
THE SCUNNERED INK STUDIO**

LETTERING BY
DANIEL McGACHEY

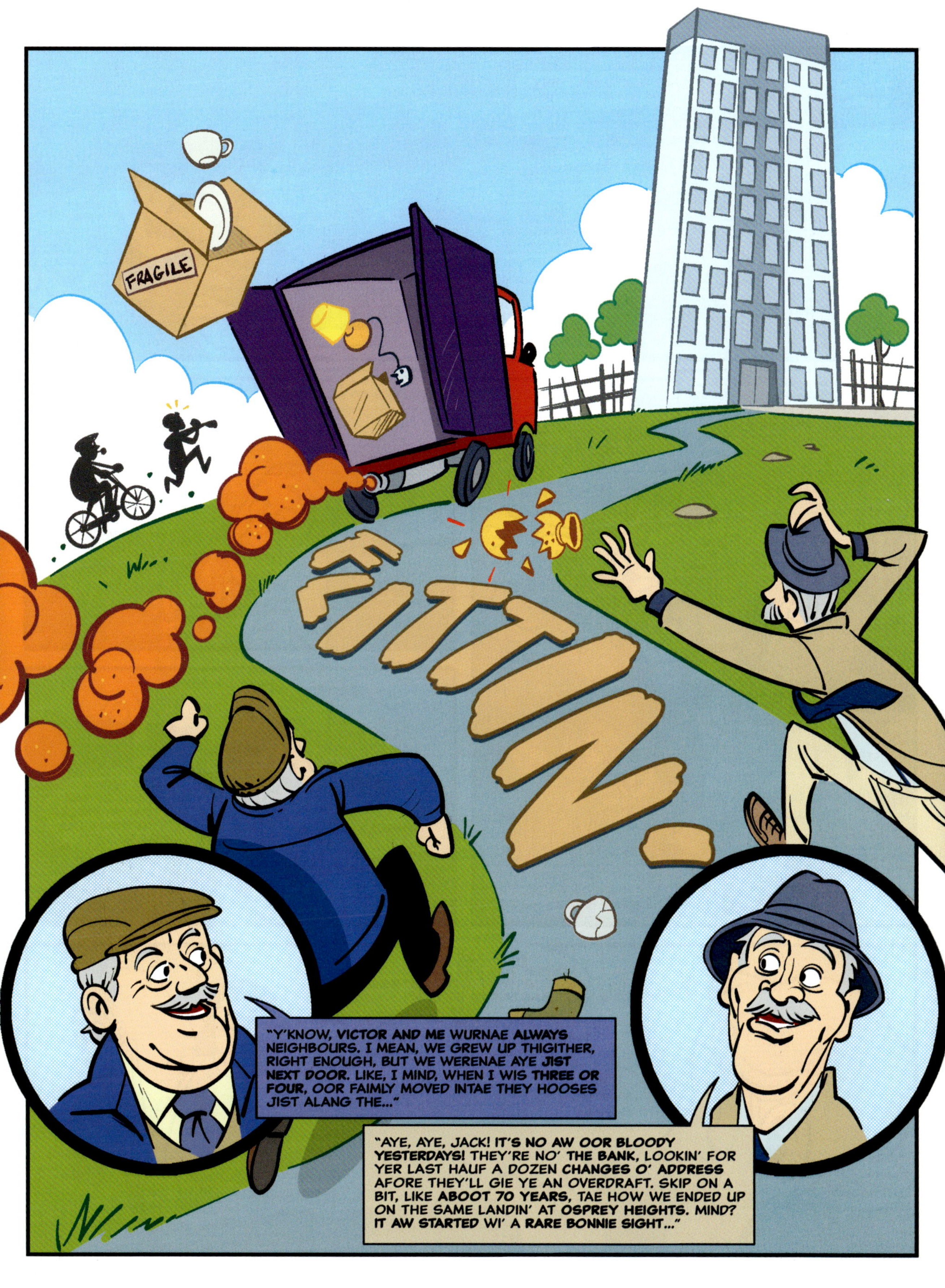

FRAGILE
FLITTIN'
"Y'KNOW, VICTOR AND ME WURNAE ALWAYS NEIGHBOURS. I MEAN, WE GREW UP THIGITHER, RIGHT ENOUGH, BUT WE WERENAE AYE JIST NEXT DOOR. LIKE, I MIND, WHEN I WIS THREE OR FOUR, OOR FAIMLY MOVED INTAE THEY HOOSES JIST ALANG THE..."
"AYE, AYE, JACK! IT'S NO AW OOR BLOODY YESTERDAYS! THEY'RE NO' THE BANK, LOOKIN' FOR YER LAST HAUF A DOZEN CHANGES O' ADDRESS AFORE THEY'LL GIE YE AN OVERDRAFT. SKIP ON A BIT, LIKE ABOOT 70 YEARS, TAE HOW WE ENDED UP ON THE SAME LANDIN' AT OSPREY HEIGHTS. MIND? IT AW STARTED WI' A RARE BONNIE SIGHT..."

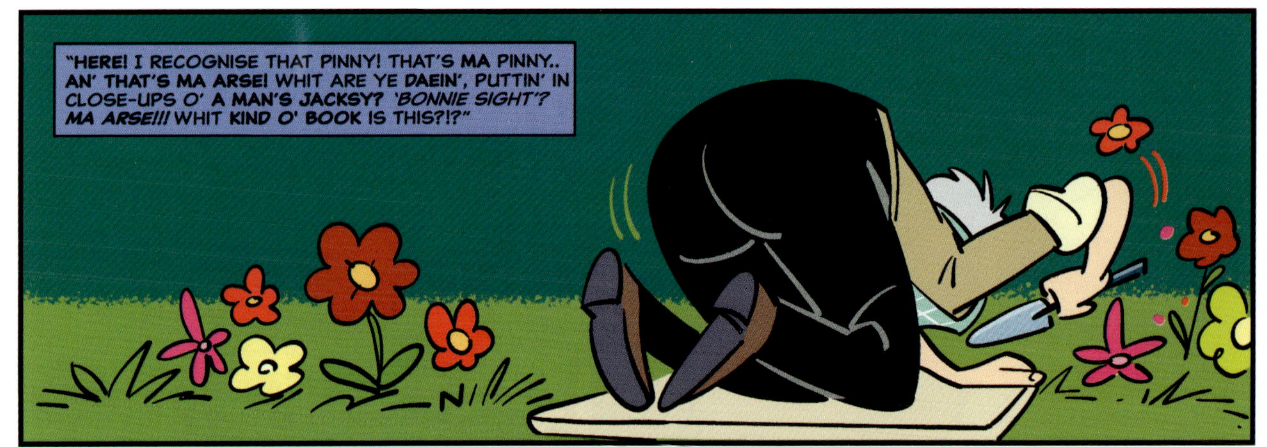

"HERE! I RECOGNISE THAT PINNY! THAT'S MA PINNY.. AN' THAT'S MA ARSE! WHIT ARE YE DAEIN', PUTTIN' IN CLOSE-UPS O' A MAN'S JACKSY? 'BONNIE SIGHT'? MA ARSE!!! WHIT KIND O' BOOK IS THIS?!?"

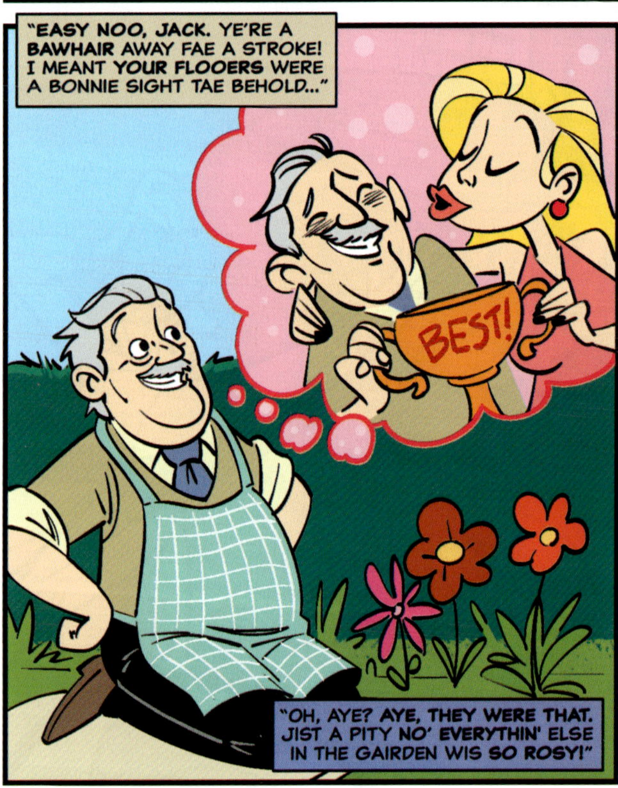

"EASY NOO, JACK. YE'RE A BAWHAIR AWAY FAE A STROKE! I MEANT YOUR FLOOERS WERE A BONNIE SIGHT TAE BEHOLD..."
BEST!
"OH, AYE? AYE, THEY WERE THAT. JIST A PITY NO' EVERYTHIN' ELSE IN THE GAIRDEN WIS SO ROSY!"

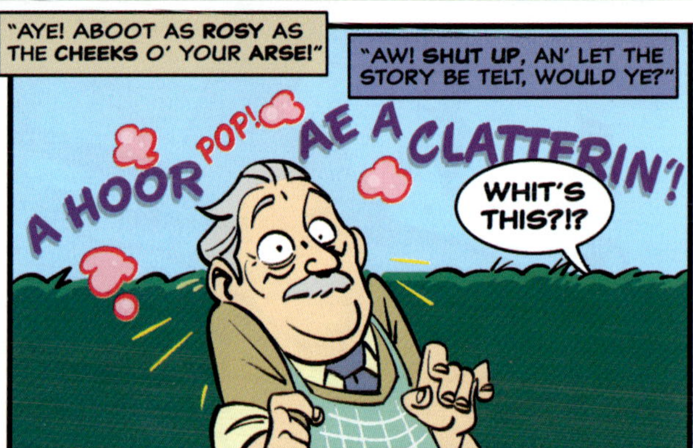

"AYE! ABOOT AS ROSY AS THE CHEEKS O' YOUR ARSE!"
"AW! SHUT UP, AN' LET THE STORY BE TELT, WOULD YE?"
A HOOR POP! AE A CLATTERIN'?
WHIT'S THIS?!?

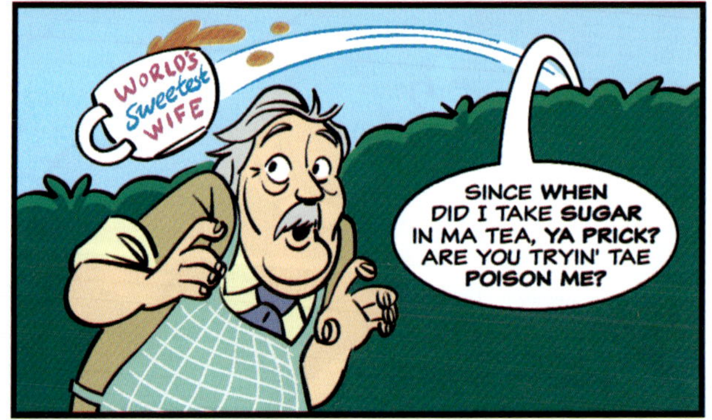

WORLD'S Sweetest WIFE
SINCE WHEN DID I TAKE SUGAR IN MA TEA, YA PRICK? ARE YOU TRYIN' TAE POISON ME?

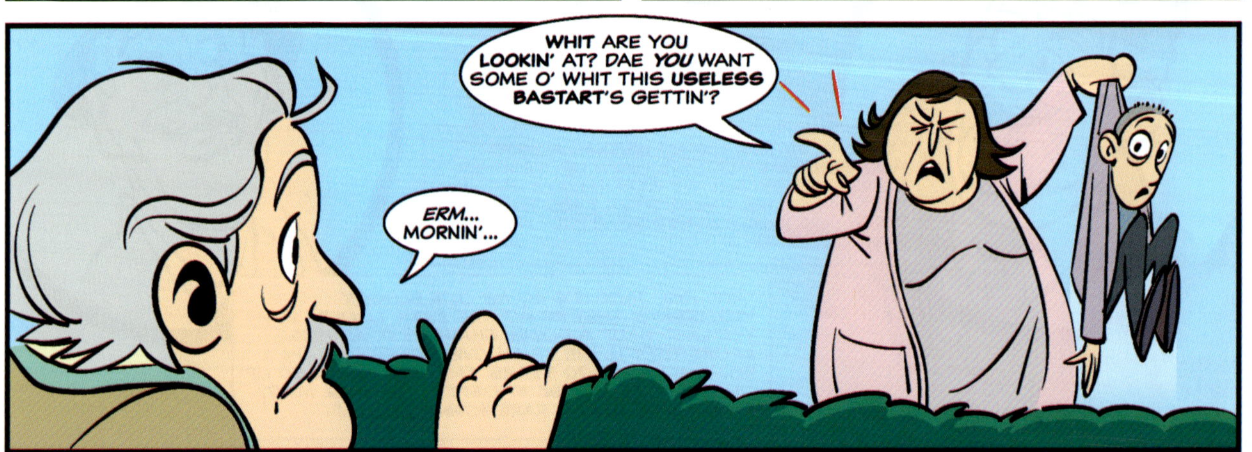

WHIT ARE YOU LOOKIN' AT? DAE YOU WANT SOME O' WHIT THIS USELESS BASTART'S GETTIN'?
ERM... MORNIN'...

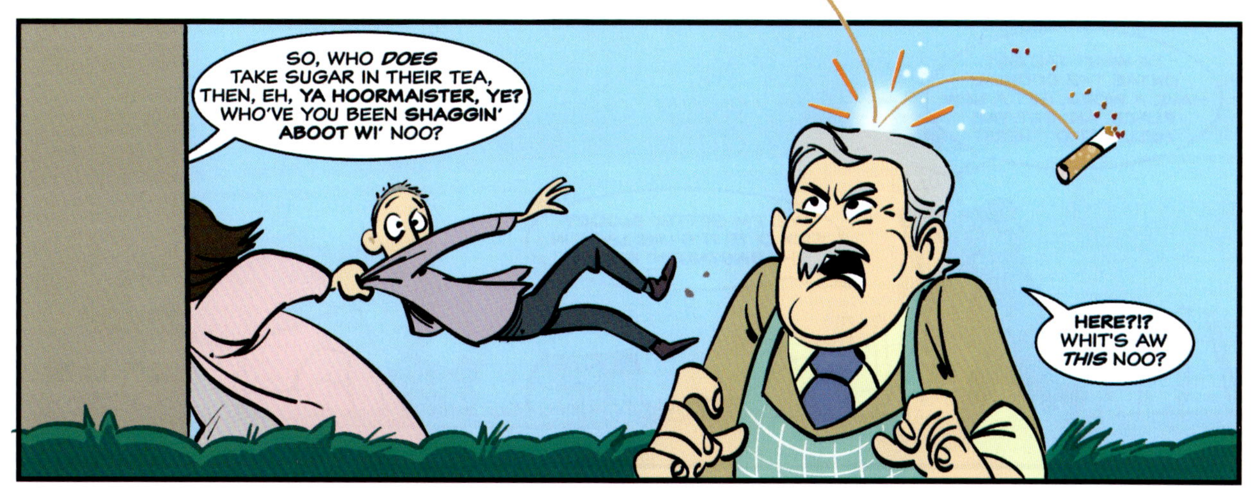

SO, WHO DOES TAKE SUGAR IN THEIR TEA, THEN, EH, YA HOORMAISTER, YE? WHO'VE YOU BEEN SHAGGIN' ABOOT WI' NOO?
HERE?!? WHIT'S AW THIS NOO?

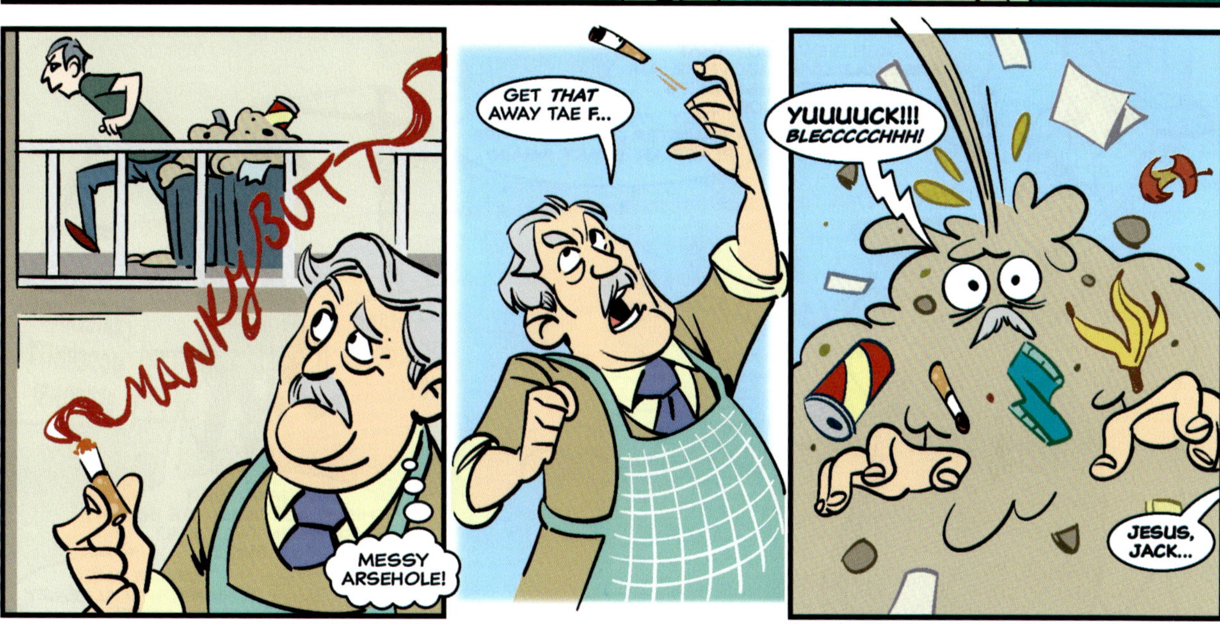

MANKY BUTTS
MESSY ARSEHOLE!
GET THAT AWAY TAE F...
YUUUUCK!!! BLECCCCCHHH!
JESUS, JACK...

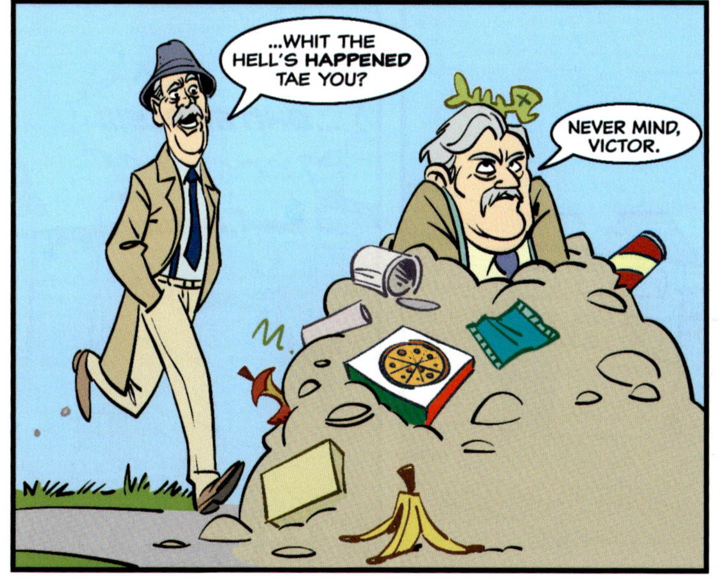

...WHIT THE HELL'S HAPPENED TAE YOU?
NEVER MIND, VICTOR.

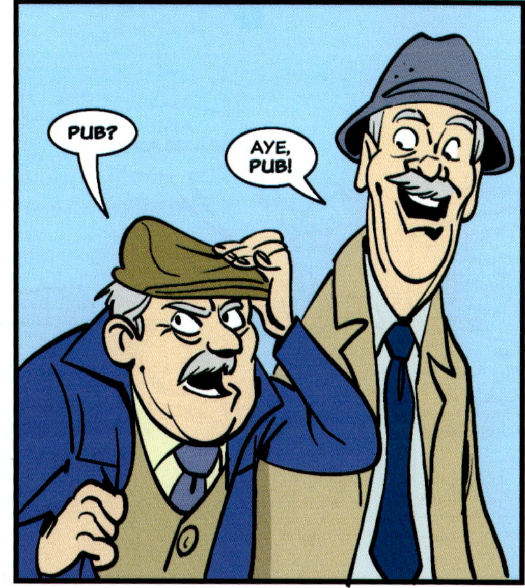

PUB?
AYE, PUB!

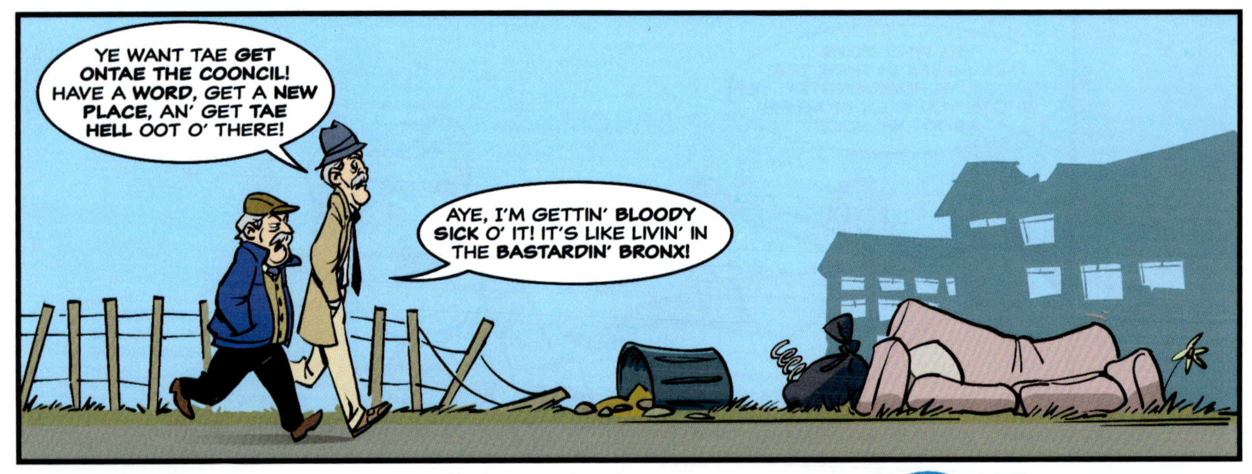

YE WANT TAE GET ONTAE THE COONCIL! HAVE A WORD, GET A NEW PLACE, AN' GET TAE HELL OOT O' THERE!
AYE, I'M GETTIN' BLOODY SICK O' IT! IT'S LIKE LIVIN' IN THE BASTARDIN' BRONX!

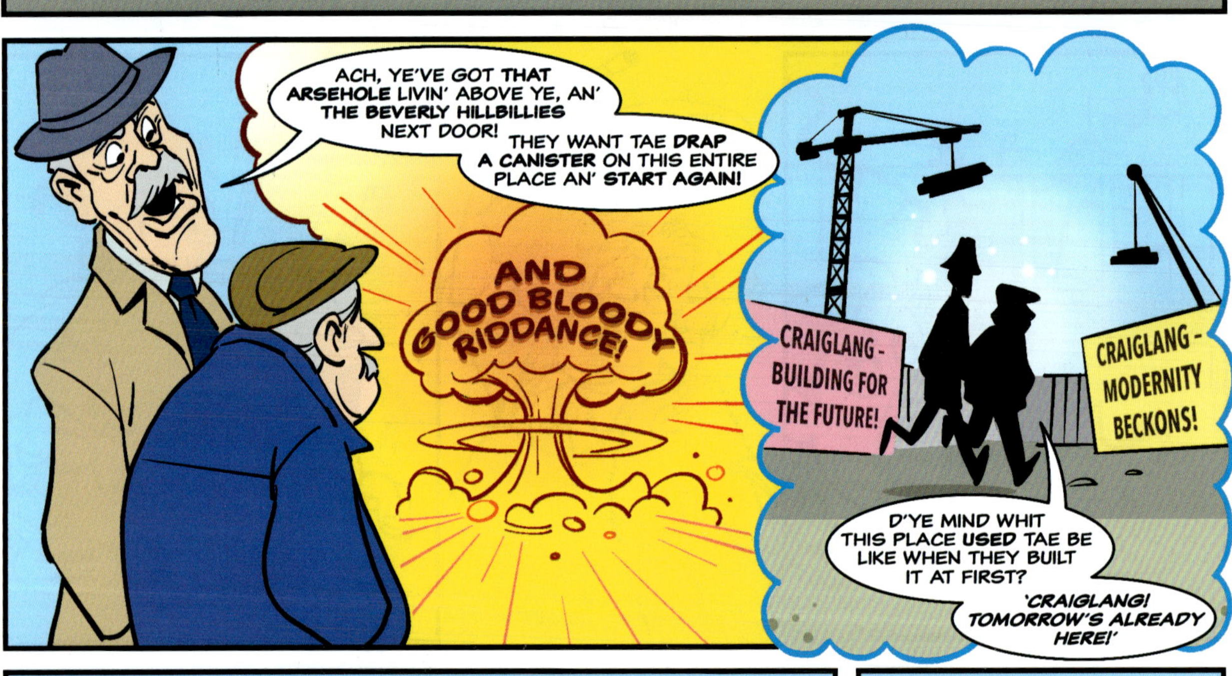

ACH, YE'VE GOT THAT ARSEHOLE LIVIN' ABOVE YE, AN' THE BEVERLY HILLBILLIES NEXT DOOR! THEY WANT TAE DRAP A CANISTER ON THIS ENTIRE PLACE AN' START AGAIN!
AND GOOD BLOODY RIDDANCE!
CRAIGLANG - BUILDING FOR THE FUTURE!
CRAIGLANG - MODERNITY BECKONS!
D'YE MIND WHIT THIS PLACE USED TAE BE LIKE WHEN THEY BUILT IT AT FIRST?
'CRAIGLANG! TOMORROW'S ALREADY HERE!'

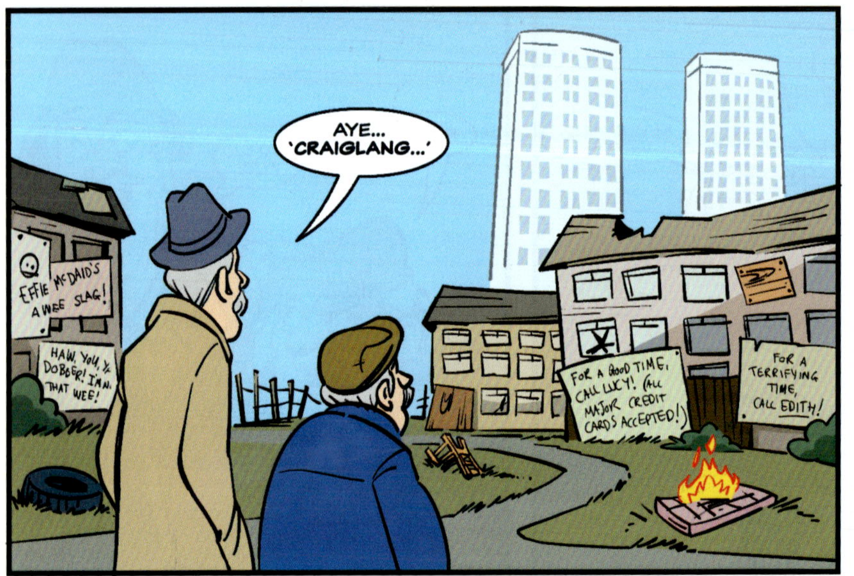

AYE... 'CRAIGLANG...'
EFFIE McDAID'S A WEE SLAG!
HAW, YOU, YA DOBBER! I AM NI THAT WEE!
FOR A GOOD TIME, CALL LUCY! (ALL MAJOR CREDIT CARDS ACCEPTED!)
FOR A TERRIFYING TIME, CALL EDITH!

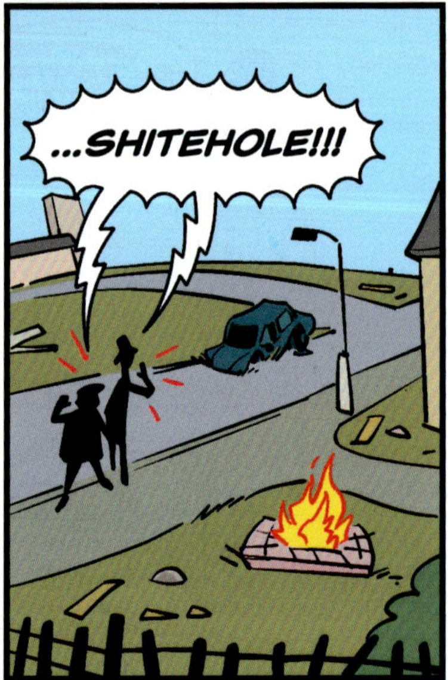

...SHITEHOLE!!!

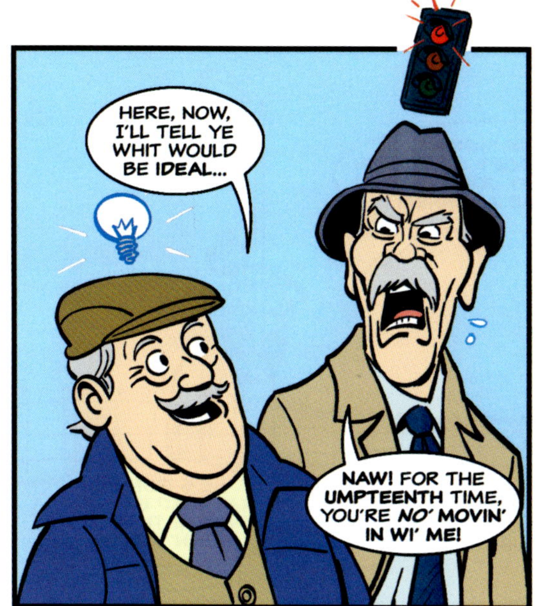

HERE, NOW, I'LL TELL YE WHIT WOULD BE IDEAL...
NAW! FOR THE UMPTEENTH TIME, YOU'RE NO' MOVIN' IN WI' ME!

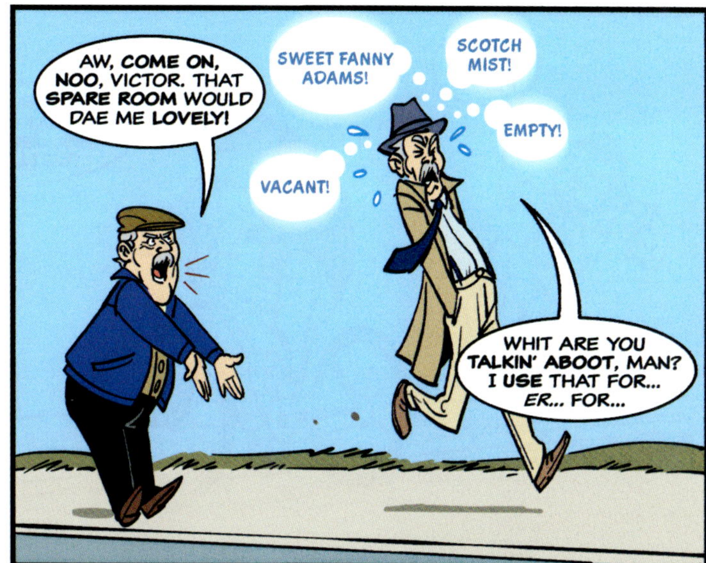

AW, COME ON, NOO, VICTOR. THAT SPARE ROOM WOULD DAE ME LOVELY!
SWEET FANNY ADAMS!
SCOTCH MIST!
EMPTY!
VACANT!
WHIT ARE YOU TALKIN' ABOOT, MAN? I USE THAT FOR... ER... FOR...

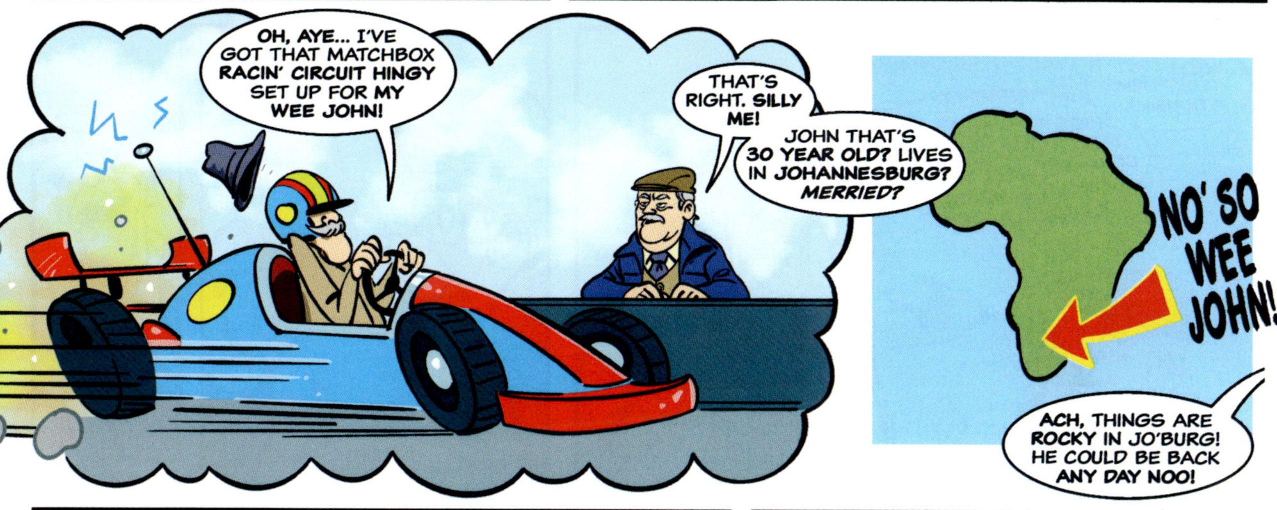

OH, AYE... I'VE GOT THAT MATCHBOX RACIN' CIRCUIT HINGY SET UP FOR MY WEE JOHN!
THAT'S RIGHT. SILLY ME!
JOHN THAT'S 30 YEAR OLD? LIVES IN JOHANNESBURG? MERRIED?
NO' SO WEE JOHN!
ACH, THINGS ARE ROCKY IN JO'BURG! HE COULD BE BACK ANY DAY NOO!

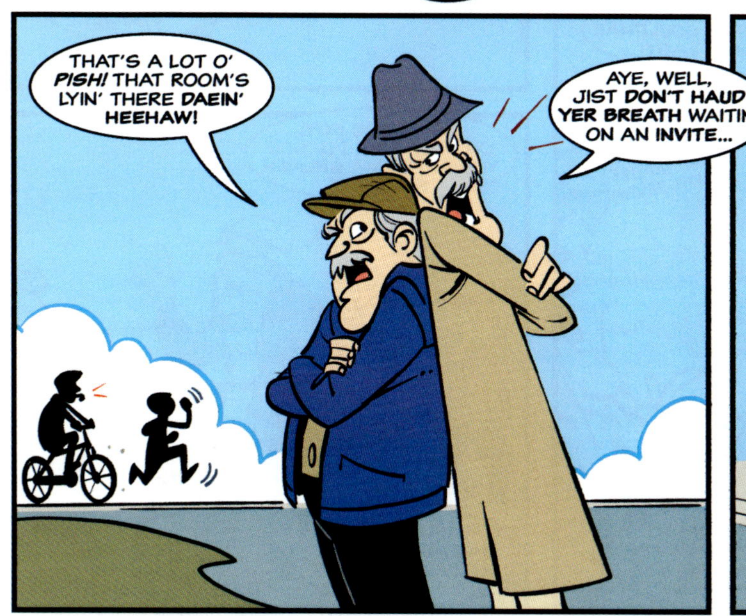

THAT'S A LOT O' PISH! THAT ROOM'S LYIN' THERE DAEIN' HEEHAW!
AYE, WELL, JIST DON'T HAUD YER BREATH WAITIN' ON AN INVITE...

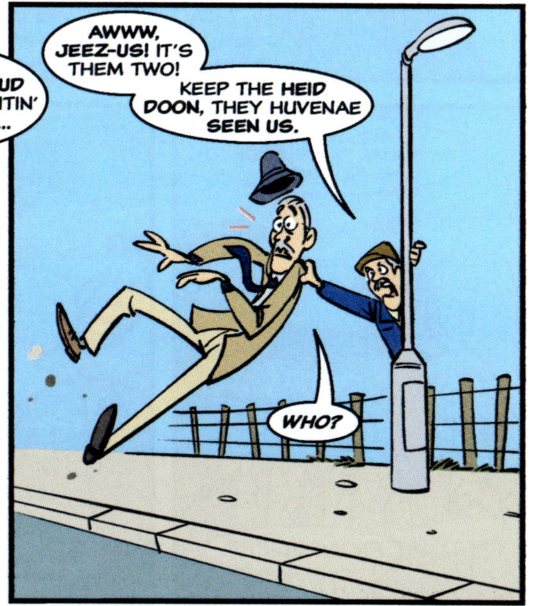

AWWW, JEEZ-US! IT'S THEM TWO!
KEEP THE HEID DOON, THEY HUVENAE SEEN US.
WHO?

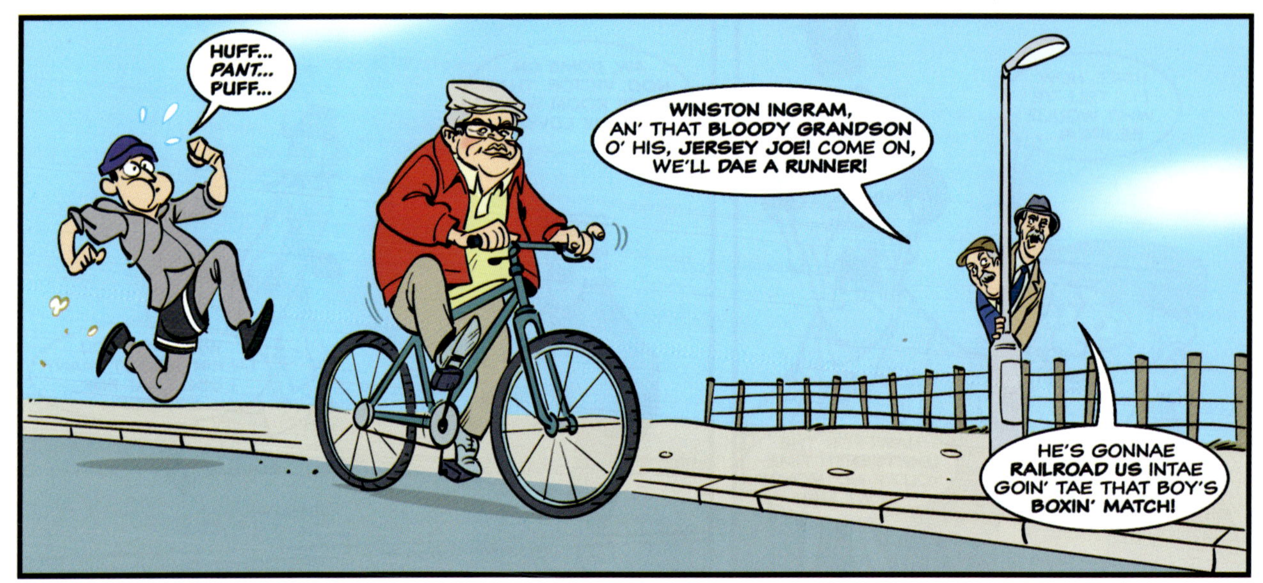

HUFF... PANT... PUFF...
WINSTON INGRAM, AN' THAT BLOODY GRANDSON O' HIS, JERSEY JOE! COME ON, WE'LL DAE A RUNNER!
HE'S GONNAE RAILROAD US INTAE GOIN' TAE THAT BOY'S BOXIN' MATCH!

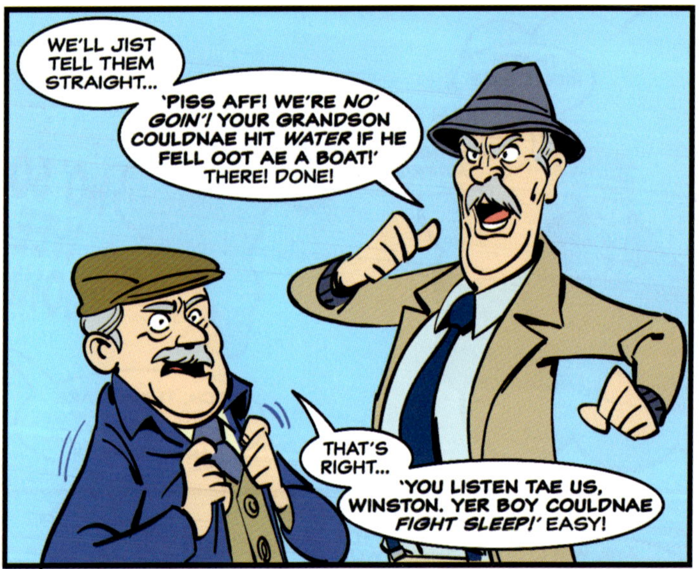

WE'LL JIST TELL THEM STRAIGHT...
'PISS AFF! WE'RE NO' GOIN'! YOUR GRANDSON COULDNAE HIT WATER IF HE FELL OOT AE A BOAT!' THERE! DONE!
THAT'S RIGHT...
'YOU LISTEN TAE US, WINSTON. YER BOY COULDNAE FIGHT SLEEP!' EASY!

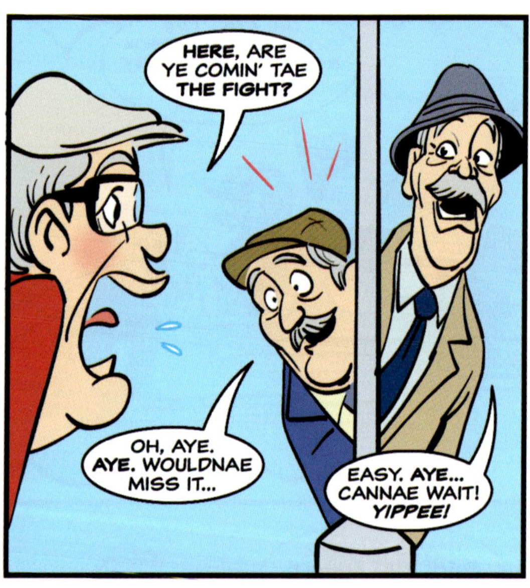

HERE, ARE YE COMIN' TAE THE FIGHT?
OH, AYE. AYE. WOULDNAE MISS IT...
EASY. AYE... CANNAE WAIT! YIPPEE!

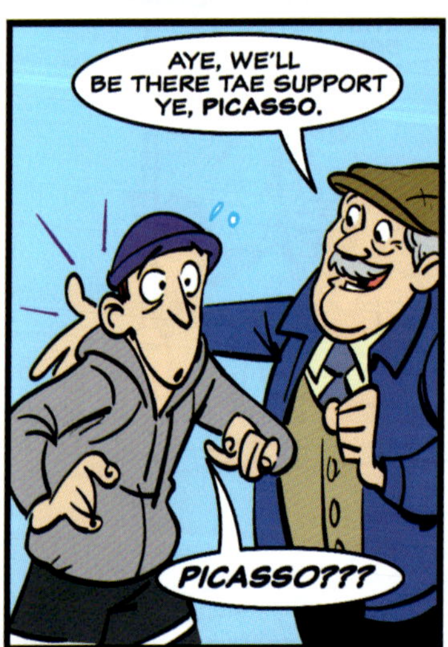

AYE, WE'LL BE THERE TAE SUPPORT YE, PICASSO.
PICASSO???

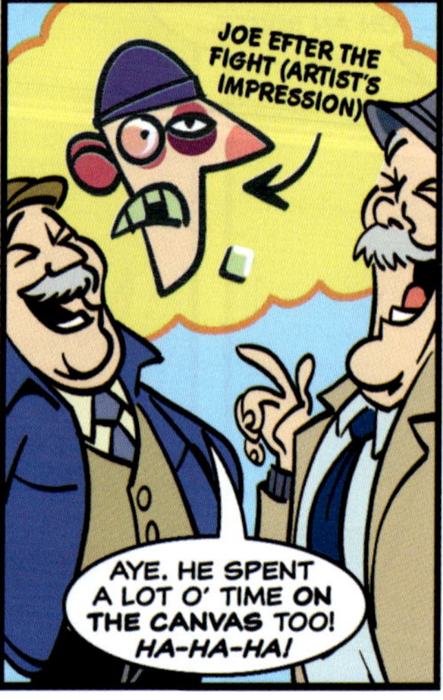

JOE EFTER THE FIGHT (ARTIST'S IMPRESSION)
AYE. HE SPENT A LOT O' TIME ON THE CANVAS TOO! HA-HA-HA!

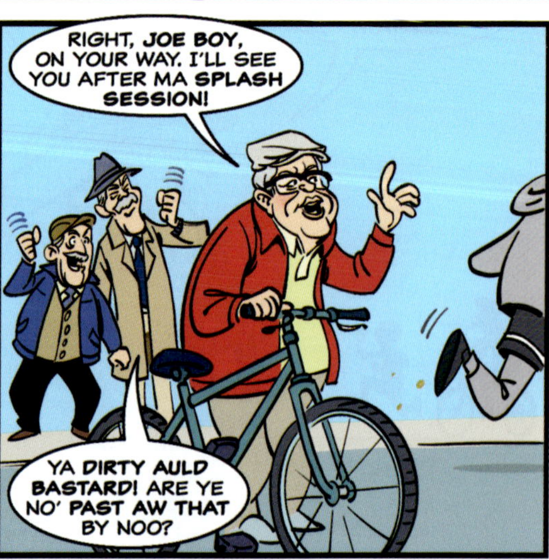

RIGHT, JOE BOY, ON YOUR WAY. I'LL SEE YOU AFTER MA SPLASH SESSION!
YA DIRTY AULD BASTARD! ARE YE NO' PAST AW THAT BY NOO?

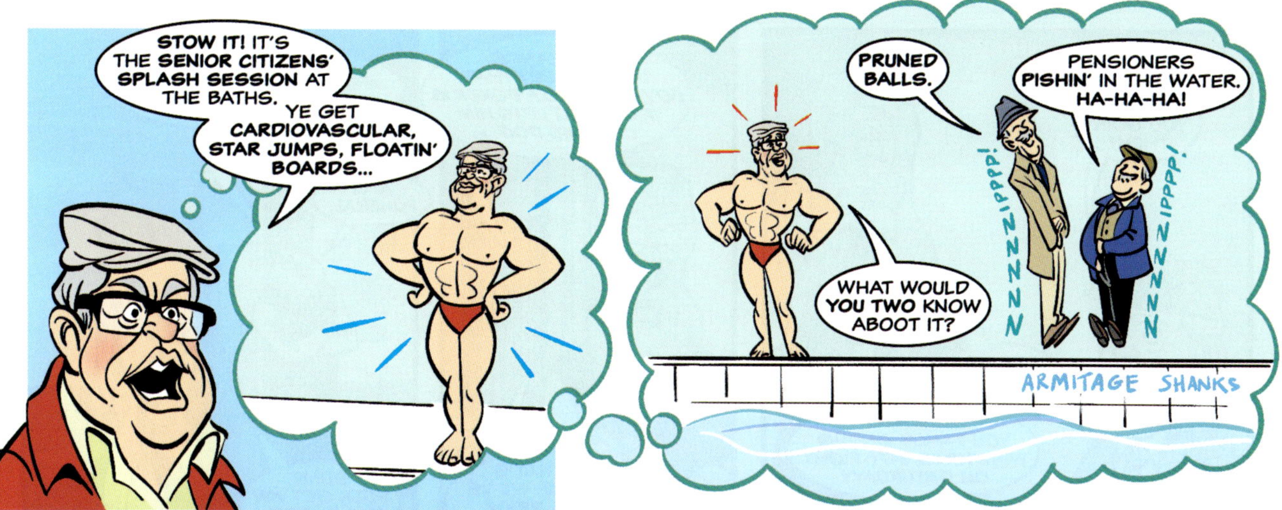

STOW IT! IT'S THE SENIOR CITIZENS' SPLASH SESSION AT THE BATHS. YE GET CARDIOVASCULAR, STAR JUMPS, FLOATIN' BOARDS...
PRUNED BALLS.
PENSIONERS PISHIN' IN THE WATER, HA-HA-HA!
WHAT WOULD YOU TWO KNOW ABOOT IT?
ZZZIPPP!
ZZZIPPP!
ARMITAGE SHANKS

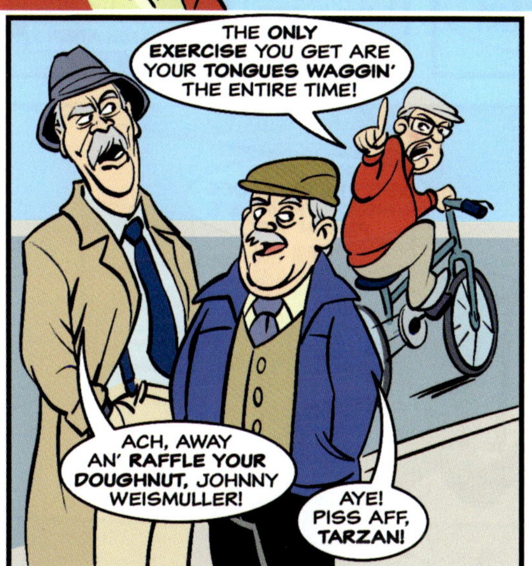

THE ONLY EXERCISE YOU GET ARE YOUR TONGUES WAGGIN' THE ENTIRE TIME!
ACH, AWAY AN' RAFFLE YOUR DOUGHNUT, JOHNNY WEISMULLER!
AYE! PISS AFF, TARZAN!

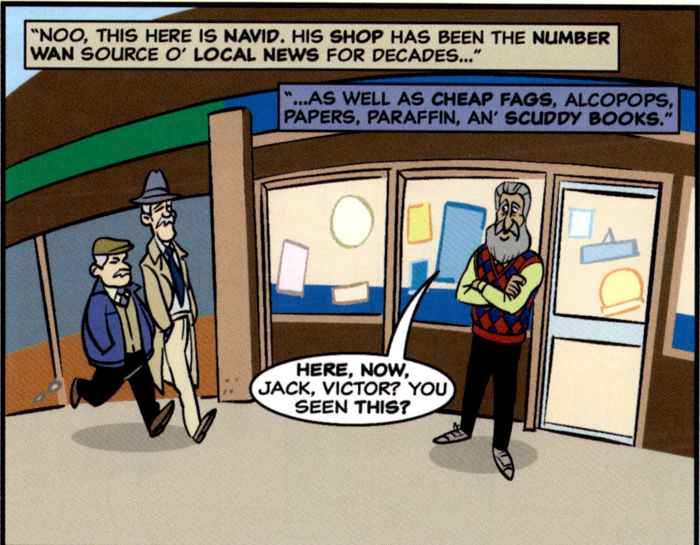

"NOO, THIS HERE IS NAVID. HIS SHOP HAS BEEN THE NUMBER WAN SOURCE O' LOCAL NEWS FOR DECADES..."
"...AS WELL AS CHEAP FAGS, ALCOPOPS, PAPERS, PARAFFIN, AN' SCUDDY BOOKS."
HERE, NOW, JACK, VICTOR? YOU SEEN THIS?

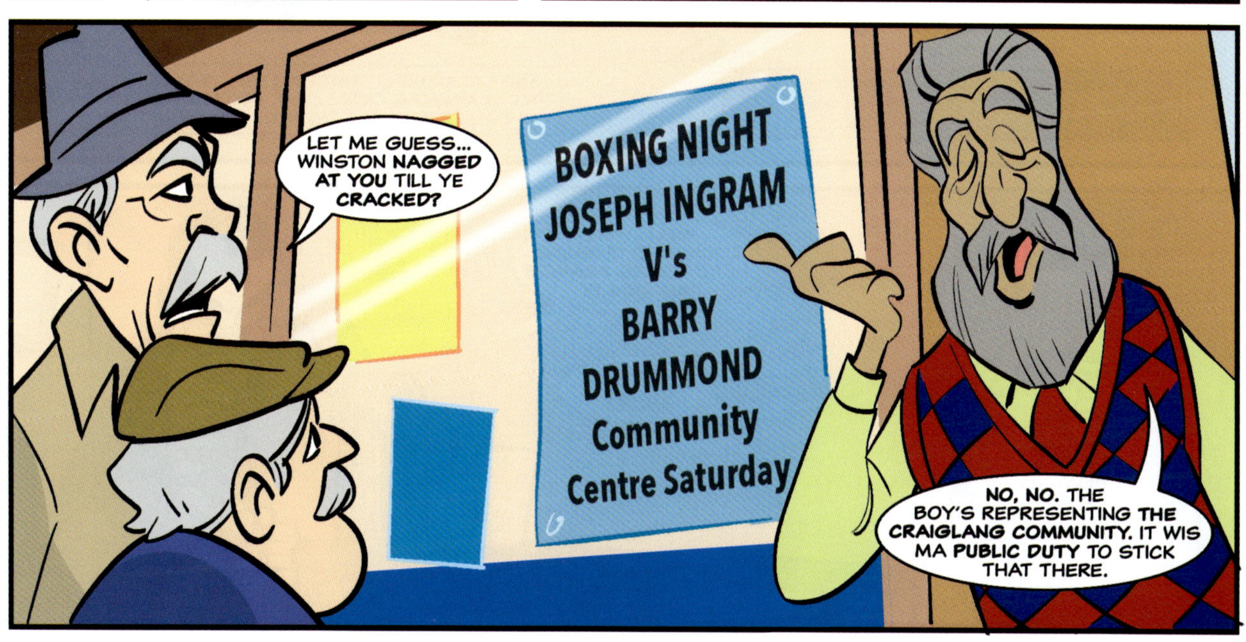

LET ME GUESS... WINSTON NAGGED AT YOU TILL YE CRACKED?
BOXING NIGHT
JOSEPH INGRAM
V's
BARRY DRUMMOND
Community Centre Saturday
NO, NO. THE BOY'S REPRESENTING THE CRAIGLANG COMMUNITY. IT WIS MA PUBLIC DUTY TO STICK THAT THERE.

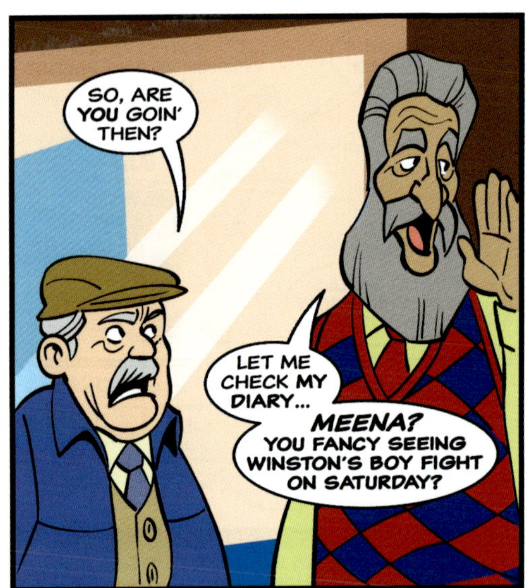

SO, ARE YOU GOIN' THEN?
LET ME CHECK MY DIARY... MEENA? YOU FANCY SEEING WINSTON'S BOY FIGHT ON SATURDAY?

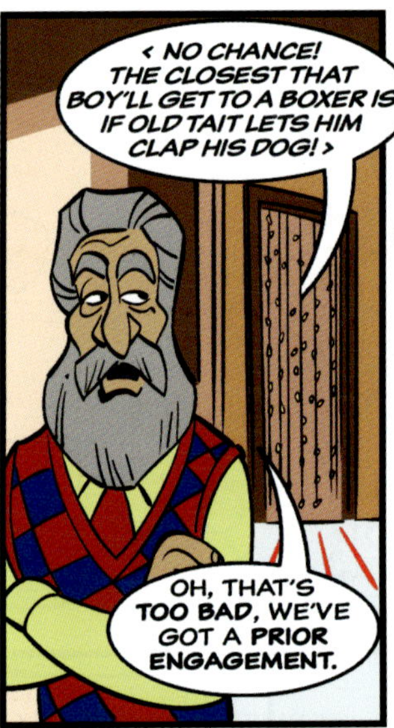

< NO CHANCE! THE CLOSEST THAT BOY'LL GET TO A BOXER IS IF OLD TAIT LETS HIM CLAP HIS DOG! >
OH, THAT'S TOO BAD, WE'VE GOT A PRIOR ENGAGEMENT.

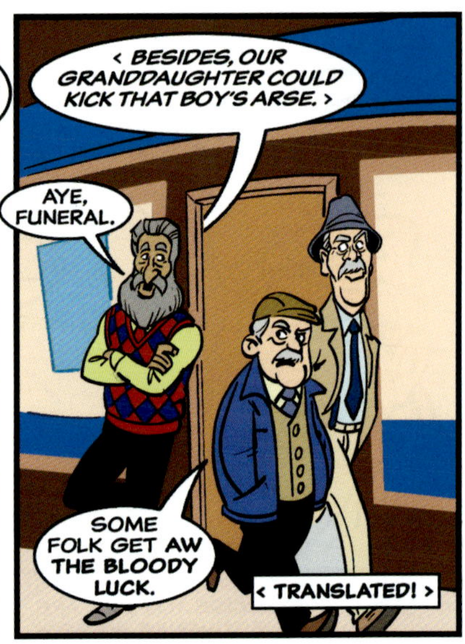

< BESIDES, OUR GRANDDAUGHTER COULD KICK THAT BOY'S ARSE. >
AYE, FUNERAL.
SOME FOLK GET AW THE BLOODY LUCK.
< TRANSLATED! >

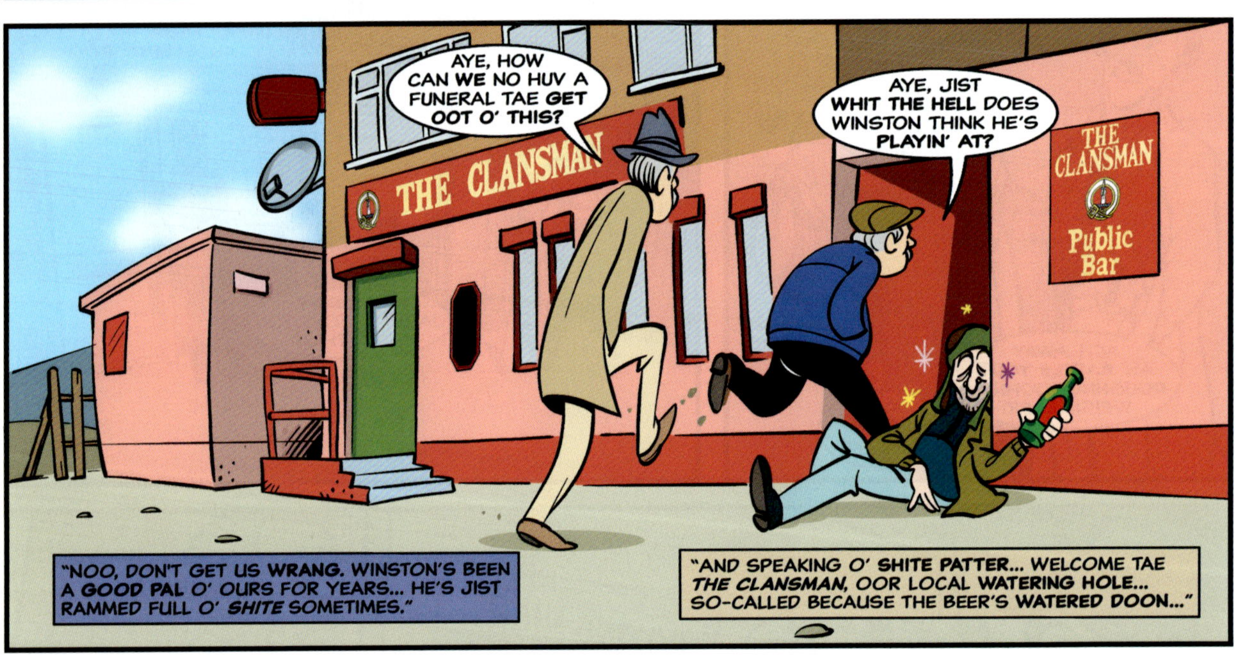

AYE, HOW CAN WE NO HUV A FUNERAL TAE GET OOT O' THIS?
AYE, JIST WHIT THE HELL DOES WINSTON THINK HE'S PLAYIN' AT?
THE CLANSMAN
THE CLANSMAN
Public Bar
"NOO, DON'T GET US WRANG. WINSTON'S BEEN A GOOD PAL O' OURS FOR YEARS... HE'S JIST RAMMED FULL O' SHITE SOMETIMES."
"AND SPEAKING O' SHITE PATTER... WELCOME TAE THE CLANSMAN, OOR LOCAL WATERING HOLE... SO-CALLED BECAUSE THE BEER'S WATERED DOON..."

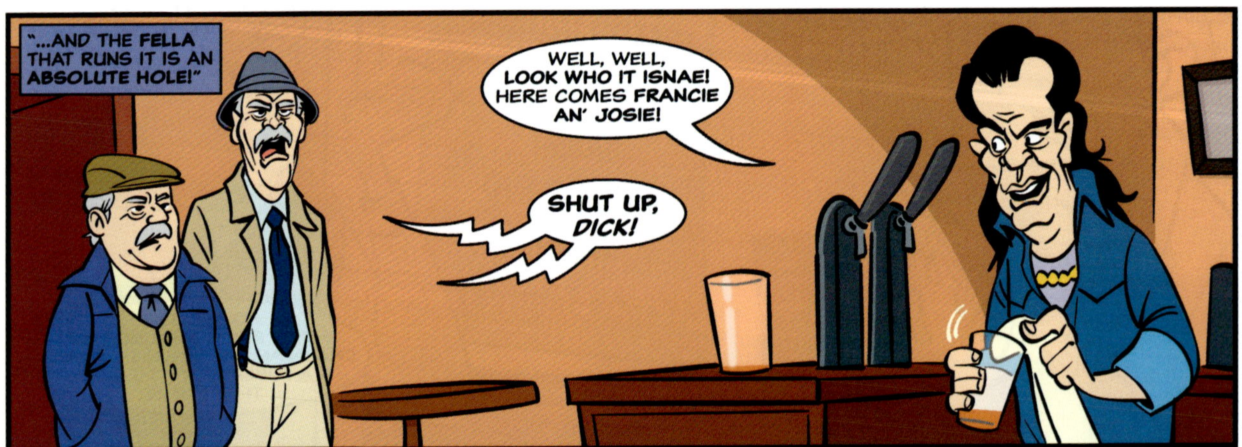

"...AND THE FELLA THAT RUNS IT IS AN ABSOLUTE HOLE!"
WELL, WELL, LOOK WHO IT ISNAE! HERE COMES FRANCIE AN' JOSIE!
SHUT UP, DICK!

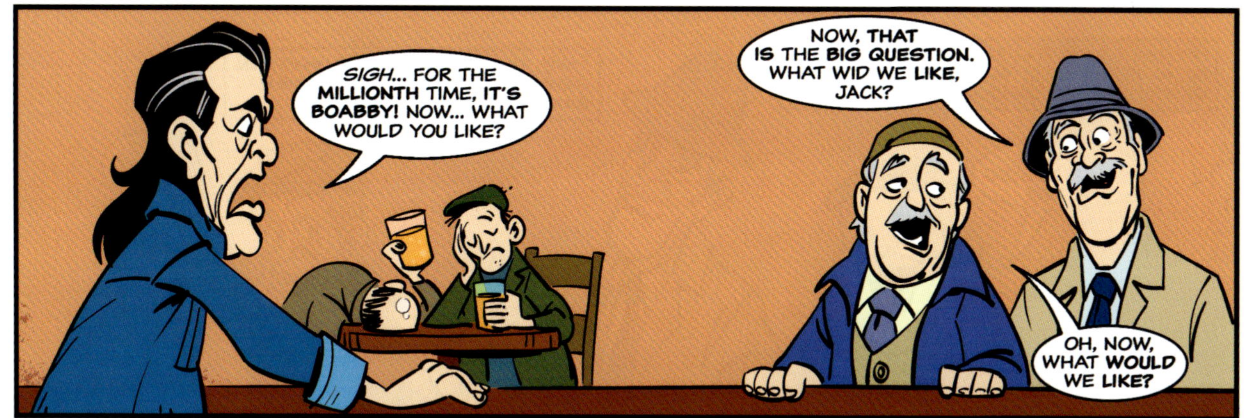

SIGH... FOR THE MILLIONTH TIME, IT'S BOABBY! NOW... WHAT WOULD YOU LIKE?
NOW, THAT IS THE BIG QUESTION. WHAT WID WE LIKE, JACK?
OH, NOW, WHAT WOULD WE LIKE?

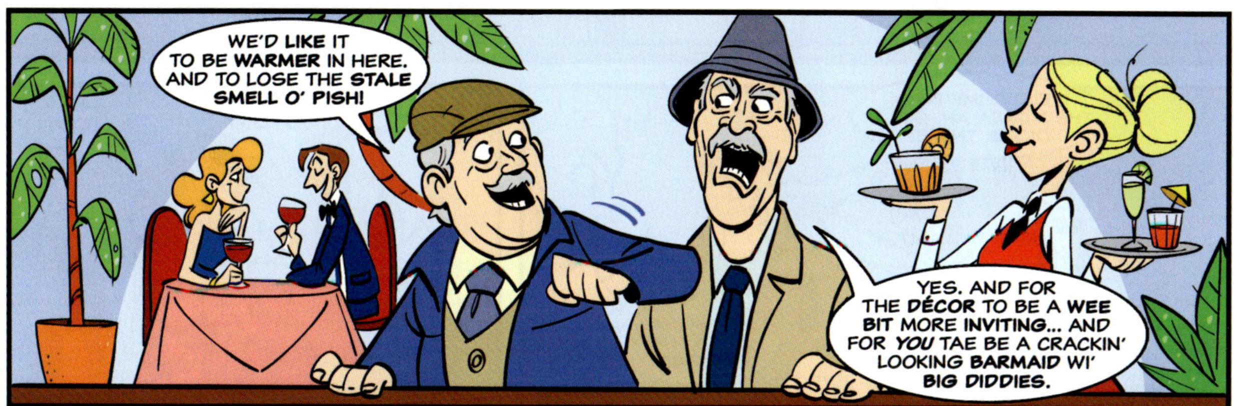

WE'D LIKE IT TO BE WARMER IN HERE. AND TO LOSE THE STALE SMELL O' PISH!
YES. AND FOR THE DÉCOR TO BE A WEE BIT MORE INVITING... AND FOR YOU TAE BE A CRACKIN' LOOKING BARMAID WI' BIG DIDDIES.

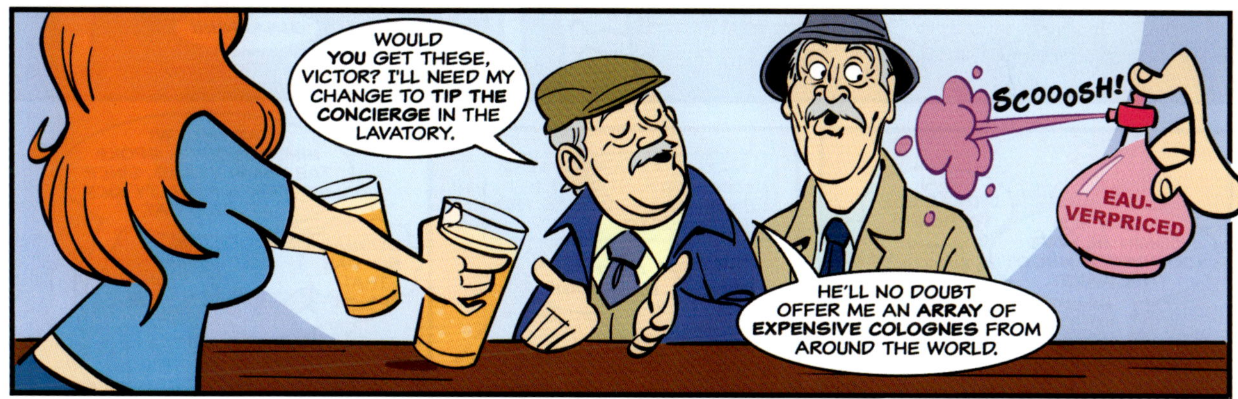

WOULD YOU GET THESE, VICTOR? I'LL NEED MY CHANGE TO TIP THE CONCIERGE IN THE LAVATORY.
HE'LL NO DOUBT OFFER ME AN ARRAY OF EXPENSIVE COLOGNES FROM AROUND THE WORLD.
SCOOOSH!
EAU-VERPRICED

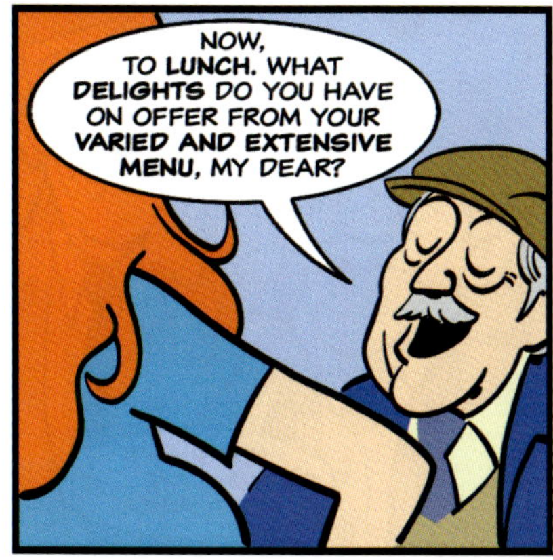

NOW, TO LUNCH. WHAT DELIGHTS DO YOU HAVE ON OFFER FROM YOUR VARIED AND EXTENSIVE MENU, MY DEAR?

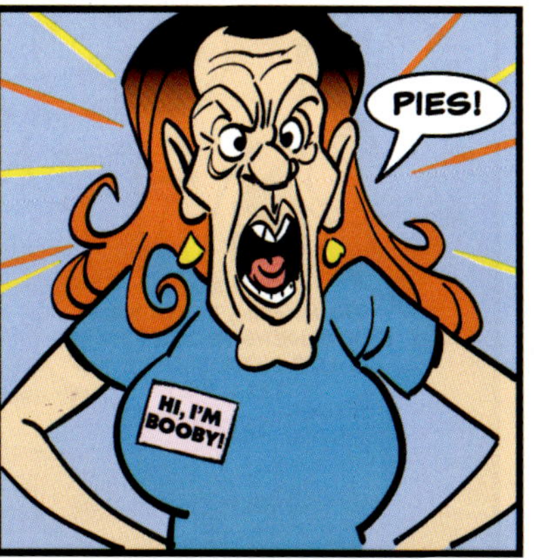

PIES!
HI, I'M BOOBY!

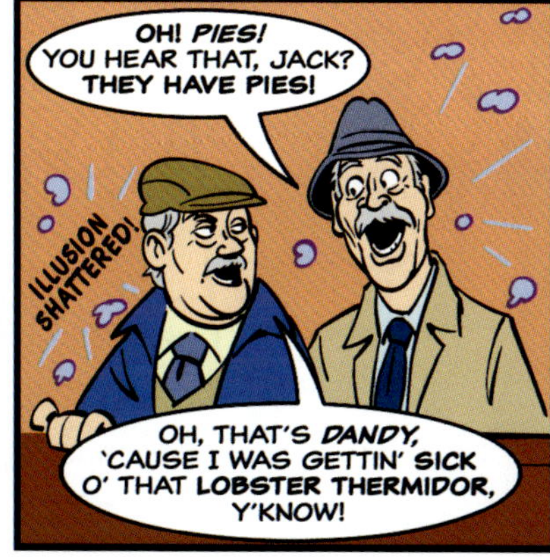

OH! PIES! YOU HEAR THAT, JACK? THEY HAVE PIES!
ILLUSION SHATTERED!
OH, THAT'S DANDY, 'CAUSE I WAS GETTIN' SICK O' THAT LOBSTER THERMIDOR, Y'KNOW!

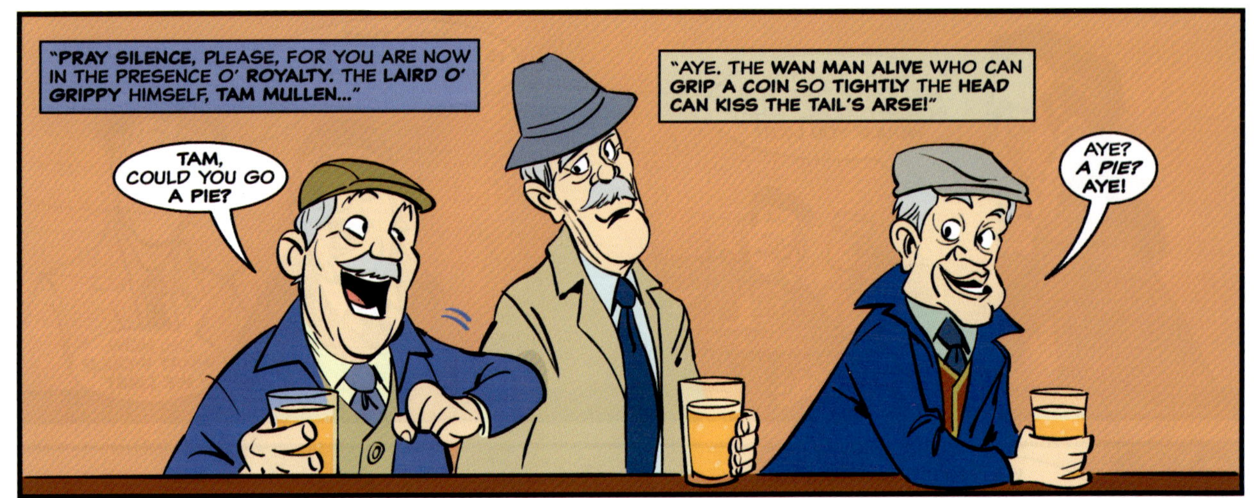

"PRAY SILENCE, PLEASE, FOR YOU ARE NOW IN THE PRESENCE O' ROYALTY. THE LAIRD O' GRIPPY HIMSELF, TAM MULLEN..."
TAM, COULD YOU GO A PIE?
"AYE. THE WAN MAN ALIVE WHO CAN GRIP A COIN SO TIGHTLY THE HEAD CAN KISS THE TAIL'S ARSE!"
AYE? A PIE? AYE!

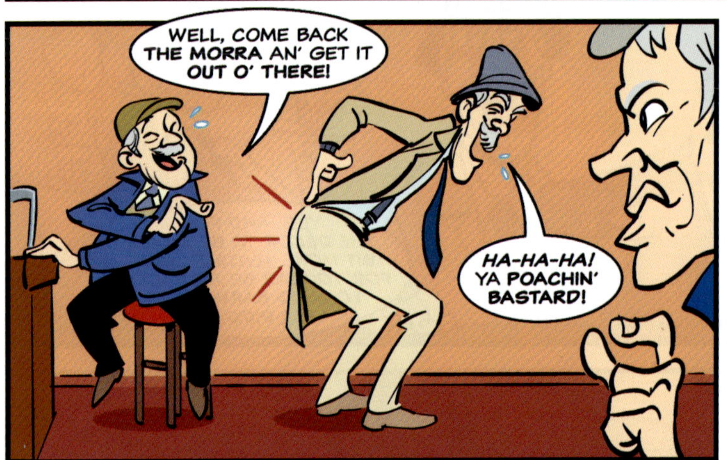

WELL, COME BACK THE MORRA AN' GET IT OUT O' THERE!
HA-HA-HA! YA POACHIN' BASTARD!

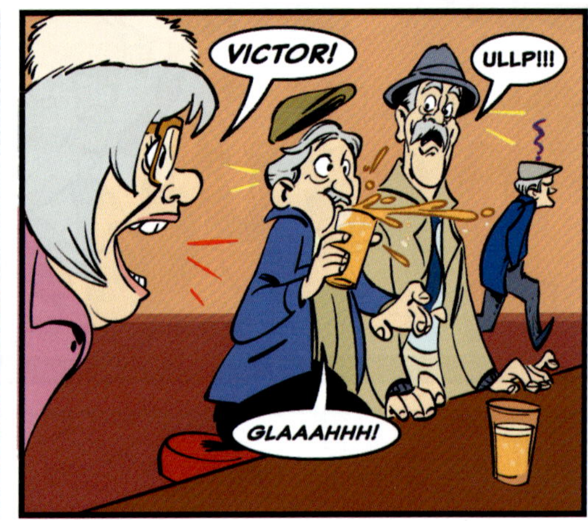

VICTOR!
ULLP!!!
GLAAAHHH!

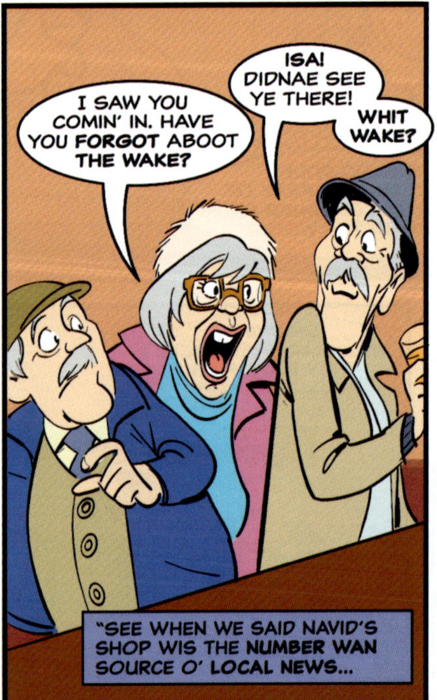

I SAW YOU COMIN' IN. HAVE YOU FORGOT ABOOT THE WAKE?
ISA! DIDNAE SEE YE THERE!
WHIT WAKE?
"SEE WHEN WE SAID NAVID'S SHOP WIS THE NUMBER WAN SOURCE O' LOCAL NEWS...

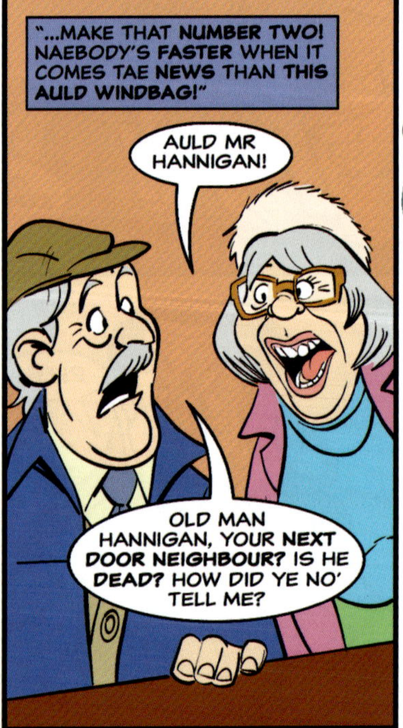

"...MAKE THAT NUMBER TWO! NAEBODY'S FASTER WHEN IT COMES TAE NEWS THAN THIS AULD WINDBAG!"
AULD MR HANNIGAN!
OLD MAN HANNIGAN, YOUR NEXT DOOR NEIGHBOUR? IS HE DEAD? HOW DID YE NO' TELL ME?

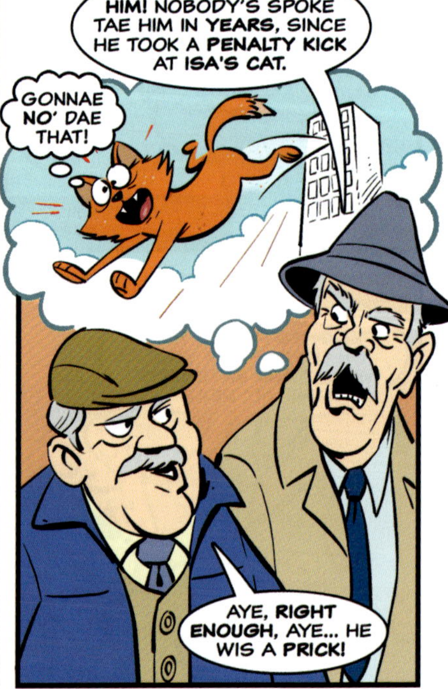

TAE HELL WI' HIM! NOBODY'S SPOKE TAE HIM IN YEARS, SINCE HE TOOK A PENALTY KICK AT ISA'S CAT.
GONNAE NO' DAE THAT!
AYE, RIGHT ENOUGH, AYE... HE WIS A PRICK!

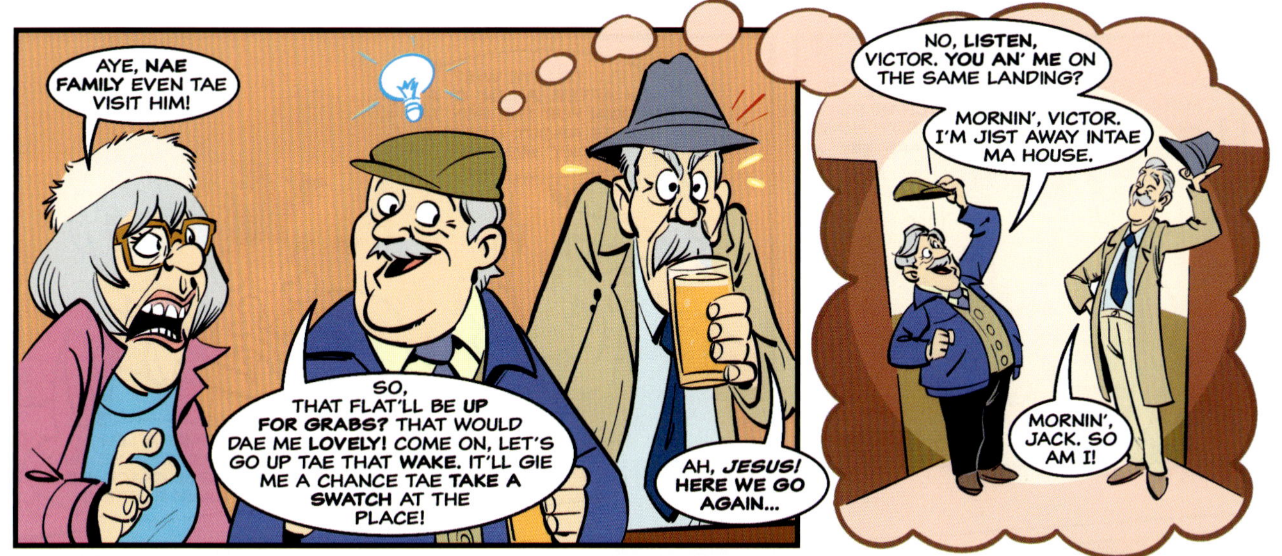

AYE, NAE FAMILY EVEN TAE VISIT HIM!
SO, THAT FLAT'LL BE UP FOR GRABS? THAT WOULD DAE ME LOVELY! COME ON, LET'S GO UP TAE THAT WAKE. IT'LL GIE ME A CHANCE TAE TAKE A SWATCH AT THE PLACE!
AH, JESUS! HERE WE GO AGAIN...
NO, LISTEN, VICTOR. YOU AN' ME ON THE SAME LANDING?
MORNIN', VICTOR. I'M JIST AWAY INTAE MA HOUSE.
MORNIN', JACK. SO AM I!

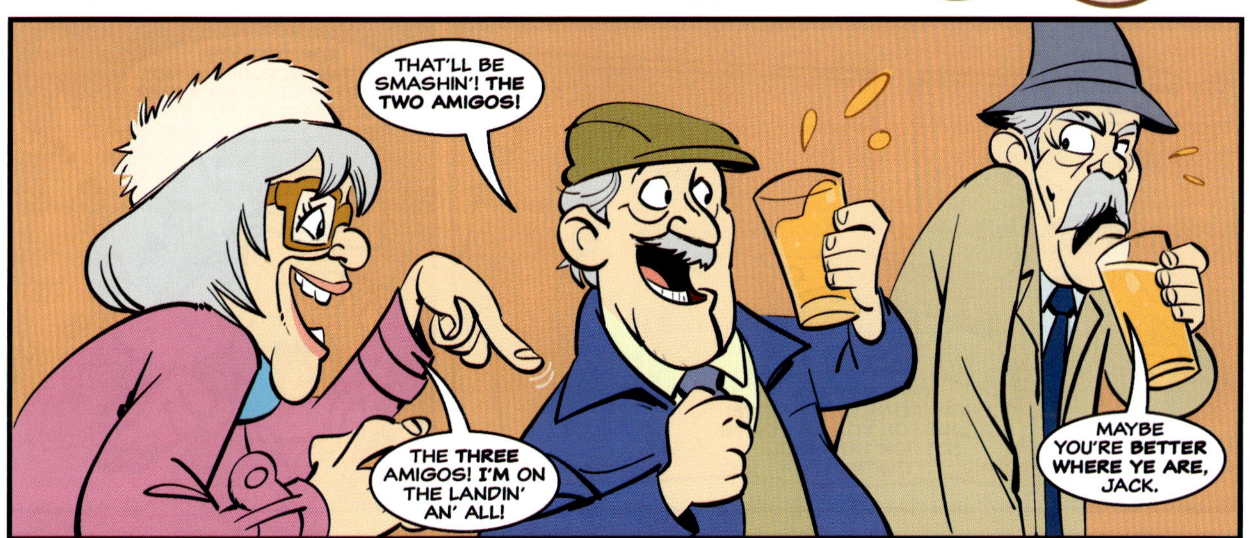

THAT'LL BE SMASHIN'! THE TWO AMIGOS!
THE THREE AMIGOS! I'M ON THE LANDIN' AN' ALL!
MAYBE YOU'RE BETTER WHERE YE ARE, JACK.

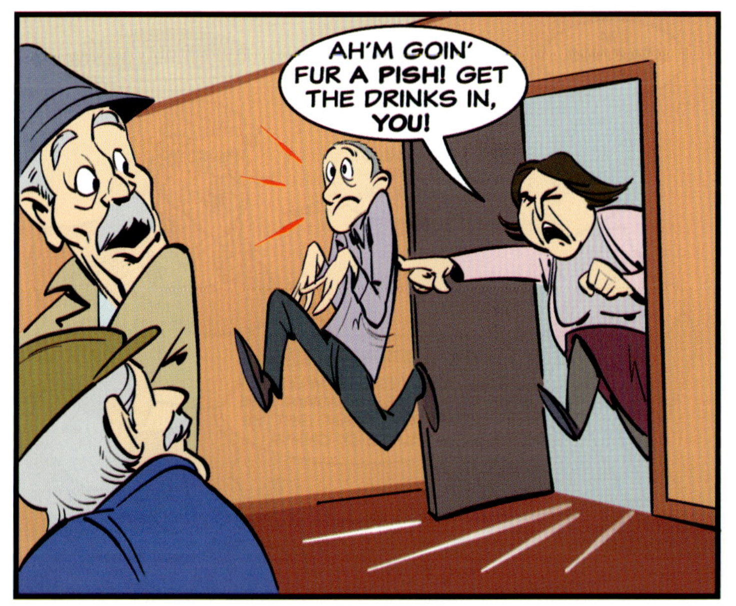

AH'M GOIN' FUR A PISH! GET THE DRINKS IN, YOU!

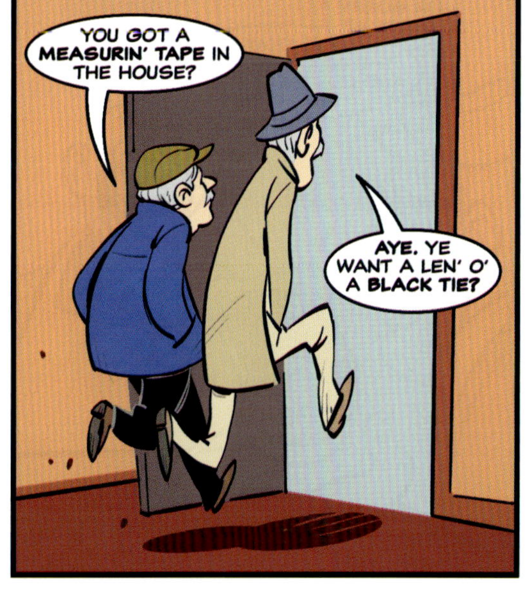

YOU GOT A MEASURIN' TAPE IN THE HOUSE?
AYE. YE WANT A LEN' O' A BLACK TIE?

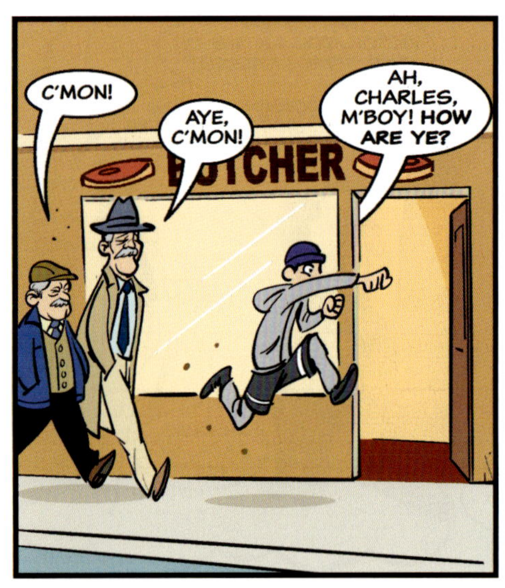
C'MON!
AYE, C'MON!
AH, CHARLES, M'BOY! HOW ARE YE?
BUTCHER

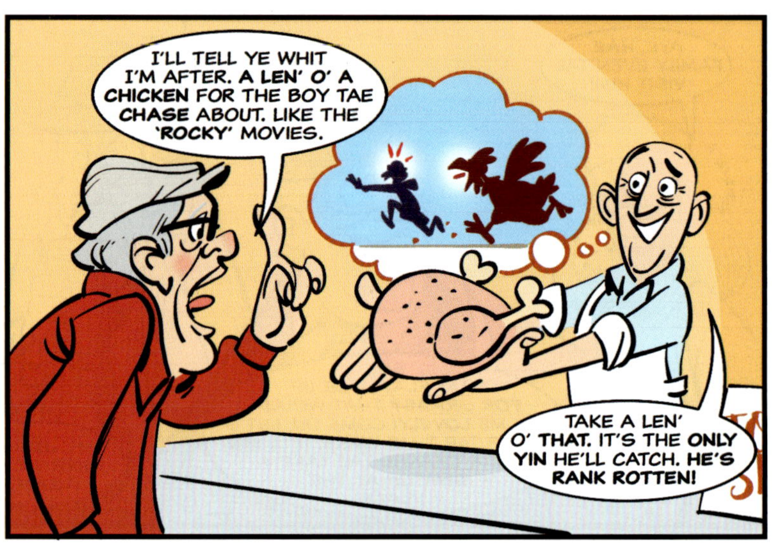
I'LL TELL YE WHIT I'M AFTER. A LEN' O' A CHICKEN FOR THE BOY TAE CHASE ABOUT. LIKE THE 'ROCKY' MOVIES.
TAKE A LEN' O' THAT. IT'S THE ONLY YIN HE'LL CATCH. HE'S RANK ROTTEN!

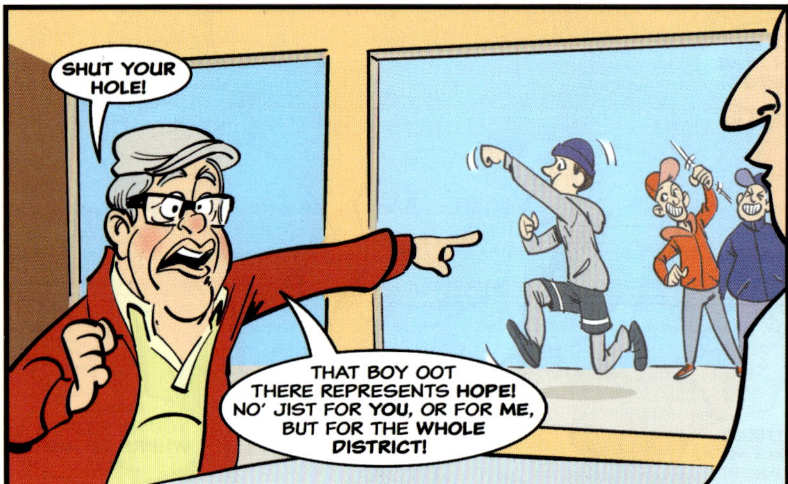
SHUT YOUR HOLE!
THAT BOY OOT THERE REPRESENTS HOPE! NO' JIST FOR YOU, OR FOR ME, BUT FOR THE WHOLE DISTRICT!

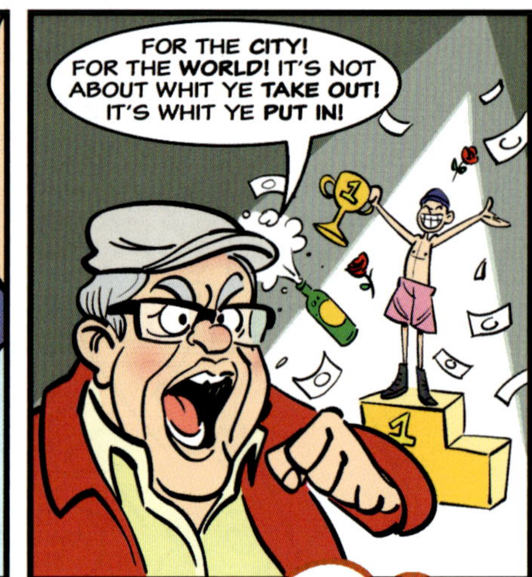
FOR THE CITY! FOR THE WORLD! IT'S NOT ABOUT WHIT YE TAKE OUT! IT'S WHIT YE PUT IN!

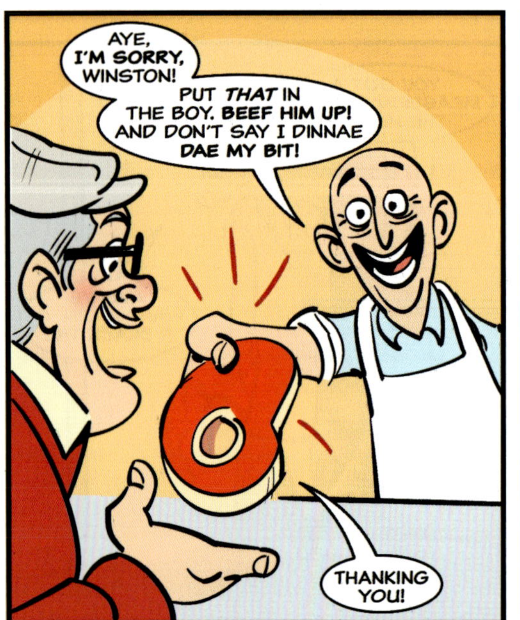
AYE, I'M SORRY, WINSTON!
PUT THAT IN THE BOY. BEEF HIM UP! AND DON'T SAY I DINNAE DAE MY BIT!
THANKING YOU!

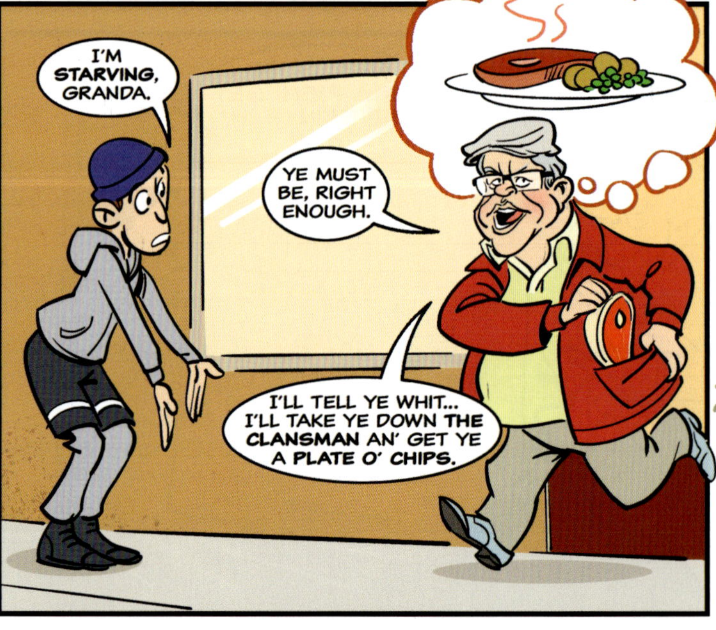
I'M STARVING, GRANDA.
YE MUST BE, RIGHT ENOUGH.
I'LL TELL YE WHIT... I'LL TAKE YE DOWN THE CLANSMAN AN' GET YE A PLATE O' CHIPS.

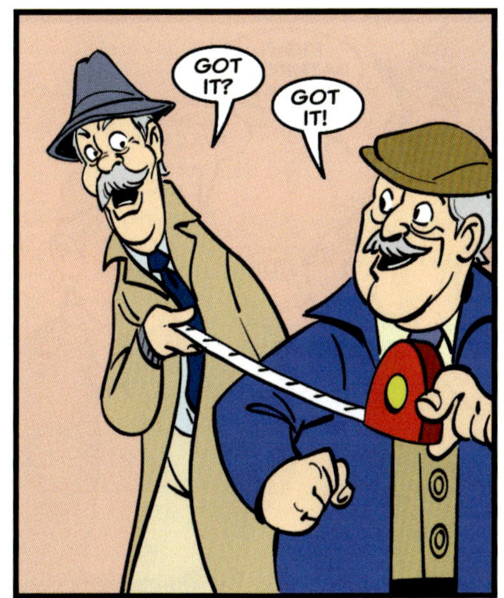

GOT IT?
GOT IT!

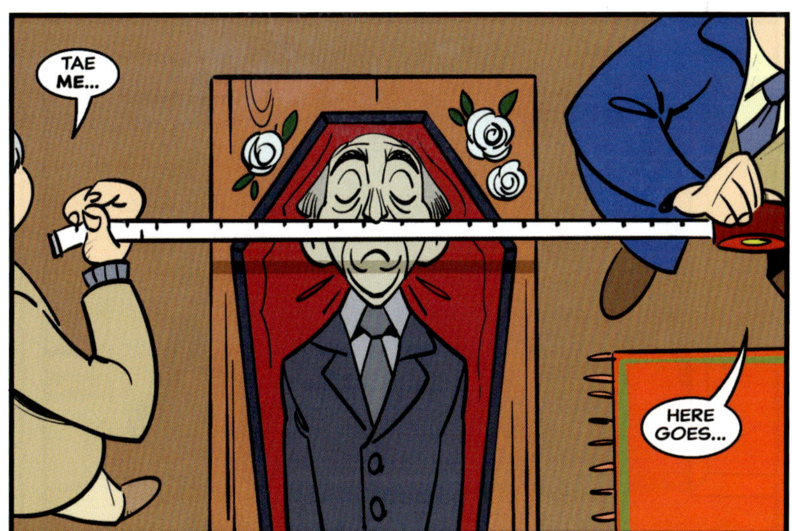

TAE ME...
HERE GOES...

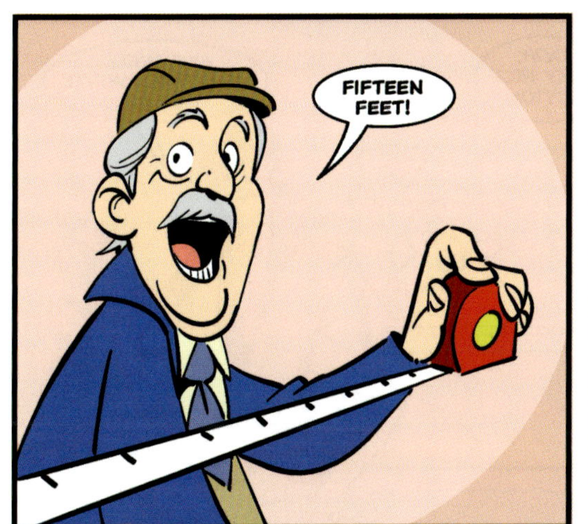

FIFTEEN FEET!

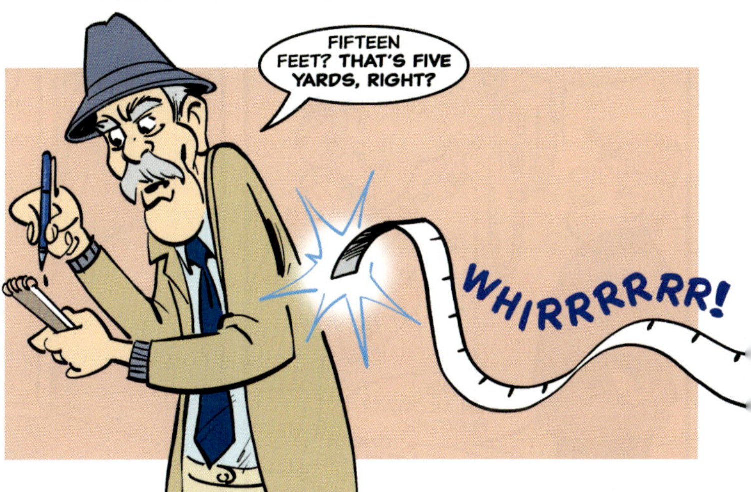

FIFTEEN FEET? THAT'S FIVE YARDS, RIGHT?
WHIRRRRRR!

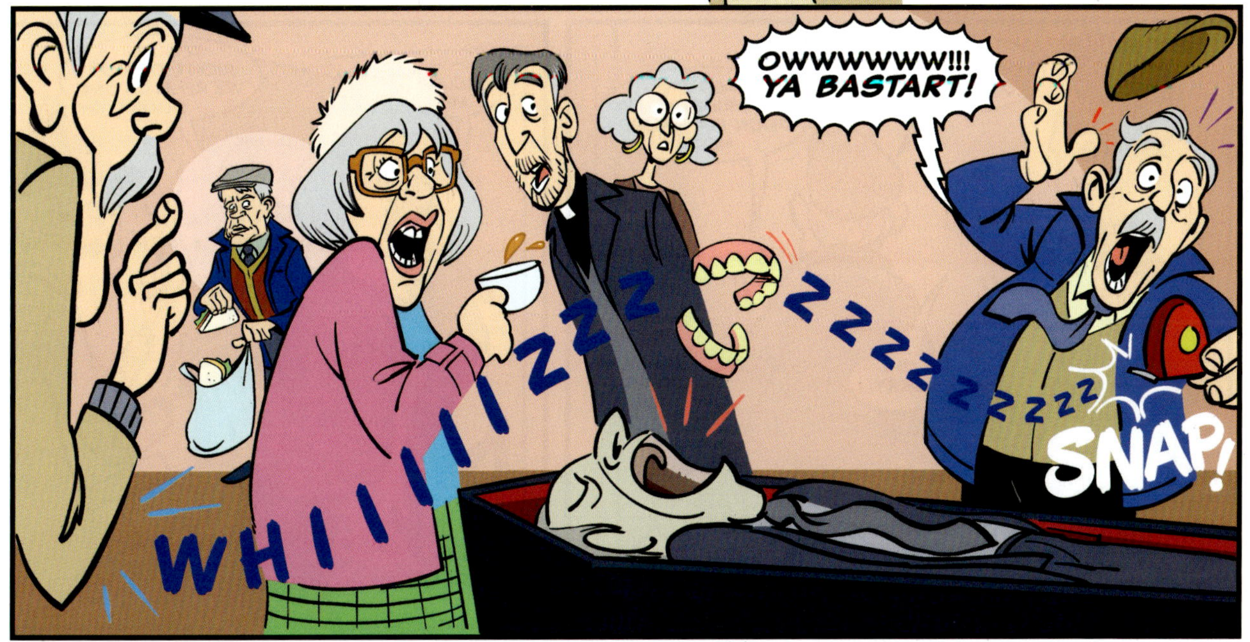

OWWWWWW!!! YA BASTART!
WHIIIIIIZZZ
ZZZZZZZZZ
SNAP!

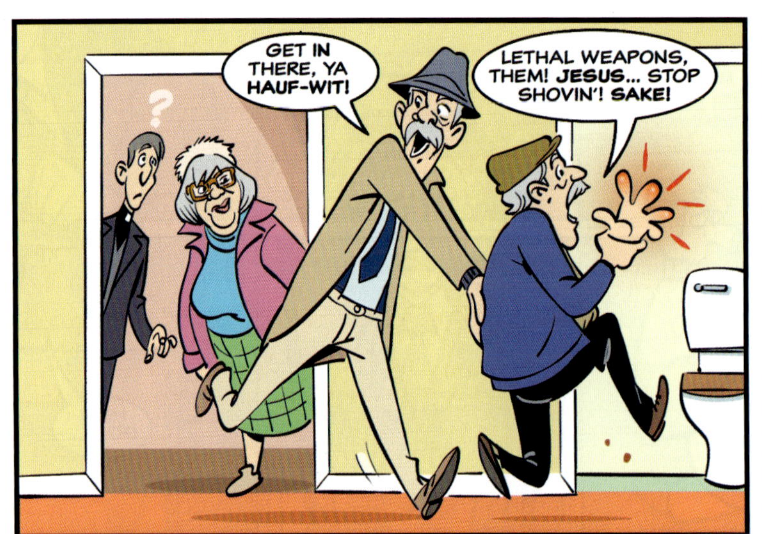

GET IN THERE, YA HAUF-WIT!
LETHAL WEAPONS, THEM! JESUS... STOP SHOVIN'! SAKE!

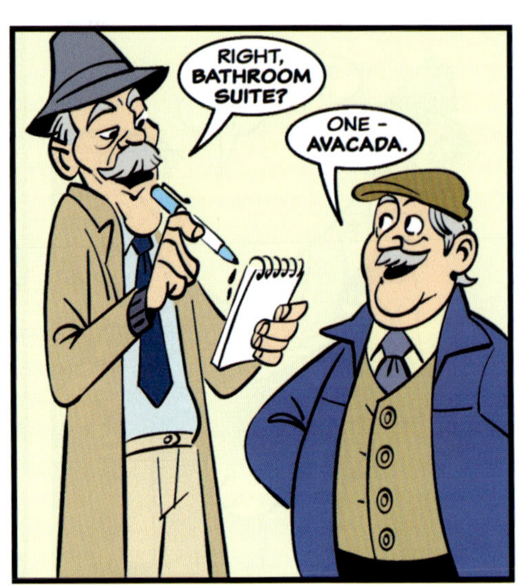

RIGHT, BATHROOM SUITE?
ONE - AVACADA.

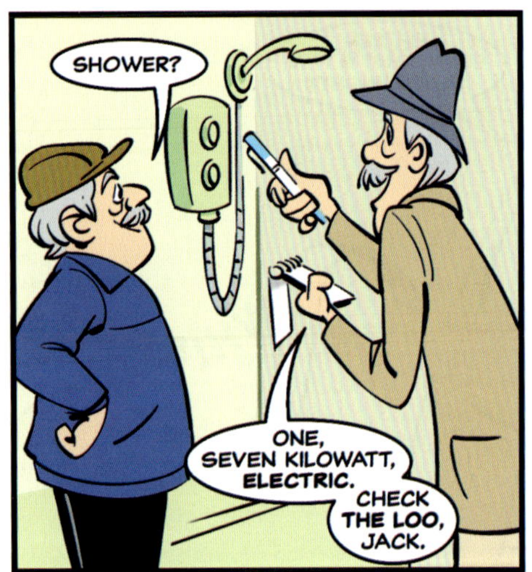

SHOWER?
ONE, SEVEN KILOWATT, ELECTRIC. CHECK THE LOO, JACK.

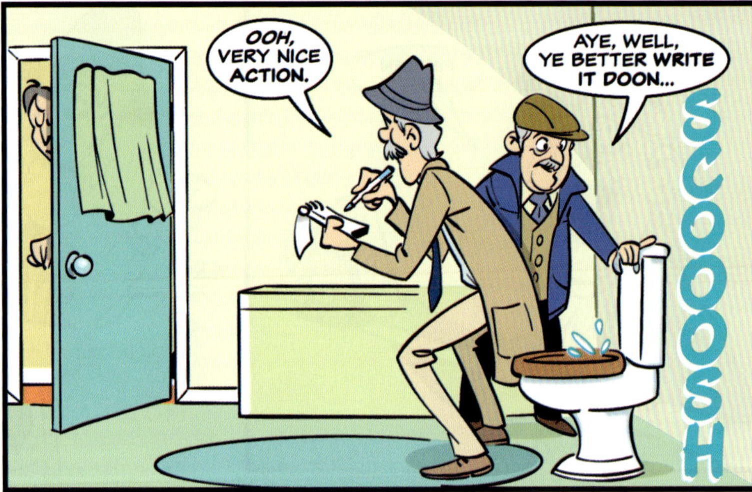

OOH, VERY NICE ACTION.
AYE, WELL, YE BETTER WRITE IT DOON...
SCOOOSH

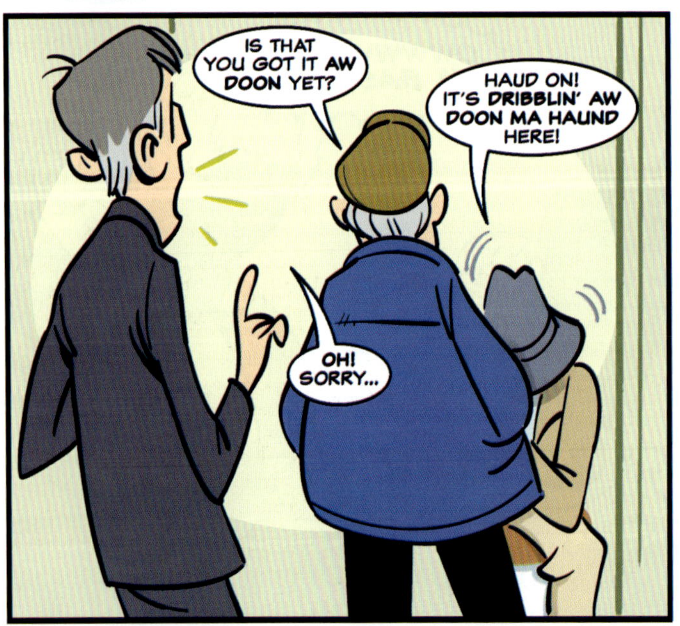

IS THAT YOU GOT IT AW DOON YET?
HAUD ON! IT'S DRIBBLIN' AW DOON MA HAUND HERE!
OH! SORRY...

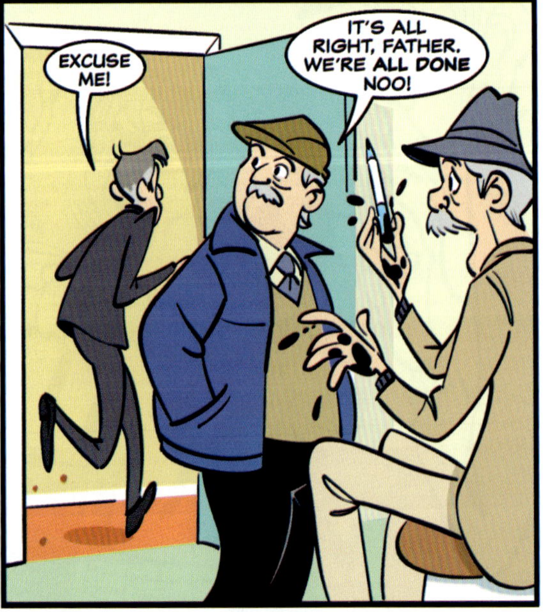

EXCUSE ME!
IT'S ALL RIGHT, FATHER. WE'RE ALL DONE NOO!

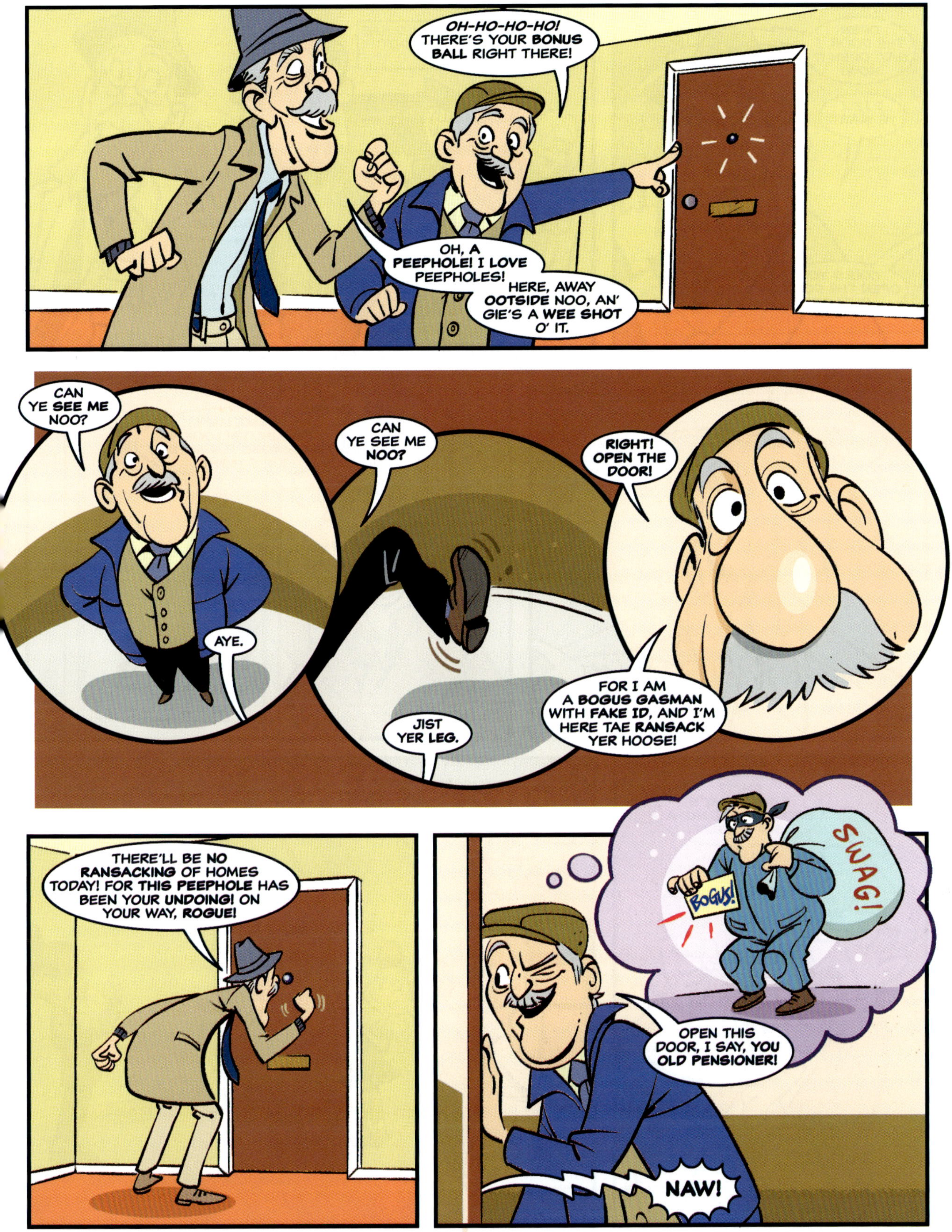

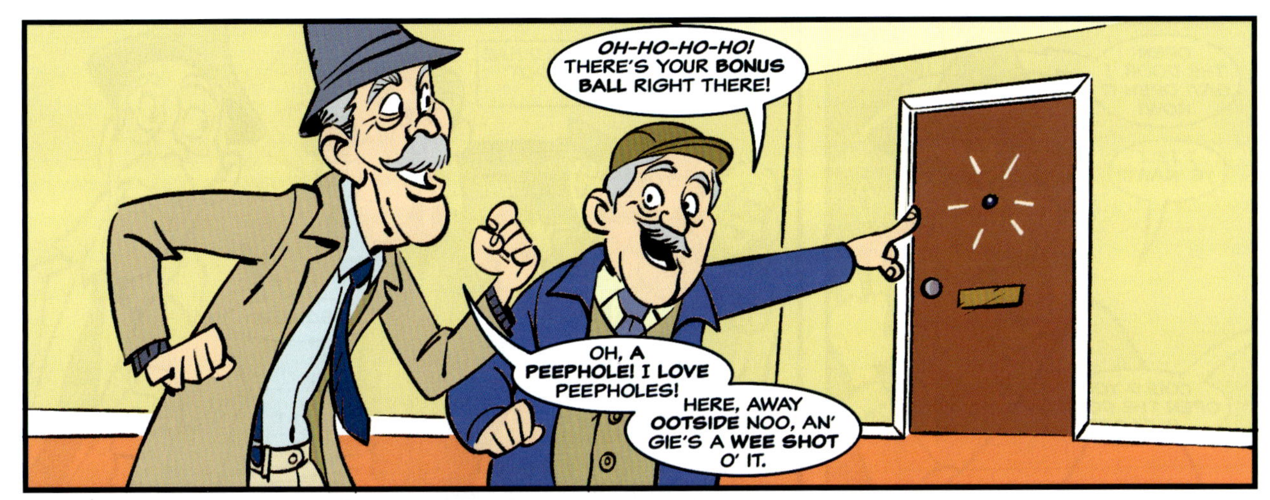

OH-HO-HO-HO! THERE'S YOUR BONUS BALL RIGHT THERE!
OH, A PEEPHOLE! I LOVE PEEPHOLES!
HERE, AWAY OOTSIDE NOO, AN' GIE'S A WEE SHOT O' IT.
CAN YE SEE ME NOO?
CAN YE SEE ME NOO?
RIGHT! OPEN THE DOOR!
AYE.
JIST YER LEG.
FOR I AM A BOGUS GASMAN WITH FAKE ID, AND I'M HERE TAE RANSACK YER HOOSE!

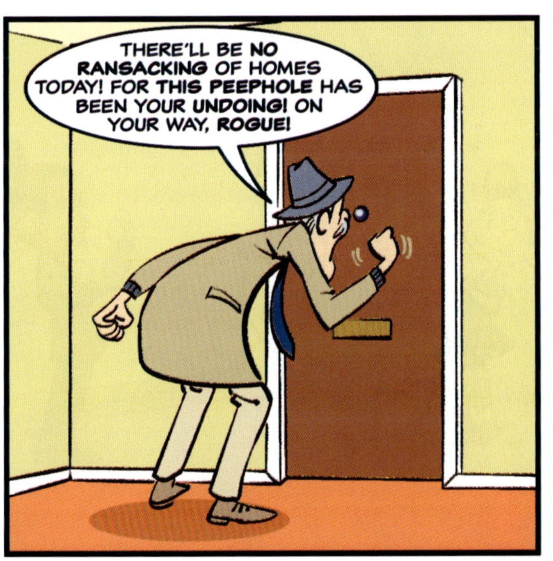

THERE'LL BE NO RANSACKING OF HOMES TODAY! FOR THIS PEEPHOLE HAS BEEN YOUR UNDOING! ON YOUR WAY, ROGUE!

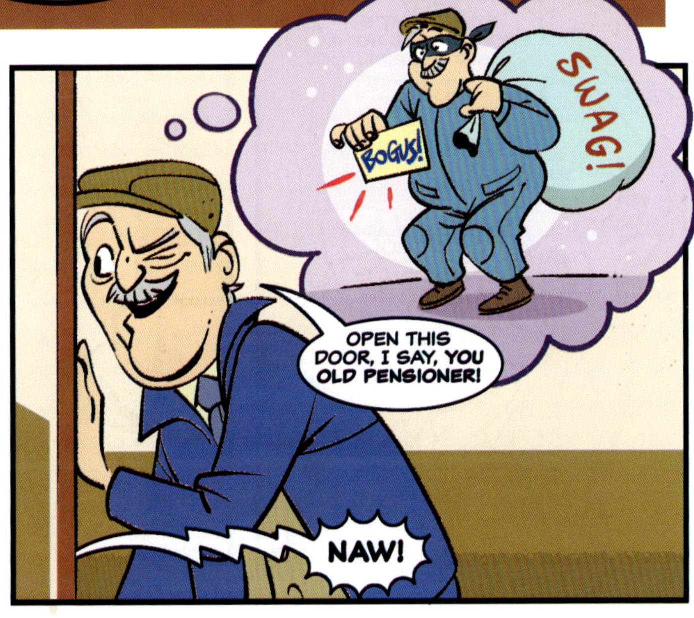

SWAG!
BOGUS!
OPEN THIS DOOR, I SAY, YOU OLD PENSIONER!
NAW!

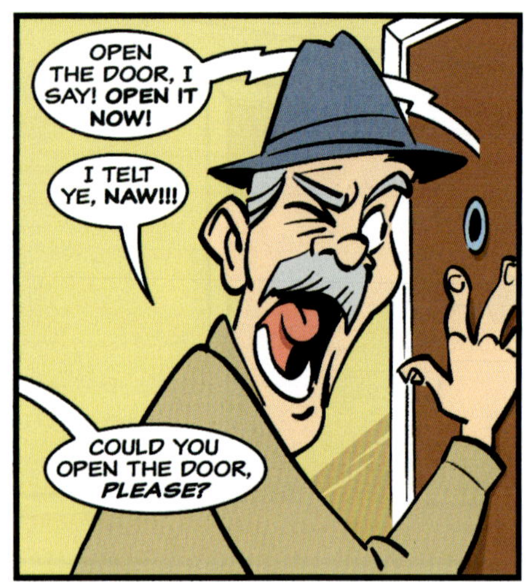

OPEN THE DOOR, I SAY! OPEN IT NOW!
I TELT YE, NAW!!!
COULD YOU OPEN THE DOOR, PLEASE?

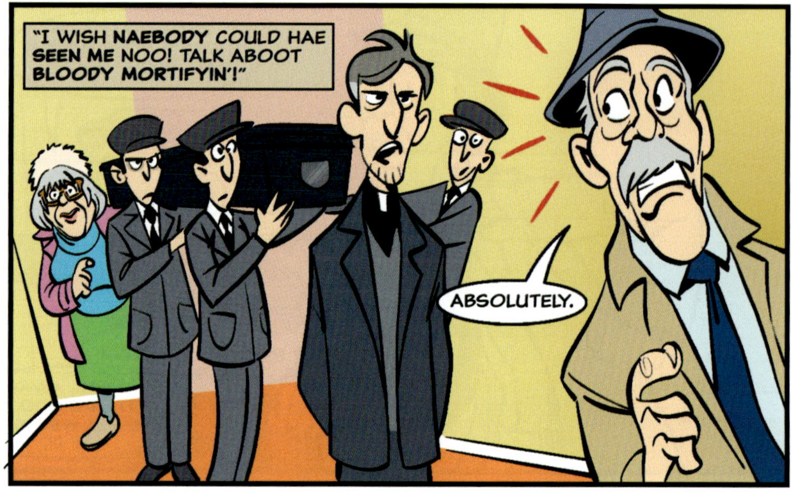

"I WISH NAEBODY COULD HAE SEEN ME NOO! TALK ABOOT BLOODY MORTIFYIN'!"
ABSOLUTELY.

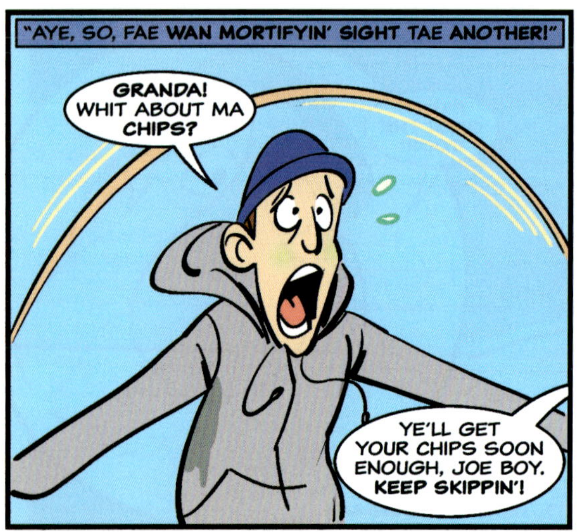

"AYE, SO, FAE WAN MORTIFYIN' SIGHT TAE ANOTHER!"
GRANDA! WHIT ABOUT MA CHIPS?
YE'LL GET YOUR CHIPS SOON ENOUGH, JOE BOY. KEEP SKIPPIN'!

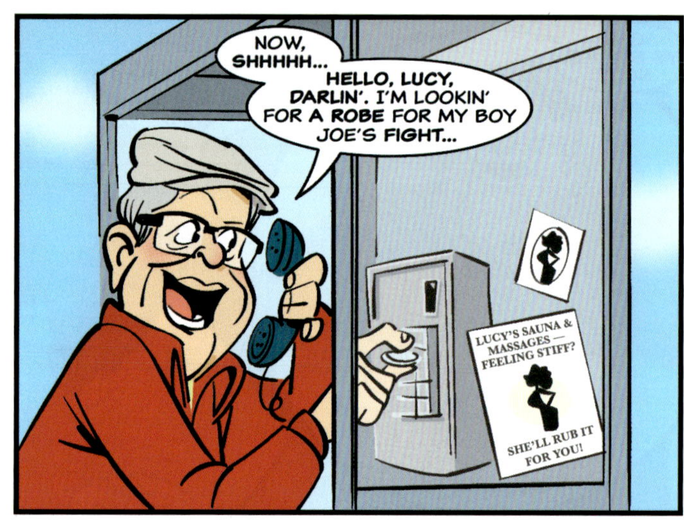

NOW, SHHHHH...
HELLO, LUCY, DARLIN'. I'M LOOKIN' FOR A ROBE FOR MY BOY JOE'S FIGHT...
LUCY'S SAUNA & MASSAGES — FEELING STIFF?
SHE'LL RUB IT FOR YOU!

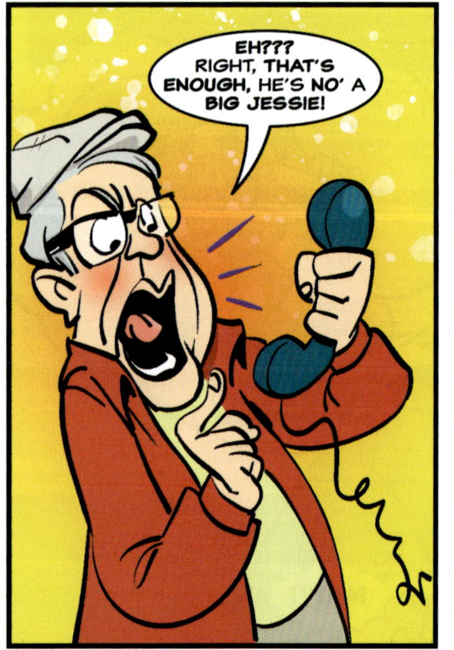

EH??? RIGHT, THAT'S ENOUGH, HE'S NO' A BIG JESSIE!

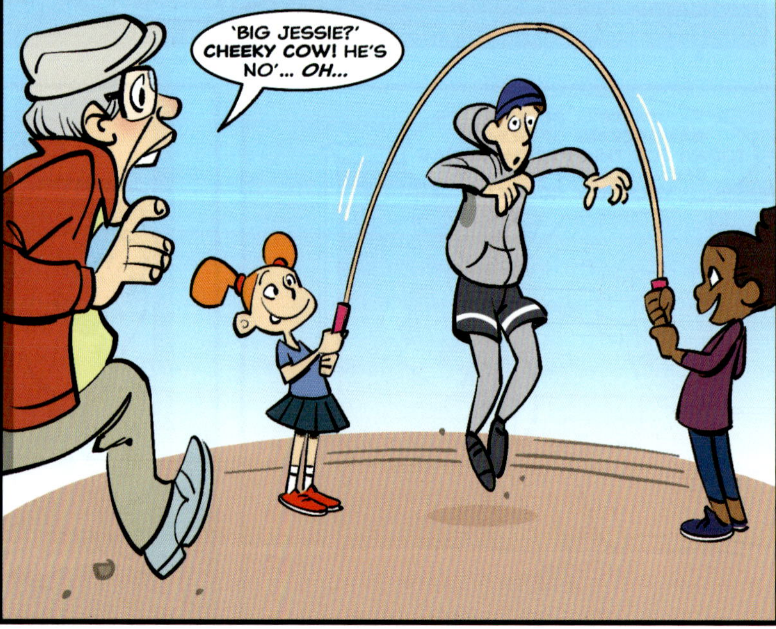

'BIG JESSIE?' CHEEKY COW! HE'S NO'... OH...

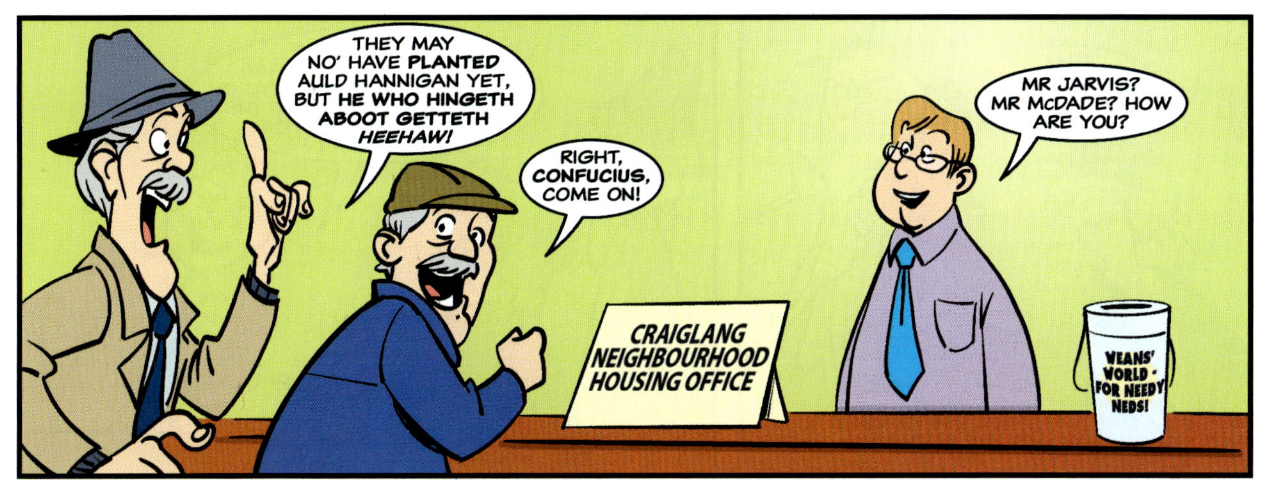

THEY MAY NO' HAVE PLANTED AULD HANNIGAN YET, BUT HE WHO HINGETH ABOOT GETTETH HEEHAW!
RIGHT, CONFUCIUS, COME ON!
MR JARVIS? MR McDADE? HOW ARE YOU?
CRAIGLANG NEIGHBOURHOOD HOUSING OFFICE
WEANS' WORLD - FOR NEEDY NEDS!

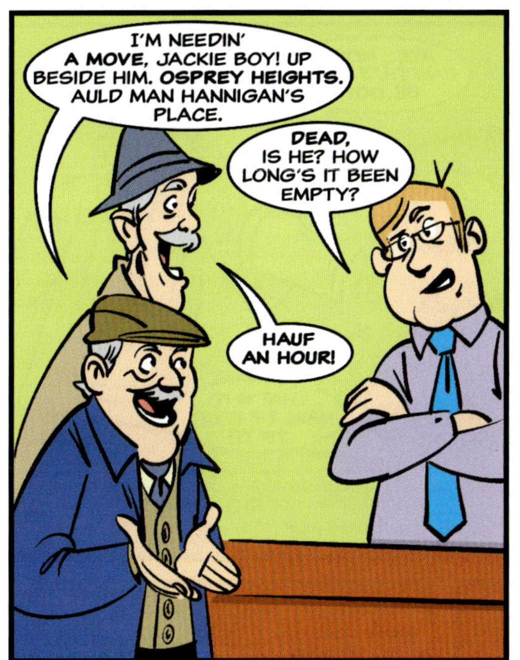

I'M NEEDIN' A MOVE, JACKIE BOY! UP BESIDE HIM. OSPREY HEIGHTS. AULD MAN HANNIGAN'S PLACE.
DEAD, IS HE? HOW LONG'S IT BEEN EMPTY?
HAUF AN HOUR!

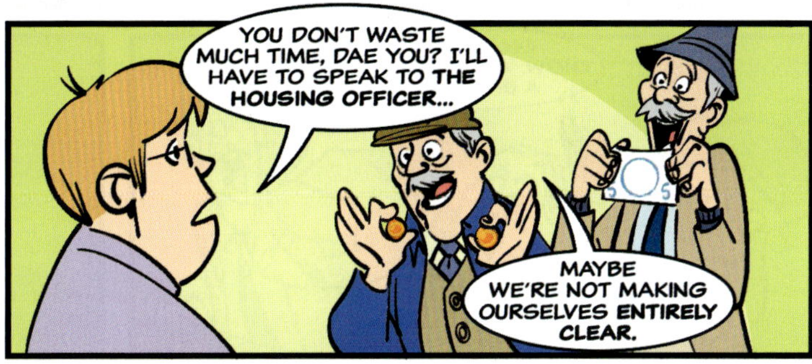

YOU DON'T WASTE MUCH TIME, DAE YOU? I'LL HAVE TO SPEAK TO THE HOUSING OFFICER...
MAYBE WE'RE NOT MAKING OURSELVES ENTIRELY CLEAR.

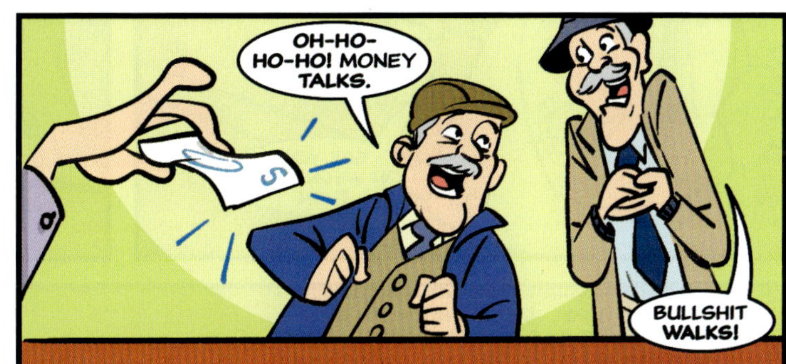

OH-HO-HO-HO! MONEY TALKS.
BULLSHIT WALKS!

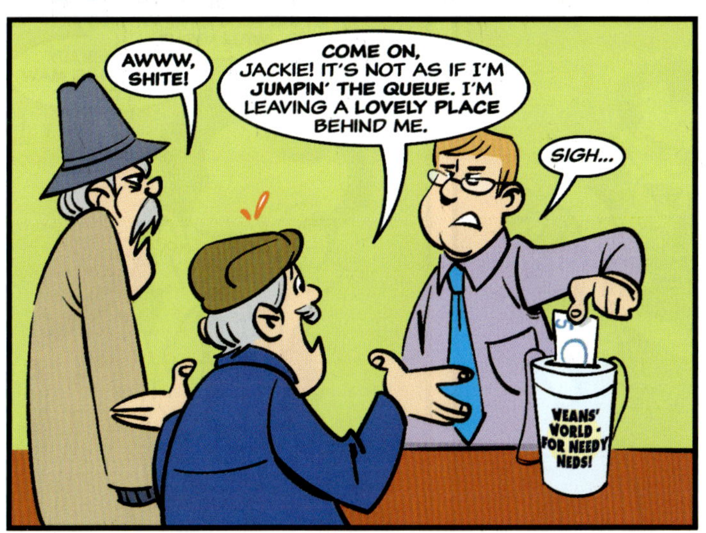

AWWW, SHITE!
COME ON, JACKIE! IT'S NOT AS IF I'M JUMPIN' THE QUEUE. I'M LEAVING A LOVELY PLACE BEHIND ME.
SIGH...
WEANS' WORLD - FOR NEEDY NEDS!

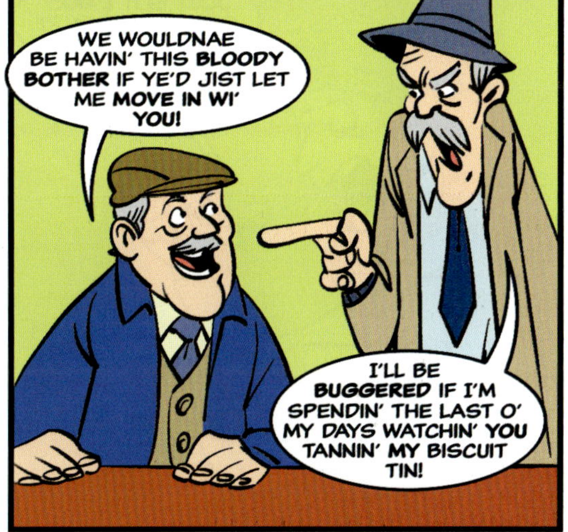

WE WOULDNAE BE HAVIN' THIS BLOODY BOTHER IF YE'D JIST LET ME MOVE IN WI' YOU!
I'LL BE BUGGERED IF I'M SPENDIN' THE LAST O' MY DAYS WATCHIN' YOU TANNIN' MY BISCUIT TIN!

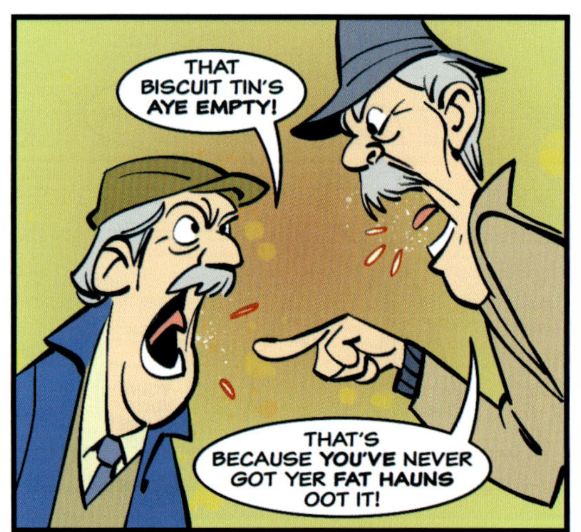

THAT BISCUIT TIN'S AYE EMPTY!
THAT'S BECAUSE YOU'VE NEVER GOT YER FAT HAUNS OOT IT!

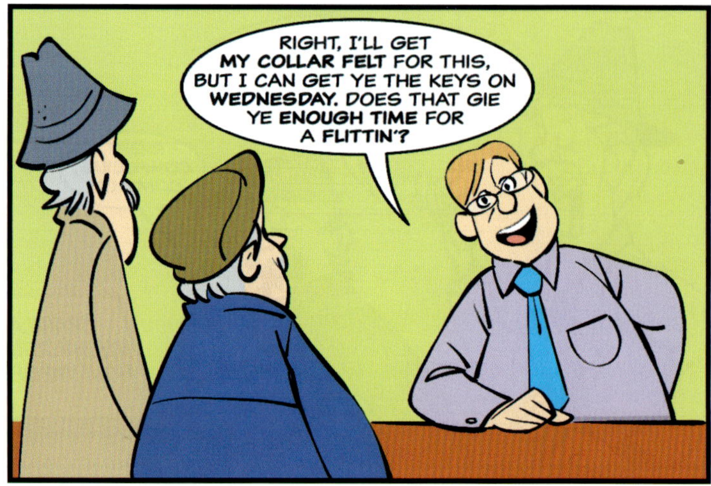

RIGHT, I'LL GET MY COLLAR FELT FOR THIS, BUT I CAN GET YE THE KEYS ON WEDNESDAY. DOES THAT GIE YE ENOUGH TIME FOR A FLITTIN'?

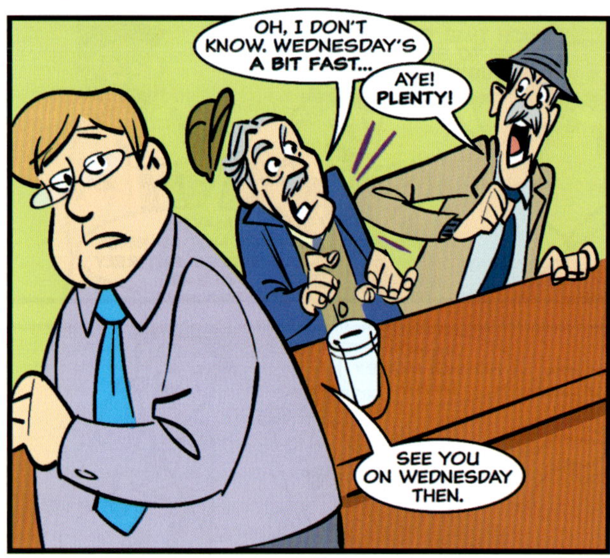

OH, I DON'T KNOW. WEDNESDAY'S A BIT FAST...
AYE! PLENTY!
SEE YOU ON WEDNESDAY THEN.

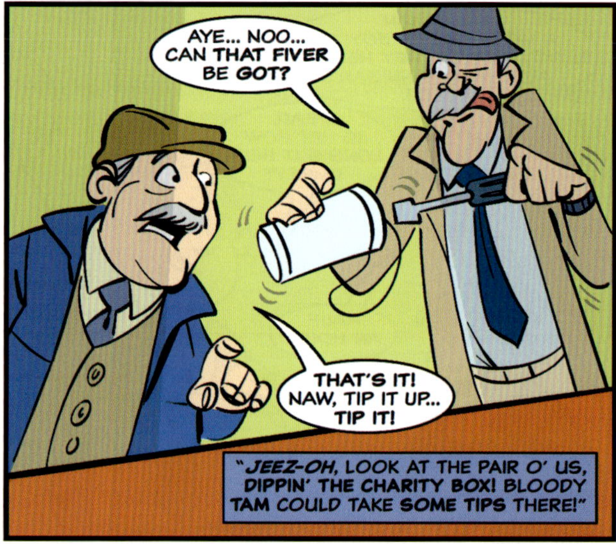

AYE... NOO... CAN THAT FIVER BE GOT?
THAT'S IT! NAW, TIP IT UP... TIP IT!
"JEEZ-OH, LOOK AT THE PAIR O' US, DIPPIN' THE CHARITY BOX! BLOODY TAM COULD TAKE SOME TIPS THERE!"

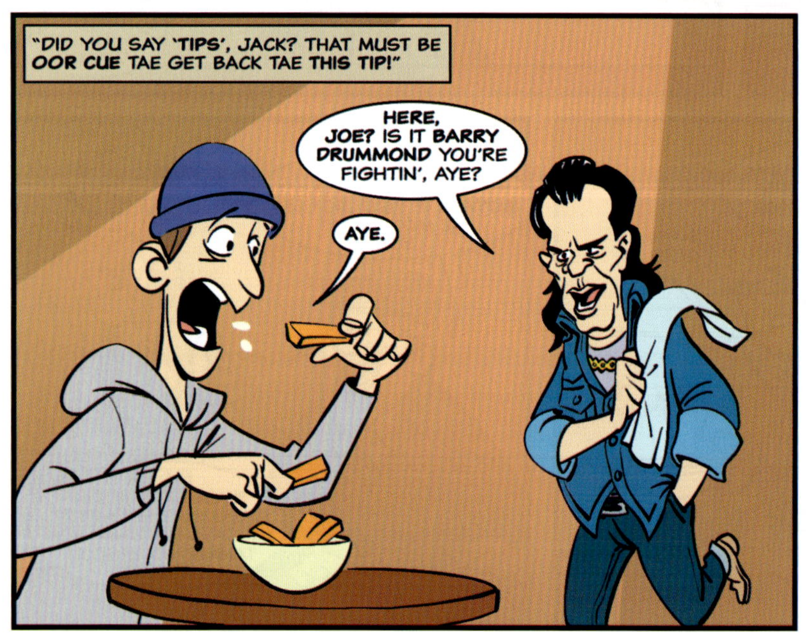

"DID YOU SAY 'TIPS', JACK? THAT MUST BE OOR CUE TAE GET BACK TAE THIS TIP!"
HERE, JOE? IS IT BARRY DRUMMOND YOU'RE FIGHTIN', AYE?
AYE.

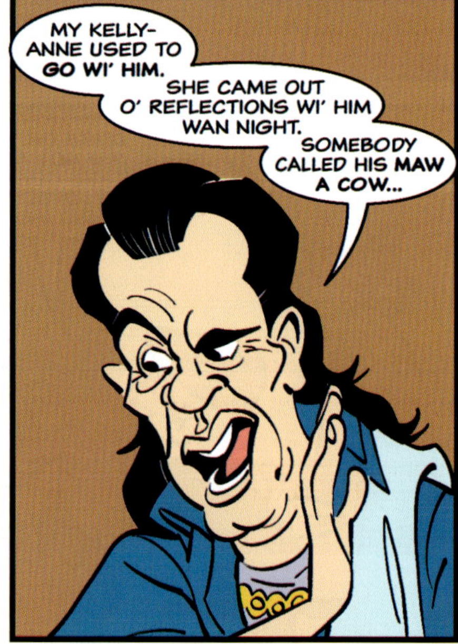

MY KELLY-ANNE USED TO GO WI' HIM.
SHE CAME OUT O' REFLECTIONS WI' HIM WAN NIGHT.
SOMEBODY CALLED HIS MAW A COW...

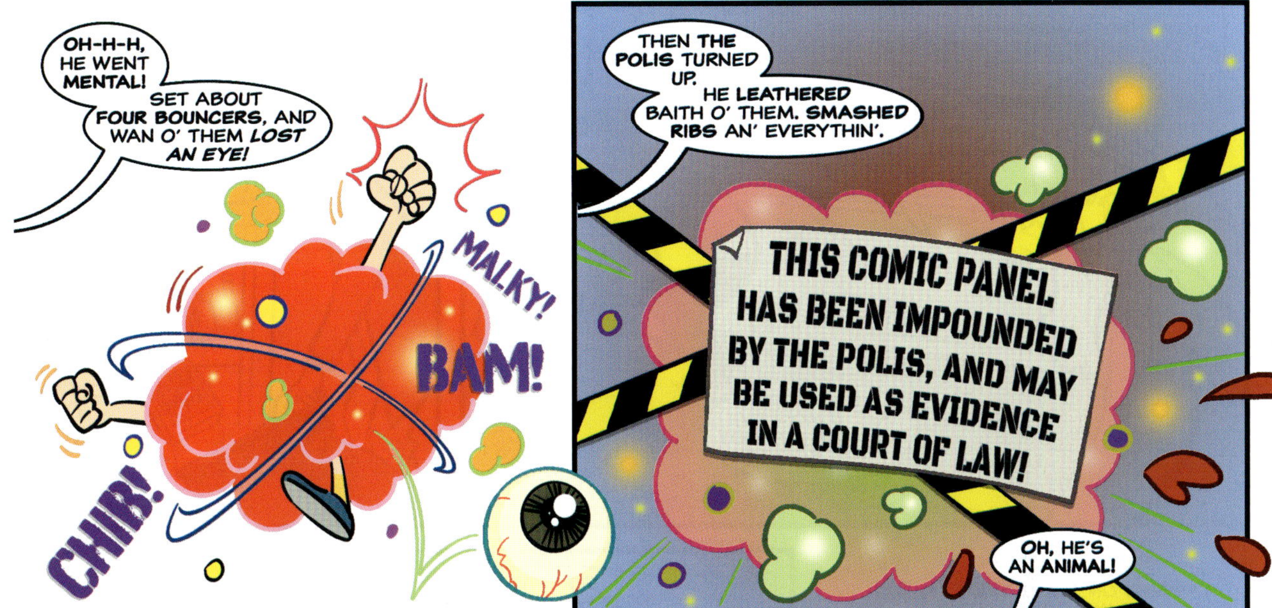

OH-H-H, HE WENT MENTAL!
SET ABOUT FOUR BOUNCERS, AND WAN O' THEM LOST AN EYE!
MALKY!
BAM!
CHIB!
THEN THE POLIS TURNED UP. HE LEATHERED BAITH O' THEM. SMASHED RIBS AN' EVERYTHIN'.
THIS COMIC PANEL HAS BEEN IMPOUNDED BY THE POLIS, AND MAY BE USED AS EVIDENCE IN A COURT OF LAW!
OH, HE'S AN ANIMAL!

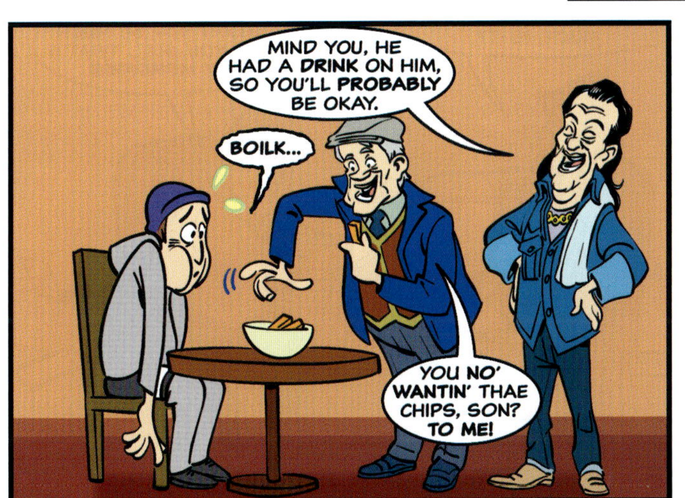

MIND YOU, HE HAD A DRINK ON HIM, SO YOU'LL PROBABLY BE OKAY.
BOILK...
YOU NO' WANTIN' THAE CHIPS, SON? TO ME!

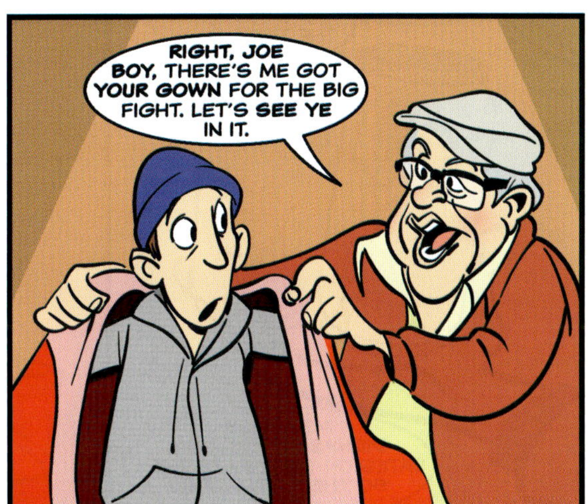

RIGHT, JOE BOY, THERE'S ME GOT YOUR GOWN FOR THE BIG FIGHT. LET'S SEE YE IN IT.

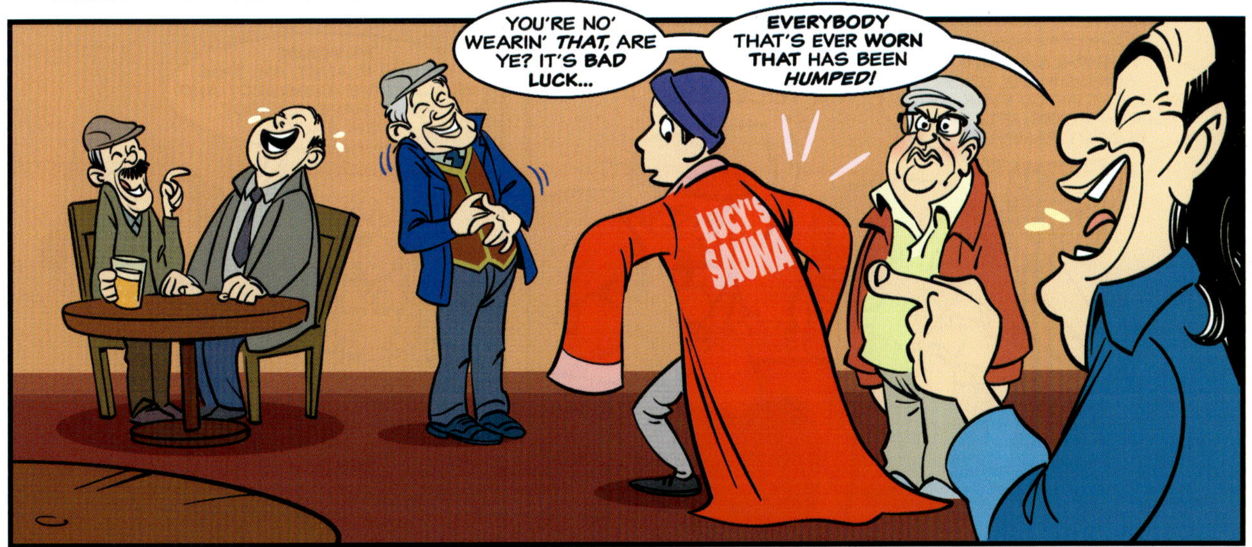

YOU'RE NO' WEARIN' THAT, ARE YE? IT'S BAD LUCK...
EVERYBODY THAT'S EVER WORN THAT HAS BEEN HUMPED!
LUCY'S SAUNA

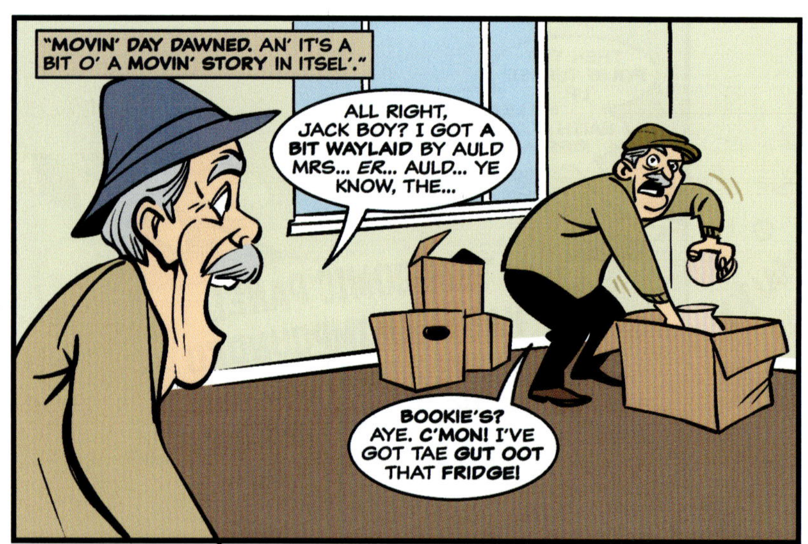

"MOVIN' DAY DAWNED. AN' IT'S A BIT O' A MOVIN' STORY IN ITSEL'."
ALL RIGHT, JACK BOY? I GOT A BIT WAYLAID BY AULD MRS... ER... AULD... YE KNOW, THE...
BOOKIE'S? AYE. C'MON! I'VE GOT TAE GUT OOT THAT FRIDGE!

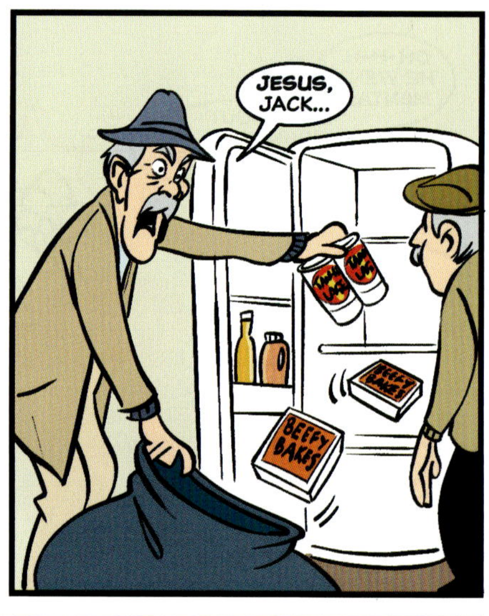

JESUS, JACK...

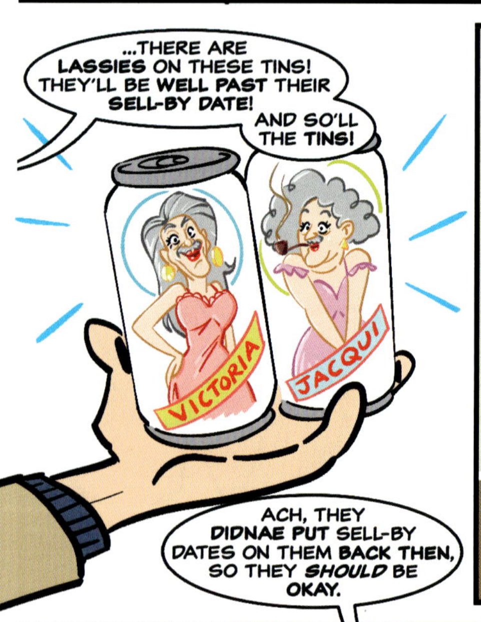

...THERE ARE LASSIES ON THESE TINS! THEY'LL BE WELL PAST THEIR SELL-BY DATE!
AND SO'LL THE TINS!
VICTORIA
JACQUI
ACH, THEY DIDNAE PUT SELL-BY DATES ON THEM BACK THEN, SO THEY SHOULD BE OKAY.

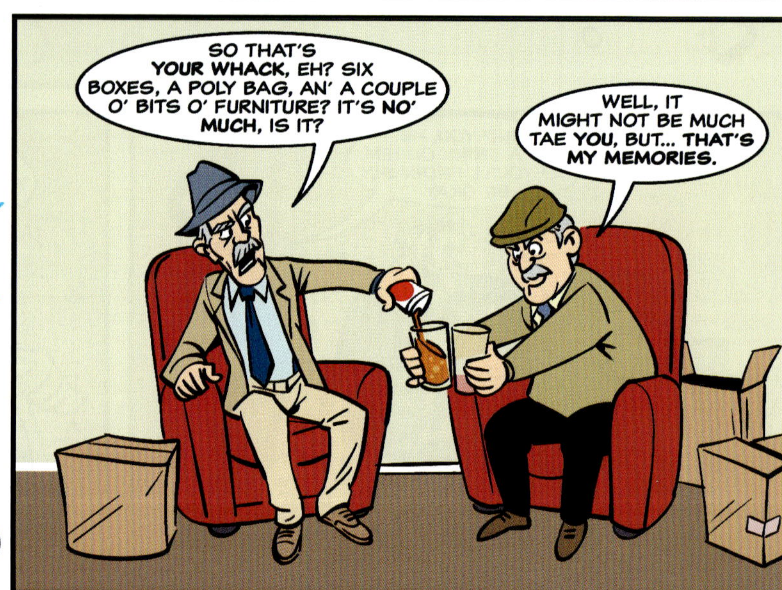

SO THAT'S YOUR WHACK, EH? SIX BOXES, A POLY BAG, AN' A COUPLE O' BITS O' FURNITURE? IT'S NO' MUCH, IS IT?
WELL, IT MIGHT NOT BE MUCH TAE YOU, BUT... THAT'S MY MEMORIES.

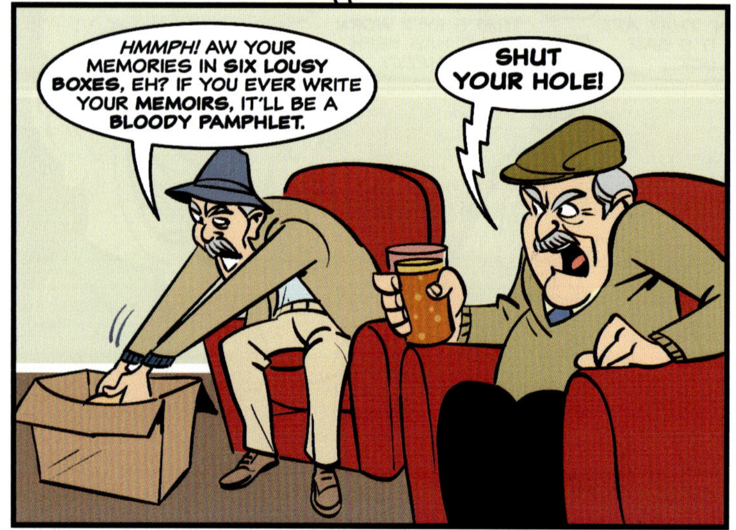

HMMPH! AW YOUR MEMORIES IN SIX LOUSY BOXES, EH? IF YOU EVER WRITE YOUR MEMOIRS, IT'LL BE A BLOODY PAMPHLET.
SHUT YOUR HOLE!

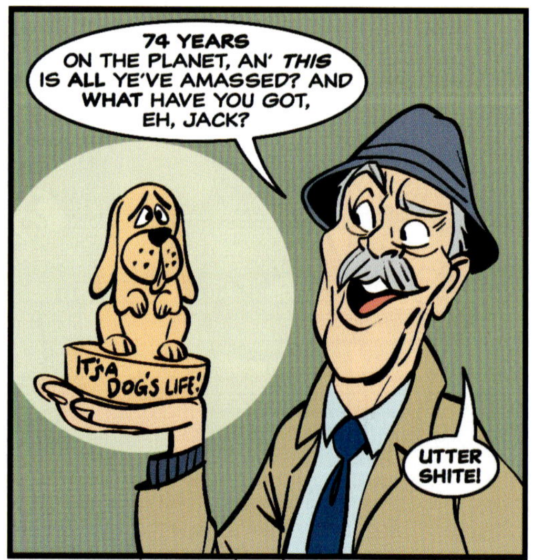

74 YEARS ON THE PLANET, AN' THIS IS ALL YE'VE AMASSED? AND WHAT HAVE YOU GOT, EH, JACK?
IT'S A DOG'S LIFE!
UTTER SHITE!

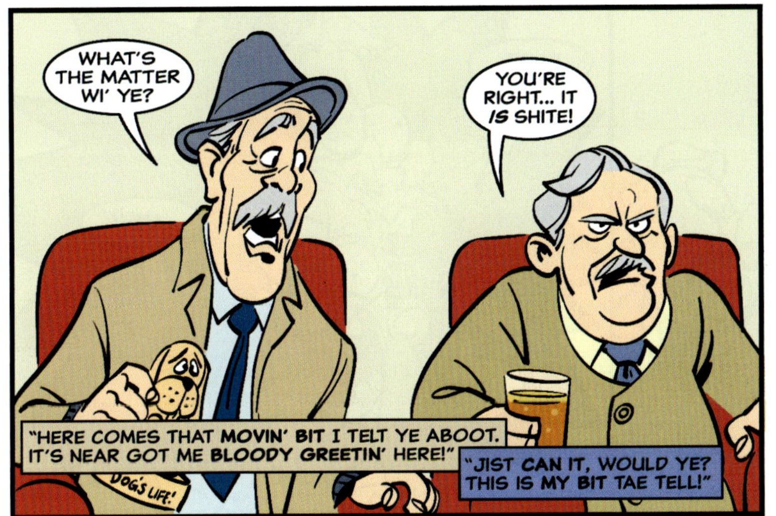

WHAT'S THE MATTER WI' YE?
YOU'RE RIGHT... IT IS SHITE!
"HERE COMES THAT MOVIN' BIT I TELT YE ABOOT. IT'S NEAR GOT ME BLOODY GREETIN' HERE!"
"JIST CAN IT, WOULD YE? THIS IS MY BIT TAE TELL!"
DOG'S LIFE!

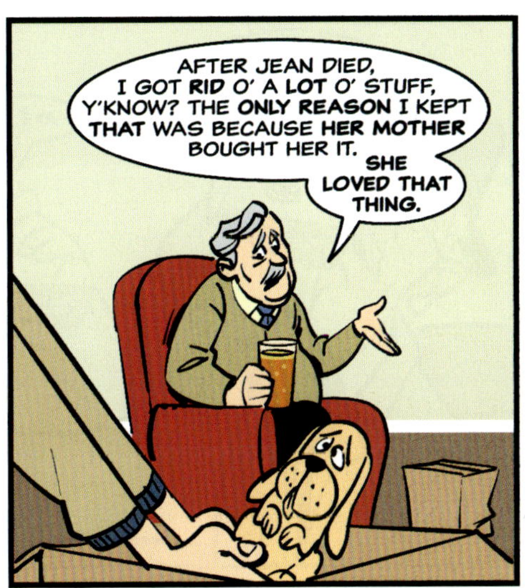

AFTER JEAN DIED, I GOT RID O' A LOT O' STUFF, Y'KNOW? THE ONLY REASON I KEPT THAT WAS BECAUSE HER MOTHER BOUGHT HER IT. SHE LOVED THAT THING.

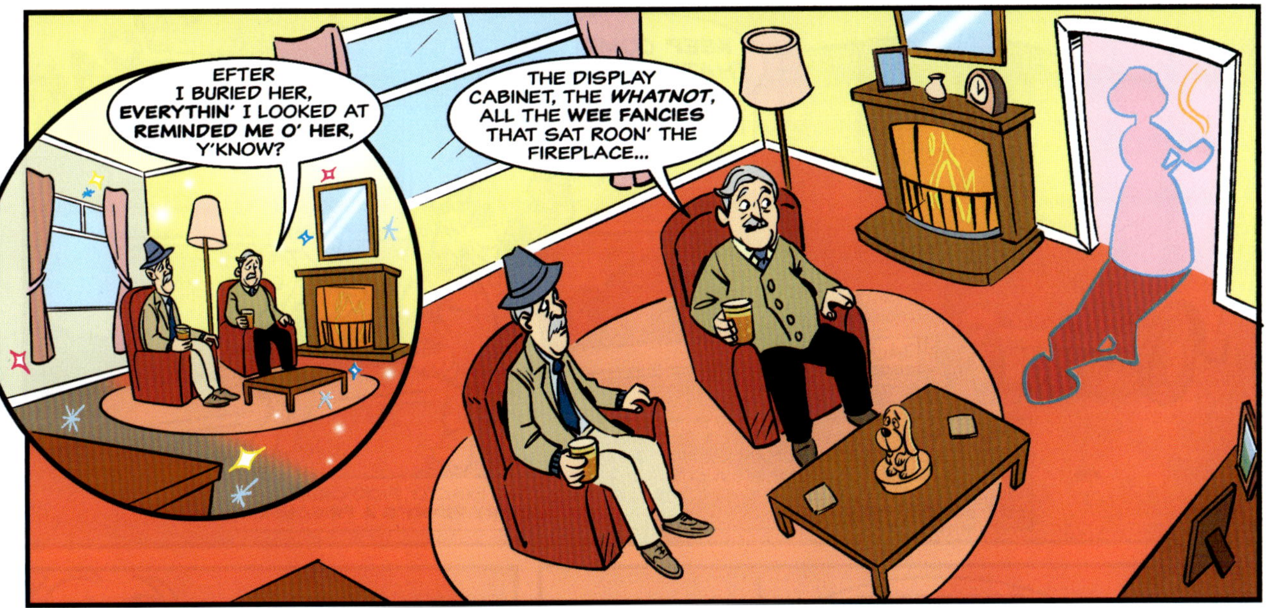

EFTER I BURIED HER, EVERYTHIN' I LOOKED AT REMINDED ME O' HER, Y'KNOW?
THE DISPLAY CABINET, THE WHATNOT, ALL THE WEE FANCIES THAT SAT ROON' THE FIREPLACE...

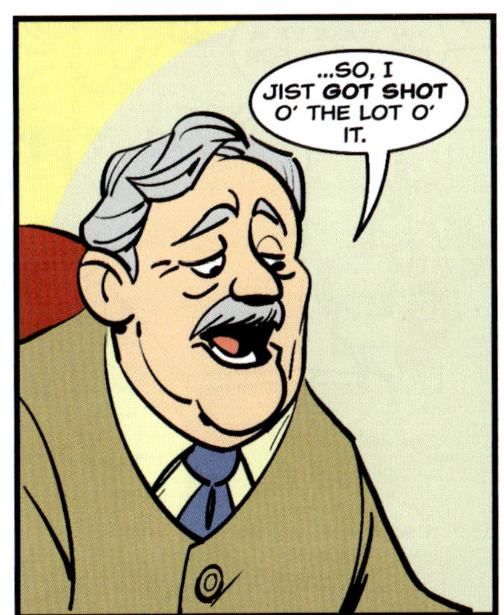

...SO, I JIST GOT SHOT O' THE LOT O' IT.

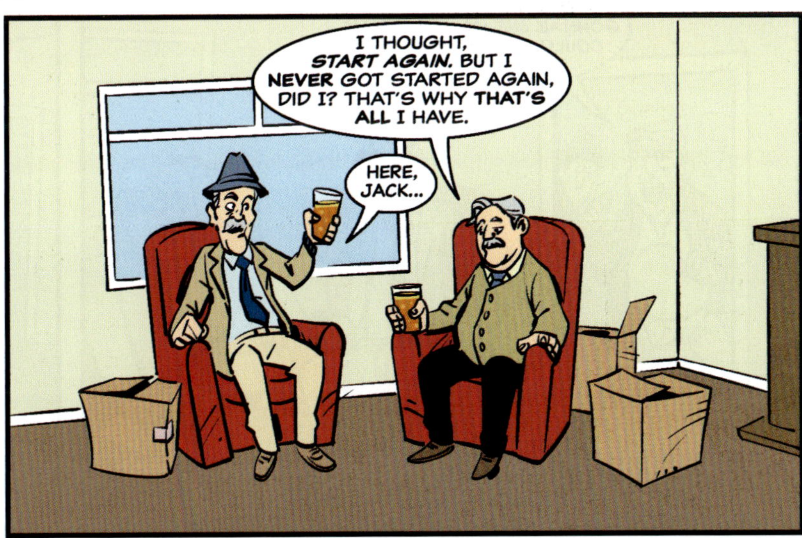

I THOUGHT, START AGAIN. BUT I NEVER GOT STARTED AGAIN, DID I? THAT'S WHY THAT'S ALL I HAVE.
HERE, JACK...

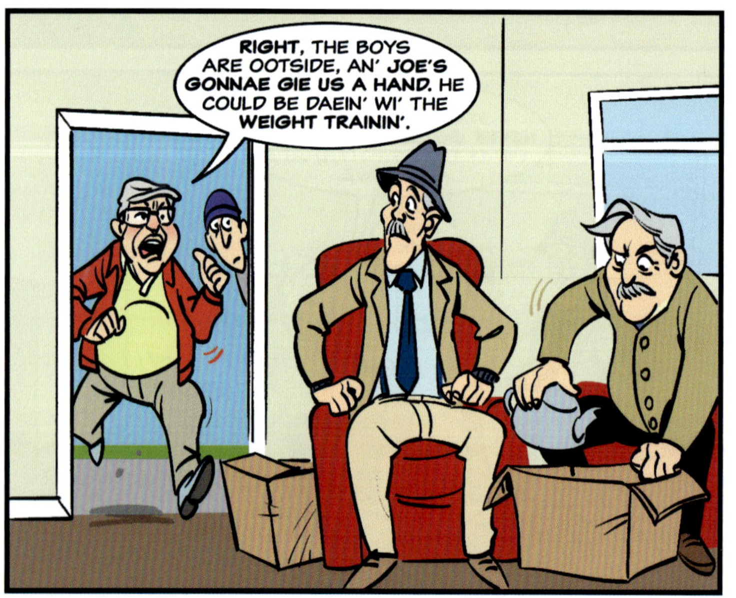

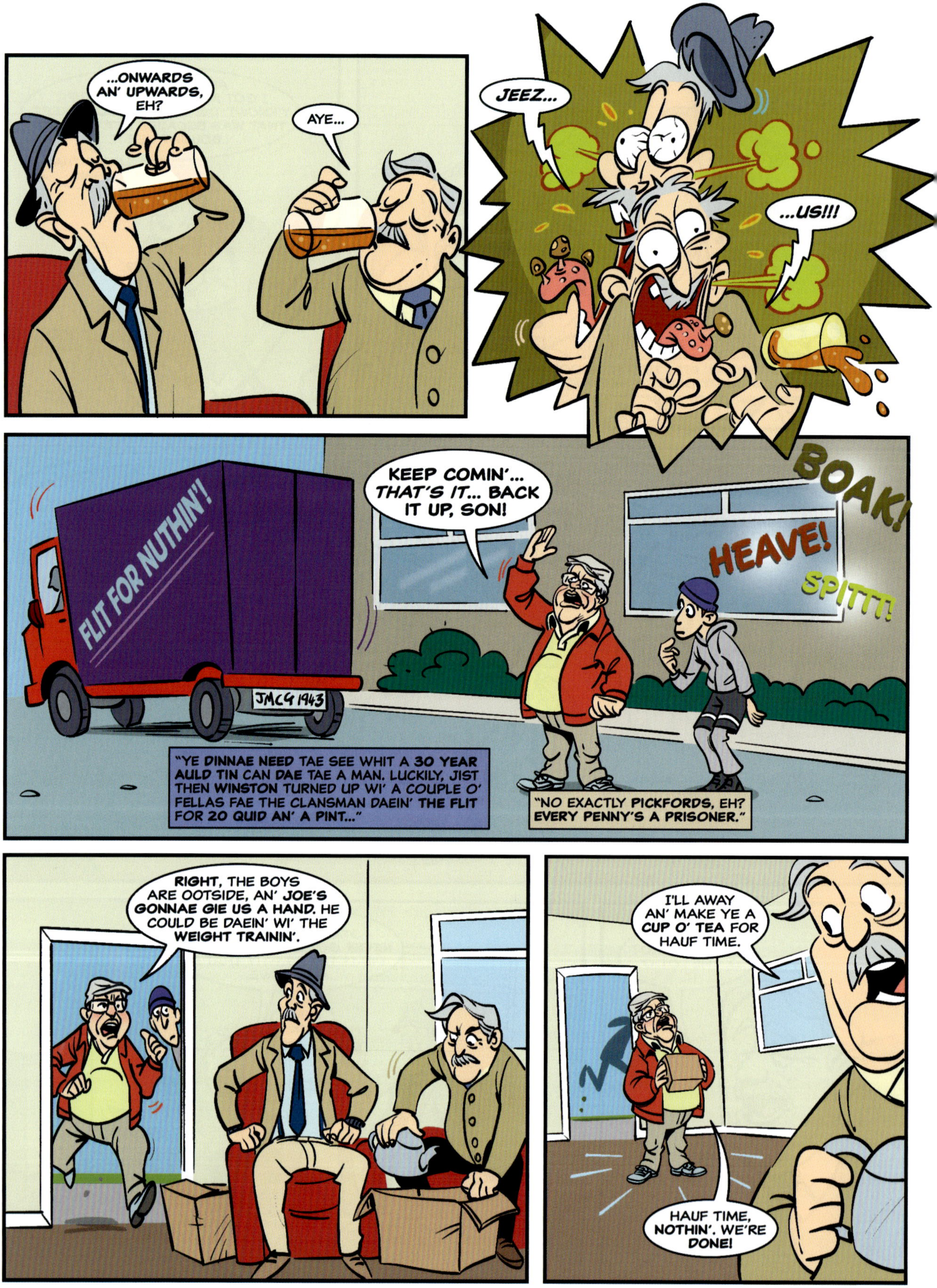

...ONWARDS AN' UPWARDS, EH?
AYE...
JEEZ...
...US!!!
FLIT FOR NUTHIN'!
KEEP COMIN'... THAT'S IT... BACK IT UP, SON!
BOAK!
HEAVE!
SPITTT!
JMC4 1943
"YE DINNAE NEED TAE SEE WHIT A 30 YEAR AULD TIN CAN DAE TAE A MAN. LUCKILY, JIST THEN WINSTON TURNED UP WI' A COUPLE O' FELLAS FAE THE CLANSMAN DAEIN' THE FLIT FOR 20 QUID AN' A PINT..."
"NO EXACTLY PICKFORDS, EH? EVERY PENNY'S A PRISONER."
RIGHT, THE BOYS ARE OOTSIDE, AN' JOE'S GONNAE GIE US A HAND. HE COULD BE DAEIN' WI' THE WEIGHT TRAININ'.

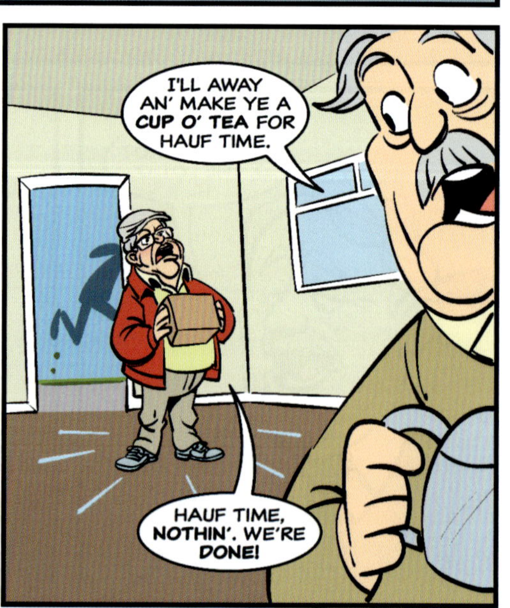

I'LL AWAY AN' MAKE YE A CUP O' TEA FOR HAUF TIME.
HAUF TIME, NOTHIN'. WE'RE DONE!

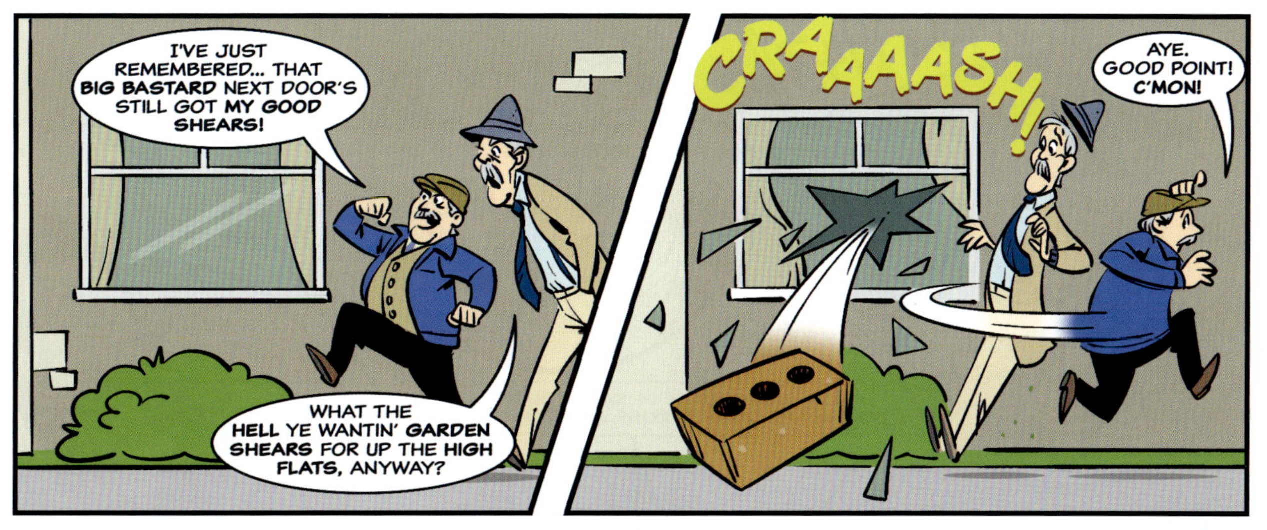
I'VE JUST REMEMBERED... THAT BIG BASTARD NEXT DOOR'S STILL GOT MY GOOD SHEARS!
WHAT THE HELL YE WANTIN' GARDEN SHEARS FOR UP THE HIGH FLATS, ANYWAY?
CRAAAAASH!
AYE. GOOD POINT! C'MON!

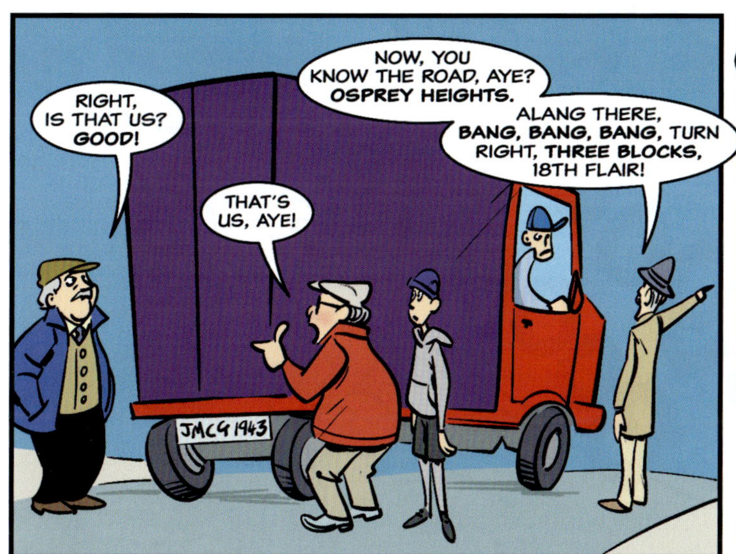
RIGHT, IS THAT US? GOOD!
NOW, YOU KNOW THE ROAD, AYE? OSPREY HEIGHTS.
ALANG THERE, BANG, BANG, BANG, TURN RIGHT, THREE BLOCKS, 18TH FLAIR!
THAT'S US, AYE!
JMC4 1943

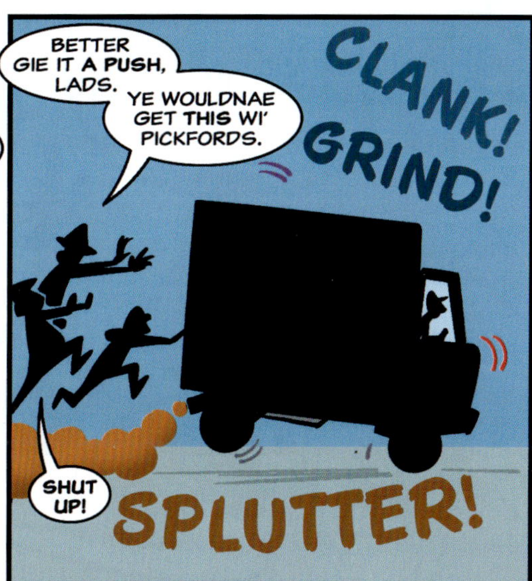
BETTER GIE IT A PUSH, LADS. YE WOULDNAE GET THIS WI' PICKFORDS.
CLANK! GRIND!
SHUT UP!
SPLUTTER!

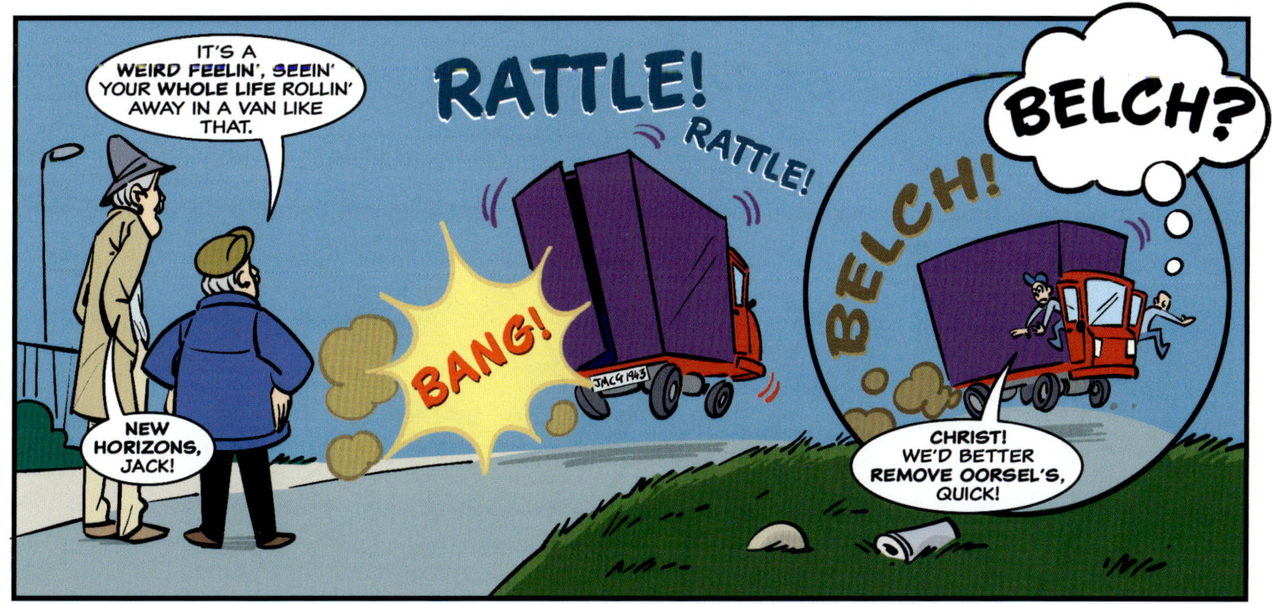
IT'S A WEIRD FEELIN', SEEIN' YOUR WHOLE LIFE ROLLIN' AWAY IN A VAN LIKE THAT.
NEW HORIZONS, JACK!
RATTLE! RATTLE!
BANG!
JMC4 1943
BELCH!
BELCH?
CHRIST! WE'D BETTER REMOVE OORSEL'S, QUICK!

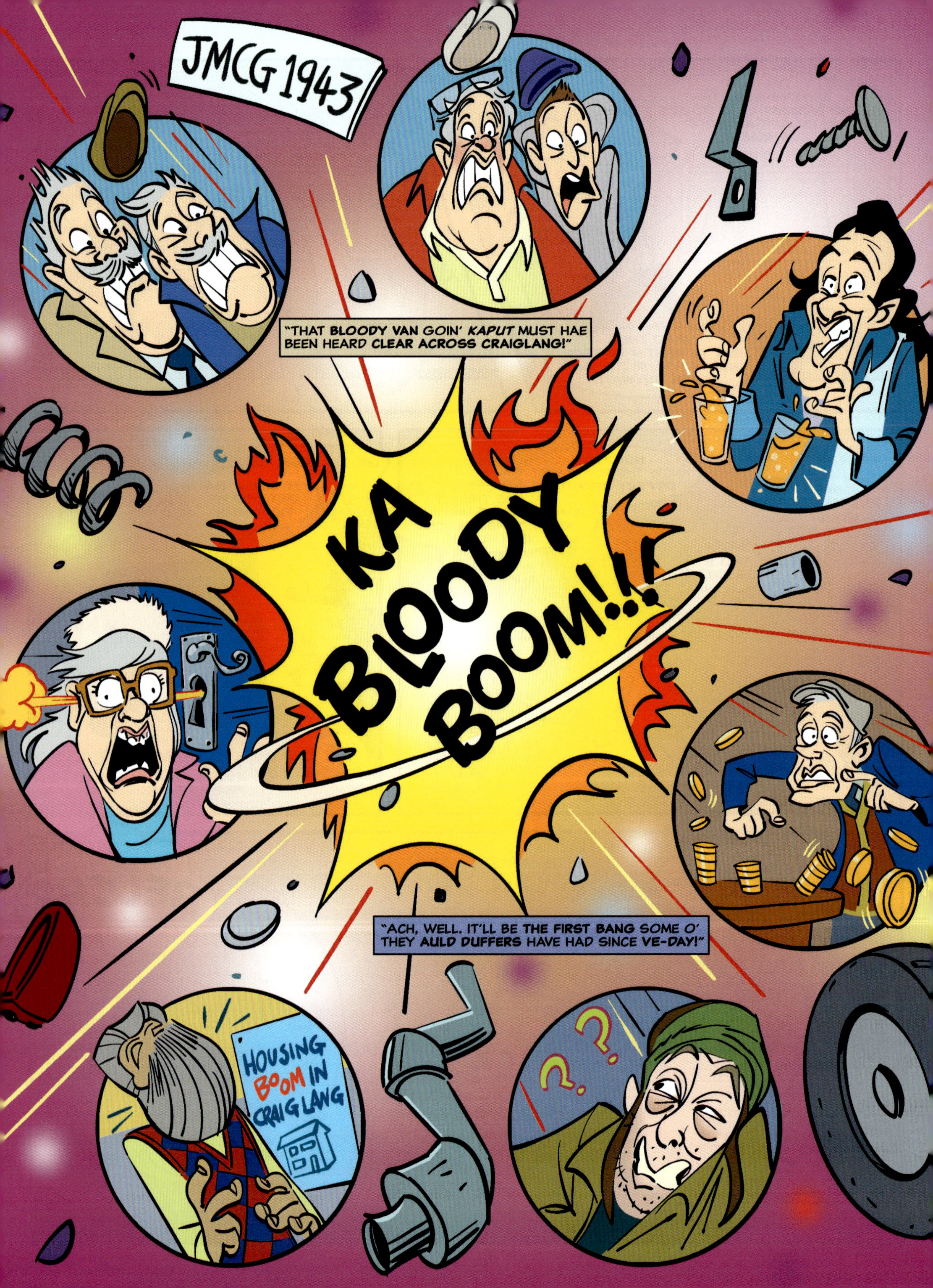

JMCG 1943
"THAT BLOODY VAN GOIN' KAPUT MUST HAE BEEN HEARD CLEAR ACROSS CRAIGLANG!"
KA BLOODY BOOM!!!
"ACH, WELL. IT'LL BE THE FIRST BANG SOME O' THEY AULD DUFFERS HAVE HAD SINCE VE-DAY!"
HOUSING BOOM IN CRAIGLANG

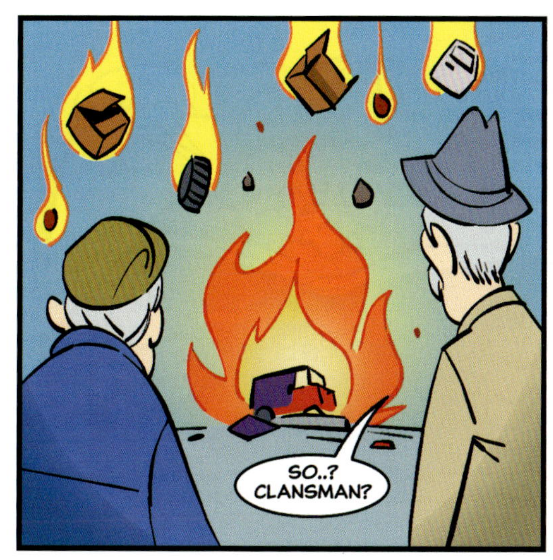
SO..?
CLANSMAN?

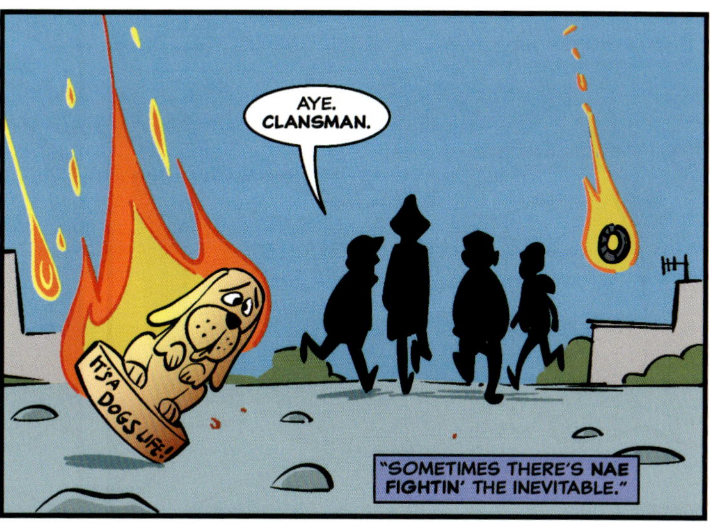
AYE.
CLANSMAN.
IT'S A DOGS LIFE!
"SOMETIMES THERE'S NAE FIGHTIN' THE INEVITABLE."

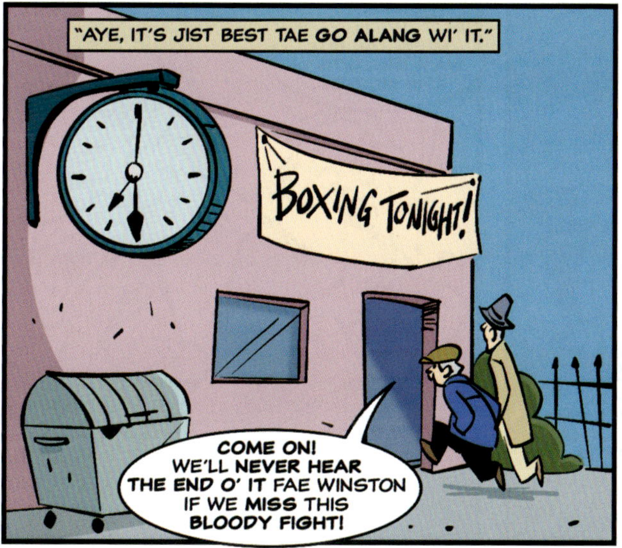
"AYE, IT'S JIST BEST TAE GO ALANG WI' IT."
BOXING TONIGHT!
COME ON!
WE'LL NEVER HEAR THE END O' IT FAE WINSTON IF WE MISS THIS BLOODY FIGHT!

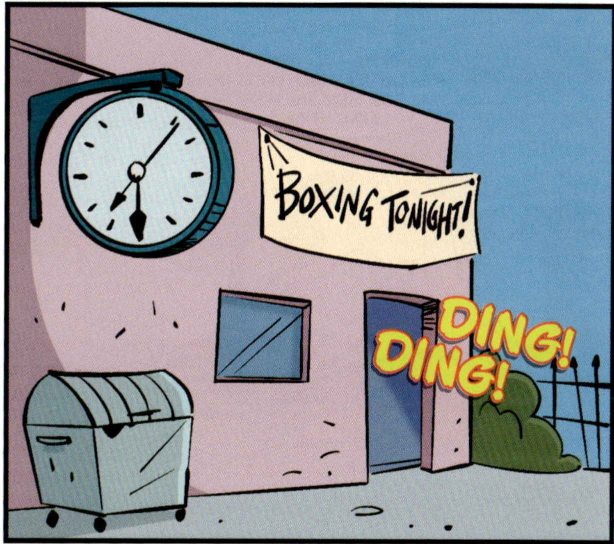
BOXING TONIGHT!
DING! DING!

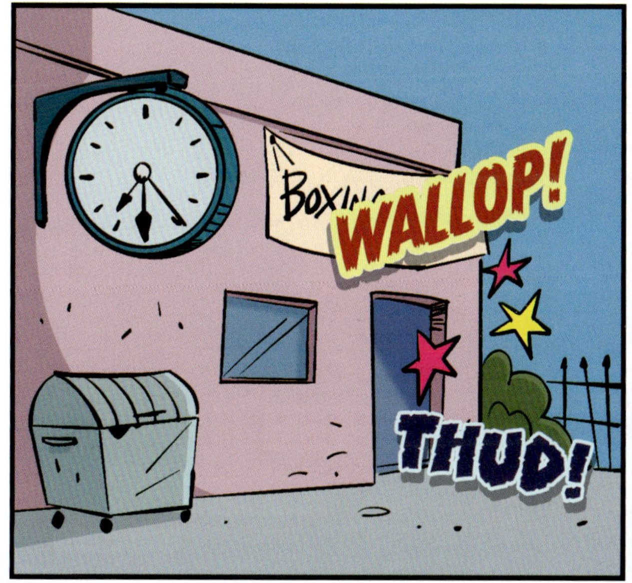
BOXING
WALLOP!
THUD!

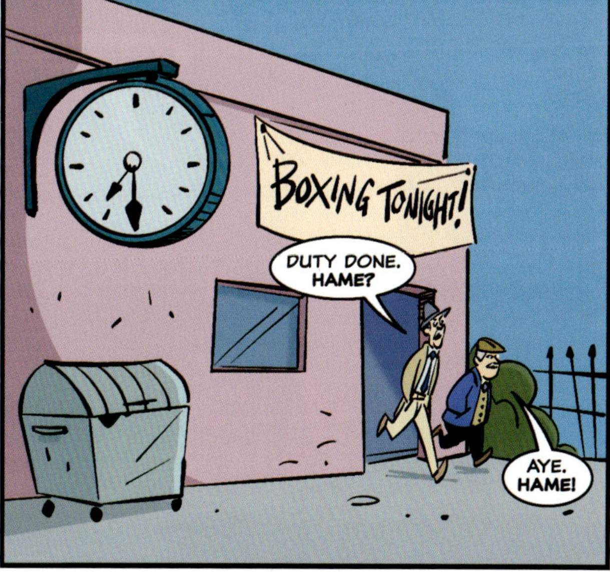
BOXING TONIGHT!
DUTY DONE. HAME?
AYE. HAME!

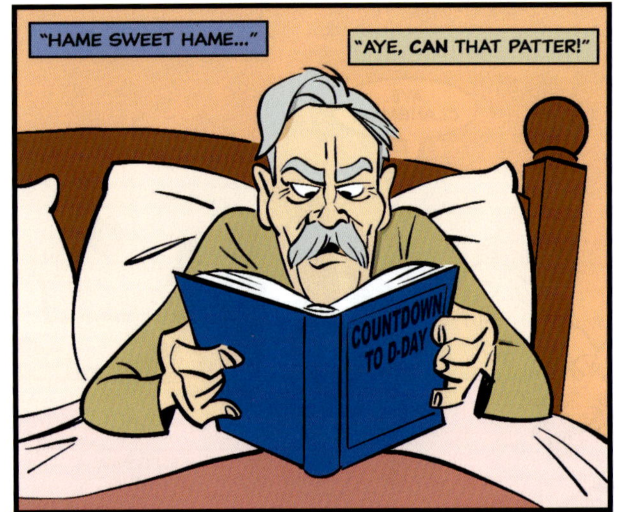

"HAME SWEET HAME..."
"AYE, CAN THAT PATTER!"
COUNTDOWN TO D-DAY

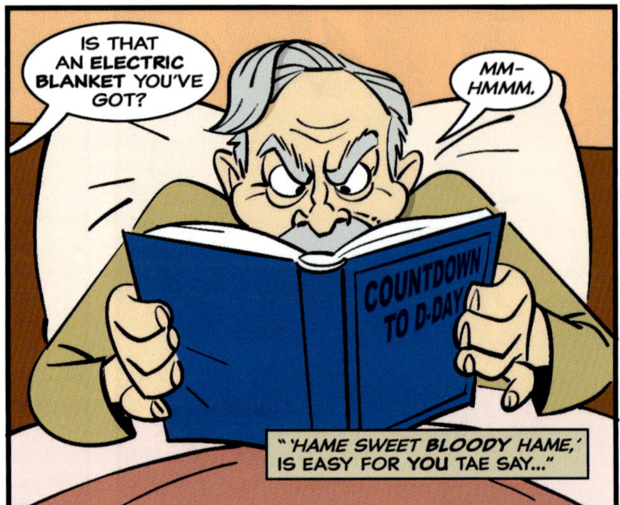

IS THAT AN ELECTRIC BLANKET YOU'VE GOT?
MM-HMMM.
COUNTDOWN TO D-DAY
"'HAME SWEET BLOODY HAME,' IS EASY FOR YOU TAE SAY..."

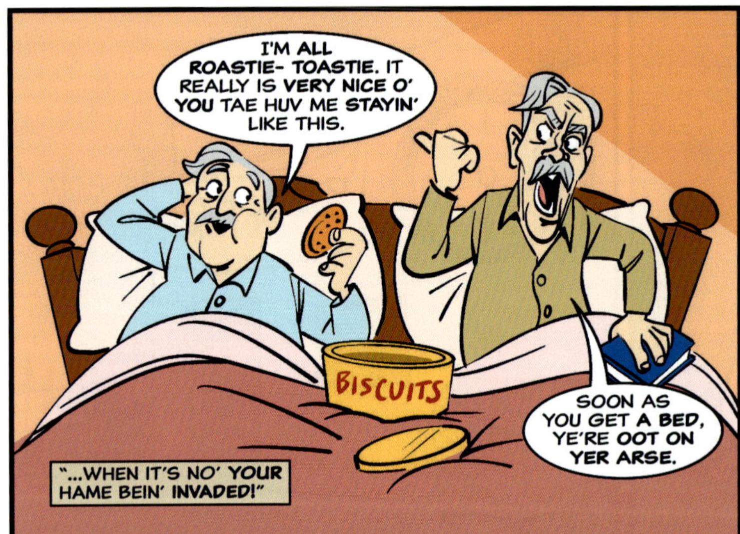

I'M ALL ROASTIE- TOASTIE. IT REALLY IS VERY NICE O' YOU TAE HUV ME STAYIN' LIKE THIS.
SOON AS YOU GET A BED, YE'RE OOT ON YER ARSE.
BISCUITS
"...WHEN IT'S NO' YOUR HAME BEIN' INVADED!"

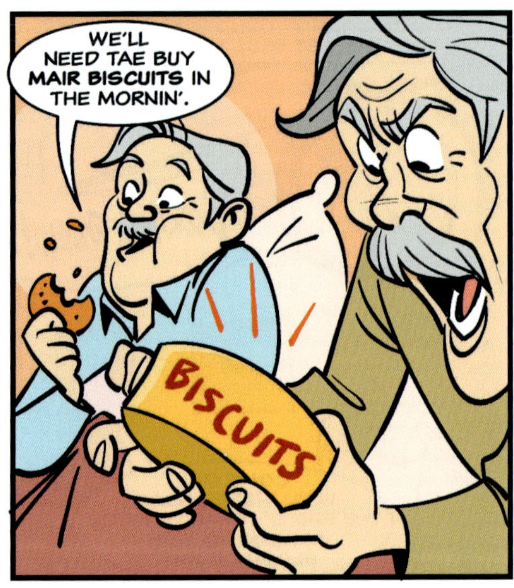

WE'LL NEED TAE BUY MAIR BISCUITS IN THE MORNIN'.
BISCUITS

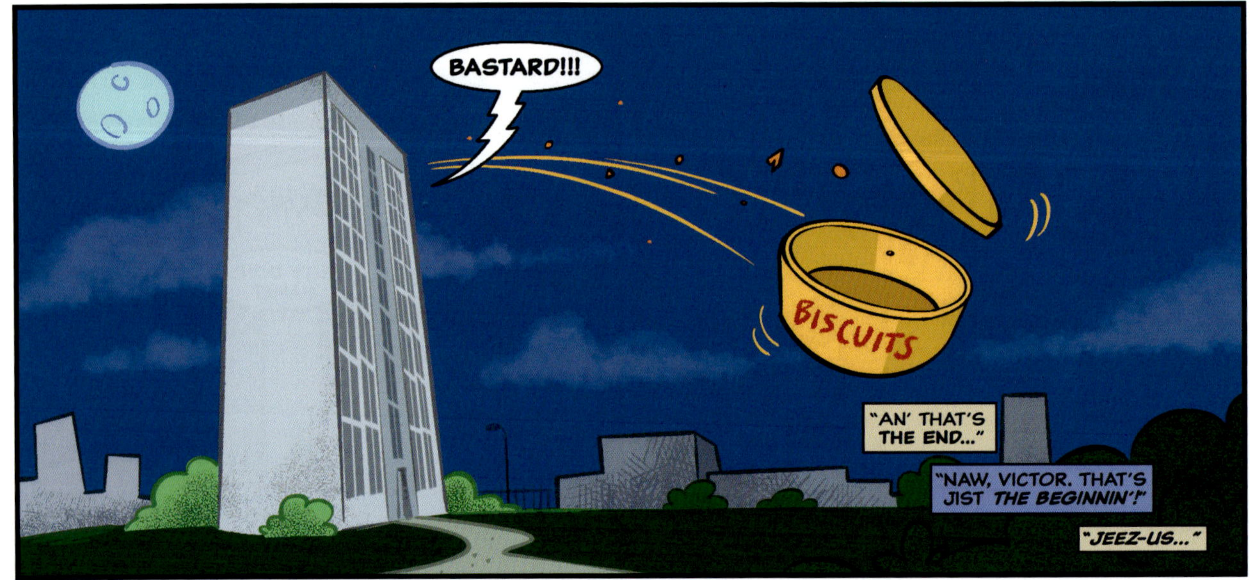

BASTARD!!!
BISCUITS
"AN' THAT'S THE END..."
"NAW, VICTOR. THAT'S JIST THE BEGINNIN'!"
"JEEZ-US..."

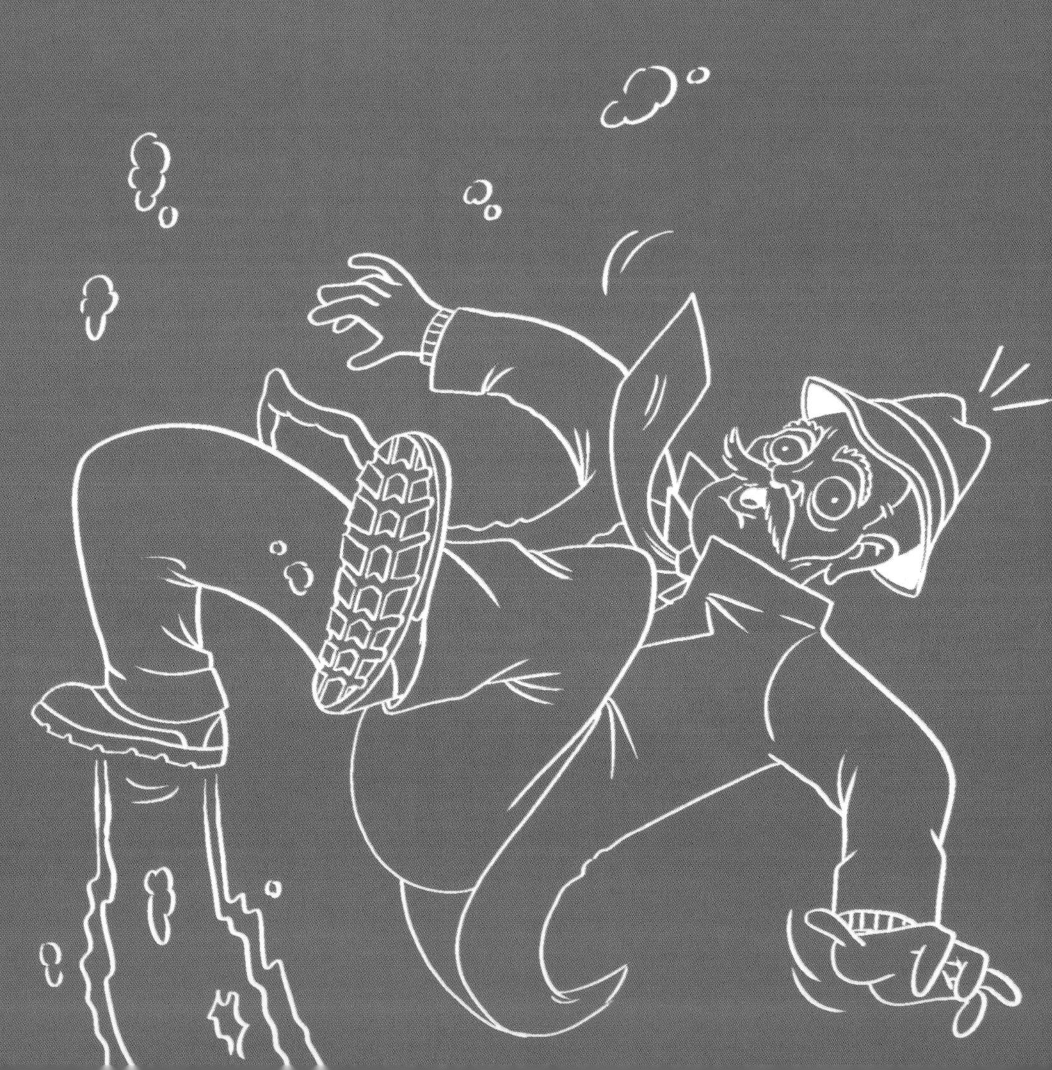

CAULD

BY
FORD KIERNAN &
GREG HEMPHILL

COMIC SCRIPT BY
DANIEL McGACHEY

ART BY
DEAN RANKINE

COLOUR BY
**GORDON TAIT &
THE SCUNNERED INK STUDIO**

LETTERING BY
DANIEL McGACHEY

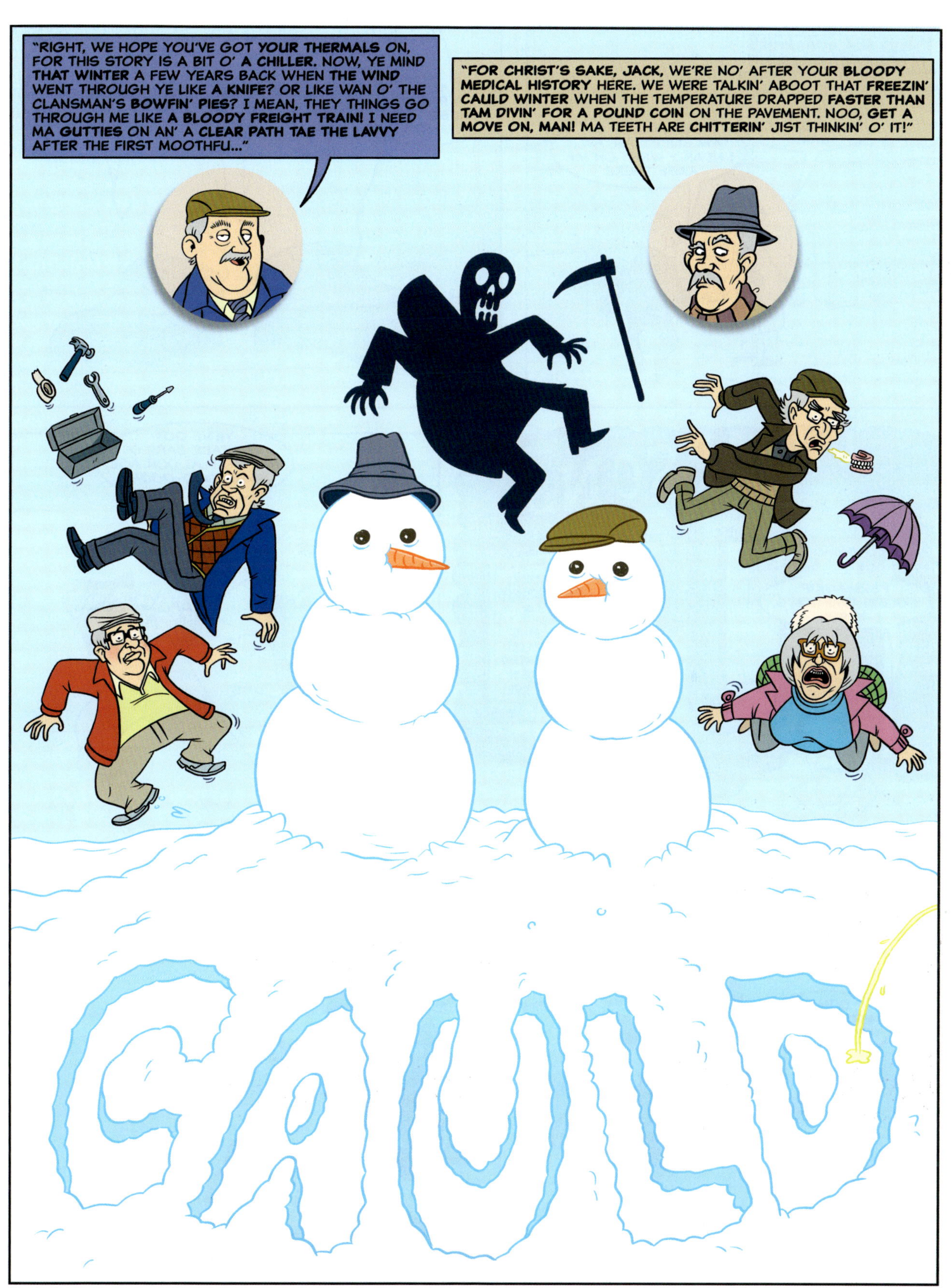

"RIGHT, WE HOPE YOU'VE GOT YOUR THERMALS ON, FOR THIS STORY IS A BIT O' A CHILLER. NOW, YE MIND THAT WINTER A FEW YEARS BACK WHEN THE WIND WENT THROUGH YE LIKE A KNIFE? OR LIKE WAN O' THE CLANSMAN'S BOWFIN' PIES? I MEAN, THEY THINGS GO THROUGH ME LIKE A BLOODY FREIGHT TRAIN! I NEED MA GUTTIES ON AN' A CLEAR PATH TAE THE LAVVY AFTER THE FIRST MOOTHFU..."
"FOR CHRIST'S SAKE, JACK, WE'RE NO' AFTER YOUR BLOODY MEDICAL HISTORY HERE. WE WERE TALKIN' ABOOT THAT FREEZIN' CAULD WINTER WHEN THE TEMPERATURE DRAPPED FASTER THAN TAM DIVIN' FOR A POUND COIN ON THE PAVEMENT. NOO, GET A MOVE ON, MAN! MA TEETH ARE CHITTERIN' JIST THINKIN' O' IT!"
CAULD

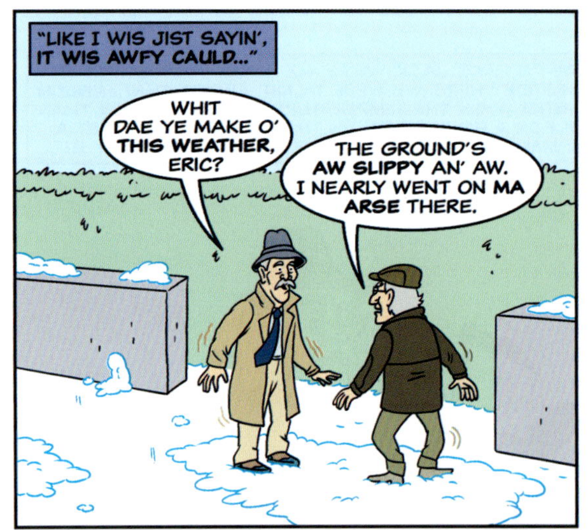

"LIKE I WIS JIST SAYIN', IT WIS AWFY CAULD..."
WHIT DAE YE MAKE O' THIS WEATHER, ERIC?
THE GROUND'S AW SLIPPY AN' AW. I NEARLY WENT ON MA ARSE THERE.

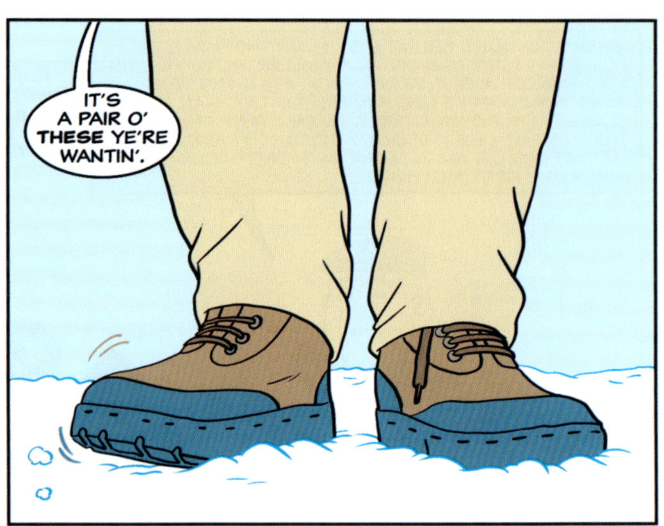

IT'S A PAIR O' THESE YE'RE WANTIN'.

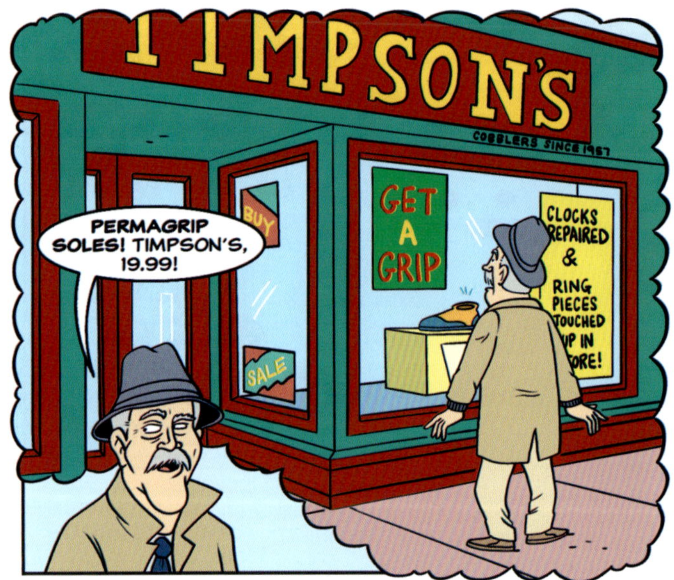

TIMPSON'S
COBBLERS SINCE 1967
GET A GRIP
BUY
SALE
CLOCKS REPAIRED & RING PIECES TOUCHED UP IN STORE!
PERMAGRIP SOLES! TIMPSON'S, 19.99!

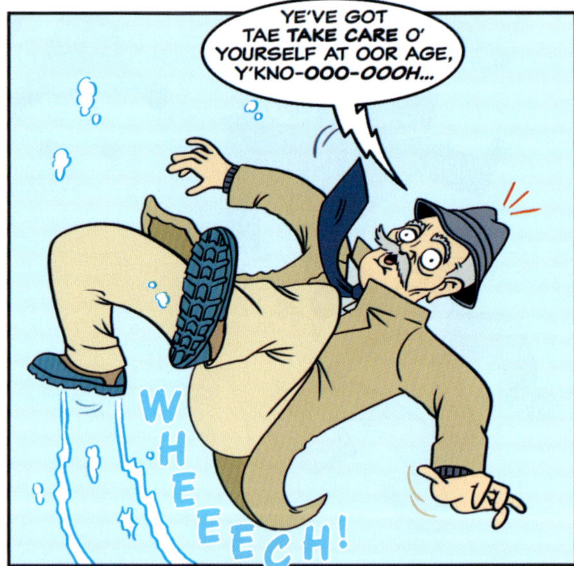

YE'VE GOT TAE TAKE CARE O' YOURSELF AT OOR AGE, Y'KNO-OOO-OOOH...
WHEEEECH!

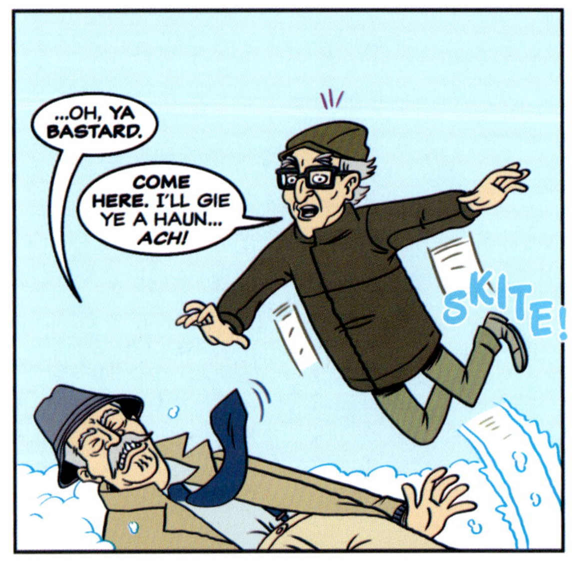

...OH, YA BASTARD.
COME HERE. I'LL GIE YE A HAUN... ACH!
SKITE!

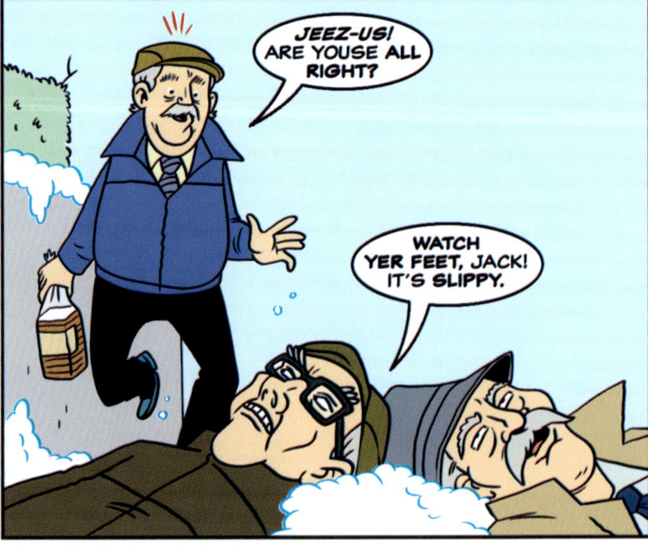

JEEZ-US! ARE YOUSE ALL RIGHT?
WATCH YER FEET, JACK! IT'S SLIPPY.

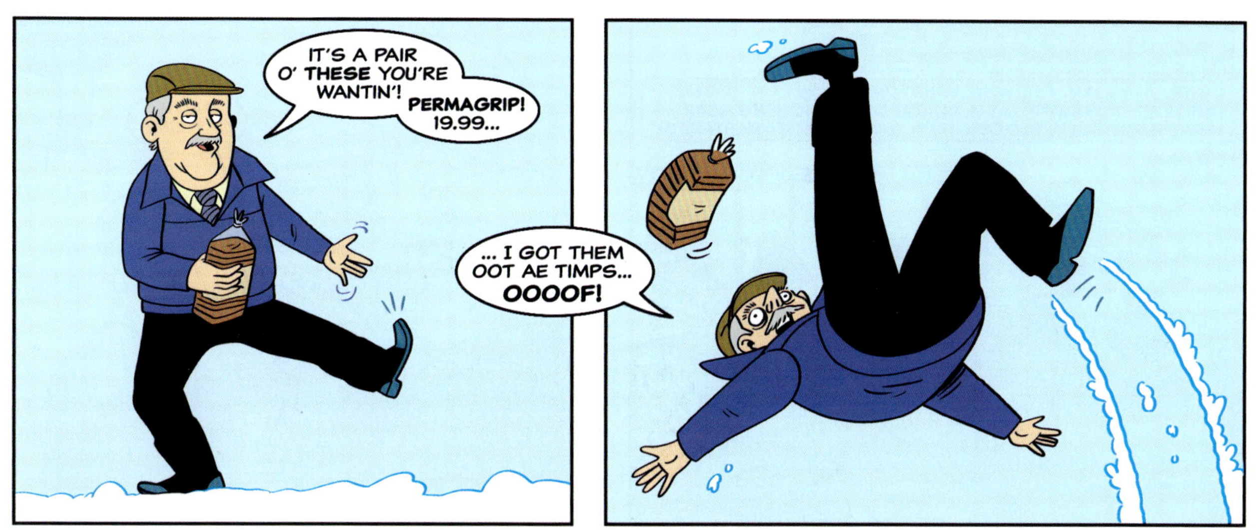

IT'S A PAIR O' THESE YOU'RE WANTIN'! PERMAGRIP! 19.99...
... I GOT THEM OOT AE TIMPS... OOOOF!

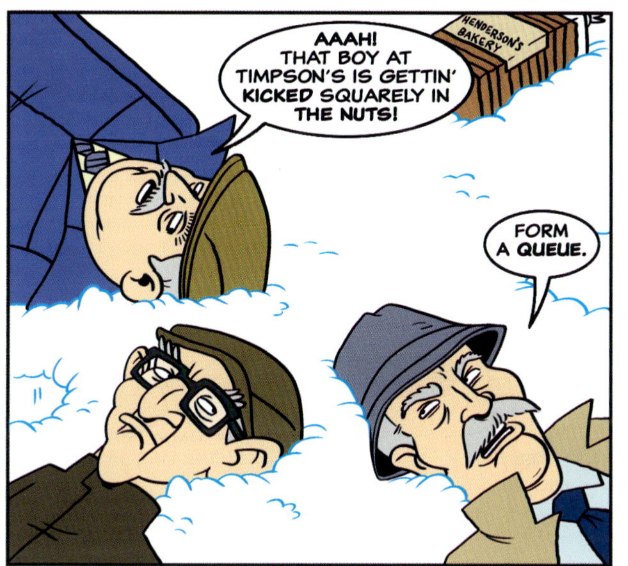

HENDERSON'S BAKERY
AAAH! THAT BOY AT TIMPSON'S IS GETTIN' KICKED SQUARELY IN THE NUTS!
FORM A QUEUE.

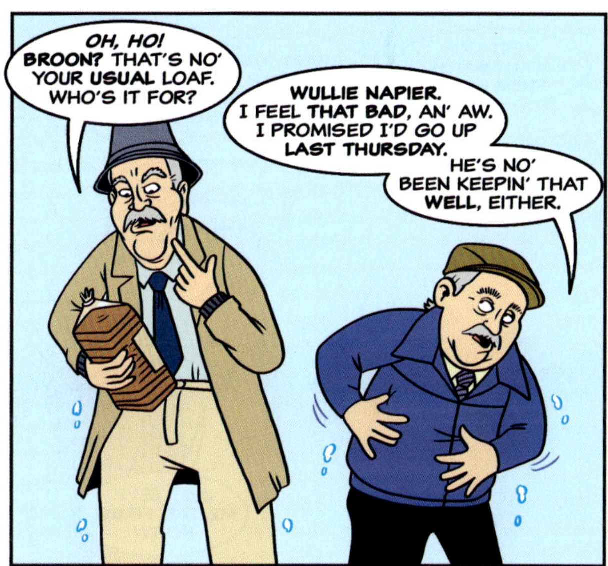

OH, HO! BROON? THAT'S NO' YOUR USUAL LOAF. WHO'S IT FOR?
WULLIE NAPIER. I FEEL THAT BAD, AN' AW. I PROMISED I'D GO UP LAST THURSDAY.
HE'S NO' BEEN KEEPIN' THAT WELL, EITHER.

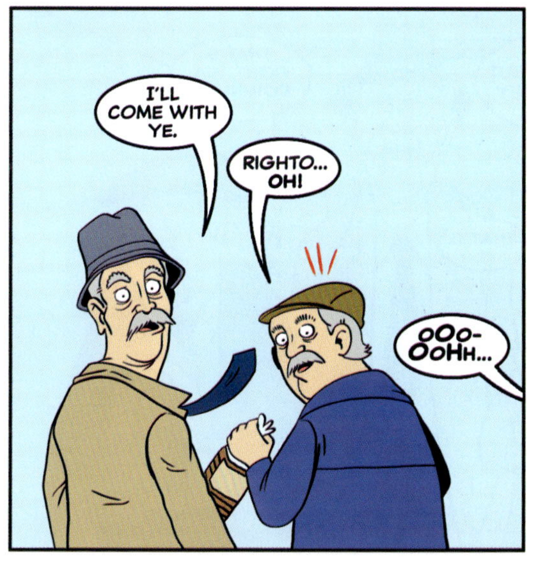

I'LL COME WITH YE.
RIGHTO... OH!
OOO-OOHH...

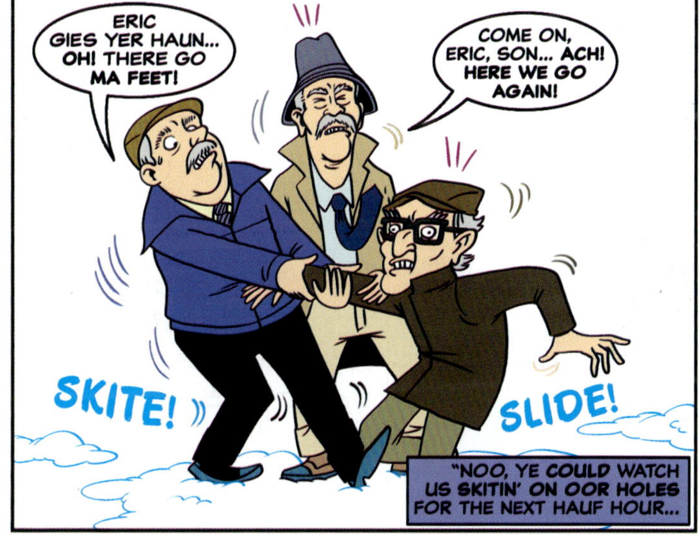

ERIC GIES YER HAUN... OH! THERE GO MA FEET!
COME ON, ERIC, SON... ACH! HERE WE GO AGAIN!
SKITE!
SLIDE!
"NOO, YE COULD WATCH US SKITIN' ON OOR HOLES FOR THE NEXT HAUF HOUR...

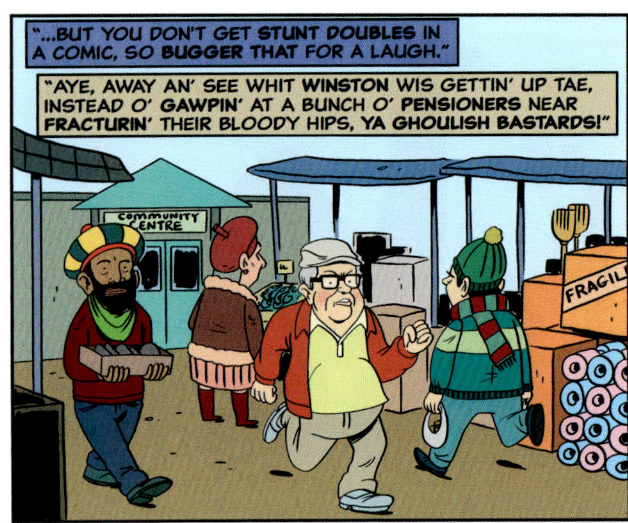

"...BUT YOU DON'T GET STUNT DOUBLES IN A COMIC, SO BUGGER THAT FOR A LAUGH."
"AYE, AWAY AN' SEE WHIT WINSTON WIS GETTIN' UP TAE, INSTEAD O' GAWPIN' AT A BUNCH O' PENSIONERS NEAR FRACTURIN' THEIR BLOODY HIPS, YA GHOULISH BASTARDS!"
COMMUNITY CENTRE
FRAGIL

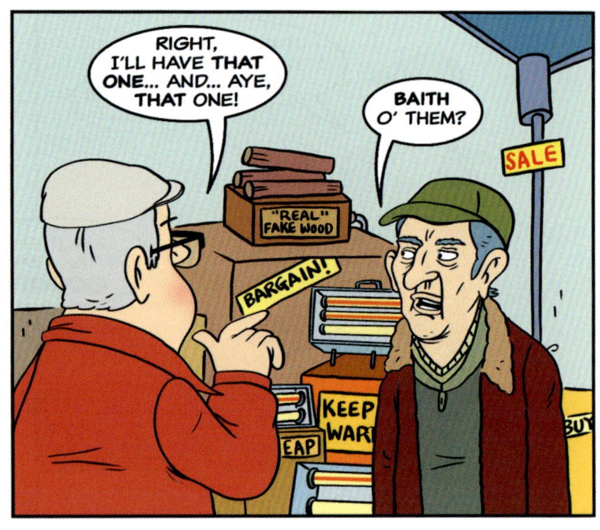

RIGHT, I'LL HAVE THAT ONE... AND... AYE, THAT ONE!
BAITH O' THEM?
SALE
"REAL" FAKE WOOD
BARGAIN!
KEEP WARM
EAP
BUY

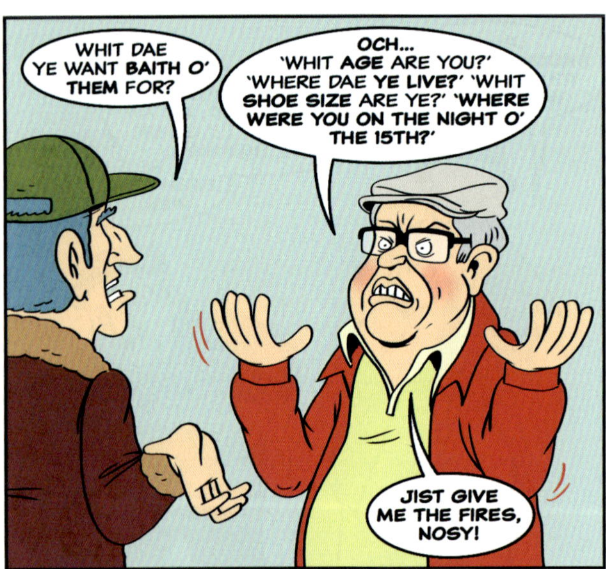

WHIT DAE YE WANT BAITH O' THEM FOR?
OCH... 'WHIT AGE ARE YOU?' 'WHERE DAE YE LIVE?' 'WHIT SHOE SIZE ARE YE?' 'WHERE WERE YOU ON THE NIGHT O' THE 15TH?'
JIST GIVE ME THE FIRES, NOSY!

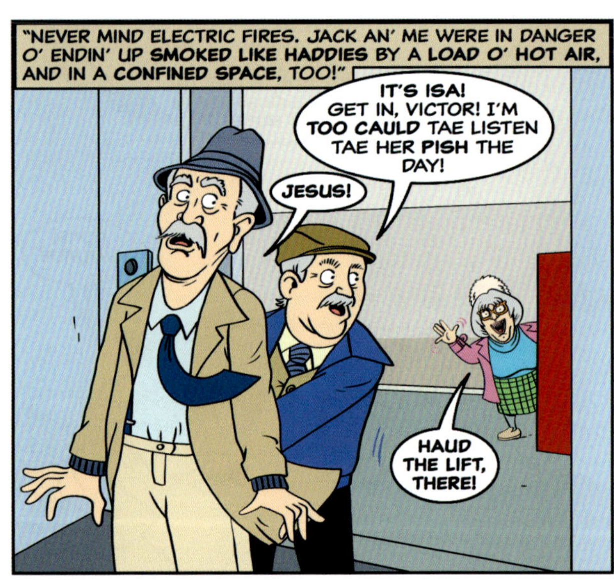

"NEVER MIND ELECTRIC FIRES. JACK AN' ME WERE IN DANGER O' ENDIN' UP SMOKED LIKE HADDIES BY A LOAD O' HOT AIR, AND IN A CONFINED SPACE, TOO!"
IT'S ISA! GET IN, VICTOR! I'M TOO CAULD TAE LISTEN TAE HER PISH THE DAY!
JESUS!
HAUD THE LIFT, THERE!

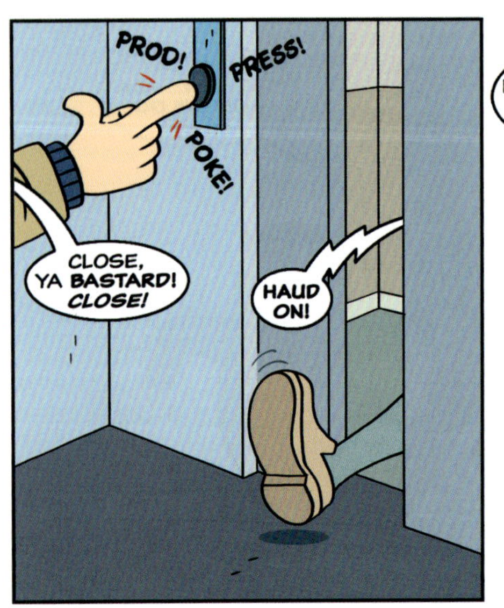

PROD!
PRESS!
POKE!
CLOSE, YA BASTARD! CLOSE!
HAUD ON!

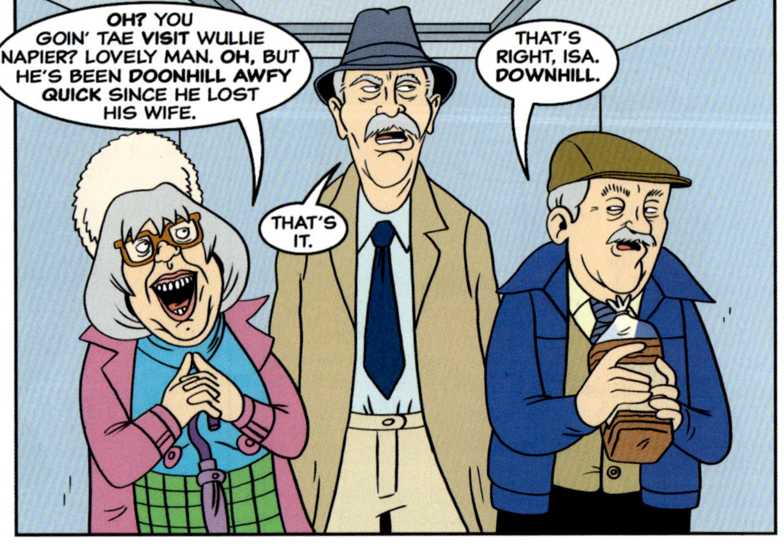

OH? YOU GOIN' TAE VISIT WULLIE NAPIER? LOVELY MAN. OH, BUT HE'S BEEN DOONHILL AWFY QUICK SINCE HE LOST HIS WIFE.
THAT'S RIGHT, ISA. DOWNHILL.
THAT'S IT.

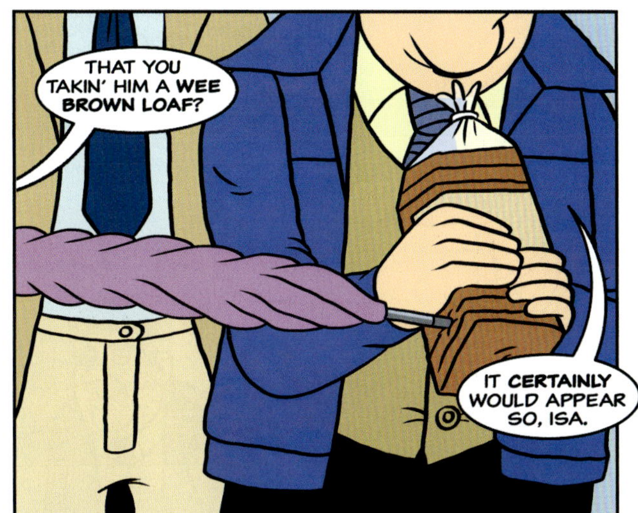

THAT YOU TAKIN' HIM A WEE BROWN LOAF?
IT CERTAINLY WOULD APPEAR SO, ISA.

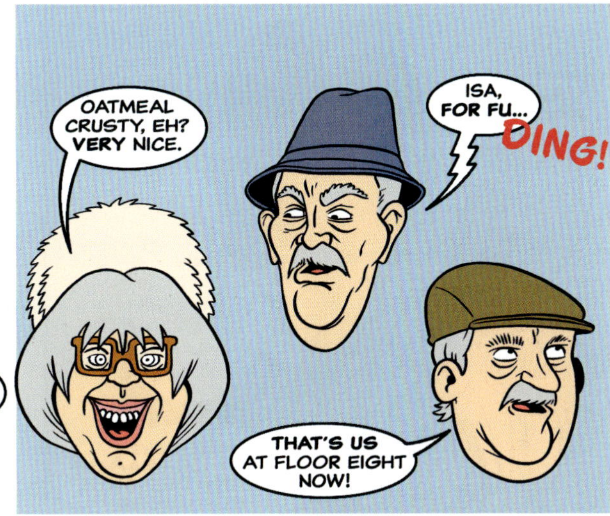

OATMEAL CRUSTY, EH? VERY NICE.
ISA, FOR FU...
DING!
THAT'S US AT FLOOR EIGHT NOW!

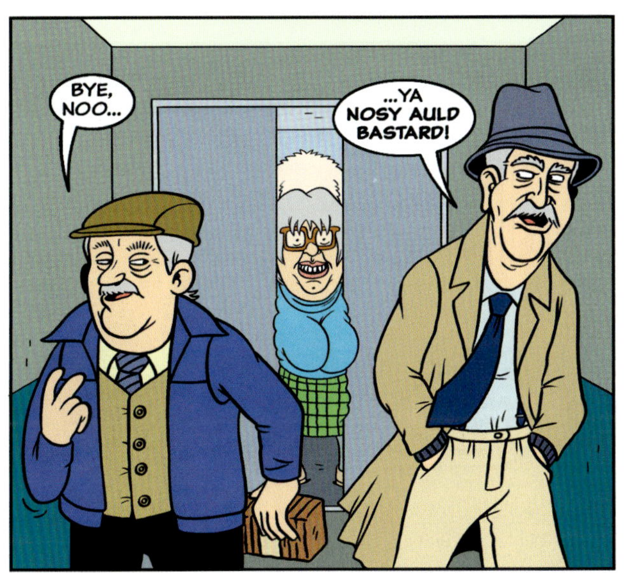

BYE, NOO...
...YA NOSY AULD BASTARD!

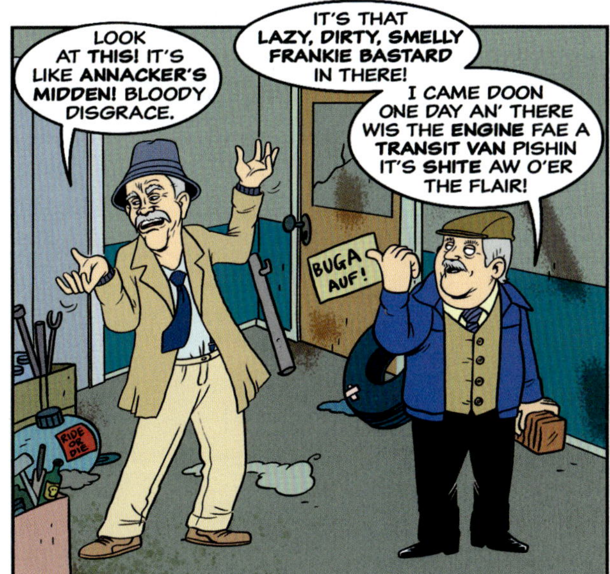

LOOK AT THIS! IT'S LIKE ANNACKER'S MIDDEN! BLOODY DISGRACE.
IT'S THAT LAZY, DIRTY, SMELLY FRANKIE BASTARD IN THERE!
I CAME DOON ONE DAY AN' THERE WIS THE ENGINE FAE A TRANSIT VAN PISHIN IT'S SHITE AW O'ER THE FLAIR!
BUGA AUF!

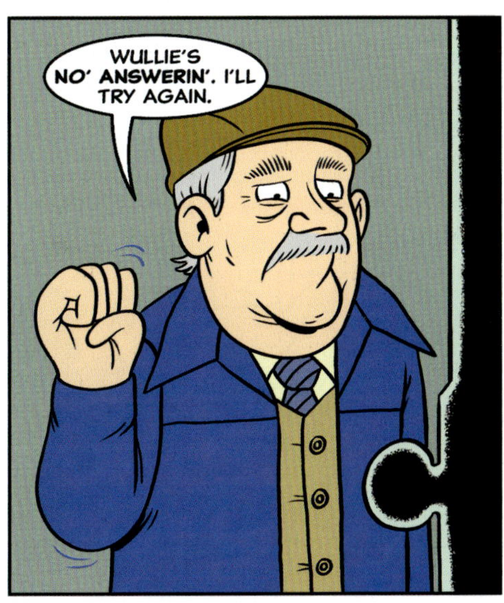

WULLIE'S NO' ANSWERIN'. I'LL TRY AGAIN.

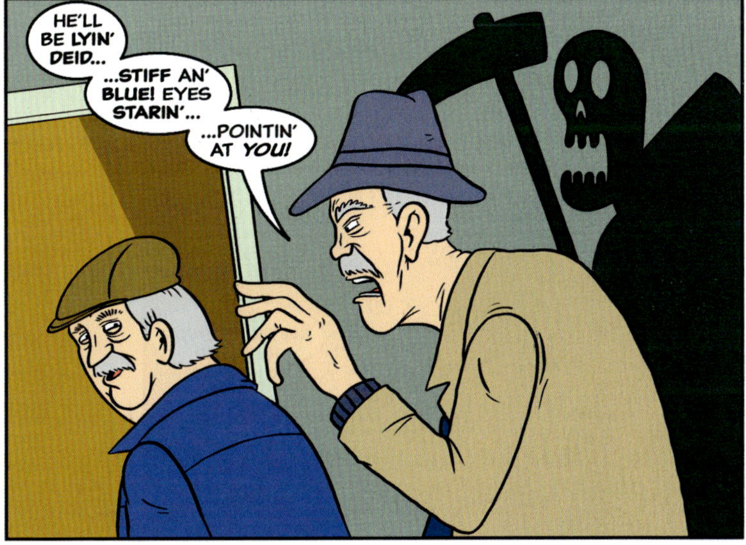

HE'LL BE LYIN' DEID...
...STIFF AN' BLUE! EYES STARIN'...
...POINTIN' AT YOU!

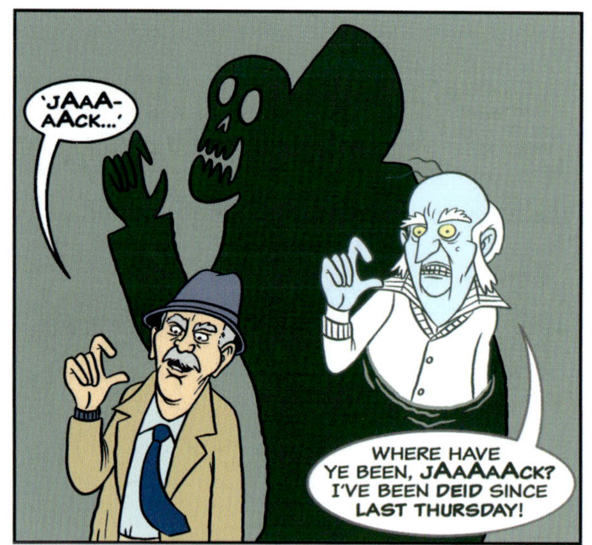
'JAAA-AACK...'
WHERE HAVE YE BEEN, JAAAAACK? I'VE BEEN DEID SINCE LAST THURSDAY!

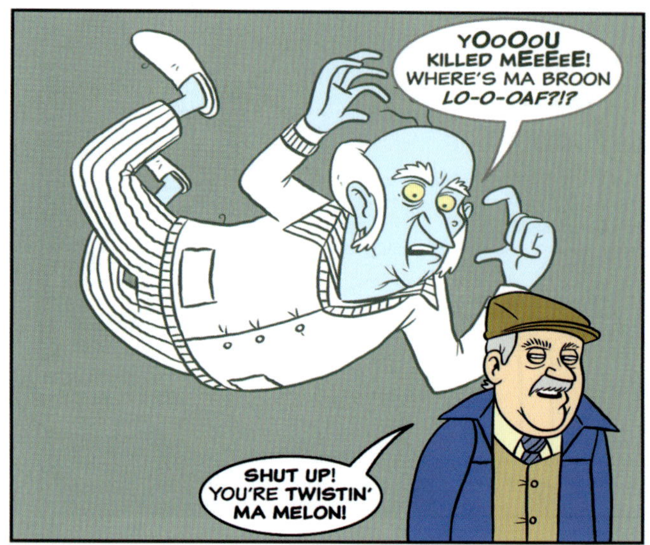
YOoOoU KILLED MEeEeE! WHERE'S MA BROON LO-O-OAF?!?
SHUT UP! YOU'RE TWISTIN' MA MELON!

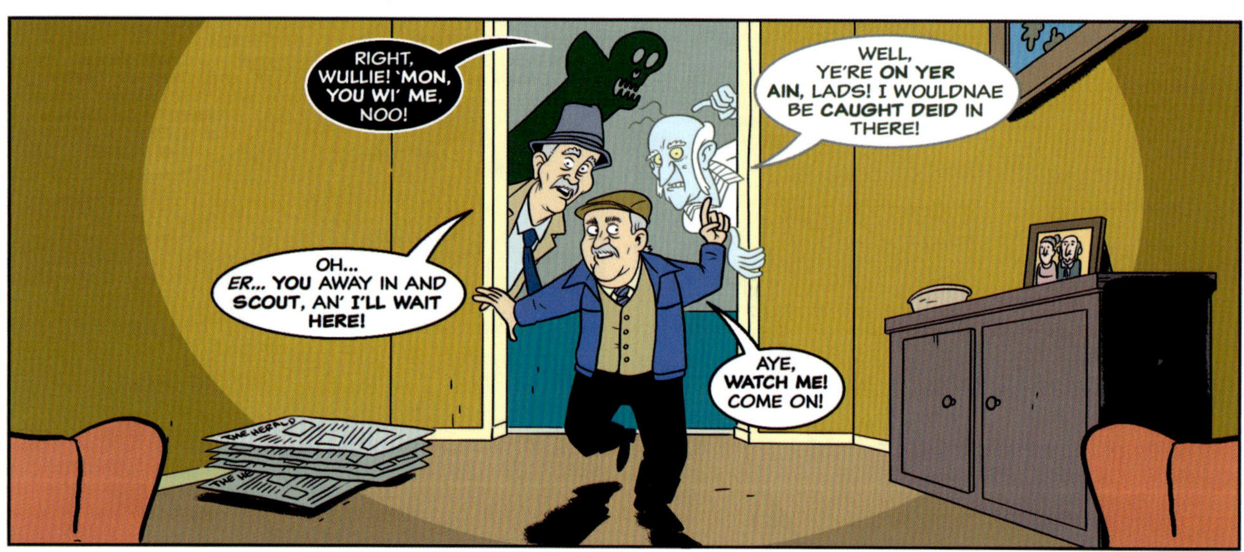
RIGHT, WULLIE! 'MON, YOU WI' ME, NOO!
WELL, YE'RE ON YER AIN, LADS! I WOULDNAE BE CAUGHT DEID IN THERE!
OH... ER... YOU AWAY IN AND SCOUT, AN' I'LL WAIT HERE!
AYE, WATCH ME! COME ON!

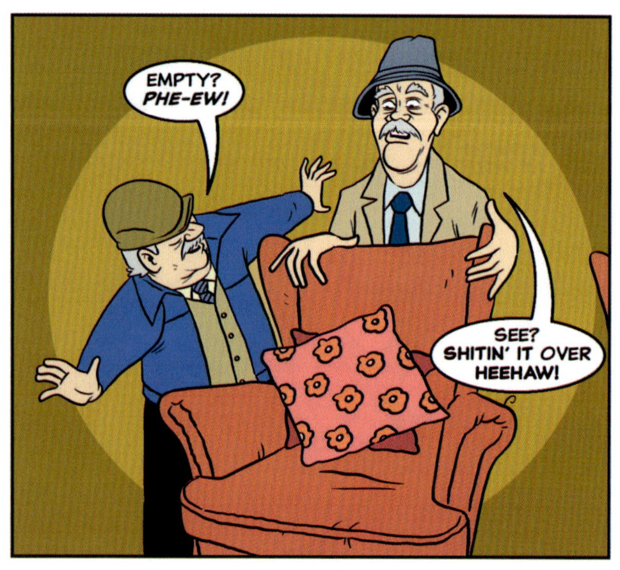
EMPTY? PHE-EW!
SEE? SHITIN' IT OVER HEEHAW!

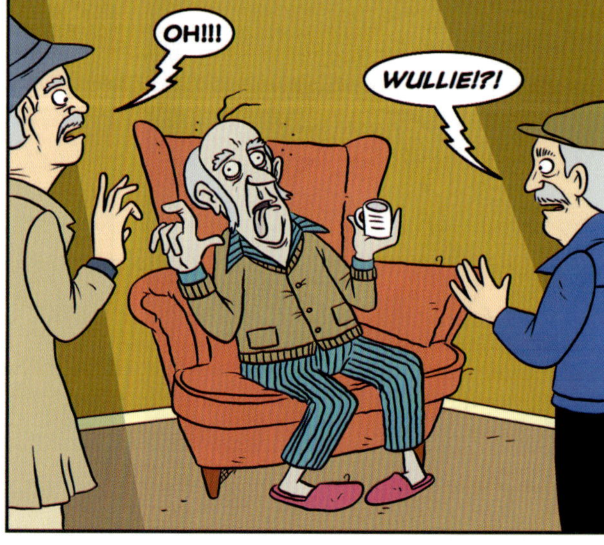
OH!!!
WULLIE!?!

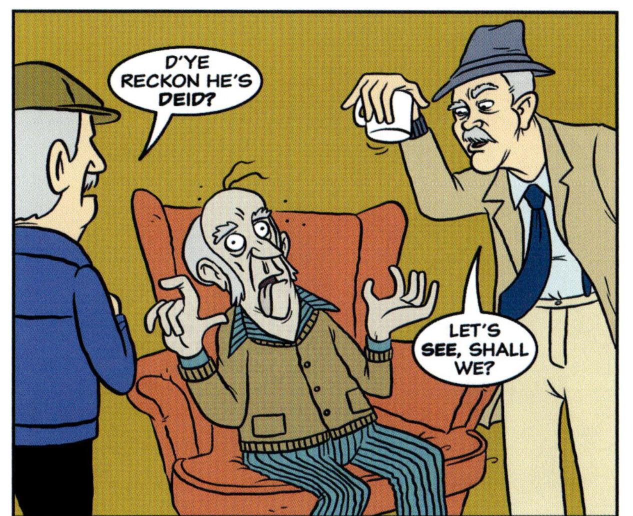

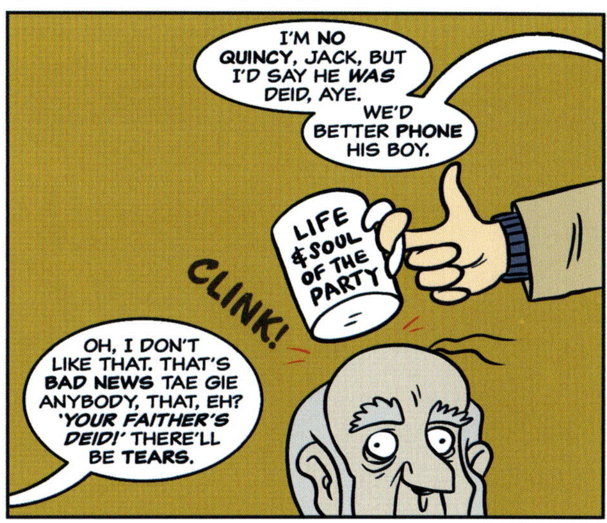

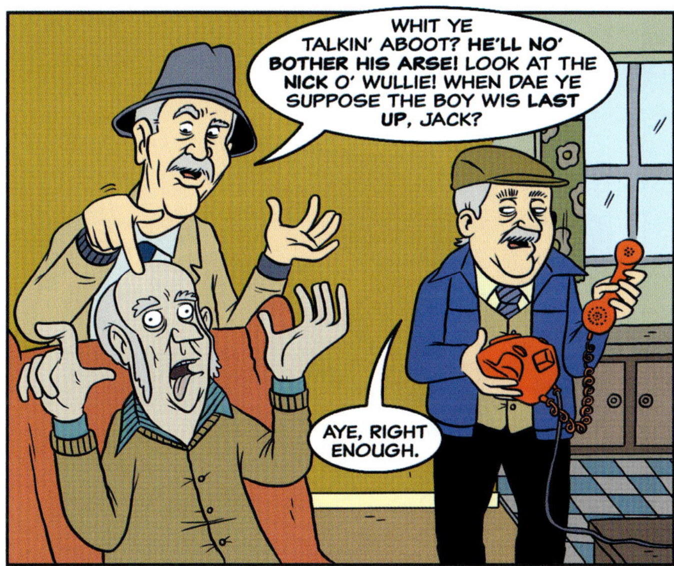

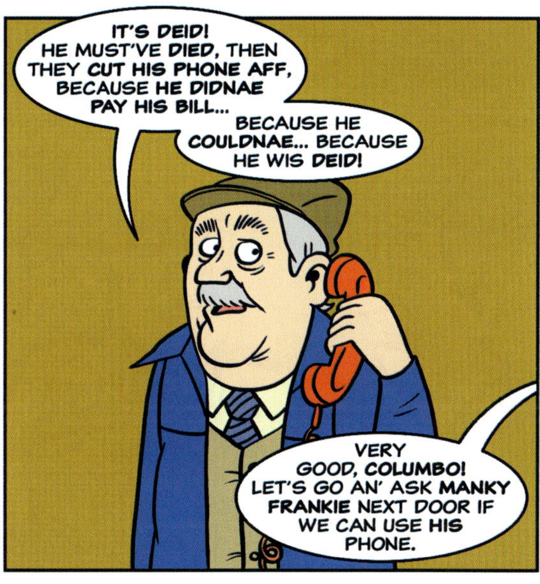

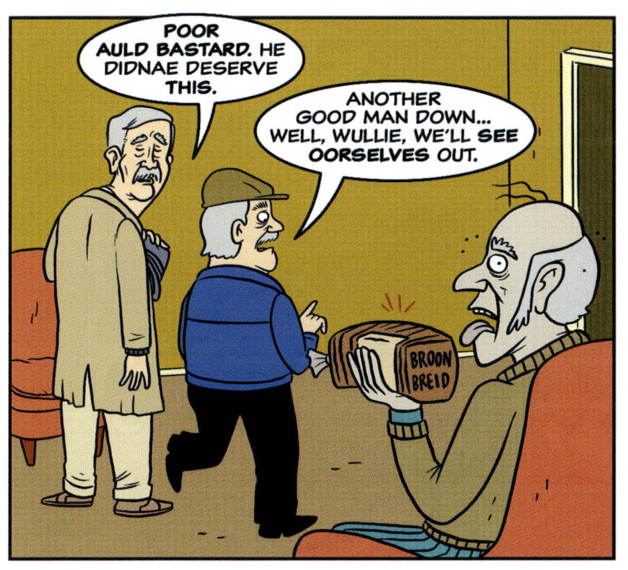

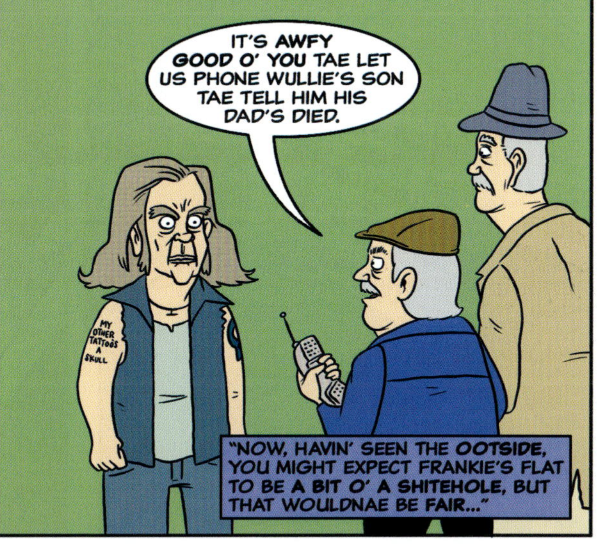

"NOW, HAVIN' SEEN THE OOTSIDE, YOU MIGHT EXPECT FRANKIE'S FLAT TO BE A BIT O' A SHITEHOLE, BUT THAT WOULDNAE BE FAIR..."

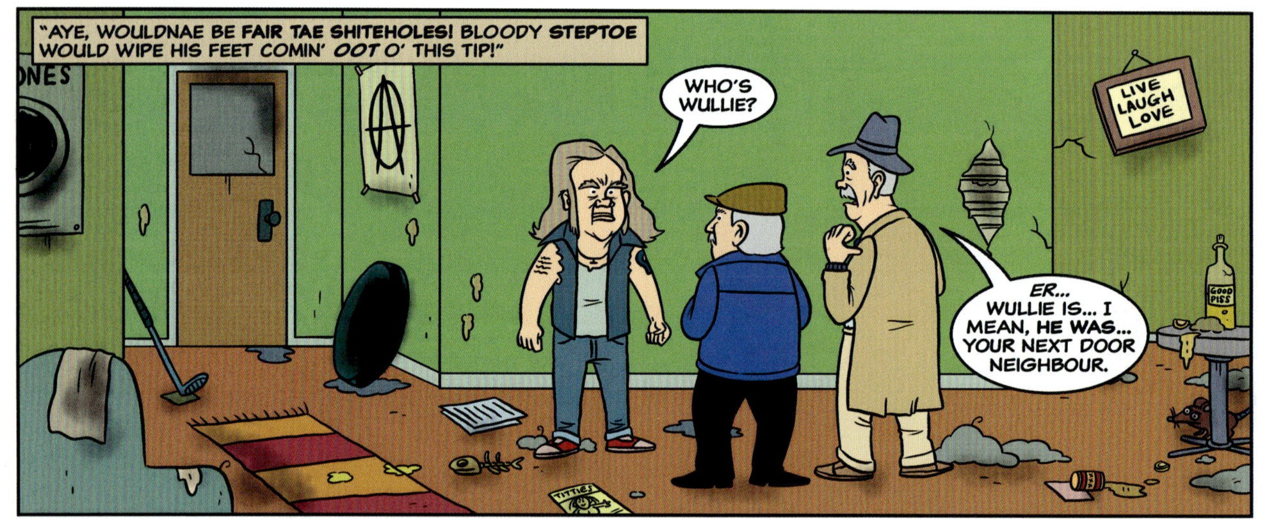

"AYE, WOULDNAE BE FAIR TAE SHITEHOLES! BLOODY STEPTOE WOULD WIPE HIS FEET COMIN' OOT O' THIS TIP!"
WHO'S WULLIE?
ER... WULLIE IS... I MEAN, HE WAS... YOUR NEXT DOOR NEIGHBOUR.
LIVE LAUGH LOVE
GOOD PISS
ONES

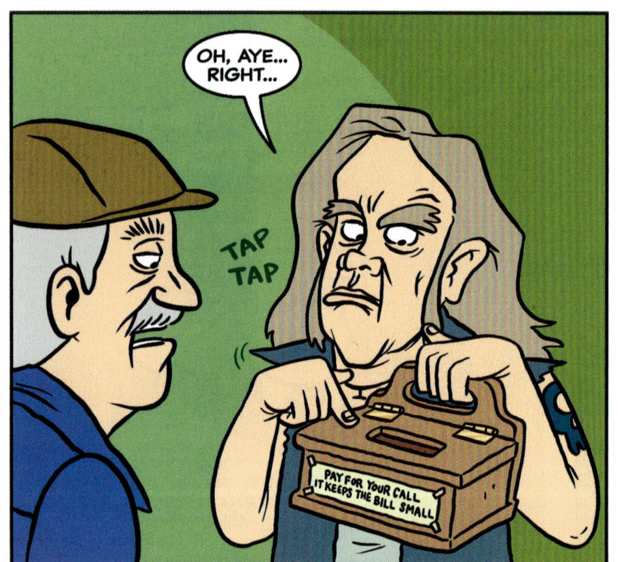

OH, AYE... RIGHT...
TAP TAP
PAY FOR YOUR CALL IT KEEPS THE BILL SMALL

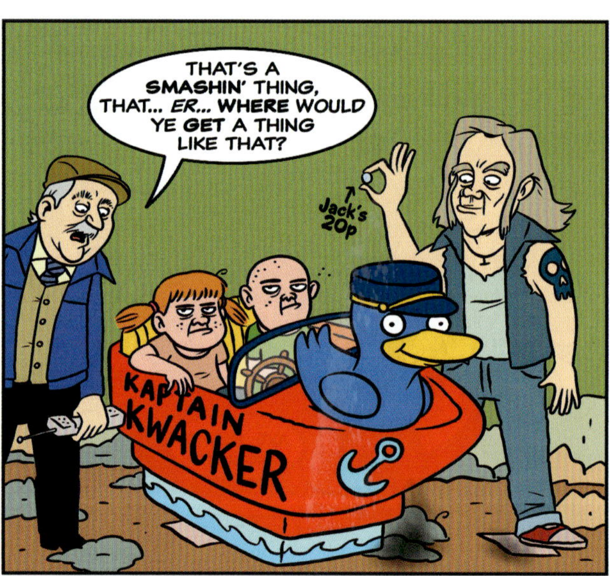

THAT'S A SMASHIN' THING, THAT... ER... WHERE WOULD YE GET A THING LIKE THAT?
Jack's 20p
KAPTAIN KWACKER

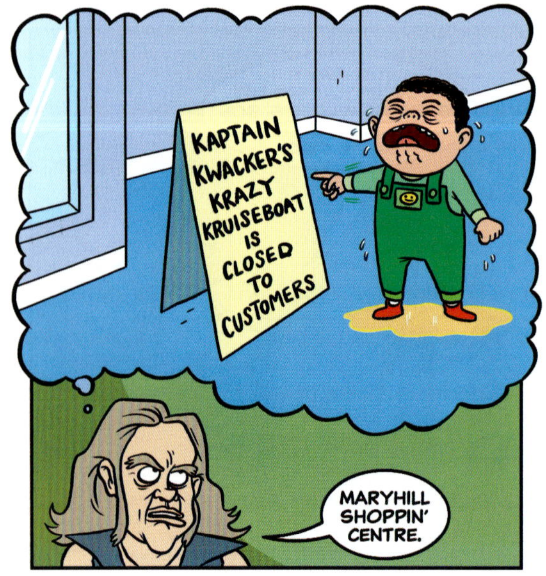

KAPTAIN KWACKER'S KRAZY KRUISEBOAT IS CLOSED TO CUSTOMERS
MARYHILL SHOPPIN' CENTRE.

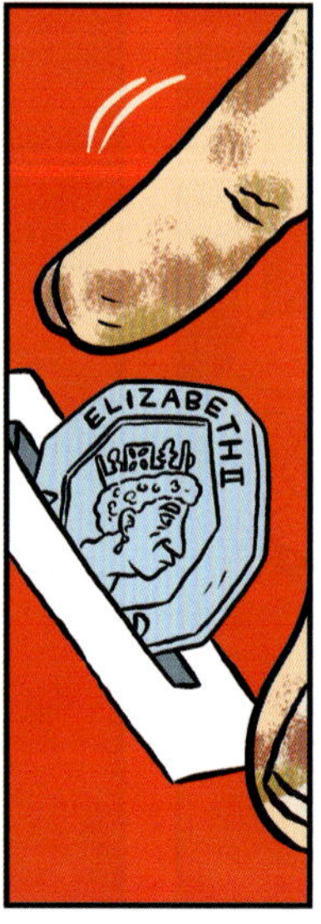

ELIZABETH II

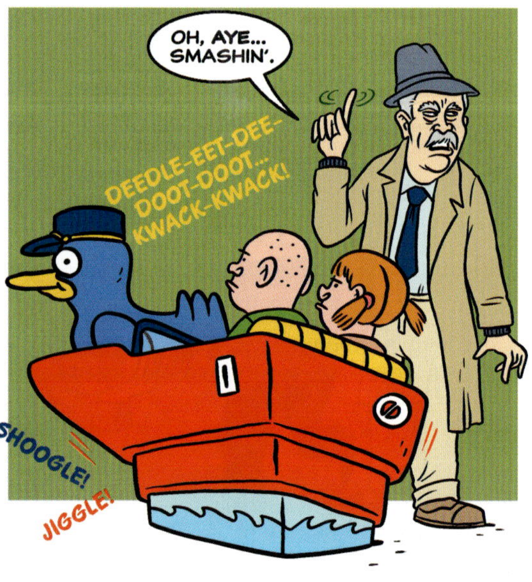

OH, AYE... SMASHIN'.
DEEDLE-EET-DEE-DOOT-DOOT... KWACK-KWACK!
SHOOGLE!
JIGGLE!

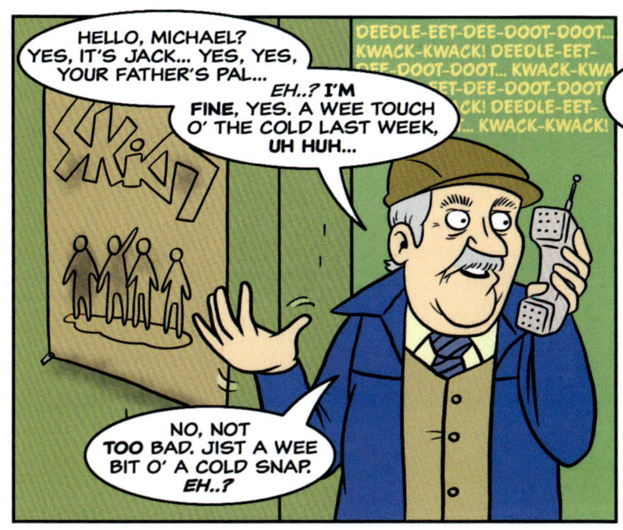

HELLO, MICHAEL? YES, IT'S JACK... YES, YES, YOUR FATHER'S PAL...
EH..? I'M FINE, YES. A WEE TOUCH O' THE COLD LAST WEEK, UH HUH...
NO, NOT TOO BAD. JIST A WEE BIT O' A COLD SNAP. EH..?
DEEDLE-EET-DEE-DOOT-DOOT... KWACK-KWACK! DEEDLE-EET-DEE-DOOT-DOOT... KWACK-KWACK! DEEDLE-EET-DEE-DOOT

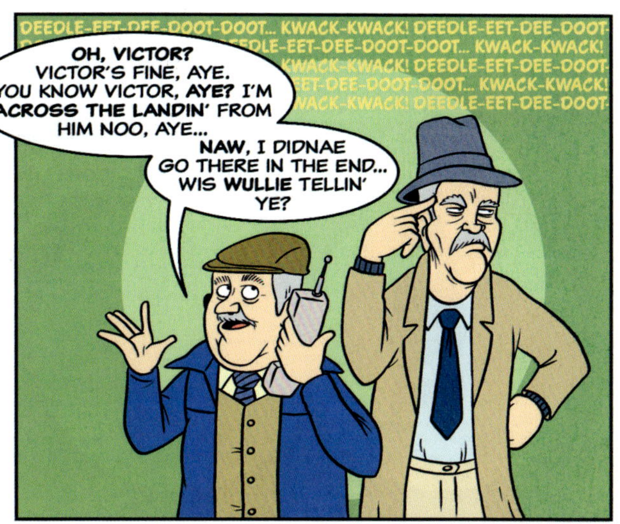

DEEDLE-EET-DEE-DOOT-DOOT... KWACK-KWACK! DEEDLE-EET-DEE-DOOT-DOOT... KWACK-KWACK! DEEDLE-EET-DEE-DOOT-DOOT... KWACK-KWACK! DEEDLE-EET-DEE-DOOT
OH, VICTOR? VICTOR'S FINE, AYE. YOU KNOW VICTOR, AYE? I'M ACROSS THE LANDIN' FROM HIM NOO, AYE...
NAW, I DIDNAE GO THERE IN THE END... WIS WULLIE TELLIN' YE?

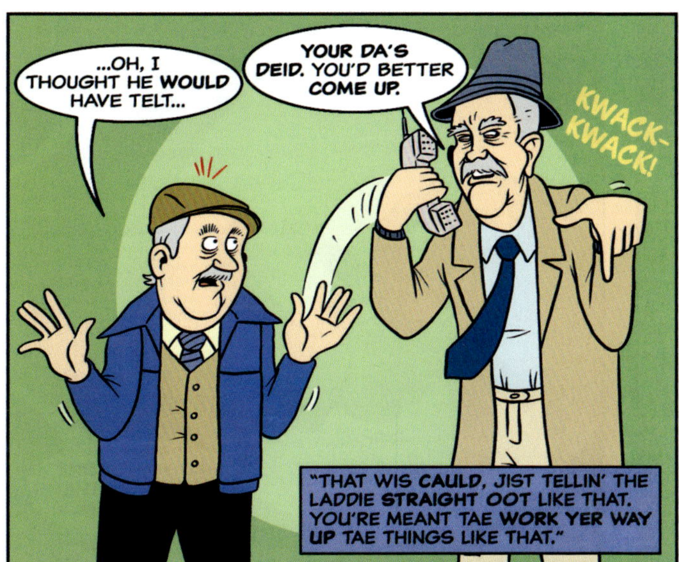

...OH, I THOUGHT HE WOULD HAVE TELT...
YOUR DA'S DEID. YOU'D BETTER COME UP.
KWACK-KWACK!
"THAT WIS CAULD, JIST TELLIN' THE LADDIE STRAIGHT OOT LIKE THAT. YOU'RE MEANT TAE WORK YER WAY UP TAE THINGS LIKE THAT."

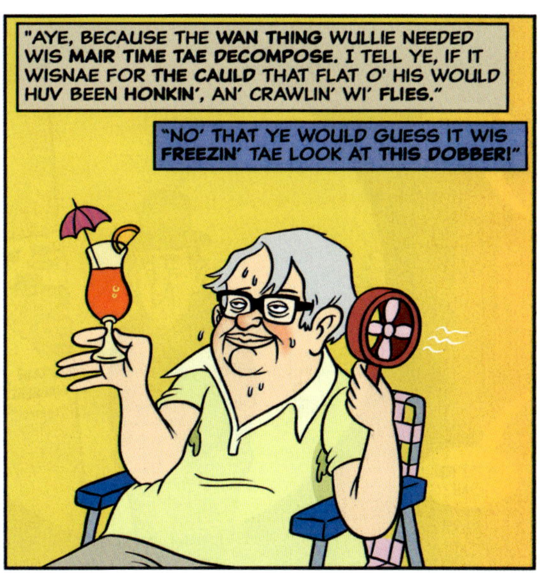

"AYE, BECAUSE THE WAN THING WULLIE NEEDED WIS MAIR TIME TAE DECOMPOSE. I TELL YE, IF IT WISNAE FOR THE CAULD THAT FLAT O' HIS WOULD HUV BEEN HONKIN', AN' CRAWLIN' WI' FLIES."
"NO' THAT YE WOULD GUESS IT WIS FREEZIN' TAE LOOK AT THIS DOBBER!"

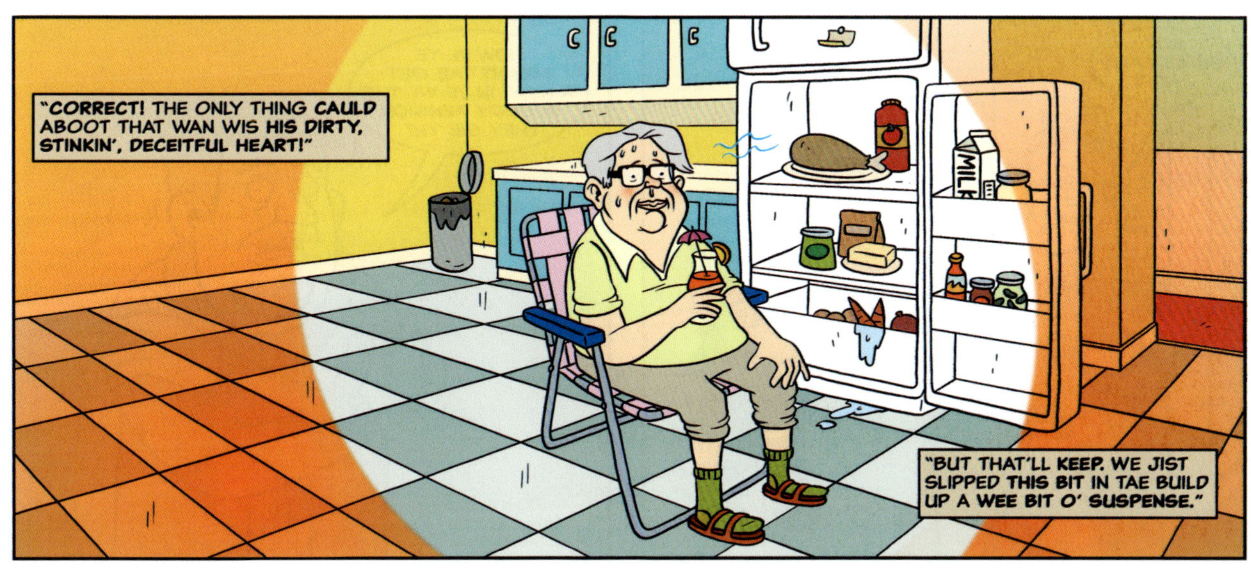

"CORRECT! THE ONLY THING CAULD ABOOT THAT WAN WIS HIS DIRTY, STINKIN', DECEITFUL HEART!"
MILK
"BUT THAT'LL KEEP. WE JIST SLIPPED THIS BIT IN TAE BUILD UP A WEE BIT O' SUSPENSE."

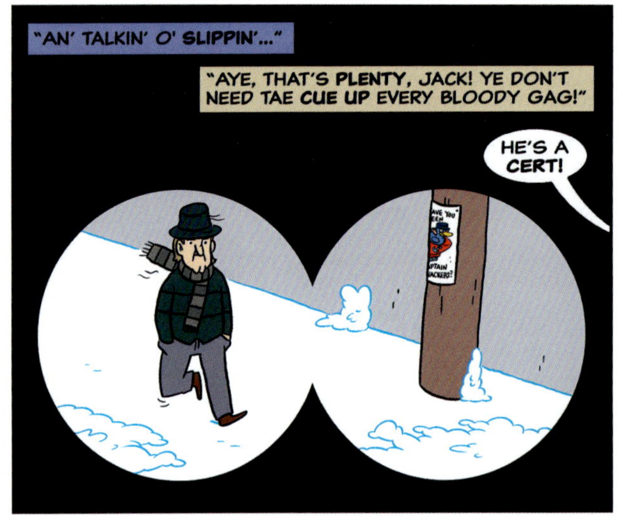

"AN' TALKIN' O' SLIPPIN'..."
"AYE, THAT'S PLENTY, JACK! YE DON'T NEED TAE CUE UP EVERY BLOODY GAG!"
HE'S A CERT!
HAVE YOU SEEN KAPTAIN KWACKERS?

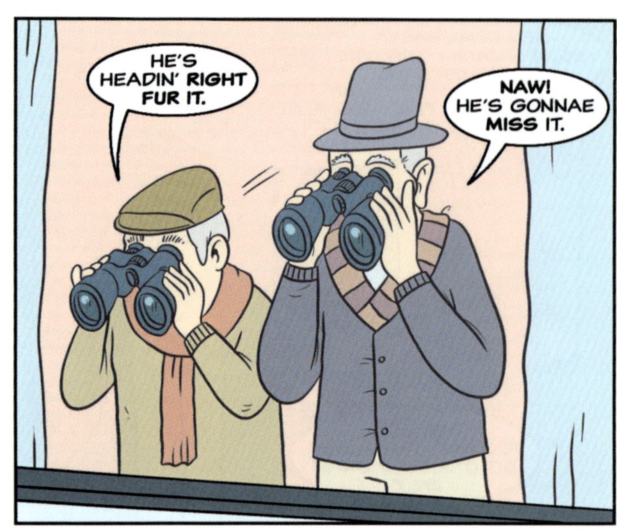

HE'S HEADIN' RIGHT FUR IT.
NAW! HE'S GONNAE MISS IT.

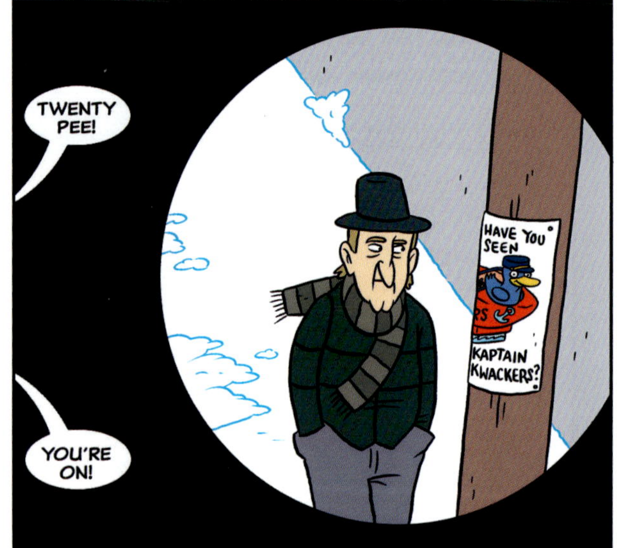

TWENTY PEE!
YOU'RE ON!
HAVE YOU SEEN KAPTAIN KWACKERS?

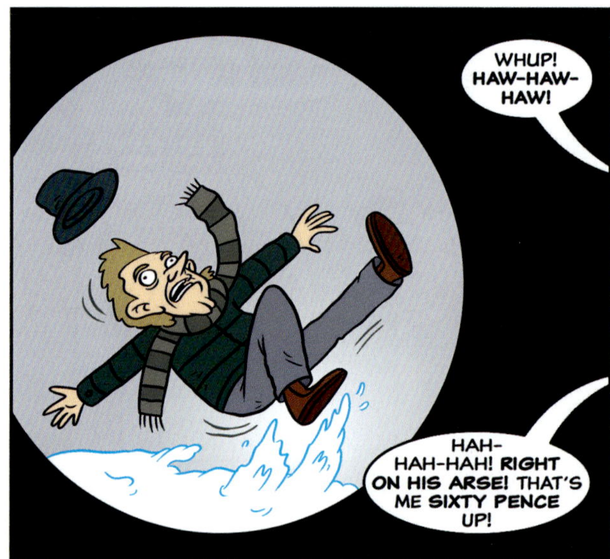

WHUP! HAW-HAW-HAW!
HAH-HAH-HAH! RIGHT ON HIS ARSE! THAT'S ME SIXTY PENCE UP!

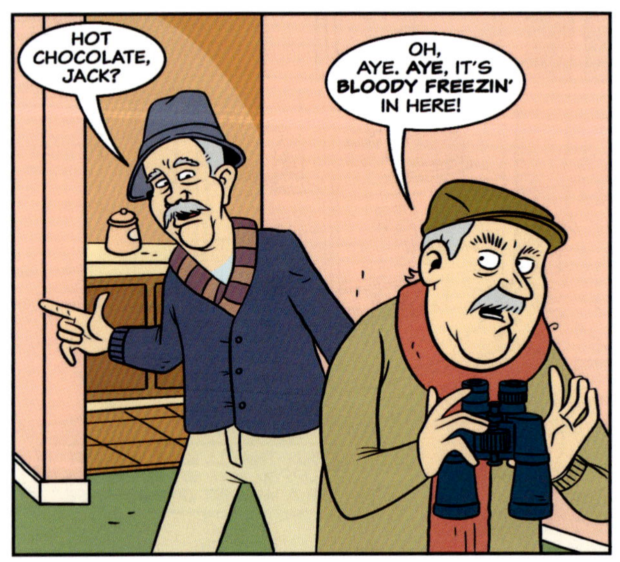

HOT CHOCOLATE, JACK?
OH, AYE. AYE, IT'S BLOODY FREEZIN' IN HERE!

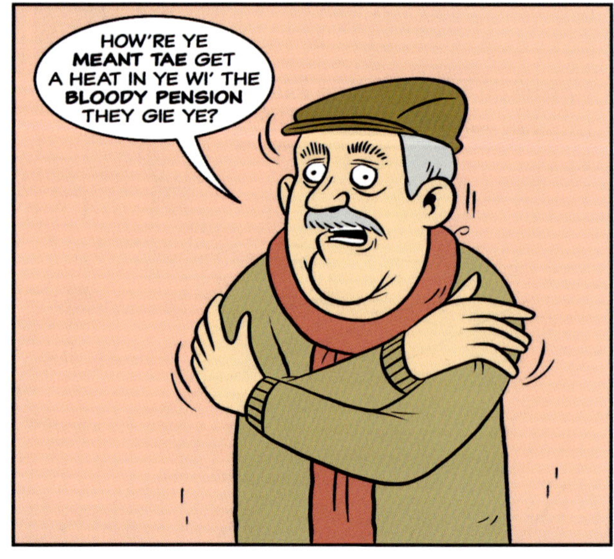

HOW'RE YE MEANT TAE GET A HEAT IN YE WI' THE BLOODY PENSION THEY GIE YE?

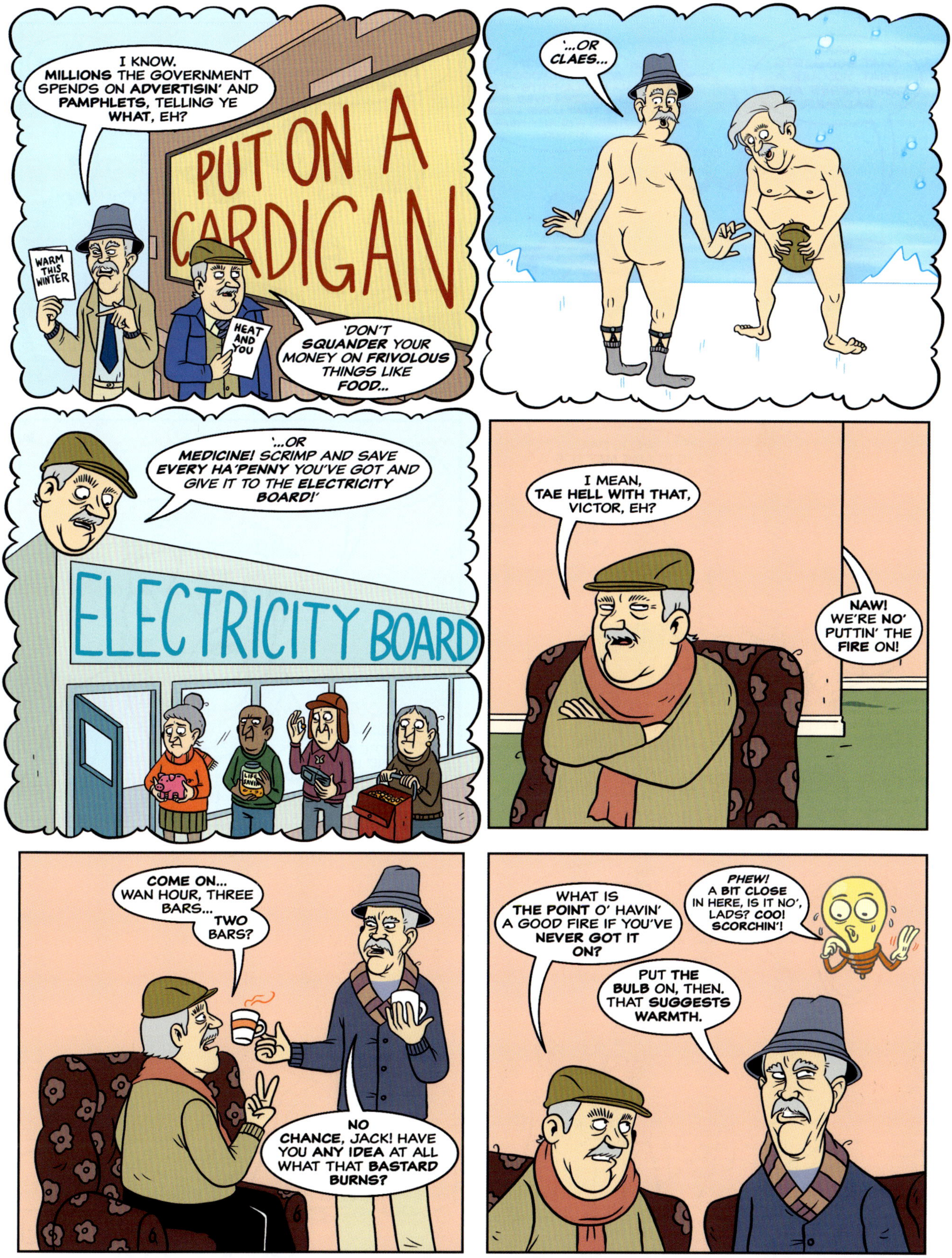

I KNOW. MILLIONS THE GOVERNMENT SPENDS ON ADVERTISIN' AND PAMPHLETS, TELLING YE WHAT, EH?
WARM THIS WINTER
HEAT AND YOU
PUT ON A CARDIGAN
'DON'T SQUANDER YOUR MONEY ON FRIVOLOUS THINGS LIKE FOOD...

'...OR CLAES...

'...OR MEDICINE! SCRIMP AND SAVE EVERY HA'PENNY YOU'VE GOT AND GIVE IT TO THE ELECTRICITY BOARD!'
ELECTRICITY BOARD
LIFE SAVIN'

I MEAN, TAE HELL WITH THAT, VICTOR, EH?
NAW! WE'RE NO' PUTTIN' THE FIRE ON!

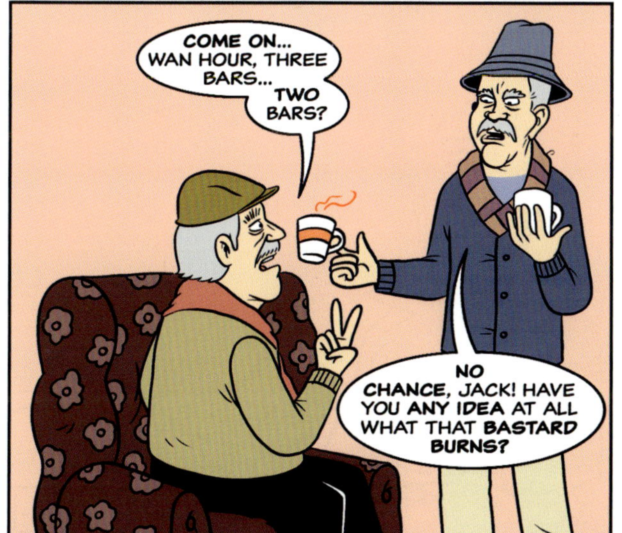

COME ON... WAN HOUR, THREE BARS... TWO BARS?
NO CHANCE, JACK! HAVE YOU ANY IDEA AT ALL WHAT THAT BASTARD BURNS?

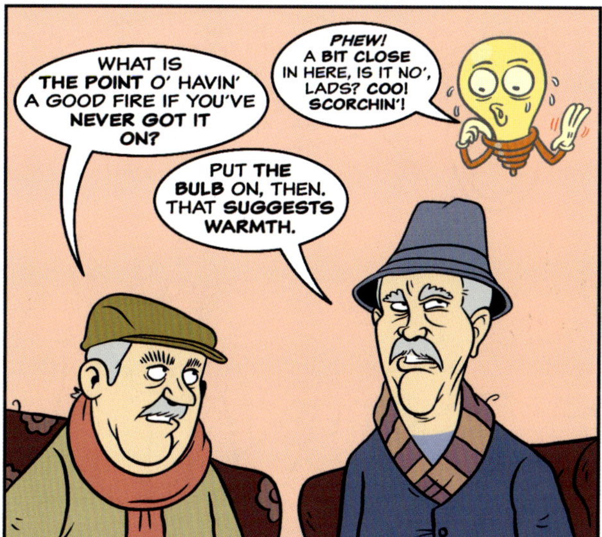

WHAT IS THE POINT O' HAVIN' A GOOD FIRE IF YOU'VE NEVER GOT IT ON?
PUT THE BULB ON, THEN. THAT SUGGESTS WARMTH.
PHEW! A BIT CLOSE IN HERE, IS IT NO', LADS? COO! SCORCHIN'!

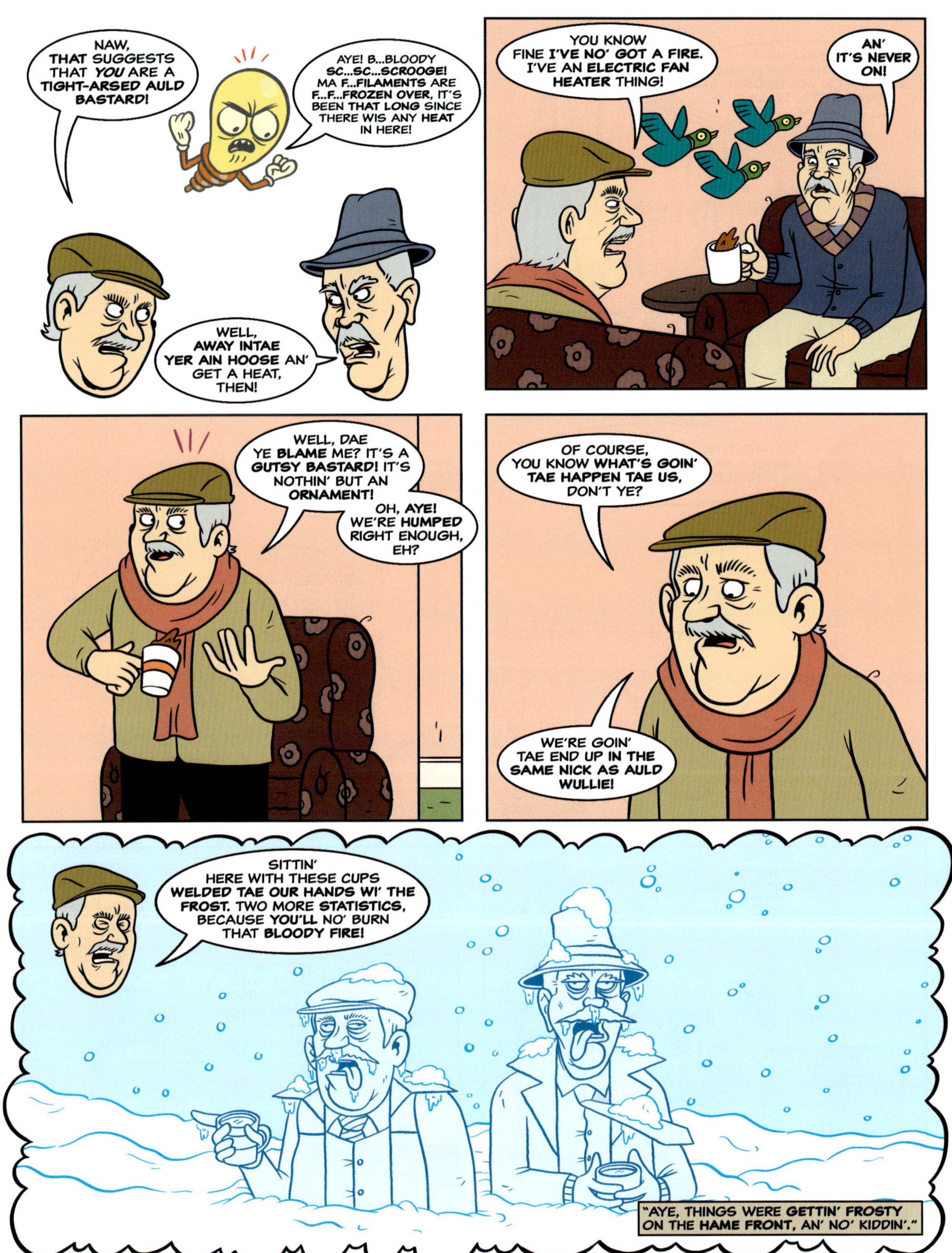

NAW, THAT SUGGESTS THAT *YOU* ARE A TIGHT-ARSED AULD BASTARD!
AYE! B...BLOODY SC...SC...SCROOGE! MA F...FILAMENTS ARE F...F...FROZEN OVER, IT'S BEEN THAT LONG SINCE THERE WIS ANY HEAT IN HERE!
WELL, AWAY INTAE YER AIN HOOSE AN' GET A HEAT, THEN!
YOU KNOW FINE I'VE NO' GOT A FIRE. I'VE AN ELECTRIC FAN HEATER THING!
AN' IT'S NEVER ON!
WELL, DAE YE *BLAME* ME? IT'S A *GUTSY* BASTARD! IT'S NOTHIN' BUT AN ORNAMENT!
OH, AYE! WE'RE HUMPED RIGHT ENOUGH, EH?
OF COURSE, YOU KNOW WHAT'S *GOIN'* TAE HAPPEN TAE US, DON'T YE?
WE'RE GOIN' TAE END UP IN THE SAME NICK AS AULD WULLIE!
SITTIN' HERE WITH THESE CUPS WELDED TAE OUR HANDS WI' THE FROST. TWO MORE STATISTICS, BECAUSE YOU'LL NO' BURN THAT *BLOODY* FIRE!
"AYE, THINGS WERE *GETTIN'* FROSTY ON THE *HAME* FRONT, AN' NO' KIDDIN'."

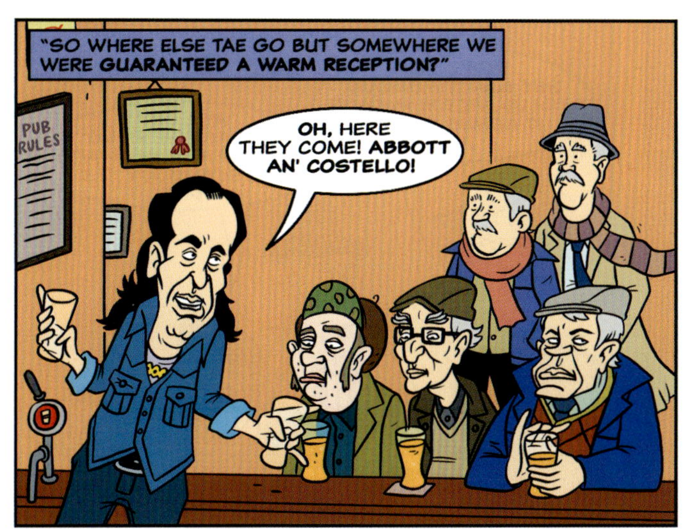

"SO WHERE ELSE TAE GO BUT SOMEWHERE WE WERE GUARANTEED A WARM RECEPTION?"
OH, HERE THEY COME! ABBOTT AN' COSTELLO!
PUB RULES

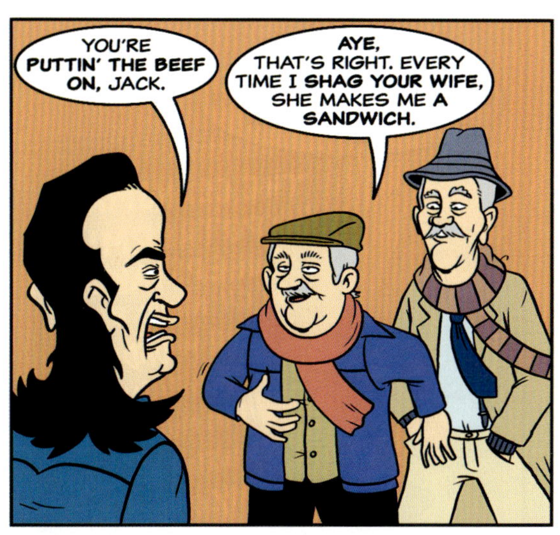

YOU'RE PUTTIN' THE BEEF ON, JACK.
AYE, THAT'S RIGHT. EVERY TIME I SHAG YOUR WIFE, SHE MAKES ME A SANDWICH.

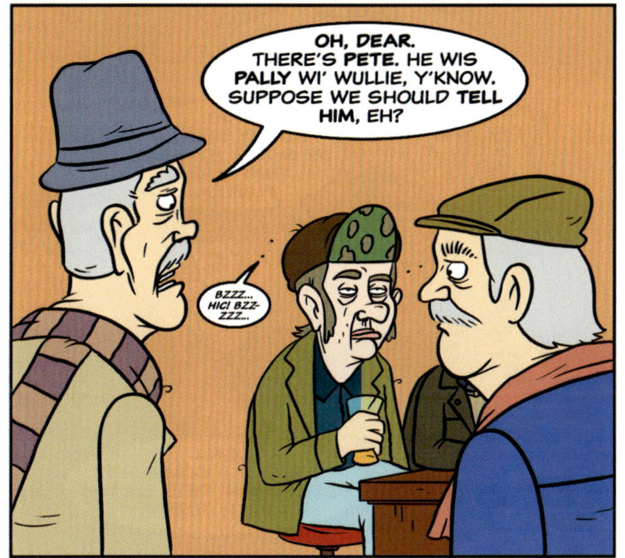

OH, DEAR. THERE'S PETE. HE WIS PALLY WI' WULLIE, Y'KNOW. SUPPOSE WE SHOULD TELL HIM, EH?
BZZZ... HIC! BZZ-ZZZ...

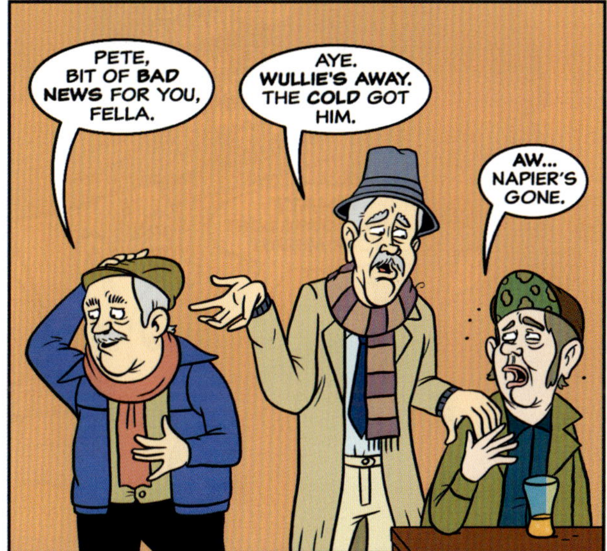

PETE, BIT OF BAD NEWS FOR YOU, FELLA.
AYE. WULLIE'S AWAY. THE COLD GOT HIM.
AW... NAPIER'S GONE.

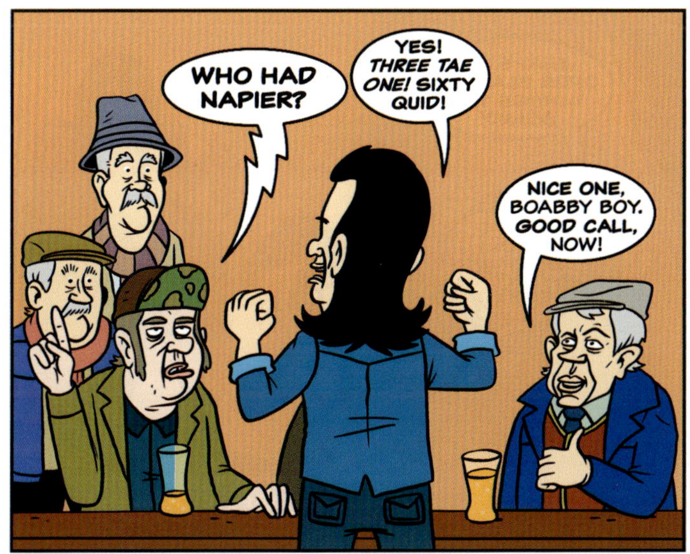

WHO HAD NAPIER?
YES! THREE TAE ONE! SIXTY QUID!
NICE ONE, BOABBY BOY. GOOD CALL, NOW!

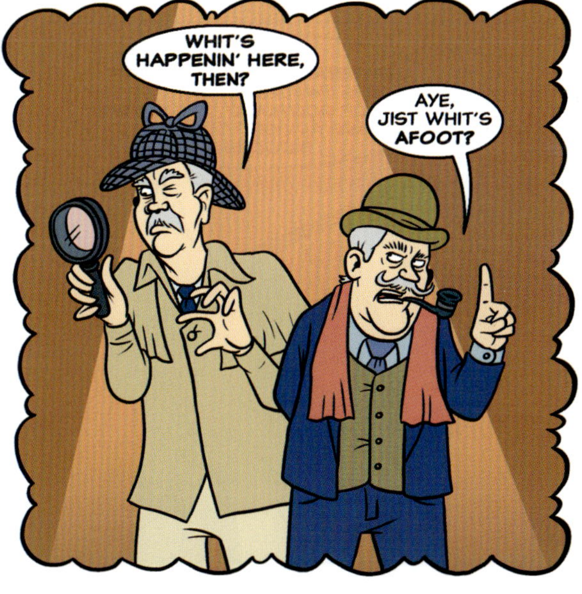

WHIT'S HAPPENIN' HERE, THEN?
AYE, JIST WHIT'S AFOOT?

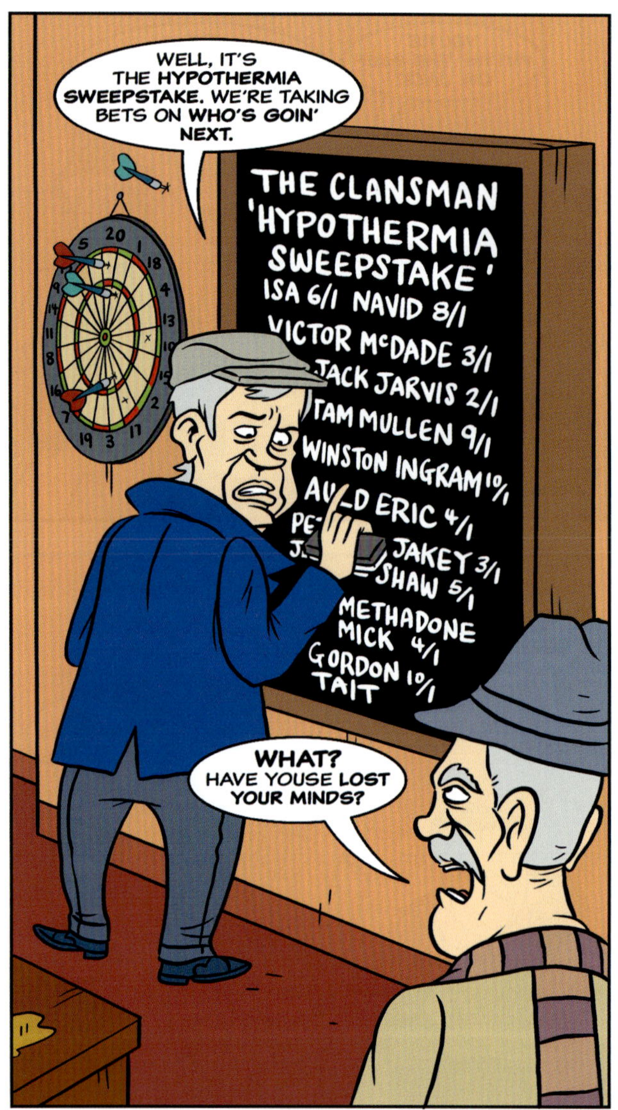

WELL, IT'S THE HYPOTHERMIA SWEEPSTAKE. WE'RE TAKING BETS ON WHO'S GOIN' NEXT.
THE CLANSMAN 'HYPOTHERMIA SWEEPSTAKE'
ISA 6/1 NAVID 8/1
VICTOR McDADE 3/1
JACK JARVIS 2/1
TAM MULLEN 9/1
WINSTON INGRAM 10/1
AULD ERIC 4/1
PETE THE JAKEY 3/1
J... SHAW 5/1
METHADONE MICK 4/1
GORDON TAIT 10/1
WHAT? HAVE YOUSE LOST YOUR MINDS?

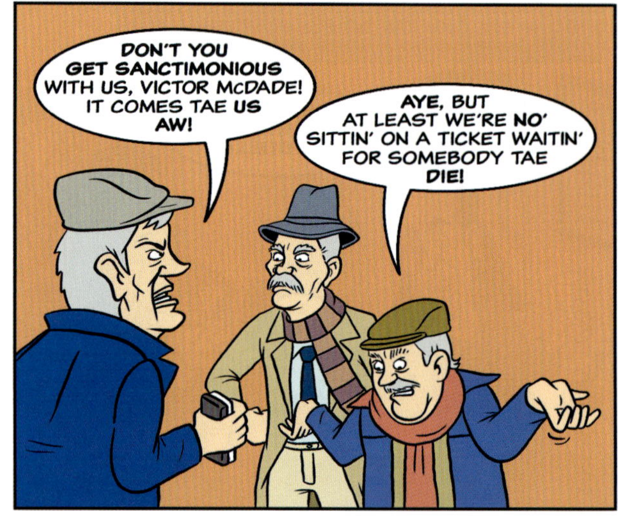

DON'T YOU GET SANCTIMONIOUS WITH US, VICTOR McDADE! IT COMES TAE US AW!
AYE, BUT AT LEAST WE'RE NO' SITTIN' ON A TICKET WAITIN' FOR SOMEBODY TAE DIE!

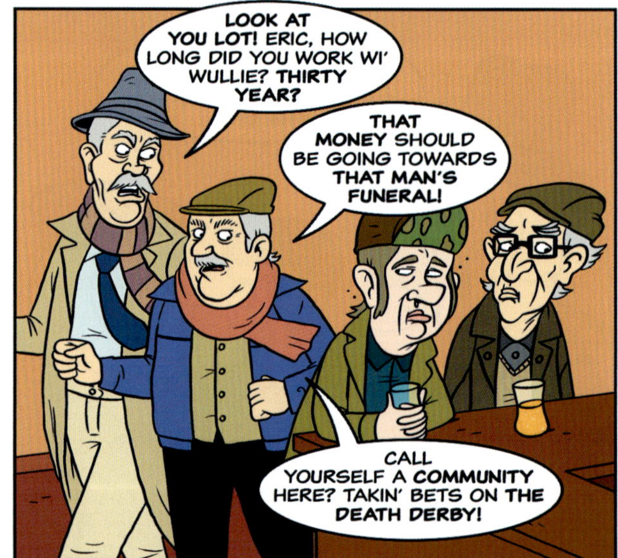

LOOK AT YOU LOT! ERIC, HOW LONG DID YOU WORK WI' WULLIE? THIRTY YEAR?
THAT MONEY SHOULD BE GOING TOWARDS THAT MAN'S FUNERAL!
CALL YOURSELF A COMMUNITY HERE? TAKIN' BETS ON THE DEATH DERBY!

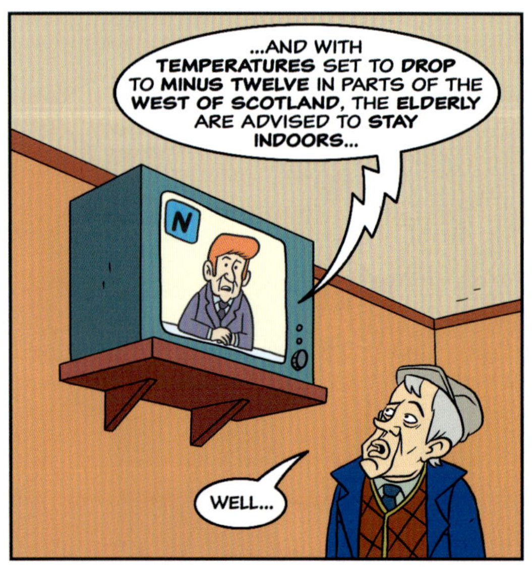

...AND WITH TEMPERATURES SET TO DROP TO MINUS TWELVE IN PARTS OF THE WEST OF SCOTLAND, THE ELDERLY ARE ADVISED TO STAY INDOORS...
WELL...

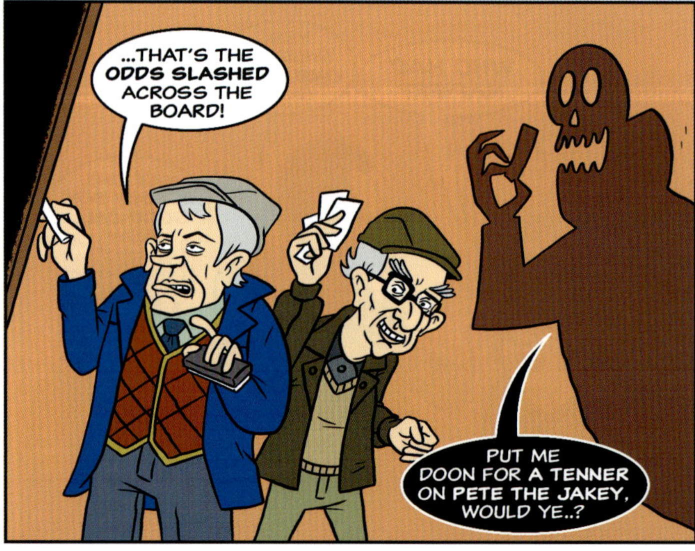

...THAT'S THE ODDS SLASHED ACROSS THE BOARD!
PUT ME DOON FOR A TENNER ON PETE THE JAKEY, WOULD YE..?

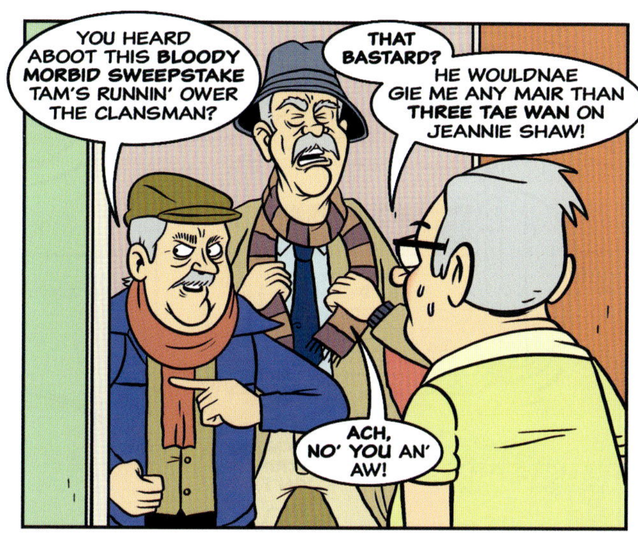

YOU HEARD ABOOT THIS BLOODY MORBID SWEEPSTAKE TAM'S RUNNIN' OWER THE CLANSMAN?
THAT BASTARD? HE WOULDNAE GIE ME ANY MAIR THAN THREE TAE WAN ON JEANNIE SHAW!
ACH, NO' YOU AN' AW!

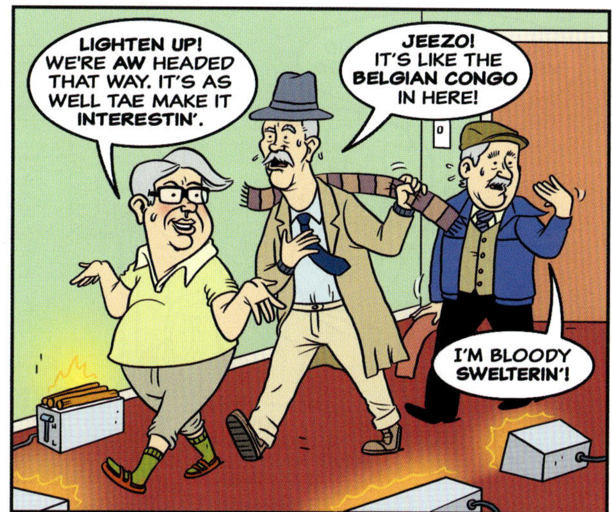

LIGHTEN UP! WE'RE AW HEADED THAT WAY. IT'S AS WELL TAE MAKE IT INTERESTIN'.
JEEZO! IT'S LIKE THE BELGIAN CONGO IN HERE!
I'M BLOODY SWELTERIN'!

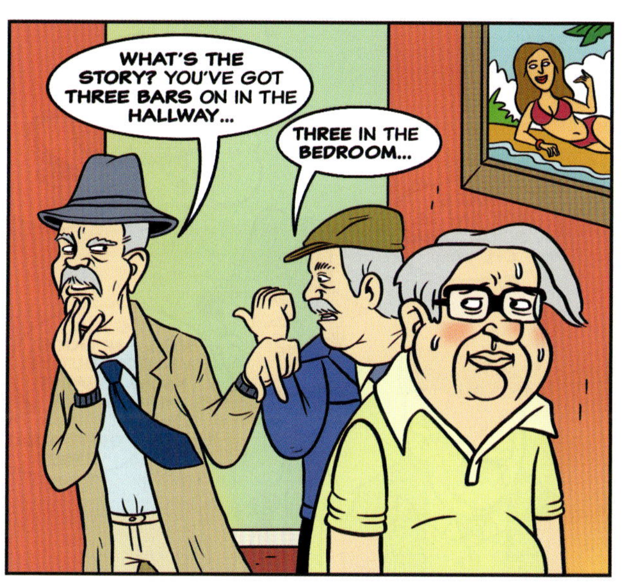

WHAT'S THE STORY? YOU'VE GOT THREE BARS ON IN THE HALLWAY...
THREE IN THE BEDROOM...

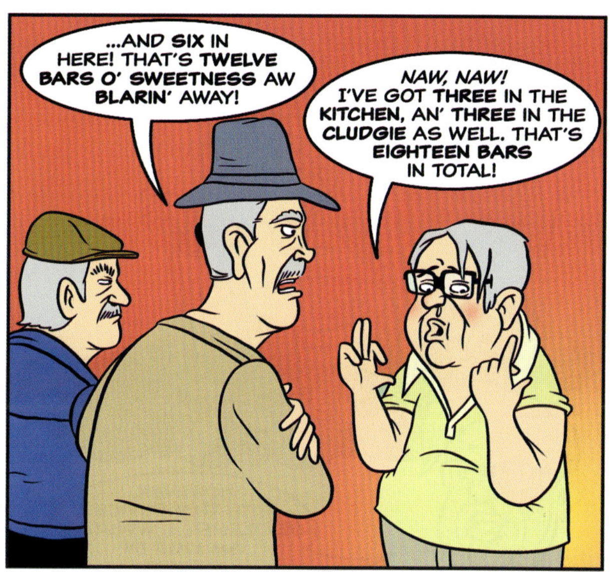

...AND SIX IN HERE! THAT'S TWELVE BARS O' SWEETNESS AW BLARIN' AWAY!
NAW, NAW! I'VE GOT THREE IN THE KITCHEN, AN' THREE IN THE CLUDGIE AS WELL. THAT'S EIGHTEEN BARS IN TOTAL!

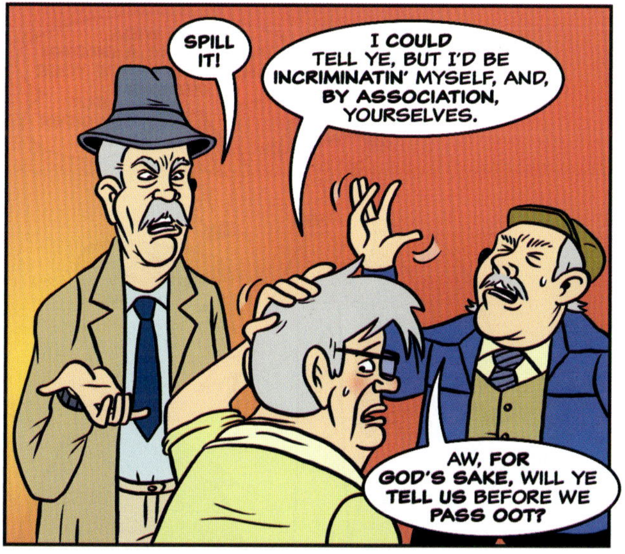

SPILL IT!
I COULD TELL YE, BUT I'D BE INCRIMINATIN' MYSELF, AND, BY ASSOCIATION, YOURSELVES.
AW, FOR GOD'S SAKE, WILL YE TELL US BEFORE WE PASS OOT?

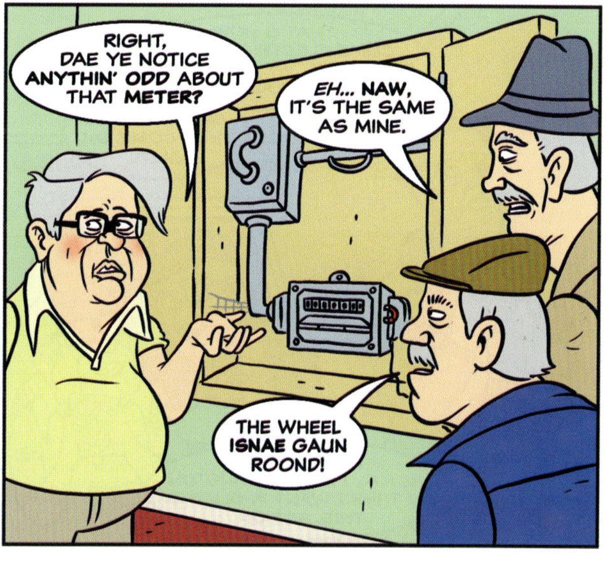

RIGHT, DAE YE NOTICE ANYTHIN' ODD ABOUT THAT METER?
EH... NAW, IT'S THE SAME AS MINE.
THE WHEEL ISNAE GAUN ROOND!

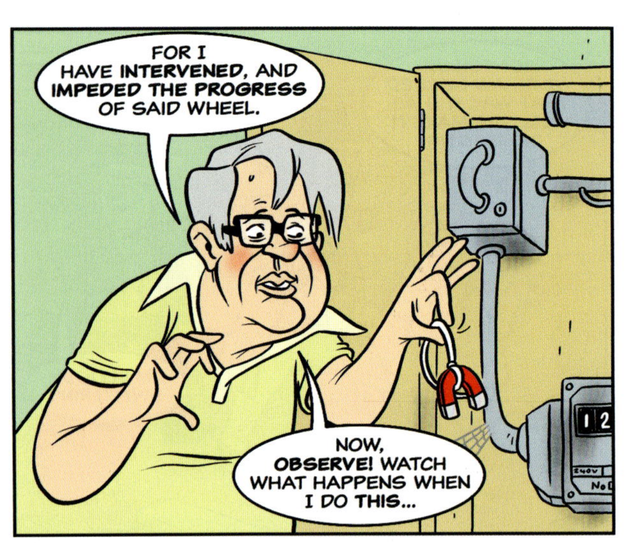

FOR I HAVE INTERVENED, AND IMPEDED THE PROGRESS OF SAID WHEEL.
NOW, OBSERVE! WATCH WHAT HAPPENS WHEN I DO THIS...

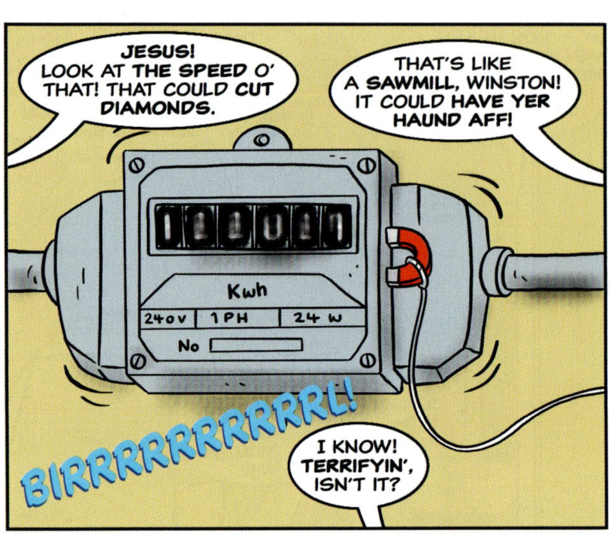

JESUS! LOOK AT THE SPEED O' THAT! THAT COULD CUT DIAMONDS.
THAT'S LIKE A SAWMILL, WINSTON! IT COULD HAVE YER HAUND AFF!
Kwh
240V 1PH 24 W
No
BIRRRRRRRRRL!
I KNOW! TERRIFYIN', ISN'T IT?

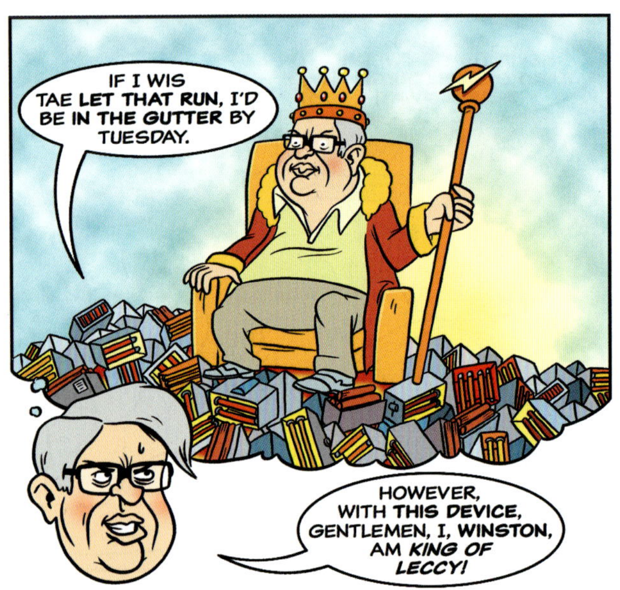

IF I WIS TAE LET THAT RUN, I'D BE IN THE GUTTER BY TUESDAY.
HOWEVER, WITH THIS DEVICE, GENTLEMEN, I, WINSTON, AM KING OF LECCY!

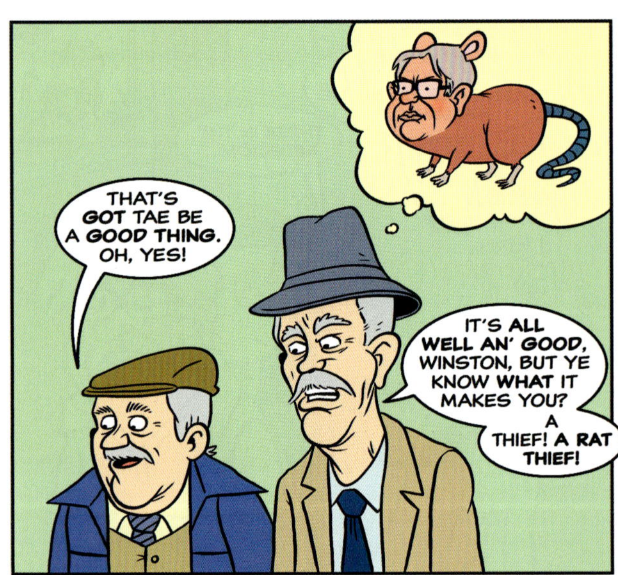

THAT'S GOT TAE BE A GOOD THING. OH, YES!
IT'S ALL WELL AN' GOOD, WINSTON, BUT YE KNOW WHAT IT MAKES YOU?
A THIEF! A RAT THIEF!

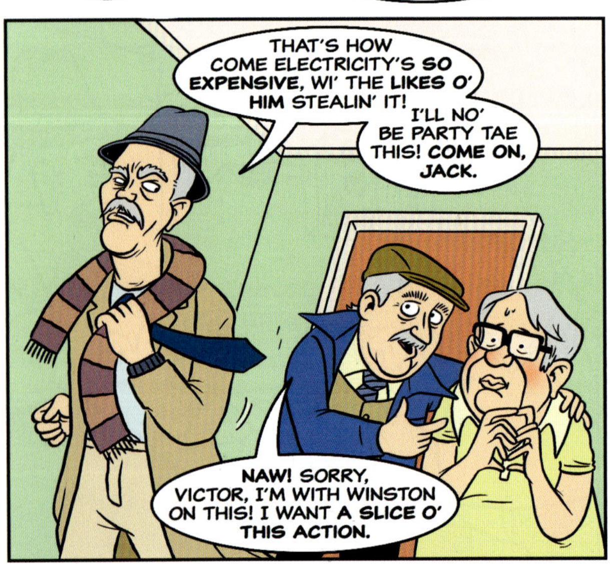

THAT'S HOW COME ELECTRICITY'S SO EXPENSIVE, WI' THE LIKES O' HIM STEALIN' IT! I'LL NO' BE PARTY TAE THIS! COME ON, JACK.
NAW! SORRY, VICTOR, I'M WITH WINSTON ON THIS! I WANT A SLICE O' THIS ACTION.

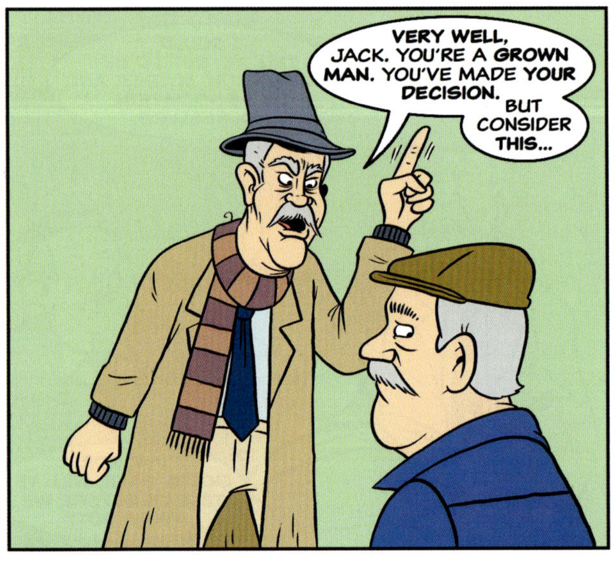

VERY WELL, JACK. YOU'RE A GROWN MAN. YOU'VE MADE YOUR DECISION. BUT CONSIDER THIS...

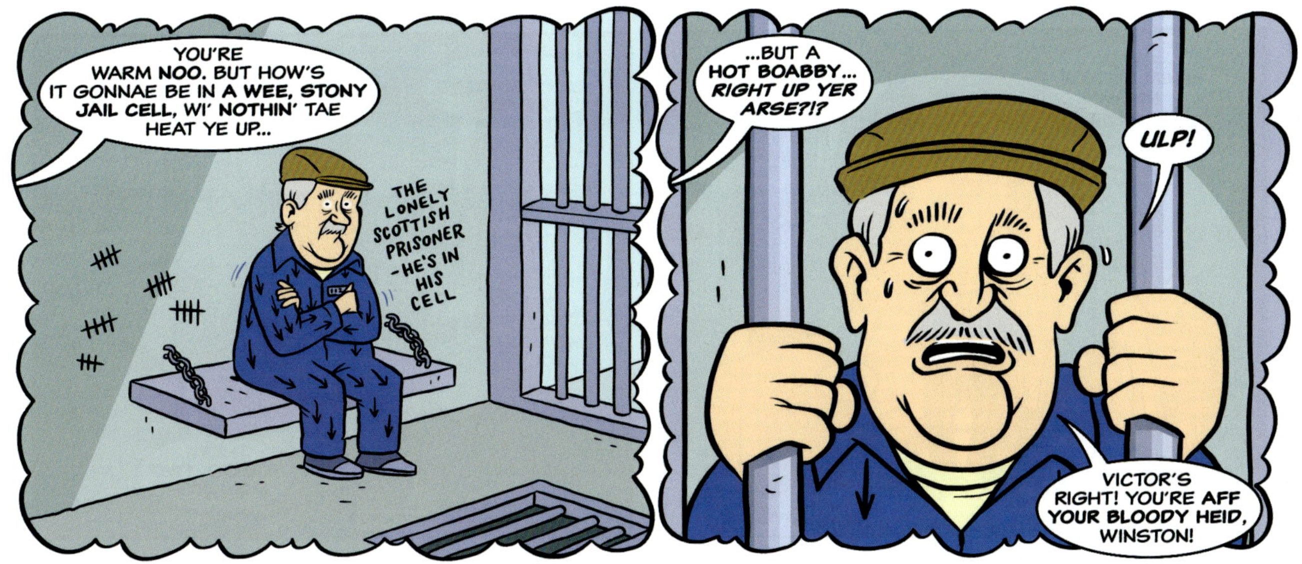

YOU'RE WARM NOO. BUT HOW'S IT GONNAE BE IN A WEE, STONY JAIL CELL, WI' NOTHIN' TAE HEAT YE UP...
THE LONELY SCOTTISH PRISONER -HE'S IN HIS CELL
...BUT A HOT BOABBY... RIGHT UP YER ARSE?!?
ULP!
VICTOR'S RIGHT! YOU'RE AFF YOUR BLOODY HEID, WINSTON!

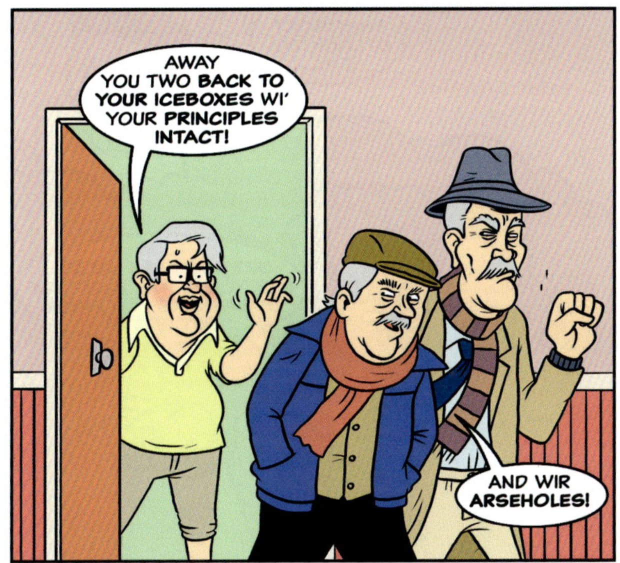

AWAY YOU TWO BACK TO YOUR ICEBOXES WI' YOUR PRINCIPLES INTACT!
AND WIR ARSEHOLES!

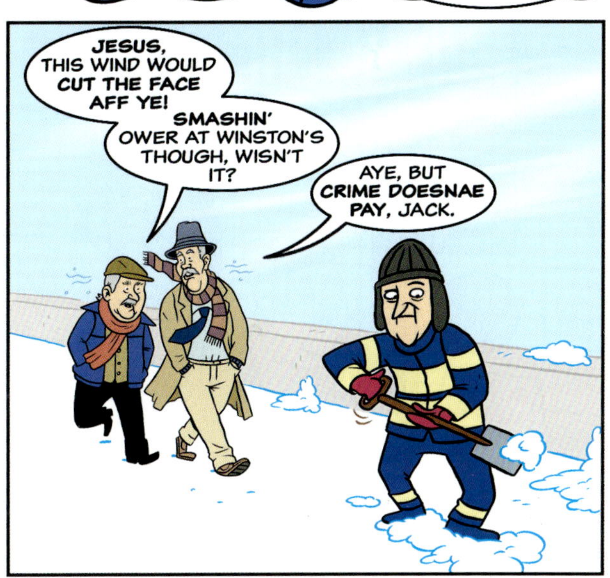

JESUS, THIS WIND WOULD CUT THE FACE AFF YE!
SMASHIN' OWER AT WINSTON'S THOUGH, WISN'T IT?
AYE, BUT CRIME DOESNAE PAY, JACK.

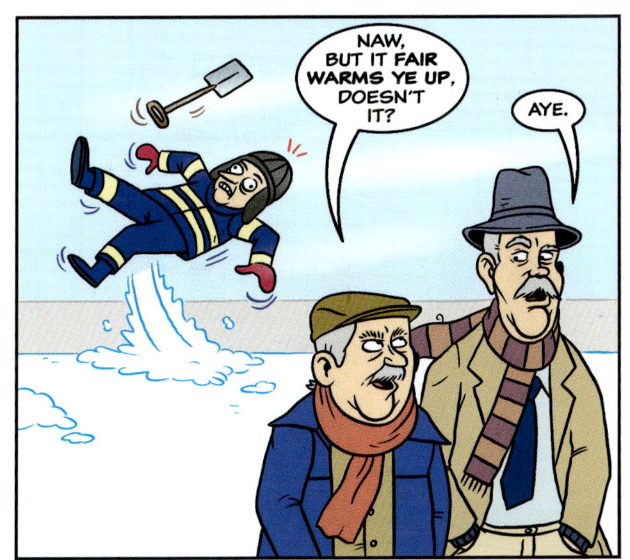

NAW, BUT IT FAIR WARMS YE UP, DOESN'T IT?
AYE.

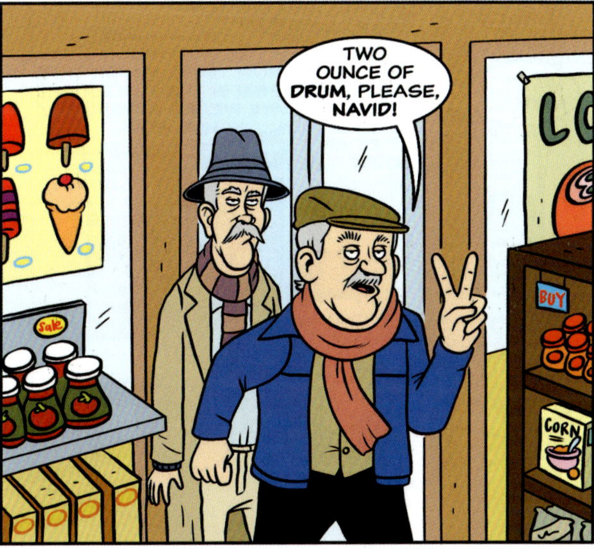

TWO OUNCE OF DRUM, PLEASE, NAVID!
BUY
CORN
LO
SALE

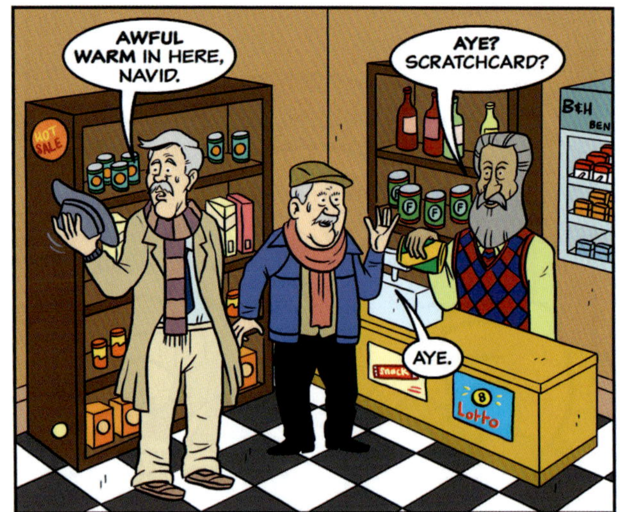

AWFUL WARM IN HERE, NAVID.
AYE? SCRATCHCARD?
B&H BEN
HOT SALE
AYE.
Snack
8 Lotto

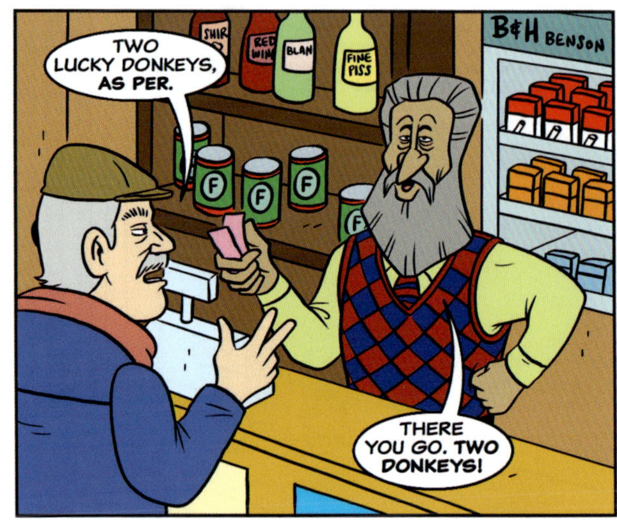

SHIR
RED WIN
BLAN
FINE PISS
B&H BENSON
TWO LUCKY DONKEYS, AS PER.
THERE YOU GO. TWO DONKEYS!

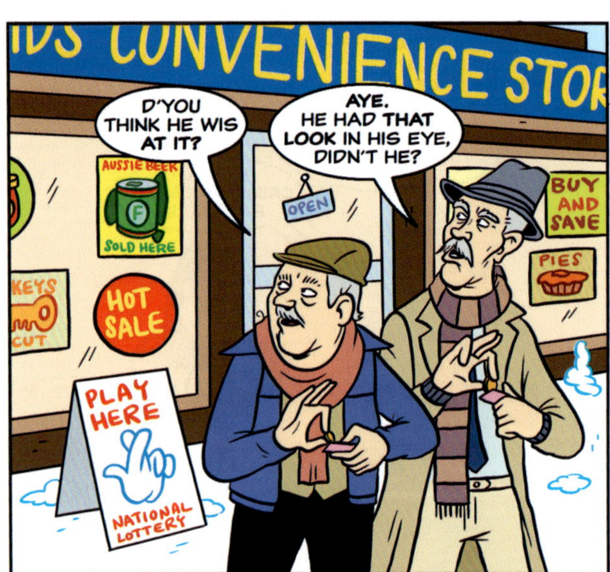

DS CONVENIENCE STOR
D'YOU THINK HE WIS AT IT?
AYE. HE HAD THAT LOOK IN HIS EYE, DIDN'T HE?
AUSSIE BEER
SOLD HERE
OPEN
BUY AND SAVE
PIES
KEYS CUT
HOT SALE
PLAY HERE
NATIONAL LOTTERY

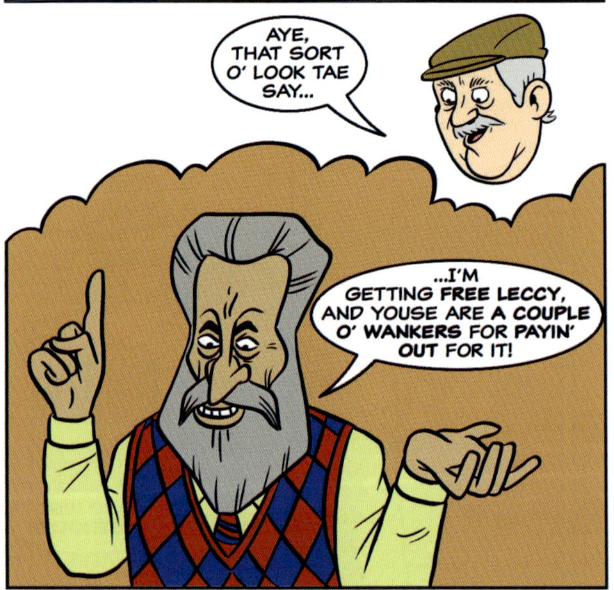

AYE, THAT SORT O' LOOK TAE SAY...
...I'M GETTING FREE LECCY, AND YOUSE ARE A COUPLE O' WANKERS FOR PAYIN' OUT FOR IT!

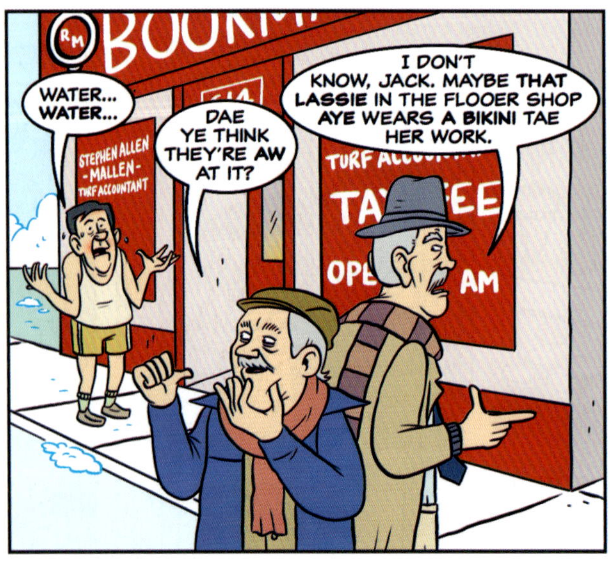

BOOKM
WATER... WATER...
STEPHEN ALLEN - MALLEN - TURF ACCOUNTANT
DAE YE THINK THEY'RE AW AT IT?
I DON'T KNOW, JACK. MAYBE THAT LASSIE IN THE FLOOER SHOP AYE WEARS A BIKINI TAE HER WORK.
TURF ACCOUNTA
TAFFEE
OPE AM

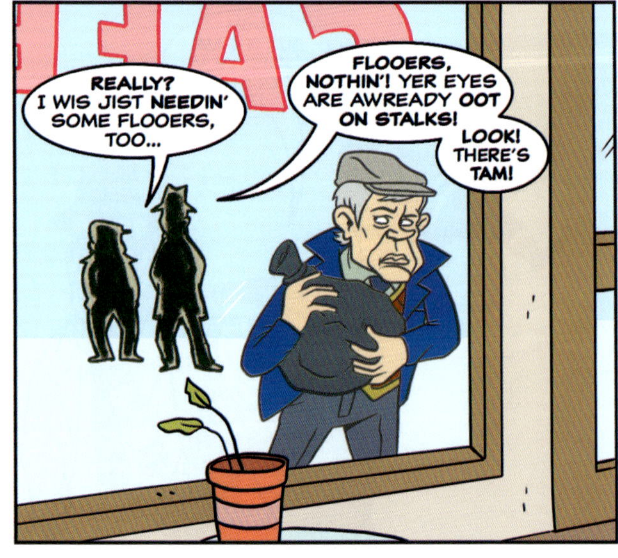

REALLY? I WIS JIST NEEDIN' SOME FLOOERS, TOO...
FLOOERS, NOTHIN'! YER EYES ARE AWREADY OOT ON STALKS!
LOOK! THERE'S TAM!

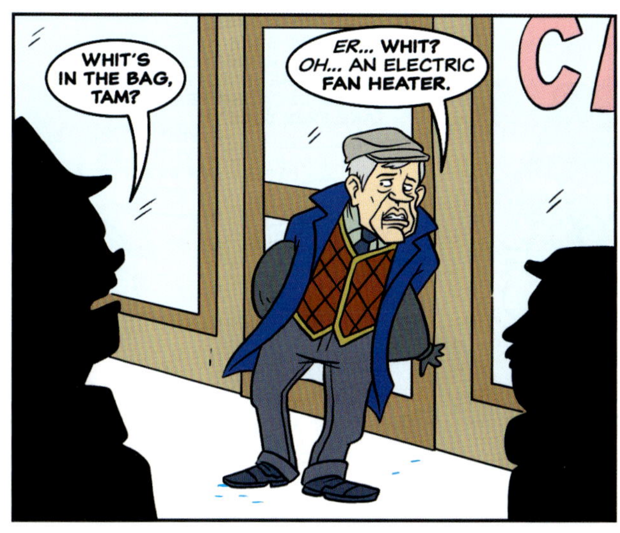

WHIT'S IN THE BAG, TAM?
ER... WHIT? OH... AN ELECTRIC FAN HEATER.

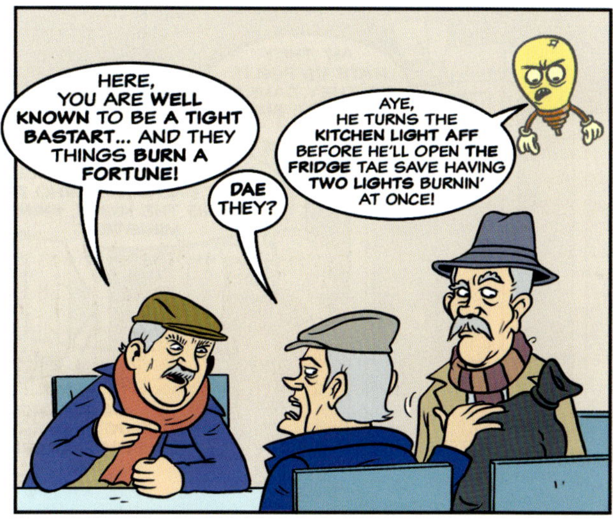

HERE, YOU ARE WELL KNOWN TO BE A TIGHT BASTART... AND THEY THINGS BURN A FORTUNE!
DAE THEY?
AYE, HE TURNS THE KITCHEN LIGHT AFF BEFORE HE'LL OPEN THE FRIDGE TAE SAVE HAVING TWO LIGHTS BURNIN' AT ONCE!

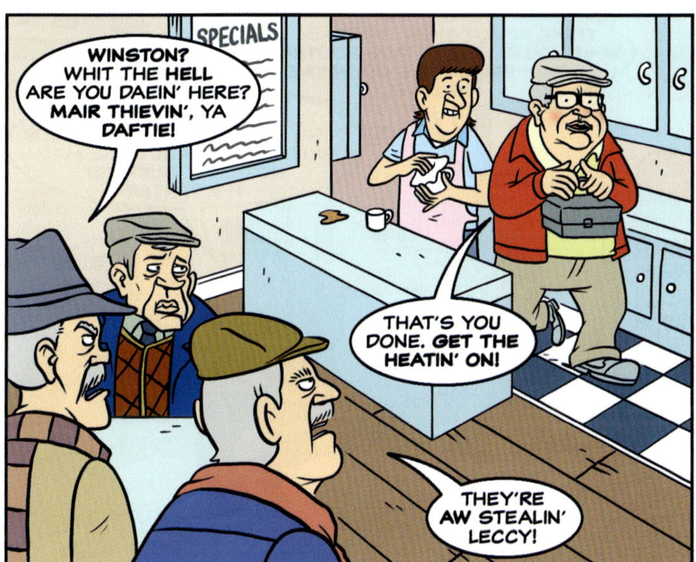

SPECIALS
WINSTON? WHIT THE HELL ARE YOU DAEIN' HERE? MAIR THIEVIN', YA DAFTIE!
THAT'S YOU DONE. GET THE HEATIN' ON!
THEY'RE AW STEALIN' LECCY!

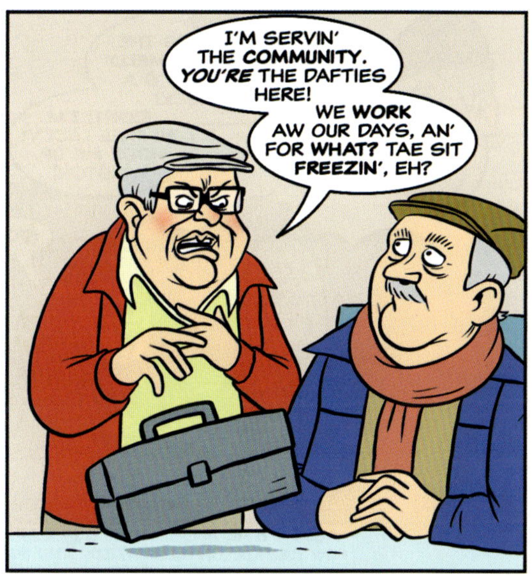

I'M SERVIN' THE COMMUNITY. YOU'RE THE DAFTIES HERE!
WE WORK AW OUR DAYS, AN' FOR WHAT? TAE SIT FREEZIN', EH?

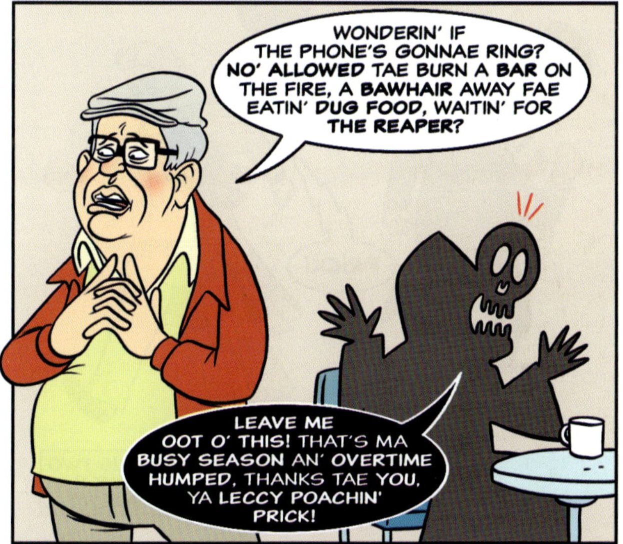

WONDERIN' IF THE PHONE'S GONNAE RING? NO' ALLOWED TAE BURN A BAR ON THE FIRE, A BAWHAIR AWAY FAE EATIN' DUG FOOD, WAITIN' FOR THE REAPER?
LEAVE ME OOT O' THIS! THAT'S MA BUSY SEASON AN' OVERTIME HUMPED, THANKS TAE YOU, YA LECCY POACHIN' PRICK!

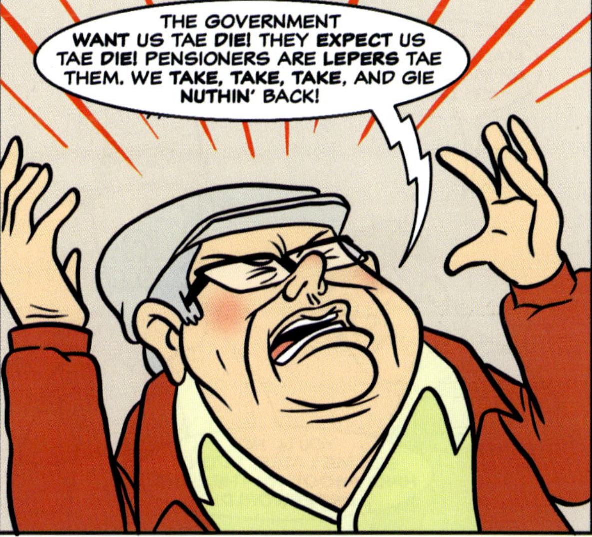

THE GOVERNMENT WANT US TAE DIE! THEY EXPECT US TAE DIE! PENSIONERS ARE LEPERS TAE THEM. WE TAKE, TAKE, TAKE, AND GIE NUTHIN' BACK!

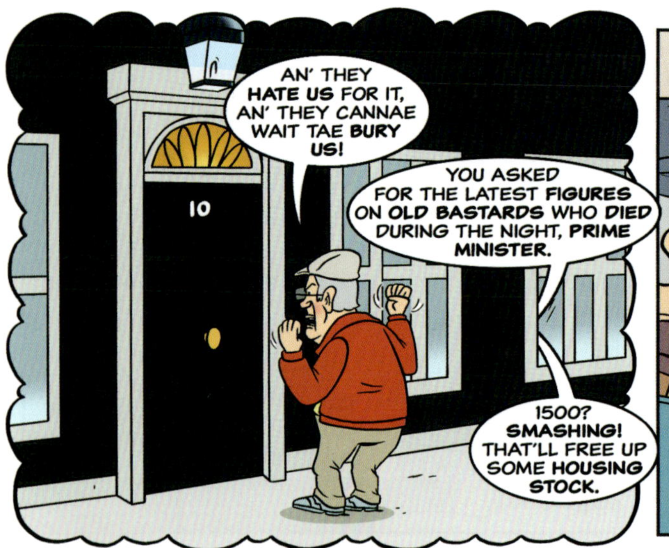

AN' THEY HATE US FOR IT, AN' THEY CANNAE WAIT TAE BURY US!
YOU ASKED FOR THE LATEST FIGURES ON OLD BASTARDS WHO DIED DURING THE NIGHT, PRIME MINISTER.
1500? SMASHING! THAT'LL FREE UP SOME HOUSING STOCK.
10

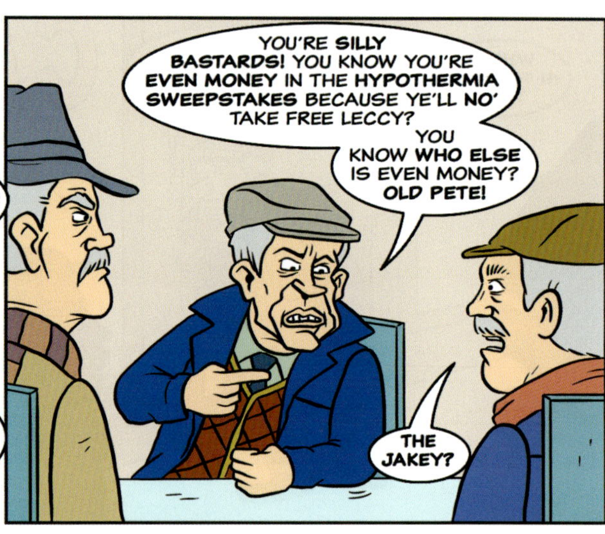

YOU'RE SILLY BASTARDS! YOU KNOW YOU'RE EVEN MONEY IN THE HYPOTHERMIA SWEEPSTAKES BECAUSE YE'LL NO' TAKE FREE LECCY?
YOU KNOW WHO ELSE IS EVEN MONEY? OLD PETE!
THE JAKEY?

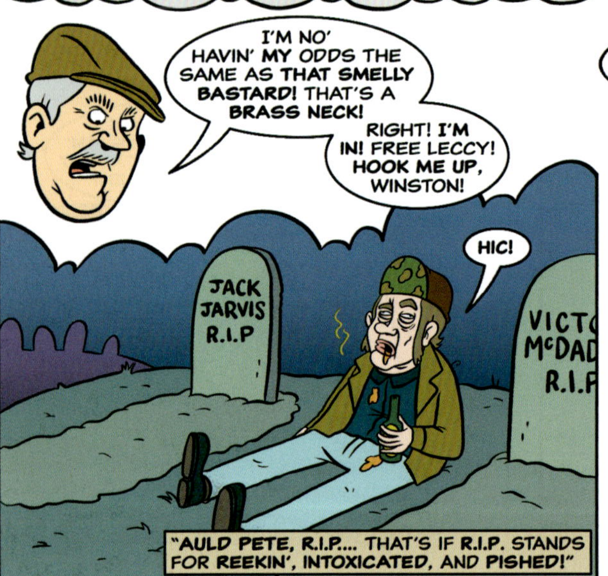

I'M NO' HAVIN' MY ODDS THE SAME AS THAT SMELLY BASTARD! THAT'S A BRASS NECK!
RIGHT! I'M IN! FREE LECCY! HOOK ME UP, WINSTON!
HIC!
JACK JARVIS R.I.P
VICTOR McDAD R.I.P
"AULD PETE, R.I.P.... THAT'S IF R.I.P. STANDS FOR REEKIN', INTOXICATED, AND PISHED!"

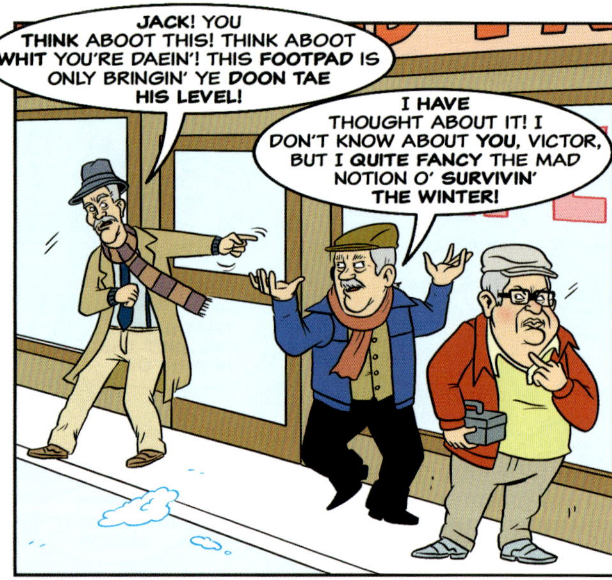

JACK! YOU THINK ABOOT THIS! THINK ABOOT WHIT YOU'RE DAEIN'! THIS FOOTPAD IS ONLY BRINGIN' YE DOON TAE HIS LEVEL!
I HAVE THOUGHT ABOUT IT! I DON'T KNOW ABOUT YOU, VICTOR, BUT I QUITE FANCY THE MAD NOTION O' SURVIVIN' THE WINTER!

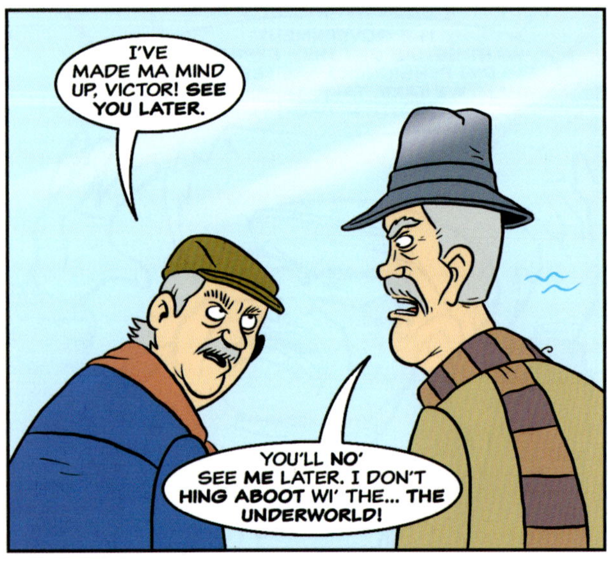

I'VE MADE MA MIND UP, VICTOR! SEE YOU LATER.
YOU'LL NO' SEE ME LATER. I DON'T HING ABOOT WI' THE... THE UNDERWORLD!

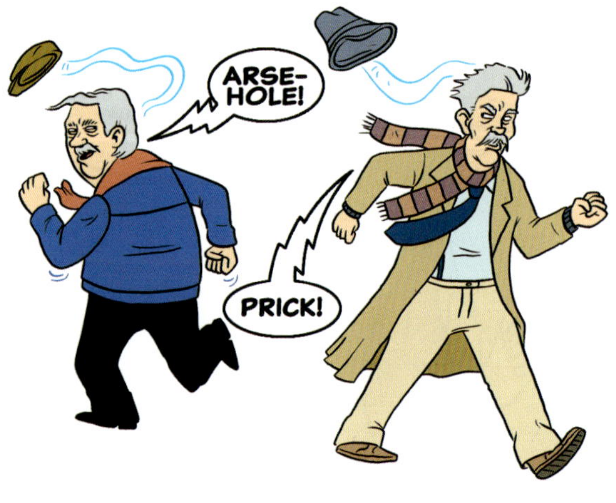

ARSE-HOLE!
PRICK!
"CHRIST, THIS IS GLOOMY. US TWO AT DAGGERS DRAWN! CAN WE NO' LIGHTEN THE MOOD JIST A BIT?"

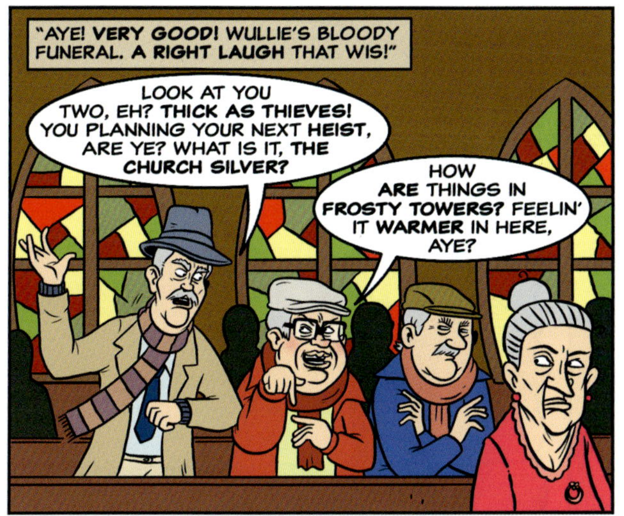

"AYE! VERY GOOD! WULLIE'S BLOODY FUNERAL. A RIGHT LAUGH THAT WIS!"
LOOK AT YOU TWO, EH? THICK AS THIEVES! YOU PLANNING YOUR NEXT HEIST, ARE YE? WHAT IS IT, THE CHURCH SILVER?
HOW ARE THINGS IN FROSTY TOWERS? FEELIN' IT WARMER IN HERE, AYE?

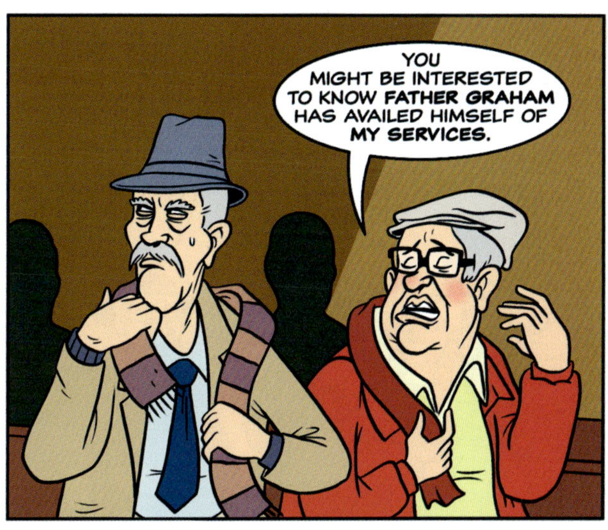

YOU MIGHT BE INTERESTED TO KNOW FATHER GRAHAM HAS AVAILED HIMSELF OF MY SERVICES.

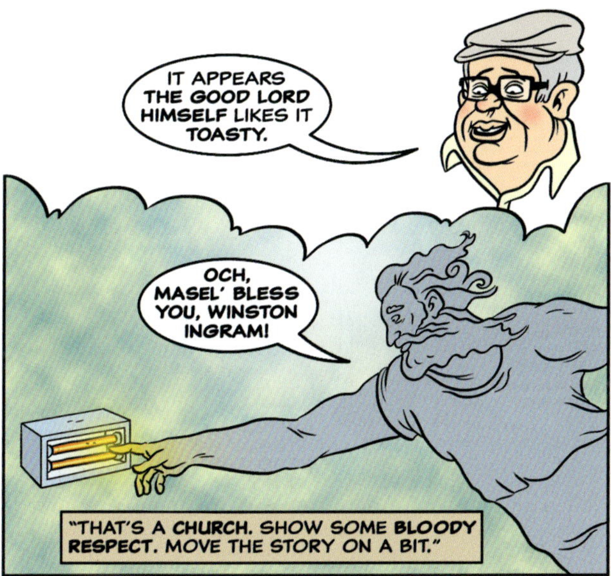

IT APPEARS THE GOOD LORD HIMSELF LIKES IT TOASTY.
OCH, MASEL' BLESS YOU, WINSTON INGRAM!
"THAT'S A CHURCH. SHOW SOME BLOODY RESPECT. MOVE THE STORY ON A BIT."

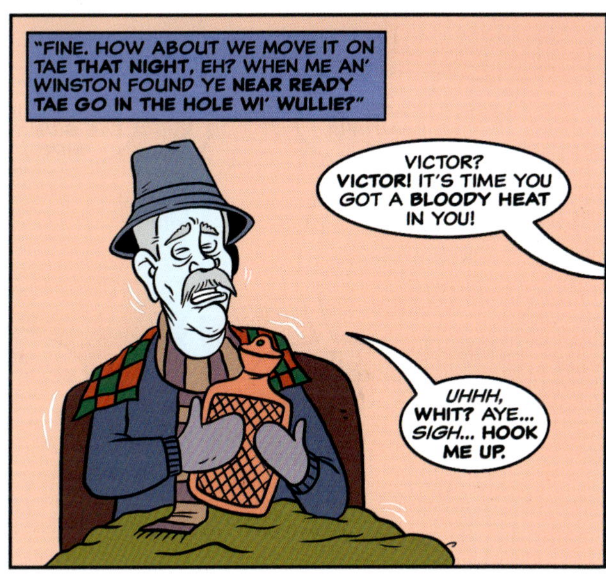

"FINE. HOW ABOUT WE MOVE IT ON TAE THAT NIGHT, EH? WHEN ME AN' WINSTON FOUND YE NEAR READY TAE GO IN THE HOLE WI' WULLIE?"
VICTOR? VICTOR! IT'S TIME YOU GOT A BLOODY HEAT IN YOU!
UHHH, WHIT? AYE... SIGH... HOOK ME UP.

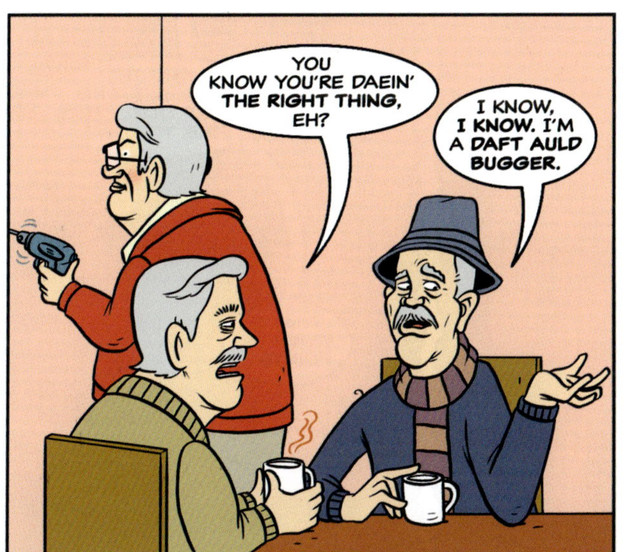

YOU KNOW YOU'RE DAEIN' THE RIGHT THING, EH?
I KNOW, I KNOW. I'M A DAFT AULD BUGGER.

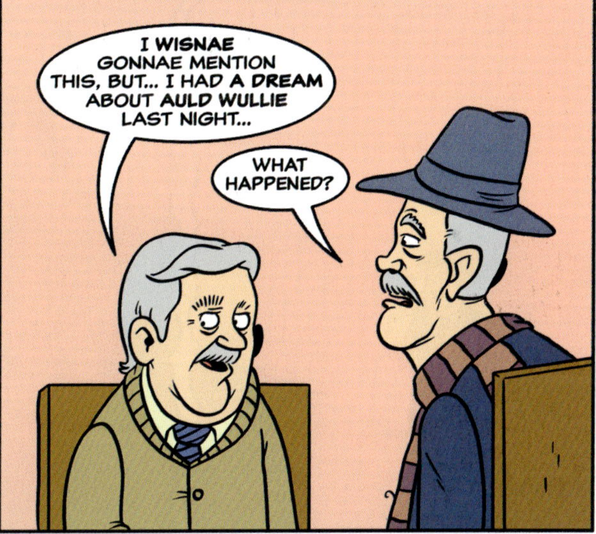

I WISNAE GONNAE MENTION THIS, BUT... I HAD A DREAM ABOUT AULD WULLIE LAST NIGHT...
WHAT HAPPENED?

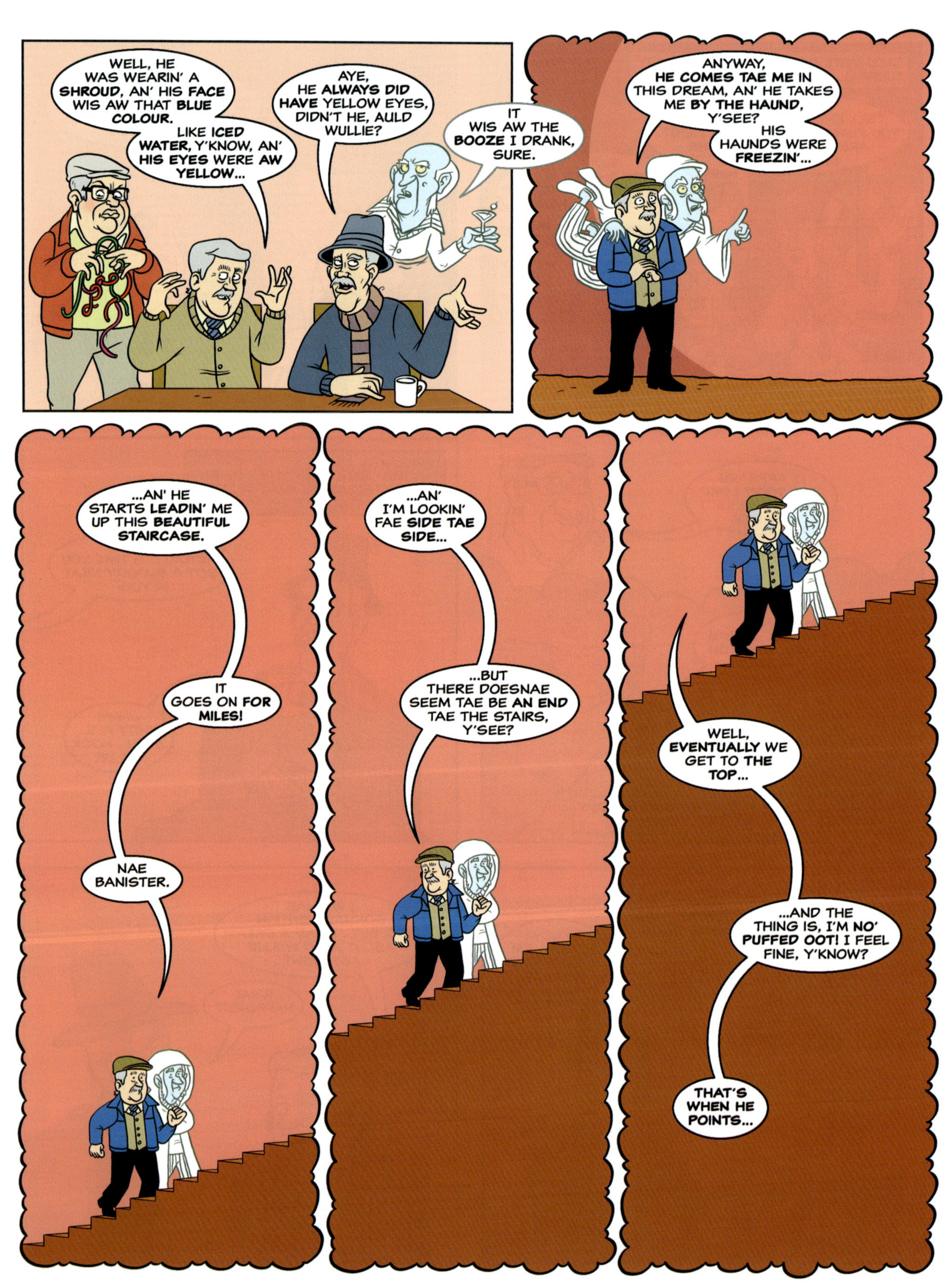

WELL, HE WAS WEARIN' A SHROUD, AN' HIS FACE WIS AW THAT BLUE COLOUR.
LIKE ICED WATER, Y'KNOW, AN' HIS EYES WERE AW YELLOW...
AYE, HE ALWAYS DID HAVE YELLOW EYES, DIDN'T HE, AULD WULLIE?
IT WIS AW THE BOOZE I DRANK, SURE.
ANYWAY, HE COMES TAE ME IN THIS DREAM, AN' HE TAKES ME BY THE HAUND, Y'SEE? HIS HAUNDS WERE FREEZIN'...
...AN' HE STARTS LEADIN' ME UP THIS BEAUTIFUL STAIRCASE.
IT GOES ON FOR MILES!
NAE BANISTER.
...AN' I'M LOOKIN' FAE SIDE TAE SIDE...
...BUT THERE DOESNAE SEEM TAE BE AN END TAE THE STAIRS, Y'SEE?
WELL, EVENTUALLY WE GET TO THE TOP...
...AND THE THING IS, I'M NO' PUFFED OOT! I FEEL FINE, Y'KNOW?
THAT'S WHEN HE POINTS...

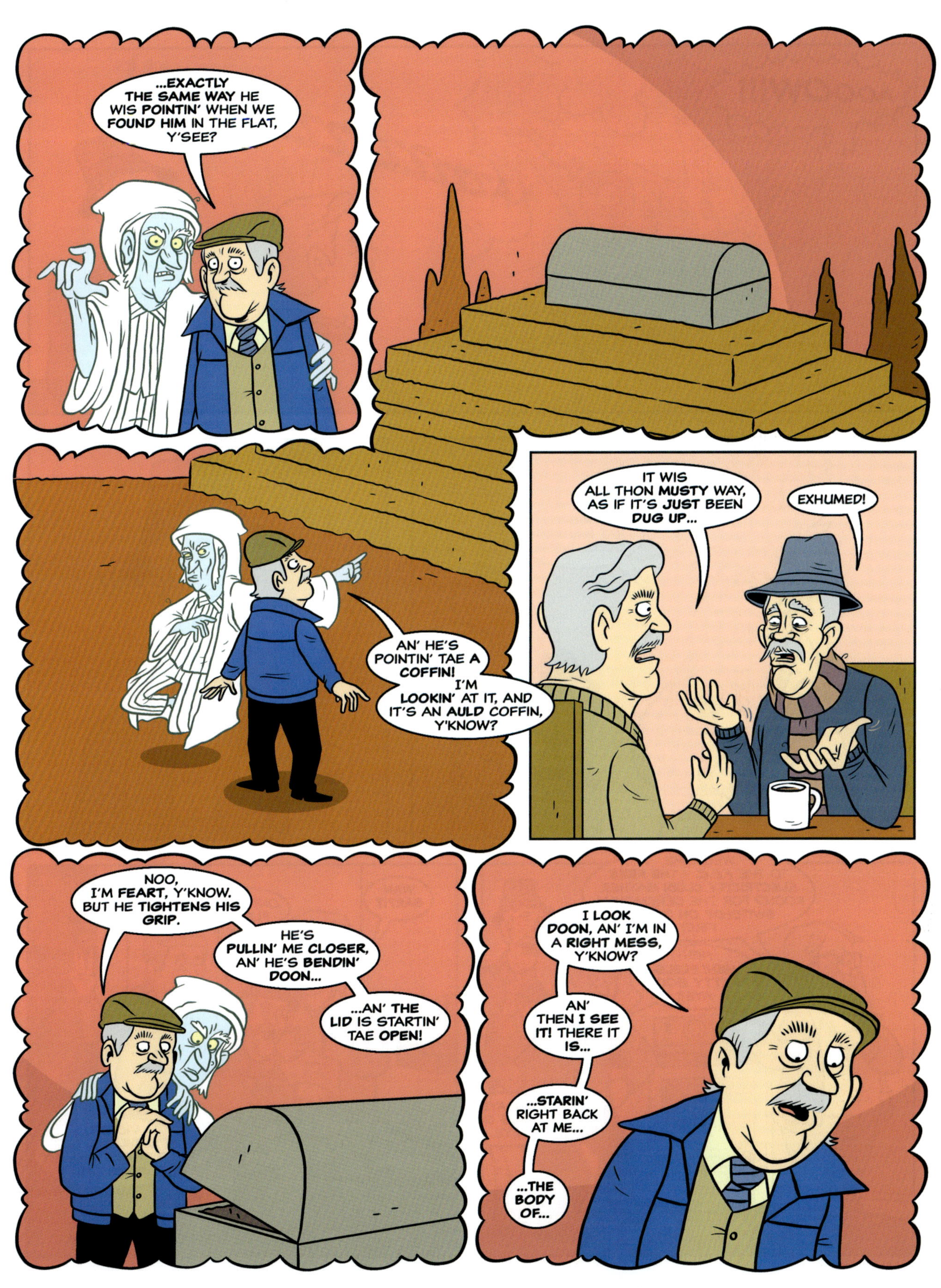

...EXACTLY THE SAME WAY HE WIS POINTIN' WHEN WE FOUND HIM IN THE FLAT, Y'SEE?
AN' HE'S POINTIN' TAE A COFFIN! I'M LOOKIN' AT IT, AND IT'S AN AULD COFFIN, Y'KNOW?
IT WIS ALL THON MUSTY WAY, AS IF IT'S JUST BEEN DUG UP...
EXHUMED!
NOO, I'M FEART, Y'KNOW. BUT HE TIGHTENS HIS GRIP.
HE'S PULLIN' ME CLOSER, AN' HE'S BENDIN' DOON...
...AN' THE LID IS STARTIN' TAE OPEN!
I LOOK DOON, AN' I'M IN A RIGHT MESS, Y'KNOW?
AN' THEN I SEE IT! THERE IT IS...
...STARIN' RIGHT BACK AT ME...
...THE BODY OF...

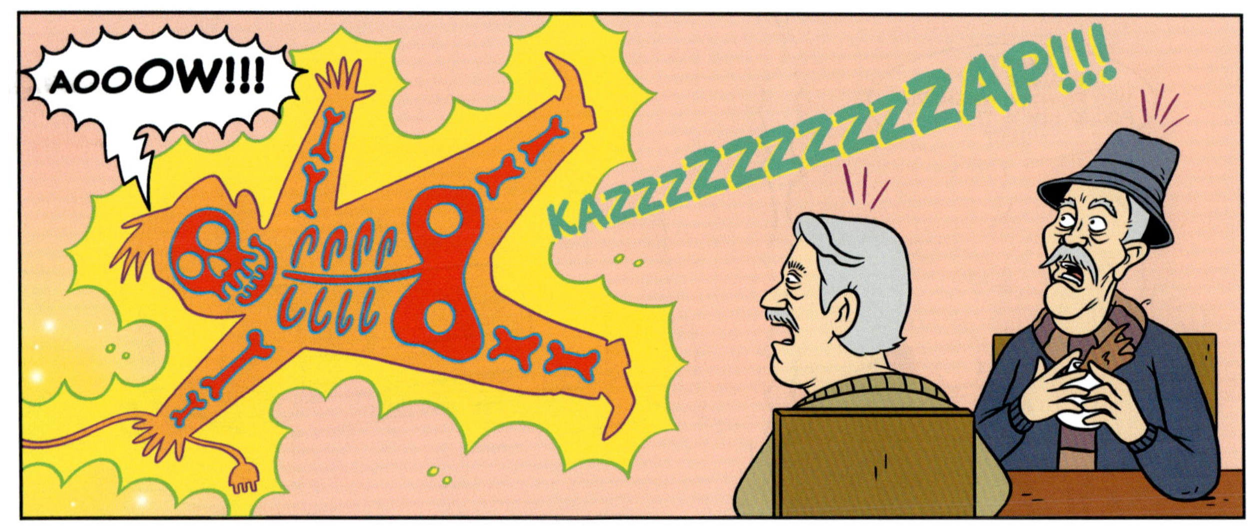

AOOOW!!!
KAZZZZZZZZZAP!!!

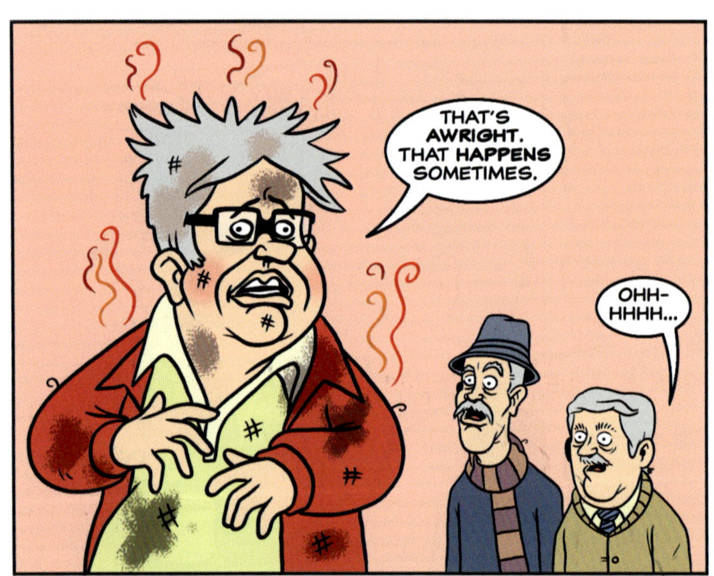

THAT'S AWRIGHT. THAT HAPPENS SOMETIMES.
OHH-HHHH...

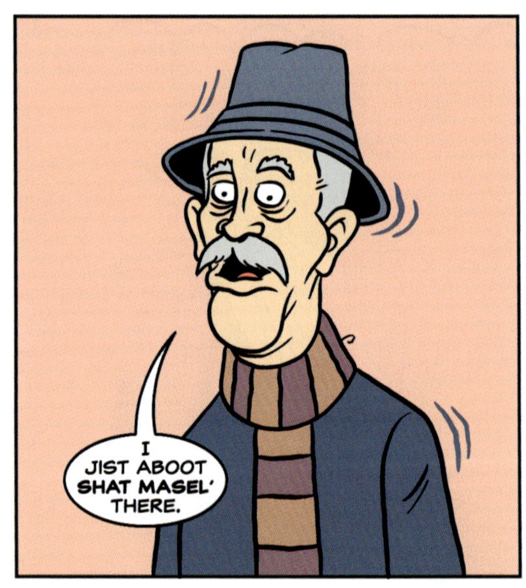

I JIST ABOOT SHAT MASEL' THERE.

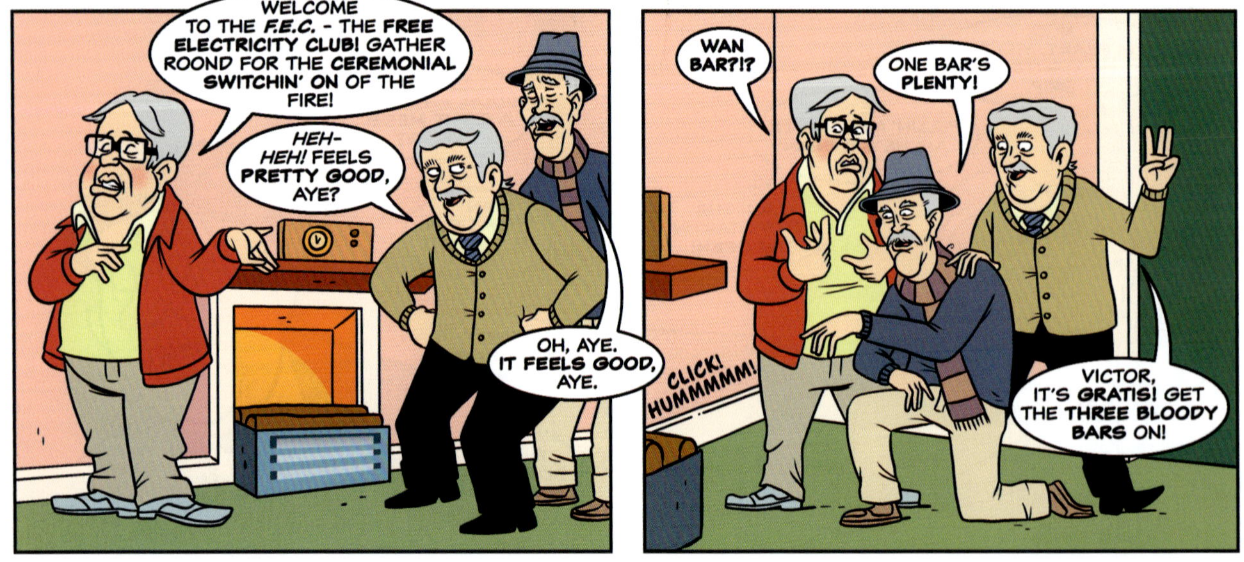

WELCOME TO THE F.E.C. - THE FREE ELECTRICITY CLUB! GATHER ROOND FOR THE CEREMONIAL SWITCHIN' ON OF THE FIRE!
HEH-HEH! FEELS PRETTY GOOD, AYE?
OH, AYE. IT FEELS GOOD, AYE.
CLICK! HUMMMMM!
WAN BAR?!?
ONE BAR'S PLENTY!
VICTOR, IT'S GRATIS! GET THE THREE BLOODY BARS ON!

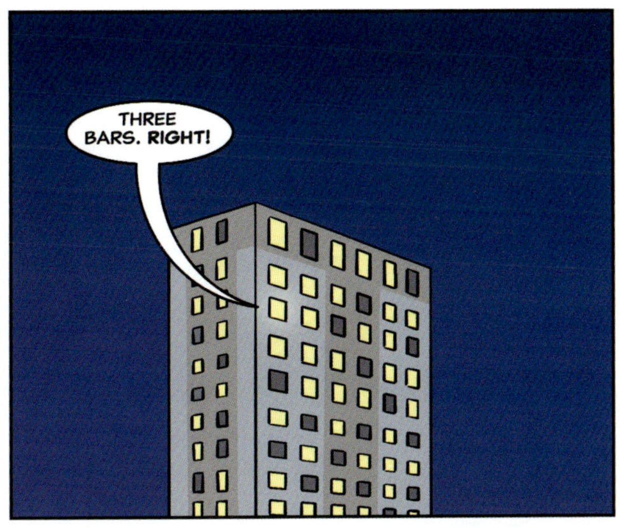

THREE BARS. RIGHT!

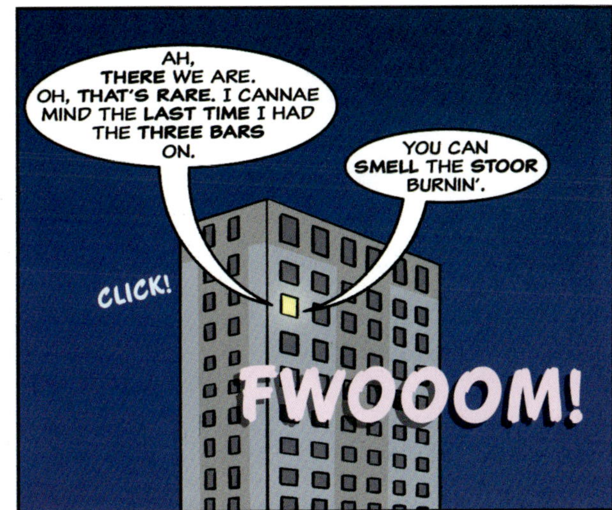

AH, THERE WE ARE. OH, THAT'S RARE. I CANNAE MIND THE LAST TIME I HAD THE THREE BARS ON.
YOU CAN SMELL THE STOOR BURNIN'.
CLICK!
FWOOOM!

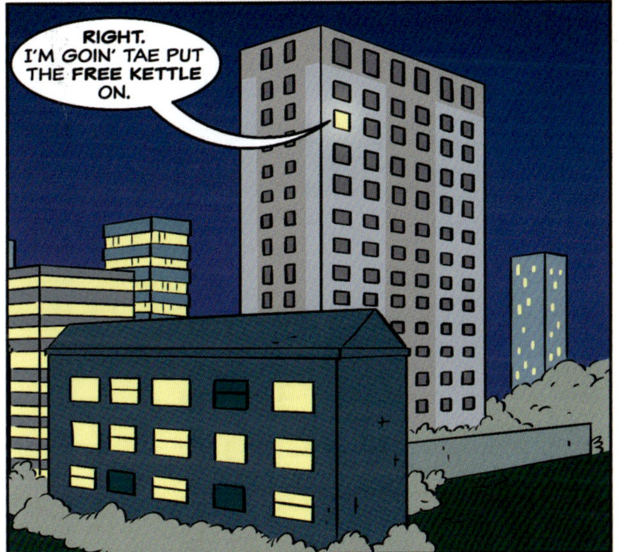

RIGHT. I'M GOIN' TAE PUT THE FREE KETTLE ON.

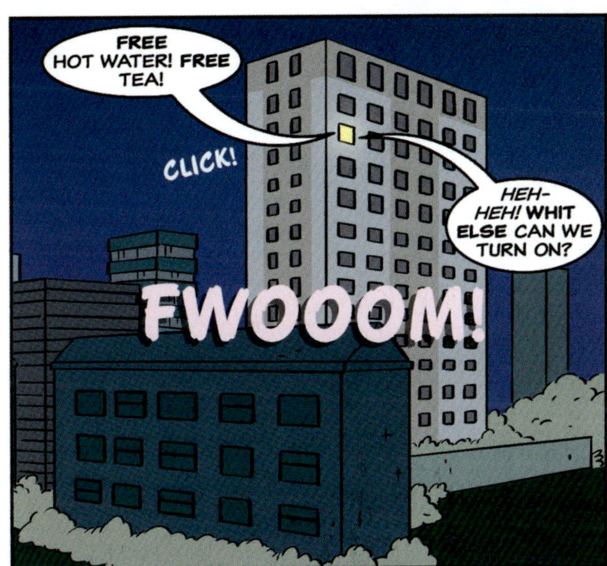

FREE HOT WATER! FREE TEA!
CLICK!
HEH-HEH! WHIT ELSE CAN WE TURN ON?
FWOOOM!

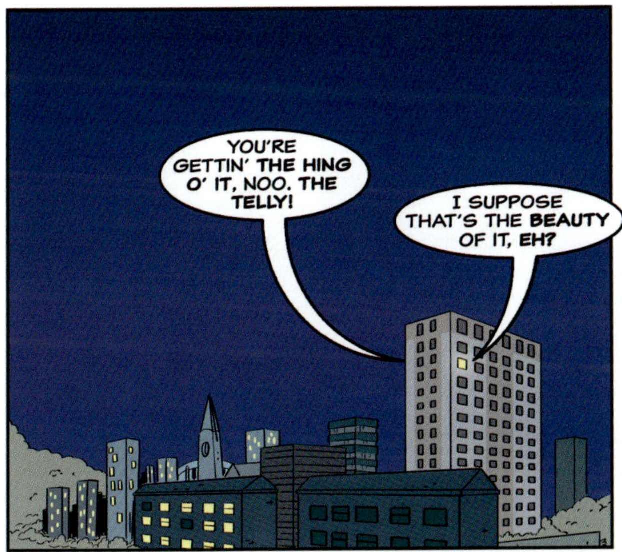

YOU'RE GETTIN' THE HING O' IT, NOO. THE TELLY!
I SUPPOSE THAT'S THE BEAUTY OF IT, EH?

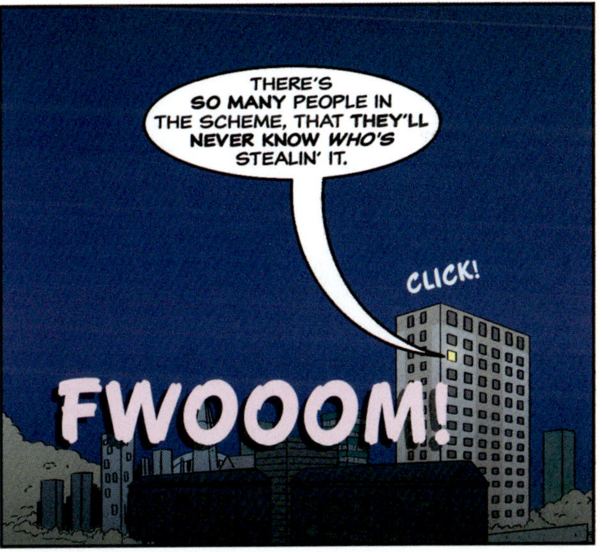

THERE'S SO MANY PEOPLE IN THE SCHEME, THAT THEY'LL NEVER KNOW WHO'S STEALIN' IT.
CLICK!
FWOOOM!

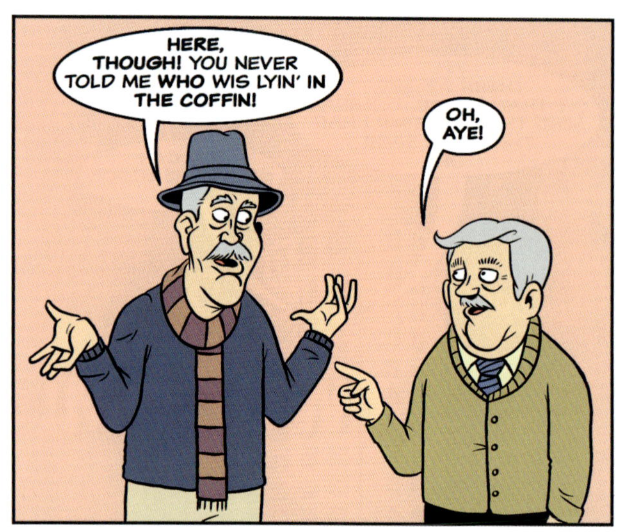

HERE, THOUGH! YOU NEVER TOLD ME WHO WIS LYIN' IN THE COFFIN!
OH, AYE!

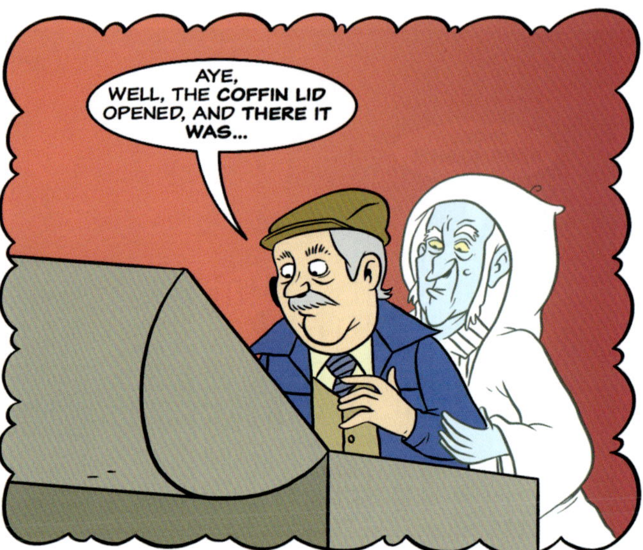

AYE, WELL, THE COFFIN LID OPENED, AND THERE IT WAS...

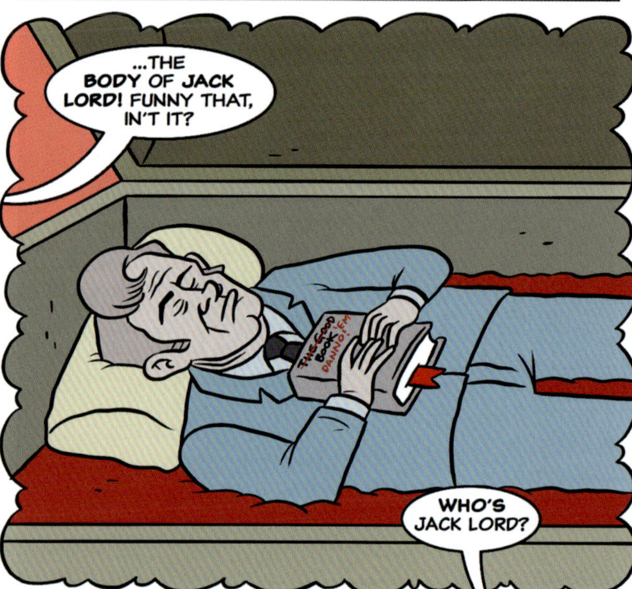

...THE BODY OF JACK LORD! FUNNY THAT, IN'T IT?
THE GOOD BOOK DUNNO.FM
WHO'S JACK LORD?

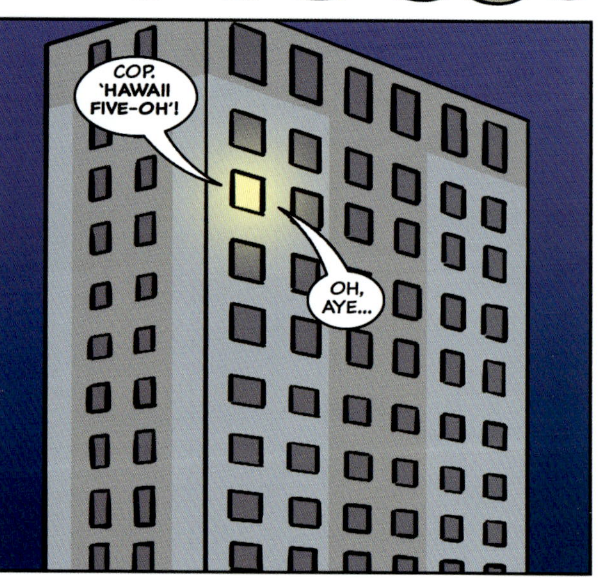

COP. 'HAWAII FIVE-OH'!
OH, AYE...

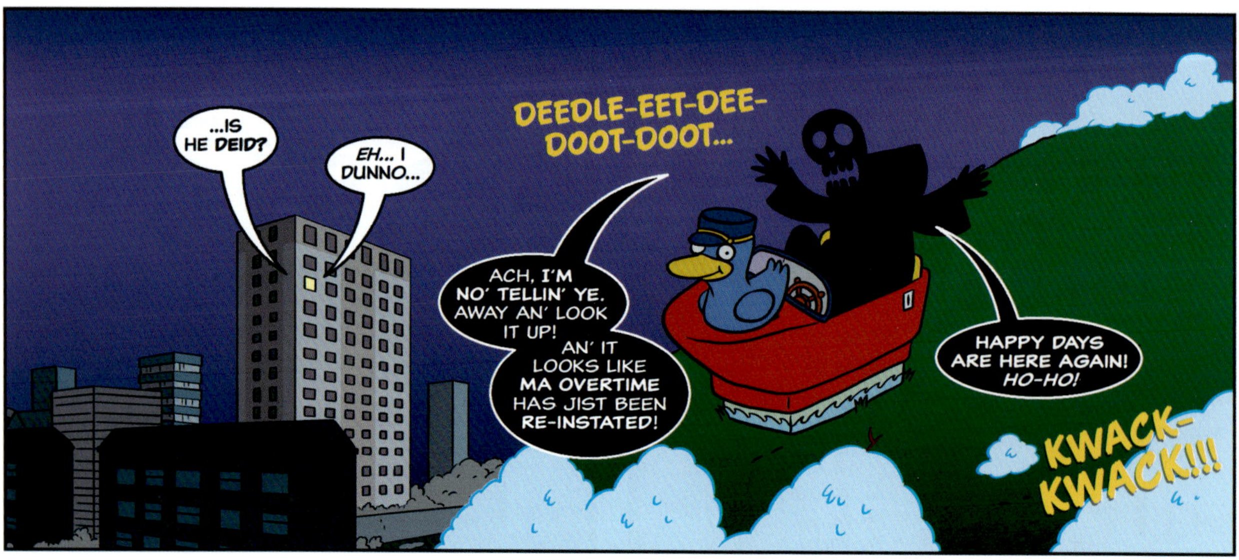

...IS HE DEID?
EH... I DUNNO...
DEEDLE-EET-DEE-DOOT-DOOT...
ACH, I'M NO' TELLIN' YE. AWAY AN' LOOK IT UP! AN' IT LOOKS LIKE MA OVERTIME HAS JIST BEEN RE-INSTATED!
HAPPY DAYS ARE HERE AGAIN! HO-HO!
KWACK-KWACK!!!

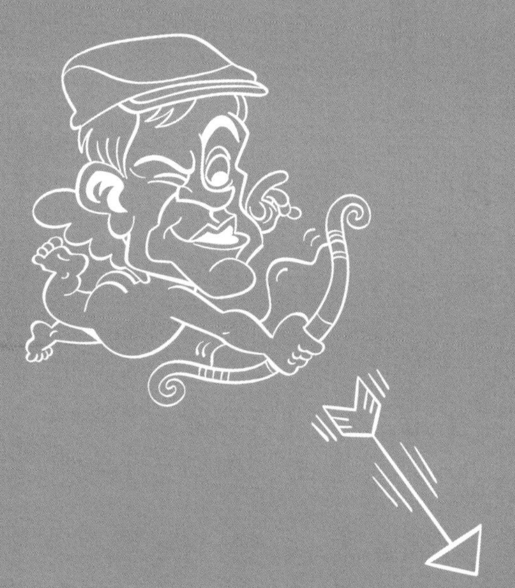
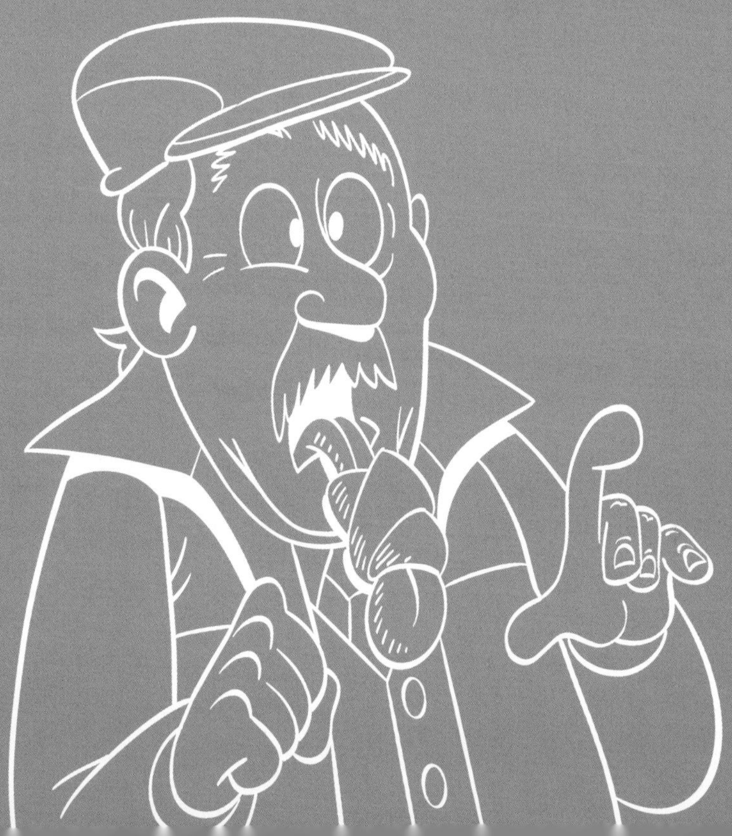

COURTIN'

BY
FORD KIERNAN &
GREG HEMPHILL

COMIC SCRIPT BY
DANIEL McGACHEY

ART BY
JAMIE BUCHANAN

COLOUR BY
**GORDON TAIT &
THE SCUNNERED INK STUDIO**

LETTERING BY
DANIEL McGACHEY

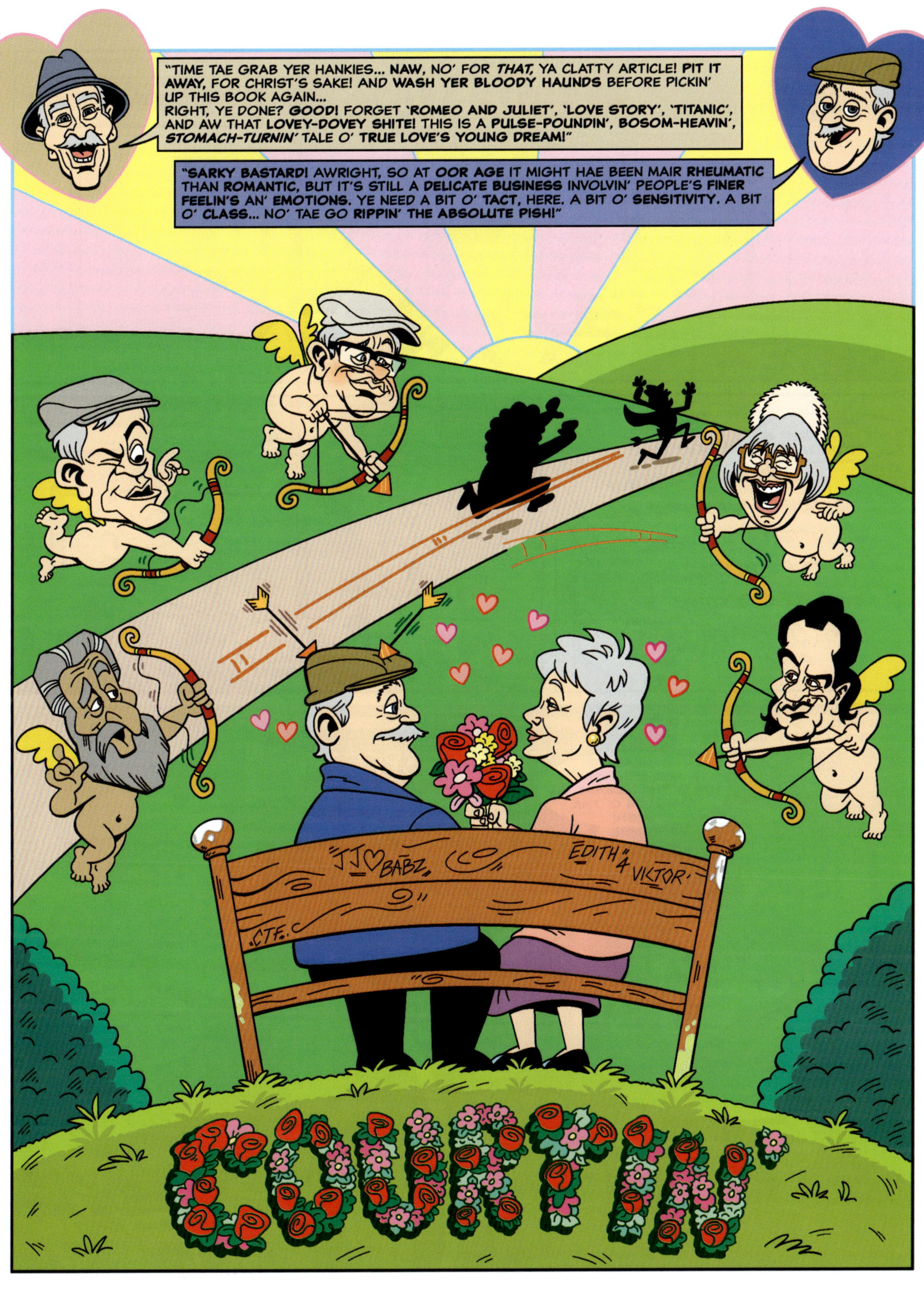

"TIME TAE GRAB YER HANKIES... NAW, NO' FOR THAT, YA CLATTY ARTICLE! PIT IT AWAY, FOR CHRIST'S SAKE! AND WASH YER BLOODY HAUNDS BEFORE PICKIN' UP THIS BOOK AGAIN...
RIGHT, YE DONE? GOOD! FORGET 'ROMEO AND JULIET', 'LOVE STORY', 'TITANIC', AND AW THAT LOVEY-DOVEY SHITE! THIS IS A PULSE-POUNDIN', BOSOM-HEAVIN', STOMACH-TURNIN' TALE O' TRUE LOVE'S YOUNG DREAM!"
"SARKY BASTARD! AWRIGHT, SO AT OOR AGE IT MIGHT HAE BEEN MAIR RHEUMATIC THAN ROMANTIC, BUT IT'S STILL A DELICATE BUSINESS INVOLVIN' PEOPLE'S FINER FEELIN'S AN' EMOTIONS. YE NEED A BIT O' TACT, HERE. A BIT O' SENSITIVITY. A BIT O' CLASS... NO' TAE GO RIPPIN' THE ABSOLUTE PISH!"
"JJ♡BABZ"
"CTF"
"EDITH 4 VICTOR"
COURTIN'

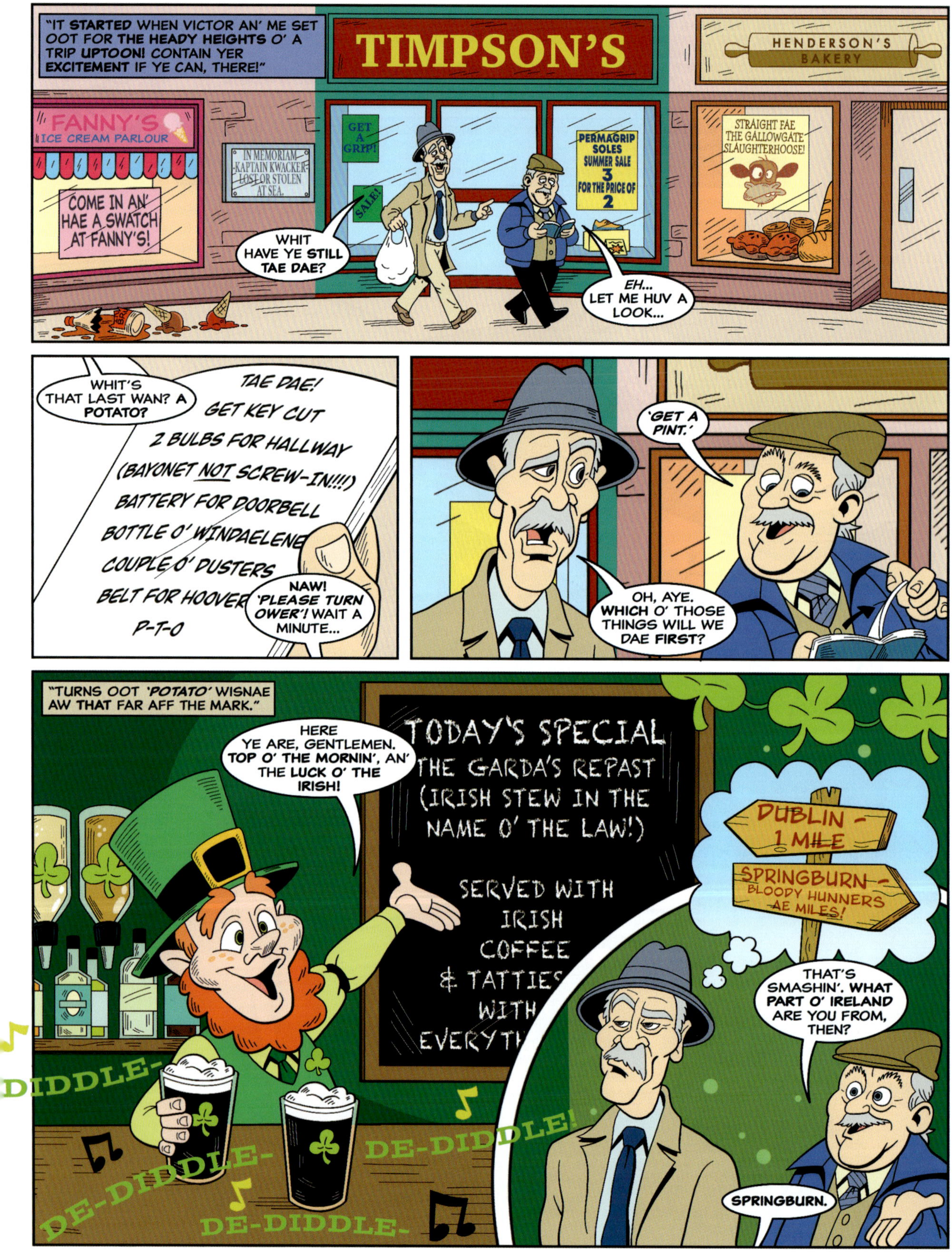

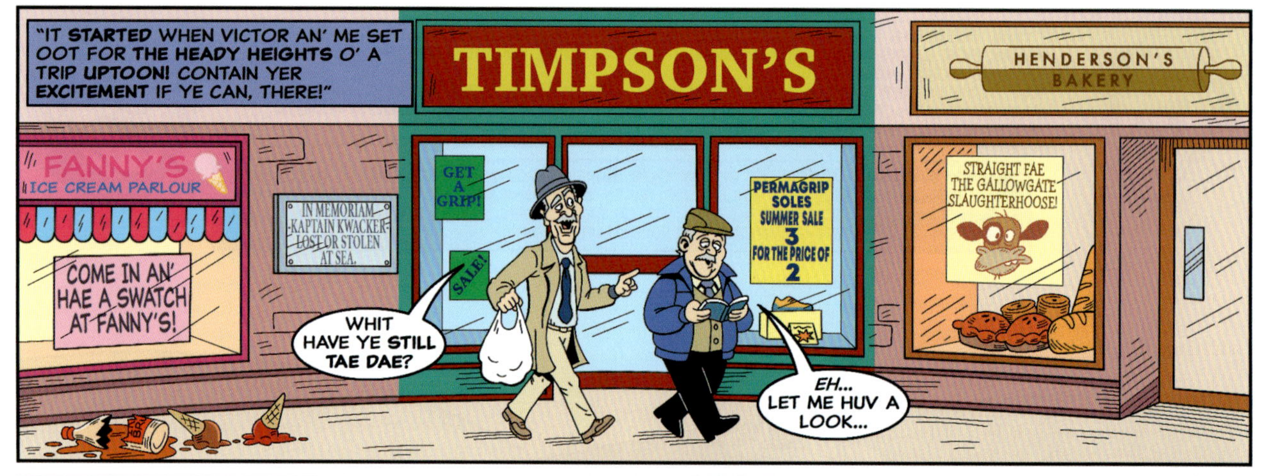

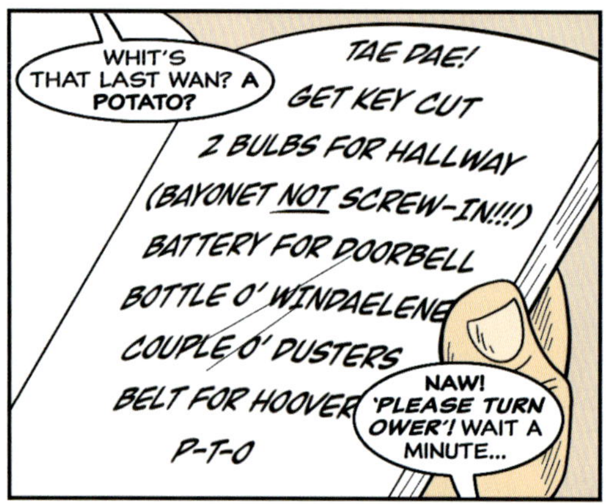

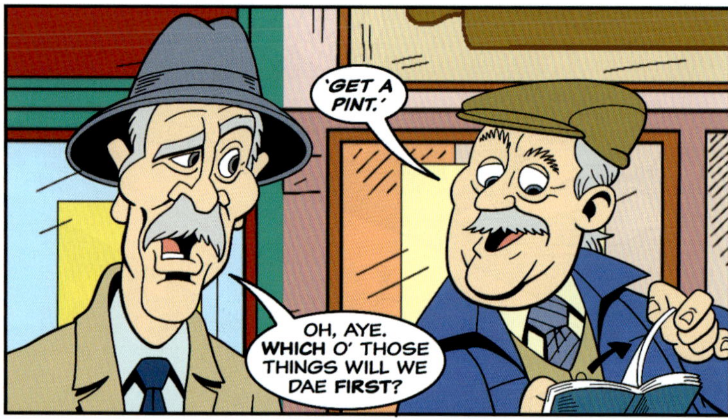

"TURNS OOT 'POTATO' WISNAE AW THAT FAR AFF THE MARK."

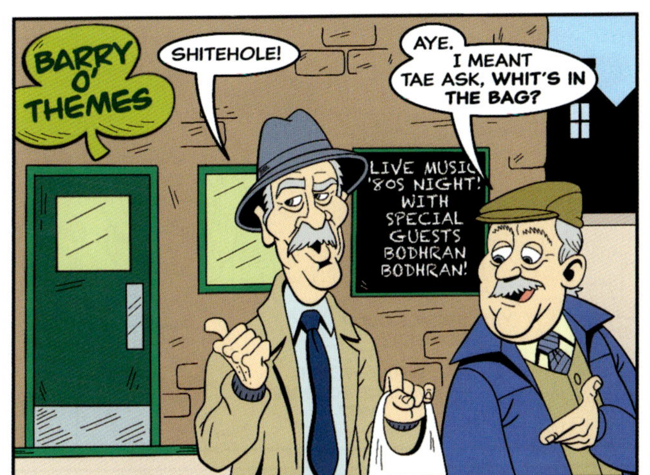

BARRY O' THEMES
SHITEHOLE!
AYE. I MEANT TAE ASK, WHIT'S IN THE BAG?
LIVE MUSIC '80S NIGHT! WITH SPECIAL GUESTS BODHRAN BODHRAN!

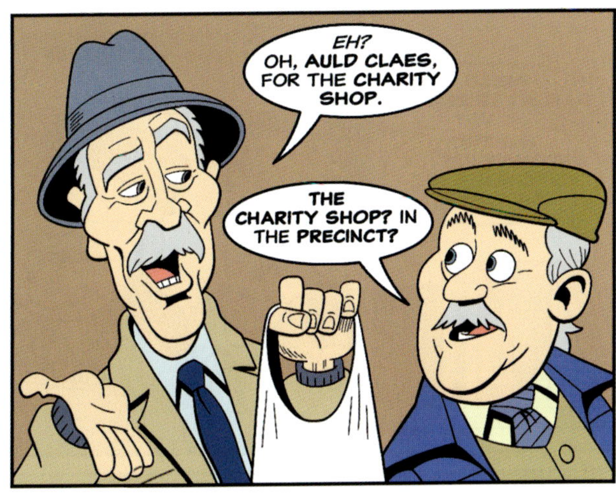

EH? OH, AULD CLAES, FOR THE CHARITY SHOP.
THE CHARITY SHOP? IN THE PRECINCT?

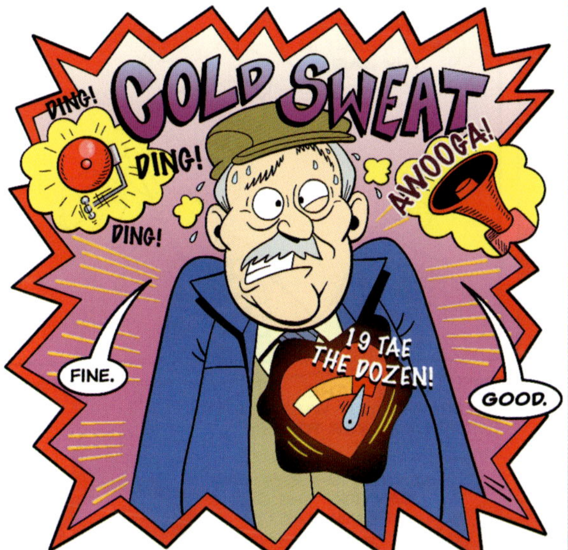

COLD SWEAT
DING!
DING!
DING!
AWOOGA!
FINE.
19 TAE THE DOZEN!
GOOD.

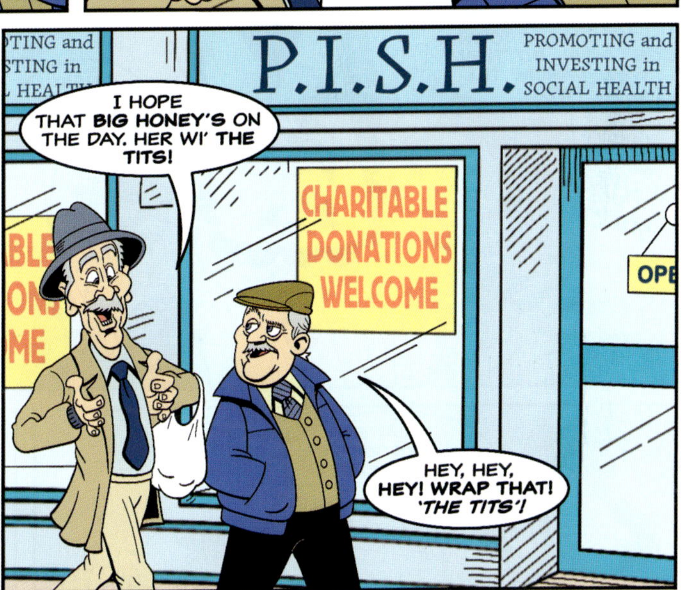

P.I.S.H.
PROMOTING and INVESTING in SOCIAL HEALTH
I HOPE THAT BIG HONEY'S ON THE DAY. HER WI' THE TITS!
CHARITABLE DONATIONS WELCOME
OPEN
HEY, HEY, HEY! WRAP THAT! 'THE TITS'!

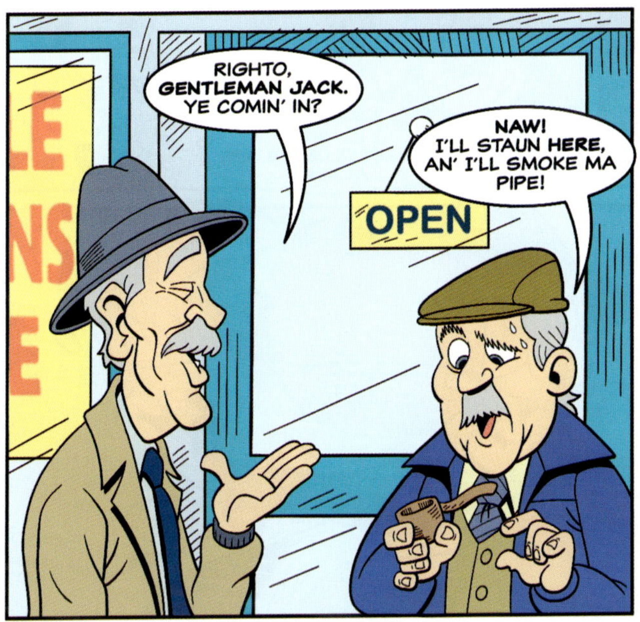

RIGHTO, GENTLEMAN JACK. YE COMIN' IN?
NAW! I'LL STAUN HERE, AN' I'LL SMOKE MA PIPE!
OPEN

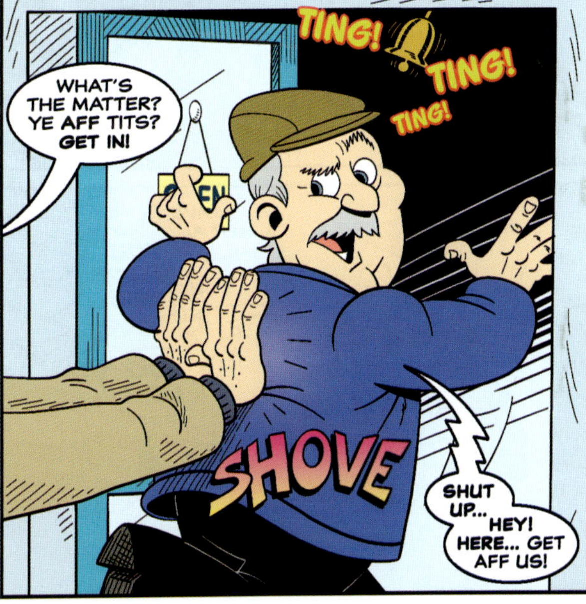

WHAT'S THE MATTER? YE AFF TITS? GET IN!
TING!
TING!
TING!
SHOVE
SHUT UP... HEY! HERE... GET AFF US!

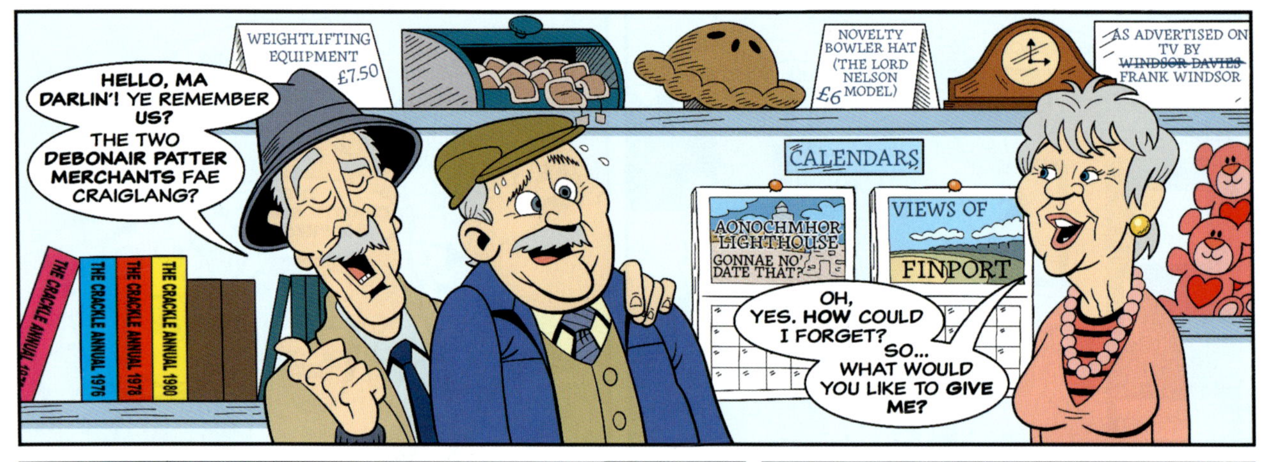

WEIGHTLIFTING EQUIPMENT £7.50
NOVELTY BOWLER HAT (THE LORD NELSON MODEL) £6
AS ADVERTISED ON TV BY WINDSOR DAVIES FRANK WINDSOR
THE CRACKLE ANNUAL 1977
THE CRACKLE ANNUAL 1978
THE CRACKLE ANNUAL 1980
CALENDARS
AONOCHMHOR LIGHTHOUSE GONNAE NO' DATE THAT?
VIEWS OF FINPORT
HELLO, MA DARLIN'! YE REMEMBER US? THE TWO DEBONAIR PATTER MERCHANTS FAE CRAIGLANG?
OH, YES. HOW COULD I FORGET? SO... WHAT WOULD YOU LIKE TO GIVE ME?

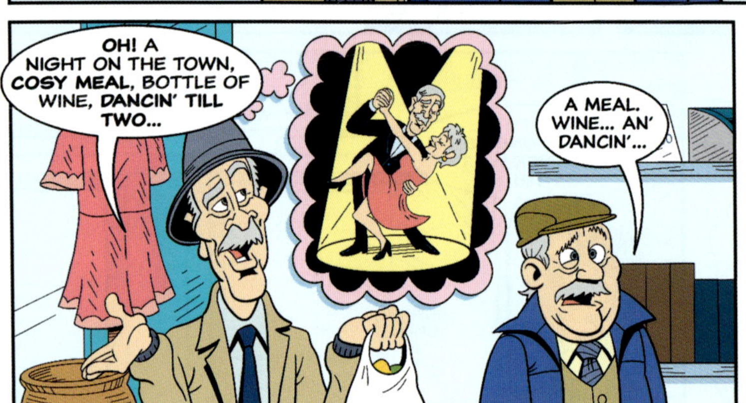

OH! A NIGHT ON THE TOWN, COSY MEAL, BOTTLE OF WINE, DANCIN' TILL TWO...
A MEAL. WINE... AN' DANCIN'...

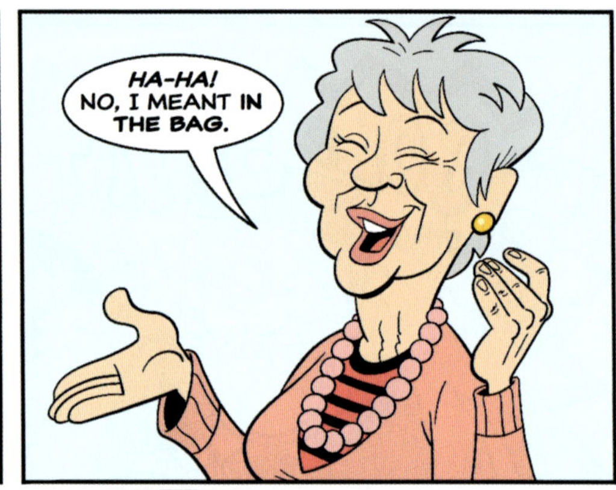

HA-HA! NO, I MEANT IN THE BAG.

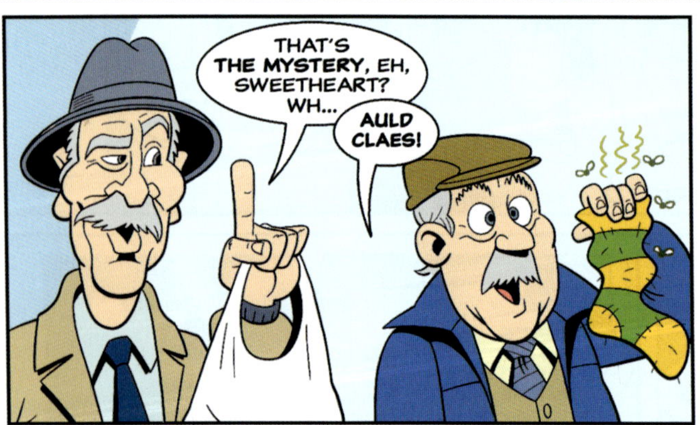

THAT'S THE MYSTERY, EH, SWEETHEART? WH...
AULD CLAES!

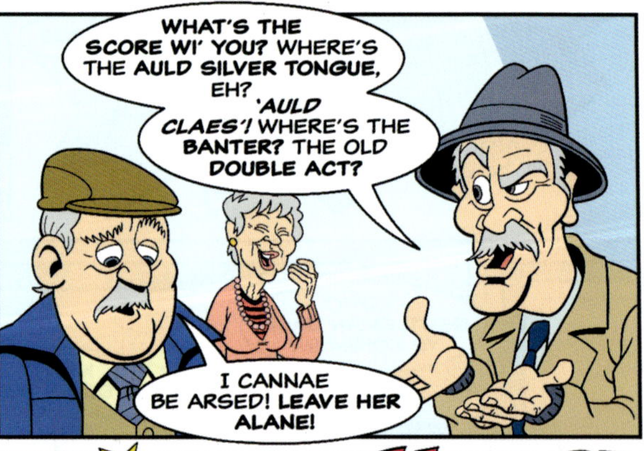

WHAT'S THE SCORE WI' YOU? WHERE'S THE AULD SILVER TONGUE, EH? 'AULD CLAES'! WHERE'S THE BANTER? THE OLD DOUBLE ACT?
I CANNAE BE ARSED! LEAVE HER ALANE!

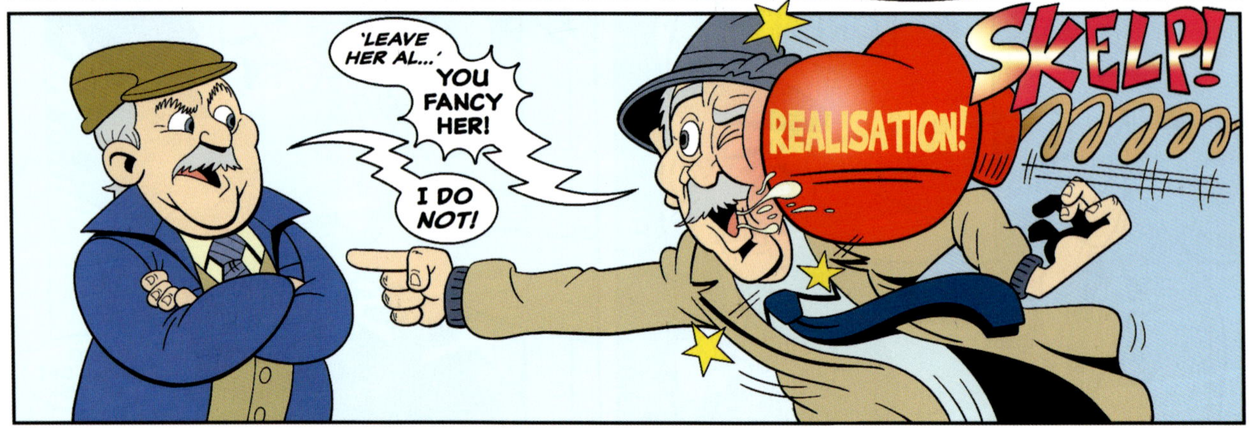

'LEAVE HER AL...' YOU FANCY HER!
I DO NOT!
REALISATION!
SKELP!

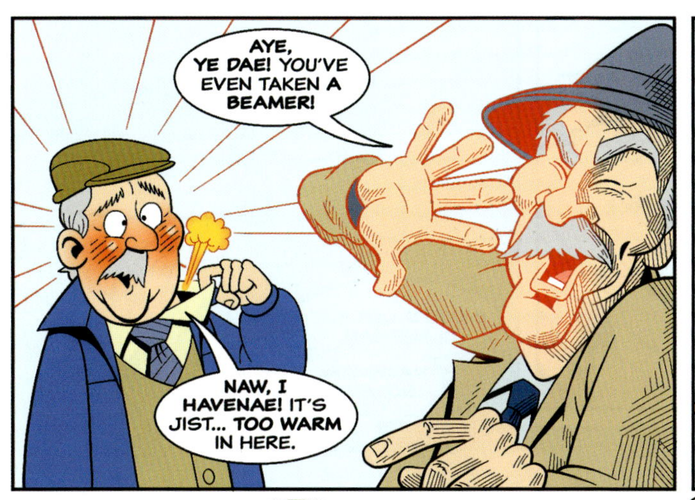

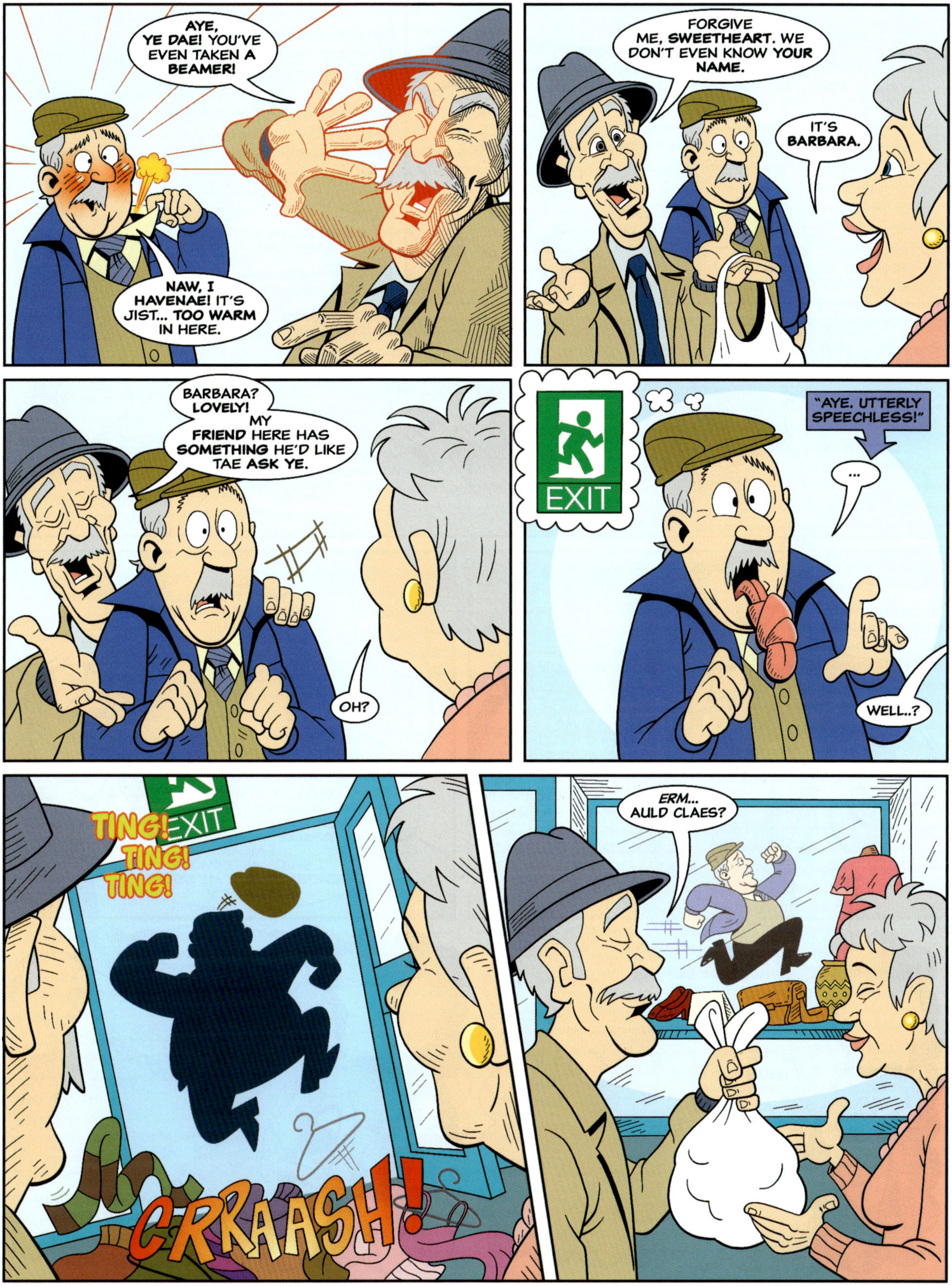

AYE, YE DAE! YOU'VE EVEN TAKEN A BEAMER!
NAW, I HAVENAE! IT'S JIST... TOO WARM IN HERE.

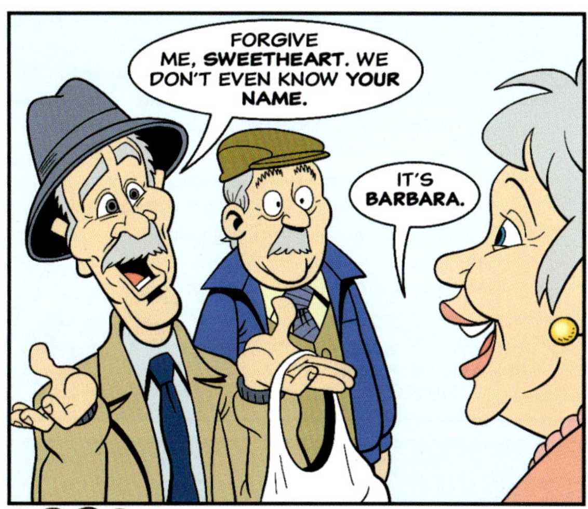

FORGIVE ME, SWEETHEART. WE DON'T EVEN KNOW YOUR NAME.
IT'S BARBARA.

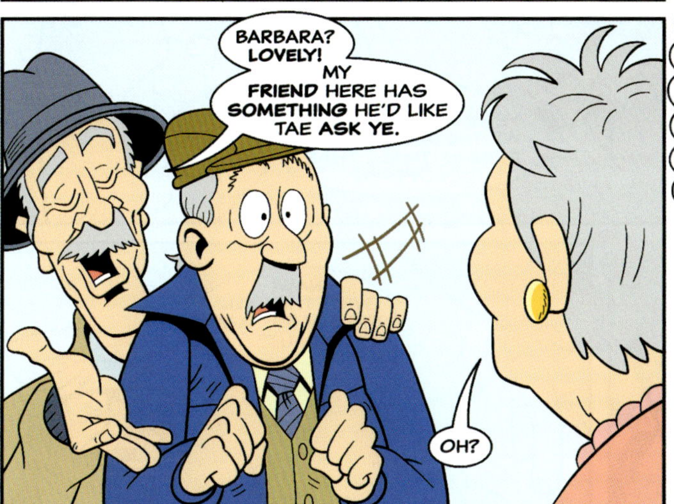

BARBARA? LOVELY! MY FRIEND HERE HAS SOMETHING HE'D LIKE TAE ASK YE.
OH?

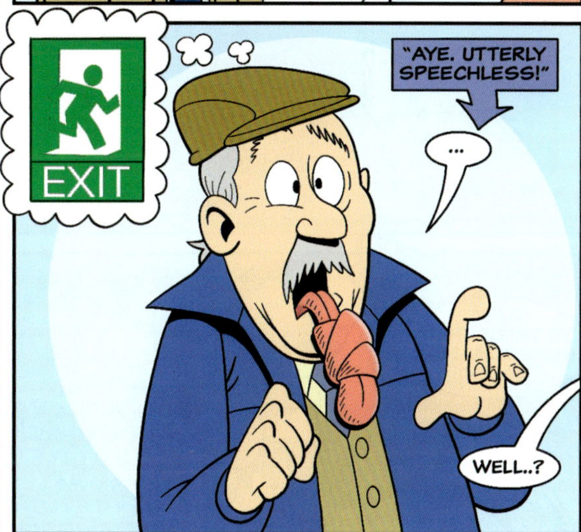

EXIT
"AYE. UTTERLY SPEECHLESS!"
...
WELL..?

EXIT
TING! TING! TING!
CRRAASH!

ERM... AULD CLAES?

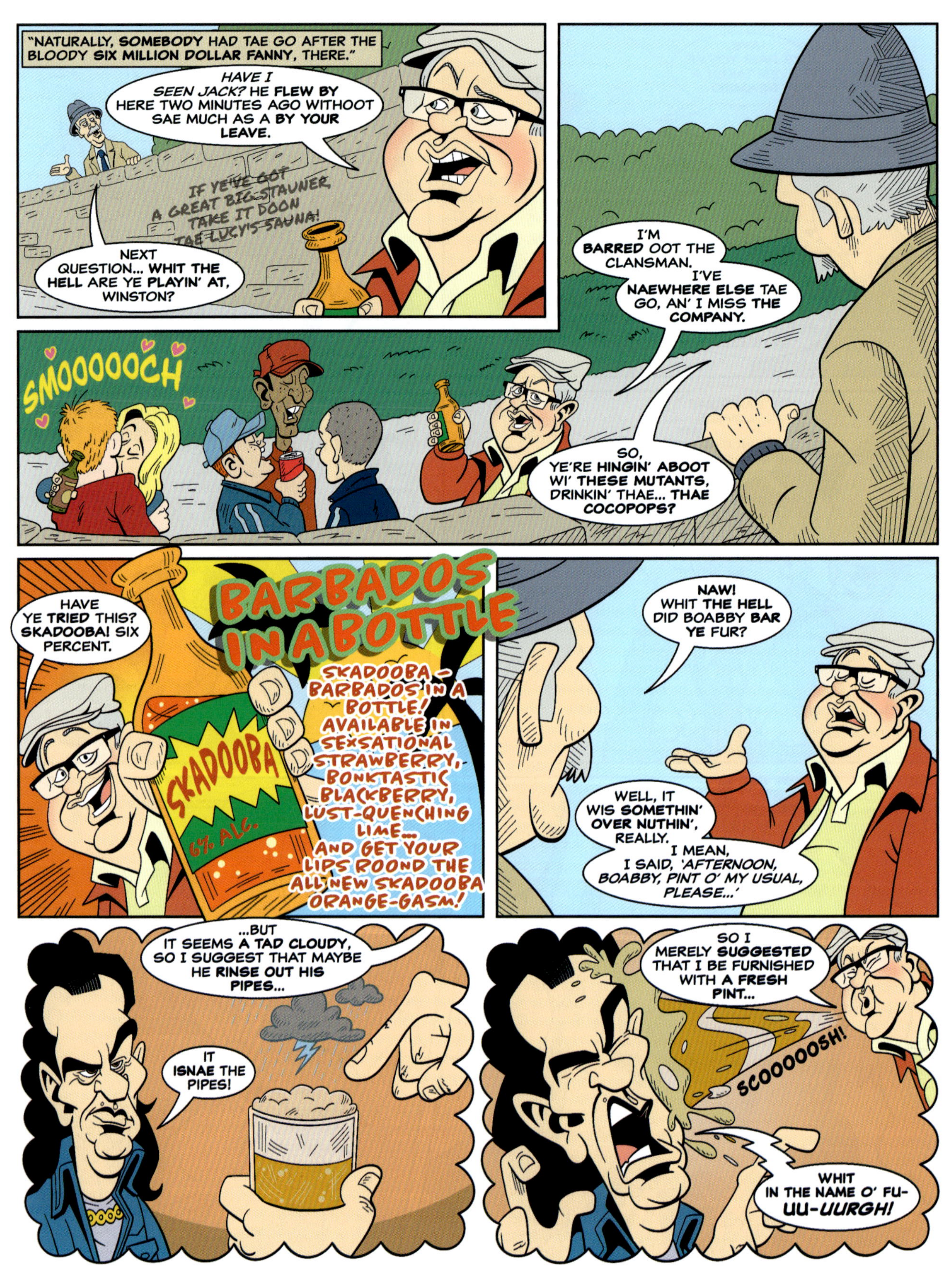

"NATURALLY, SOMEBODY HAD TAE GO AFTER THE BLOODY SIX MILLION DOLLAR FANNY, THERE."
HAVE I SEEN JACK? HE FLEW BY HERE TWO MINUTES AGO WITHOOT SAE MUCH AS A BY YOUR LEAVE.
IF YE'VE GOT A GREAT BIG STAUNER, TAKE IT DOON TAE LUCY'S SAUNA!
NEXT QUESTION... WHIT THE HELL ARE YE PLAYIN' AT, WINSTON?
I'M BARRED OOT THE CLANSMAN. I'VE NAEWHERE ELSE TAE GO, AN' I MISS THE COMPANY.
SMOOOOOCH
SO, YE'RE HINGIN' ABOOT WI' THESE MUTANTS, DRINKIN' THAE... THAE COCOPOPS?
HAVE YE TRIED THIS? SKADOOBA! SIX PERCENT.
BARBADOS IN A BOTTLE
SKADOOBA - BARBADOS IN A BOTTLE! AVAILABLE IN SEXSATIONAL STRAWBERRY, BONKTASTIC BLACKBERRY, LUST-QUENCHING LIME... AND GET YOUR LIPS ROOND THE ALL NEW SKADOOBA ORANGE-GASM!
SKADOOBA
6% ALC.
NAW! WHIT THE HELL DID BOABBY BAR YE FUR?
WELL, IT WIS SOMETHIN' OVER NUTHIN', REALLY. I MEAN, I SAID, 'AFTERNOON, BOABBY, PINT O' MY USUAL, PLEASE...'
...BUT IT SEEMS A TAD CLOUDY, SO I SUGGEST THAT MAYBE HE RINSE OUT HIS PIPES...
IT ISNAE THE PIPES!
SO I MERELY SUGGESTED THAT I BE FURNISHED WITH A FRESH PINT...
SCOOOOOSH!
WHIT IN THE NAME O' FU- UU-UURGH!

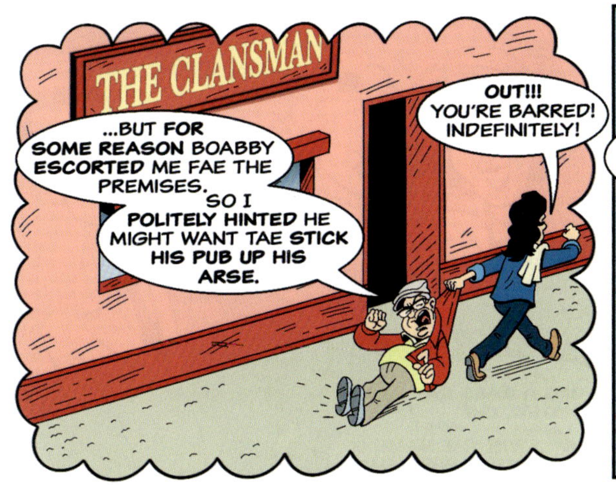

THE CLANSMAN
...BUT FOR SOME REASON BOABBY ESCORTED ME FAE THE PREMISES. SO I POLITELY HINTED HE MIGHT WANT TAE STICK HIS PUB UP HIS ARSE.
OUT!!! YOU'RE BARRED! INDEFINITELY!

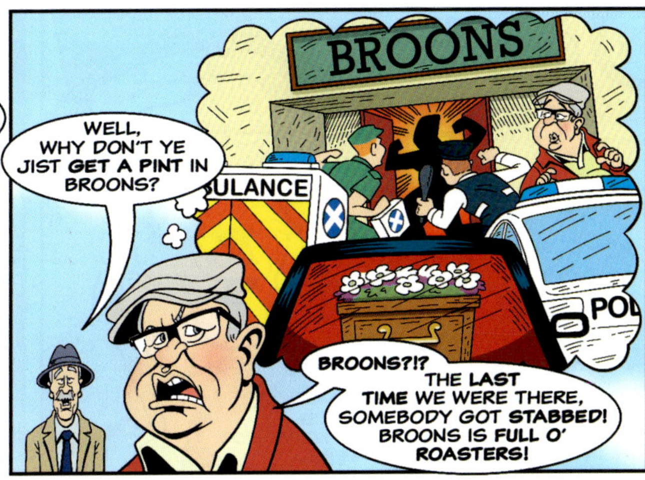

BROONS
ULANCE
PO
WELL, WHY DON'T YE JIST GET A PINT IN BROONS?
BROONS?!? THE LAST TIME WE WERE THERE, SOMEBODY GOT STABBED! BROONS IS FULL O' ROASTERS!

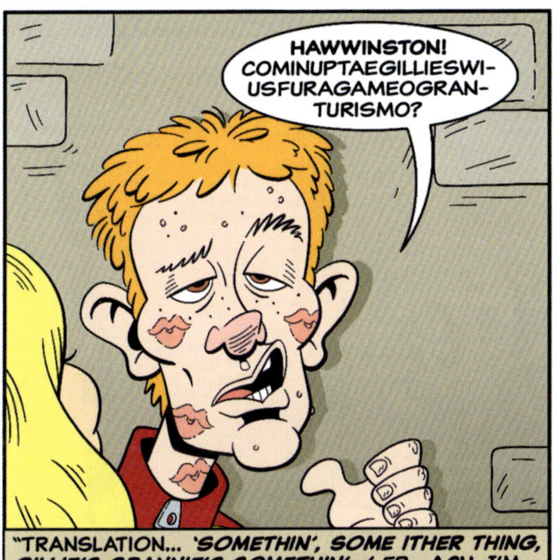

HAWWINSTON! COMINUPTAEGILLIESWI- USFURAGAMEOGRAN- TURISMO?
"TRANSLATION... 'SOMETHIN', SOME ITHER THING, GILLIE'S GRANNIE'S SOMETHIN'...' ER... ACH, I'M BUGGERED IF I KNOW! I DINNAE SPEAK MUTANT!"

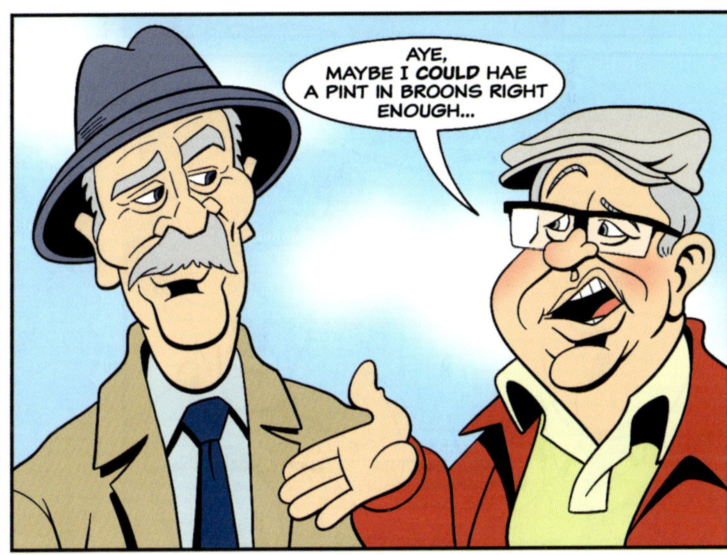

AYE, MAYBE I COULD HAE A PINT IN BROONS RIGHT ENOUGH...

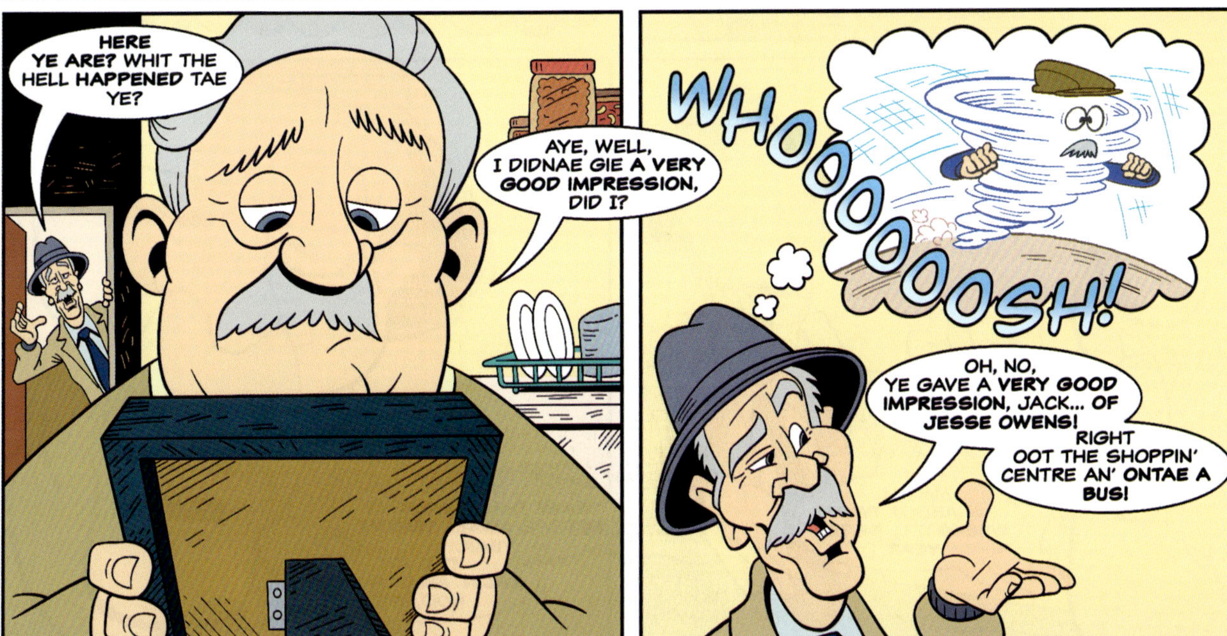

HERE YE ARE? WHIT THE HELL HAPPENED TAE YE?
AYE, WELL, I DIDNAE GIE A VERY GOOD IMPRESSION, DID I?
WHOOOOOOSH!
OH, NO, YE GAVE A VERY GOOD IMPRESSION, JACK... OF JESSE OWENS! RIGHT OOT THE SHOPPIN' CENTRE AN' ONTAE A BUS!

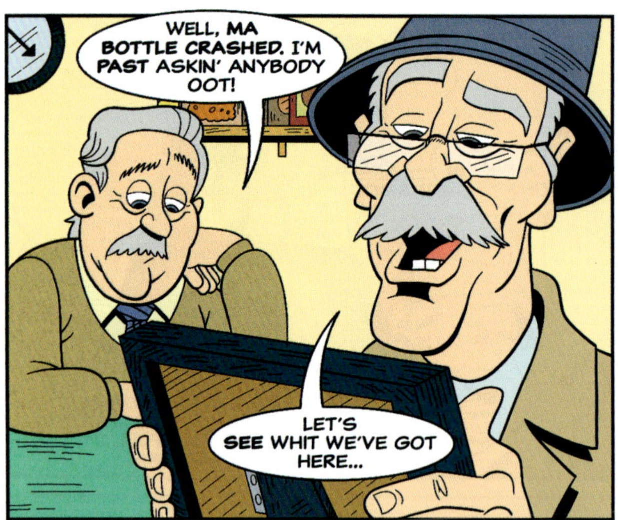

WELL, MA BOTTLE CRASHED. I'M PAST ASKIN' ANYBODY OOT!
LET'S SEE WHIT WE'VE GOT HERE...

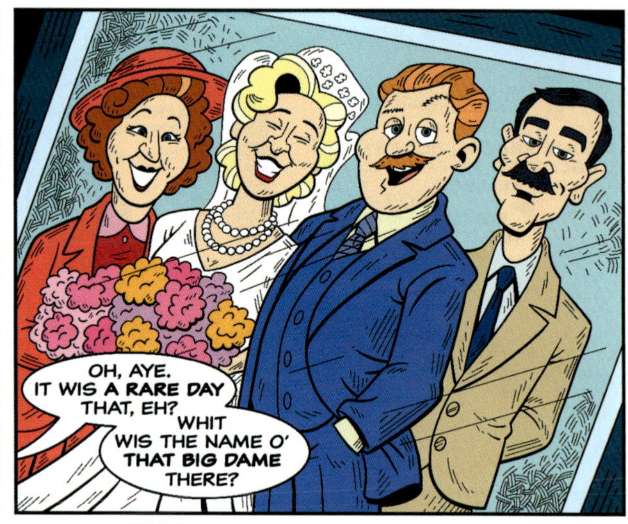

OH, AYE. IT WIS A RARE DAY THAT, EH? WHIT WIS THE NAME O' THAT BIG DAME THERE?

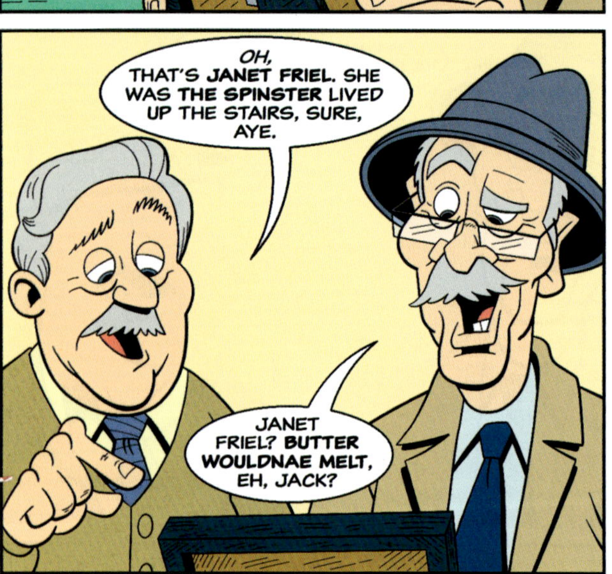

OH, THAT'S JANET FRIEL. SHE WAS THE SPINSTER LIVED UP THE STAIRS, SURE, AYE.
JANET FRIEL? BUTTER WOULDNAE MELT, EH, JACK?

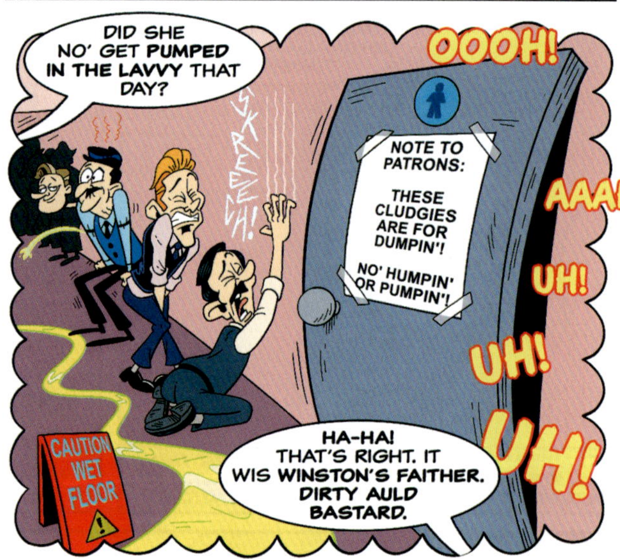

DID SHE NO' GET PUMPED IN THE LAVVY THAT DAY?
OOOH!
SKREECH!
NOTE TO PATRONS:
THESE CLUDGIES ARE FOR DUMPIN'!
NO' HUMPIN' OR PUMPIN'!
AAAH!
UH!
UH!
UH!
CAUTION WET FLOOR
HA-HA! THAT'S RIGHT. IT WIS WINSTON'S FAITHER. DIRTY AULD BASTARD.

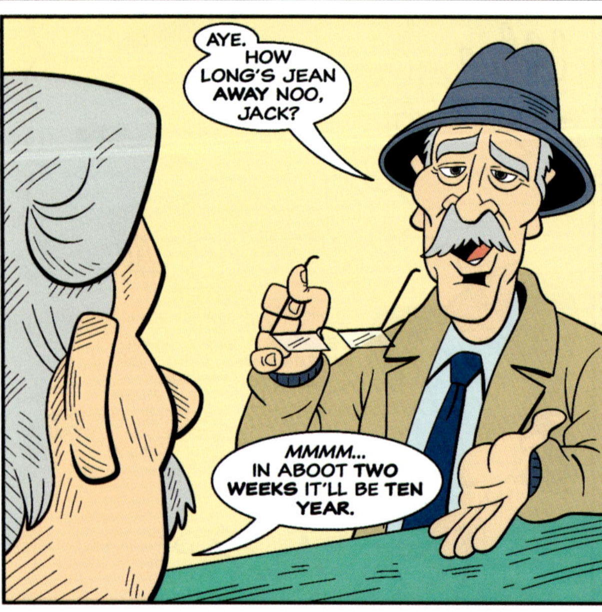

AYE. HOW LONG'S JEAN AWAY NOO, JACK?
MMMM... IN ABOOT TWO WEEKS IT'LL BE TEN YEAR.

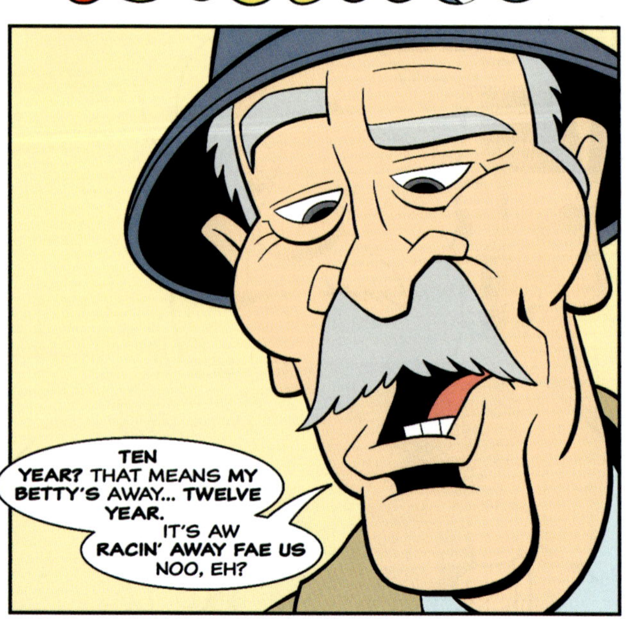

TEN YEAR? THAT MEANS MY BETTY'S AWAY... TWELVE YEAR. IT'S AW RACIN' AWAY FAE US NOO, EH?

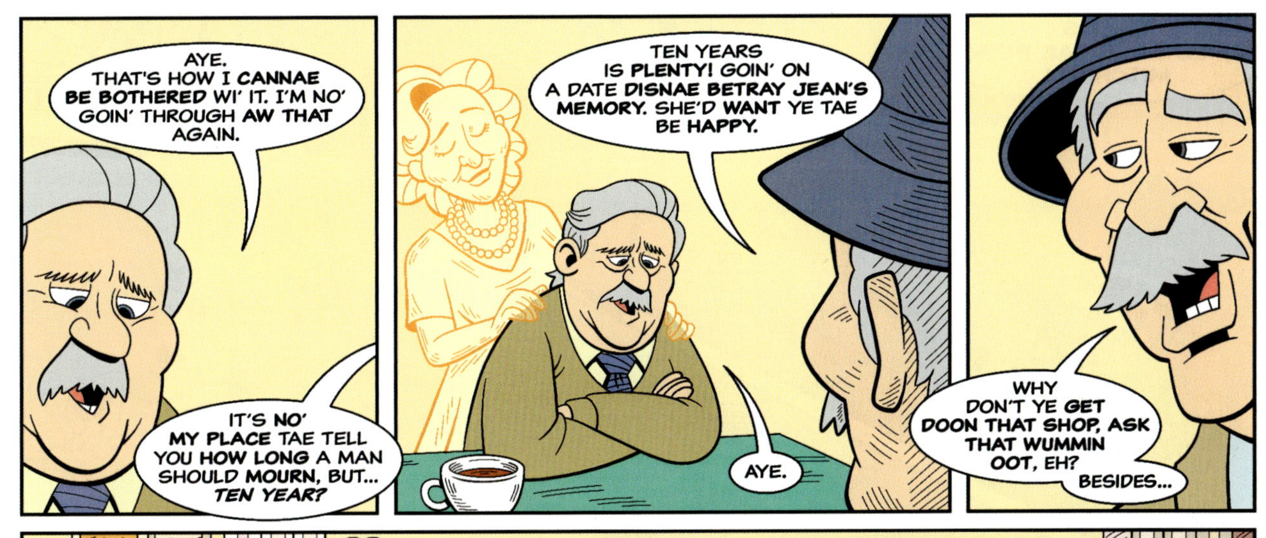

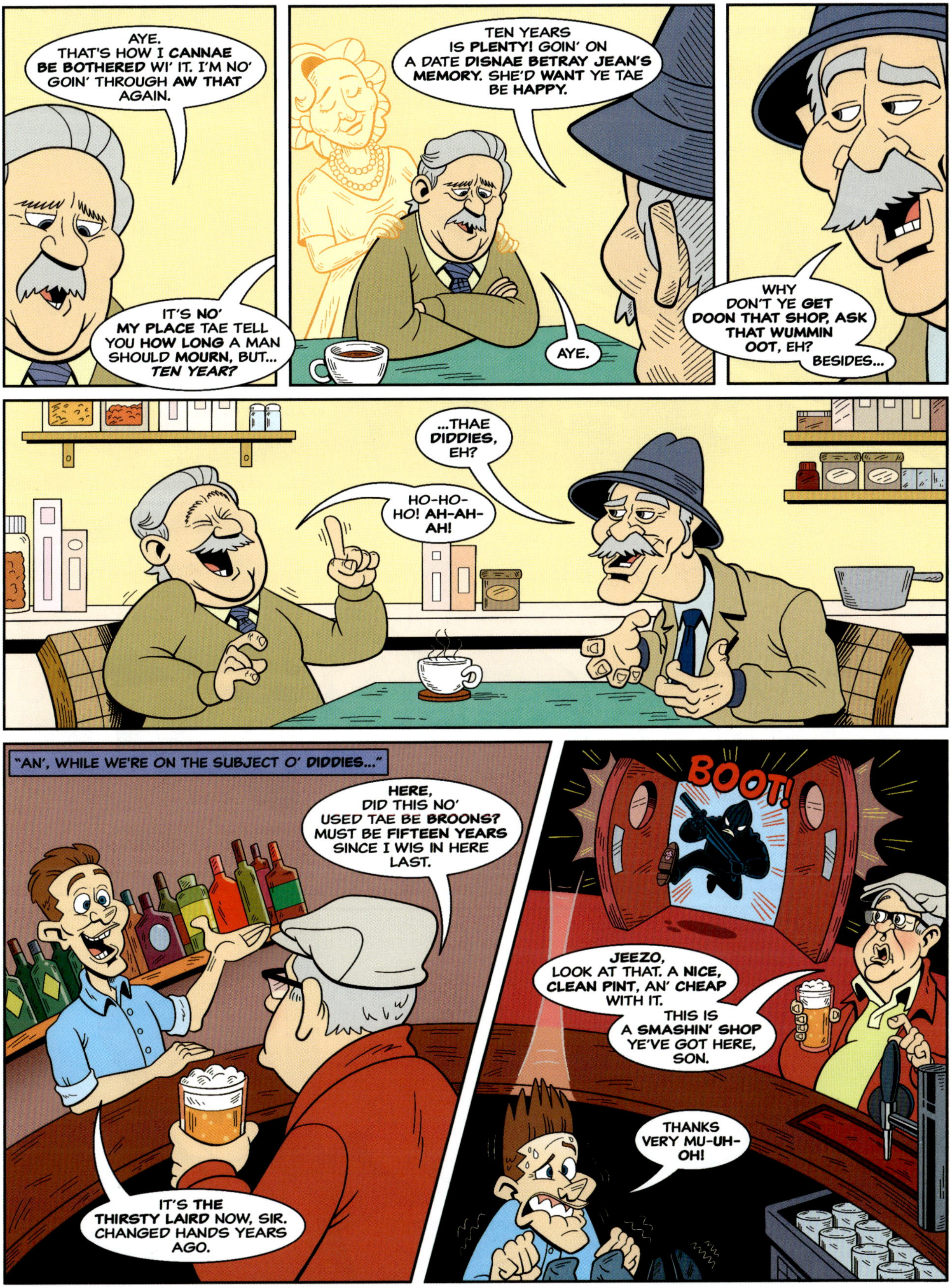

AYE. THAT'S HOW I CANNAE BE BOTHERED WI' IT. I'M NO' GOIN' THROUGH AW THAT AGAIN.
IT'S NO' MY PLACE TAE TELL YOU HOW LONG A MAN SHOULD MOURN, BUT... TEN YEAR?
TEN YEARS IS PLENTY! GOIN' ON A DATE DISNAE BETRAY JEAN'S MEMORY. SHE'D WANT YE TAE BE HAPPY.
AYE.
WHY DON'T YE GET DOON THAT SHOP, ASK THAT WUMMIN OOT, EH? BESIDES...

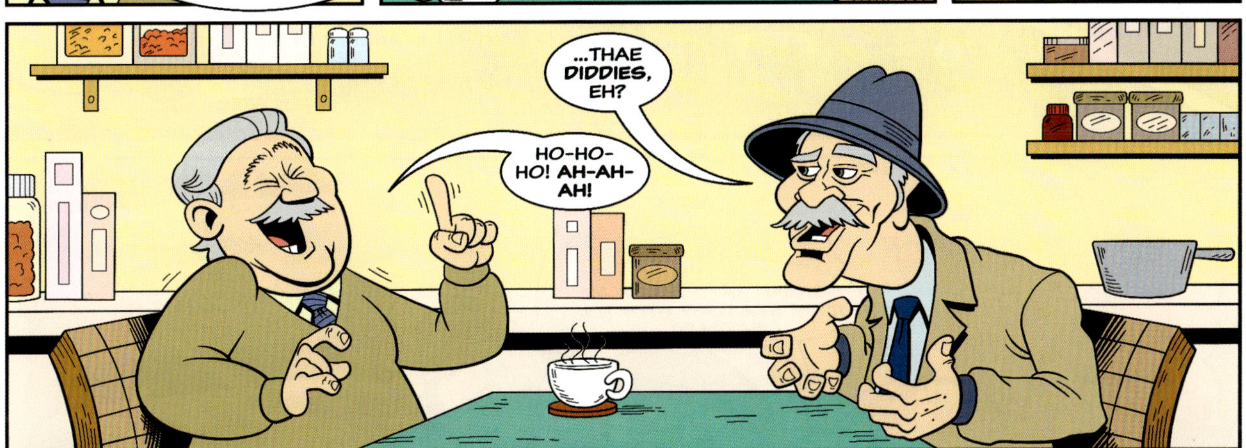

...THAE DIDDIES, EH?
HO-HO-HO! AH-AH-AH!

"AN', WHILE WE'RE ON THE SUBJECT O' DIDDIES..."
HERE, DID THIS NO' USED TAE BE BROONS? MUST BE FIFTEEN YEARS SINCE I WIS IN HERE LAST.
IT'S THE THIRSTY LAIRD NOW, SIR. CHANGED HANDS YEARS AGO.
BOOT!
JEEZO, LOOK AT THAT. A NICE, CLEAN PINT, AN' CHEAP WITH IT.
THIS IS A SMASHIN' SHOP YE'VE GOT HERE, SON.
THANKS VERY MU-UH-OH!

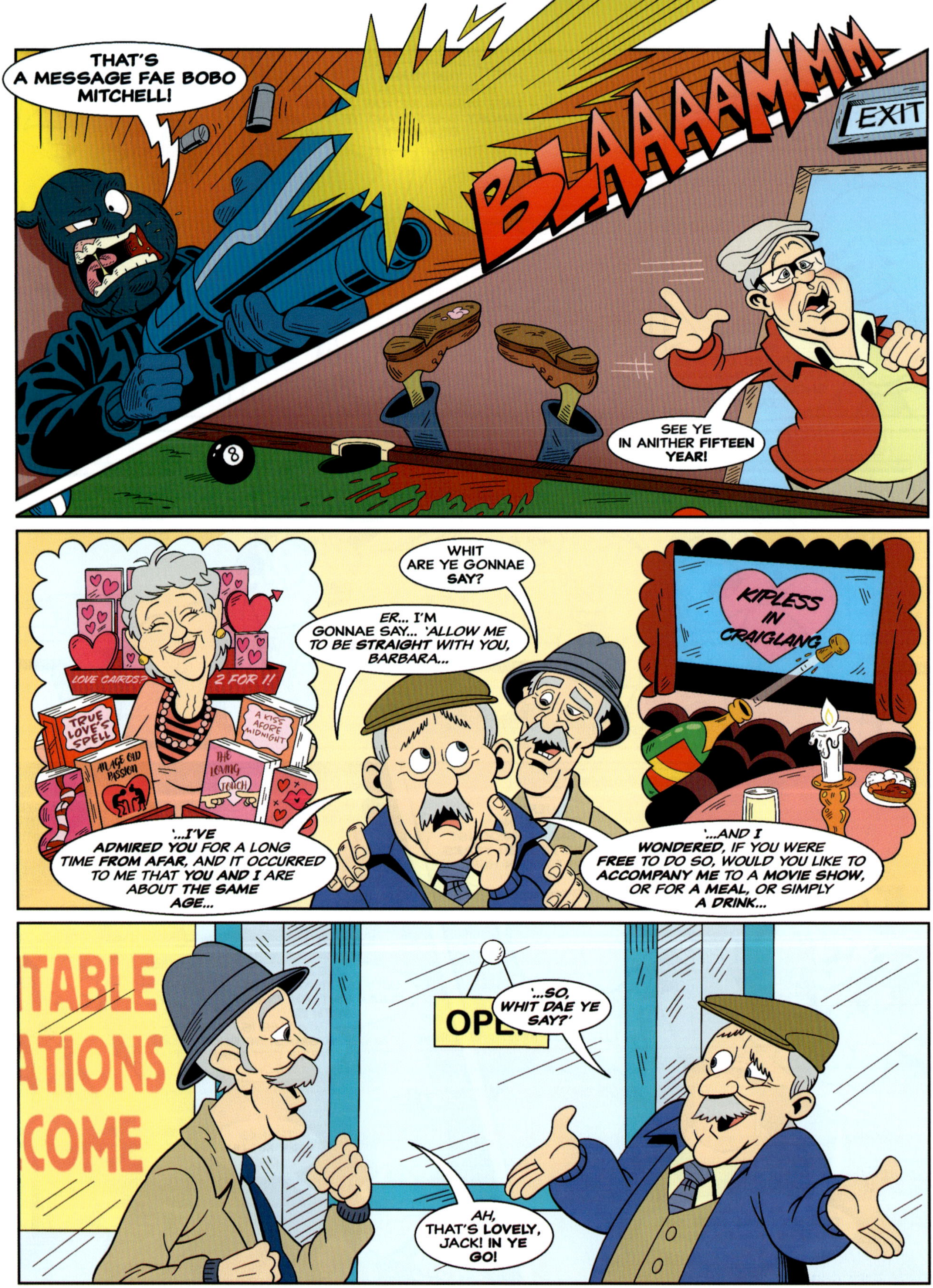

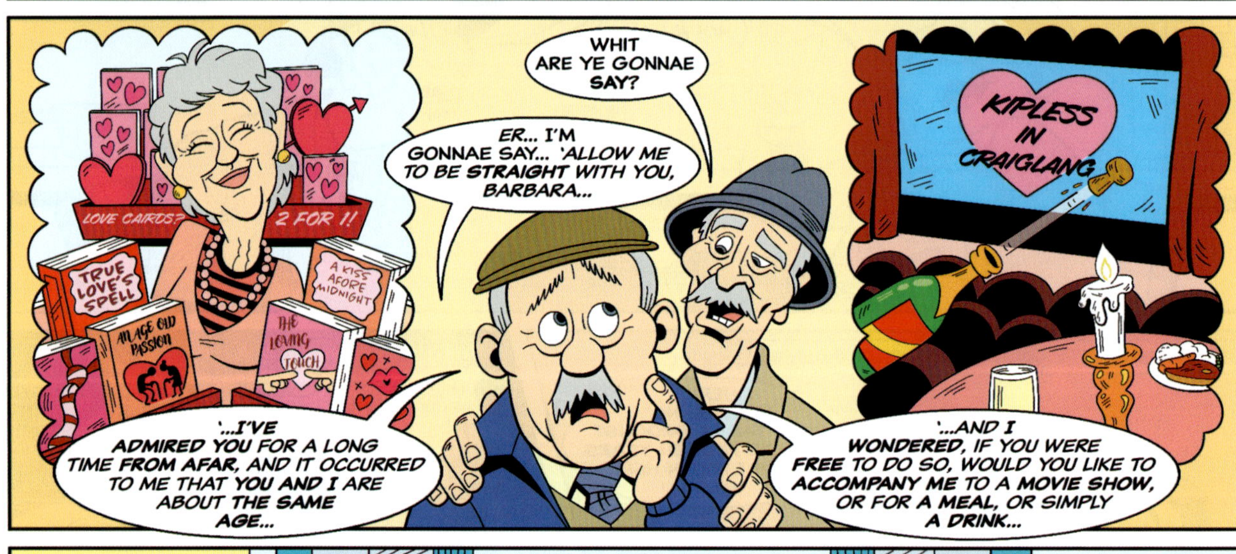

THAT'S A MESSAGE FAE BOBO MITCHELL!
BLAAAAMMM
EXIT
SEE YE IN ANITHER FIFTEEN YEAR!
WHIT ARE YE GONNAE SAY?
ER... I'M GONNAE SAY... 'ALLOW ME TO BE STRAIGHT WITH YOU, BARBARA...
LOVE CAIRDS? 2 FOR 1!
TRUE LOVE'S SPELL
A KISS AFORE MIDNIGHT
AN AGE AULD PASSION
THE LOVING TOUCH
'...I'VE ADMIRED YOU FOR A LONG TIME FROM AFAR, AND IT OCCURRED TO ME THAT YOU AND I ARE ABOUT THE SAME AGE...
KIPLESS IN CRAIGLANG
'...AND I WONDERED, IF YOU WERE FREE TO DO SO, WOULD YOU LIKE TO ACCOMPANY ME TO A MOVIE SHOW, OR FOR A MEAL, OR SIMPLY A DRINK...

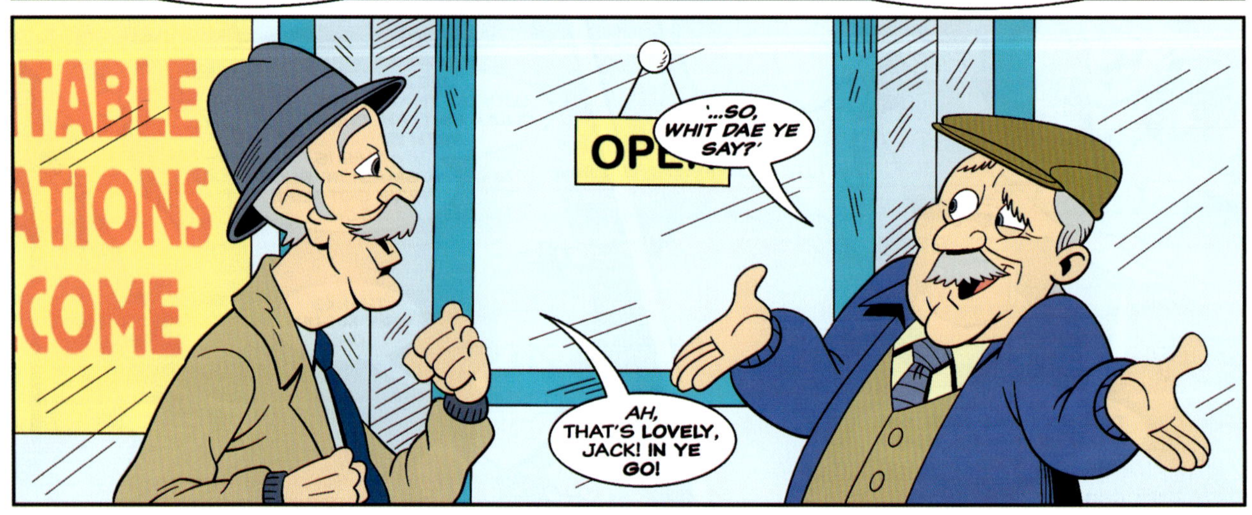

TABLE
ATIONS
COME
OPE
'...SO, WHIT DAE YE SAY?'
AH, THAT'S LOVELY, JACK! IN YE GO!

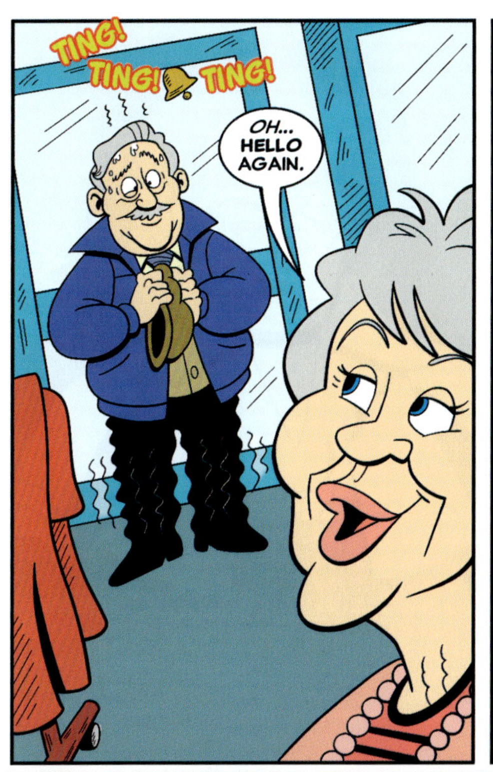

TING! TING! TING!
OH... HELLO AGAIN.

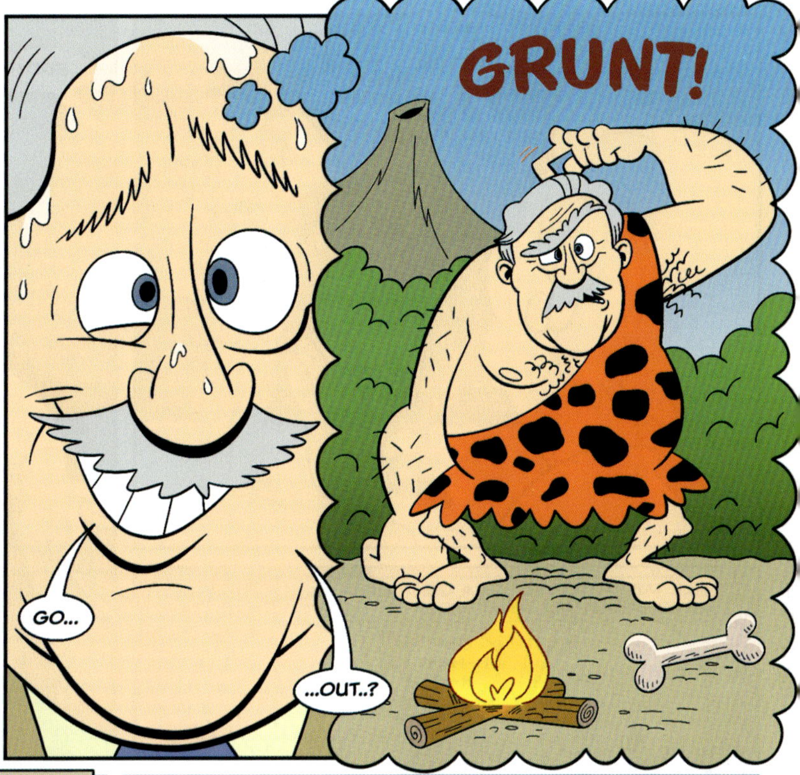

GRUNT!
GO...
...OUT..?

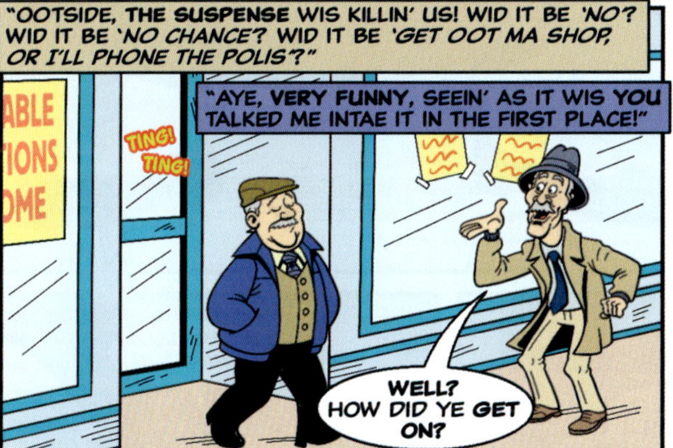

"OOTSIDE, THE SUSPENSE WIS KILLIN' US! WID IT BE 'NO'? WID IT BE 'NO CHANCE'? WID IT BE 'GET OOT MA SHOP, OR I'LL PHONE THE POLIS'?"
"AYE, VERY FUNNY, SEEIN' AS IT WIS YOU TALKED ME INTAE IT IN THE FIRST PLACE!"
TING! TING!
ABLE
IONS
OME
WELL? HOW DID YE GET ON?

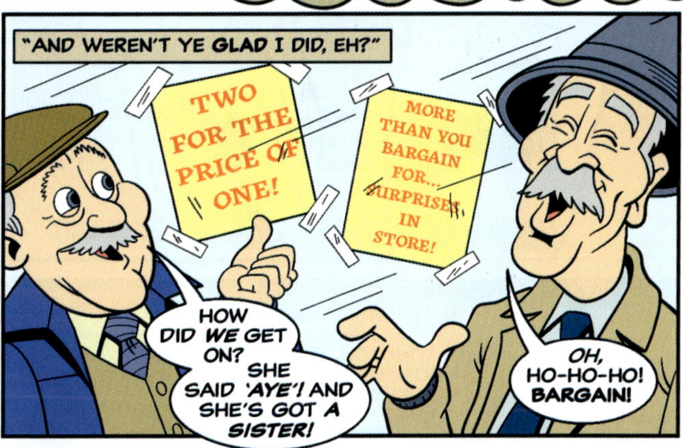

"AND WEREN'T YE GLAD I DID, EH?"
TWO FOR THE PRICE OF ONE!
MORE THAN YOU BARGAIN FOR... SURPRISE IN STORE!
HOW DID WE GET ON? SHE SAID 'AYE'! AND SHE'S GOT A SISTER!
OH, HO-HO-HO! BARGAIN!

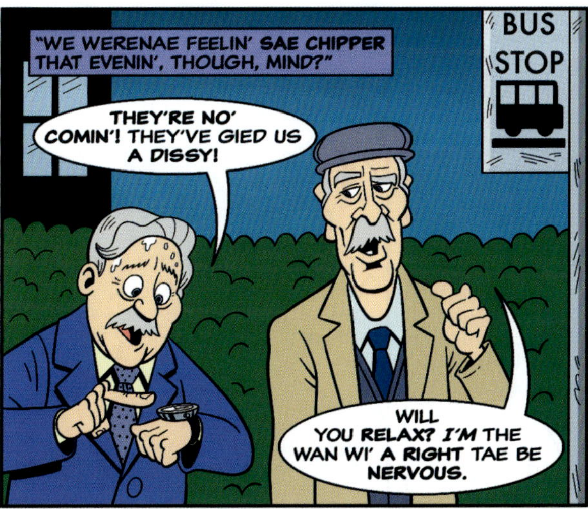

"WE WERENAE FEELIN' SAE CHIPPER THAT EVENIN', THOUGH, MIND?"
BUS STOP
THEY'RE NO' COMIN'! THEY'VE GIED US A DISSY!
WILL YOU RELAX? I'M THE WAN WI' A RIGHT TAE BE NERVOUS.

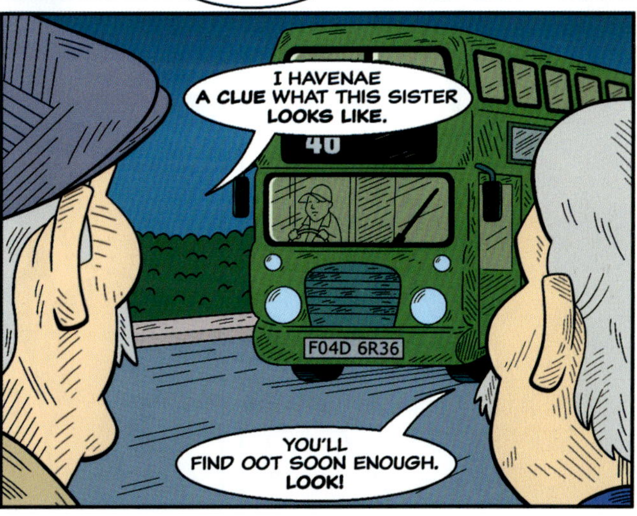

I HAVENAE A CLUE WHAT THIS SISTER LOOKS LIKE.
40
F04D 6R36
YOU'LL FIND OOT SOON ENOUGH. LOOK!

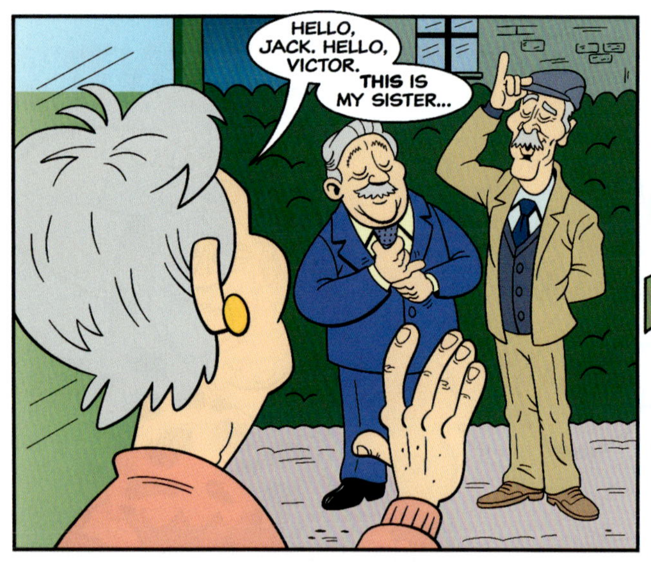

HELLO, JACK. HELLO, VICTOR. THIS IS MY SISTER...

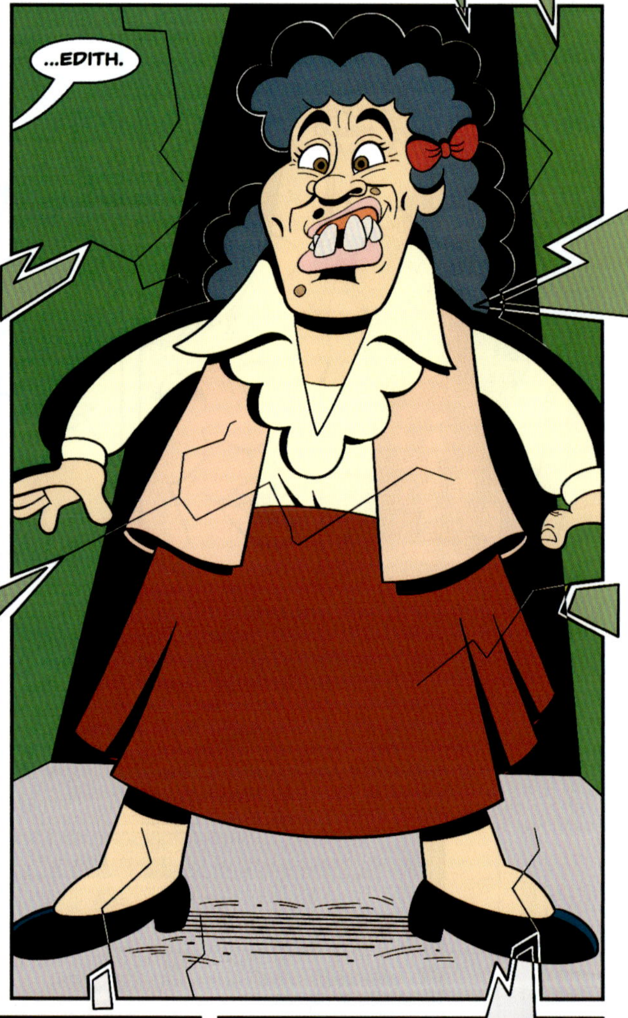

...EDITH.

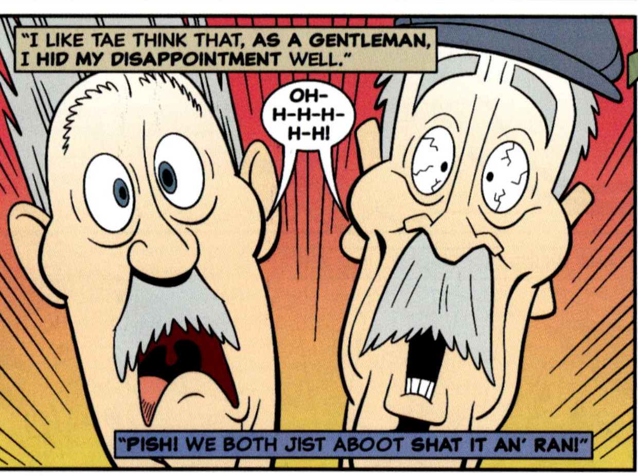

"I LIKE TAE THINK THAT, AS A GENTLEMAN, I HID MY DISAPPOINTMENT WELL."
OH-H-H-H-H-H!
"PISH! WE BOTH JIST ABOOT SHAT IT AN' RAN!"

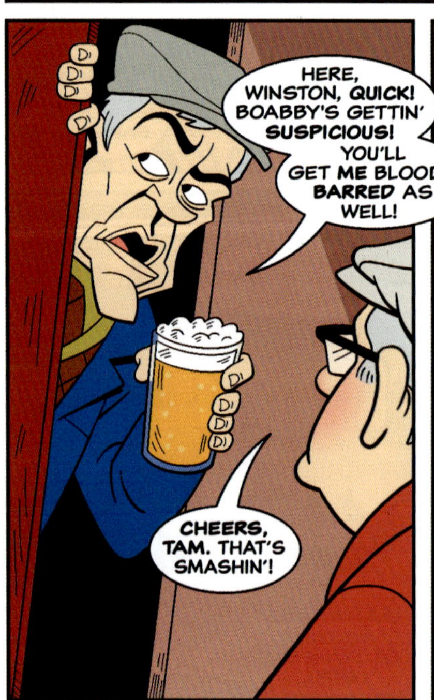

HERE, WINSTON, QUICK! BOABBY'S GETTIN' SUSPICIOUS! YOU'LL GET ME BLOODY BARRED AS WELL!
CHEERS, TAM. THAT'S SMASHIN'!

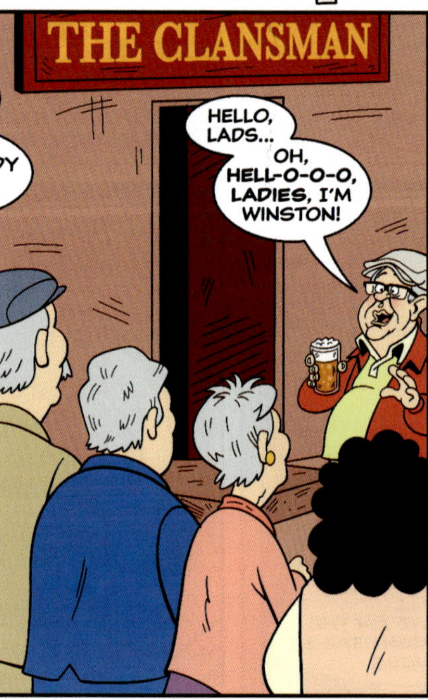

THE CLANSMAN
HELLO, LADS... OH, HELL-O-O-O, LADIES, I'M WINSTON!

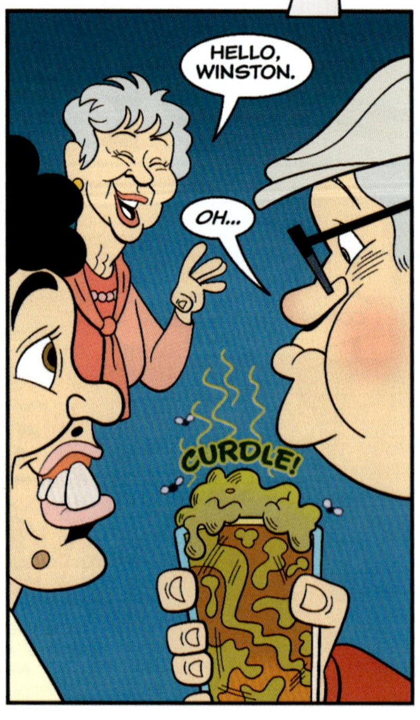

HELLO, WINSTON.
OH...
CURDLE!

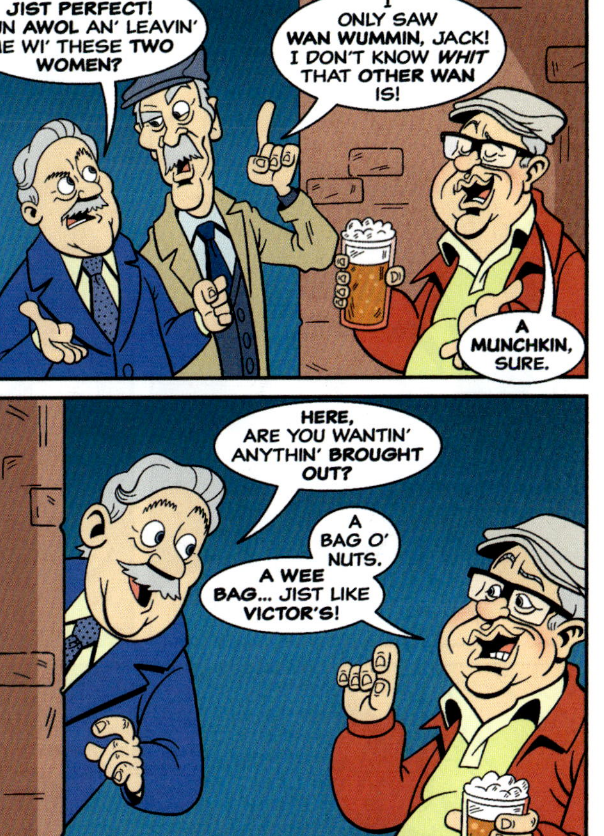

WHICH WAN O' YOU TWO UNLUCKY BASTARDS IS SADDLED WI' THE MUNCHKIN?
THAT'S IT! I'M GAUN HAME! I'M NO' SITTIN' IN MA LOCAL WI'... WI' THAT THING!

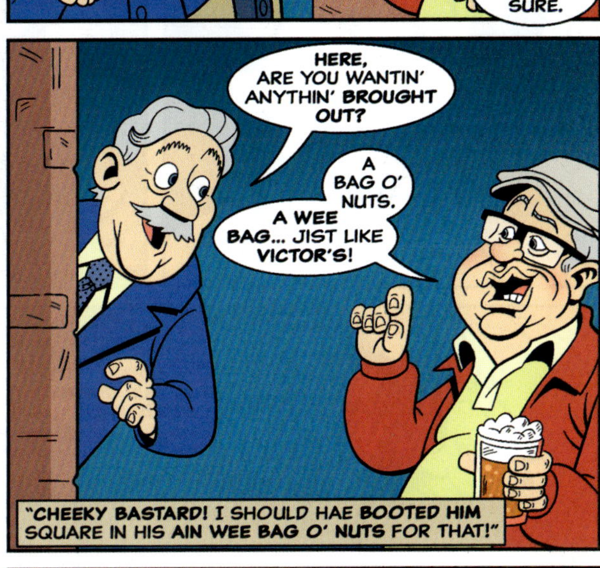

THAT'S JIST PERFECT! GAUN AWOL AN' LEAVIN' ME WI' THESE TWO WOMEN?
I ONLY SAW WAN WUMMIN, JACK! I DON'T KNOW WHIT THAT OTHER WAN IS!
A MUNCHKIN, SURE.

COME ON, VICTOR! GIE IT A CHANCE! BAIL ME OOT HERE!
RIGHT... BUT YOU OWE ME!
"AND YOU STILL BLOODY DO OWE ME!"
"AYE, AYE, AYE..."

HERE, ARE YOU WANTIN' ANYTHIN' BROUGHT OUT?
A BAG O' NUTS.
A WEE BAG... JIST LIKE VICTOR'S!
"CHEEKY BASTARD! I SHOULD HAE BOOTED HIM SQUARE IN HIS AIN WEE BAG O' NUTS FOR THAT!"

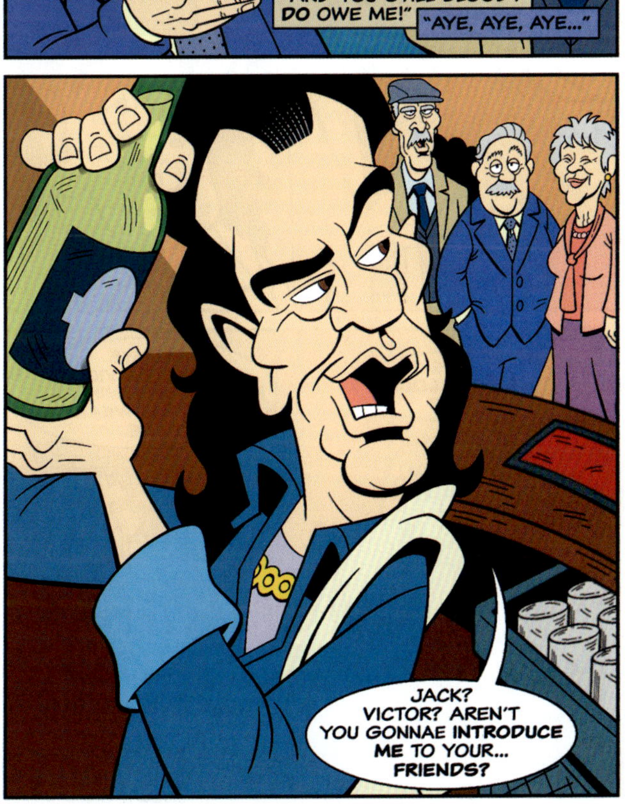
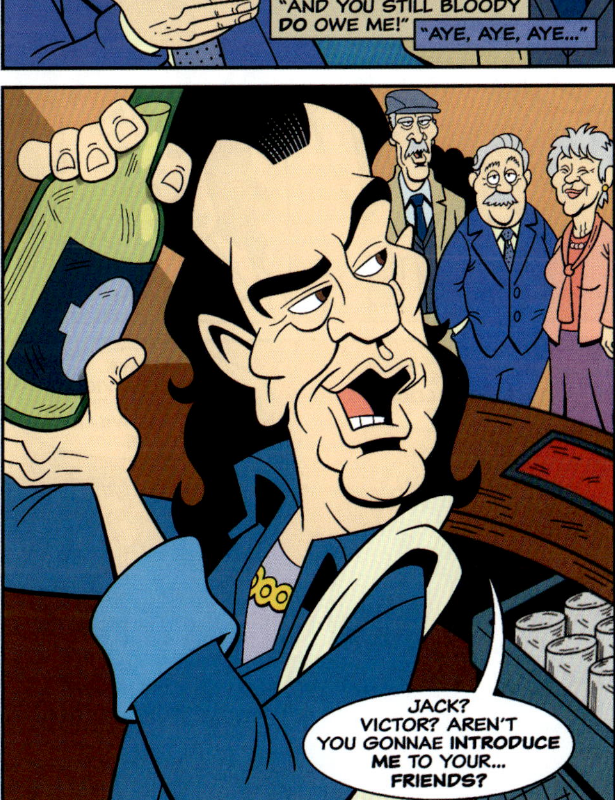

JACK? VICTOR? AREN'T YOU GONNAE INTRODUCE ME TO YOUR... FRIENDS?

NAW!
CERTAINLY! THIS IS BARBARA...
HELLO, BARBARA!

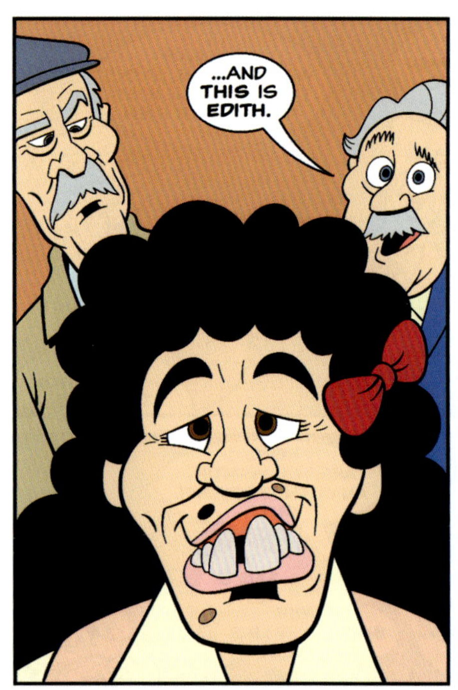

...AND THIS IS EDITH.

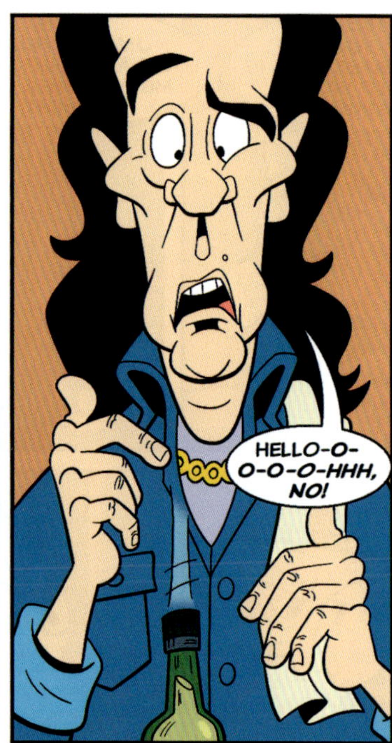

HELLO-O-O-O-O-HHH, NO!

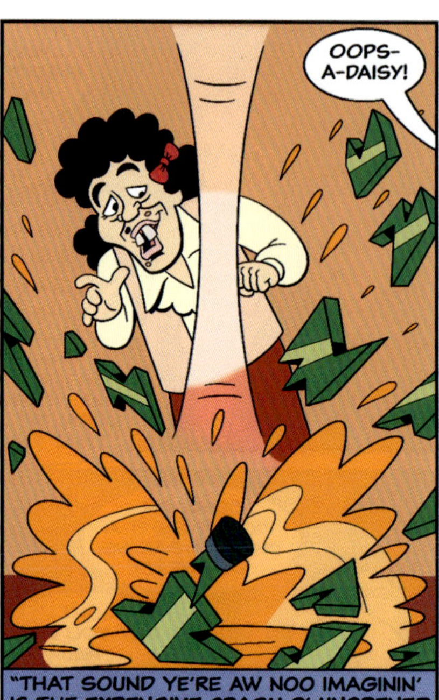

OOPS-A-DAISY!
"THAT SOUND YE'RE AW NOO IMAGININ' IS THE EXPENSIVE CRASH O' UNOPENED MALT MEETIN' A MANKY TILED FLAIR!"

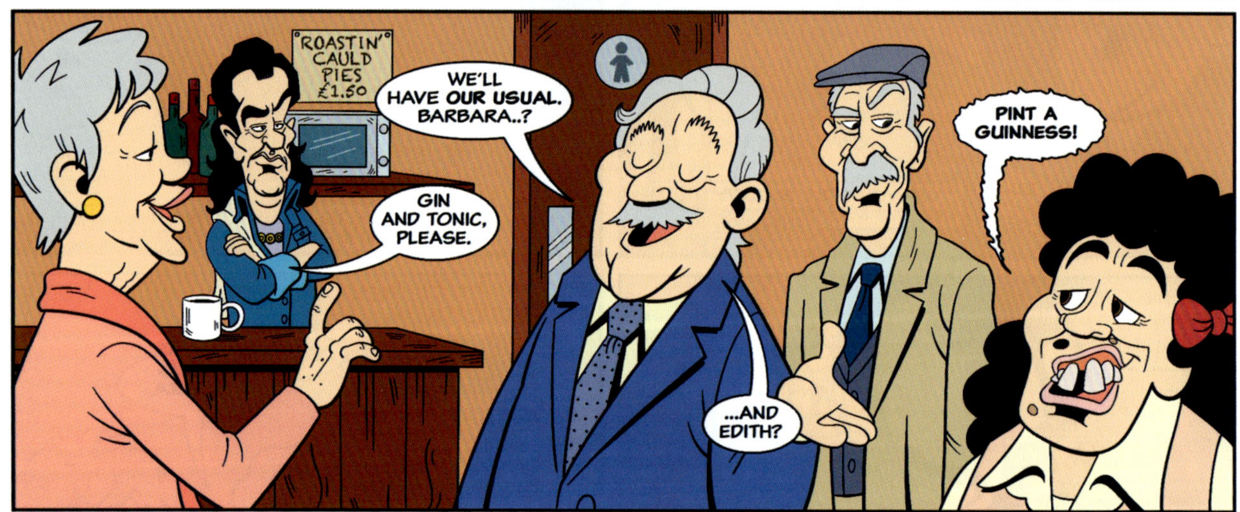

'ROASTIN' CAULD PIES £1.50
WE'LL HAVE OUR USUAL, BARBARA..?
GIN AND TONIC, PLEASE.
PINT A GUINNESS!
...AND EDITH?

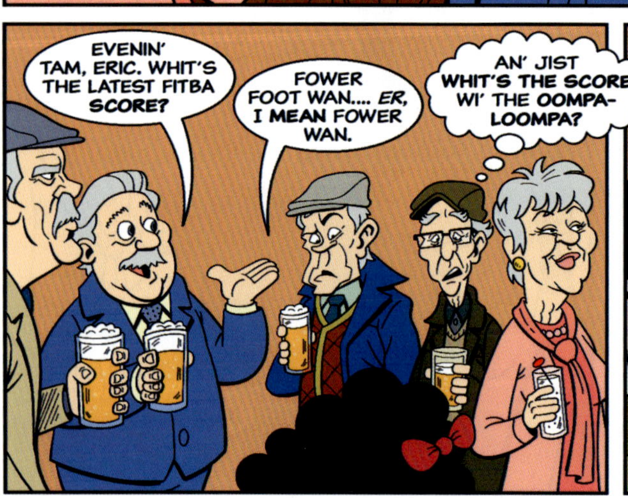

EVENIN' TAM, ERIC. WHIT'S THE LATEST FITBA SCORE?
FOWER FOOT WAN.... ER, I MEAN FOWER WAN.
AN' JIST WHIT'S THE SCORE WI' THE OOMPA-LOOMPA?

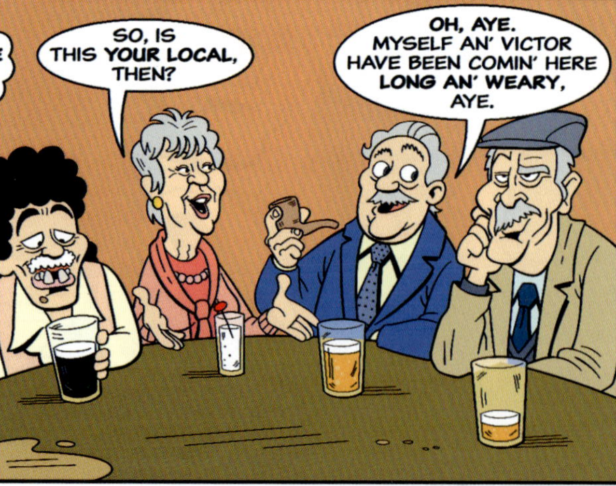

SO, IS THIS YOUR LOCAL, THEN?
OH, AYE. MYSELF AN' VICTOR HAVE BEEN COMIN' HERE LONG AN' WEARY, AYE.

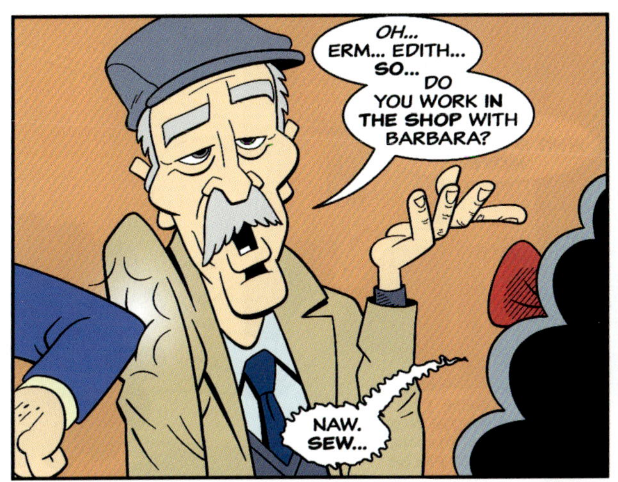

OH... ERM... EDITH... SO... DO YOU WORK IN THE SHOP WITH BARBARA?
NAW. SEW...

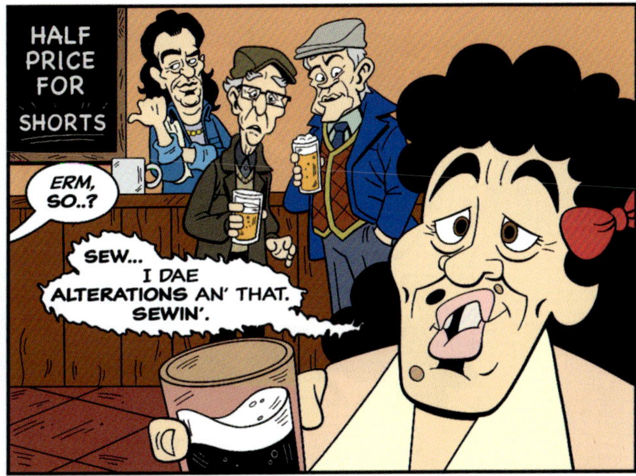

HALF PRICE FOR SHORTS
ERM, SO..?
SEW... I DAE ALTERATIONS AN' THAT. SEWIN'.

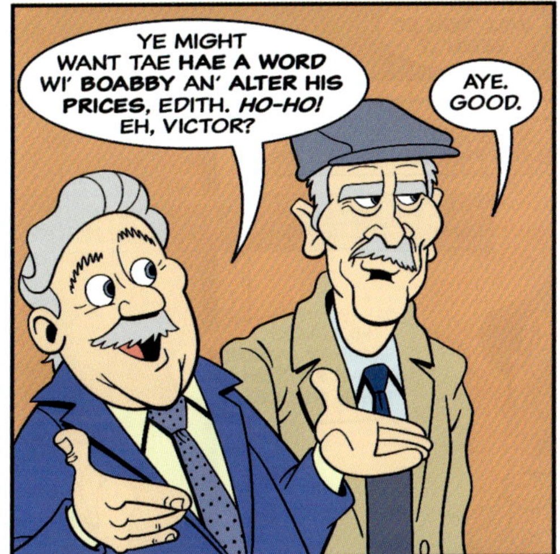

YE MIGHT WANT TAE HAE A WORD WI' BOABBY AN' ALTER HIS PRICES, EDITH. HO-HO! EH, VICTOR?
AYE. GOOD.

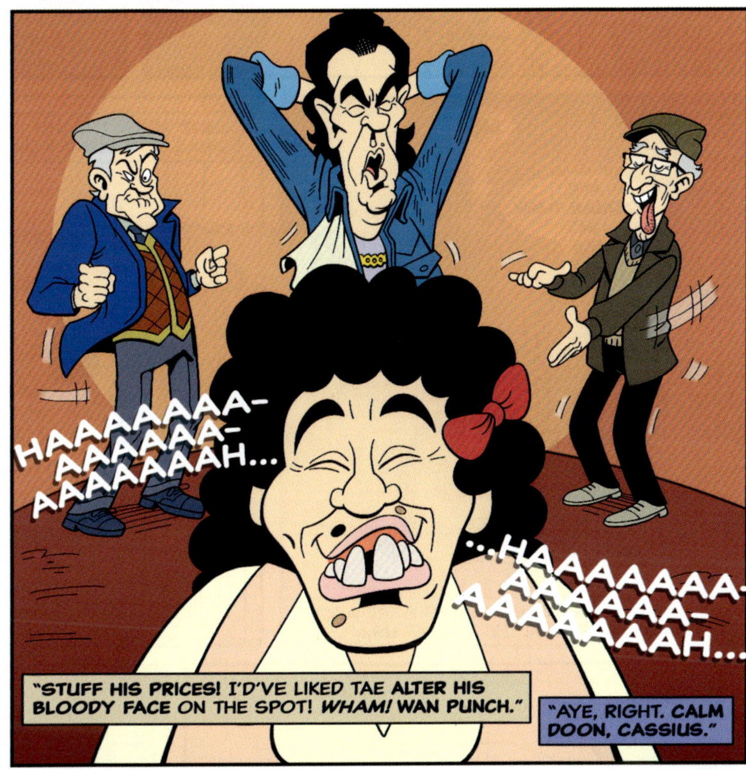

HAAAAAAA-AAAAAA-AAAAAAAAH...
...HAAAAAAA-AAAAAA-AAAAAAAH...
"STUFF HIS PRICES! I'D'VE LIKED TAE ALTER HIS BLOODY FACE ON THE SPOT! WHAM! WAN PUNCH."
"AYE, RIGHT. CALM DOON, CASSIUS."

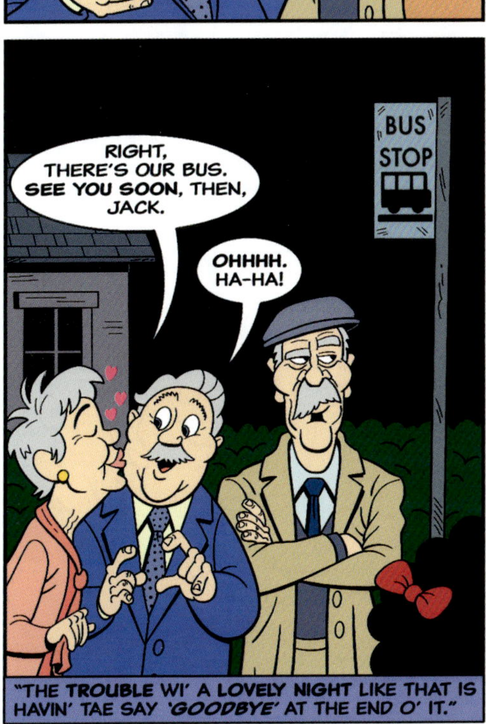

BUS STOP
RIGHT, THERE'S OUR BUS. SEE YOU SOON, THEN, JACK.
OHHHH. HA-HA!
"THE TROUBLE WI' A LOVELY NIGHT LIKE THAT IS HAVIN' TAE SAY 'GOODBYE' AT THE END O' IT."

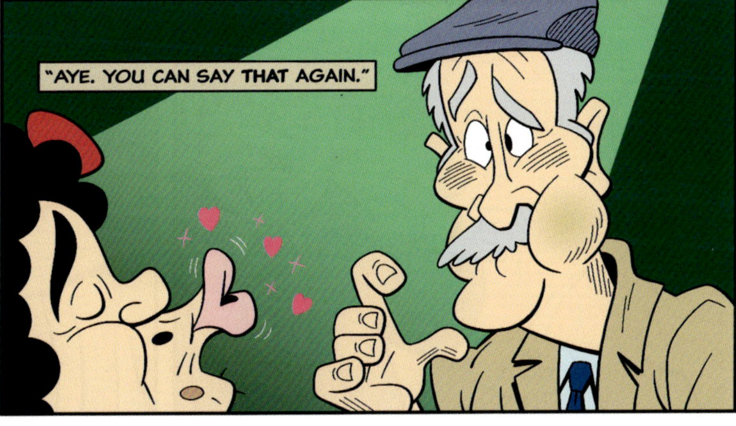

"AYE. YOU CAN SAY THAT AGAIN."

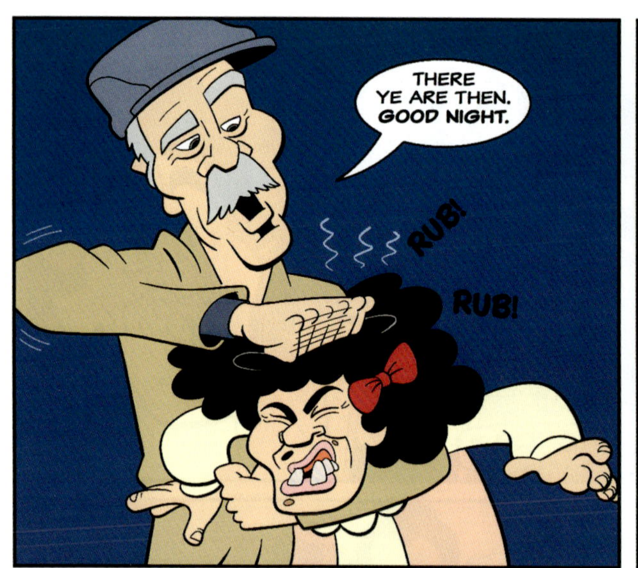

THERE YE ARE THEN. GOOD NIGHT.
RUB!
RUB!

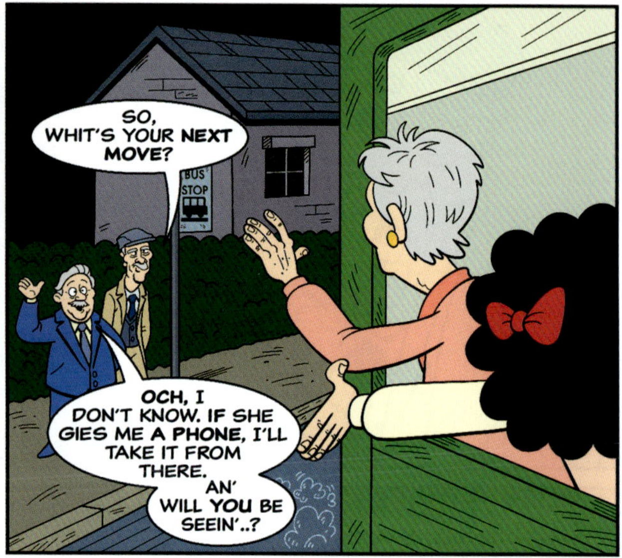

BUS STOP
SO, WHIT'S YOUR NEXT MOVE?
OCH, I DON'T KNOW. IF SHE GIES ME A PHONE, I'LL TAKE IT FROM THERE. AN' WILL YOU BE SEEIN'..?

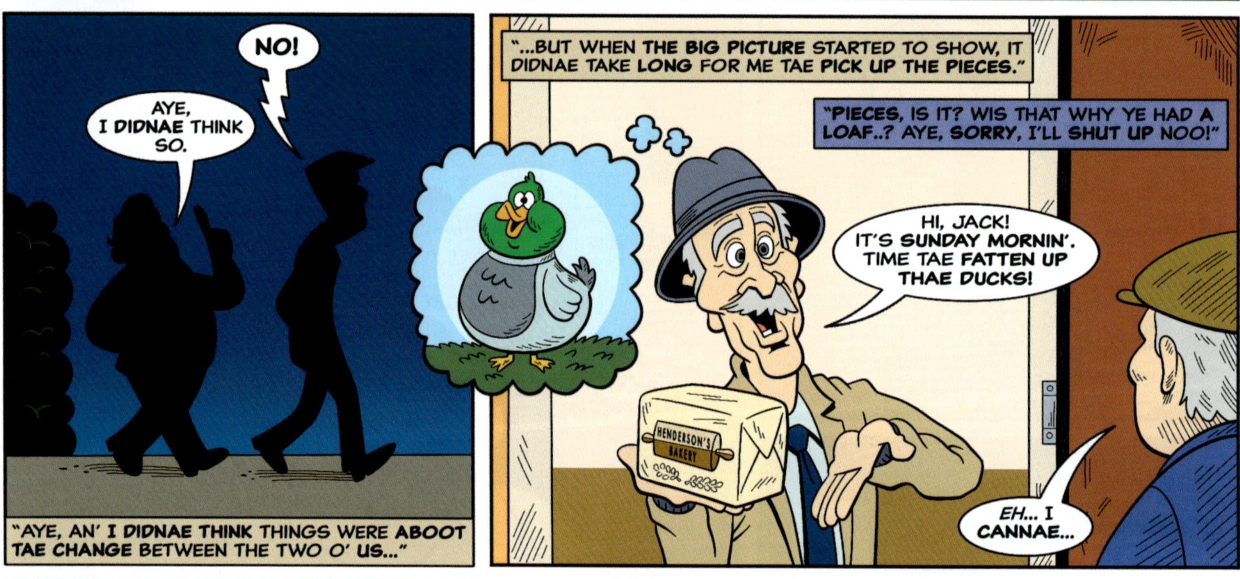

"...BUT WHEN THE BIG PICTURE STARTED TO SHOW, IT DIDNAE TAKE LONG FOR ME TAE PICK UP THE PIECES."
"PIECES, IS IT? WIS THAT WHY YE HAD A LOAF..? AYE, SORRY, I'LL SHUT UP NOO!"
HI, JACK! IT'S SUNDAY MORNIN'. TIME TAE FATTEN UP THAE DUCKS!
HENDERSON'S BAKERY
EH... I CANNAE...
NO!
AYE, I DIDNAE THINK SO.
"AYE, AN' I DIDNAE THINK THINGS WERE ABOOT TAE CHANGE BETWEEN THE TWO O' US..."

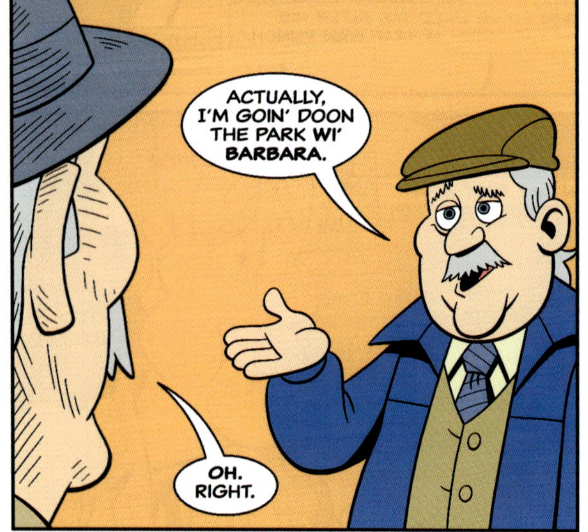

ACTUALLY, I'M GOIN' DOON THE PARK WI' BARBARA.
OH. RIGHT.

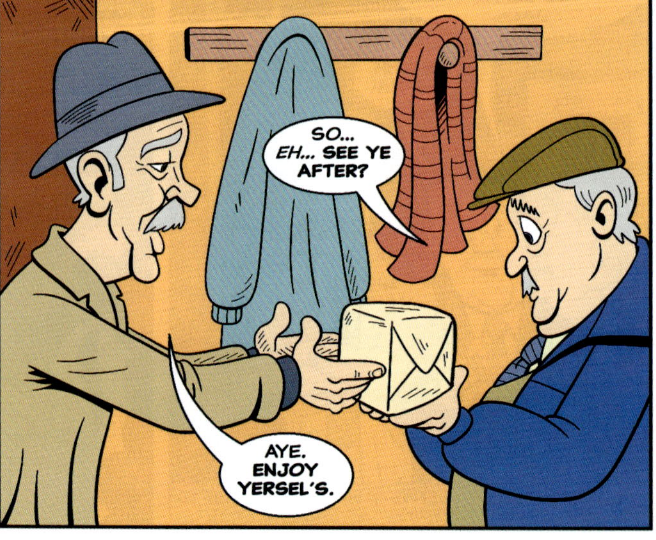

SO... EH... SEE YE AFTER?
AYE. ENJOY YERSEL'S.

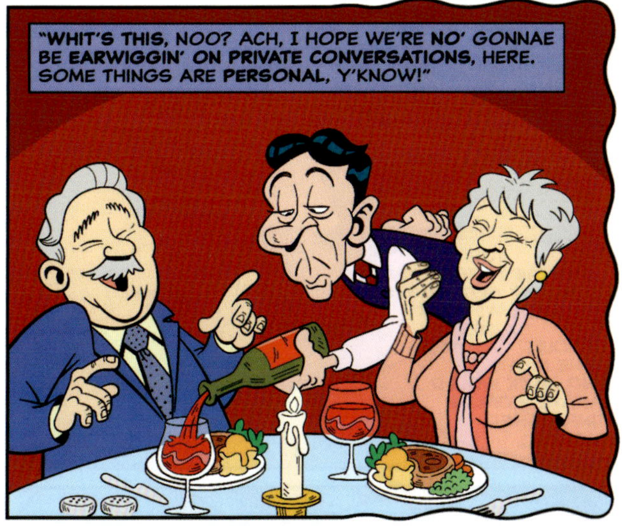

"WHIT'S THIS, NOO? ACH, I HOPE WE'RE NO' GONNAE BE EARWIGGIN' ON PRIVATE CONVERSATIONS, HERE. SOME THINGS ARE PERSONAL, Y'KNOW!"

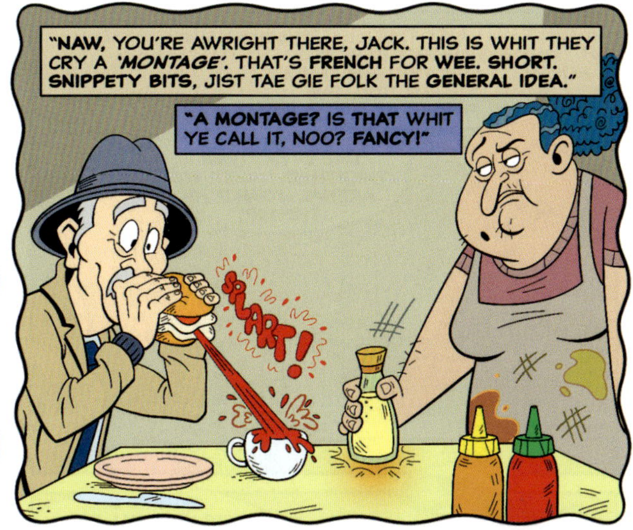

"NAW, YOU'RE AWRIGHT THERE, JACK. THIS IS WHIT THEY CRY A 'MONTAGE'. THAT'S FRENCH FOR WEE. SHORT. SNIPPETY BITS, JIST TAE GIE FOLK THE GENERAL IDEA."
"A MONTAGE? IS THAT WHIT YE CALL IT, NOO? FANCY!"
SPLORT!

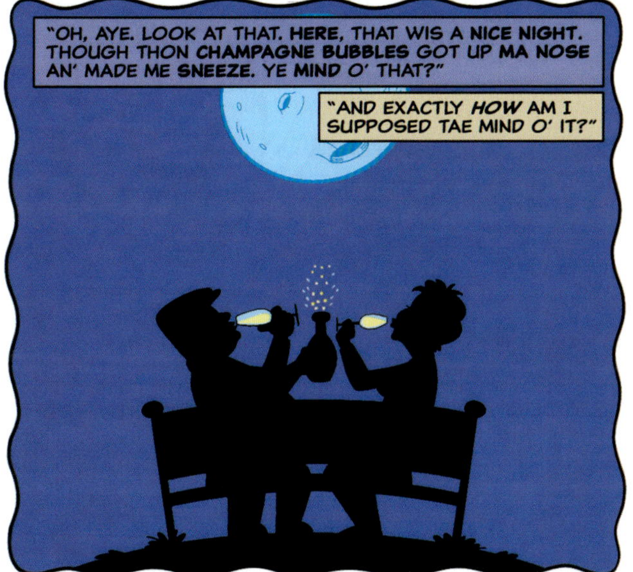

"OH, AYE. LOOK AT THAT. HERE, THAT WIS A NICE NIGHT. THOUGH THON CHAMPAGNE BUBBLES GOT UP MA NOSE AN' MADE ME SNEEZE. YE MIND O' THAT?"
"AND EXACTLY HOW AM I SUPPOSED TAE MIND O' IT?"

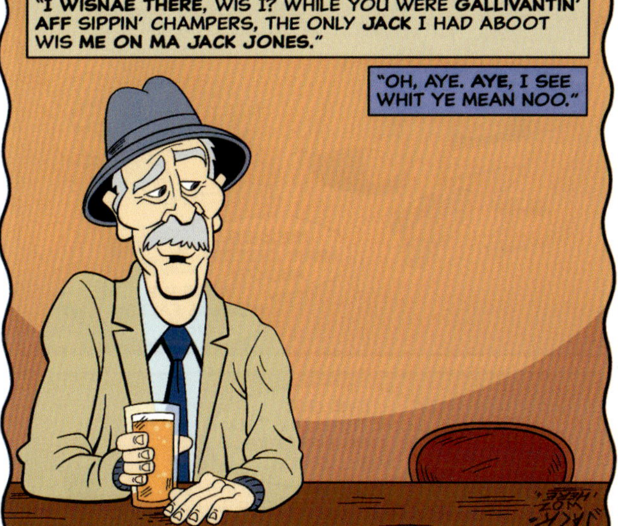

"I WISNAE THERE, WIS I? WHILE YOU WERE GALLIVANTIN' AFF SIPPIN' CHAMPERS, THE ONLY JACK I HAD ABOOT WIS ME ON MA JACK JONES."
"OH, AYE. AYE, I SEE WHIT YE MEAN NOO."

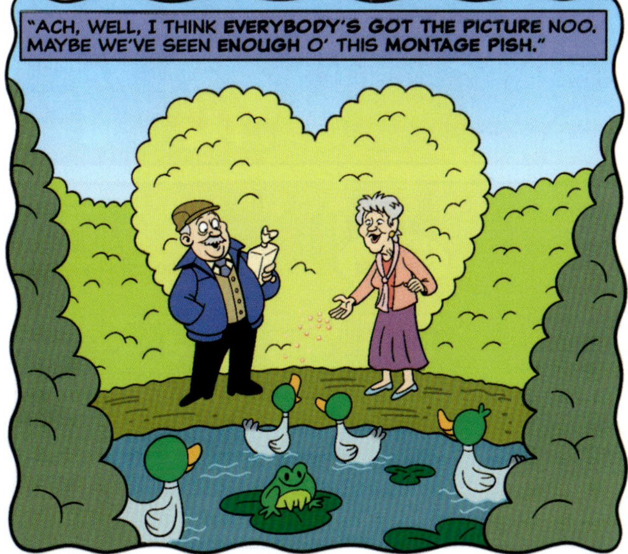

"ACH, WELL, I THINK EVERYBODY'S GOT THE PICTURE NOO. MAYBE WE'VE SEEN ENOUGH O' THIS MONTAGE PISH."

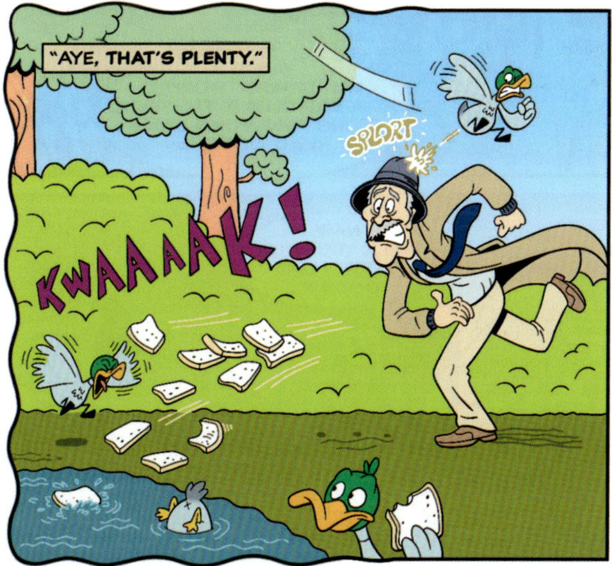

"AYE, THAT'S PLENTY."
KWAAAAK!
SPLORT

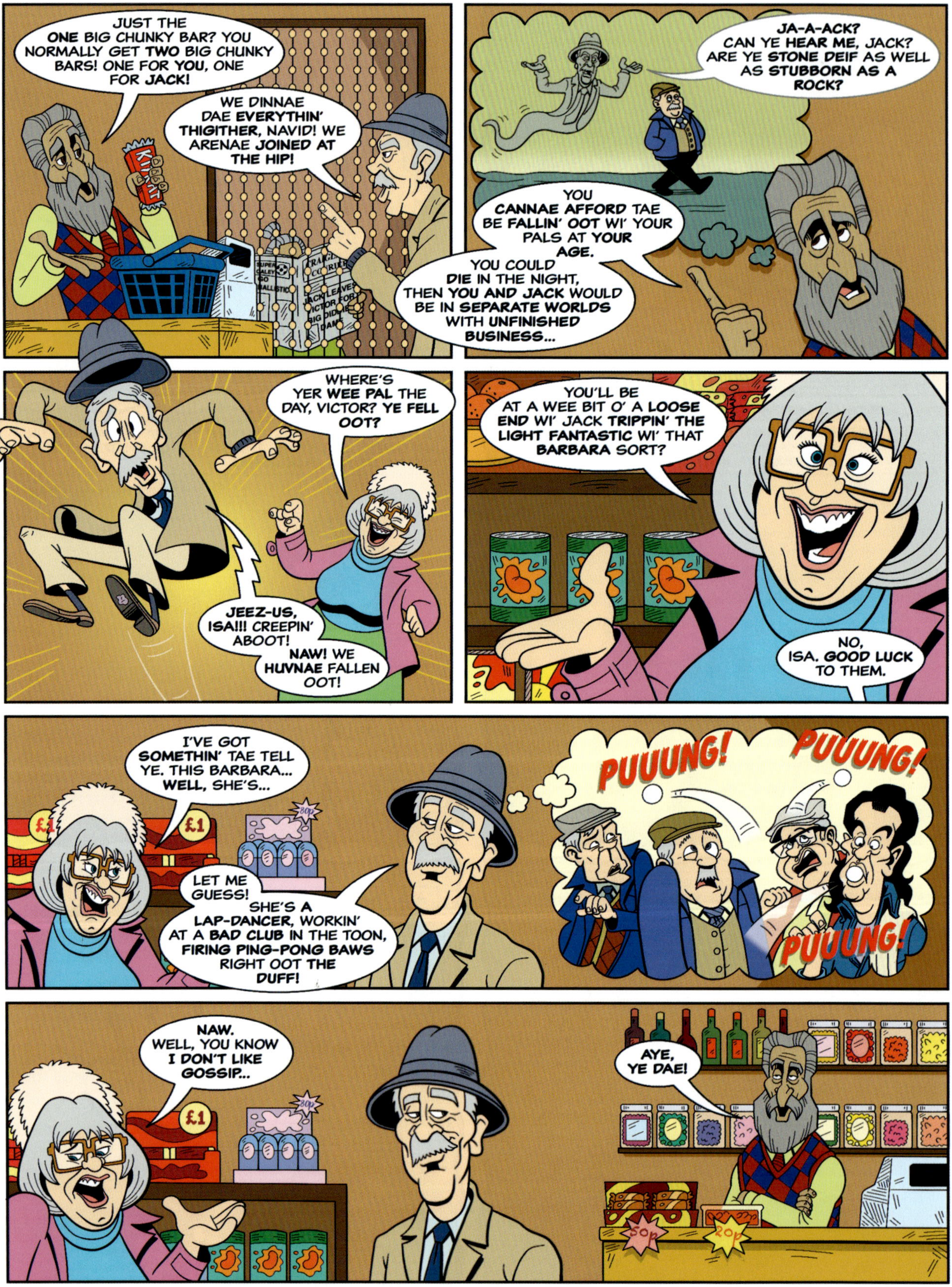

JUST THE ONE BIG CHUNKY BAR? YOU NORMALLY GET TWO BIG CHUNKY BARS! ONE FOR YOU, ONE FOR JACK!
WE DINNAE DAE EVERYTHIN' THIGITHER, NAVID! WE ARENAE JOINED AT THE HIP!

JA-A-ACK? CAN YE HEAR ME, JACK? ARE YE STONE DEIF AS WELL AS STUBBORN AS A ROCK?
YOU CANNAE AFFORD TAE BE FALLIN' OOT WI' YOUR PALS AT YOUR AGE.
YOU COULD DIE IN THE NIGHT, THEN YOU AND JACK WOULD BE IN SEPARATE WORLDS WITH UNFINISHED BUSINESS...

WHERE'S YER WEE PAL THE DAY, VICTOR? YE FELL OOT?
JEEZ-US, ISA!! CREEPIN' ABOOT!
NAW! WE HUVNAE FALLEN OOT!

YOU'LL BE AT A WEE BIT O' A LOOSE END WI' JACK TRIPPIN' THE LIGHT FANTASTIC WI' THAT BARBARA SORT?
NO, ISA. GOOD LUCK TO THEM.

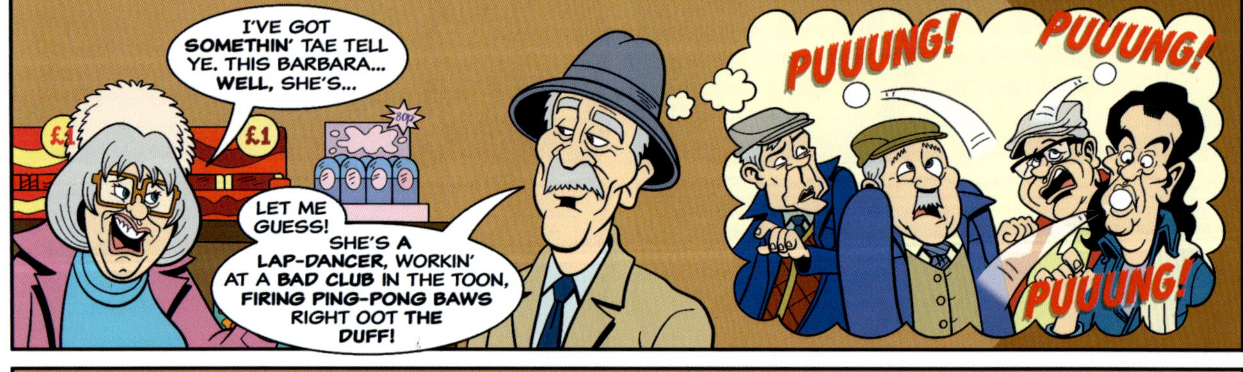

I'VE GOT SOMETHIN' TAE TELL YE. THIS BARBARA... WELL, SHE'S...
LET ME GUESS! SHE'S A LAP-DANCER, WORKIN' AT A BAD CLUB IN THE TOON, FIRING PING-PONG BAWS RIGHT OOT THE DUFF!
PUUUNG!
PUUUNG!
PUUUNG!
£1
£1
30P

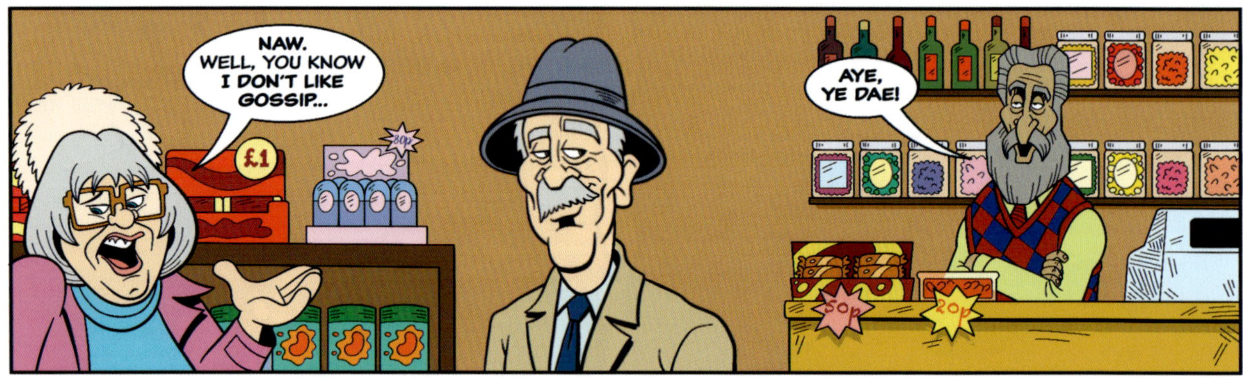

NAW. WELL, YOU KNOW I DON'T LIKE GOSSIP...
AYE, YE DAE!
£1
30P
50P
20P

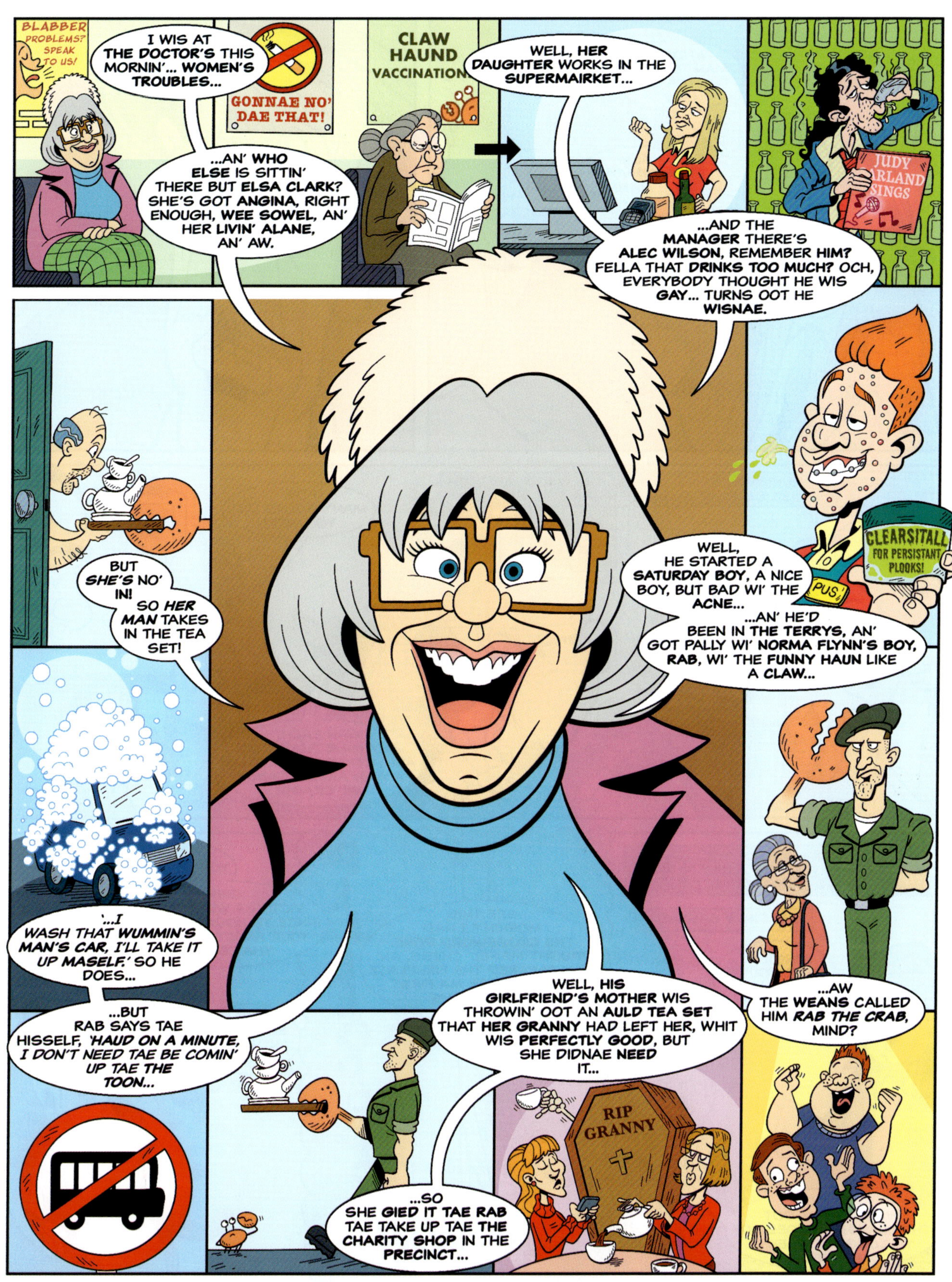

BLABBER PROBLEMS? SPEAK TO US!
I WIS AT THE DOCTOR'S THIS MORNIN'... WOMEN'S TROUBLES...
GONNAE NO' DAE THAT!
CLAW HAUND VACCINATION
WELL, HER DAUGHTER WORKS IN THE SUPERMAIRKET...
...AN' WHO ELSE IS SITTIN' THERE BUT ELSA CLARK? SHE'S GOT ANGINA, RIGHT ENOUGH, WEE SOWEL, AN' HER LIVIN' ALANE, AN' AW.
JUDY GARLAND SINGS
...AND THE MANAGER THERE'S ALEC WILSON, REMEMBER HIM? FELLA THAT DRINKS TOO MUCH? OCH, EVERYBODY THOUGHT HE WIS GAY... TURNS OOT HE WISNAE.
BUT SHE'S NO' IN! SO HER MAN TAKES IN THE TEA SET!
WELL, HE STARTED A SATURDAY BOY, A NICE BOY, BUT BAD WI' THE ACNE...
CLEARSITALL FOR PERSISTANT PLOOKS!
PUS!
...AN' HE'D BEEN IN THE TERRYS, AN' GOT PALLY WI' NORMA FLYNN'S BOY, RAB, WI' THE FUNNY HAUN LIKE A CLAW...
'...I WASH THAT WUMMIN'S MAN'S CAR, I'LL TAKE IT UP MASELF.' SO HE DOES...
...BUT RAB SAYS TAE HISSELF, 'HAUD ON A MINUTE, I DON'T NEED TAE BE COMIN' UP TAE THE TOON...
WELL, HIS GIRLFRIEND'S MOTHER WIS THROWIN' OOT AN AULD TEA SET THAT HER GRANNY HAD LEFT HER, WHIT WIS PERFECTLY GOOD, BUT SHE DIDNAE NEED IT...
...AW THE WEANS CALLED HIM RAB THE CRAB, MIND?
RIP GRANNY
...SO SHE GIED IT TAE RAB TAE TAKE UP TAE THE CHARITY SHOP IN THE PRECINCT...

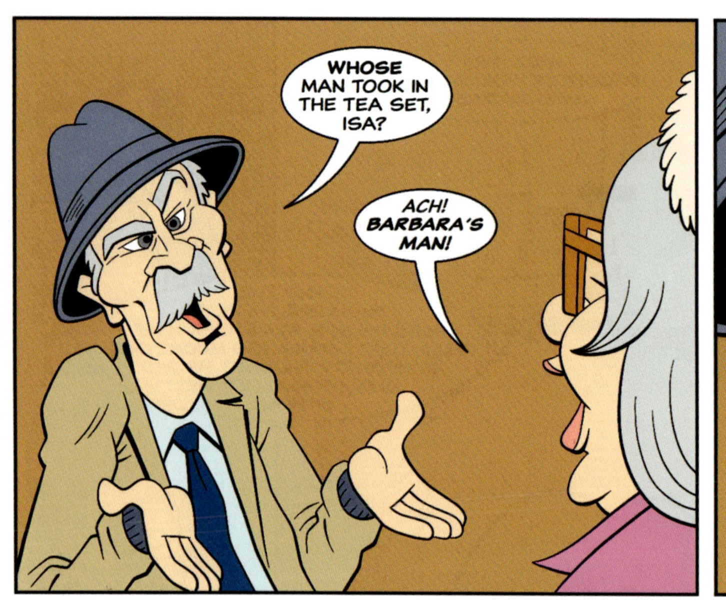

WHOSE MAN TOOK IN THE TEA SET, ISA?
ACH! BARBARA'S MAN!

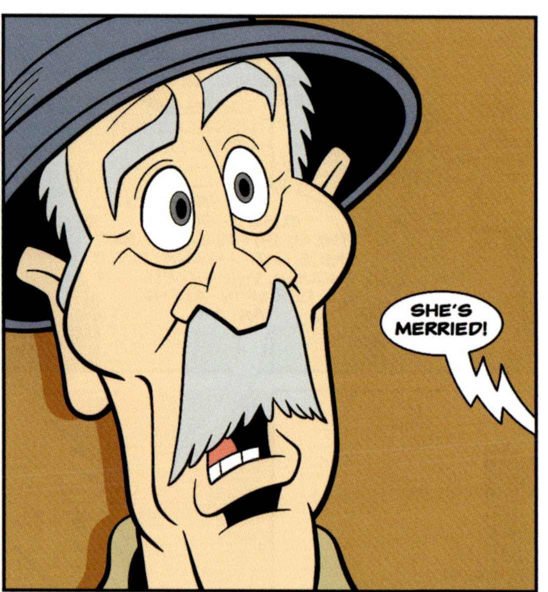

SHE'S MERRIED!

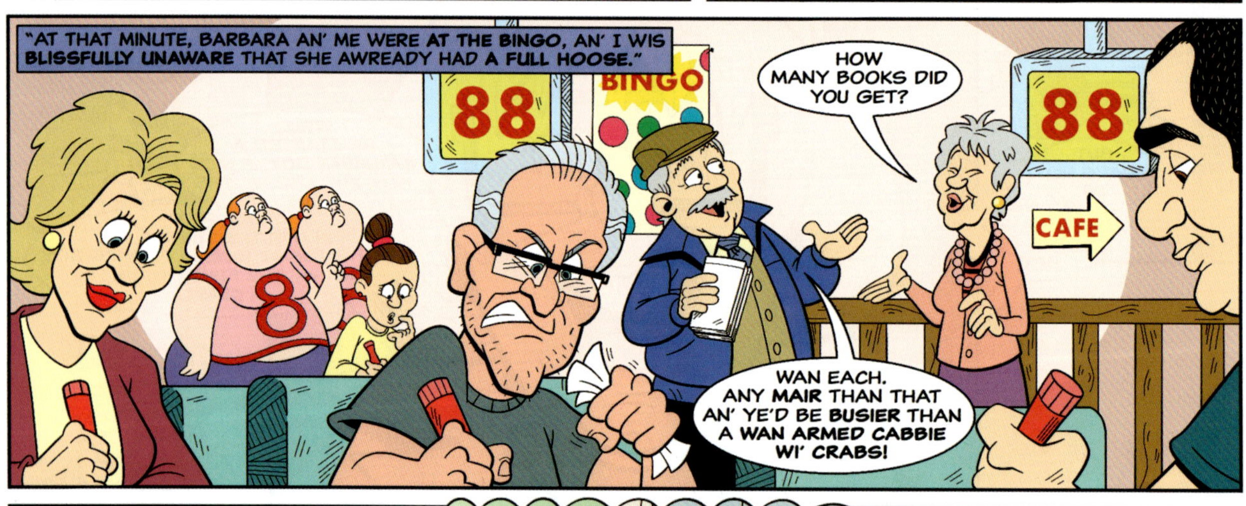

"AT THAT MINUTE, BARBARA AN' ME WERE AT THE BINGO, AN' I WIS BLISSFULLY UNAWARE THAT SHE AWREADY HAD A FULL HOOSE."
88
BINGO
8
HOW MANY BOOKS DID YOU GET?
88
CAFE
WAN EACH. ANY MAIR THAN THAT AN' YE'D BE BUSIER THAN A WAN ARMED CABBIE WI' CRABS!

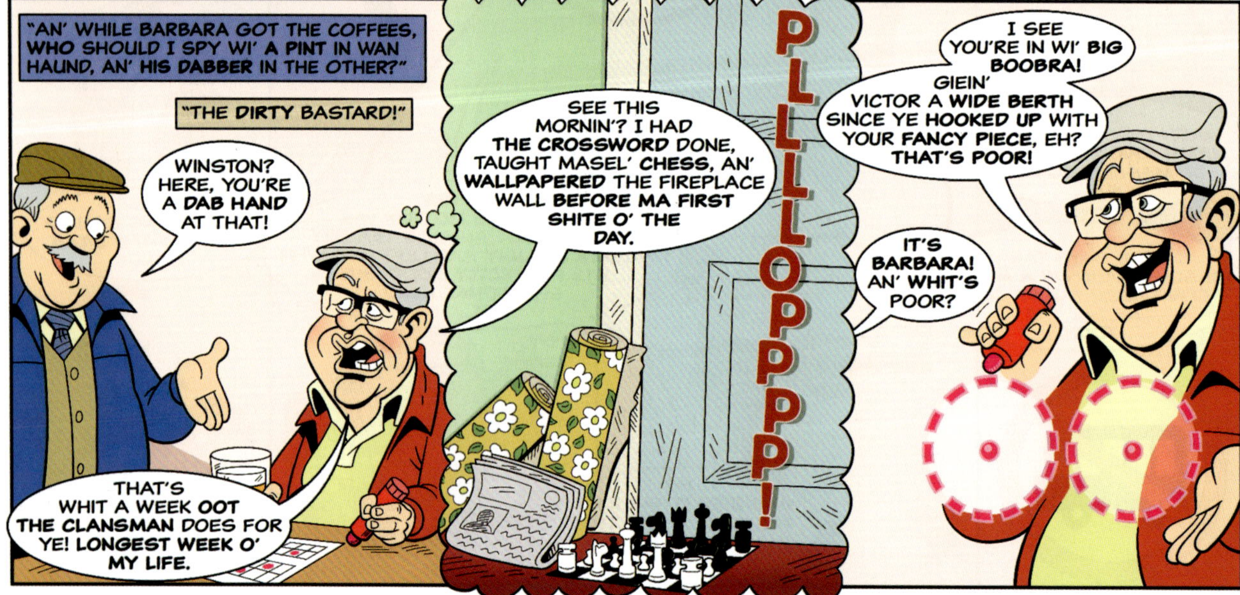

"AN' WHILE BARBARA GOT THE COFFEES, WHO SHOULD I SPY WI' A PINT IN WAN HAUND, AN' HIS DABBER IN THE OTHER?"
"THE DIRTY BASTARD!"
WINSTON? HERE, YOU'RE A DAB HAND AT THAT!
SEE THIS MORNIN'? I HAD THE CROSSWORD DONE, TAUGHT MASEL' CHESS, AN' WALLPAPERED THE FIREPLACE WALL BEFORE MA FIRST SHITE O' THE DAY.
PLLLOPPP!
I SEE YOU'RE IN WI' BIG BOOBRA! GIEIN' VICTOR A WIDE BERTH SINCE YE HOOKED UP WITH YOUR FANCY PIECE, EH? THAT'S POOR!
IT'S BARBARA! AN' WHIT'S POOR?
THAT'S WHIT A WEEK OOT THE CLANSMAN DOES FOR YE! LONGEST WEEK O' MY LIFE.

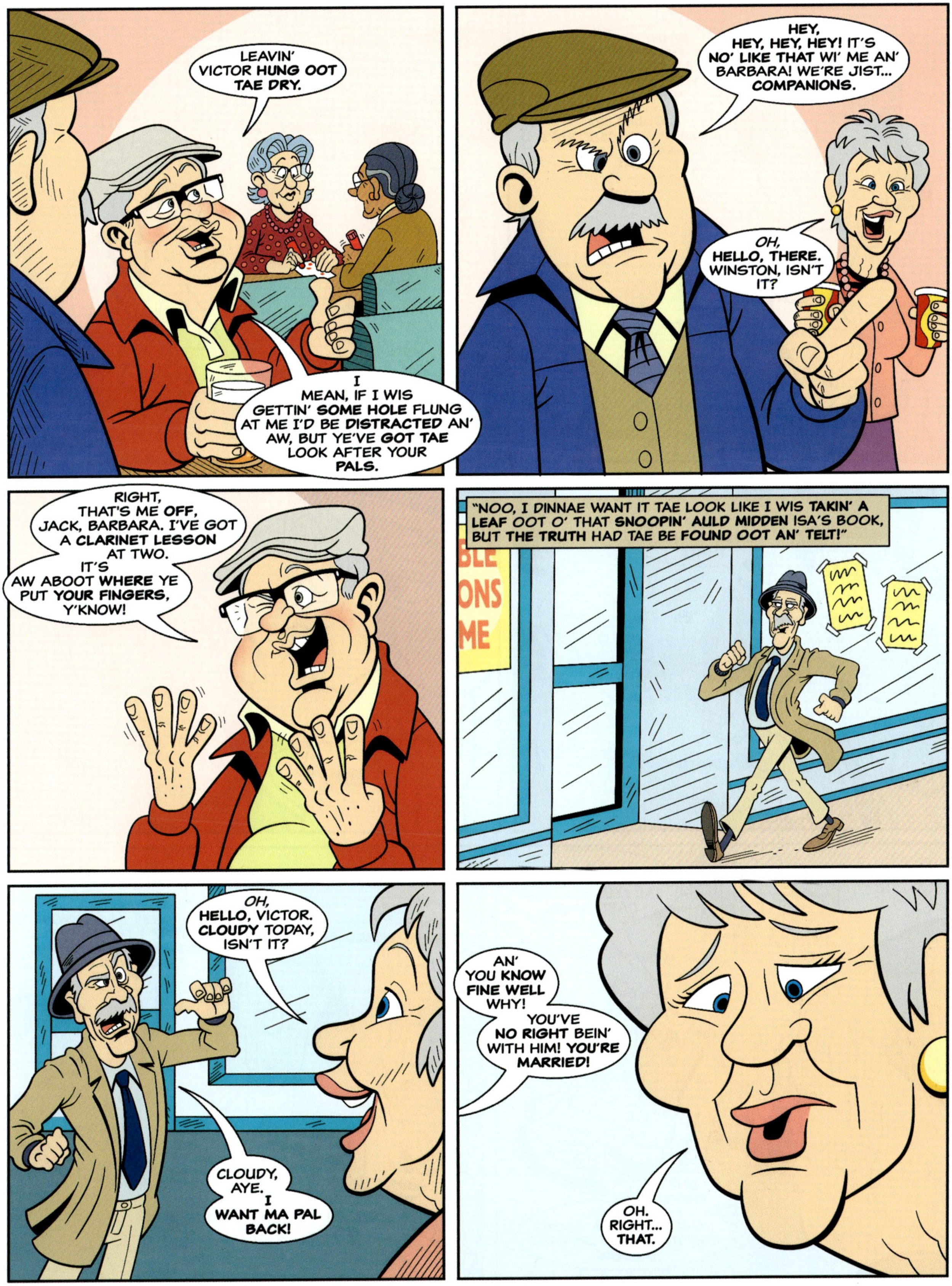

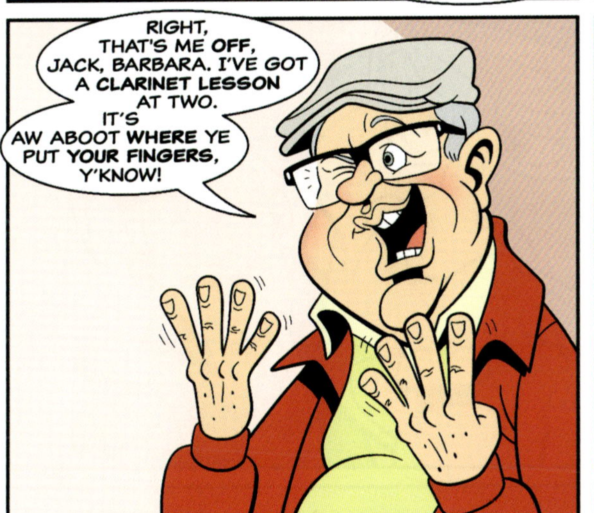

LEAVIN' VICTOR HUNG OOT TAE DRY.
I MEAN, IF I WIS GETTIN' SOME HOLE FLUNG AT ME I'D BE DISTRACTED AN' AW, BUT YE'VE GOT TAE LOOK AFTER YOUR PALS.

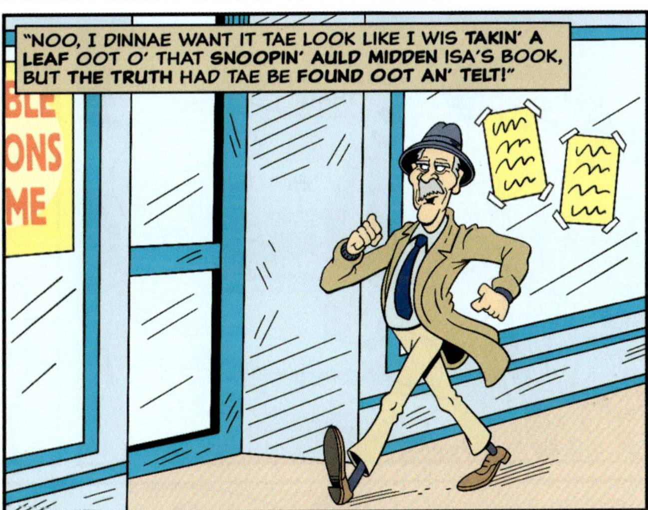

HEY, HEY, HEY, HEY! IT'S NO' LIKE THAT WI' ME AN' BARBARA! WE'RE JIST... COMPANIONS.
OH, HELLO, THERE. WINSTON, ISN'T IT?

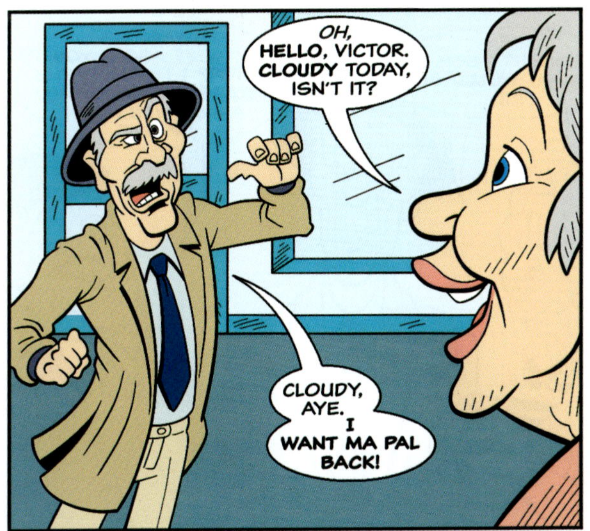

RIGHT, THAT'S ME OFF, JACK, BARBARA. I'VE GOT A CLARINET LESSON AT TWO. IT'S AW ABOOT WHERE YE PUT YOUR FINGERS, Y'KNOW!

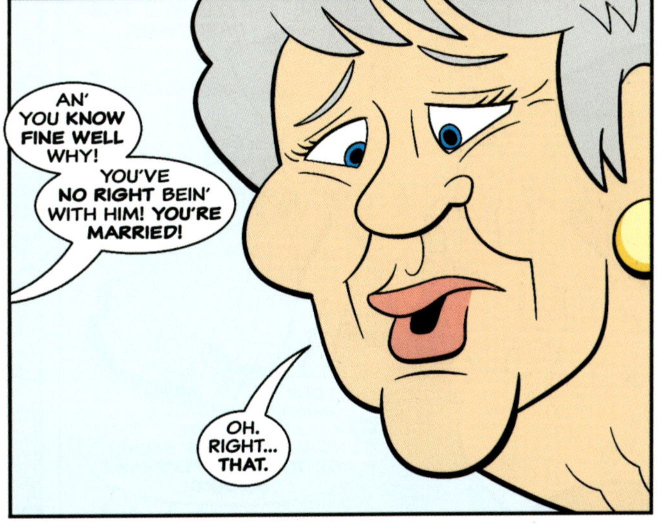

"NOO, I DINNAE WANT IT TAE LOOK LIKE I WIS TAKIN' A LEAF OOT O' THAT SNOOPIN' AULD MIDDEN ISA'S BOOK, BUT THE TRUTH HAD TAE BE FOUND OOT AN' TELT!"
BLE
ONS
ME

HELLO, VICTOR. CLOUDY TODAY, ISN'T IT?
CLOUDY, AYE. I WANT MA PAL BACK!

AN' YOU KNOW FINE WELL WHY! YOU'VE NO RIGHT BEIN' WITH HIM! YOU'RE MARRIED!
OH. RIGHT... THAT.

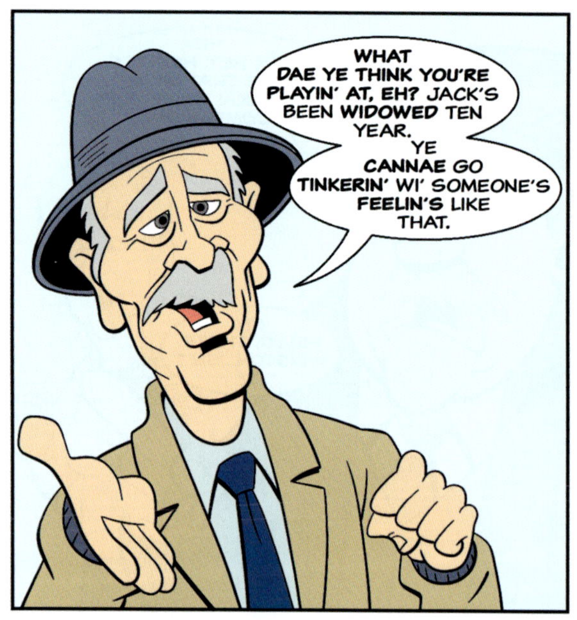

WHAT DAE YE THINK YOU'RE PLAYIN' AT, EH? JACK'S BEEN WIDOWED TEN YEAR. YE CANNAE GO TINKERIN' WI' SOMEONE'S FEELIN'S LIKE THAT.

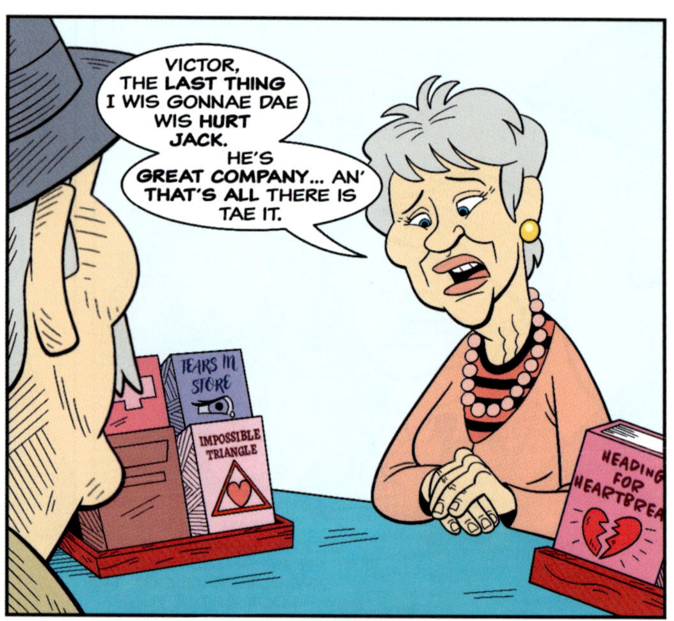

VICTOR, THE LAST THING I WIS GONNAE DAE WIS HURT JACK. HE'S GREAT COMPANY... AN' THAT'S ALL THERE IS TAE IT.
TEARS IN STORE
IMPOSSIBLE TRIANGLE
HEADING FOR HEARTBREA

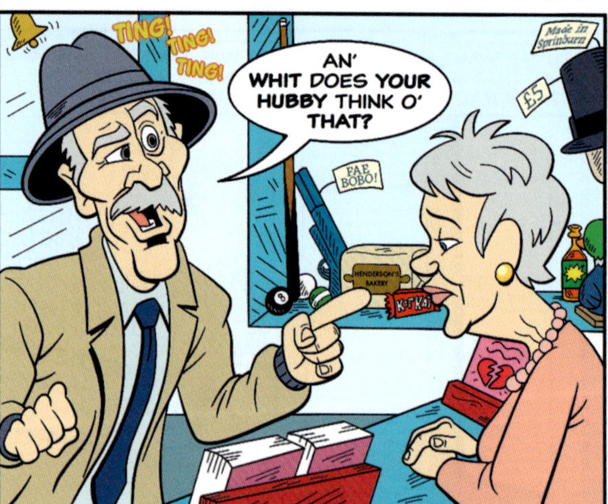

TING! TING! TING!
AN' WHIT DOES YOUR HUBBY THINK O' THAT?
£5
Made in Springburn
FAE BOBO!
HENDERSON'S BAKERY
KIT KAT

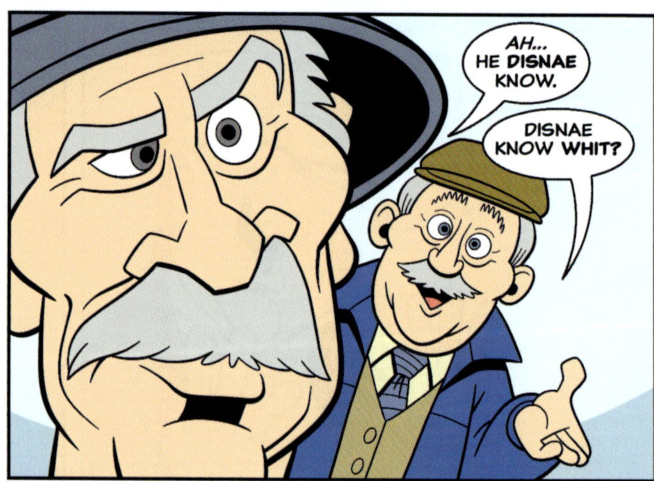

AH... HE DISNAE KNOW.
DISNAE KNOW WHIT?

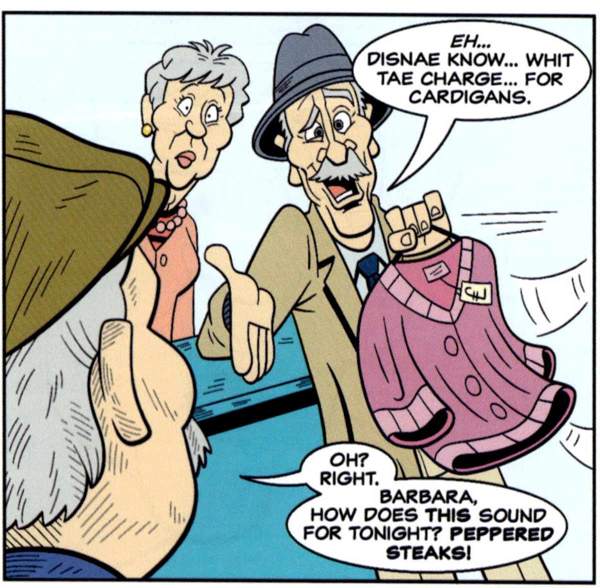

EH... DISNAE KNOW... WHIT TAE CHARGE... FOR CARDIGANS.
OH? RIGHT. BARBARA, HOW DOES THIS SOUND FOR TONIGHT? PEPPERED STEAKS!

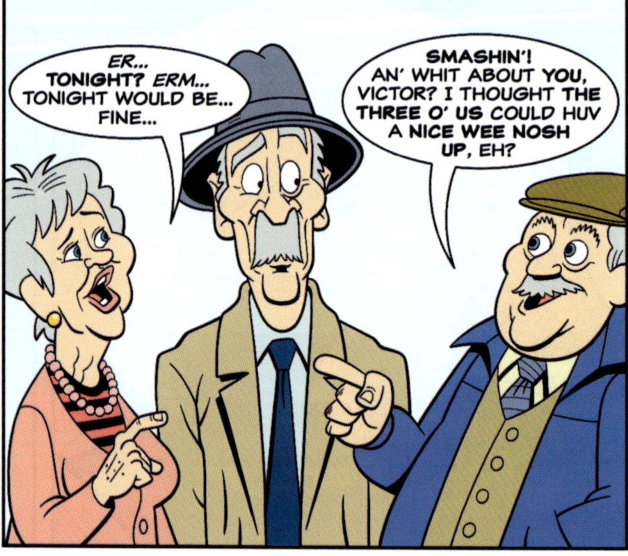

ER... TONIGHT? ERM... TONIGHT WOULD BE... FINE...
SMASHIN'! AN' WHIT ABOUT YOU, VICTOR? I THOUGHT THE THREE O' US COULD HUV A NICE WEE NOSH UP, EH?

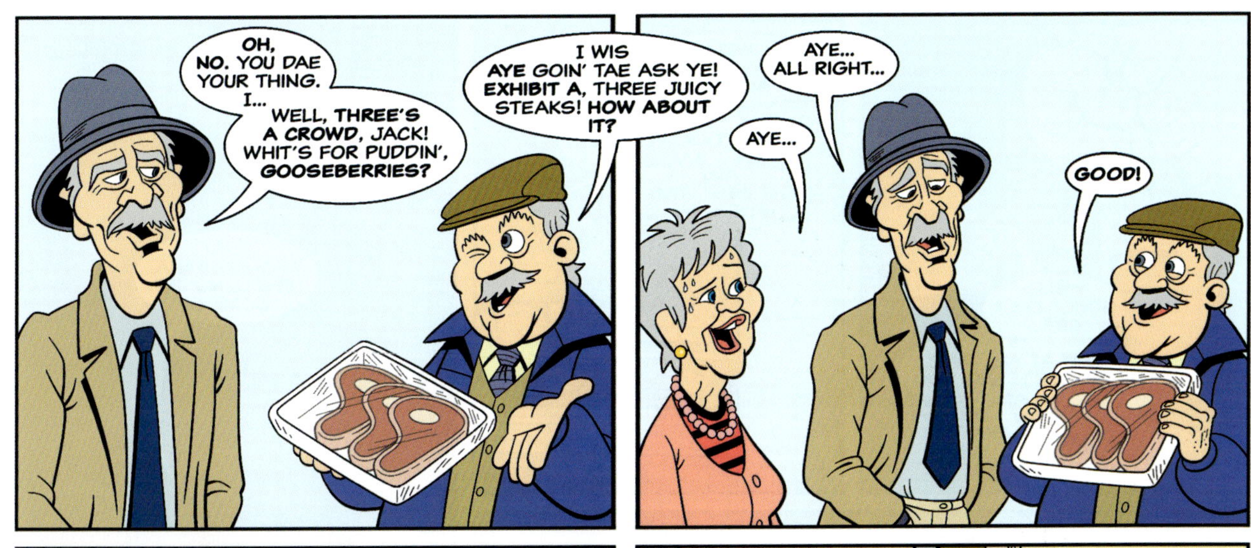

OH, NO. YOU DAE YOUR THING. I... WELL, THREE'S A CROWD, JACK! WHIT'S FOR PUDDIN', GOOSEBERRIES?
I WIS AYE GOIN' TAE ASK YE! EXHIBIT A, THREE JUICY STEAKS! HOW ABOUT IT?
AYE...
AYE... ALL RIGHT...
GOOD!

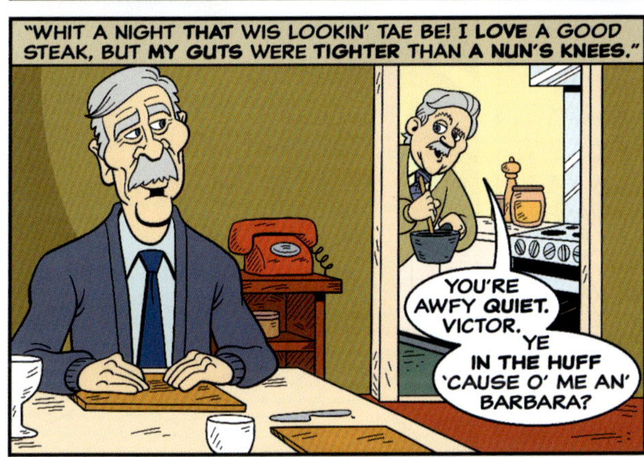

"WHIT A NIGHT THAT WIS LOOKIN' TAE BE! I LOVE A GOOD STEAK, BUT MY GUTS WERE TIGHTER THAN A NUN'S KNEES."
YOU'RE AWFY QUIET, VICTOR. YE IN THE HUFF 'CAUSE O' ME AN' BARBARA?

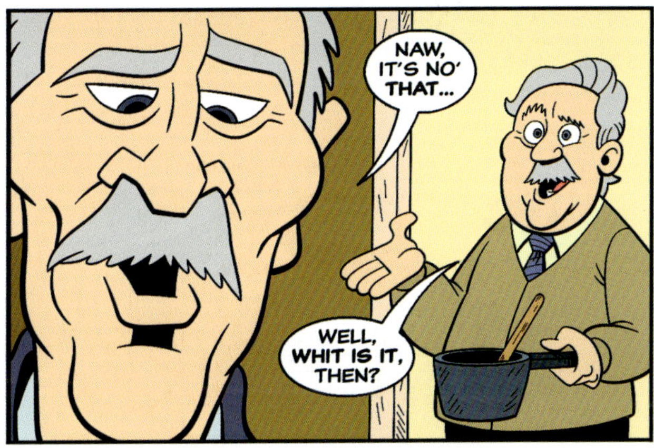

NAW, IT'S NO' THAT...
WELL, WHIT IS IT, THEN?

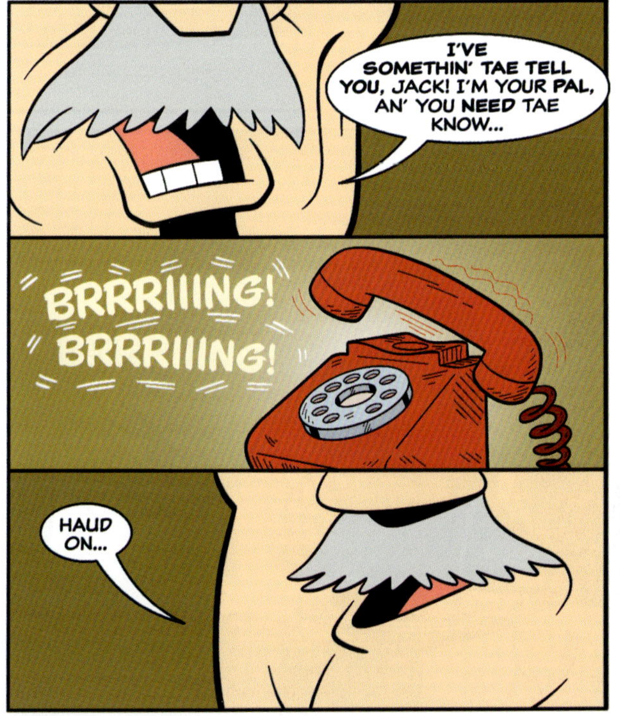

I'VE SOMETHIN' TAE TELL YOU, JACK! I'M YOUR PAL, AN' YOU NEED TAE KNOW...
BRRRIIING! BRRRIIING!
HAUD ON...

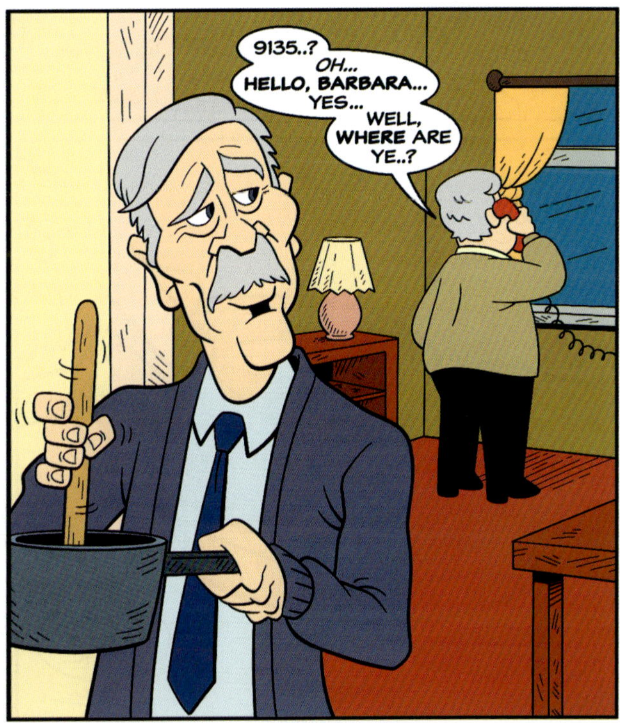

9135..? OH... HELLO, BARBARA... YES... WELL, WHERE ARE YE..?

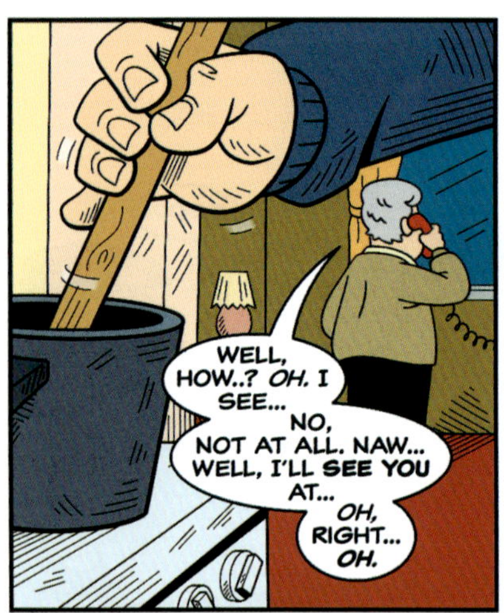

WELL, HOW..? OH. I SEE... NO, NOT AT ALL. NAW... WELL, I'LL SEE YOU AT... OH, RIGHT... OH.

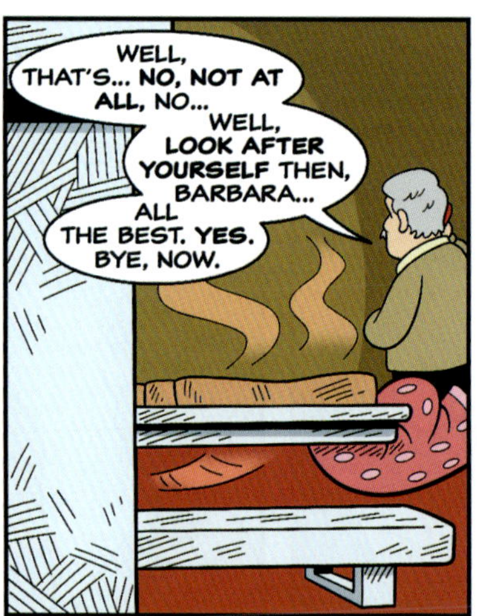

WELL, THAT'S... NO, NOT AT ALL, NO... WELL, LOOK AFTER YOURSELF THEN, BARBARA... ALL THE BEST. YES. BYE, NOW.

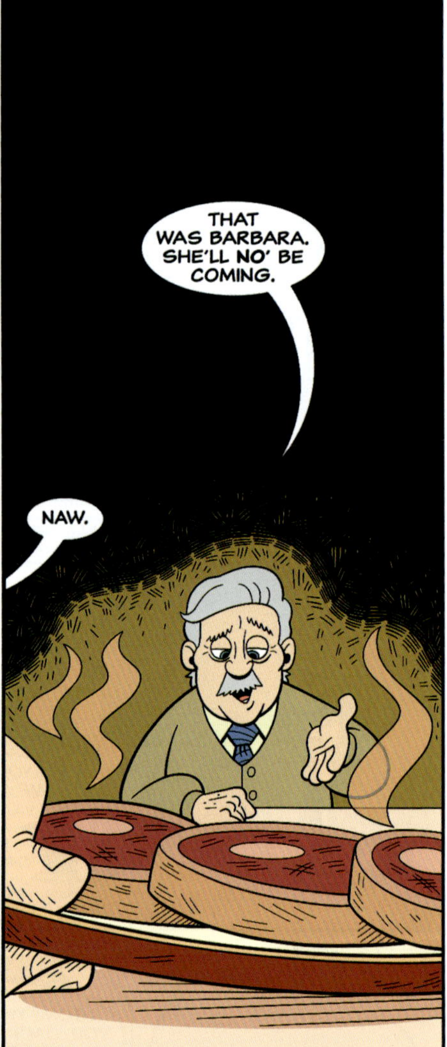

THAT WAS BARBARA. SHE'LL NO' BE COMING.
NAW.

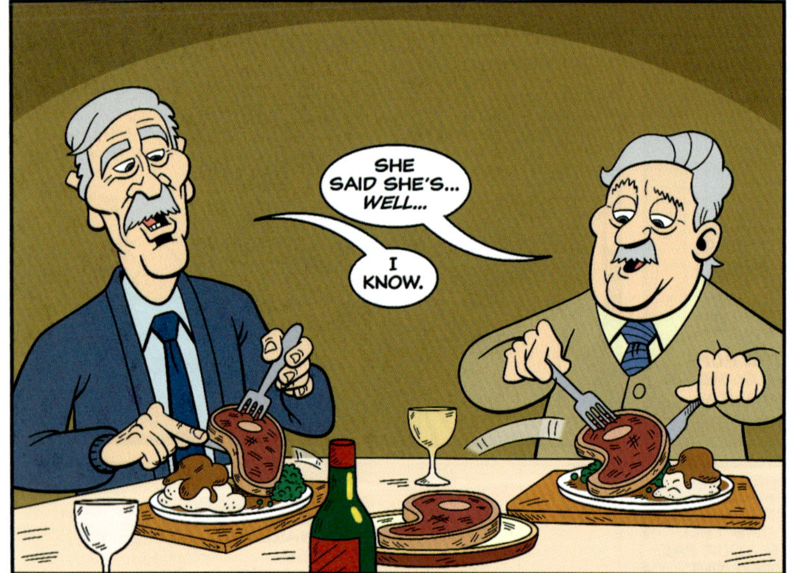

SHE SAID SHE'S... WELL...
I KNOW.

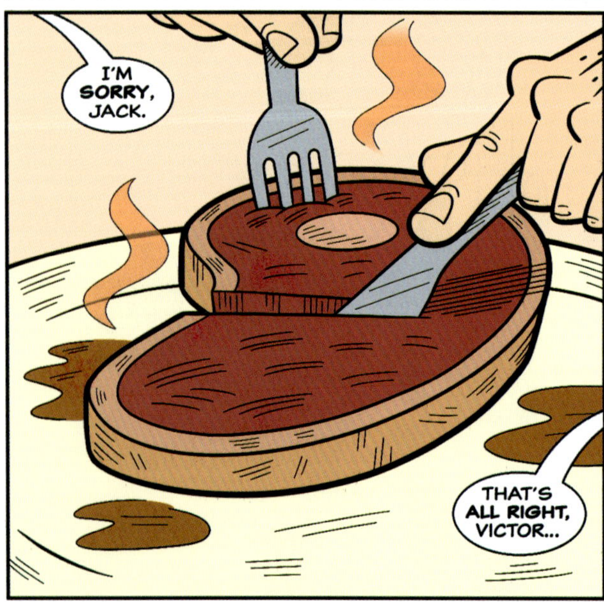

I'M SORRY, JACK.
THAT'S ALL RIGHT, VICTOR...

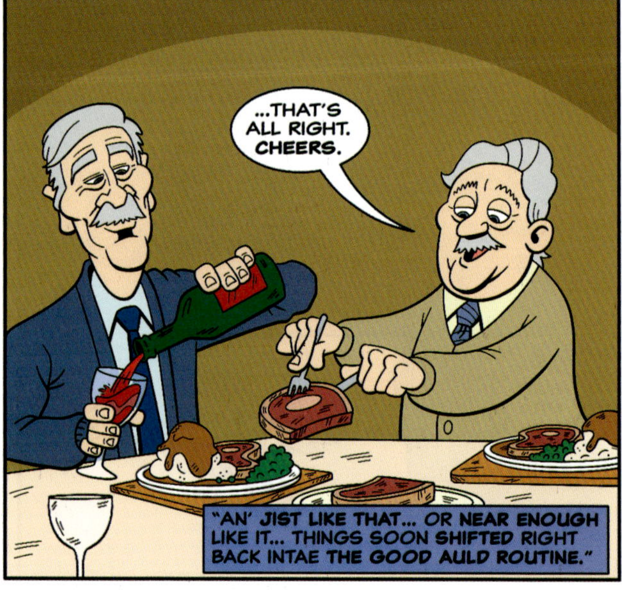

...THAT'S ALL RIGHT. CHEERS.
"AN' JIST LIKE THAT... OR NEAR ENOUGH LIKE IT... THINGS SOON SHIFTED RIGHT BACK INTAE THE GOOD AULD ROUTINE."

"WELL, NO' QUITE THE AULD ROUTINE, JACK. NO' QUITE..."

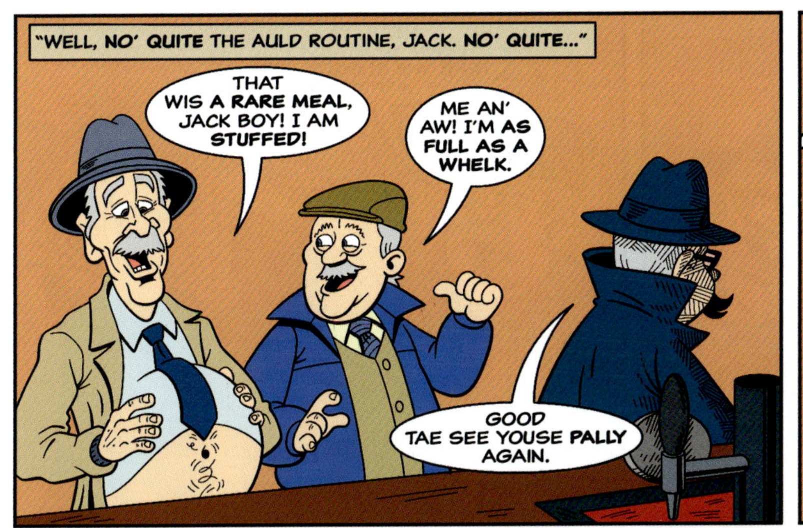
THAT WIS A RARE MEAL, JACK BOY! I AM STUFFED!
ME AN' AW! I'M AS FULL AS A WHELK.
GOOD TAE SEE YOUSE PALLY AGAIN.

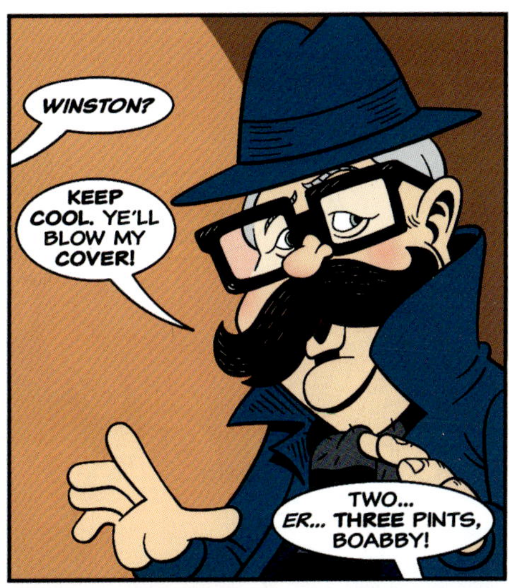
WINSTON?
KEEP COOL. YE'LL BLOW MY COVER!
TWO... ER... THREE PINTS, BOABBY!

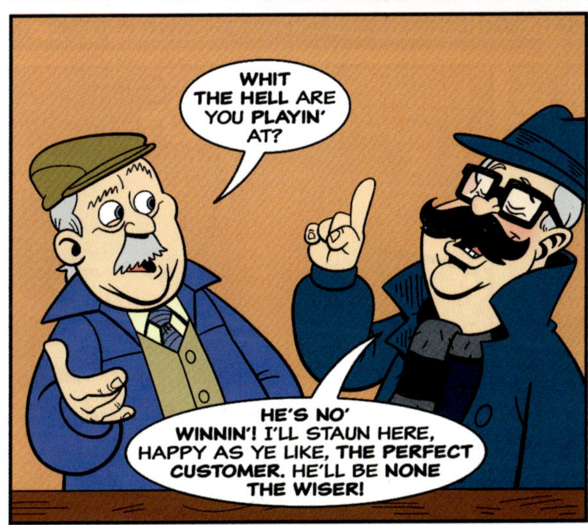
WHIT THE HELL ARE YOU PLAYIN' AT?
HE'S NO' WINNIN'! I'LL STAUN HERE, HAPPY AS YE LIKE, THE PERFECT CUSTOMER. HE'LL BE NONE THE WISER!

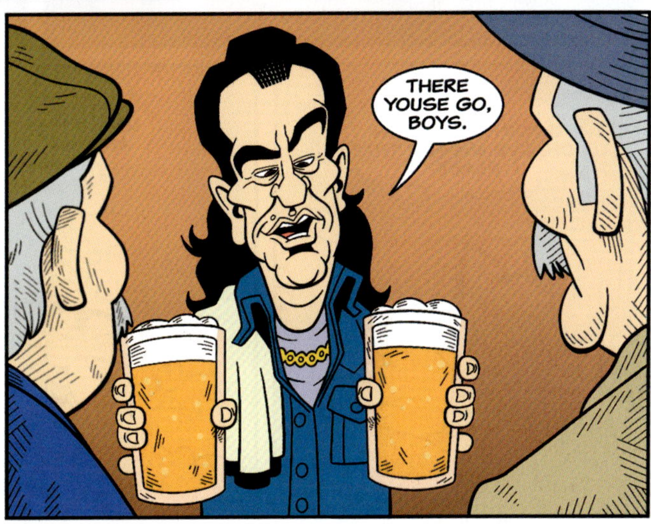
THERE YOUSE GO, BOYS.

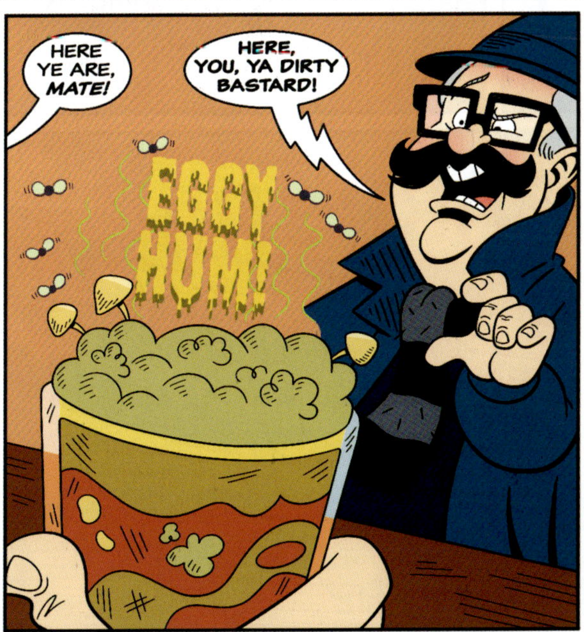
HERE YE ARE, MATE!
HERE, YOU, YA DIRTY BASTARD!
EGGY HUM!

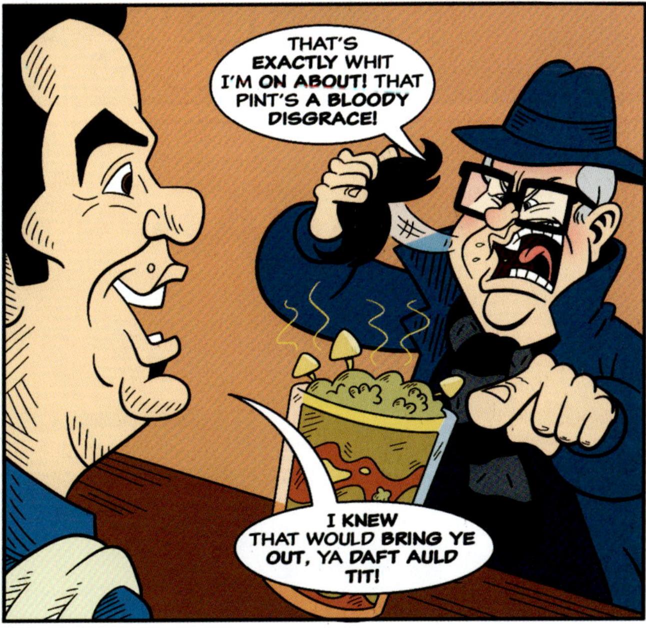
THAT'S EXACTLY WHIT I'M ON ABOUT! THAT PINT'S A BLOODY DISGRACE!
I KNEW THAT WOULD BRING YE OUT, YA DAFT AULD TIT!

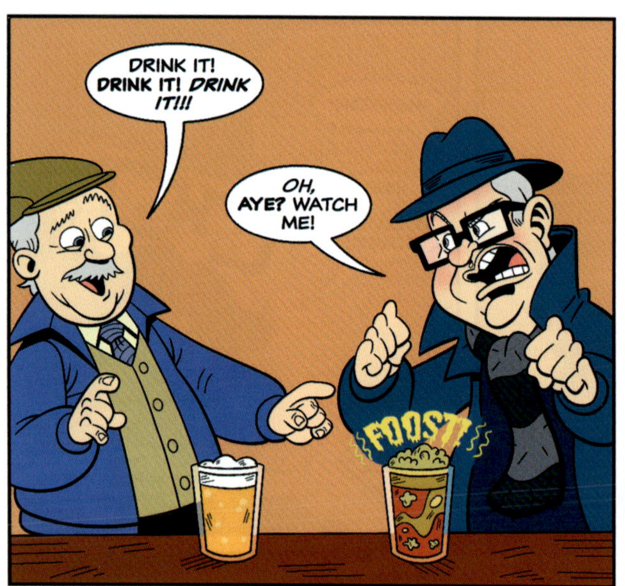

DRINK IT! DRINK IT! DRINK IT!!!
OH, AYE? WATCH ME!
FOOST!

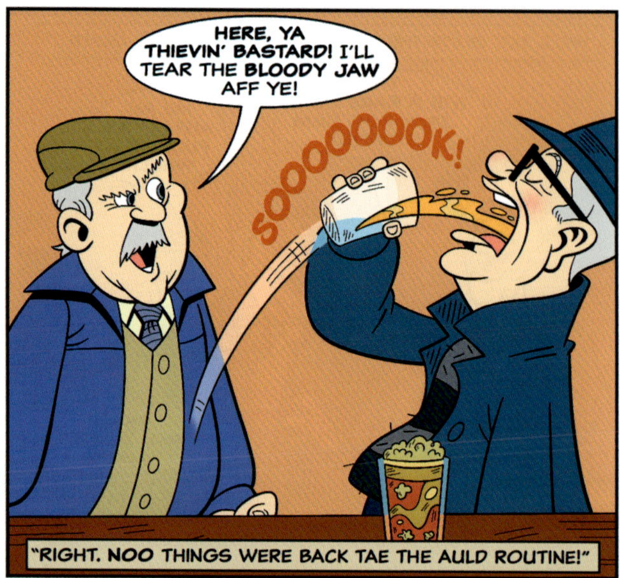

HERE, YA THIEVIN' BASTARD! I'LL TEAR THE BLOODY JAW AFF YE!
SOOOOOOK!
"RIGHT. NOO THINGS WERE BACK TAE THE AULD ROUTINE!"

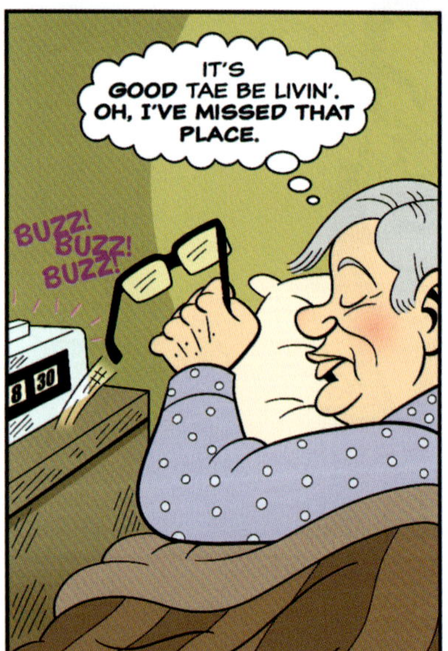

IT'S GOOD TAE BE LIVIN'. OH, I'VE MISSED THAT PLACE.
BUZZ! BUZZ! BUZZ!

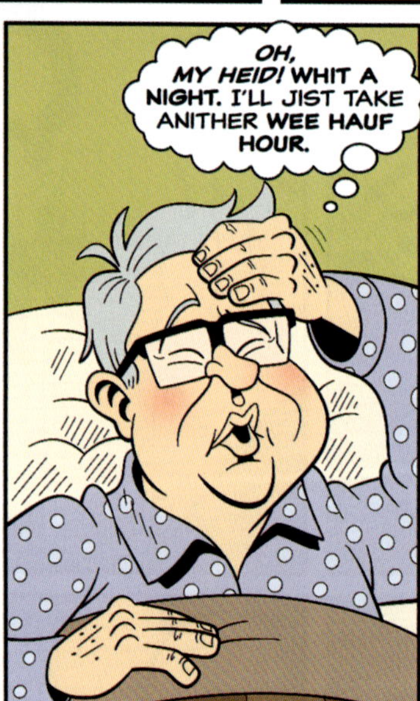

OH, MY HEID! WHIT A NIGHT. I'LL JIST TAKE ANITHER WEE HAUF HOUR.

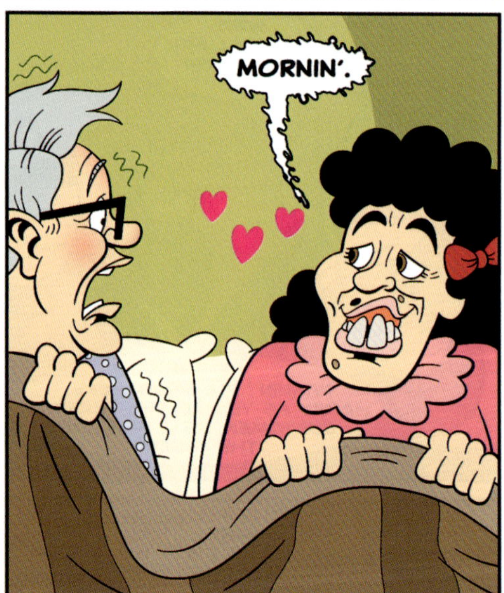

MORNIN'.

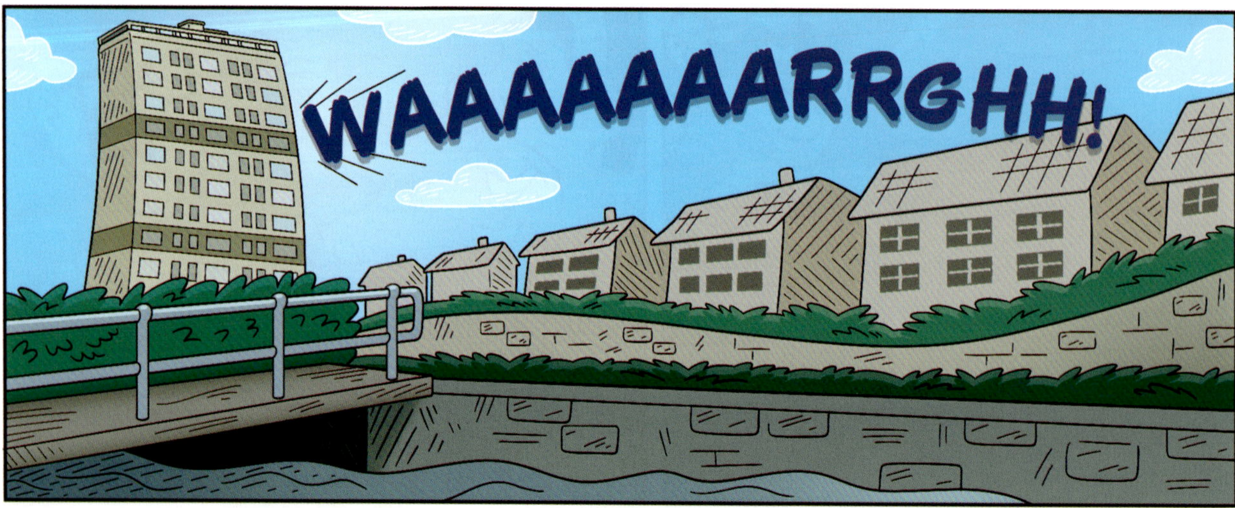

WAAAAAAARRGHH!

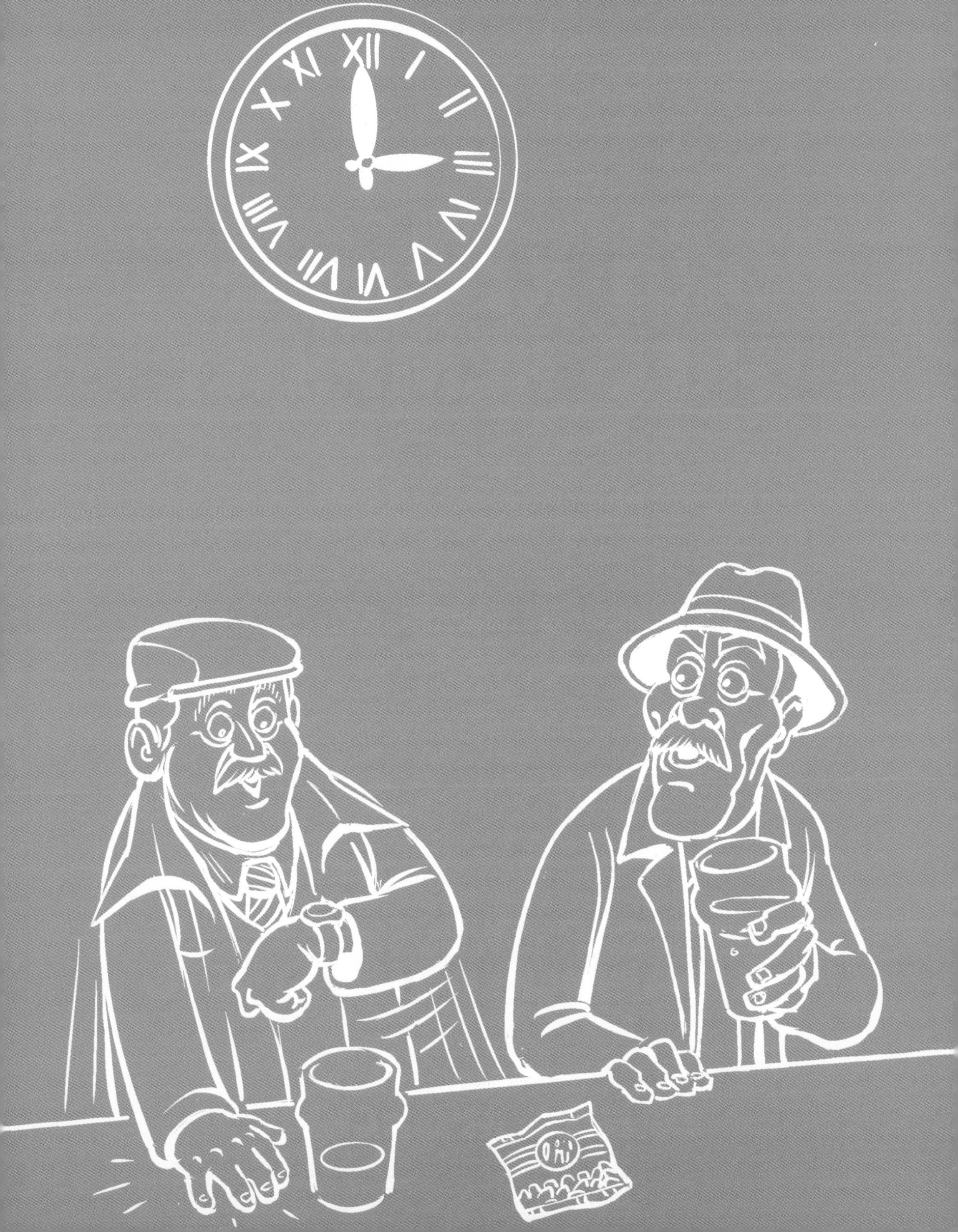

FAIMLY

BY
FORD KIERNAN &
GREG HEMPHILL

COMIC SCRIPT BY
DANIEL McGACHEY

ART BY
GARY WELSH

COLOUR BY
**GARY WELSH &
THE SCUNNERED INK STUDIO**

LETTERING BY
DANIEL McGACHEY

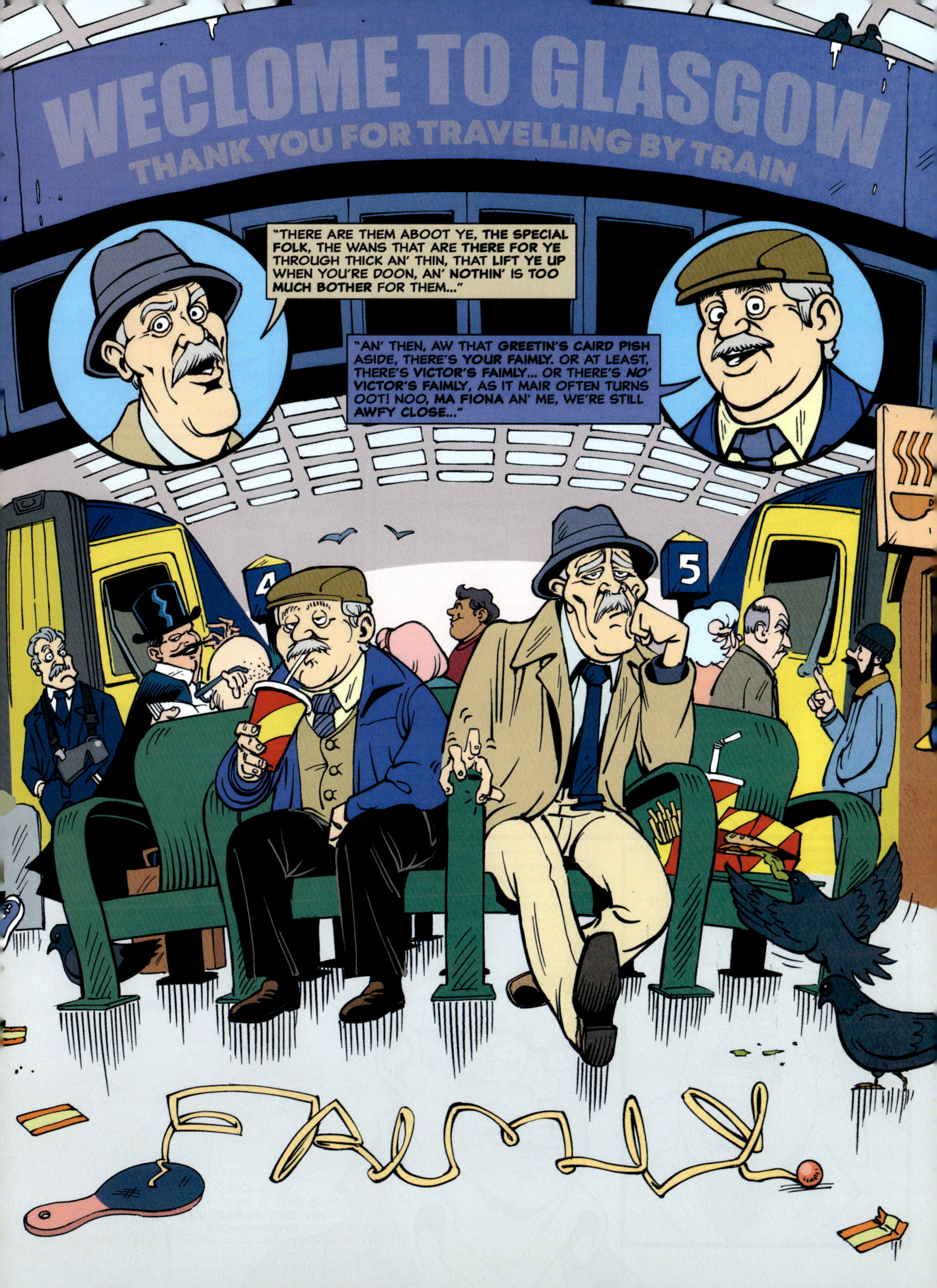

WECLOME TO GLASGOW
THANK YOU FOR TRAVELLING BY TRAIN
"THERE ARE THEM ABOOT YE, THE SPECIAL FOLK, THE WANS THAT ARE THERE FOR YE THROUGH THICK AN' THIN, THAT LIFT YE UP WHEN YOU'RE DOON, AN' NOTHIN' IS TOO MUCH BOTHER FOR THEM..."
"AN' THEN, AW THAT GREETIN'S CAIRD PISH ASIDE, THERE'S YOUR FAIMLY. OR AT LEAST, THERE'S VICTOR'S FAIMLY... OR THERE'S NO' VICTOR'S FAIMLY, AS IT MAIR OFTEN TURNS OOT! NOO, MA FIONA AN' ME, WE'RE STILL AWFY CLOSE..."
4
5
FAMILY

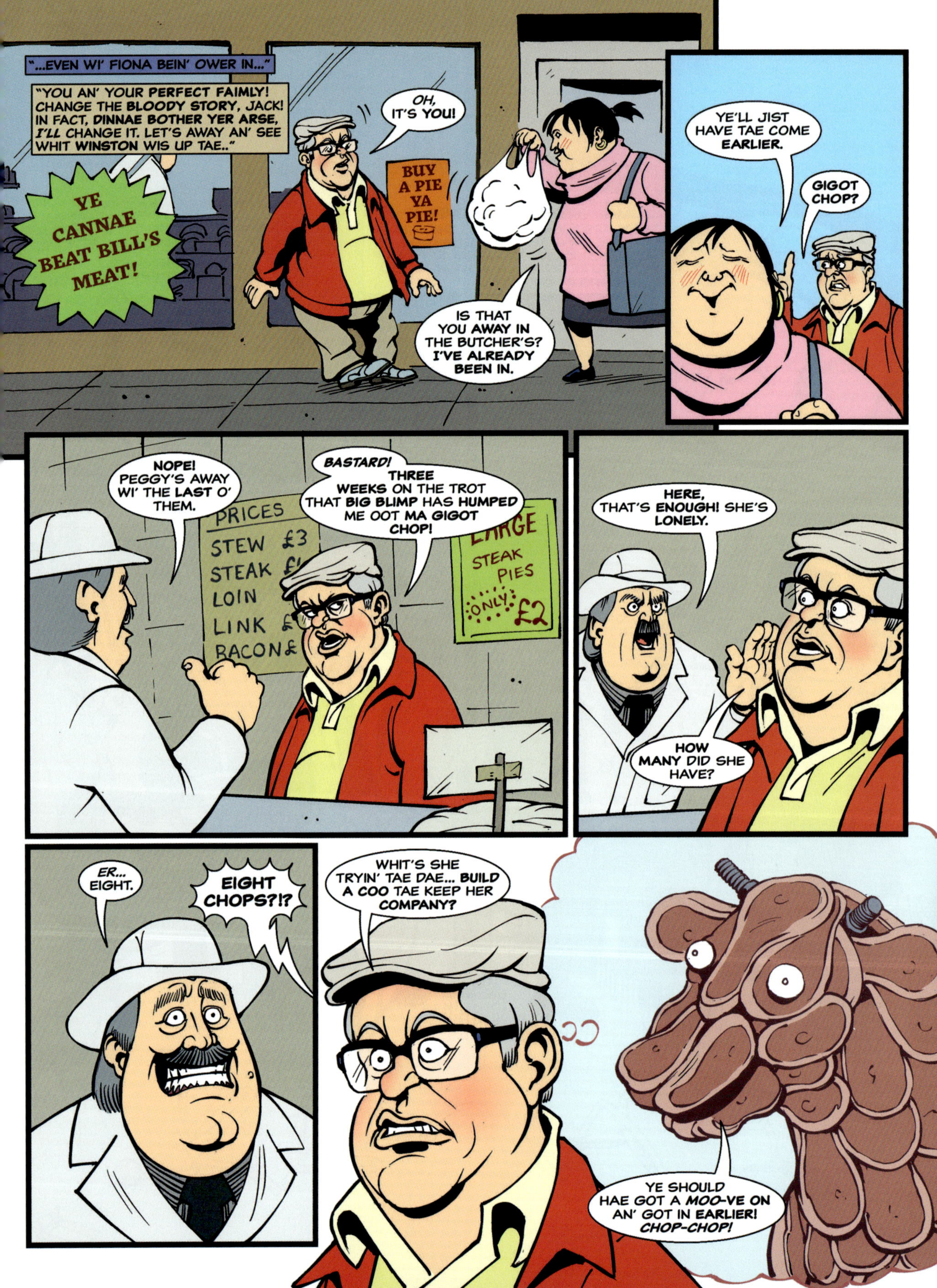

"...EVEN WI' FIONA BEIN' OWER IN..."
"YOU AN' YOUR PERFECT FAIMLY! CHANGE THE BLOODY STORY, JACK! IN FACT, DINNAE BOTHER YER ARSE, I'LL CHANGE IT. LET'S AWAY AN' SEE WHIT WINSTON WIS UP TAE.."
YE CANNAE BEAT BILL'S MEAT!
BUY A PIE YA PIE!
OH, IT'S YOU!
IS THAT YOU AWAY IN THE BUTCHER'S? I'VE ALREADY BEEN IN.
YE'LL JIST HAVE TAE COME EARLIER.
GIGOT CHOP?
NOPE! PEGGY'S AWAY WI' THE LAST O' THEM.
BASTARD! THREE WEEKS ON THE TROT THAT BIG BLIMP HAS HUMPED ME OOT MA GIGOT CHOP!
PRICES
STEW £3
STEAK £
LOIN
LINK £
BACON £
LARGE STEAK PIES ONLY £2
HERE, THAT'S ENOUGH! SHE'S LONELY.
HOW MANY DID SHE HAVE?
ER... EIGHT.
EIGHT CHOPS?!?
WHIT'S SHE TRYIN' TAE DAE... BUILD A COO TAE KEEP HER COMPANY?
YE SHOULD HAE GOT A MOO-VE ON AN' GOT IN EARLIER! CHOP-CHOP!

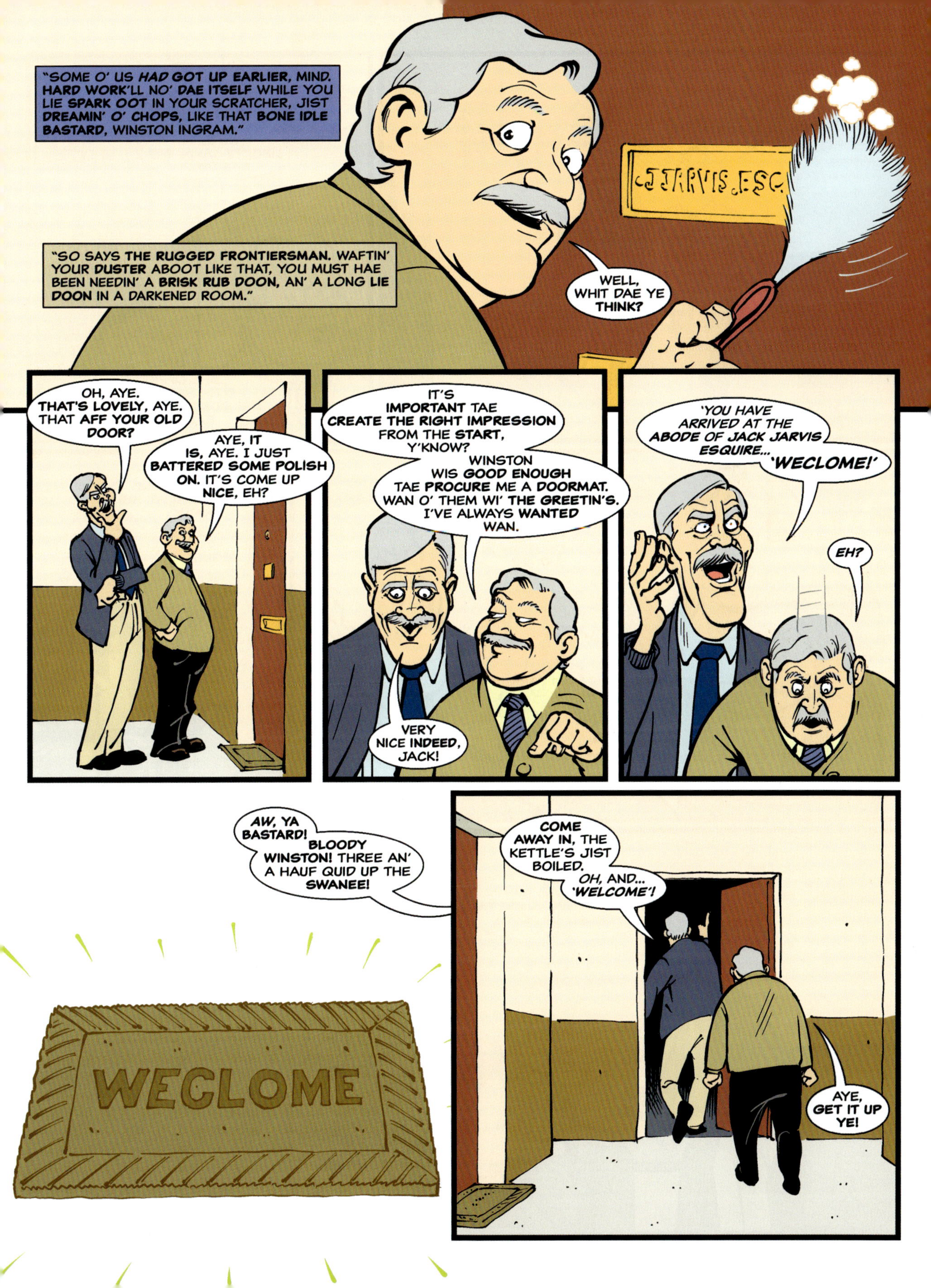

"SOME O' US HAD GOT UP EARLIER, MIND. HARD WORK'LL NO' DAE ITSELF WHILE YOU LIE SPARK OOT IN YOUR SCRATCHER, JIST DREAMIN' O' CHOPS, LIKE THAT BONE IDLE BASTARD, WINSTON INGRAM."
J.JARVIS.ESQ.
"SO SAYS THE RUGGED FRONTIERSMAN. WAFTIN' YOUR DUSTER ABOOT LIKE THAT, YOU MUST HAE BEEN NEEDIN' A BRISK RUB DOON, AN' A LONG LIE DOON IN A DARKENED ROOM."
WELL, WHIT DAE YE THINK?

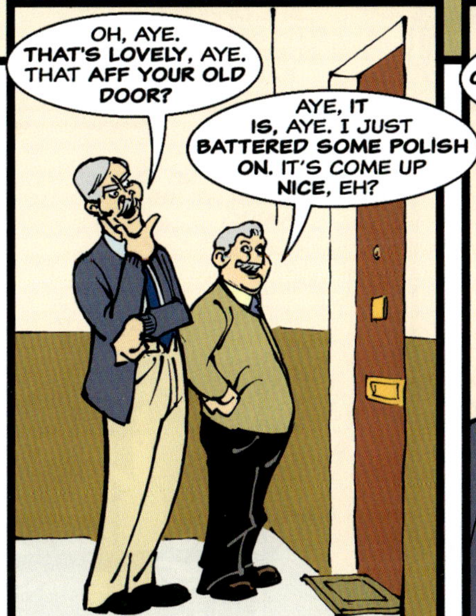

OH, AYE. THAT'S LOVELY, AYE. THAT AFF YOUR OLD DOOR?
AYE, IT IS, AYE. I JUST BATTERED SOME POLISH ON. IT'S COME UP NICE, EH?

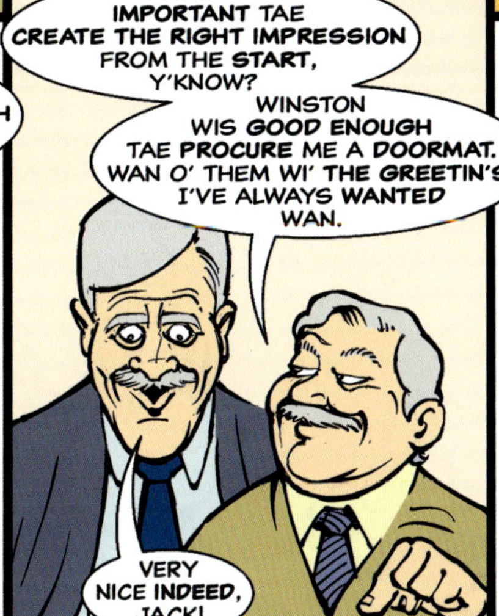

IT'S IMPORTANT TAE CREATE THE RIGHT IMPRESSION FROM THE START, Y'KNOW?
WINSTON WIS GOOD ENOUGH TAE PROCURE ME A DOORMAT. WAN O' THEM WI' THE GREETIN'S. I'VE ALWAYS WANTED WAN.
VERY NICE INDEED, JACK!

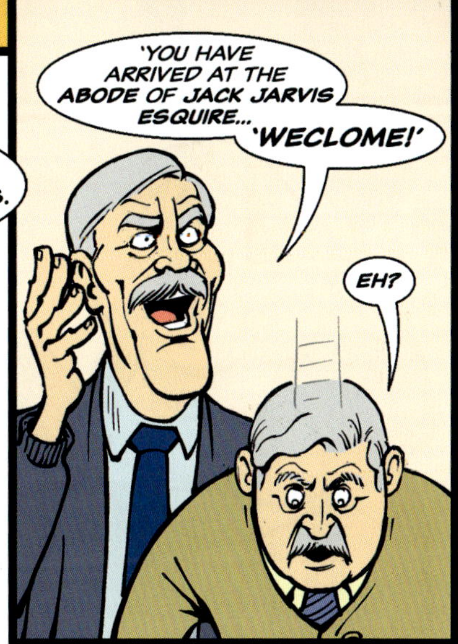

'YOU HAVE ARRIVED AT THE ABODE OF JACK JARVIS ESQUIRE... 'WECLOME!'
EH?

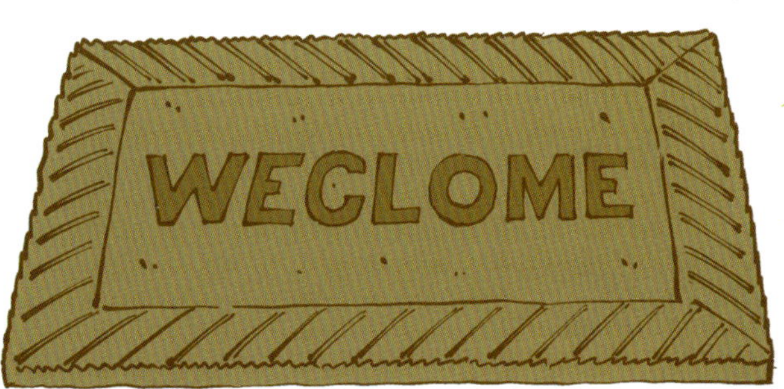

AW, YA BASTARD! BLOODY WINSTON! THREE AN' A HAUF QUID UP THE SWANEE!
WECLOME

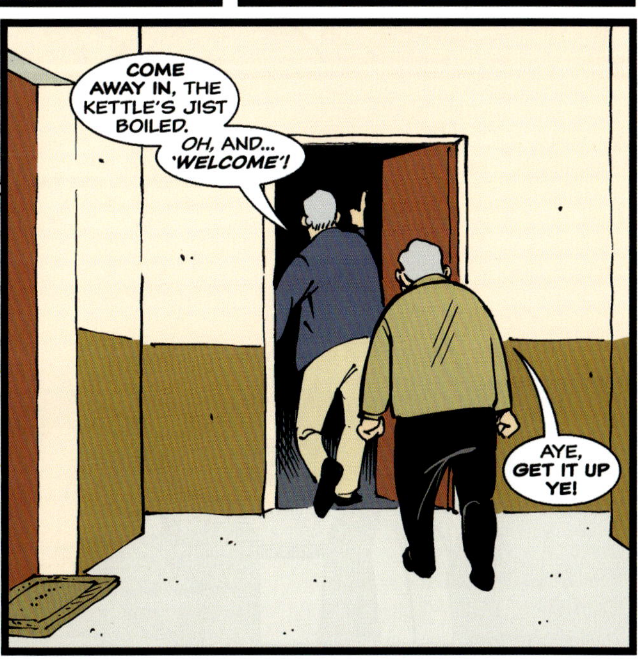

COME AWAY IN, THE KETTLE'S JIST BOILED. OH, AND... 'WELCOME'!
AYE, GET IT UP YE!

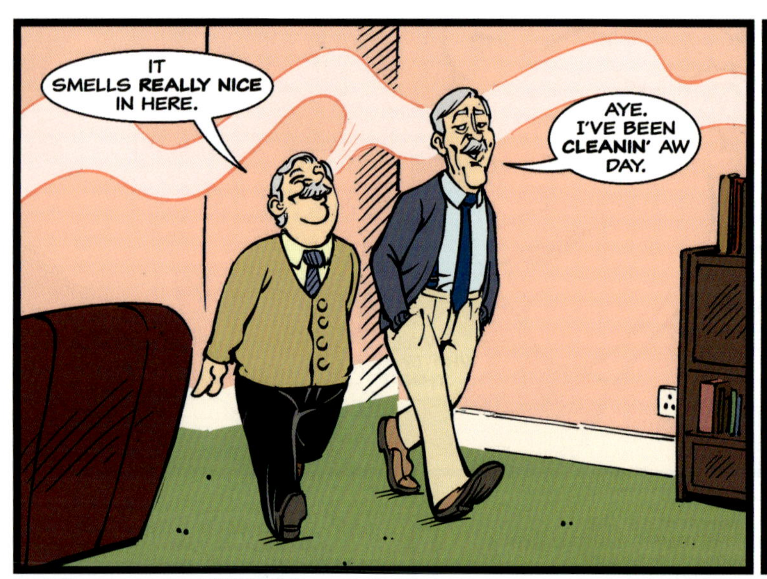

IT SMELLS REALLY NICE IN HERE.
AYE. I'VE BEEN CLEANIN' AW DAY.

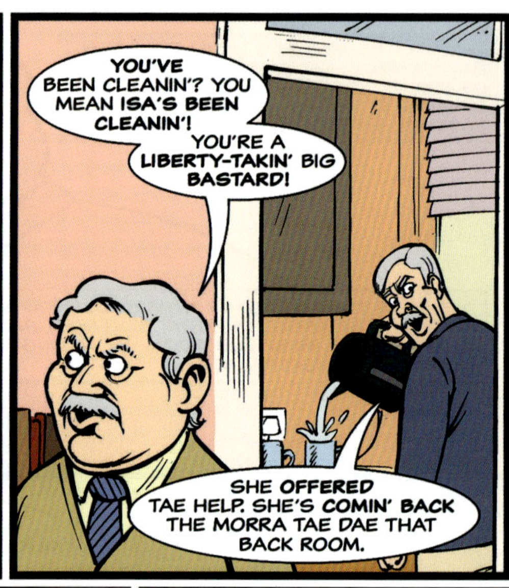

YOU'VE BEEN CLEANIN'? YOU MEAN ISA'S BEEN CLEANIN'! YOU'RE A LIBERTY-TAKIN' BIG BASTARD!
SHE OFFERED TAE HELP. SHE'S COMIN' BACK THE MORRA TAE DAE THAT BACK ROOM.

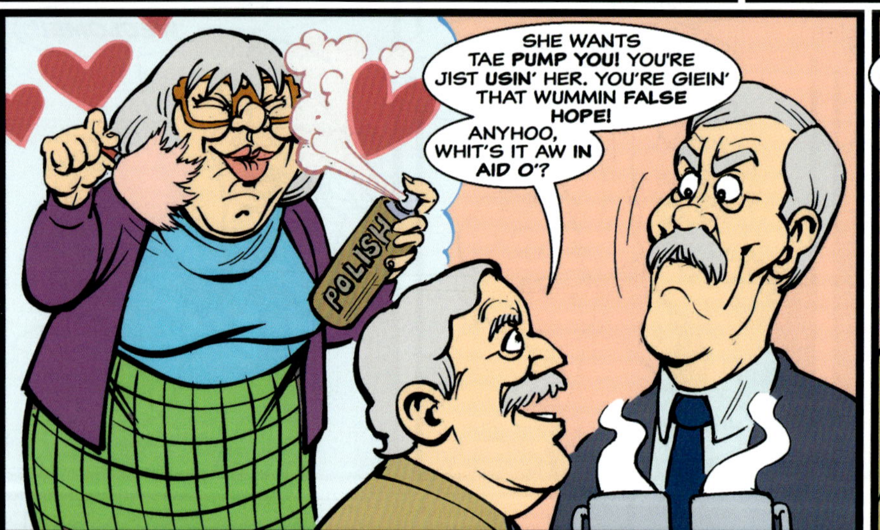

SHE WANTS TAE PUMP YOU! YOU'RE JIST USIN' HER. YOU'RE GIEIN' THAT WUMMIN FALSE HOPE!
ANYHOO, WHIT'S IT AW IN AID O'?
POLISH

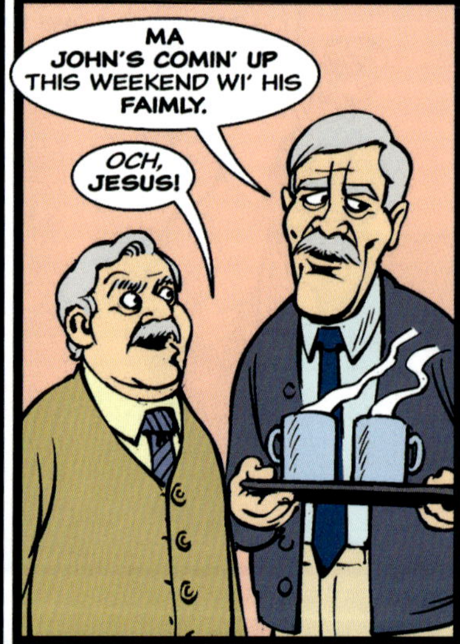

MA JOHN'S COMIN' UP THIS WEEKEND WI' HIS FAIMLY.
OCH, JESUS!

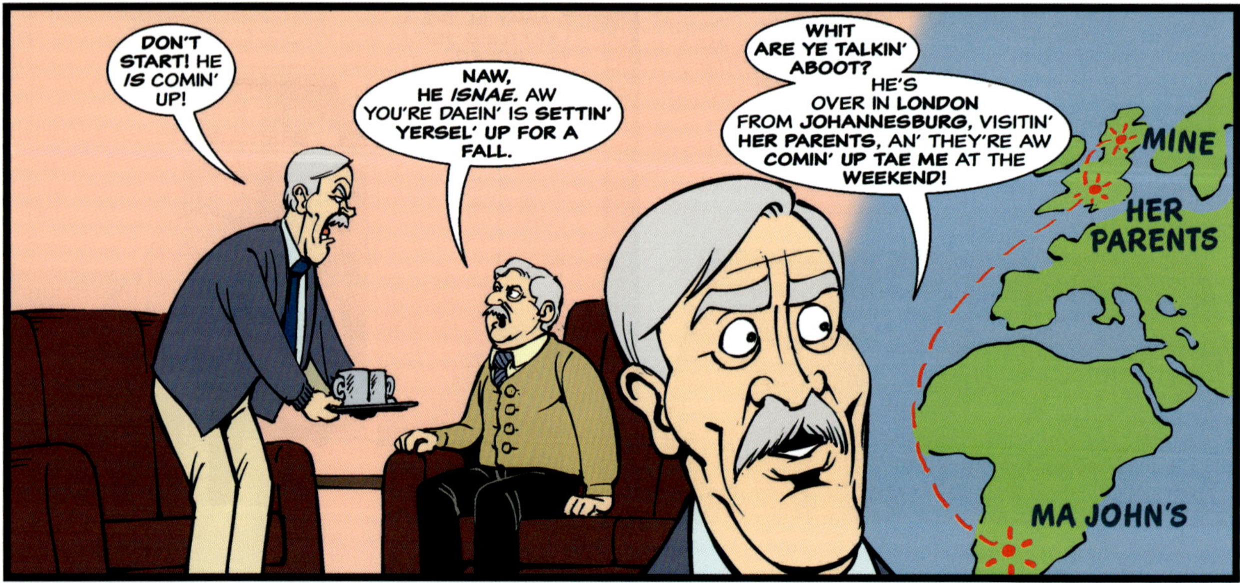

DON'T START! HE IS COMIN' UP!
NAW, HE ISNAE. AW YOU'RE DAEIN' IS SETTIN' YERSEL' UP FOR A FALL.
WHIT ARE YE TALKIN' ABOOT? HE'S OVER IN LONDON FROM JOHANNESBURG, VISITIN' HER PARENTS, AN' THEY'RE AW COMIN' UP TAE ME AT THE WEEKEND!
MINE
HER PARENTS
MA JOHN'S

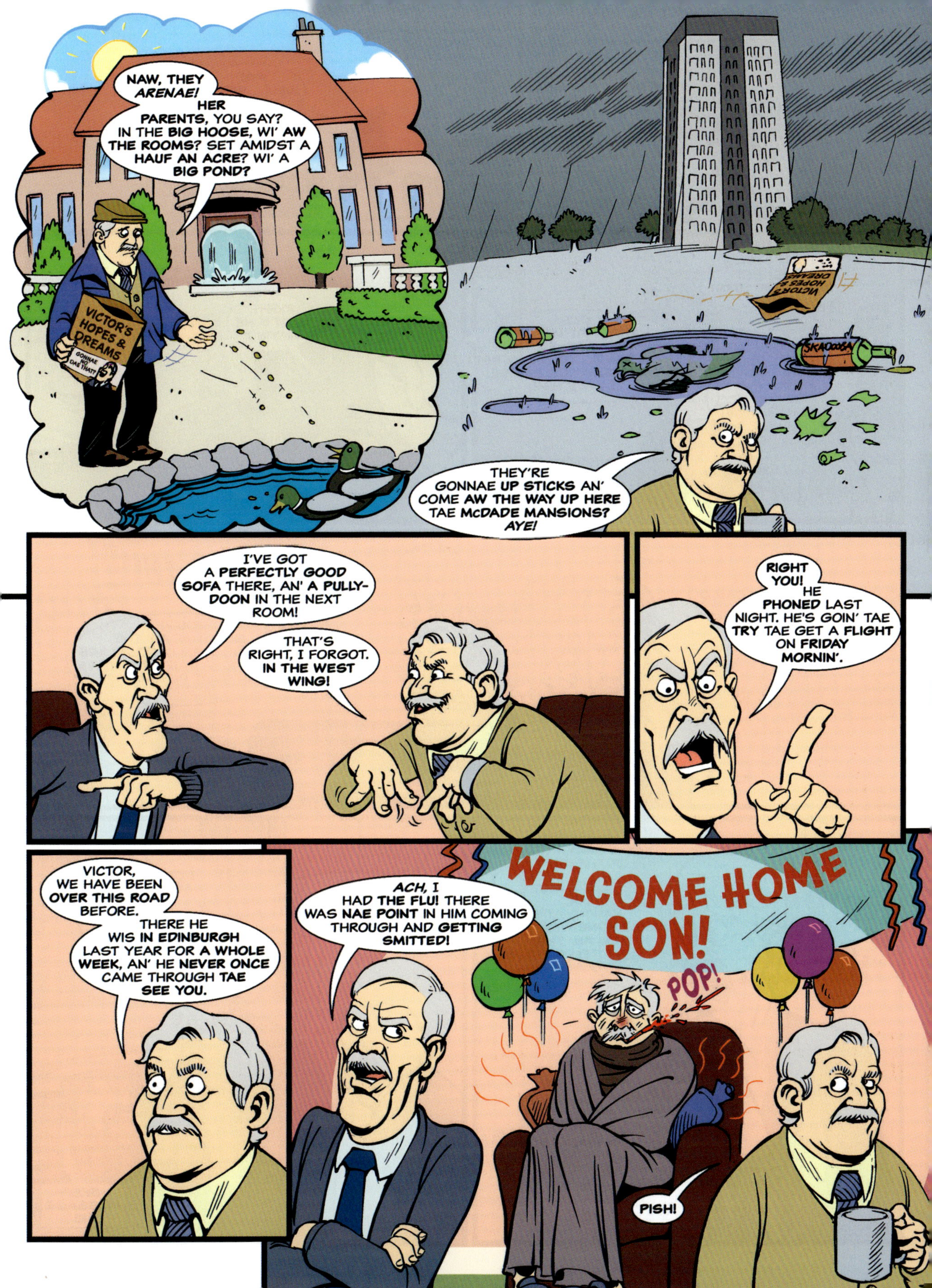

NAW, THEY ARENAE! HER PARENTS, YOU SAY? IN THE BIG HOOSE, WI' AW THE ROOMS? SET AMIDST A HAUF AN ACRE? WI' A BIG POND?
VICTOR'S HOPES & DREAMS
GONNAE NO' DAE THAT!
SKADOOSA
THEY'RE GONNAE UP STICKS AN' COME AW THE WAY UP HERE TAE McDADE MANSIONS? AYE!
I'VE GOT A PERFECTLY GOOD SOFA THERE, AN' A PULLY-DOON IN THE NEXT ROOM!
THAT'S RIGHT, I FORGOT. IN THE WEST WING!
RIGHT YOU! HE PHONED LAST NIGHT. HE'S GOIN' TAE TRY TAE GET A FLIGHT ON FRIDAY MORNIN'.
VICTOR, WE HAVE BEEN OVER THIS ROAD BEFORE. THERE HE WIS IN EDINBURGH LAST YEAR FOR A WHOLE WEEK, AN' HE NEVER ONCE CAME THROUGH TAE SEE YOU.
ACH, I HAD THE FLU! THERE WAS NAE POINT IN HIM COMING THROUGH AND GETTING SMITTED!
WELCOME HOME SON!
POP!
PISH!

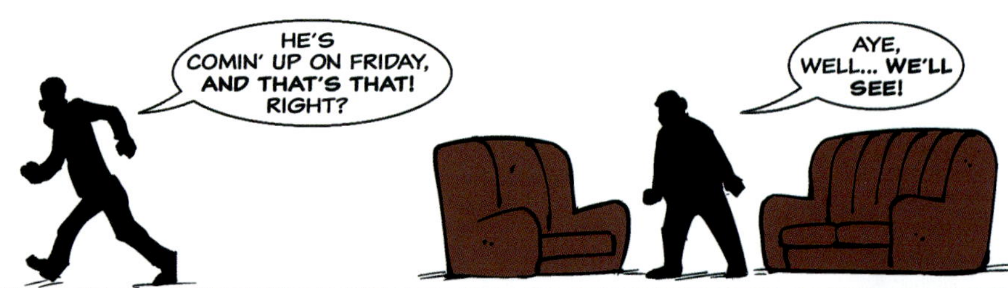

HE'S COMIN' UP ON FRIDAY, AND THAT'S THAT! RIGHT?
AYE, WELL... WE'LL SEE!

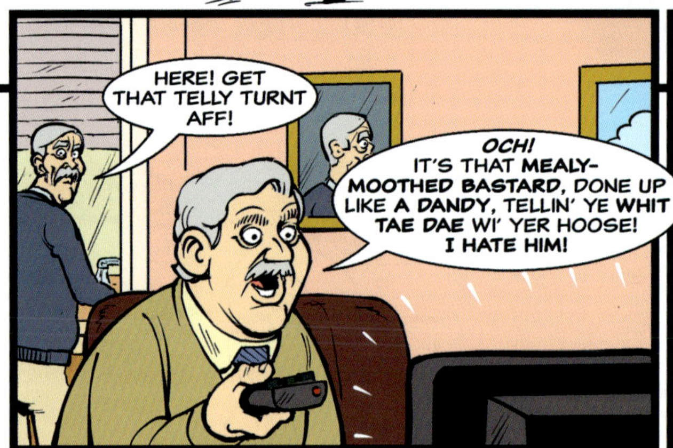

HERE! GET THAT TELLY TURNT AFF!
OCH! IT'S THAT MEALY-MOOTHED BASTARD, DONE UP LIKE A DANDY, TELLIN' YE WHIT TAE DAE WI' YER HOOSE! I HATE HIM!

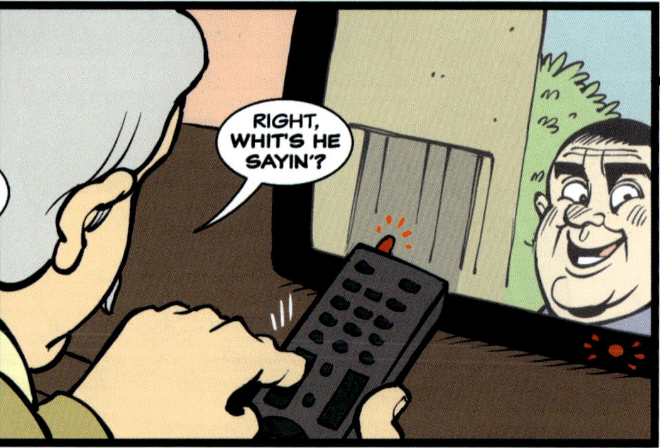

RIGHT, WHIT'S HE SAYIN'?

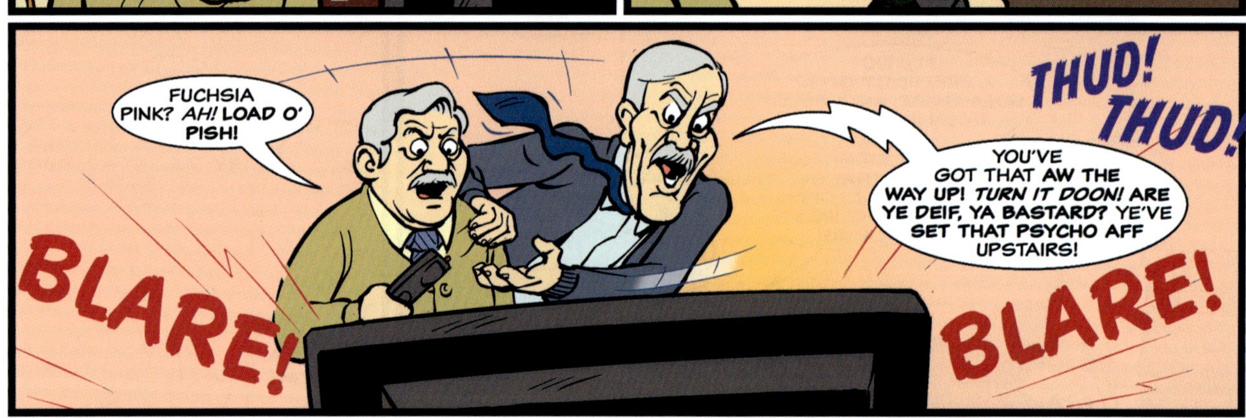

FUCHSIA PINK? AH! LOAD O' PISH!
YOU'VE GOT THAT AW THE WAY UP! TURN IT DOON! ARE YE DEIF, YA BASTARD? YE'VE SET THAT PSYCHO AFF UPSTAIRS!
THUD! THUD!
BLARE!
BLARE!

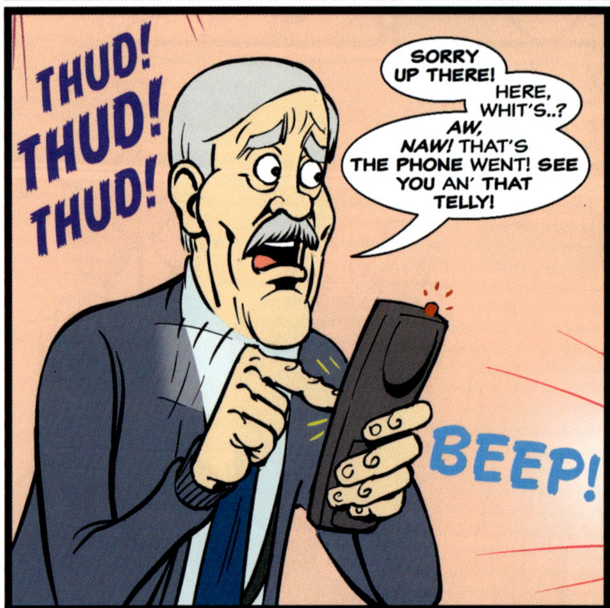

THUD! THUD! THUD!
SORRY UP THERE! HERE, WHIT'S..?
AW, NAW! THAT'S THE PHONE WENT! SEE YOU AN' THAT TELLY!
BEEP!

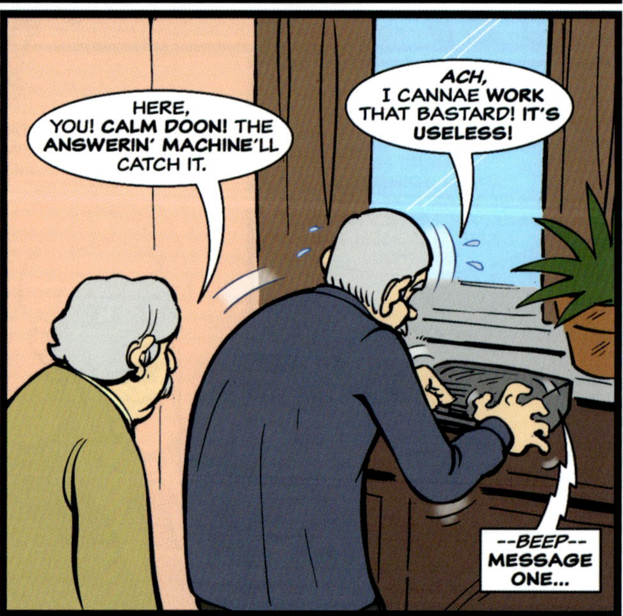

HERE, YOU! CALM DOON! THE ANSWERIN' MACHINE'LL CATCH IT.
ACH, I CANNAE WORK THAT BASTARD! IT'S USELESS!
--BEEP-- MESSAGE ONE...

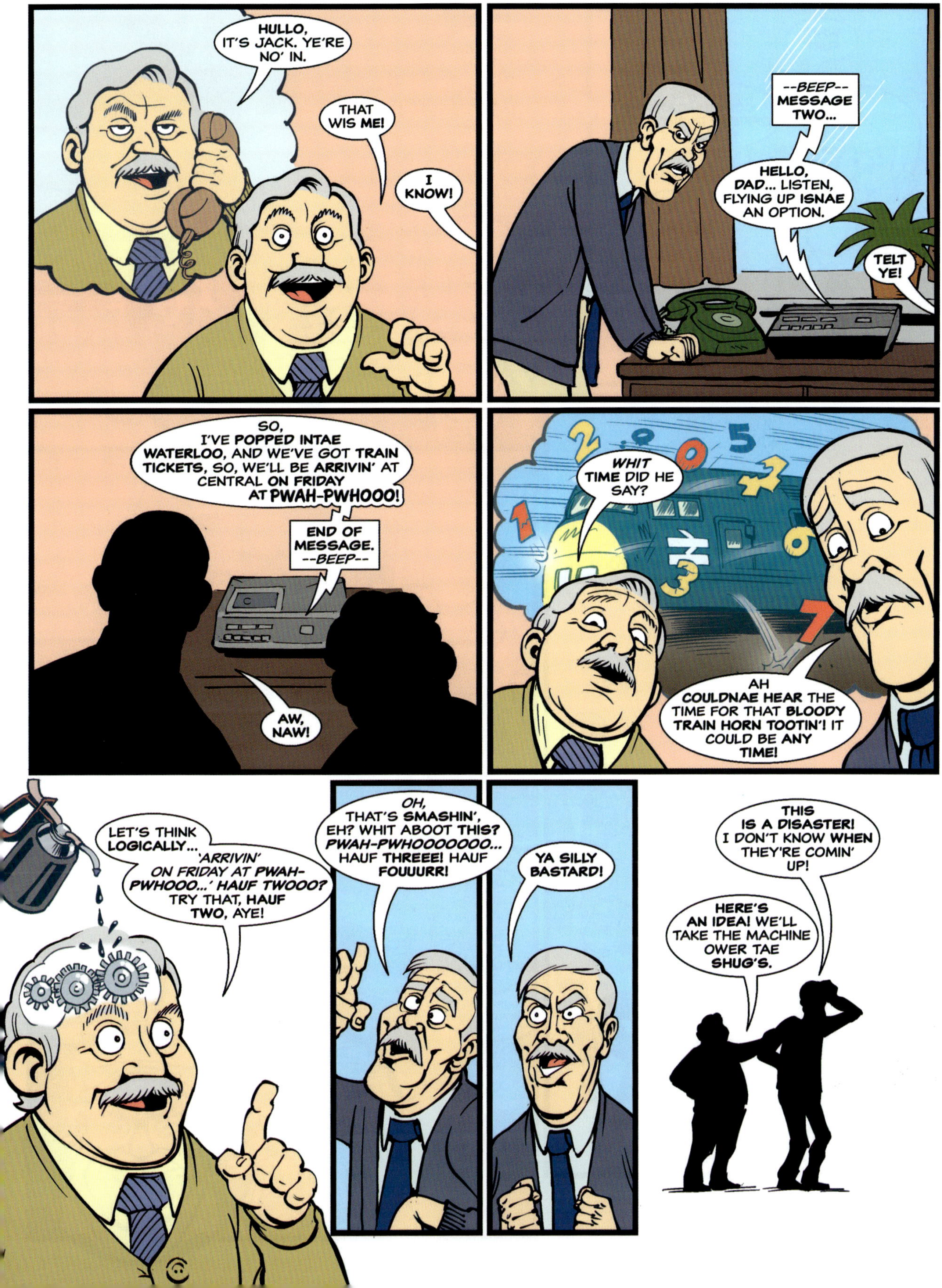

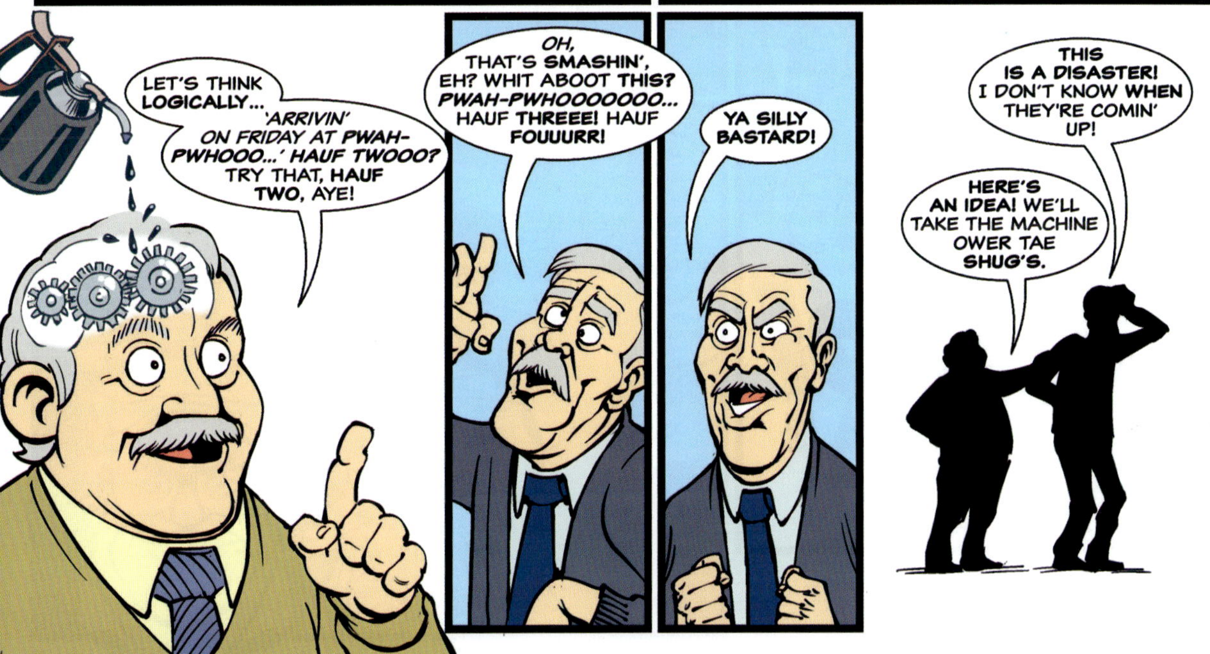

HULLO, IT'S JACK. YE'RE NO' IN.
THAT WIS ME!
I KNOW!
--BEEP-- MESSAGE TWO...
HELLO, DAD... LISTEN, FLYING UP ISNAE AN OPTION.
TELT YE!
SO, I'VE POPPED INTAE WATERLOO, AND WE'VE GOT TRAIN TICKETS, SO, WE'LL BE ARRIVIN' AT CENTRAL ON FRIDAY AT PWAH-PWHOOO!
END OF MESSAGE. --BEEP--
AW, NAW!
WHIT TIME DID HE SAY?
AH COULDNAE HEAR THE TIME FOR THAT BLOODY TRAIN HORN TOOTIN'! IT COULD BE ANY TIME!
LET'S THINK LOGICALLY... 'ARRIVIN' ON FRIDAY AT PWAH-PWHOOO...' HAUF TWOOO? TRY THAT, HAUF TWO, AYE!
OH, THAT'S SMASHIN', EH? WHIT ABOOT THIS? PWAH-PWHOOOOOOO... HAUF THREEE! HAUF FOUUURR!
YA SILLY BASTARD!
THIS IS A DISASTER! I DON'T KNOW WHEN THEY'RE COMIN' UP!
HERE'S AN IDEA! WE'LL TAKE THE MACHINE OWER TAE SHUG'S.

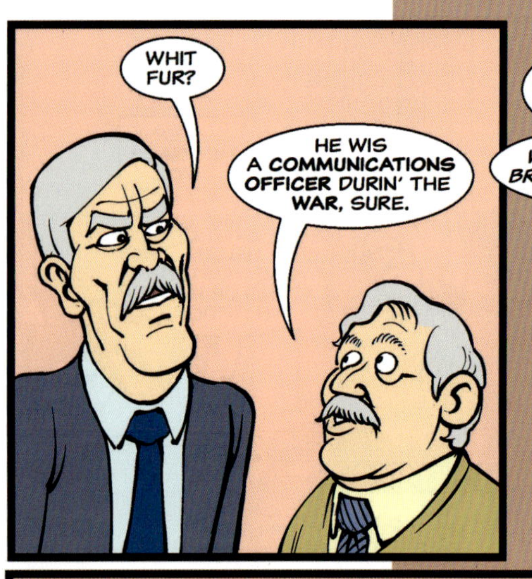

WHIT FUR?
HE WIS A COMMUNICATIONS OFFICER DURIN' THE WAR, SURE.

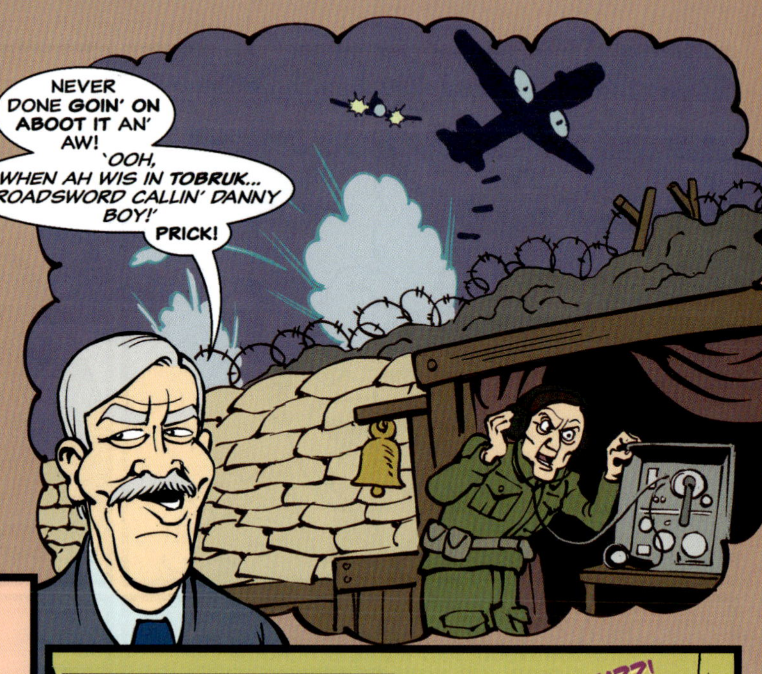

NEVER DONE GOIN' ON ABOOT IT AN' AW! 'OOH, WHEN AH WIS IN TOBRUK... BROADSWORD CALLIN' DANNY BOY!' PRICK!

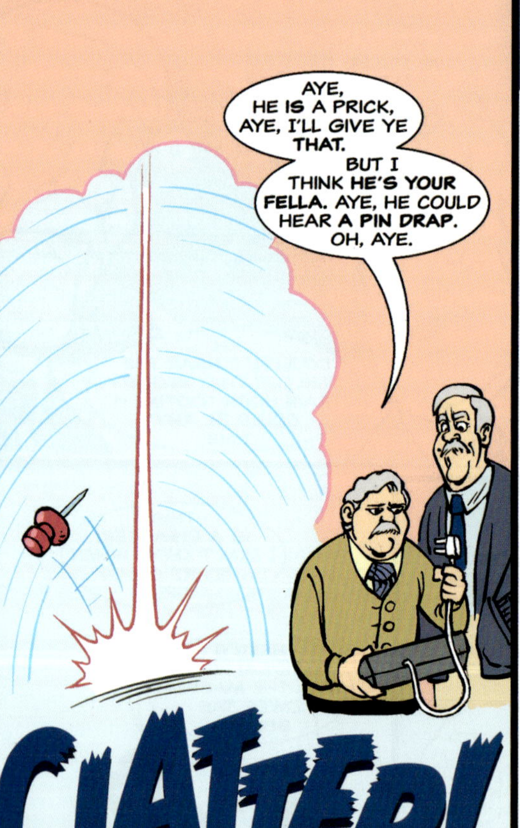

AYE, HE IS A PRICK, AYE, I'LL GIVE YE THAT. BUT I THINK HE'S YOUR FELLA. AYE, HE COULD HEAR A PIN DRAP. OH, AYE.
CLATTER!

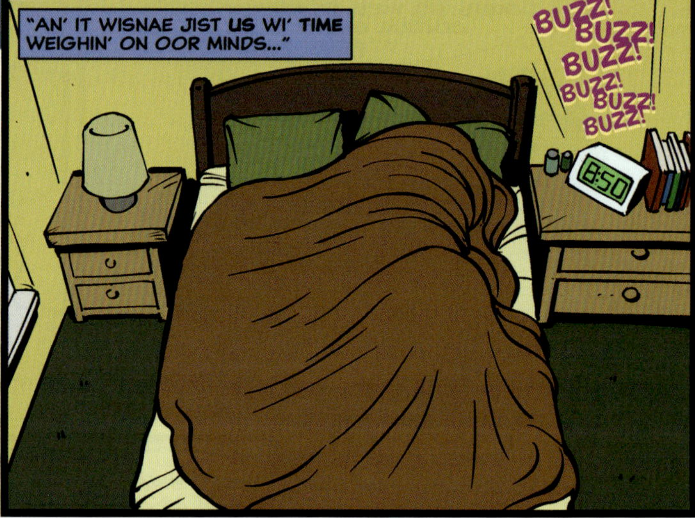

"AN' IT WISNAE JIST US WI' TIME WEIGHIN' ON OOR MINDS..."
BUZZ!
BUZZ!
BUZZ!
BUZZ!
BUZZ!
BUZZ!
8:50

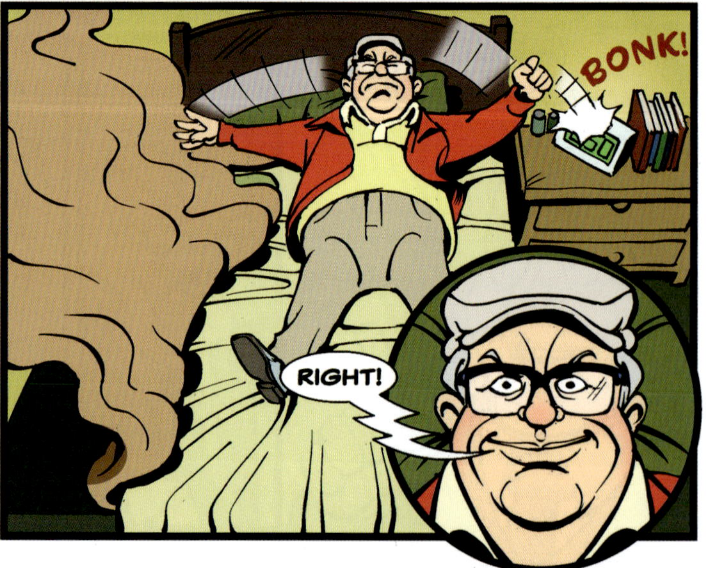

BONK!
RIGHT!

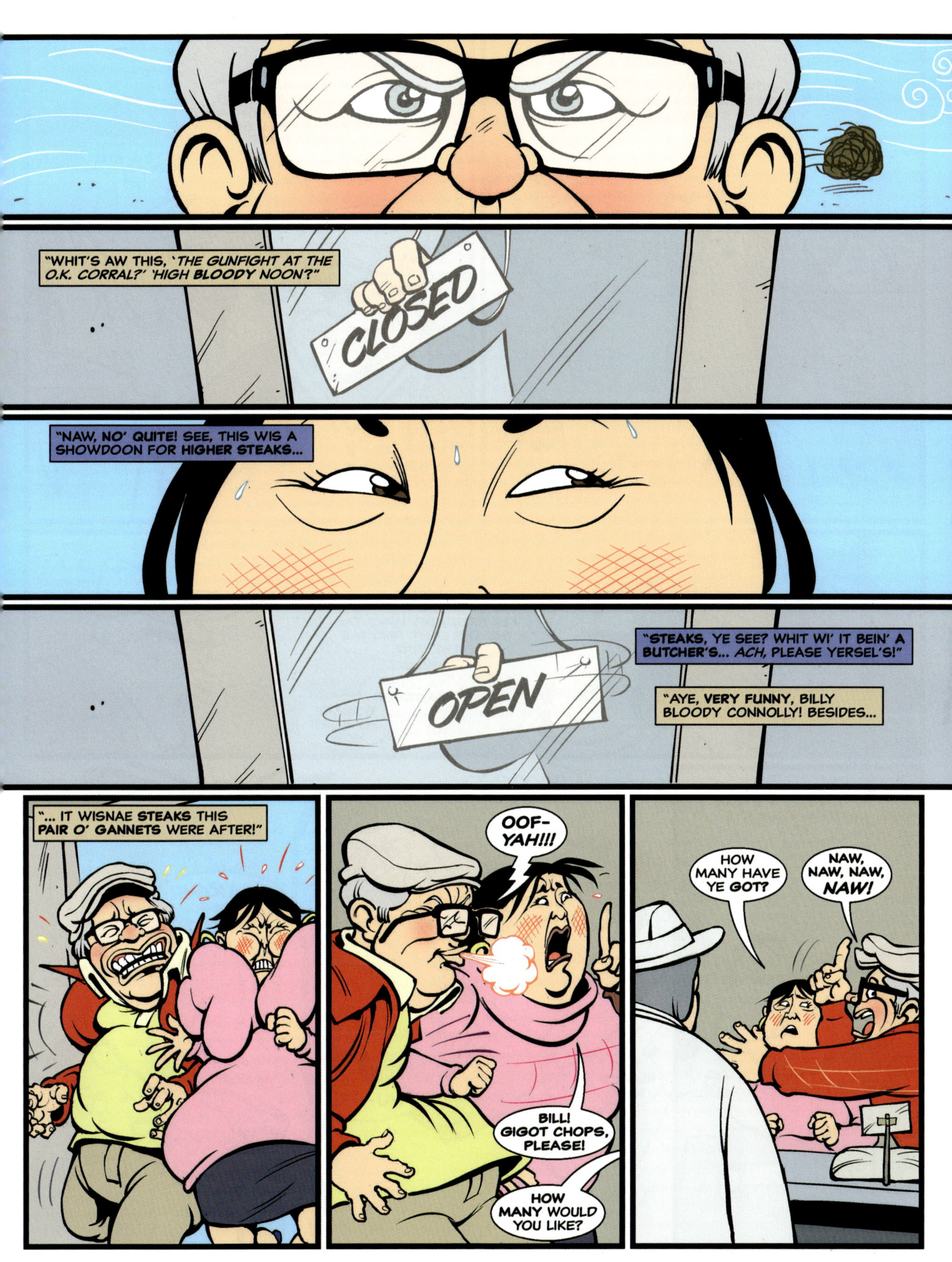

"WHIT'S AW THIS, 'THE GUNFIGHT AT THE O.K. CORRAL?' 'HIGH BLOODY NOON?'"
CLOSED
"NAW, NO' QUITE! SEE, THIS WIS A SHOWDOON FOR HIGHER STEAKS...
OPEN
"STEAKS, YE SEE? WHIT WI' IT BEIN' A BUTCHER'S... ACH, PLEASE YERSEL'S!"
"AYE, VERY FUNNY, BILLY BLOODY CONNOLLY! BESIDES...
"... IT WISNAE STEAKS THIS PAIR O' GANNETS WERE AFTER!"
OOF-YAH!!!
BILL! GIGOT CHOPS, PLEASE!
HOW MANY WOULD YOU LIKE?
HOW MANY HAVE YE GOT?
NAW, NAW, NAW, NAW!

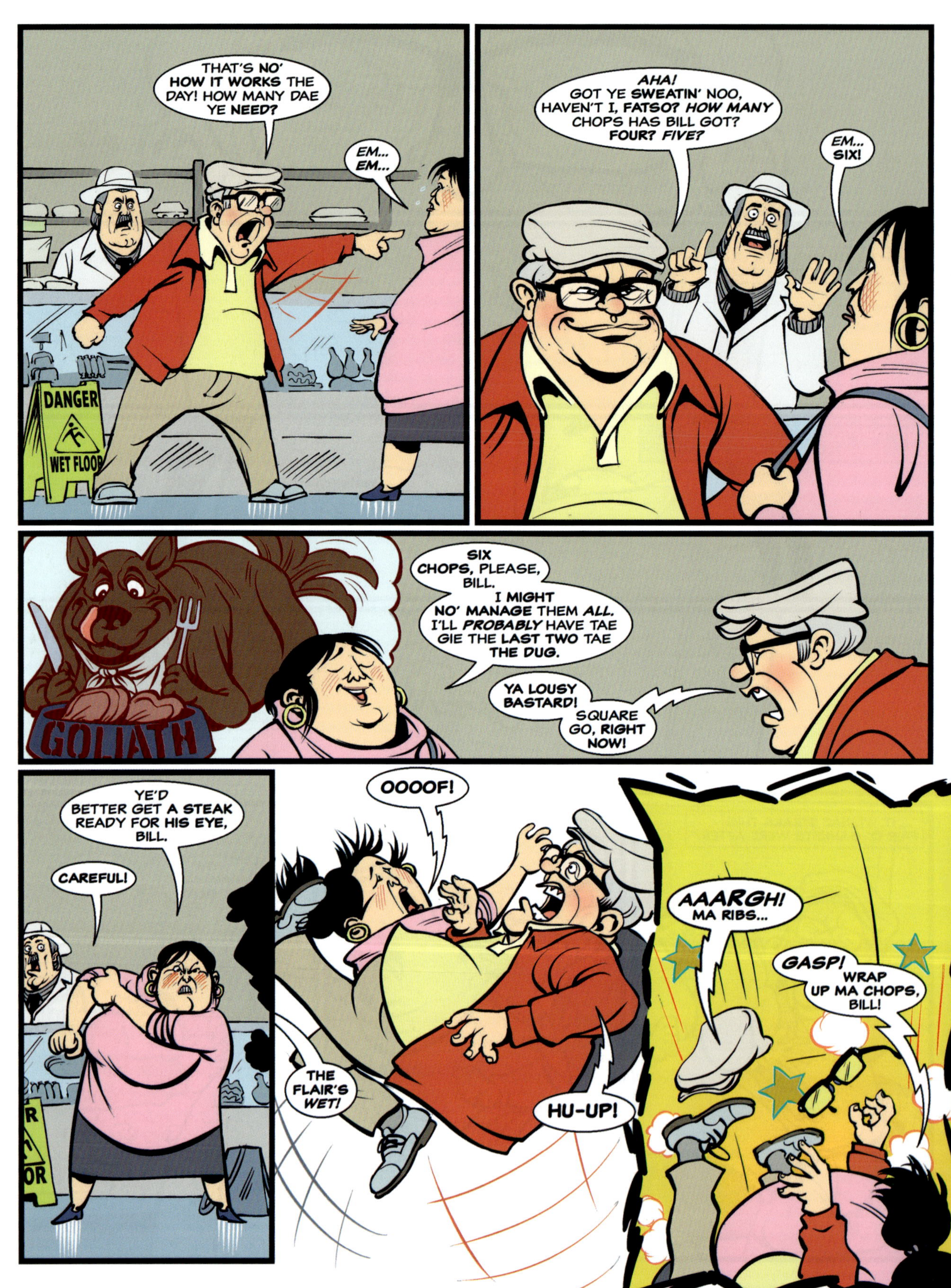

THAT'S NO' HOW IT WORKS THE DAY! HOW MANY DAE YE NEED?
EM... EM...
DANGER WET FLOOR
AHA! GOT YE SWEATIN' NOO, HAVEN'T I, FATSO? HOW MANY CHOPS HAS BILL GOT? FOUR? FIVE?
EM... SIX!
GOLIATH
SIX CHOPS, PLEASE, BILL. I MIGHT NO' MANAGE THEM ALL. I'LL PROBABLY HAVE TAE GIE THE LAST TWO TAE THE DUG.
YA LOUSY BASTARD! SQUARE GO, RIGHT NOW!
YE'D BETTER GET A STEAK READY FOR HIS EYE, BILL.
CAREFUL!
OOOOF!
THE FLAIR'S WET!
HU-UP!
AAARGH! MA RIBS...
GASP! WRAP UP MA CHOPS, BILL!

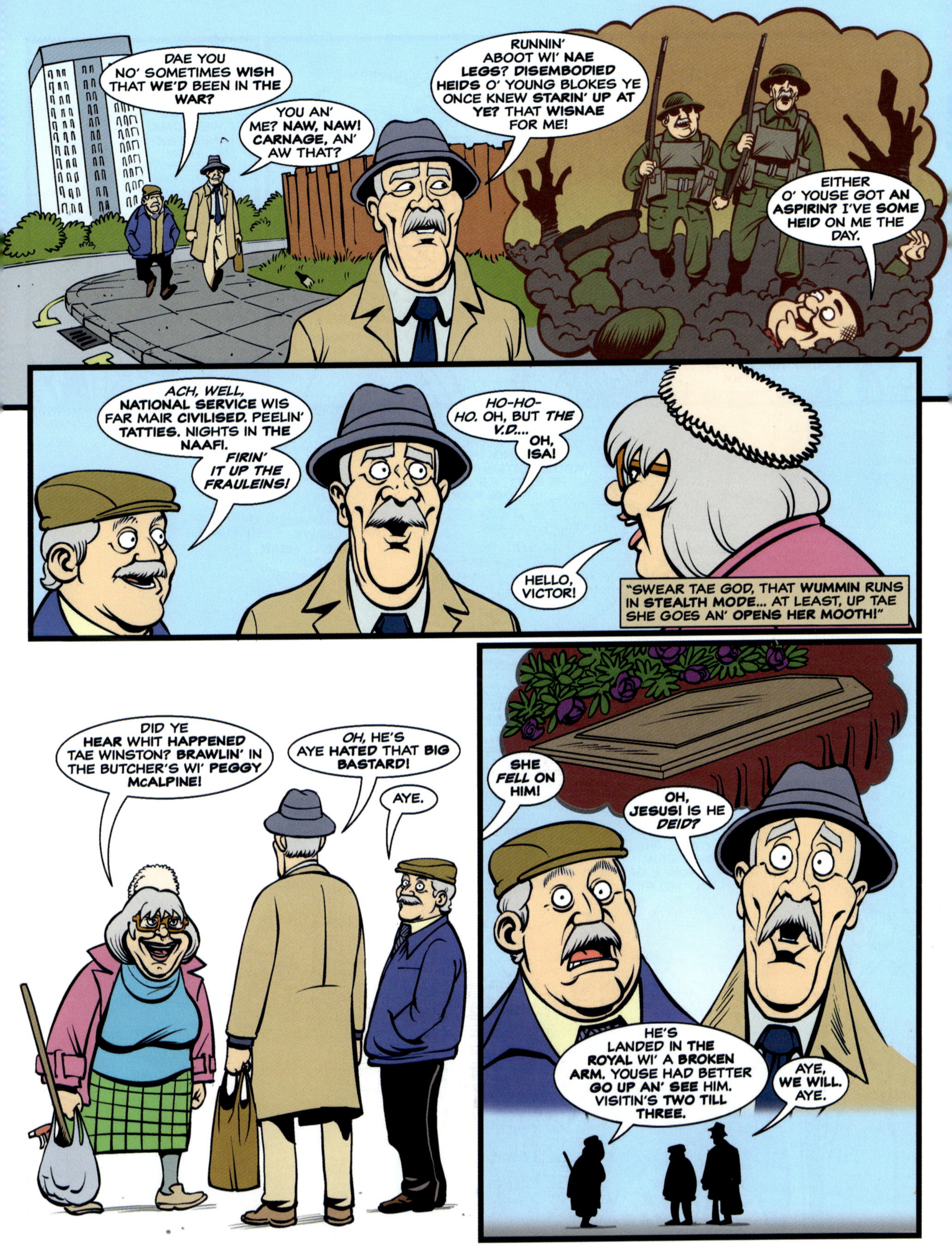

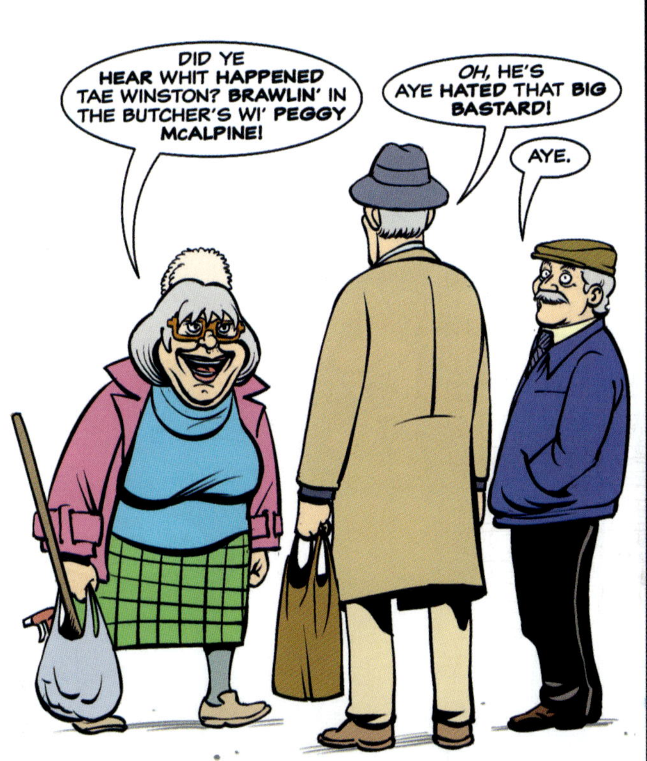

DAE YOU NO' SOMETIMES WISH THAT WE'D BEEN IN THE WAR?
YOU AN' ME? NAW, NAW! CARNAGE, AN' AW THAT?
RUNNIN' ABOOT WI' NAE LEGS? DISEMBODIED HEIDS O' YOUNG BLOKES YE ONCE KNEW STARIN' UP AT YE? THAT WISNAE FOR ME!
EITHER O' YOUSE GOT AN ASPIRIN? I'VE SOME HEID ON ME THE DAY.
ACH, WELL, NATIONAL SERVICE WIS FAR MAIR CIVILISED. PEELIN' TATTIES. NIGHTS IN THE NAAFI.
FIRIN' IT UP THE FRAULEINS!
HO-HO-HO. OH, BUT THE V.D....
OH, ISA!
HELLO, VICTOR!
"SWEAR TAE GOD, THAT WUMMIN RUNS IN STEALTH MODE... AT LEAST, UP TAE SHE GOES AN' OPENS HER MOOTH!"
DID YE HEAR WHIT HAPPENED TAE WINSTON? BRAWLIN' IN THE BUTCHER'S WI' PEGGY McALPINE!
OH, HE'S AYE HATED THAT BIG BASTARD!
AYE.

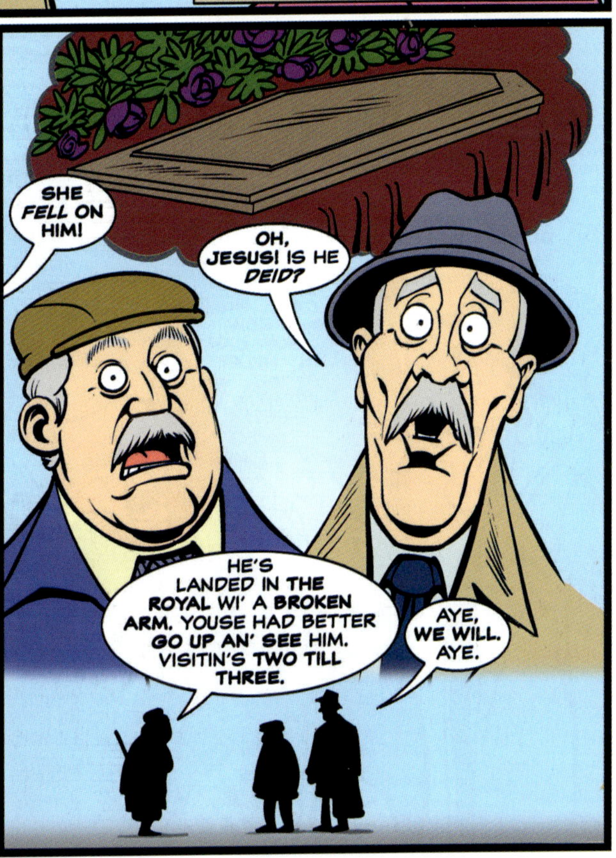

SHE FELL ON HIM!
OH, JESUS! IS HE DEID?
HE'S LANDED IN THE ROYAL WI' A BROKEN ARM. YOUSE HAD BETTER GO UP AN' SEE HIM. VISITIN'S TWO TILL THREE.
AYE, WE WILL. AYE.

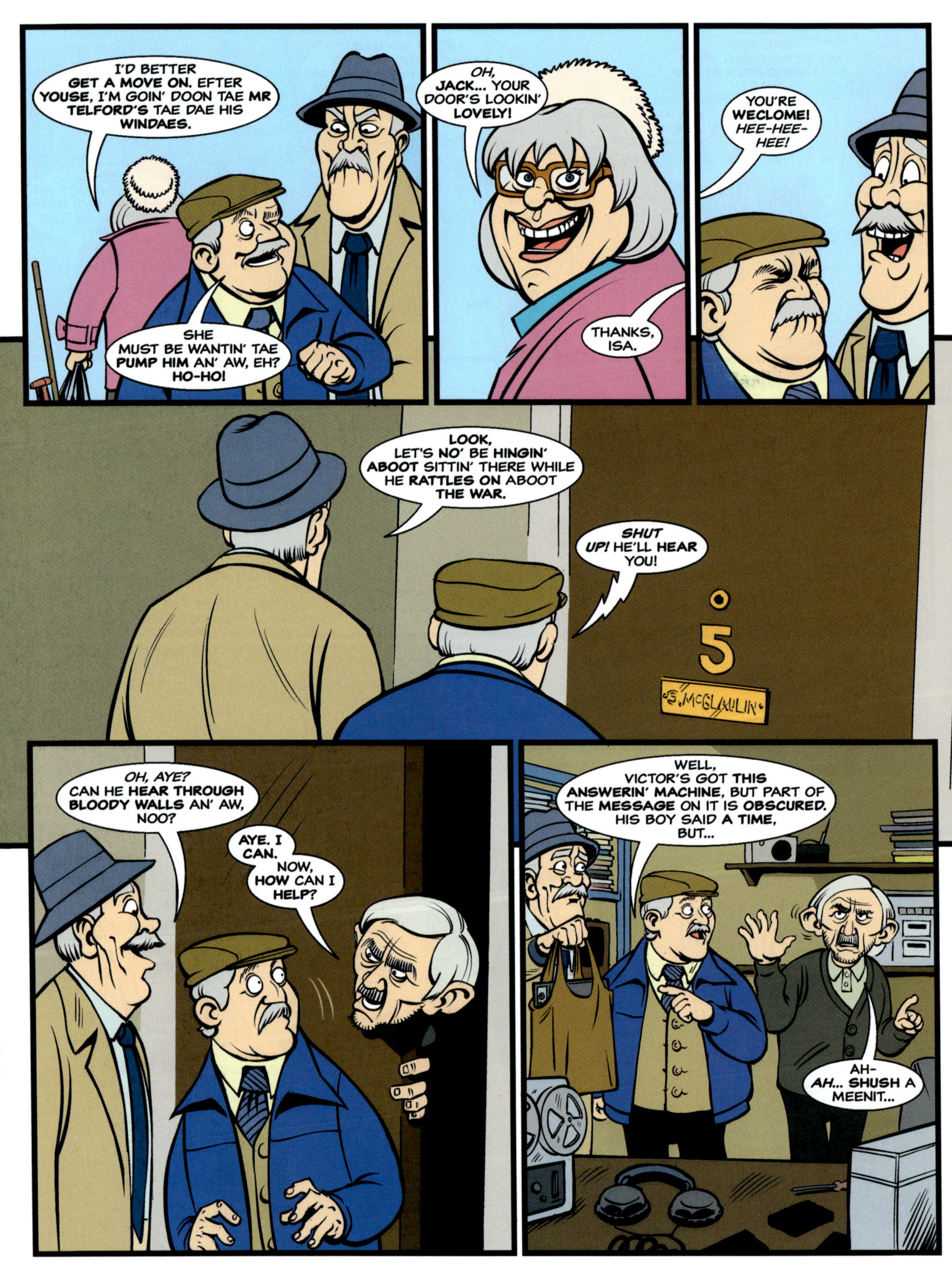

I'D BETTER GET A MOVE ON. EFTER YOUSE, I'M GOIN' DOON TAE MR TELFORD'S TAE DAE HIS WINDAES.
SHE MUST BE WANTIN' TAE PUMP HIM AN' AW, EH? HO-HO!
OH, JACK... YOUR DOOR'S LOOKIN' LOVELY!
THANKS, ISA.
YOU'RE WECLOME! HEE-HEE-HEE!
LOOK, LET'S NO' BE HINGIN' ABOOT SITTIN' THERE WHILE HE RATTLES ON ABOOT THE WAR.
SHUT UP! HE'LL HEAR YOU!
5
S. McGLAULIN
OH, AYE? CAN HE HEAR THROUGH BLOODY WALLS AN' AW, NOO?
AYE. I CAN. NOW, HOW CAN I HELP?
WELL, VICTOR'S GOT THIS ANSWERIN' MACHINE, BUT PART OF THE MESSAGE ON IT IS OBSCURED. HIS BOY SAID A TIME, BUT...
AH-AH... SHUSH A MEENIT...

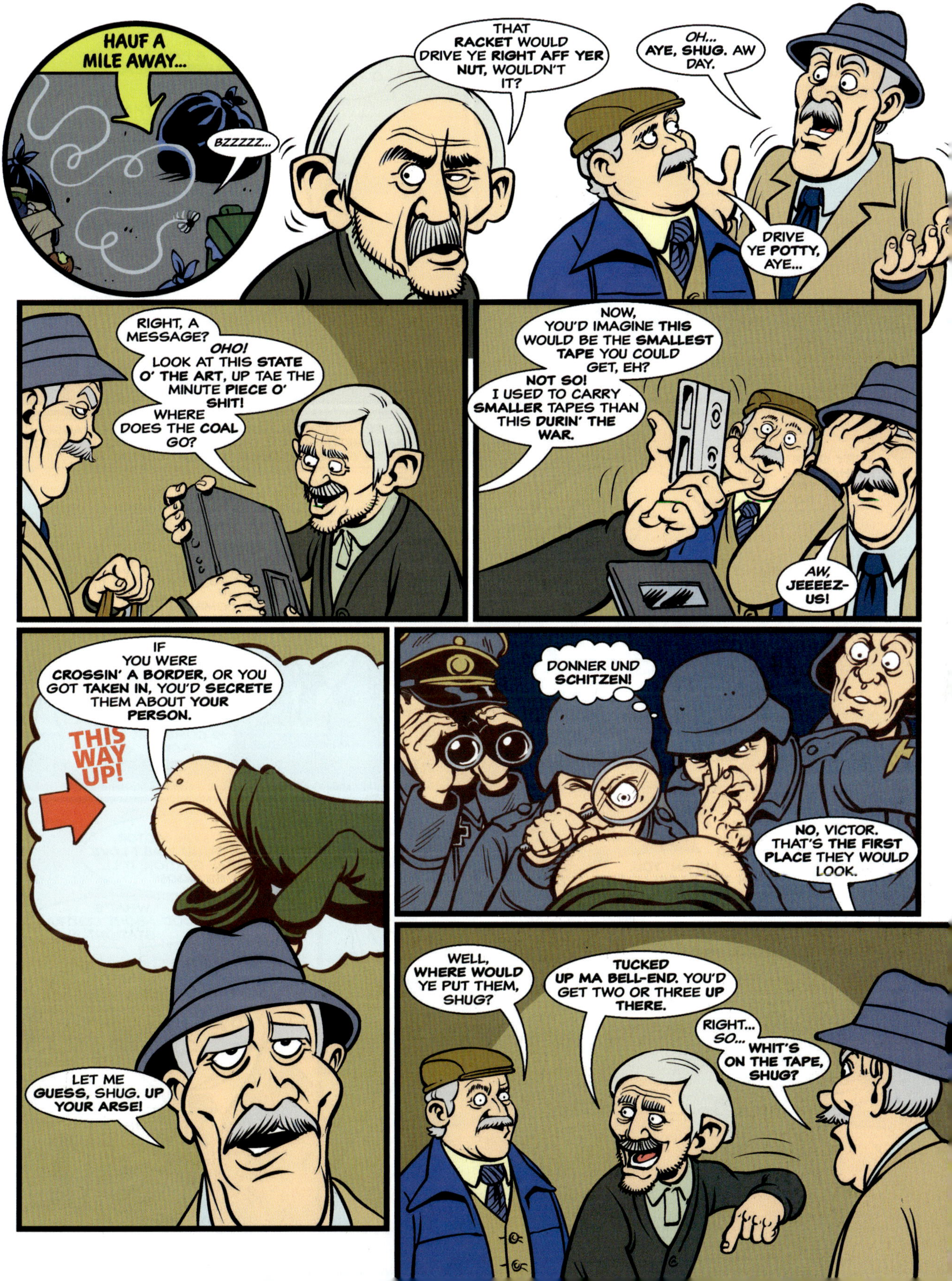

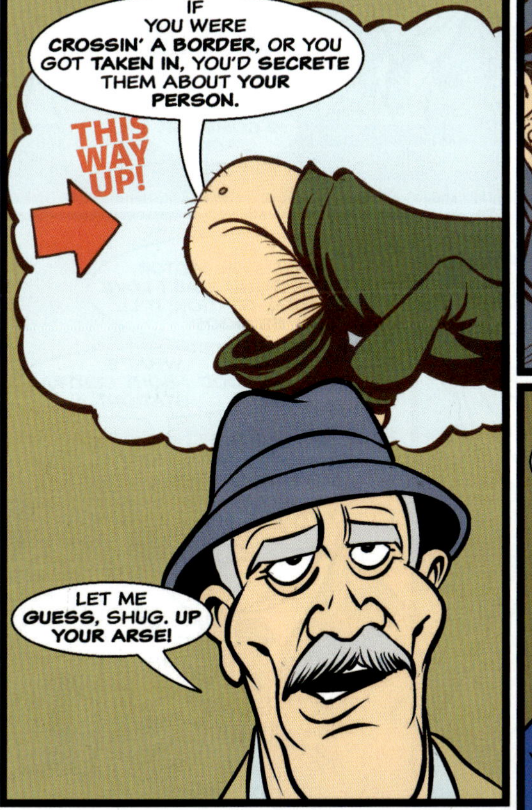

HAUF A MILE AWAY...
BZZZZZ...
THAT RACKET WOULD DRIVE YE RIGHT AFF YER NUT, WOULDN'T IT?
OH... AYE, SHUG. AW DAY.
DRIVE YE POTTY, AYE...
RIGHT, A MESSAGE?
OHO! LOOK AT THIS STATE O' THE ART, UP TAE THE MINUTE PIECE O' SHIT!
WHERE DOES THE COAL GO?

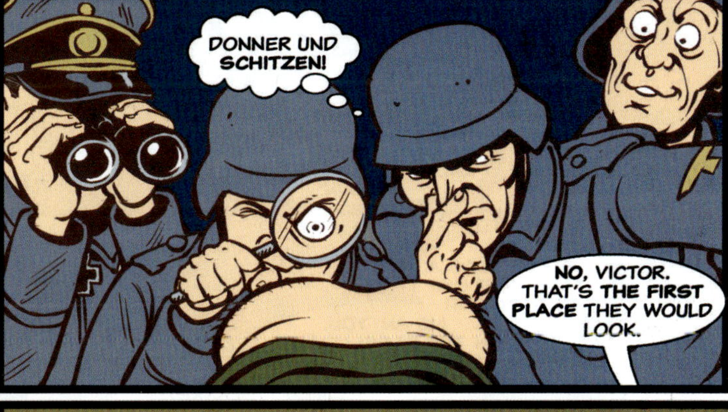

NOW, YOU'D IMAGINE THIS WOULD BE THE SMALLEST TAPE YOU COULD GET, EH?
NOT SO! I USED TO CARRY SMALLER TAPES THAN THIS DURIN' THE WAR.
AW, JEEEEZ-US!
IF YOU WERE CROSSIN' A BORDER, OR YOU GOT TAKEN IN, YOU'D SECRETE THEM ABOUT YOUR PERSON.
THIS WAY UP!
DONNER UND SCHITZEN!
NO, VICTOR. THAT'S THE FIRST PLACE THEY WOULD LOOK.
LET ME GUESS, SHUG. UP YOUR ARSE!

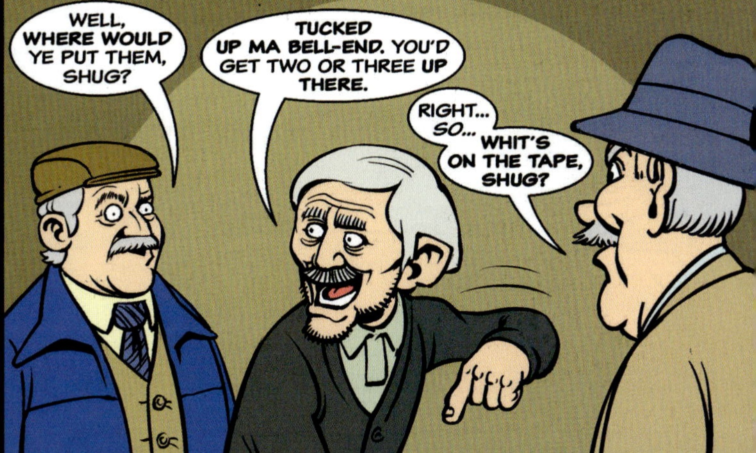

WELL, WHERE WOULD YE PUT THEM, SHUG?
TUCKED UP MA BELL-END. YOU'D GET TWO OR THREE UP THERE.
RIGHT... SO... WHIT'S ON THE TAPE, SHUG?

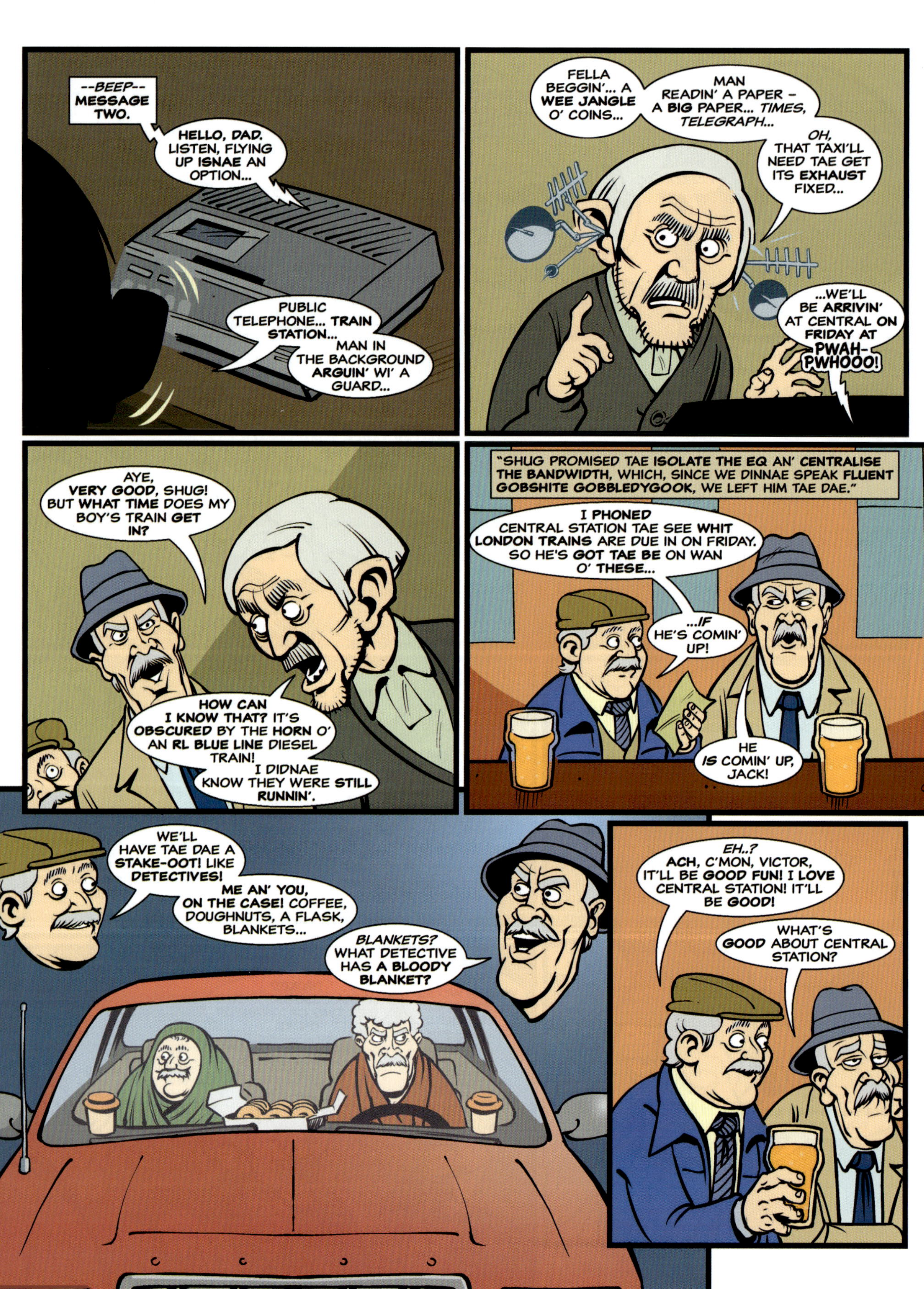

--BEEP-- MESSAGE TWO.
HELLO, DAD. LISTEN, FLYING UP ISNAE AN OPTION...
PUBLIC TELEPHONE... TRAIN STATION...
MAN IN THE BACKGROUND ARGUIN' WI' A GUARD...
FELLA BEGGIN'... A WEE JANGLE O' COINS...
MAN READIN' A PAPER – A BIG PAPER... TIMES, TELEGRAPH...
OH, THAT TAXI'LL NEED TAE GET ITS EXHAUST FIXED...
...WE'LL BE ARRIVIN' AT CENTRAL ON FRIDAY AT PWAH-PWHOOO!
AYE, VERY GOOD, SHUG! BUT WHAT TIME DOES MY BOY'S TRAIN GET IN?
HOW CAN I KNOW THAT? IT'S OBSCURED BY THE HORN O' AN RL BLUE LINE DIESEL TRAIN!
I DIDNAE KNOW THEY WERE STILL RUNNIN'.
"SHUG PROMISED TAE ISOLATE THE EQ AN' CENTRALISE THE BANDWIDTH, WHICH, SINCE WE DINNAE SPEAK FLUENT GOBSHITE GOBBLEDYGOOK, WE LEFT HIM TAE DAE."
I PHONED CENTRAL STATION TAE SEE WHIT LONDON TRAINS ARE DUE IN ON FRIDAY. SO HE'S GOT TAE BE ON WAN O' THESE...
...IF HE'S COMIN' UP!
HE IS COMIN' UP, JACK!
WE'LL HAVE TAE DAE A STAKE-OOT! LIKE DETECTIVES!
ME AN' YOU, ON THE CASE! COFFEE, DOUGHNUTS, A FLASK, BLANKETS...
BLANKETS? WHAT DETECTIVE HAS A BLOODY BLANKET?
EH..? ACH, C'MON, VICTOR, IT'LL BE GOOD FUN! I LOVE CENTRAL STATION! IT'LL BE GOOD!
WHAT'S GOOD ABOUT CENTRAL STATION?

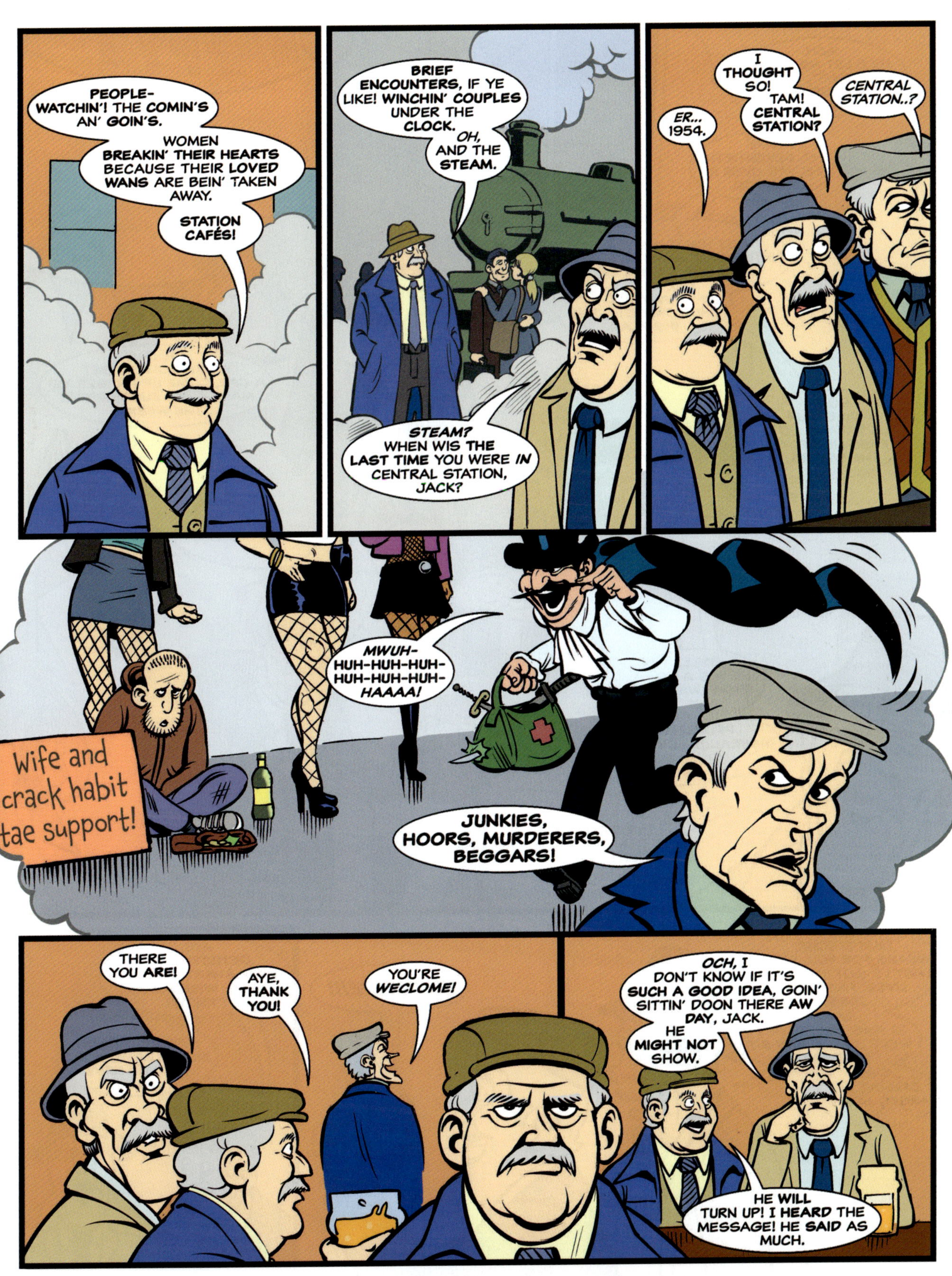

PEOPLE-WATCHIN'! THE COMIN'S AN' GOIN'S.
WOMEN BREAKIN' THEIR HEARTS BECAUSE THEIR LOVED WANS ARE BEIN' TAKEN AWAY.
STATION CAFÉS!
BRIEF ENCOUNTERS, IF YE LIKE! WINCHIN' COUPLES UNDER THE CLOCK.
OH, AND THE STEAM.
STEAM? WHEN WIS THE LAST TIME YOU WERE IN CENTRAL STATION, JACK?
ER... 1954.
I THOUGHT SO! TAM! CENTRAL STATION?
CENTRAL STATION..?
Wife and crack habit tae support!
MWUH-HUH-HUH-HUH-HUH-HUH-HAAAA!
JUNKIES, HOORS, MURDERERS, BEGGARS!
THERE YOU ARE!
AYE, THANK YOU!
YOU'RE WECLOME!
OCH, I DON'T KNOW IF IT'S SUCH A GOOD IDEA, GOIN' SITTIN' DOON THERE AW DAY, JACK. HE MIGHT NOT SHOW.
HE WILL TURN UP! I HEARD THE MESSAGE! HE SAID AS MUCH.

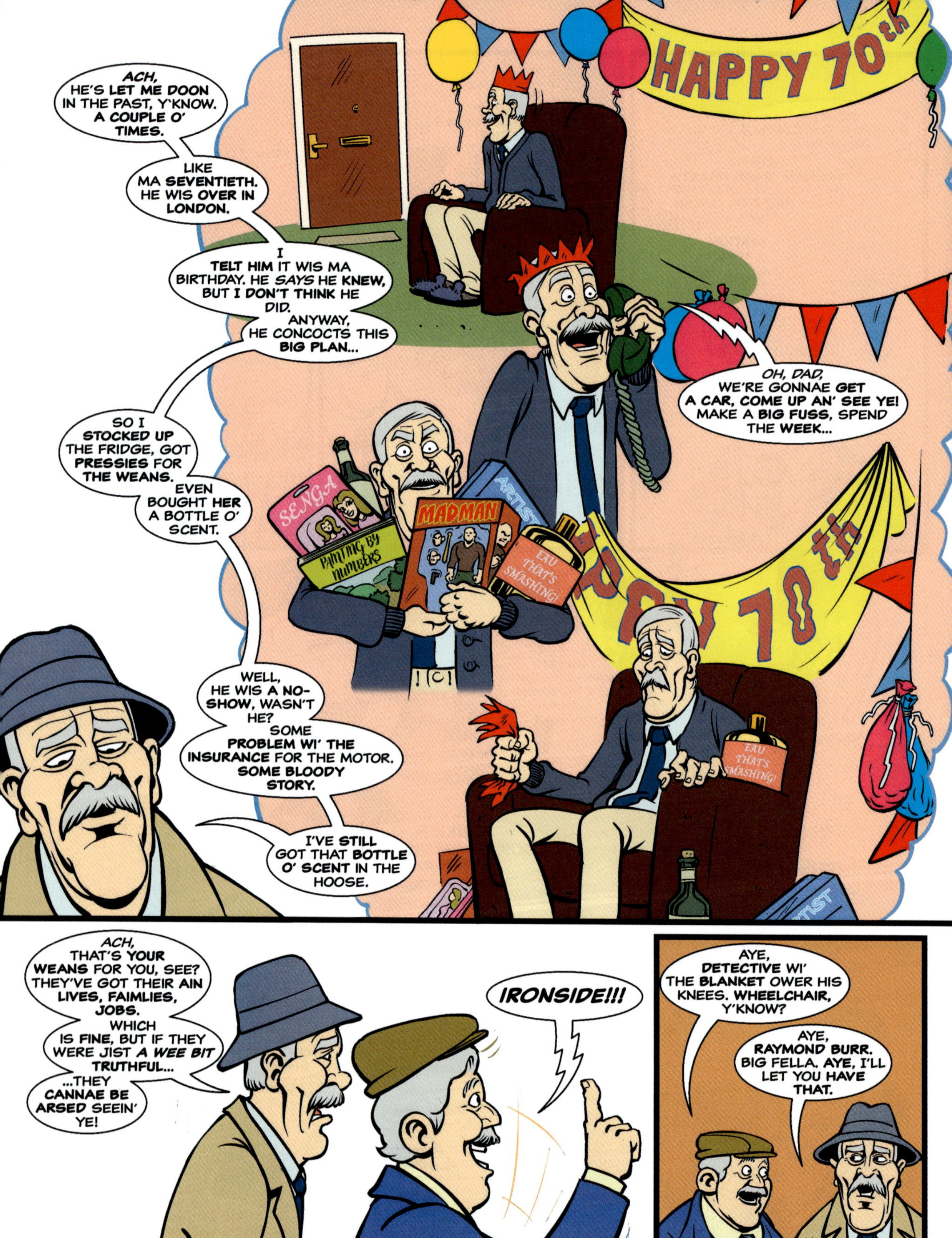

ACH, HE'S LET ME DOON IN THE PAST, Y'KNOW. A COUPLE O' TIMES.
LIKE MA SEVENTIETH. HE WIS OVER IN LONDON.
I TELT HIM IT WIS MA BIRTHDAY. HE SAYS HE KNEW, BUT I DON'T THINK HE DID. ANYWAY, HE CONCOCTS THIS BIG PLAN...
SO I STOCKED UP THE FRIDGE, GOT PRESSIES FOR THE WEANS. EVEN BOUGHT HER A BOTTLE O' SCENT.
OH, DAD, WE'RE GONNAE GET A CAR, COME UP AN' SEE YE! MAKE A BIG FUSS, SPEND THE WEEK...
WELL, HE WIS A NO-SHOW, WASN'T HE? SOME PROBLEM WI' THE INSURANCE FOR THE MOTOR. SOME BLOODY STORY.
I'VE STILL GOT THAT BOTTLE O' SCENT IN THE HOOSE.
ACH, THAT'S YOUR WEANS FOR YOU, SEE? THEY'VE GOT THEIR AIN LIVES, FAIMLIES, JOBS. WHICH IS FINE, BUT IF THEY WERE JIST A WEE BIT TRUTHFUL... ...THEY CANNAE BE ARSED SEEIN' YE!
IRONSIDE!!!
AYE, DETECTIVE WI' THE BLANKET OWER HIS KNEES. WHEELCHAIR, Y'KNOW?
AYE, RAYMOND BURR. BIG FELLA. AYE, I'LL LET YOU HAVE THAT.
HAPPY 70th
SENGA
PAINTING BY NUMBERS
MADMAN
EAU THAT'S SMASHING!

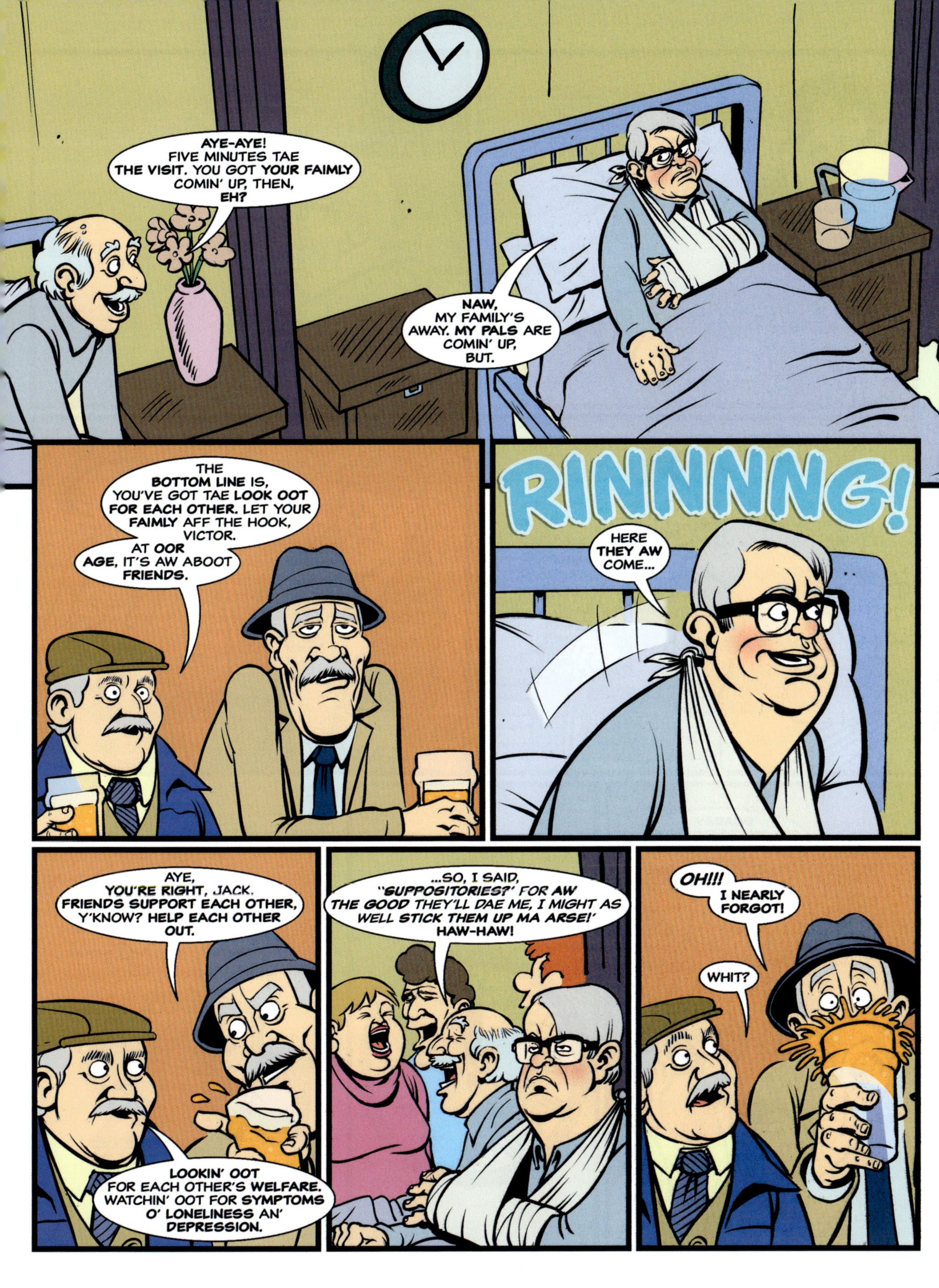

AYE-AYE! FIVE MINUTES TAE THE VISIT. YOU GOT YOUR FAIMLY COMIN' UP, THEN, EH?
NAW, MY FAMILY'S AWAY. MY PALS ARE COMIN' UP, BUT.
THE BOTTOM LINE IS, YOU'VE GOT TAE LOOK OOT FOR EACH OTHER. LET YOUR FAIMLY AFF THE HOOK, VICTOR. AT OOR AGE, IT'S AW ABOOT FRIENDS.
RINNNNG!
HERE THEY AW COME...
AYE, YOU'RE RIGHT, JACK. FRIENDS SUPPORT EACH OTHER, Y'KNOW? HELP EACH OTHER OUT.
LOOKIN' OOT FOR EACH OTHER'S WELFARE. WATCHIN' OOT FOR SYMPTOMS O' LONELINESS AN' DEPRESSION.
...SO, I SAID, "SUPPOSITORIES?' FOR AW THE GOOD THEY'LL DAE ME, I MIGHT AS WELL STICK THEM UP MA ARSE!' HAW-HAW!
OH!!! I NEARLY FORGOT!
WHIT?

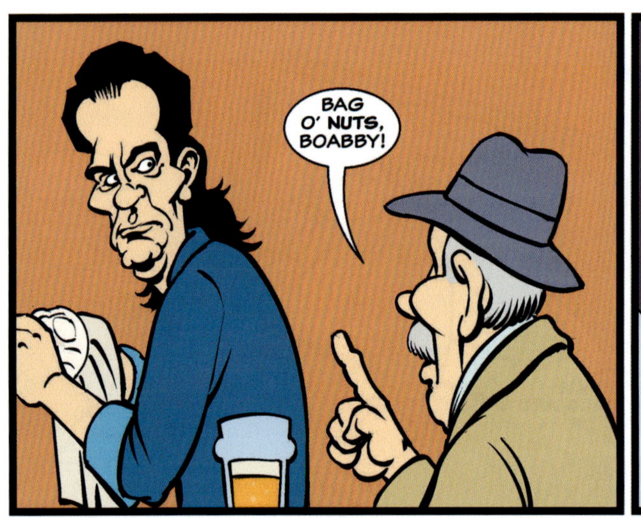

BAG O' NUTS, BOABBY!

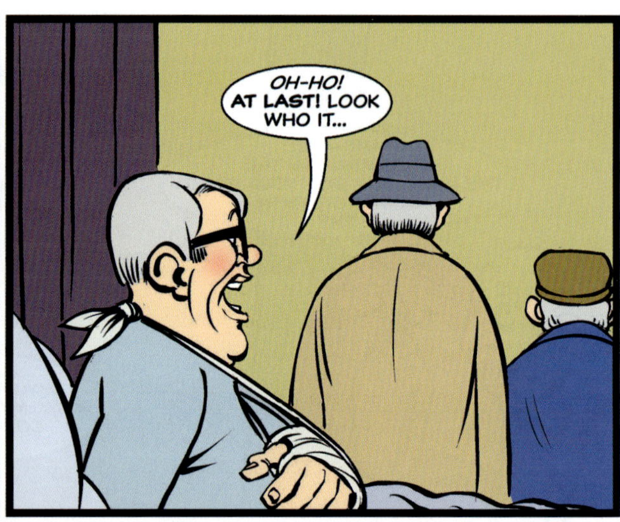

OH-HO! AT LAST! LOOK WHO IT...

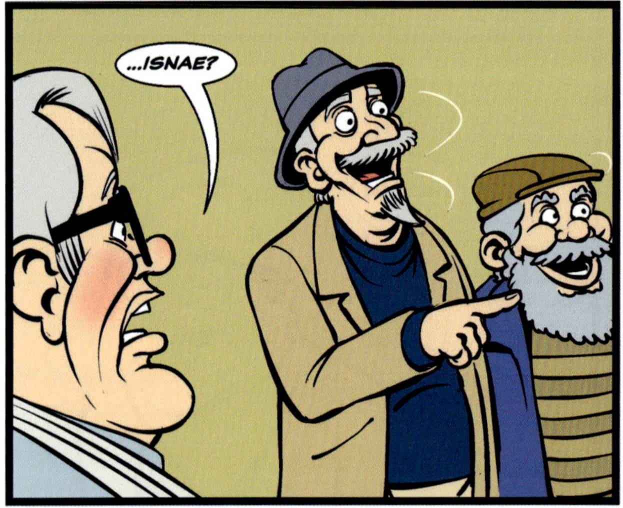

...ISNAE?

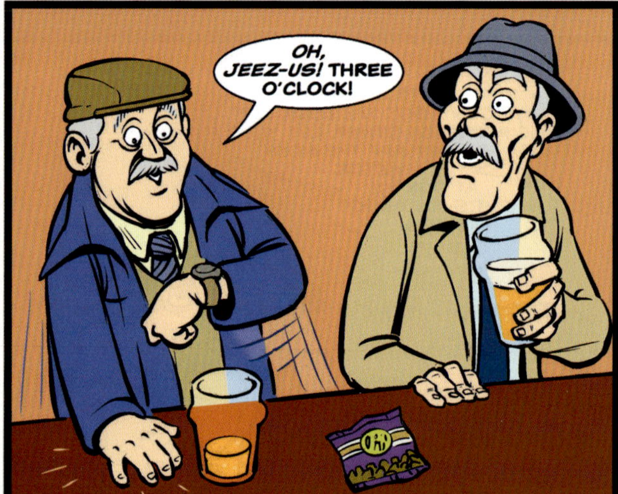

OH, JEEZ-US! THREE O'CLOCK!

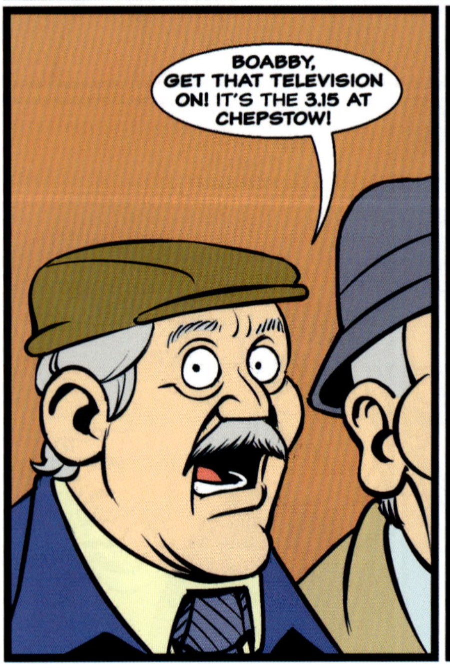

BOABBY, GET THAT TELEVISION ON! IT'S THE 3.15 AT CHEPSTOW!

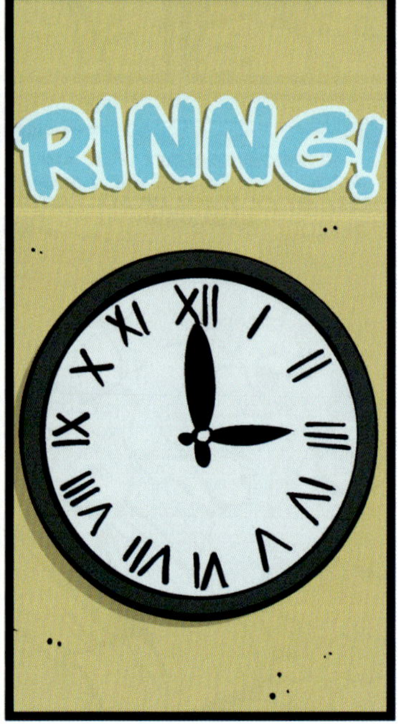

RINNG!

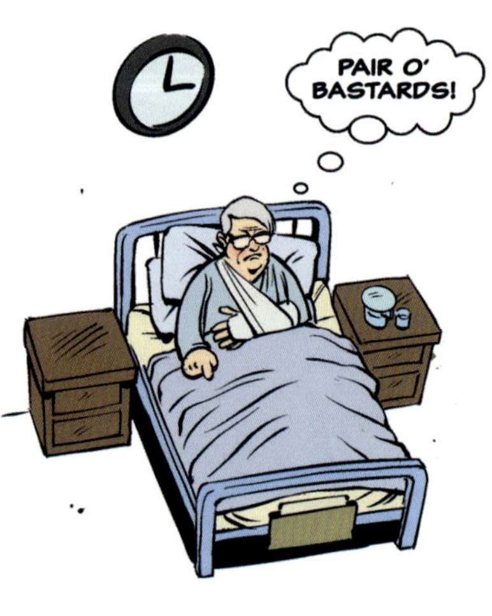

PAIR O' BASTARDS!

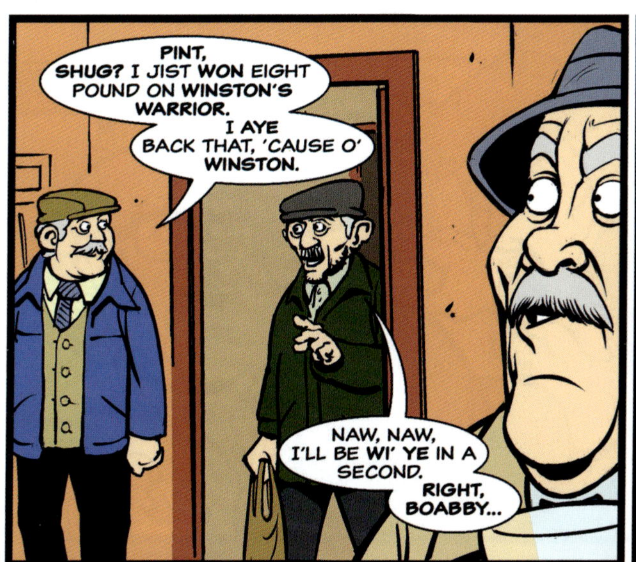

PINT, SHUG? I JIST WON EIGHT POUND ON WINSTON'S WARRIOR.
I AYE BACK THAT, 'CAUSE O' WINSTON.
NAW, NAW, I'LL BE WI' YE IN A SECOND.
RIGHT, BOABBY...

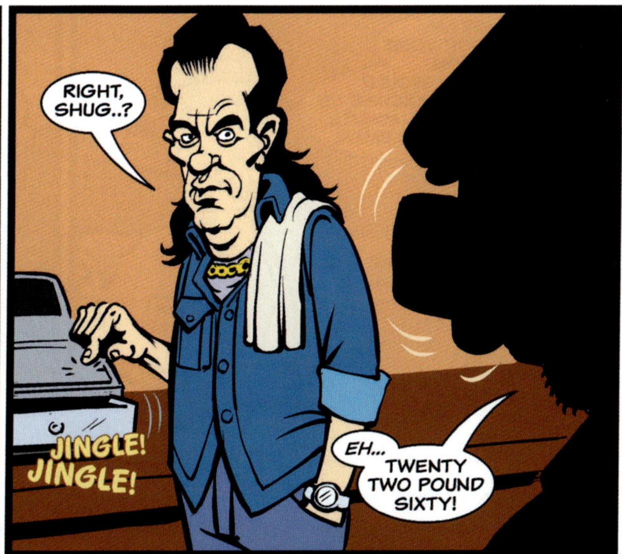

RIGHT, SHUG..?
JINGLE! JINGLE!
EH... TWENTY TWO POUND SIXTY!

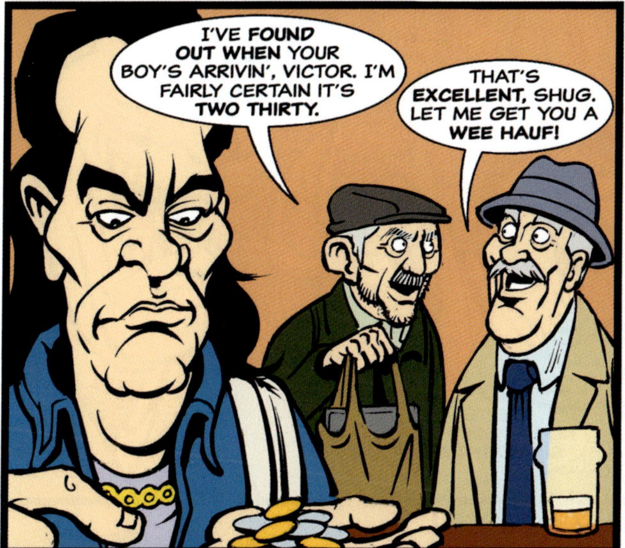

I'VE FOUND OUT WHEN YOUR BOY'S ARRIVIN', VICTOR. I'M FAIRLY CERTAIN IT'S TWO THIRTY.
THAT'S EXCELLENT, SHUG. LET ME GET YOU A WEE HAUF!

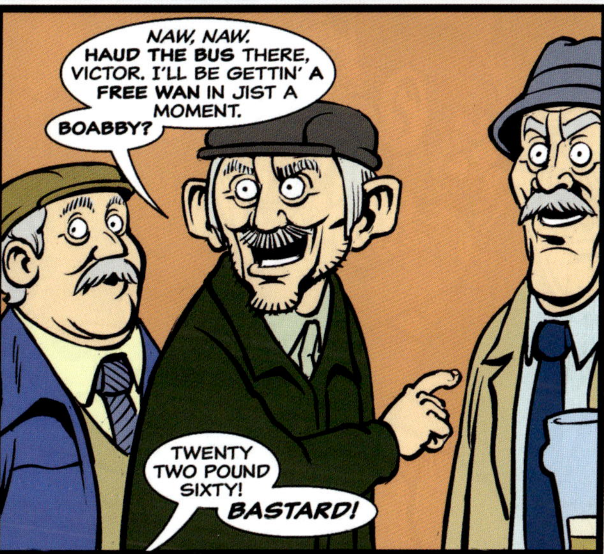

NAW, NAW. HAUD THE BUS THERE, VICTOR. I'LL BE GETTIN' A FREE WAN IN JIST A MOMENT.
BOABBY?
TWENTY TWO POUND SIXTY!
BASTARD!

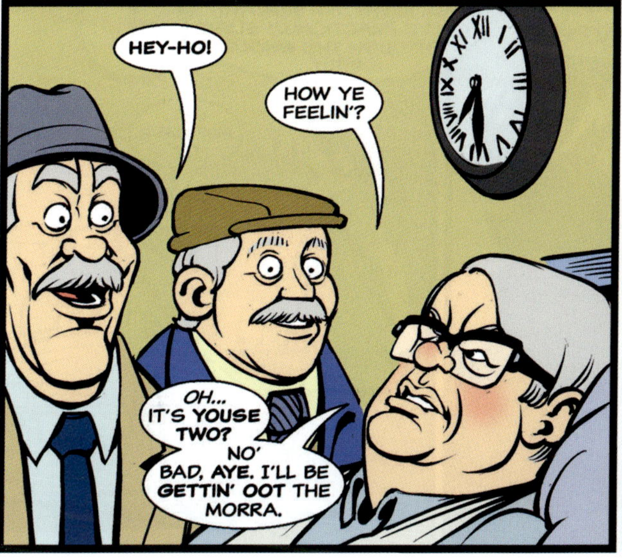

HEY-HO!
HOW YE FEELIN'?
OH... IT'S YOUSE TWO?
NO' BAD, AYE. I'LL BE GETTIN' OOT THE MORRA.

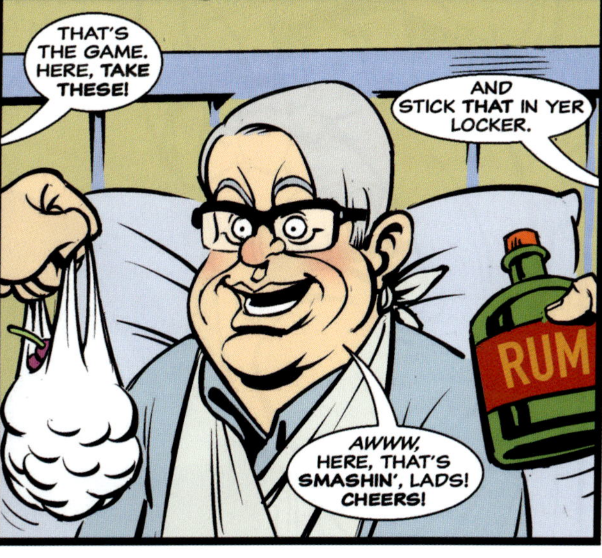

THAT'S THE GAME. HERE, TAKE THESE!
AND STICK THAT IN YER LOCKER.
RUM
AWWW, HERE, THAT'S SMASHIN', LADS! CHEERS!

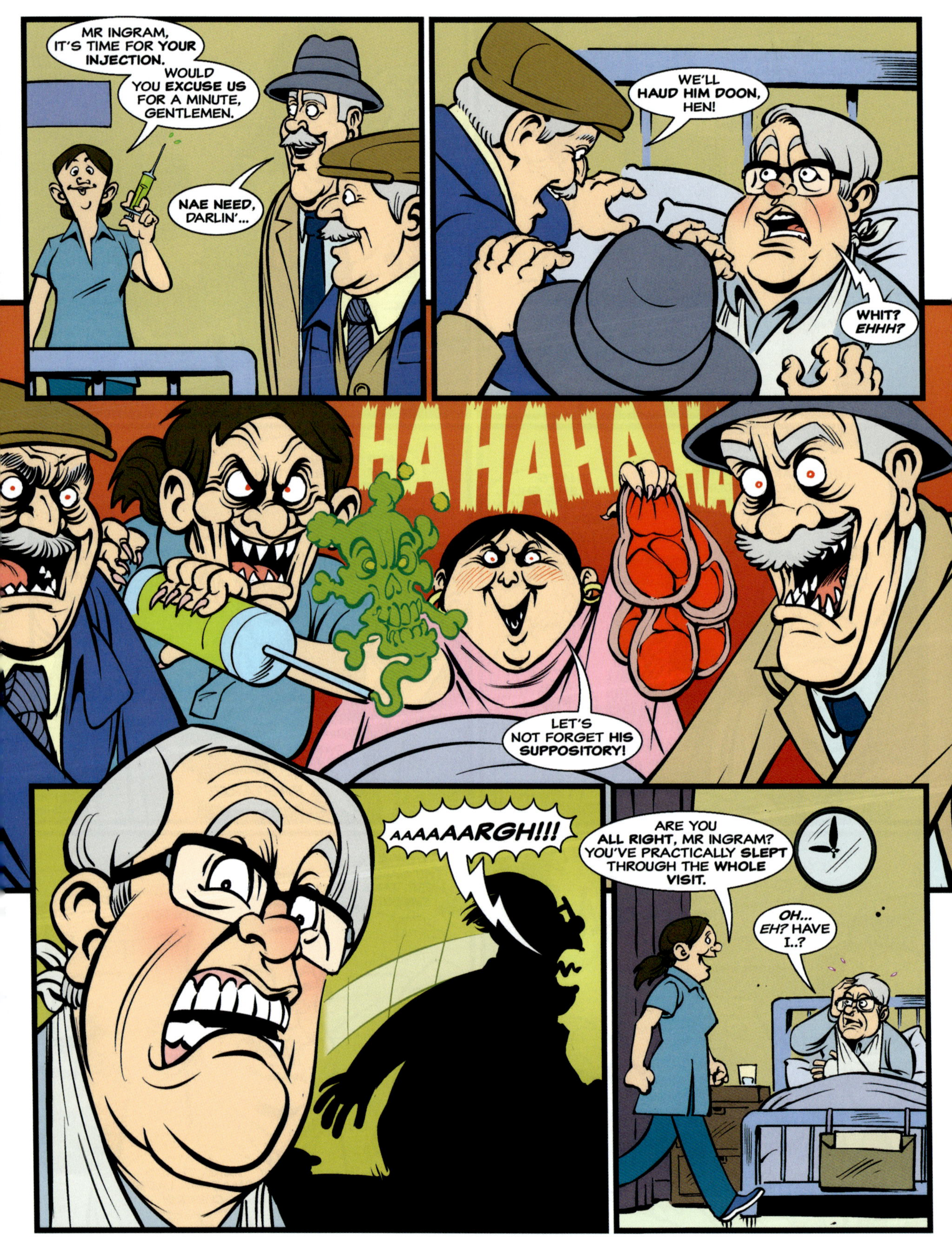

MR INGRAM, IT'S TIME FOR YOUR INJECTION. WOULD YOU EXCUSE US FOR A MINUTE, GENTLEMEN.
NAE NEED, DARLIN'...
WE'LL HAUD HIM DOON, HEN!
WHIT? EHHH?
HA HA HA HA
LET'S NOT FORGET HIS SUPPOSITORY!
AAAAAARGH!!!
ARE YOU ALL RIGHT, MR INGRAM? YOU'VE PRACTICALLY SLEPT THROUGH THE WHOLE VISIT.
OH... EH? HAVE I..?

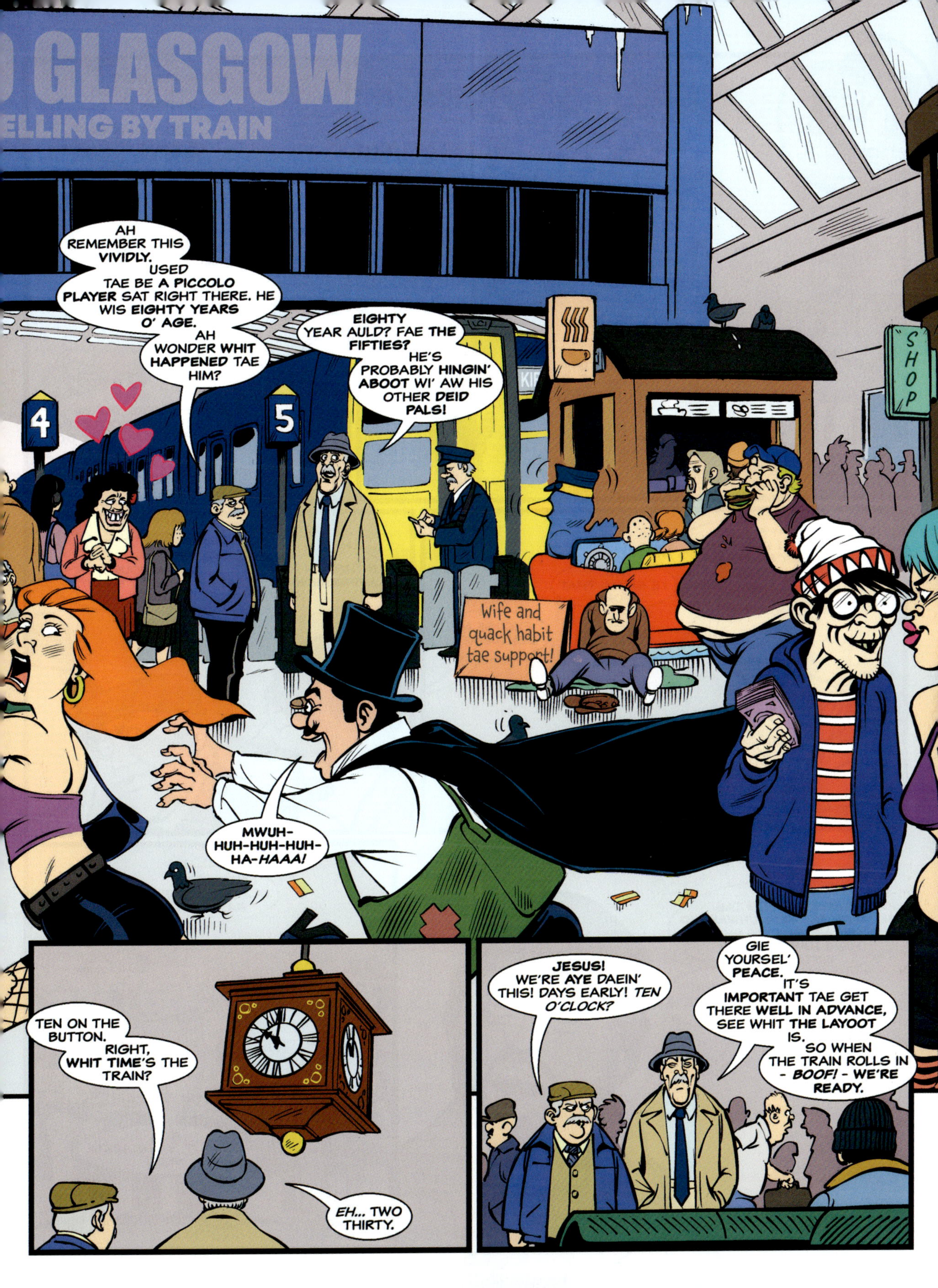
GLASGOW
...ELLING BY TRAIN
SHOP
4
5
AH REMEMBER THIS VIVIDLY. USED TAE BE A PICCOLO PLAYER SAT RIGHT THERE. HE WIS EIGHTY YEARS O' AGE. AH WONDER WHIT HAPPENED TAE HIM?
EIGHTY YEAR AULD? FAE THE FIFTIES? HE'S PROBABLY HINGIN' ABOOT WI' AW HIS OTHER DEID PALS!
Wife and quack habit tae support!
MWUH-HUH-HUH-HUH-HA-HAAA!
TEN ON THE BUTTON. RIGHT, WHIT TIME'S THE TRAIN?
EH... TWO THIRTY.
JESUS! WE'RE AYE DAEIN' THIS! DAYS EARLY! TEN O'CLOCK?
GIE YOURSEL' PEACE. IT'S IMPORTANT TAE GET THERE WELL IN ADVANCE, SEE WHIT THE LAYOOT IS. SO WHEN THE TRAIN ROLLS IN - BOOF! - WE'RE READY.

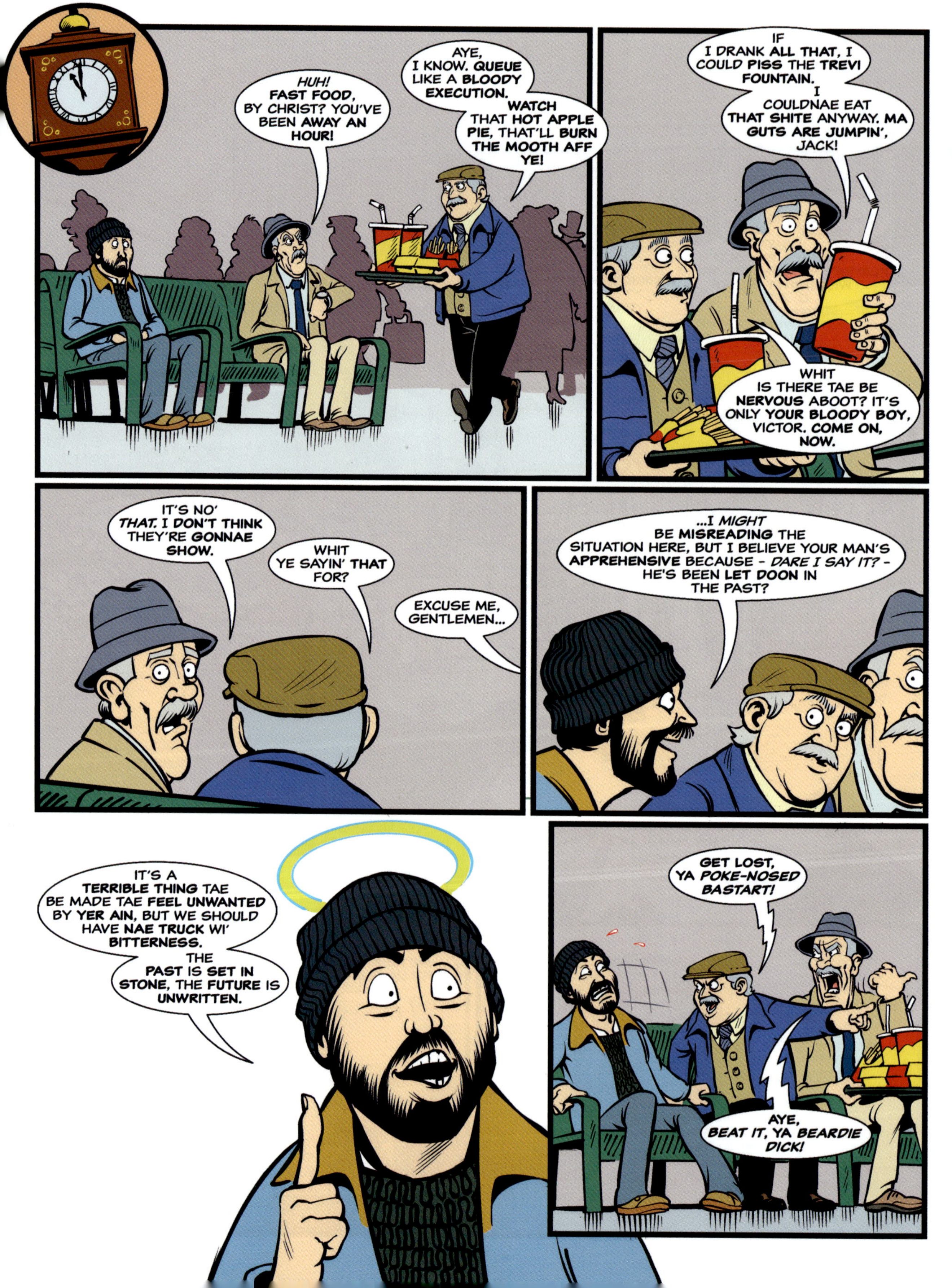

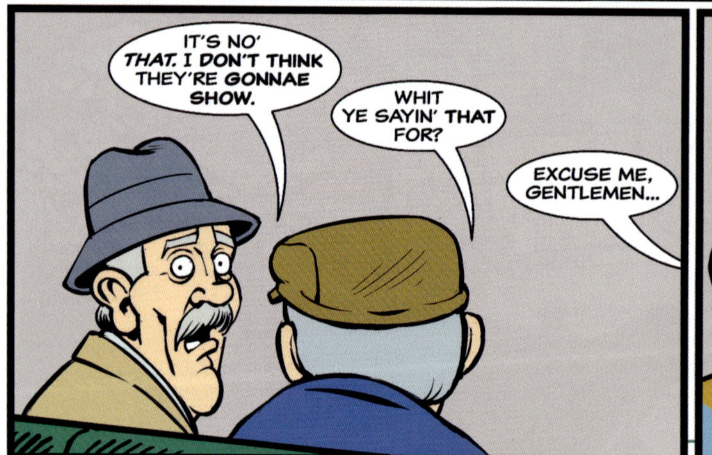

HUH! FAST FOOD, BY CHRIST? YOU'VE BEEN AWAY AN HOUR!
AYE, I KNOW. QUEUE LIKE A BLOODY EXECUTION.
WATCH THAT HOT APPLE PIE, THAT'LL BURN THE MOOTH AFF YE!
IT'S NO' THAT. I DON'T THINK THEY'RE GONNAE SHOW.
WHIT YE SAYIN' THAT FOR?
EXCUSE ME, GENTLEMEN...

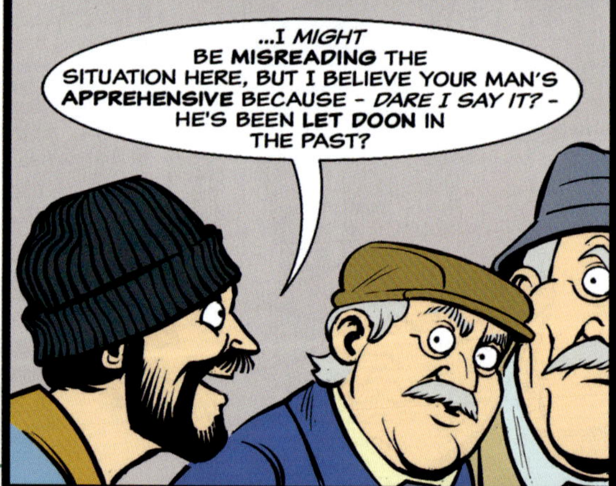

IF I DRANK ALL THAT, I COULD PISS THE TREVI FOUNTAIN. I COULDNAE EAT THAT SHITE ANYWAY. MA GUTS ARE JUMPIN', JACK!
WHIT IS THERE TAE BE NERVOUS ABOOT? IT'S ONLY YOUR BLOODY BOY, VICTOR. COME ON, NOW.
...I MIGHT BE MISREADING THE SITUATION HERE, BUT I BELIEVE YOUR MAN'S APPREHENSIVE BECAUSE — DARE I SAY IT? — HE'S BEEN LET DOON IN THE PAST?

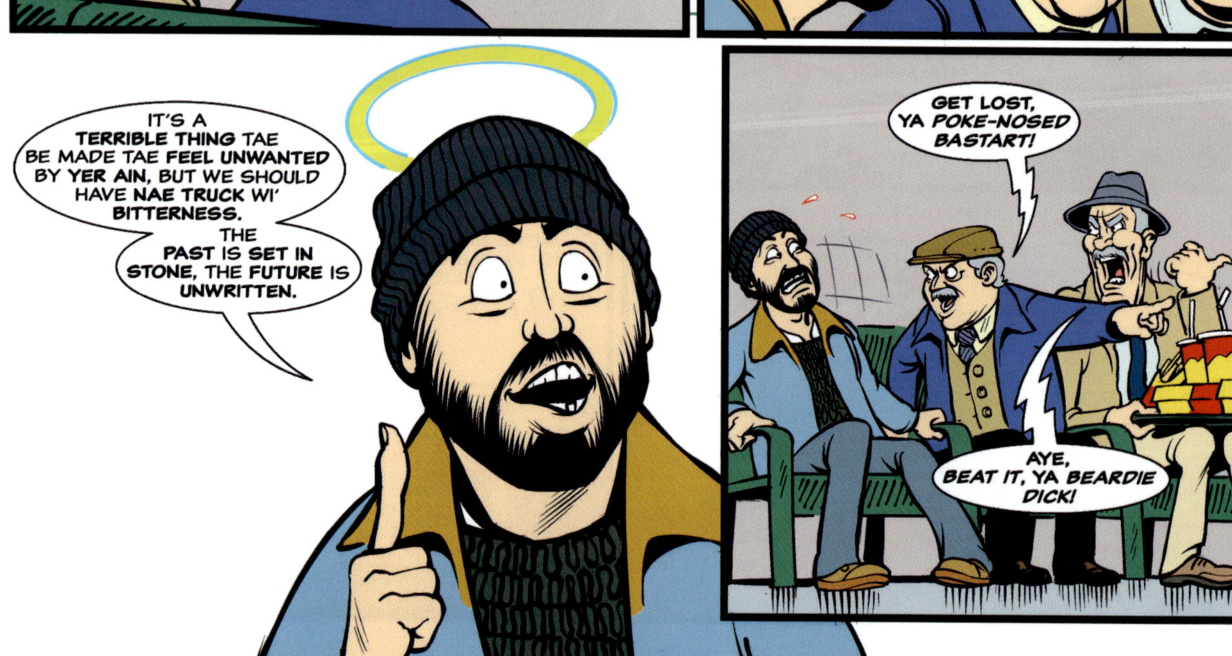

IT'S A TERRIBLE THING TAE BE MADE TAE FEEL UNWANTED BY YER AIN, BUT WE SHOULD HAVE NAE TRUCK WI' BITTERNESS. THE PAST IS SET IN STONE, THE FUTURE IS UNWRITTEN.
GET LOST, YA POKE-NOSED BASTART!
AYE, BEAT IT, YA BEARDIE DICK!

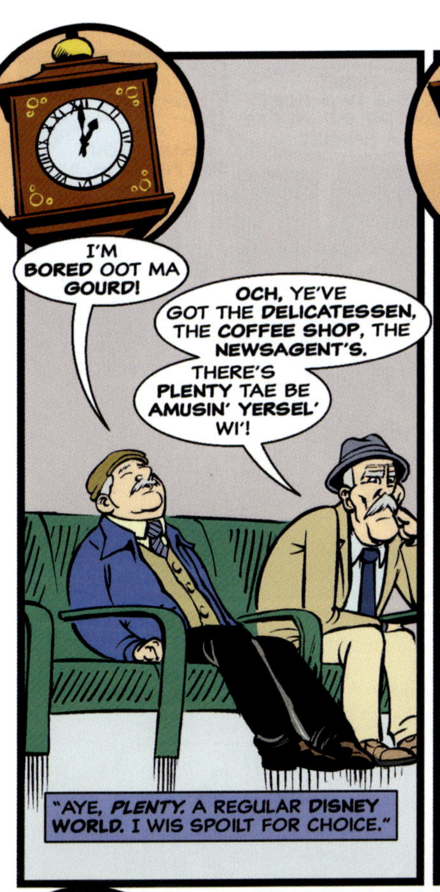

I'M BORED OOT MA GOURD!
OCH, YE'VE GOT THE DELICATESSEN, THE COFFEE SHOP, THE NEWSAGENT'S.
THERE'S PLENTY TAE BE AMUSIN' YERSEL' WI'!
"AYE, PLENTY. A REGULAR DISNEY WORLD. I WIS SPOILT FOR CHOICE."

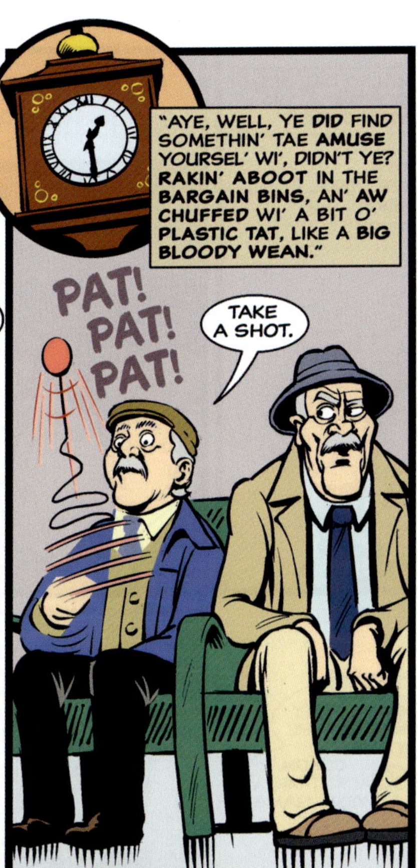

"AYE, WELL, YE DID FIND SOMETHIN' TAE AMUSE YOURSEL' WI', DIDN'T YE? RAKIN' ABOOT IN THE BARGAIN BINS, AN' AW CHUFFED WI' A BIT O' PLASTIC TAT, LIKE A BIG BLOODY WEAN."
PAT! PAT! PAT!
TAKE A SHOT.

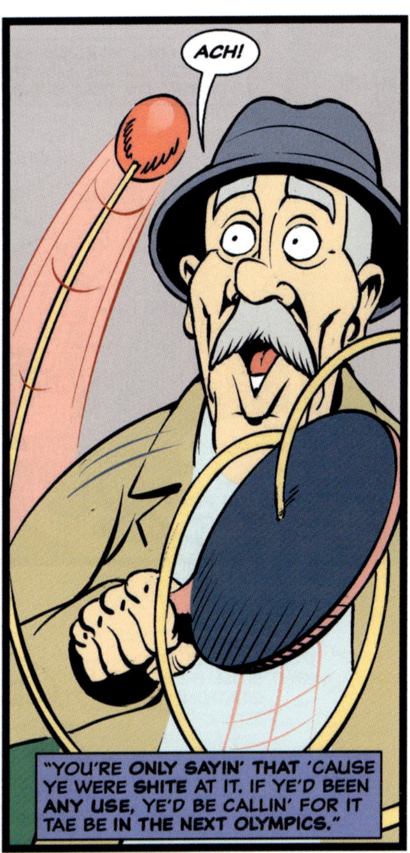

ACH!
"YOU'RE ONLY SAYIN' THAT 'CAUSE YE WERE SHITE AT IT. IF YE'D BEEN ANY USE, YE'D BE CALLIN' FOR IT TAE BE IN THE NEXT OLYMPICS."

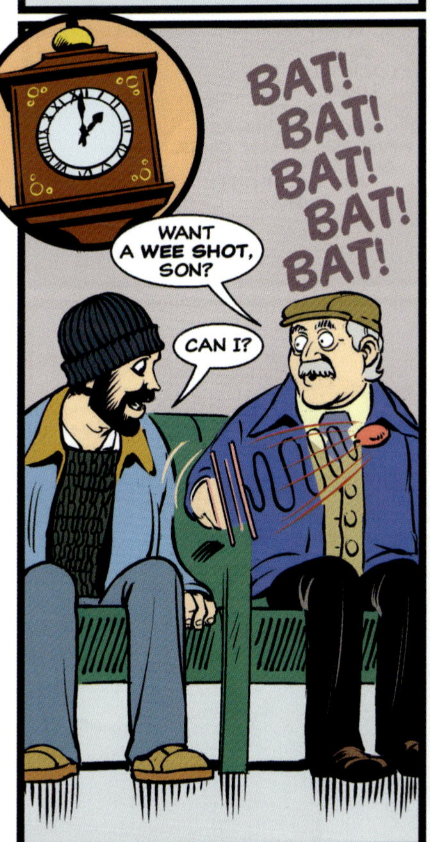

BAT! BAT! BAT! BAT! BAT!
WANT A WEE SHOT, SON?
CAN I?

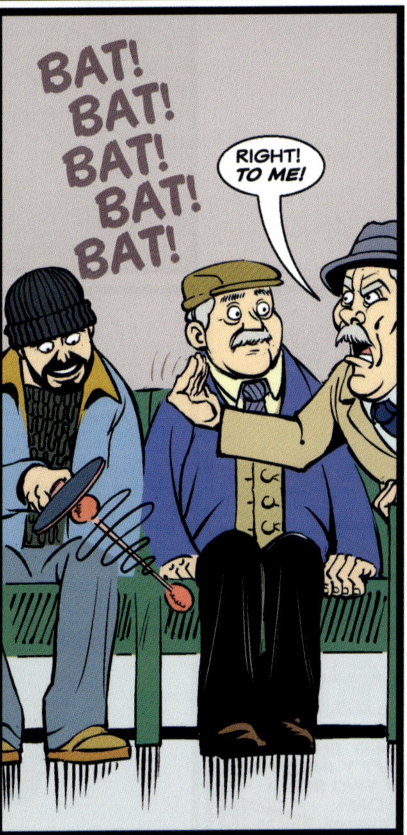

BAT! BAT! BAT! BAT! BAT!
RIGHT! TO ME!

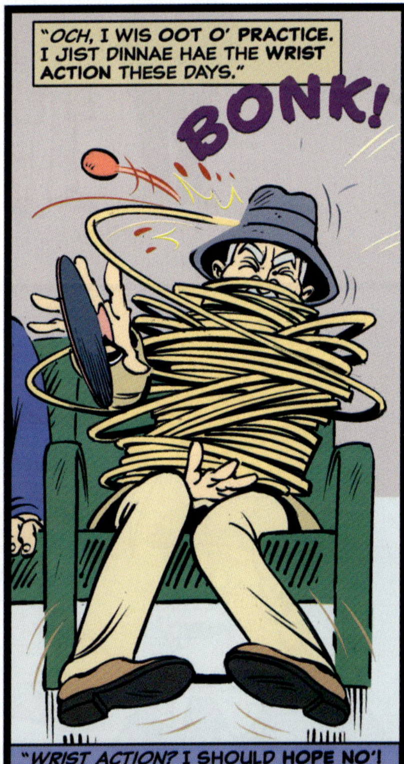

"OCH, I WIS OOT O' PRACTICE. I JIST DINNAE HAE THE WRIST ACTION THESE DAYS."
BONK!
"WRIST ACTION? I SHOULD HOPE NO'! NO' AT OOR AGE! YE'D GIE YERSEL' A STROKE... AN' TAKE A BLOODY STROKE AT THE SAME TIME!"

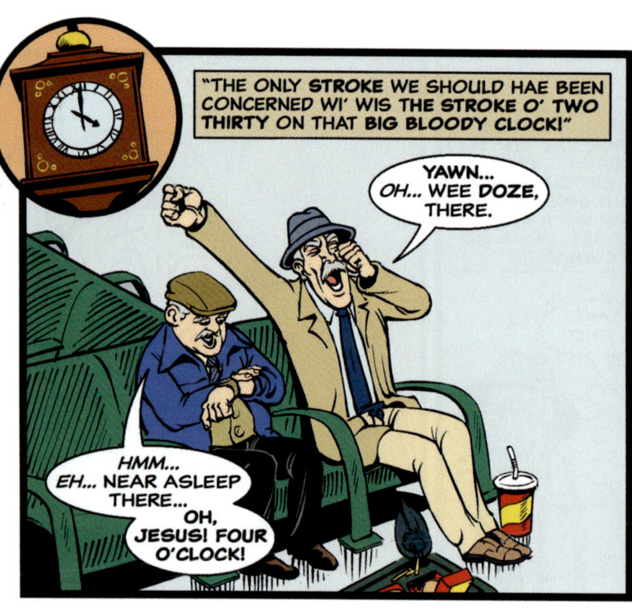

"THE ONLY STROKE WE SHOULD HAE BEEN CONCERNED WI' WIS THE STROKE O' TWO THIRTY ON THAT BIG BLOODY CLOCK!"
YAWN... OH... WEE DOZE, THERE.
HMM... EH... NEAR ASLEEP THERE... OH, JESUS! FOUR O'CLOCK!

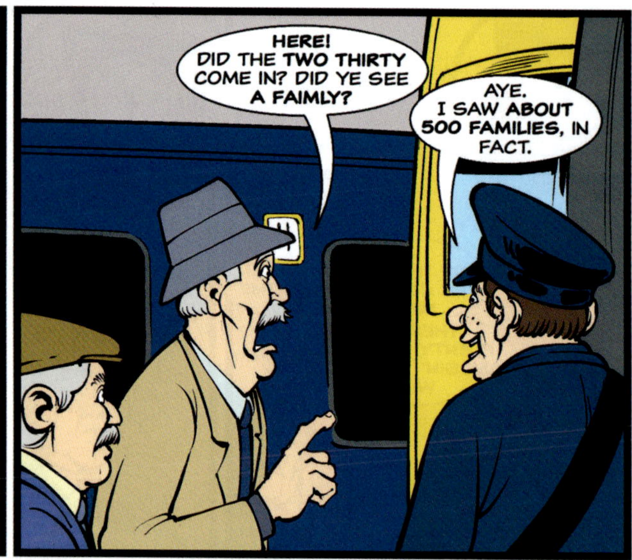

HERE! DID THE TWO THIRTY COME IN? DID YE SEE A FAIMLY?
AYE. I SAW ABOUT 500 FAMILIES, IN FACT.

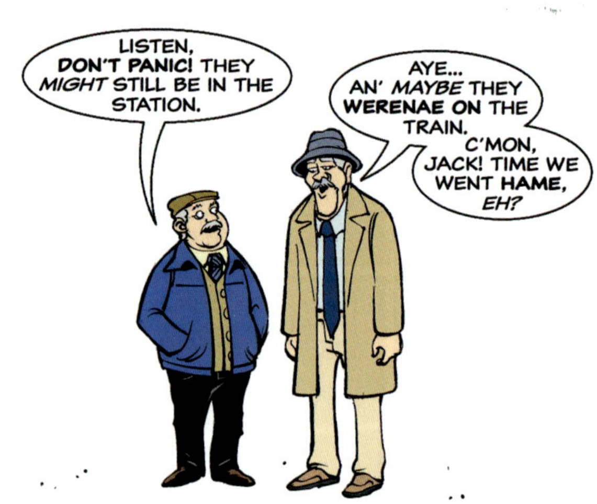

LISTEN, DON'T PANIC! THEY MIGHT STILL BE IN THE STATION.
AYE... AN' MAYBE THEY WERENAE ON THE TRAIN. C'MON, JACK! TIME WE WENT HAME, EH?

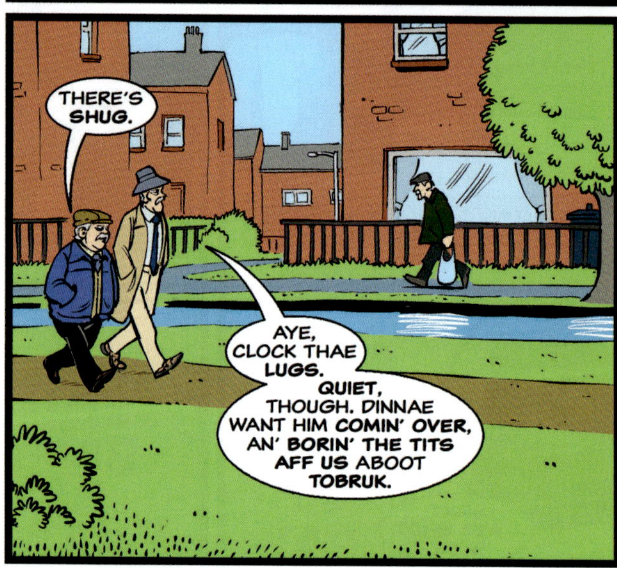

THERE'S SHUG.
AYE, CLOCK THAE LUGS. QUIET, THOUGH. DINNAE WANT HIM COMIN' OVER, AN' BORIN' THE TITS AFF US ABOOT TOBRUK.

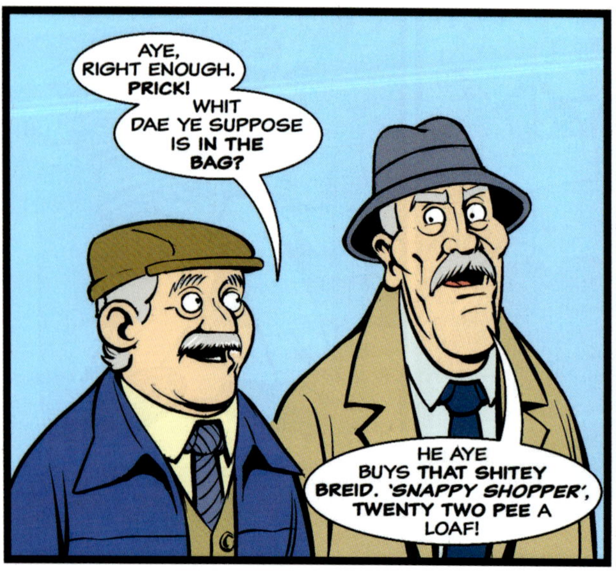

AYE, RIGHT ENOUGH. PRICK! WHIT DAE YE SUPPOSE IS IN THE BAG?
HE AYE BUYS THAT SHITEY BREID. 'SNAPPY SHOPPER', TWENTY TWO PEE A LOAF!

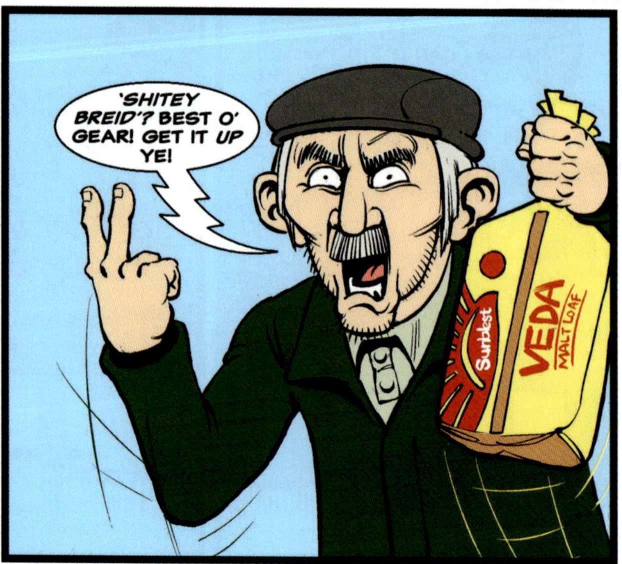

'SHITEY BREID'? BEST O' GEAR! GET IT UP YE!
Sunblest
VEDA
MALT LOAF

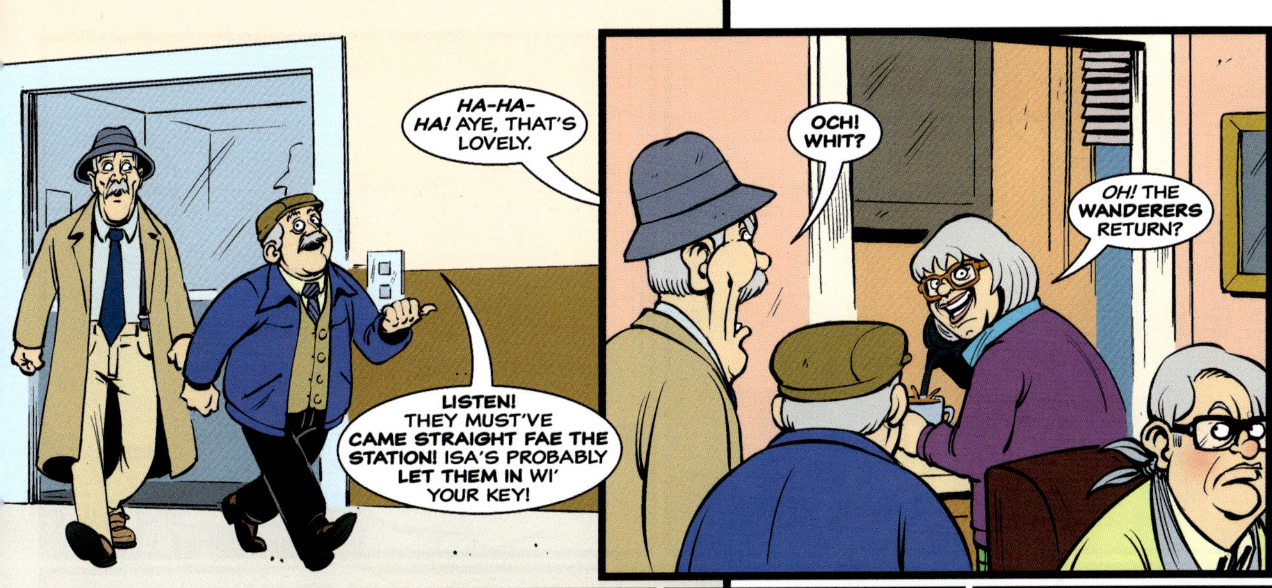

HA-HA-HA! AYE, THAT'S LOVELY.
LISTEN! THEY MUST'VE CAME STRAIGHT FAE THE STATION! ISA'S PROBABLY LET THEM IN WI' YOUR KEY!
OCH! WHIT?
OH! THE WANDERERS RETURN?

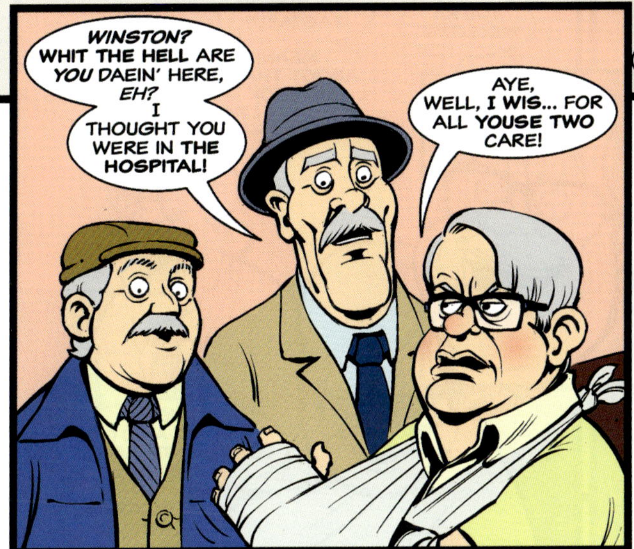

WINSTON? WHIT THE HELL ARE YOU DAEIN' HERE, EH? I THOUGHT YOU WERE IN THE HOSPITAL!
AYE, WELL, I WIS... FOR ALL YOUSE TWO CARE!

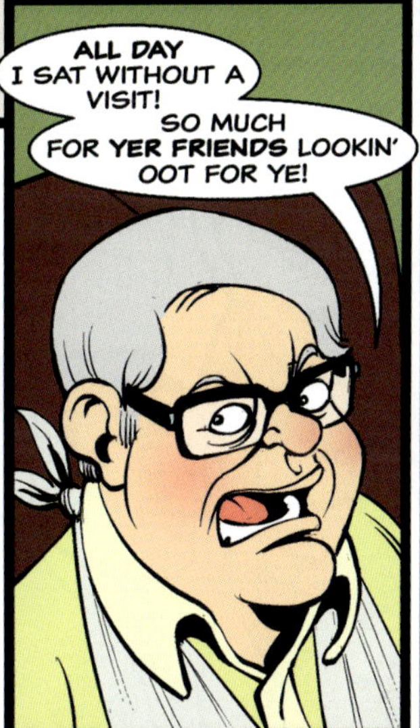

ALL DAY I SAT WITHOUT A VISIT! SO MUCH FOR YER FRIENDS LOOKIN' OOT FOR YE!

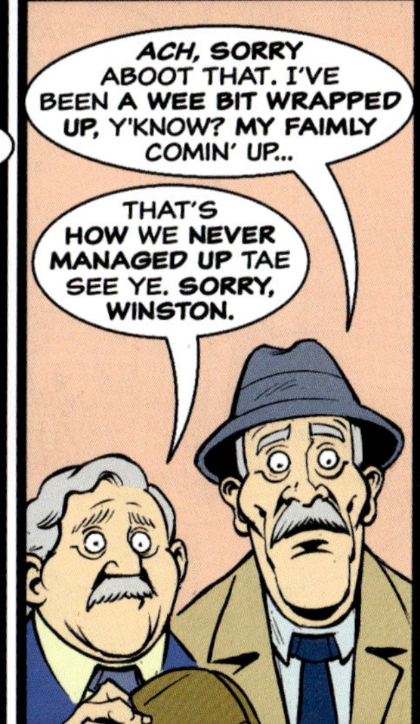

ACH, SORRY ABOOT THAT. I'VE BEEN A WEE BIT WRAPPED UP, Y'KNOW? MY FAIMLY COMIN' UP...
THAT'S HOW WE NEVER MANAGED UP TAE SEE YE. SORRY, WINSTON.

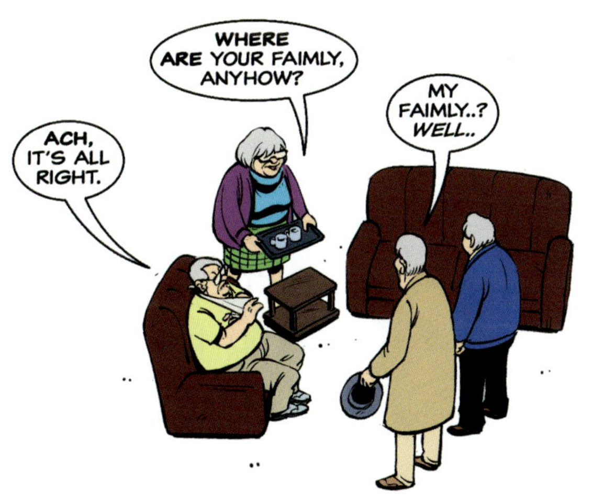

WHERE ARE YOUR FAIMLY, ANYHOW?
MY FAIMLY..? WELL..
ACH, IT'S ALL RIGHT.

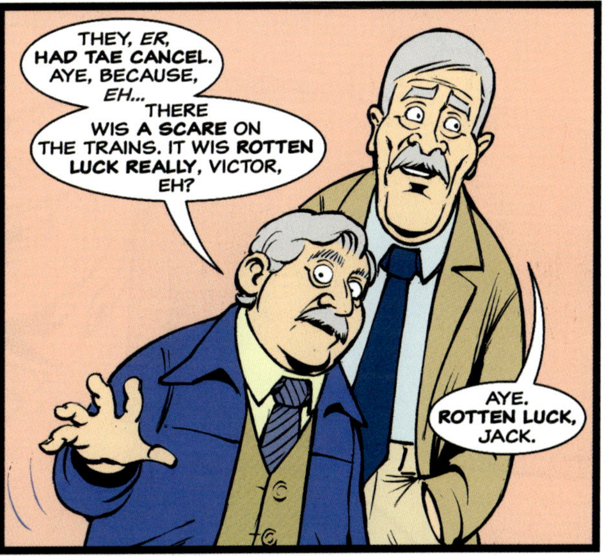

THEY, ER, HAD TAE CANCEL. AYE, BECAUSE, EH... THERE WIS A SCARE ON THE TRAINS. IT WIS ROTTEN LUCK REALLY, VICTOR, EH?
AYE. ROTTEN LUCK, JACK.

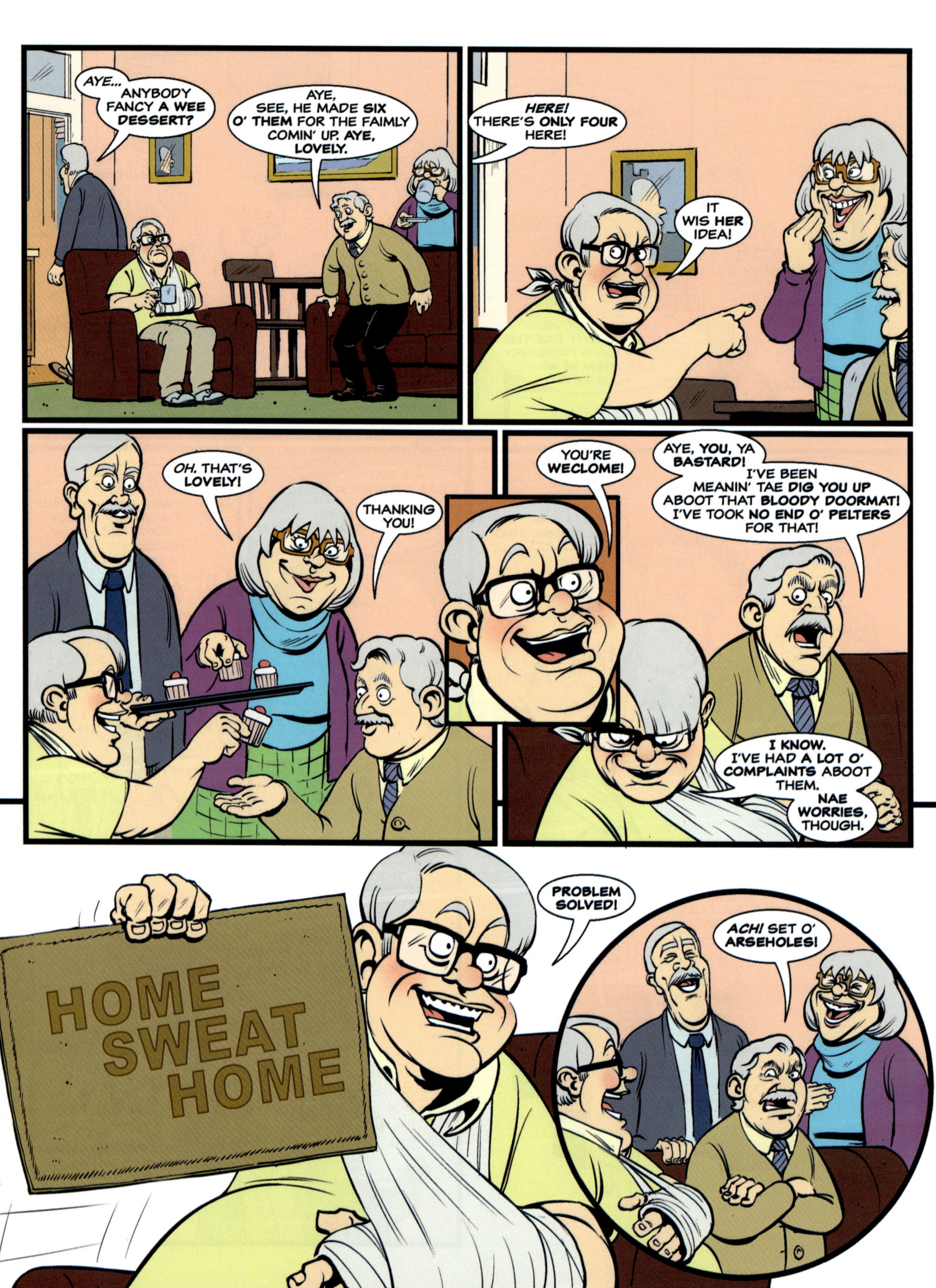

AYE... ANYBODY FANCY A WEE DESSERT?
AYE, SEE, HE MADE SIX O' THEM FOR THE FAIMLY COMIN' UP. AYE, LOVELY.
HERE! THERE'S ONLY FOUR HERE!
IT WIS HER IDEA!
OH. THAT'S LOVELY!
THANKING YOU!
YOU'RE WECLOME!
AYE, YOU, YA BASTARD! I'VE BEEN MEANIN' TAE DIG YOU UP ABOOT THAT BLOODY DOORMAT! I'VE TOOK NO END O' PELTERS FOR THAT!
I KNOW. I'VE HAD A LOT O' COMPLAINTS ABOOT THEM. NAE WORRIES, THOUGH.
PROBLEM SOLVED!
ACH! SET O' ARSEHOLES!
HOME SWEAT HOME

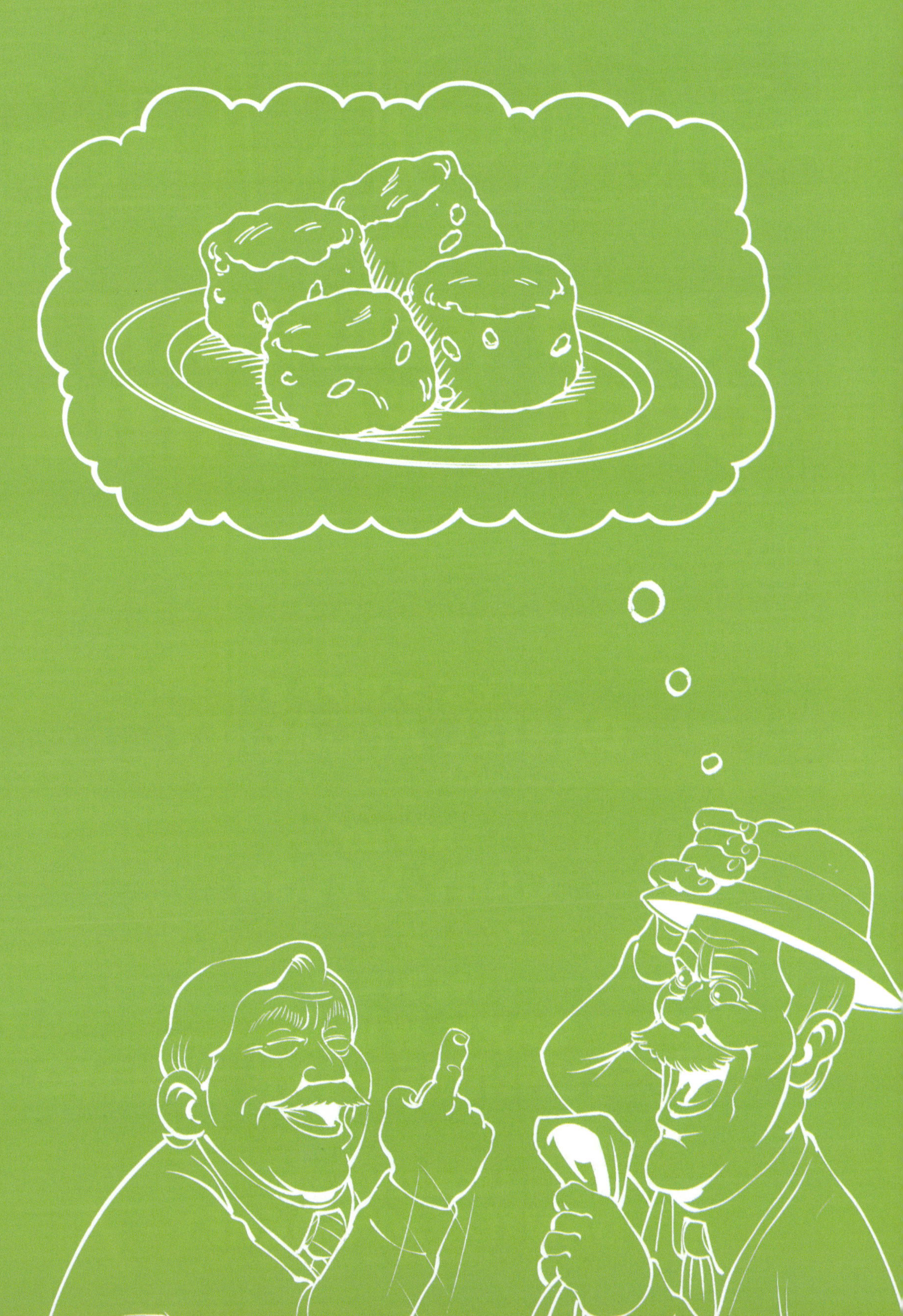

SCONES

BY
FORD KIERNAN &
GREG HEMPHILL

COMIC SCRIPT BY
DANIEL McGACHEY

ART BY
GARY WELSH

COLOUR BY
GARY WELSH &
THE SCUNNERED INK STUDIO

LETTERING BY
DANIEL McGACHEY

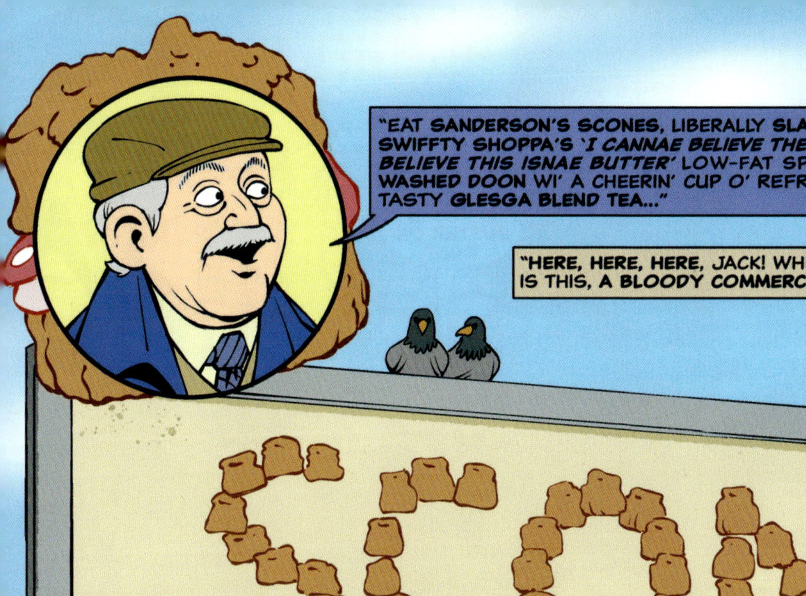

"EAT SANDERSON'S SCONES, LIBERALLY SLATHERED IN SWIFFTY SHOPPA'S 'I CANNAE BELIEVE THEY CANNAE BELIEVE THIS ISNAE BUTTER' LOW-FAT SPREAD, AW WASHED DOON WI' A CHEERIN' CUP O' REFRESHINGLY TASTY GLESGA BLEND TEA..."

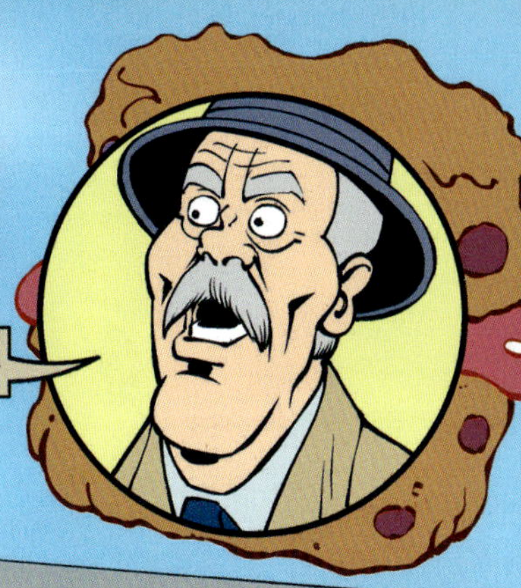

"HERE, HERE, HERE, JACK! WHIT THE HELL IS THIS, A BLOODY COMMERCIAL BREAK?"

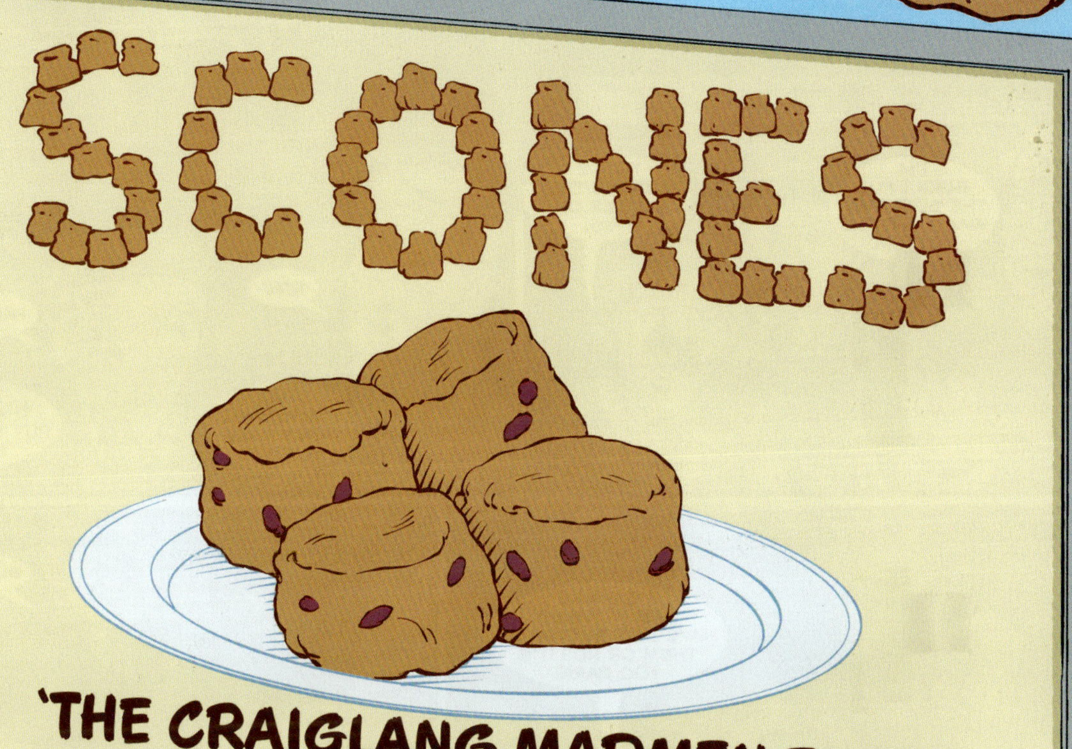

SCONES
'THE CRAIGLANG MADMEN ENTER THE WORLD O' CURRANT AFFAIRS!'

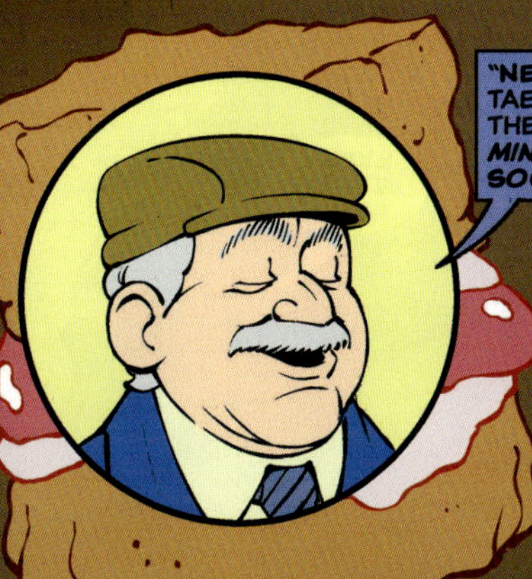

"NEAR ENOUGH, VICTOR. I FIGURED WHY NO' TRY TAE GET SOME LOCAL COMPANIES TAE SPONSOR THESE STORIES? WE COULD BE MINTED... OH, HERE, MINTS..? AN' EFTER YOUR TEA, WHY NO' TAKE A SOOK ON THE MINT WI' THE HOLE..?"

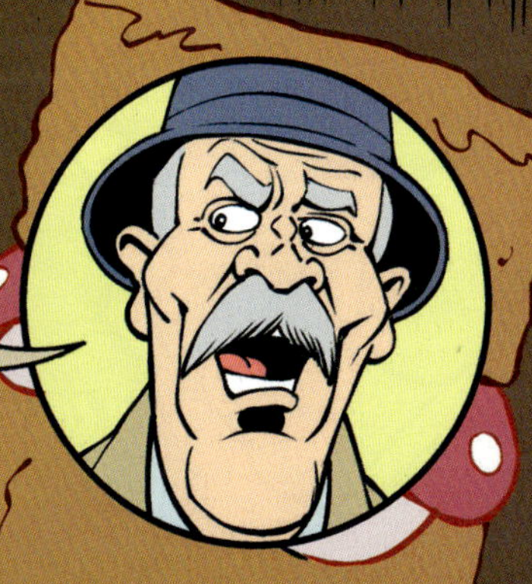

"THE ONLY HOLE ROON' HERE'S THE WAN YOU'RE TALKIN' OOTAE! THE ONLY SPONSORSHIP YOU'RE LIKELY TAE GET IS IF IT'S A SPONSORED SILENCE, 'CAUSE I'LL GIE YE A TENNER TAE SHUT UP AN' LET US GET ON WI' THE STORY!"

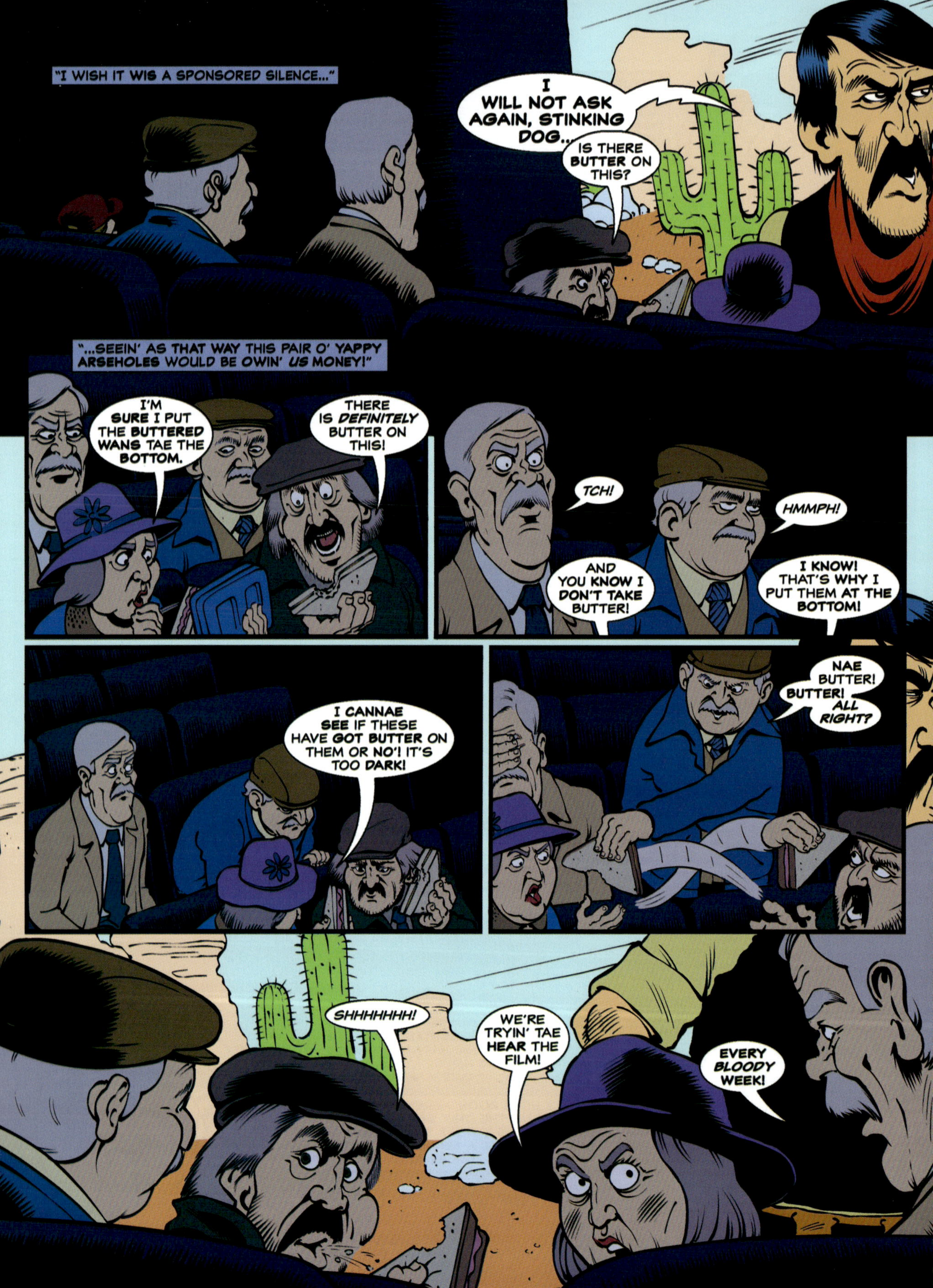

"I WISH IT WIS A SPONSORED SILENCE..."
I WILL NOT ASK AGAIN, STINKING DOG...
IS THERE BUTTER ON THIS?
"...SEEIN' AS THAT WAY THIS PAIR O' YAPPY ARSEHOLES WOULD BE OWIN' US MONEY!"
I'M SURE I PUT THE BUTTERED WANS TAE THE BOTTOM.
THERE IS DEFINITELY BUTTER ON THIS!
TCH!
HMMPH!
AND YOU KNOW I DON'T TAKE BUTTER!
I KNOW! THAT'S WHY I PUT THEM AT THE BOTTOM!
I CANNAE SEE IF THESE HAVE GOT BUTTER ON THEM OR NO'! IT'S TOO DARK!
NAE BUTTER! BUTTER! ALL RIGHT?
SHHHHHHH!
WE'RE TRYIN' TAE HEAR THE FILM!
EVERY BLOODY WEEK!

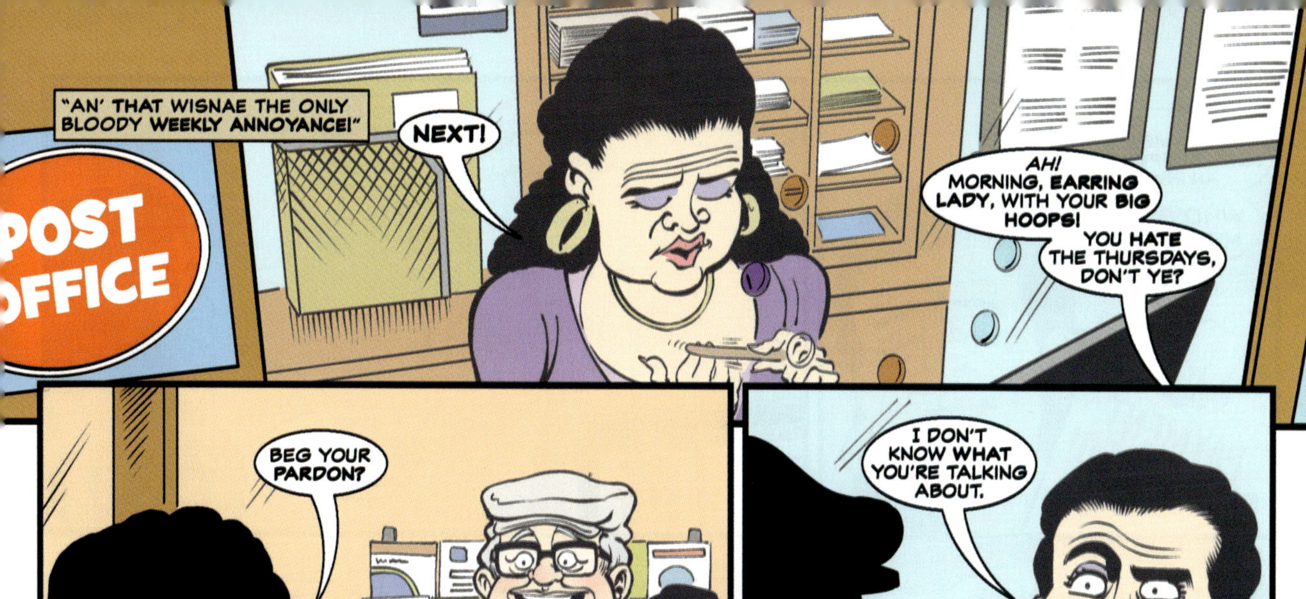

"AN' THAT WISNAE THE ONLY BLOODY WEEKLY ANNOYANCE!"
NEXT!
POST OFFICE
AH! MORNING, EARRING LADY, WITH YOUR BIG HOOPS! YOU HATE THE THURSDAYS, DON'T YE?

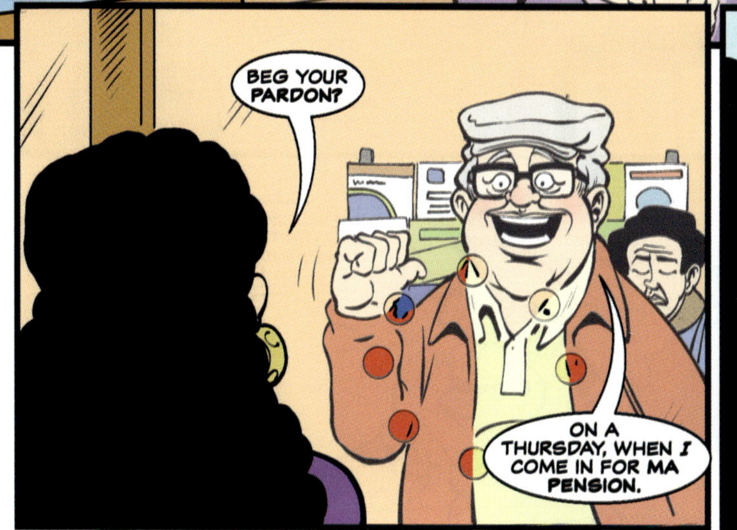

BEG YOUR PARDON?
ON A THURSDAY, WHEN I COME IN FOR MA PENSION.

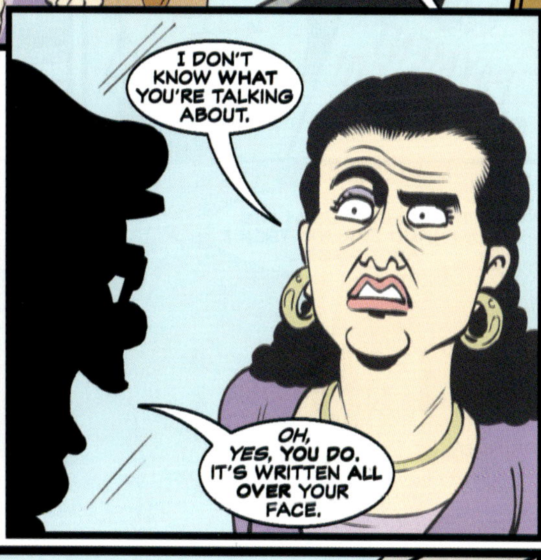

I DON'T KNOW WHAT YOU'RE TALKING ABOUT.
OH, YES, YOU DO. IT'S WRITTEN ALL OVER YOUR FACE.

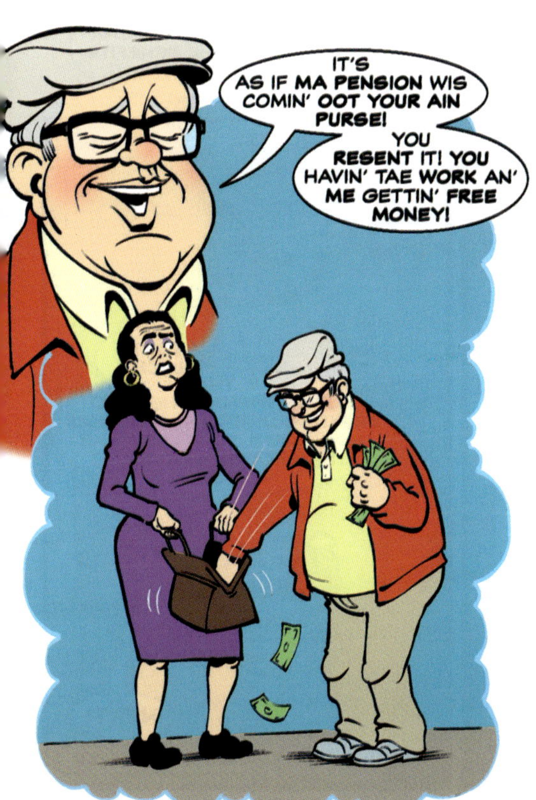

IT'S AS IF MA PENSION WIS COMIN' OOT YOUR AIN PURSE!
YOU RESENT IT! YOU HAVIN' TAE WORK AN' ME GETTIN' FREE MONEY!

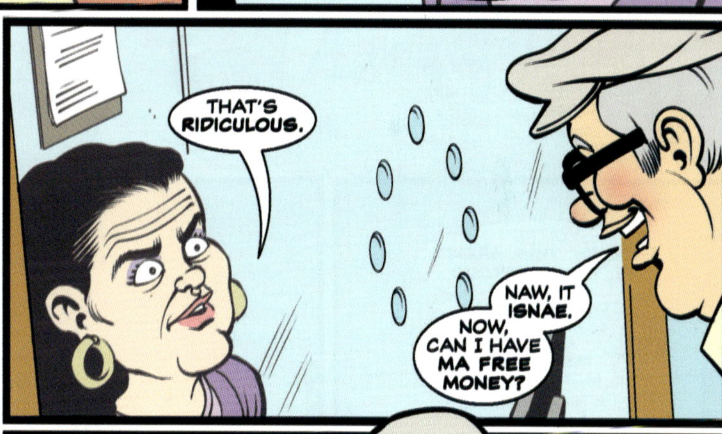

THAT'S RIDICULOUS.
NAW, IT ISNAE. NOW, CAN I HAVE MA FREE MONEY?

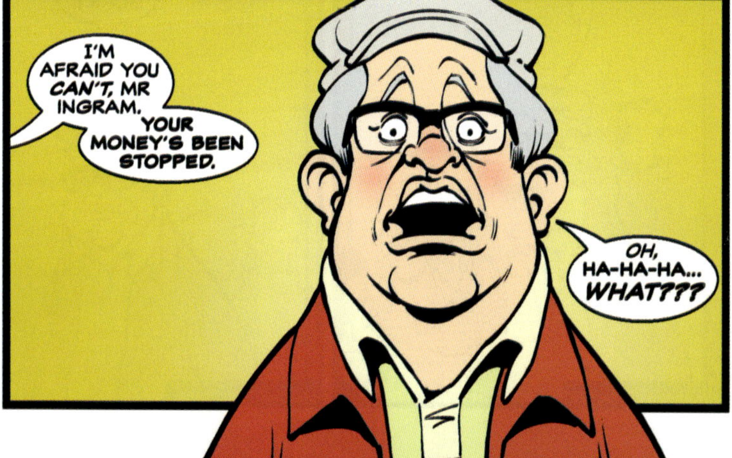

I'M AFRAID YOU CAN'T, MR INGRAM. YOUR MONEY'S BEEN STOPPED.
OH, HA-HA-HA... WHAT???

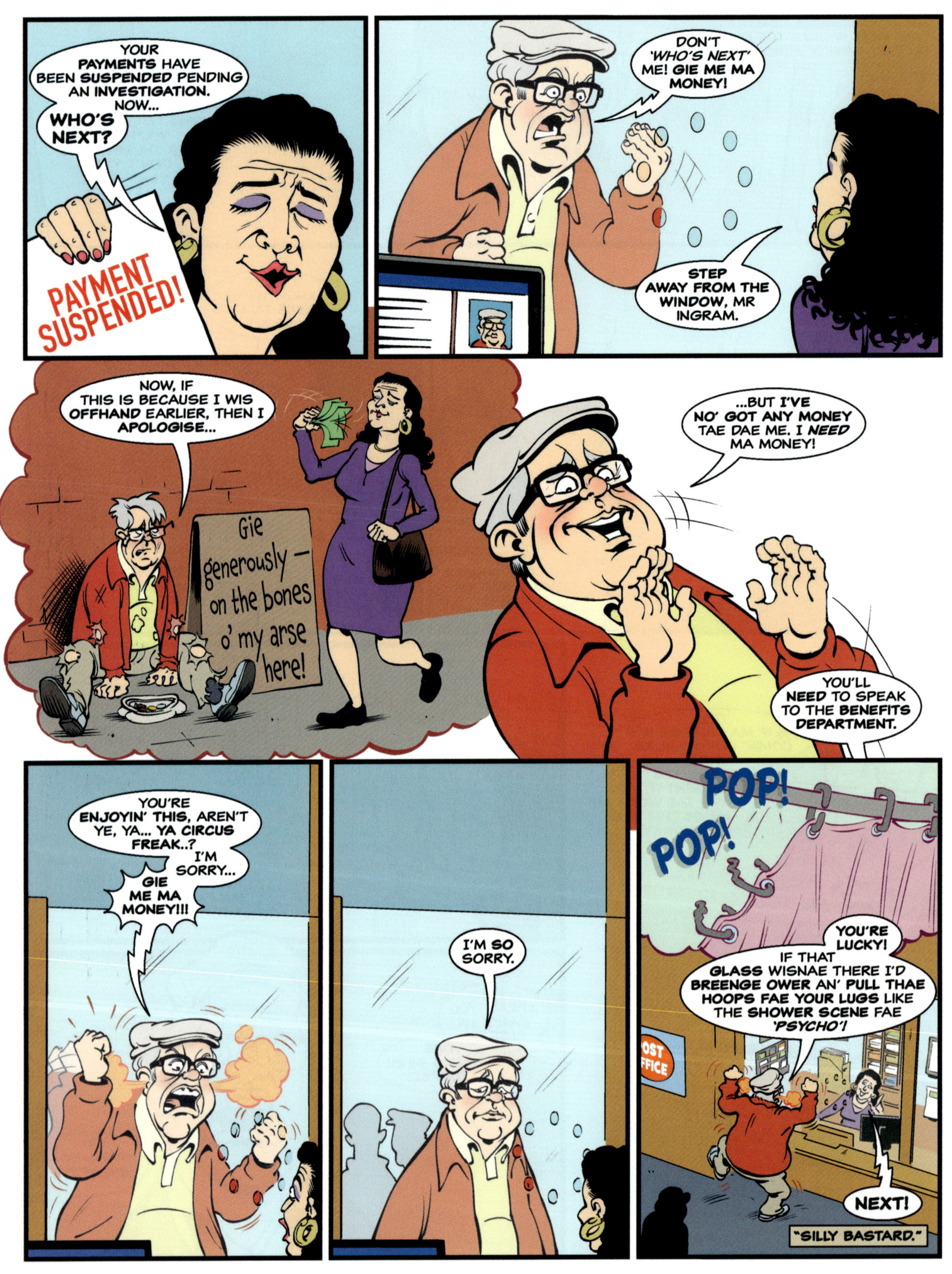

YOUR PAYMENTS HAVE BEEN SUSPENDED PENDING AN INVESTIGATION. NOW... WHO'S NEXT?
PAYMENT SUSPENDED!
DON'T 'WHO'S NEXT' ME! GIE ME MA MONEY!
STEP AWAY FROM THE WINDOW, MR INGRAM.
NOW, IF THIS IS BECAUSE I WIS OFFHAND EARLIER, THEN I APOLOGISE...
Gie generously — on the bones o' my arse here!
...BUT I'VE NO' GOT ANY MONEY TAE DAE ME. I NEED MA MONEY!
YOU'LL NEED TO SPEAK TO THE BENEFITS DEPARTMENT.
YOU'RE ENJOYIN' THIS, AREN'T YE, YA... YA CIRCUS FREAK..? I'M SORRY... GIE ME MA MONEY!!!
I'M SO SORRY.
POP!
POP!
YOU'RE LUCKY! IF THAT GLASS WISNAE THERE I'D BREENGE OWER AN' PULL THAE HOOPS FAE YOUR LUGS LIKE THE SHOWER SCENE FAE 'PSYCHO'!
POST OFFICE
NEXT!
"SILLY BASTARD."

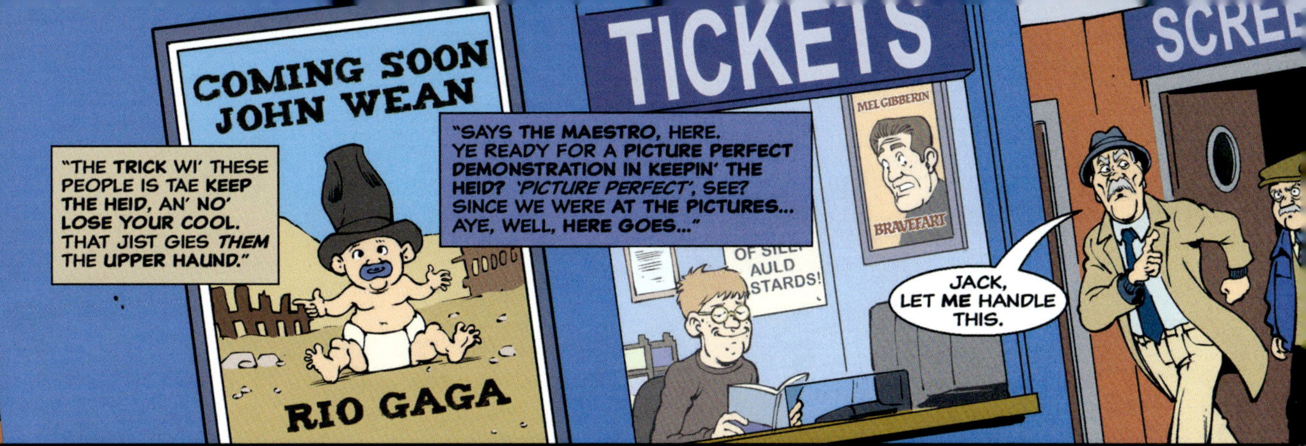

COMING SOON
JOHN WEAN
RIO GAGA
MEL GIBBERIN
BRAVEFART
TICKETS
SCREE
OF SILLY AULD BASTARDS!
"THE TRICK WI' THESE PEOPLE IS TAE KEEP THE HEID, AN' NO' LOSE YOUR COOL. THAT JIST GIES THEM THE UPPER HAUND."
"SAYS THE MAESTRO, HERE. YE READY FOR A PICTURE PERFECT DEMONSTRATION IN KEEPIN' THE HEID? 'PICTURE PERFECT', SEE? SINCE WE WERE AT THE PICTURES... AYE, WELL, HERE GOES..."
JACK, LET ME HANDLE THIS.

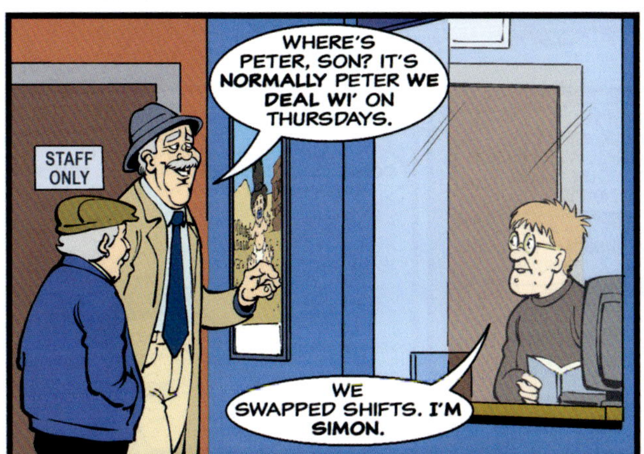

STAFF ONLY
WHERE'S PETER, SON? IT'S NORMALLY PETER WE DEAL WI' ON THURSDAYS.
WE SWAPPED SHIFTS. I'M SIMON.

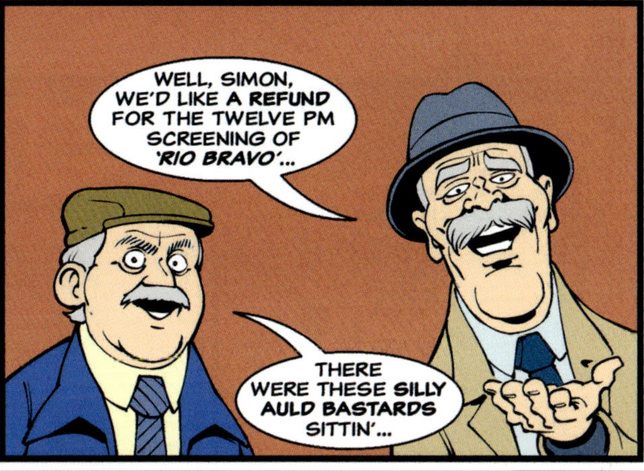

WELL, SIMON, WE'D LIKE A REFUND FOR THE TWELVE PM SCREENING OF 'RIO BRAVO'...
THERE WERE THESE SILLY AULD BASTARDS SITTIN'...

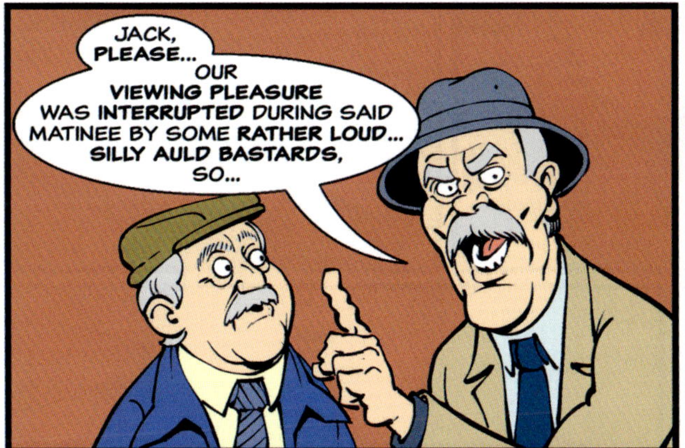

JACK, PLEASE... OUR VIEWING PLEASURE WAS INTERRUPTED DURING SAID MATINEE BY SOME RATHER LOUD... SILLY AULD BASTARDS, SO...

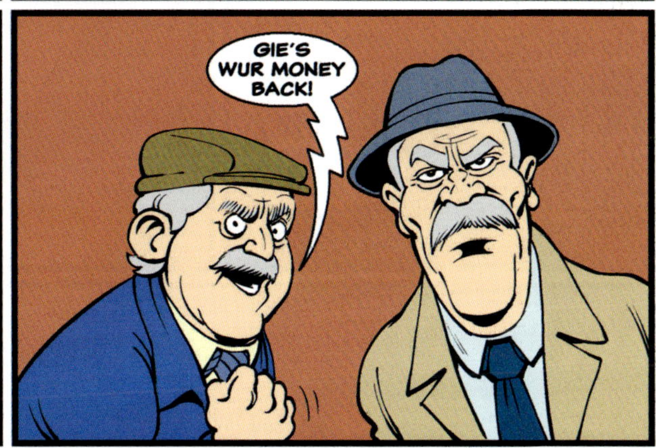

GIE'S WUR MONEY BACK!

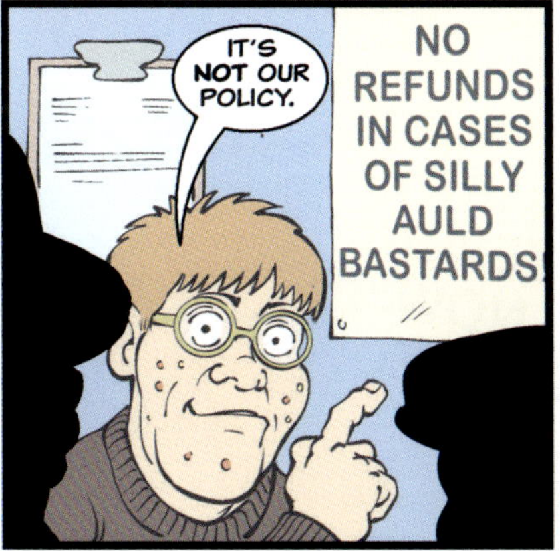

IT'S NOT OUR POLICY.
NO REFUNDS IN CASES OF SILLY AULD BASTARDS!

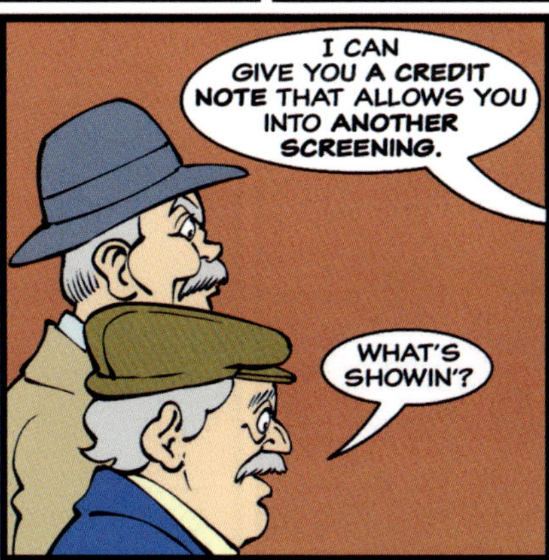

I CAN GIVE YOU A CREDIT NOTE THAT ALLOWS YOU INTO ANOTHER SCREENING.
WHAT'S SHOWIN'?

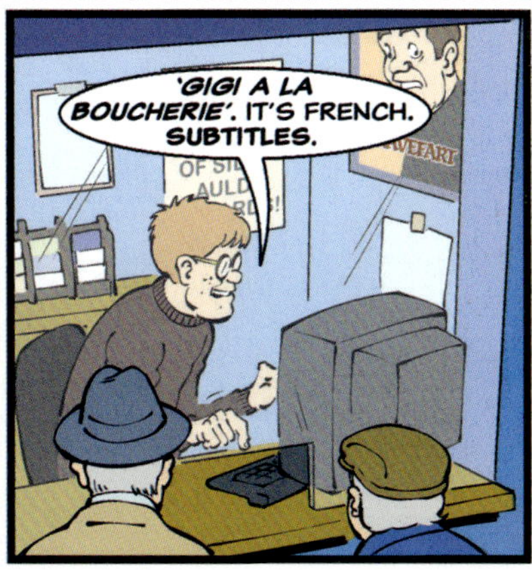

'GIGI A LA BOUCHERIE'. IT'S FRENCH. SUBTITLES.

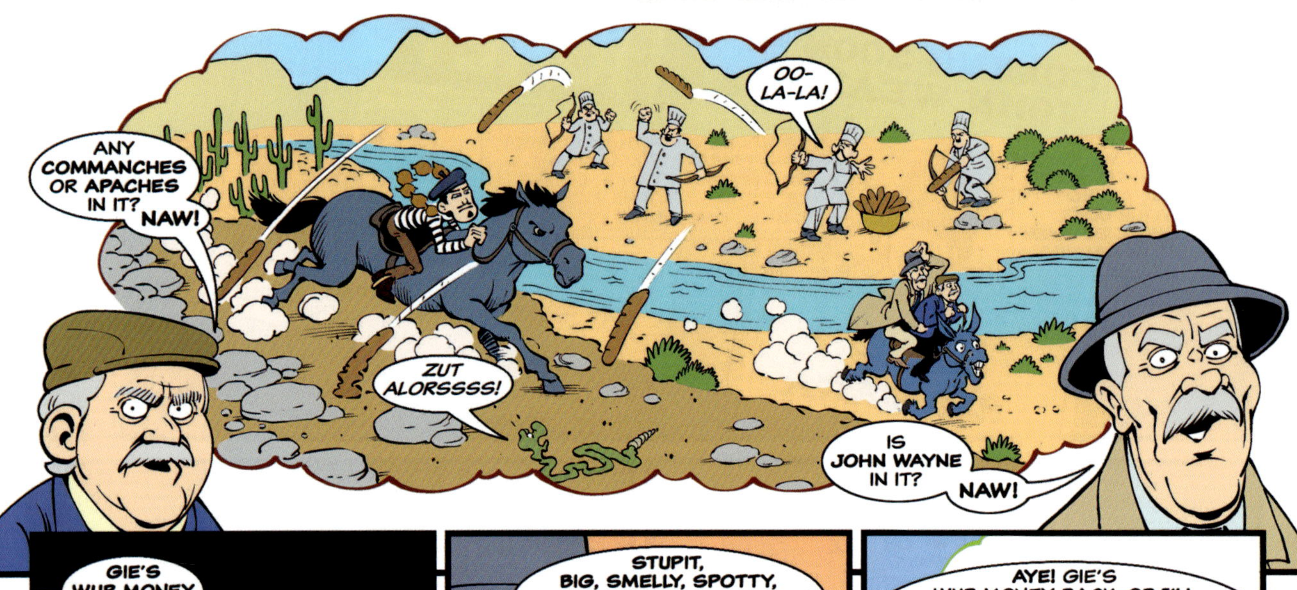

ANY COMMANCHES OR APACHES IN IT? NAW!
OO-LA-LA!
ZUT ALORSSSS!
IS JOHN WAYNE IN IT? NAW!

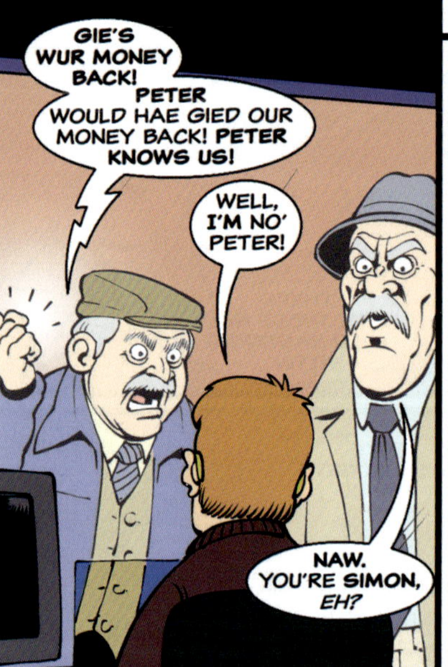

GIE'S WUR MONEY BACK! PETER WOULD HAE GIED OUR MONEY BACK! PETER KNOWS US!
WELL, I'M NO' PETER!
NAW. YOU'RE SIMON, EH?

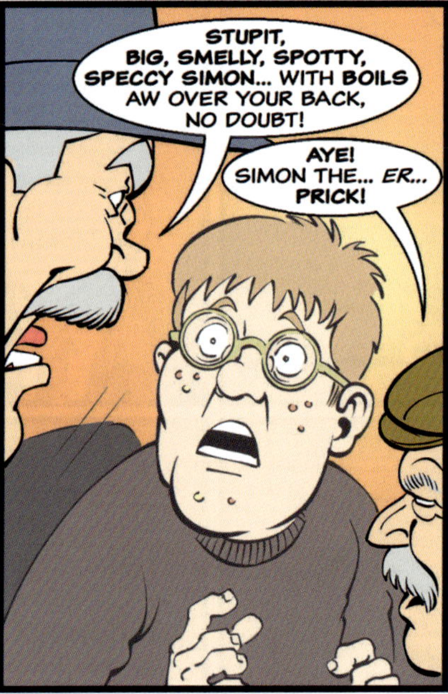

STUPIT, BIG, SMELLY, SPOTTY, SPECCY SIMON... WITH BOILS AW OVER YOUR BACK, NO DOUBT!
AYE! SIMON THE... ER... PRICK!

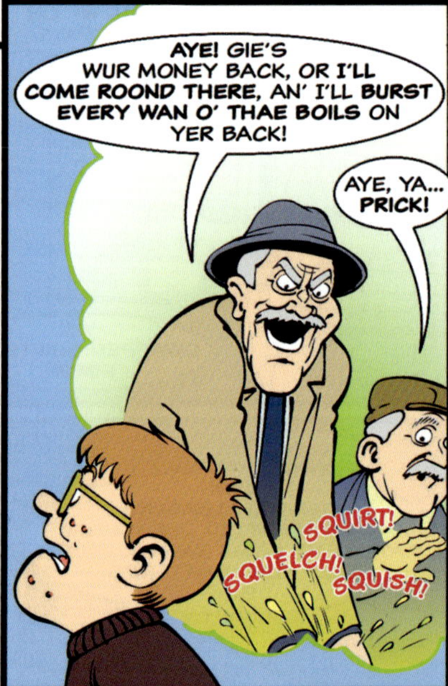

AYE! GIE'S WUR MONEY BACK, OR I'LL COME ROOND THERE, AN' I'LL BURST EVERY WAN O' THAE BOILS ON YER BACK!
AYE, YA... PRICK!
SQUIRT!
SQUELCH!
SQUISH!

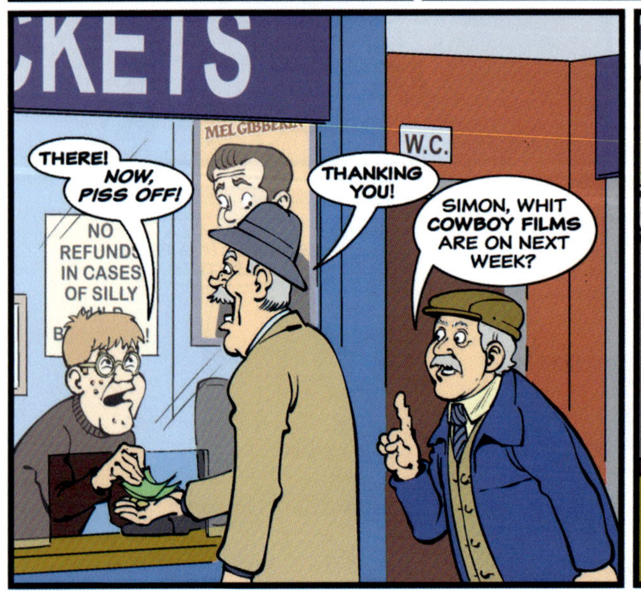

CKETS
MEL GIBBERIN
W.C.
THERE! NOW, PISS OFF!
THANKING YOU!
SIMON, WHIT COWBOY FILMS ARE ON NEXT WEEK?
NO REFUNDS IN CASES OF SILLY

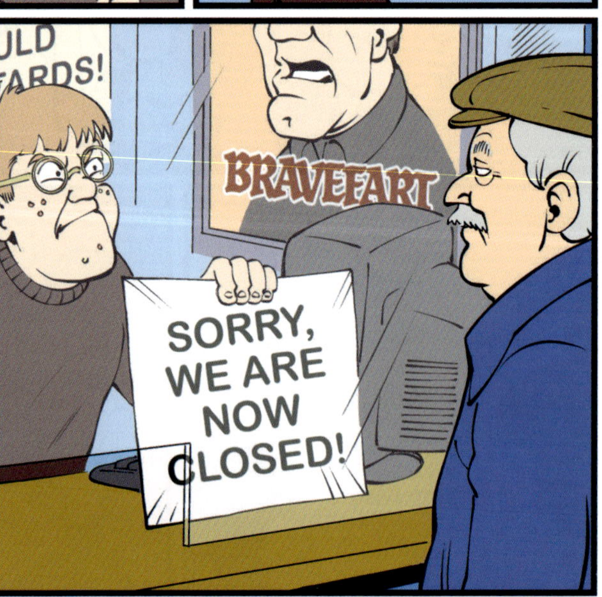

ULD ARDS!
BRAVEFART
SORRY, WE ARE NOW CLOSED!

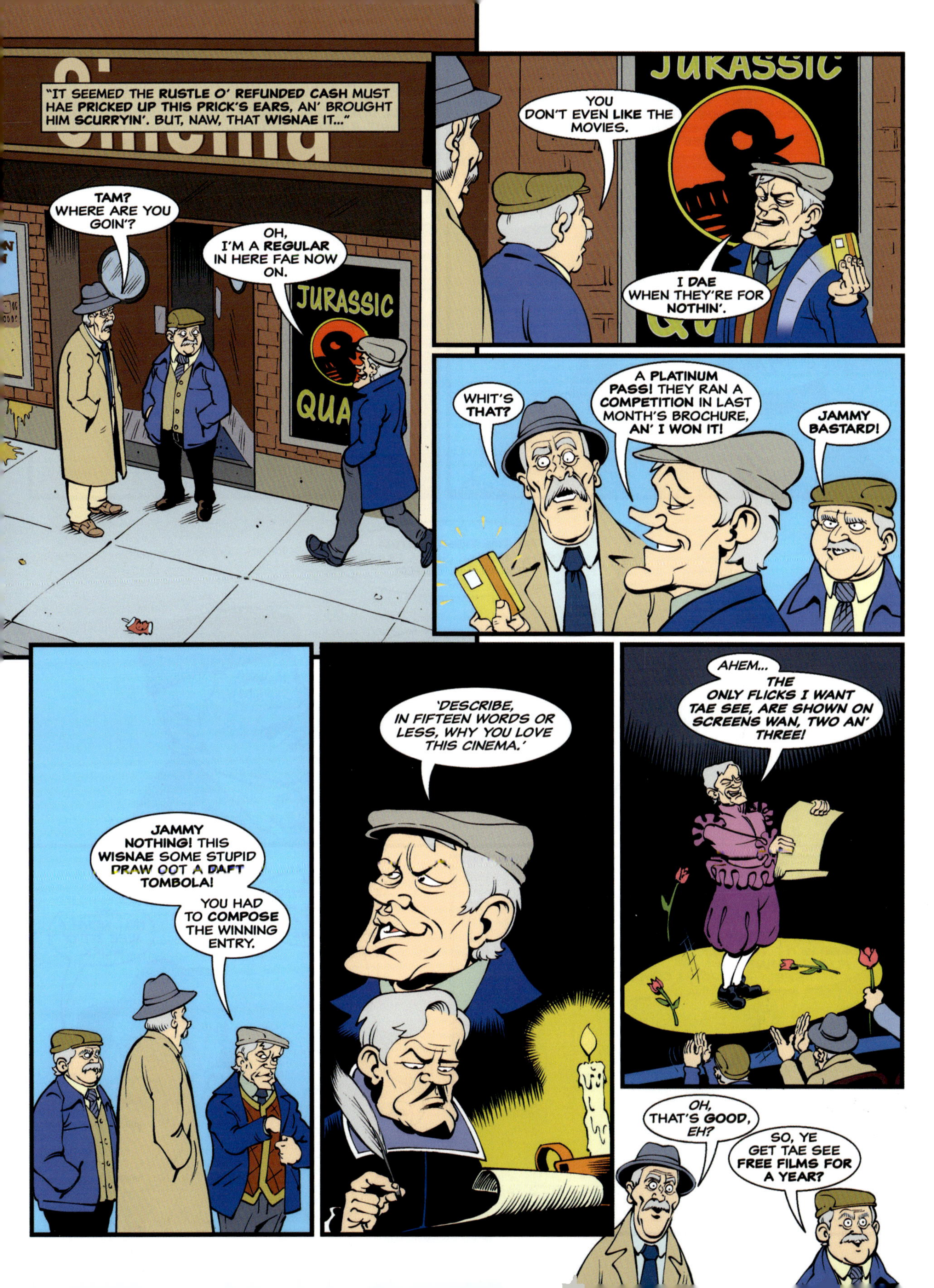

"IT SEEMED THE RUSTLE O' REFUNDED CASH MUST HAE PRICKED UP THIS PRICK'S EARS, AN' BROUGHT HIM SCURRYIN'. BUT, NAW, THAT WISNAE IT..."
TAM? WHERE ARE YOU GOIN'?
OH, I'M A REGULAR IN HERE FAE NOW ON.
JURASSIC QUA

YOU DON'T EVEN LIKE THE MOVIES.
I DAE WHEN THEY'RE FOR NOTHIN'.
JURASSIC Q

WHIT'S THAT?
A PLATINUM PASS! THEY RAN A COMPETITION IN LAST MONTH'S BROCHURE, AN' I WON IT!
JAMMY BASTARD!

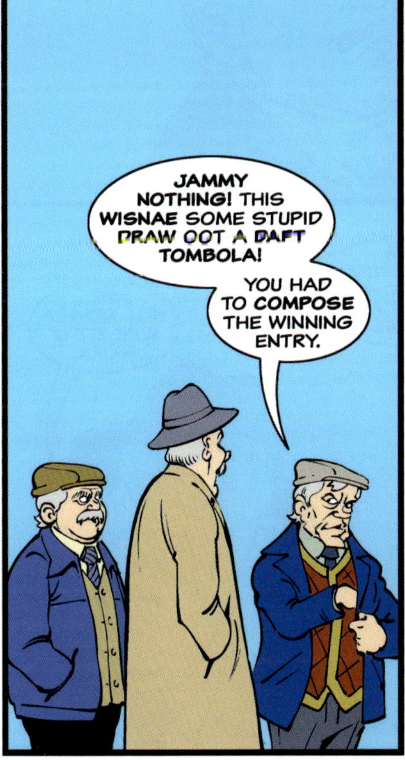

JAMMY NOTHING! THIS WISNAE SOME STUPID DRAW OOT A DAFT TOMBOLA!
YOU HAD TO COMPOSE THE WINNING ENTRY.

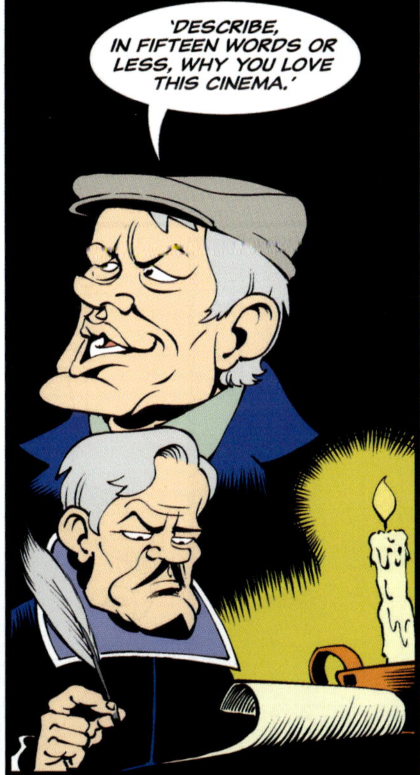

'DESCRIBE, IN FIFTEEN WORDS OR LESS, WHY YOU LOVE THIS CINEMA.'

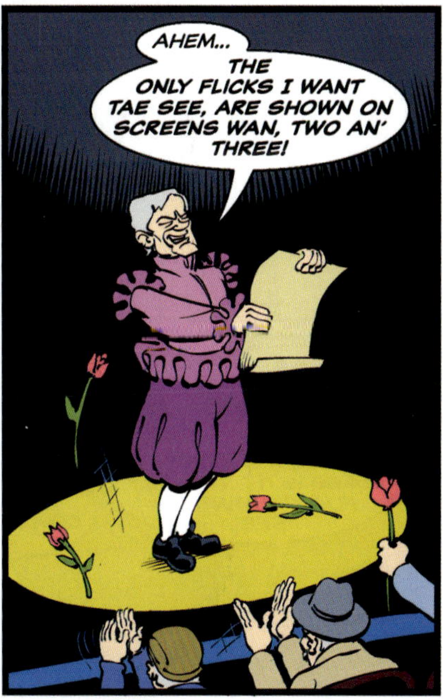

AHEM... THE ONLY FLICKS I WANT TAE SEE, ARE SHOWN ON SCREENS WAN, TWO AN' THREE!

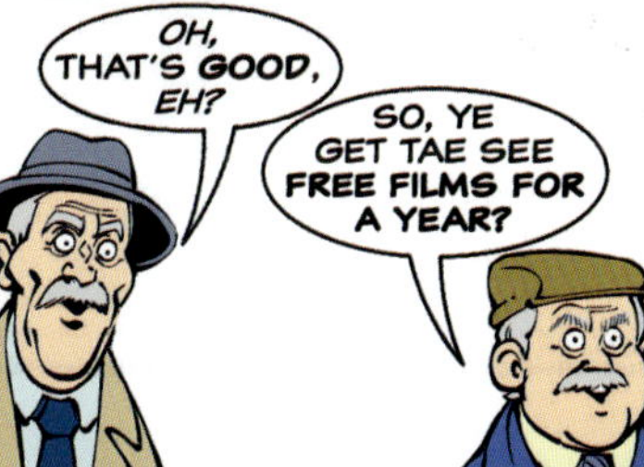

OH, THAT'S GOOD, EH?
SO, YE GET TAE SEE FREE FILMS FOR A YEAR?

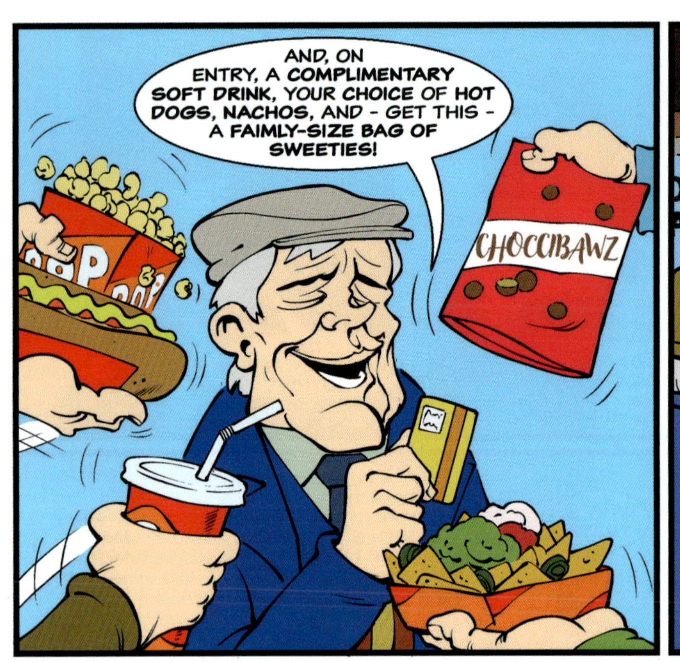

AND, ON ENTRY, A COMPLIMENTARY SOFT DRINK, YOUR CHOICE OF HOT DOGS, NACHOS, AND - GET THIS - A FAIMLY-SIZE BAG OF SWEETIES!
CHOCCIBAWZ

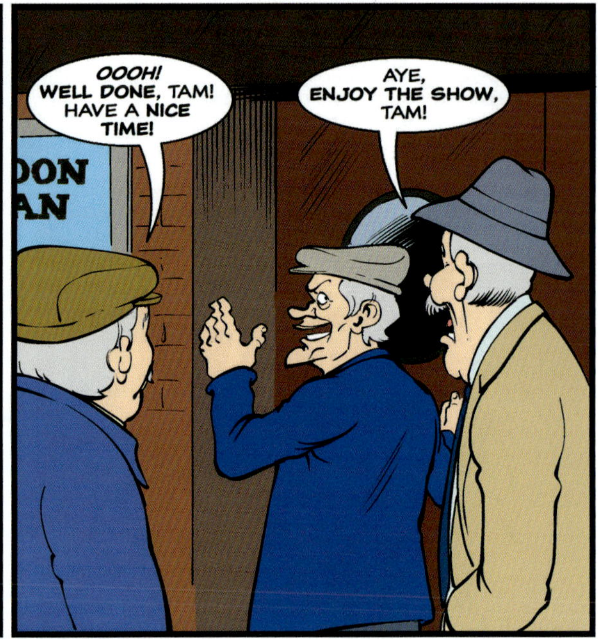

OOOH! WELL DONE, TAM! HAVE A NICE TIME!
AYE, ENJOY THE SHOW, TAM!

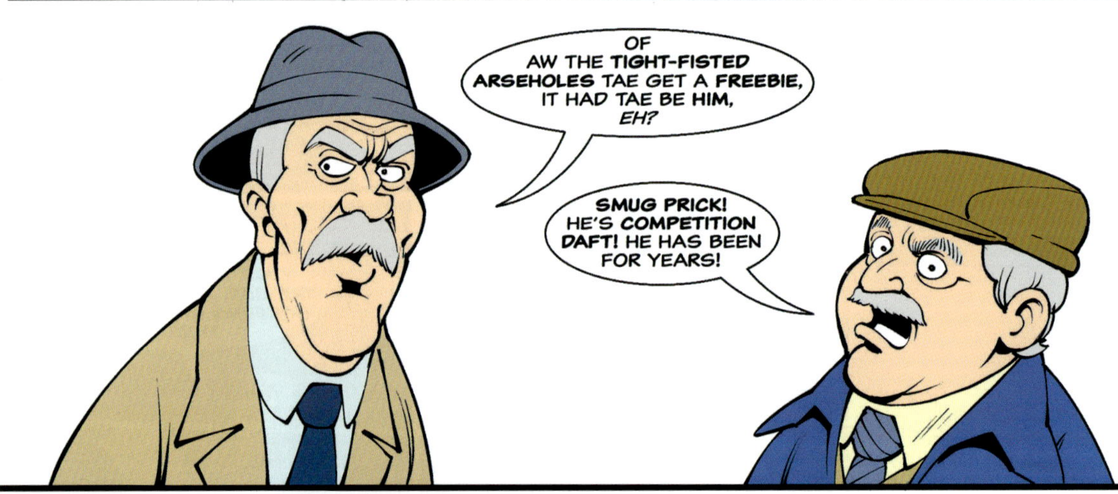

OF AW THE TIGHT-FISTED ARSEHOLES TAE GET A FREEBIE, IT HAD TAE BE HIM, EH?
SMUG PRICK! HE'S COMPETITION DAFT! HE HAS BEEN FOR YEARS!

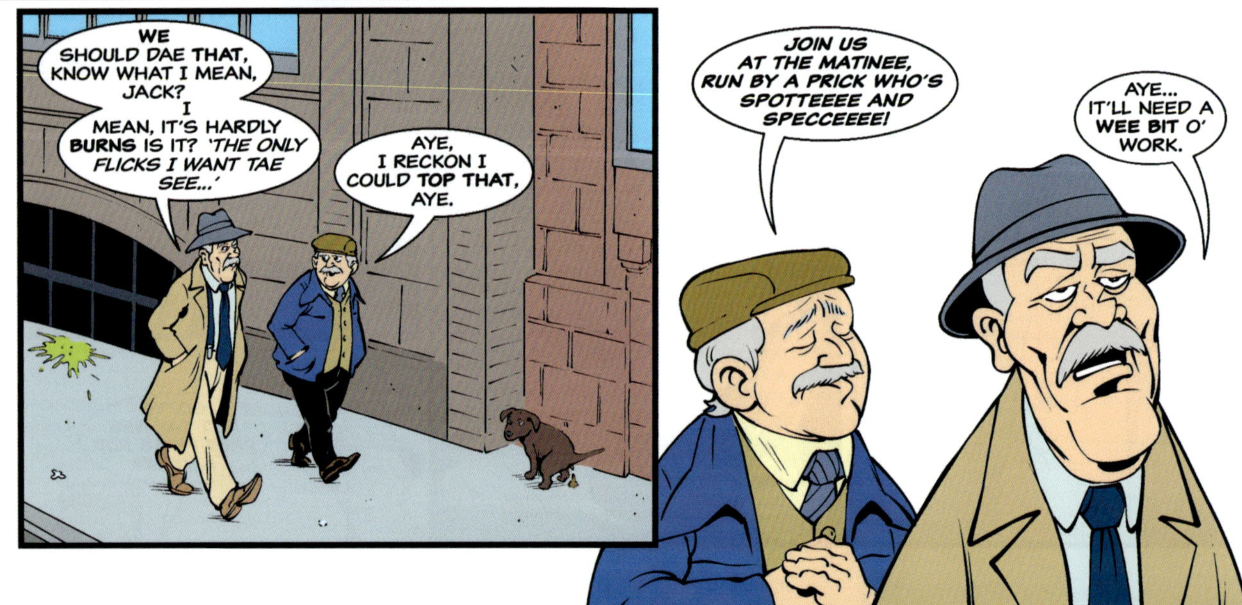

WE SHOULD DAE THAT, KNOW WHAT I MEAN, JACK? I MEAN, IT'S HARDLY BURNS IS IT? 'THE ONLY FLICKS I WANT TAE SEE...'
AYE, I RECKON I COULD TOP THAT, AYE.
JOIN US AT THE MATINEE, RUN BY A PRICK WHO'S SPOTTEEEE AND SPECCEEEE!
AYE... IT'LL NEED A WEE BIT O' WORK.

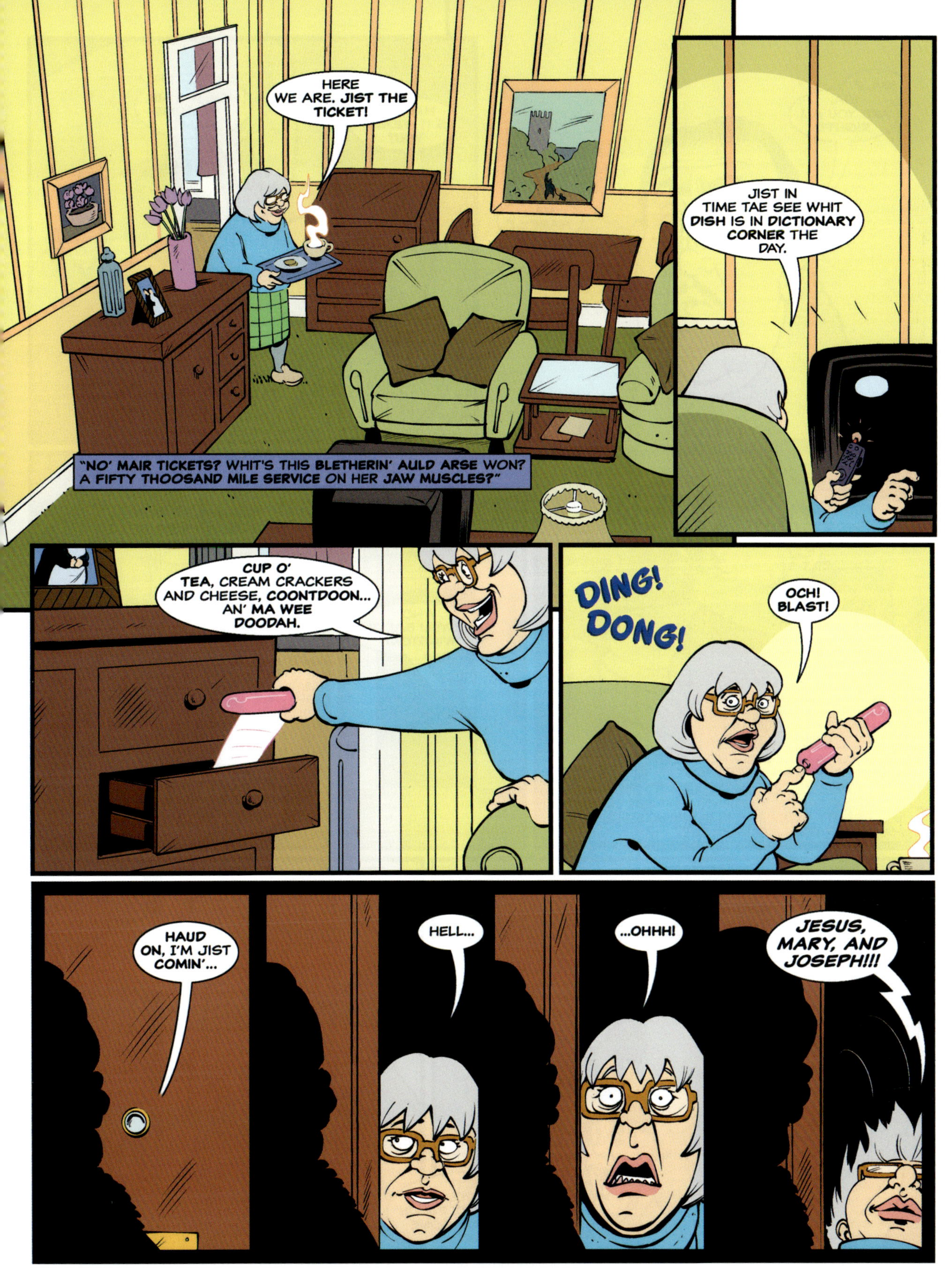

HERE WE ARE. JIST THE TICKET!
JIST IN TIME TAE SEE WHIT DISH IS IN DICTIONARY CORNER THE DAY.
"NO' MAIR TICKETS? WHIT'S THIS BLETHERIN' AULD ARSE WON? A FIFTY THOOSAND MILE SERVICE ON HER JAW MUSCLES?"
CUP O' TEA, CREAM CRACKERS AND CHEESE, COONTDOON... AN' MA WEE DOODAH.
DING! DONG!
OCH! BLAST!
HAUD ON, I'M JIST COMIN'...
HELL...
...OHHH!
JESUS, MARY, AND JOSEPH!!!

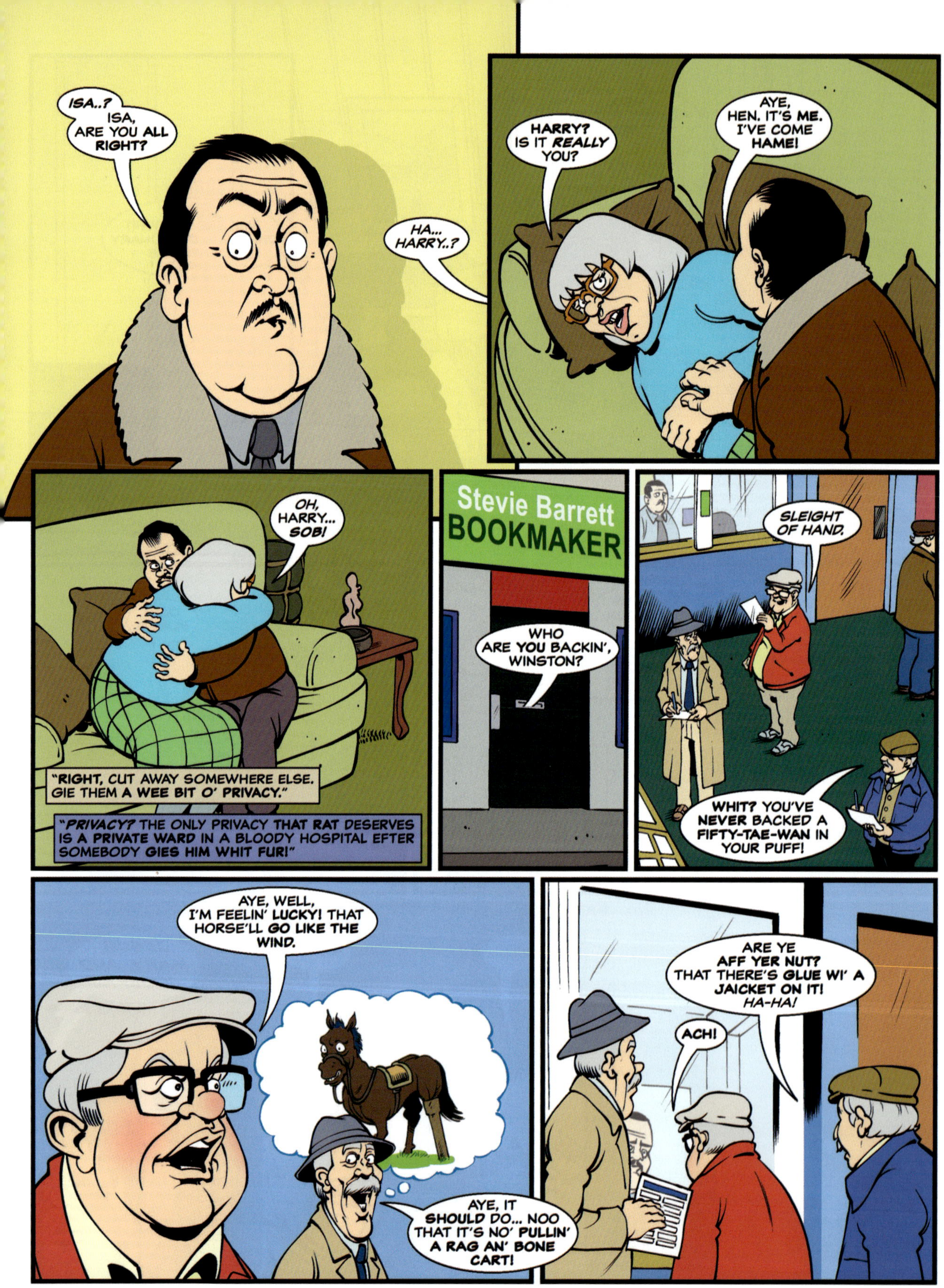

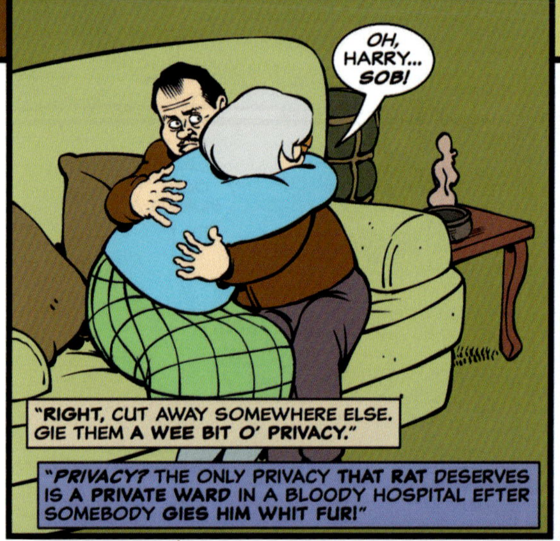

ISA..? ISA, ARE YOU ALL RIGHT?
HA... HARRY..?
OH, HARRY... SOB!
"RIGHT, CUT AWAY SOMEWHERE ELSE. GIE THEM A WEE BIT O' PRIVACY."
"PRIVACY? THE ONLY PRIVACY THAT RAT DESERVES IS A PRIVATE WARD IN A BLOODY HOSPITAL EFTER SOMEBODY GIES HIM WHIT FUR!"

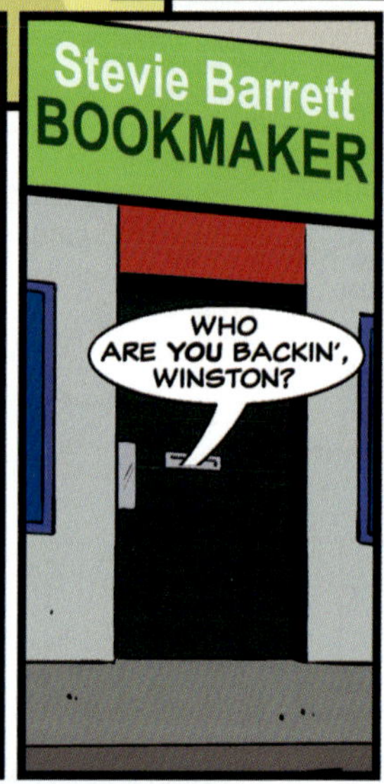

HARRY? IS IT REALLY YOU?
AYE, HEN. IT'S ME. I'VE COME HAME!

Stevie Barrett
BOOKMAKER
WHO ARE YOU BACKIN', WINSTON?

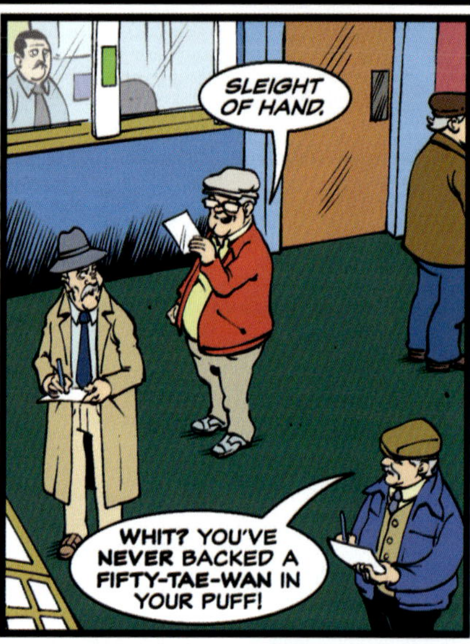

SLEIGHT OF HAND.
WHIT? YOU'VE NEVER BACKED A FIFTY-TAE-WAN IN YOUR PUFF!

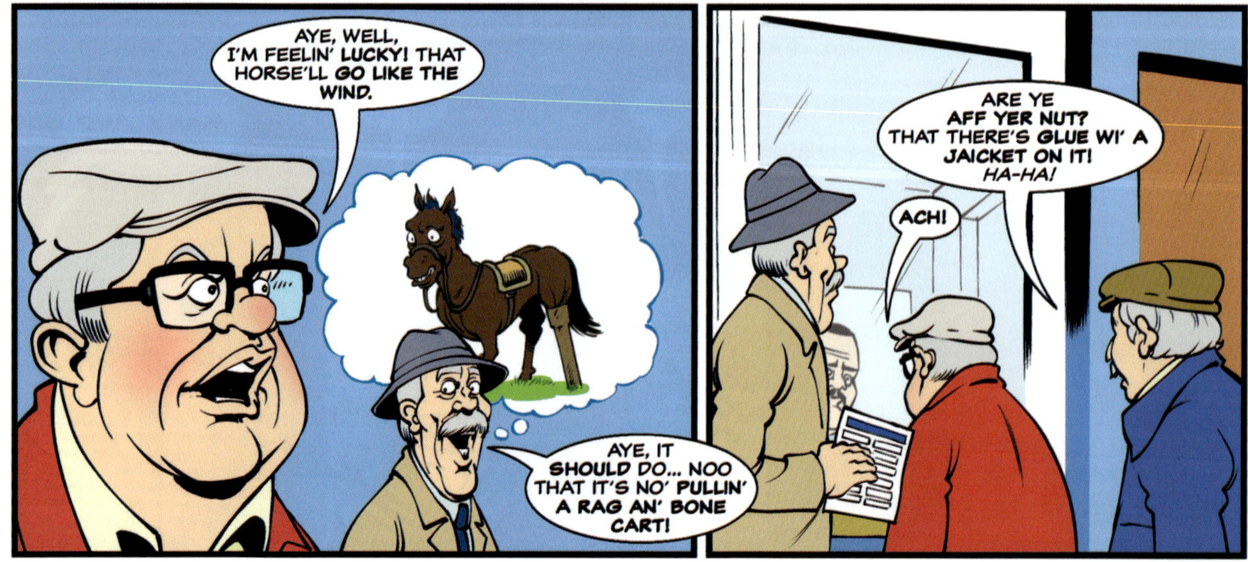

AYE, WELL, I'M FEELIN' LUCKY! THAT HORSE'LL GO LIKE THE WIND.
AYE, IT SHOULD DO... NOO THAT IT'S NO' PULLIN' A RAG AN' BONE CART!
ARE YE AFF YER NUT? THAT THERE'S GLUE WI' A JAICKET ON IT! HA-HA!
ACH!

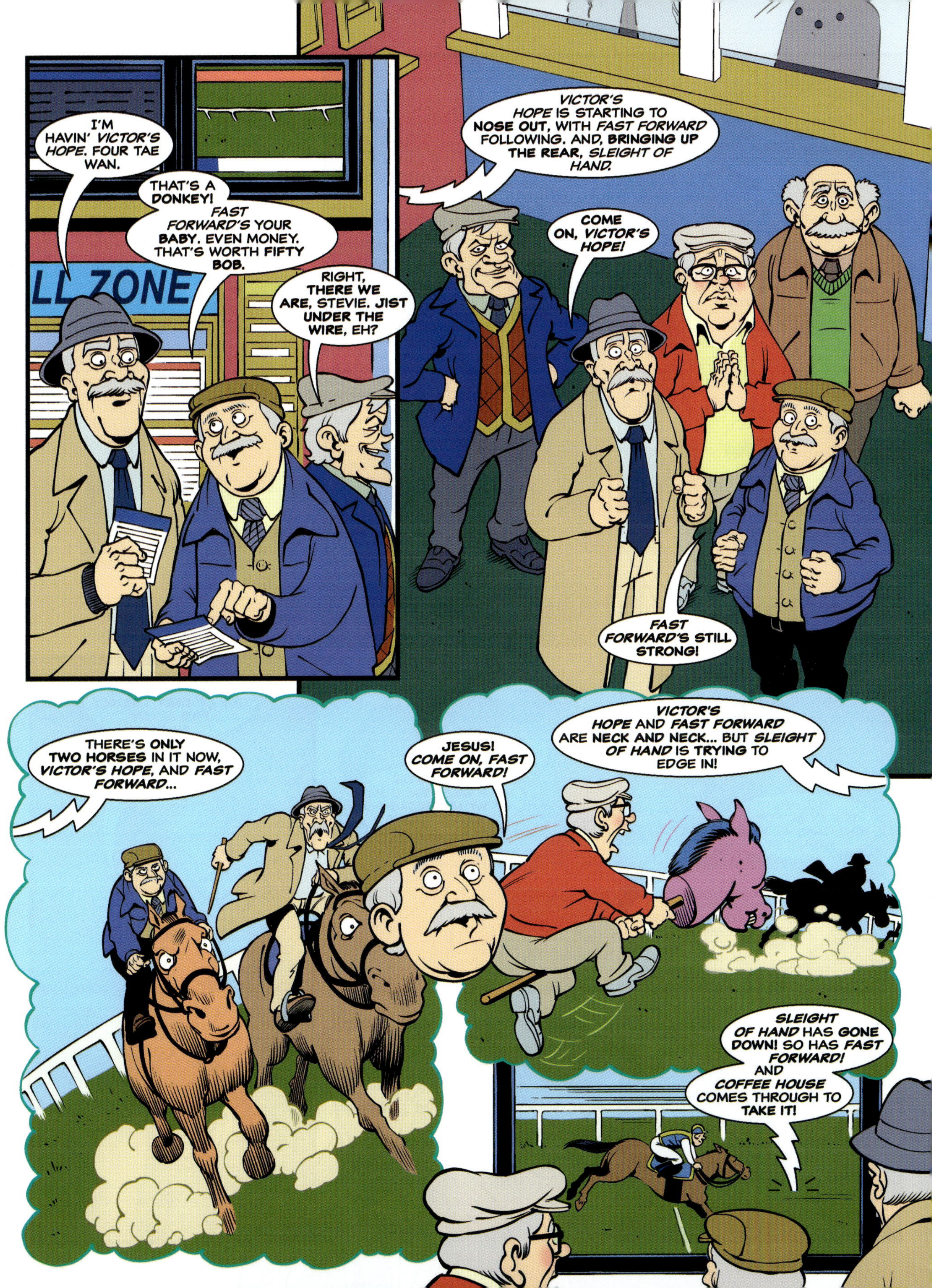

I'M HAVIN' VICTOR'S HOPE. FOUR TAE WAN.
THAT'S A DONKEY! FAST FORWARD'S YOUR BABY. EVEN MONEY. THAT'S WORTH FIFTY BOB.
RIGHT, THERE WE ARE, STEVIE. JIST UNDER THE WIRE, EH?
VICTOR'S HOPE IS STARTING TO NOSE OUT, WITH FAST FORWARD FOLLOWING. AND, BRINGING UP THE REAR, SLEIGHT OF HAND.
COME ON, VICTOR'S HOPE!
FAST FORWARD'S STILL STRONG!
THERE'S ONLY TWO HORSES IN IT NOW, VICTOR'S HOPE, AND FAST FORWARD...
JESUS! COME ON, FAST FORWARD!
VICTOR'S HOPE AND FAST FORWARD ARE NECK AND NECK... BUT SLEIGHT OF HAND IS TRYING TO EDGE IN!
SLEIGHT OF HAND HAS GONE DOWN! SO HAS FAST FORWARD! AND COFFEE HOUSE COMES THROUGH TO TAKE IT!
LL ZONE

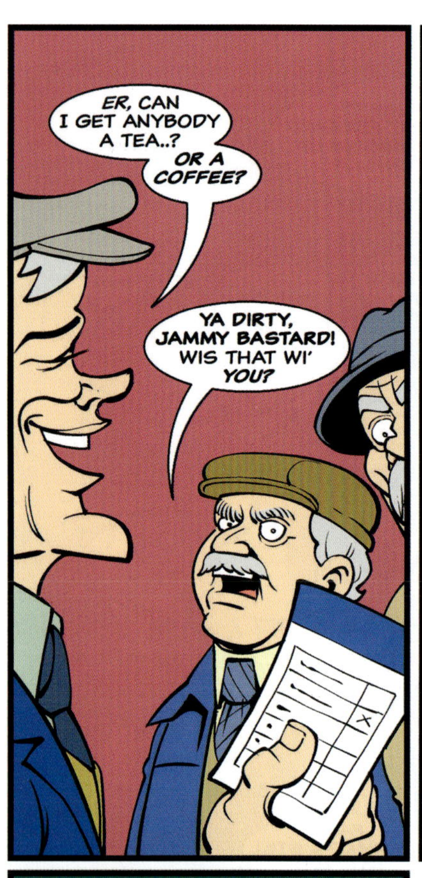

ER, CAN I GET ANYBODY A TEA..? OR A COFFEE?
YA DIRTY, JAMMY BASTARD! WIS THAT WI' YOU?

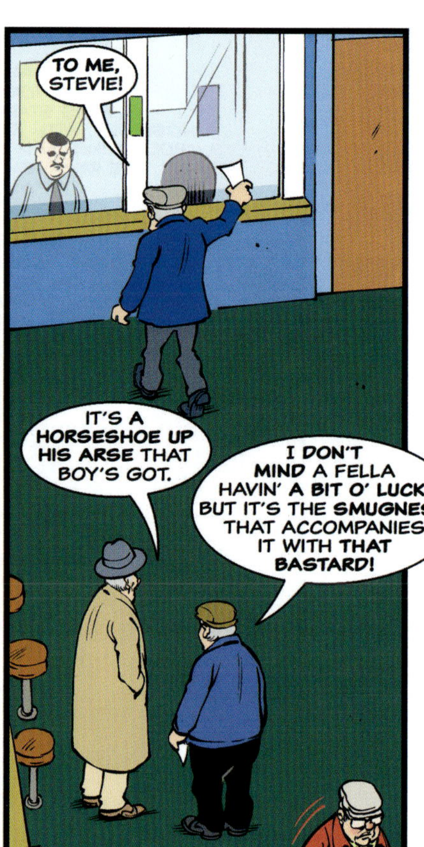

TO ME, STEVIE!
IT'S A HORSESHOE UP HIS ARSE THAT BOY'S GOT.
I DON'T MIND A FELLA HAVIN' A BIT O' LUCK, BUT IT'S THE SMUGNESS THAT ACCOMPANIES IT WITH THAT BASTARD!

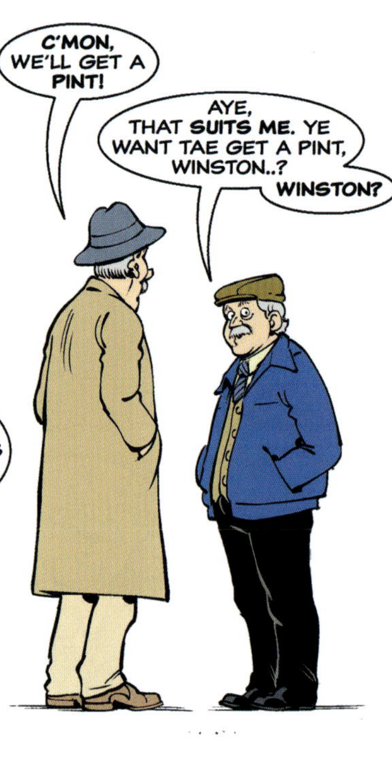

C'MON, WE'LL GET A PINT!
AYE, THAT SUITS ME. YE WANT TAE GET A PINT, WINSTON..? WINSTON?

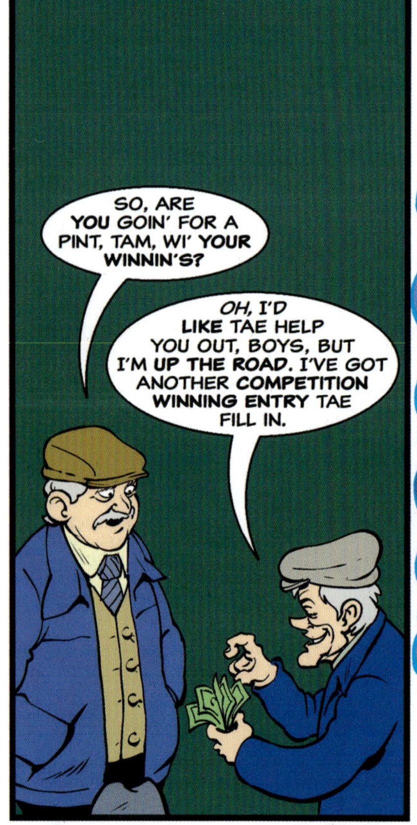

SO, ARE YOU GOIN' FOR A PINT, TAM, WI' YOUR WINNIN'S?
OH, I'D LIKE TAE HELP YOU OUT, BOYS, BUT I'M UP THE ROAD. I'VE GOT ANOTHER COMPETITION WINNING ENTRY TAE FILL IN.

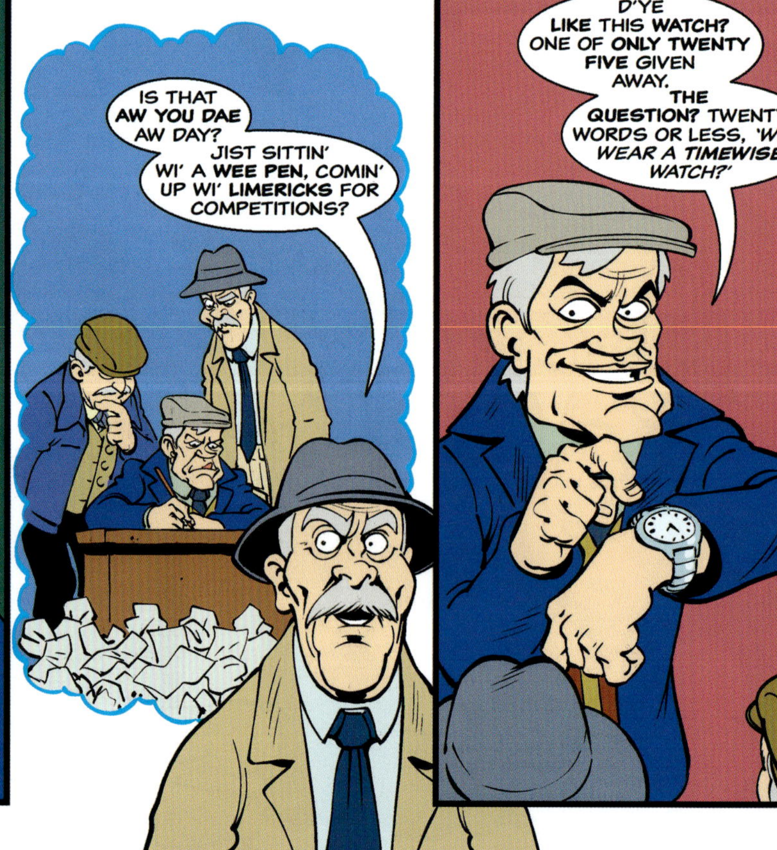

IS THAT AW YOU DAE AW DAY? JIST SITTIN' WI' A WEE PEN, COMIN' UP WI' LIMERICKS FOR COMPETITIONS?
D'YE LIKE THIS WATCH? ONE OF ONLY TWENTY FIVE GIVEN AWAY. THE QUESTION? TWENTY WORDS OR LESS, 'WHY WEAR A TIMEWISE WATCH?'

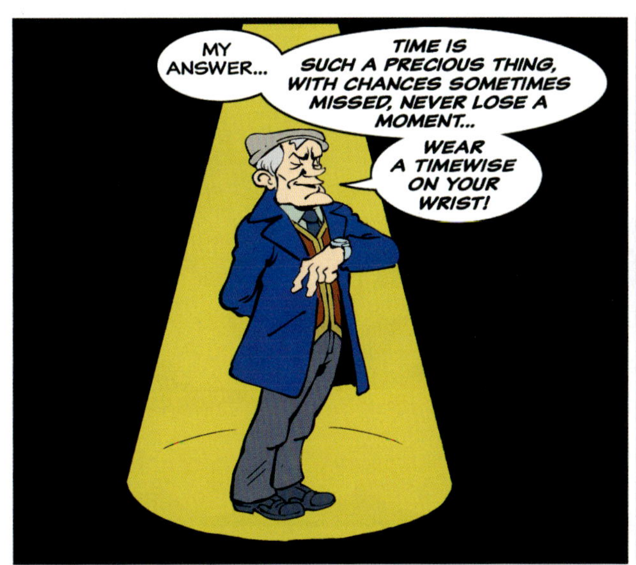

MY ANSWER... TIME IS SUCH A PRECIOUS THING, WITH CHANCES SOMETIMES MISSED, NEVER LOSE A MOMENT...
WEAR A TIMEWISE ON YOUR WRIST!

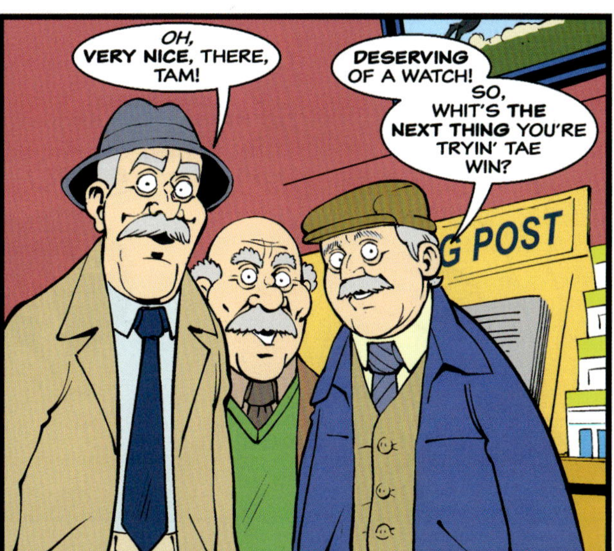

OH, VERY NICE, THERE, TAM!
DESERVING OF A WATCH! SO, WHIT'S THE NEXT THING YOU'RE TRYIN' TAE WIN?
G POST

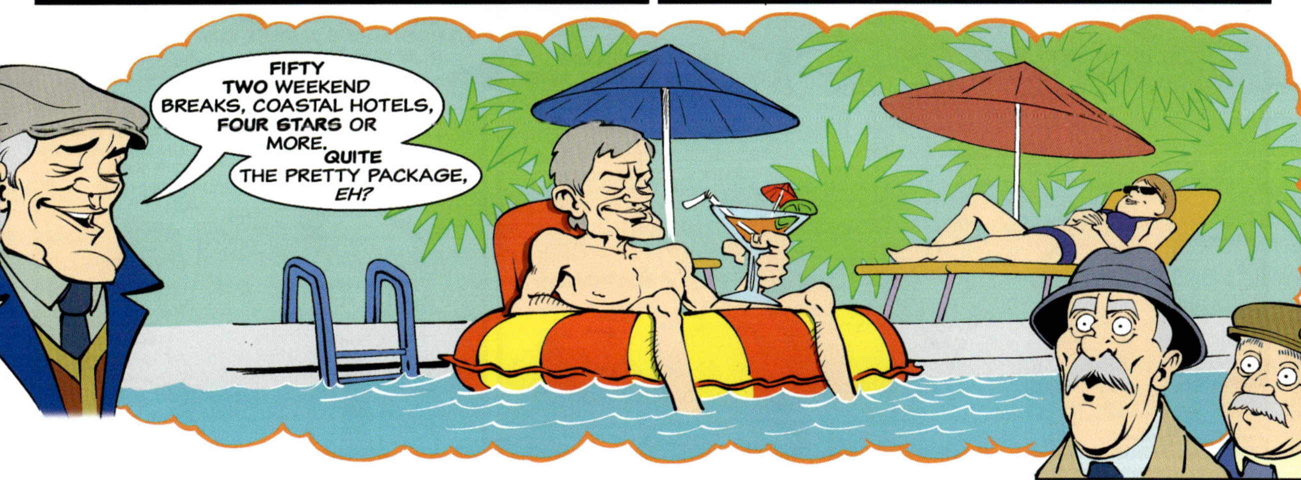

FIFTY TWO WEEKEND BREAKS, COASTAL HOTELS, FOUR STARS OR MORE. QUITE THE PRETTY PACKAGE, EH?

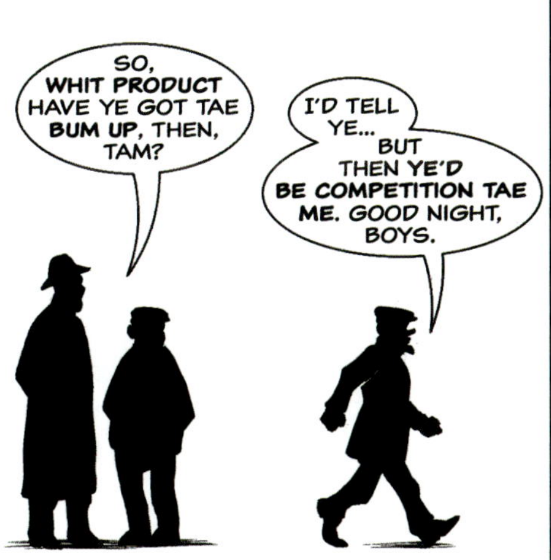

SO, WHIT PRODUCT HAVE YE GOT TAE BUM UP, THEN, TAM?
I'D TELL YE... BUT THEN YE'D BE COMPETITION TAE ME. GOOD NIGHT, BOYS.

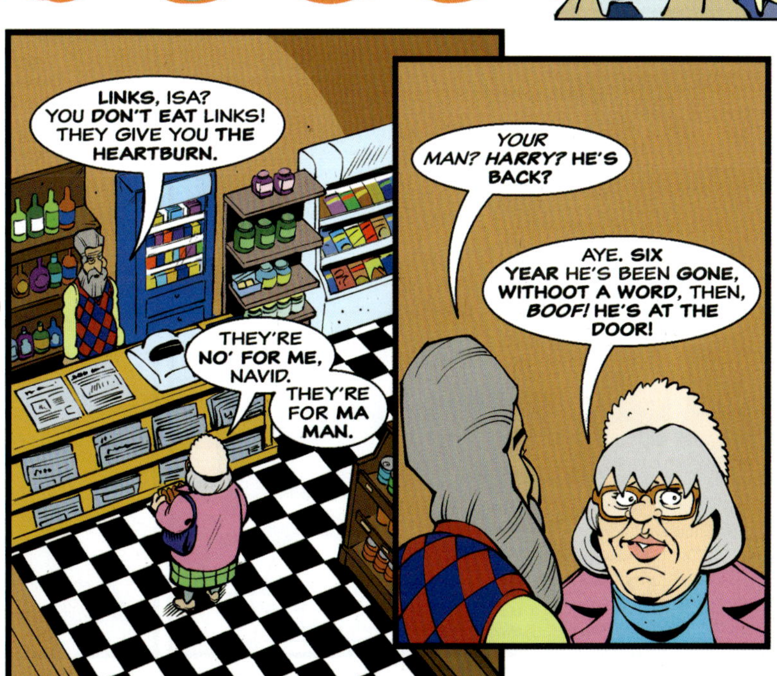

LINKS, ISA? YOU DON'T EAT LINKS! THEY GIVE YOU THE HEARTBURN.
THEY'RE NO' FOR ME, NAVID. THEY'RE FOR MA MAN.
YOUR MAN? HARRY? HE'S BACK?
AYE. SIX YEAR HE'S BEEN GONE, WITHOOT A WORD, THEN, BOOF! HE'S AT THE DOOR!

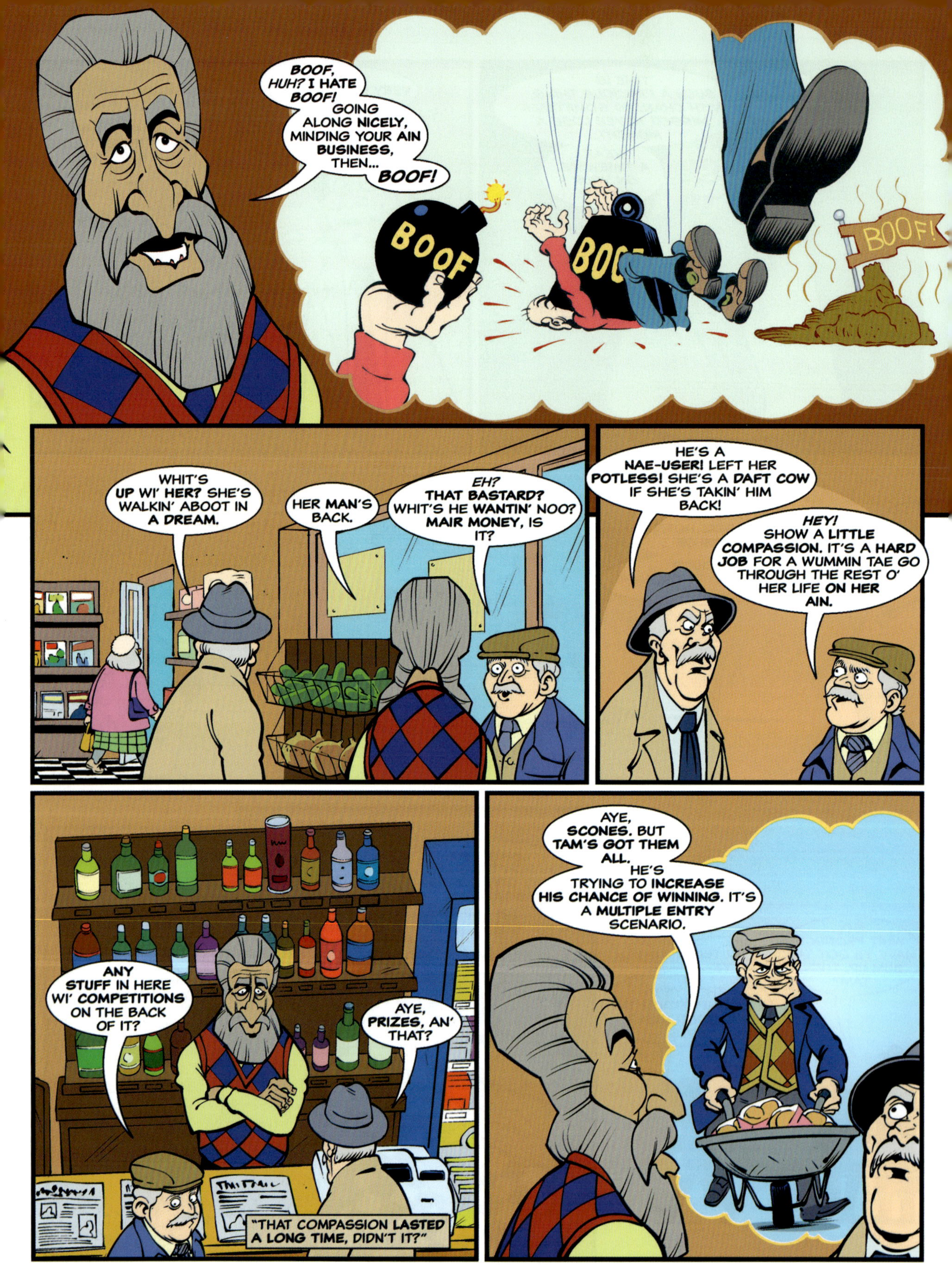

BOOF, HUH? I HATE BOOF! GOING ALONG NICELY, MINDING YOUR AIN BUSINESS, THEN... BOOF!
BOOF
BOOF
BOOF!

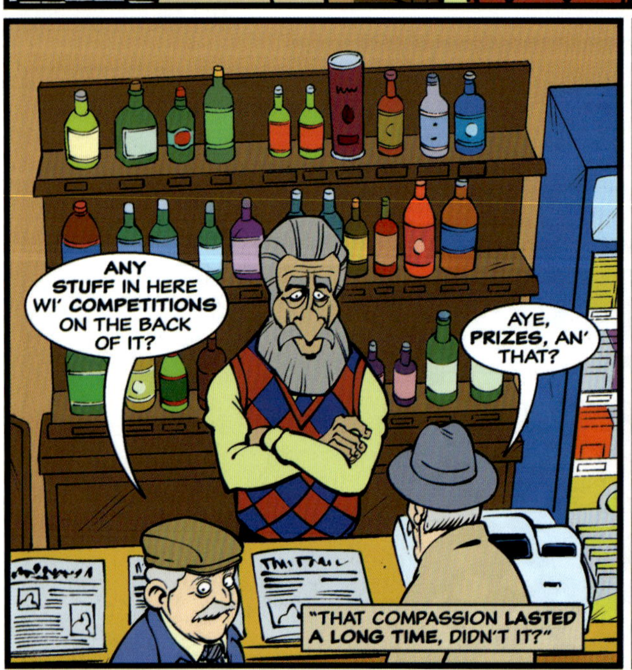

WHIT'S UP WI' HER? SHE'S WALKIN' ABOOT IN A DREAM.
HER MAN'S BACK.
EH? THAT BASTARD? WHIT'S HE WANTIN' NOO? MAIR MONEY, IS IT?
HE'S A NAE-USER! LEFT HER POTLESS! SHE'S A DAFT COW IF SHE'S TAKIN' HIM BACK!
HEY! SHOW A LITTLE COMPASSION. IT'S A HARD JOB FOR A WUMMIN TAE GO THROUGH THE REST O' HER LIFE ON HER AIN.
ANY STUFF IN HERE WI' COMPETITIONS ON THE BACK OF IT?
AYE, PRIZES, AN' THAT?
"THAT COMPASSION LASTED A LONG TIME, DIDN'T IT?"

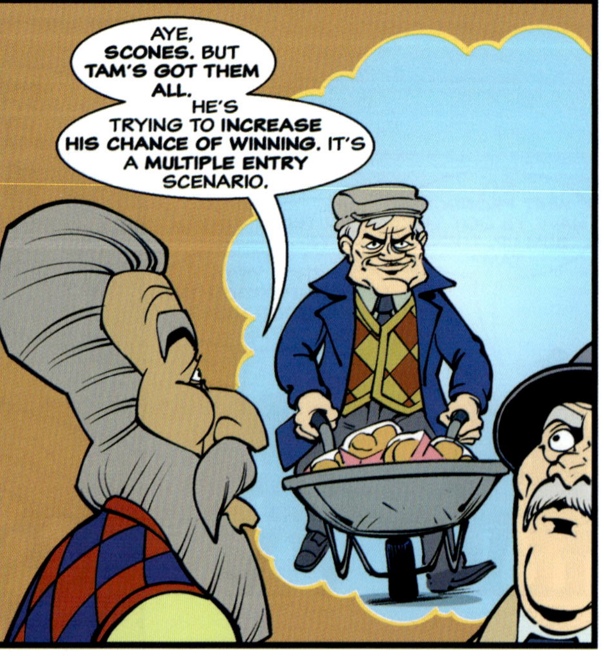

AYE, SCONES. BUT TAM'S GOT THEM ALL. HE'S TRYING TO INCREASE HIS CHANCE OF WINNING. IT'S A MULTIPLE ENTRY SCENARIO.

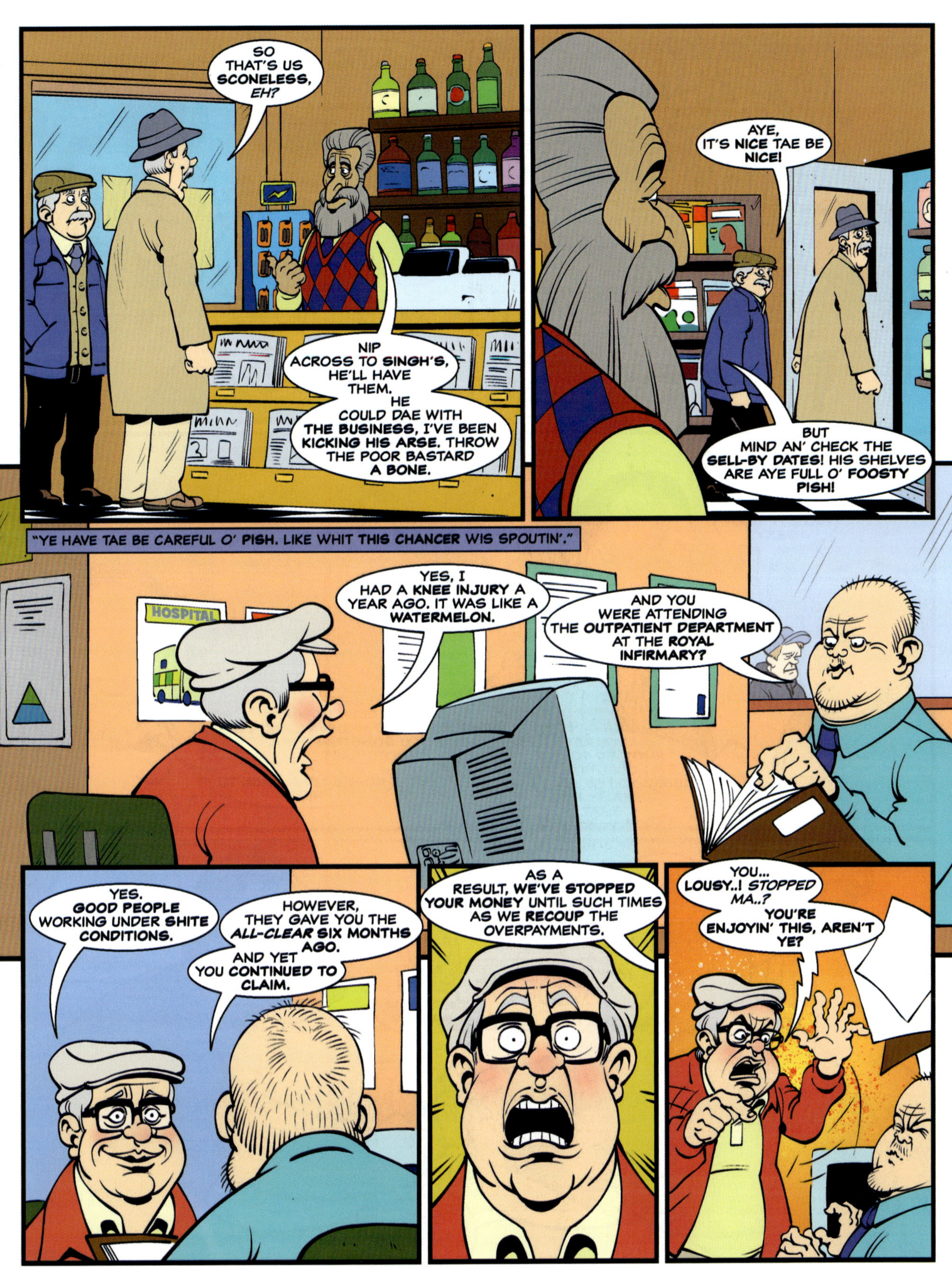

SO THAT'S US SCONELESS, EH?

NIP ACROSS TO SINGH'S, HE'LL HAVE THEM. HE COULD DAE WITH THE BUSINESS, I'VE BEEN KICKING HIS ARSE. THROW THE POOR BASTARD A BONE.

AYE, IT'S NICE TAE BE NICE!

BUT MIND AN' CHECK THE SELL-BY DATES! HIS SHELVES ARE AYE FULL O' FOOSTY PISH!

"YE HAVE TAE BE CAREFUL O' PISH. LIKE WHIT THIS CHANCER WIS SPOUTIN'."

YES, I HAD A KNEE INJURY A YEAR AGO. IT WAS LIKE A WATERMELON.

AND YOU WERE ATTENDING THE OUTPATIENT DEPARTMENT AT THE ROYAL INFIRMARY?

HOSPITAL

YES. GOOD PEOPLE WORKING UNDER SHITE CONDITIONS.

HOWEVER, THEY GAVE YOU THE ALL-CLEAR SIX MONTHS AGO. AND YET YOU CONTINUED TO CLAIM.

AS A RESULT, WE'VE STOPPED YOUR MONEY UNTIL SUCH TIMES AS WE RECOUP THE OVERPAYMENTS.

YOU... LOUSY..I STOPPED MA..? YOU'RE ENJOYIN' THIS, AREN'T YE?

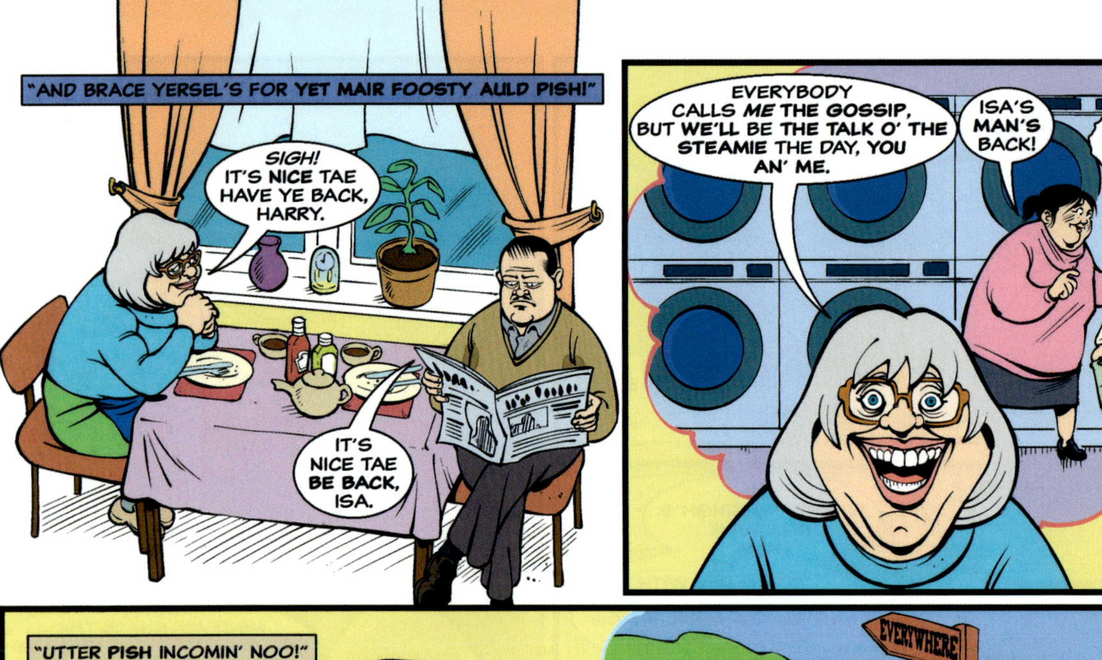

"AND BRACE YERSEL'S FOR YET MAIR FOOSTY AULD PISH!"
SIGH! IT'S NICE TAE HAVE YE BACK, HARRY.
IT'S NICE TAE BE BACK, ISA.
EVERYBODY CALLS ME THE GOSSIP, BUT WE'LL BE THE TALK O' THE STEAMIE THE DAY, YOU AN' ME.
ISA'S MAN'S BACK!
REALLY? OOT O' THE BLUE?

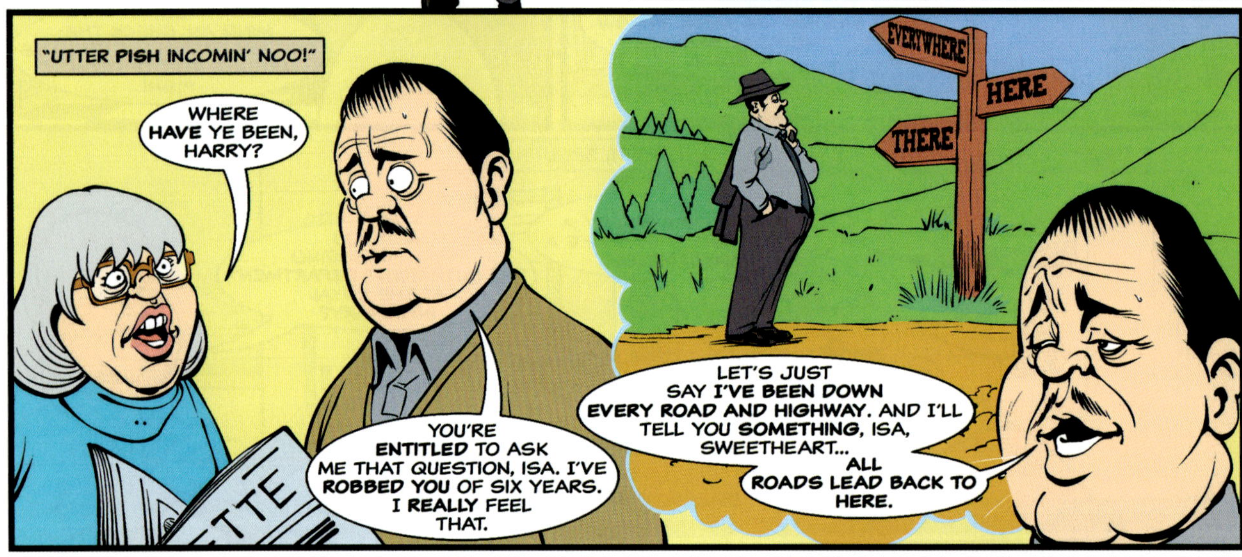

"UTTER PISH INCOMIN' NOO!"
WHERE HAVE YE BEEN, HARRY?
YOU'RE ENTITLED TO ASK ME THAT QUESTION, ISA. I'VE ROBBED YOU OF SIX YEARS. I REALLY FEEL THAT.
EVERYWHERE
HERE
THERE
LET'S JUST SAY I'VE BEEN DOWN EVERY ROAD AND HIGHWAY. AND I'LL TELL YOU SOMETHING, ISA, SWEETHEART... ALL ROADS LEAD BACK TO HERE.
ETTE

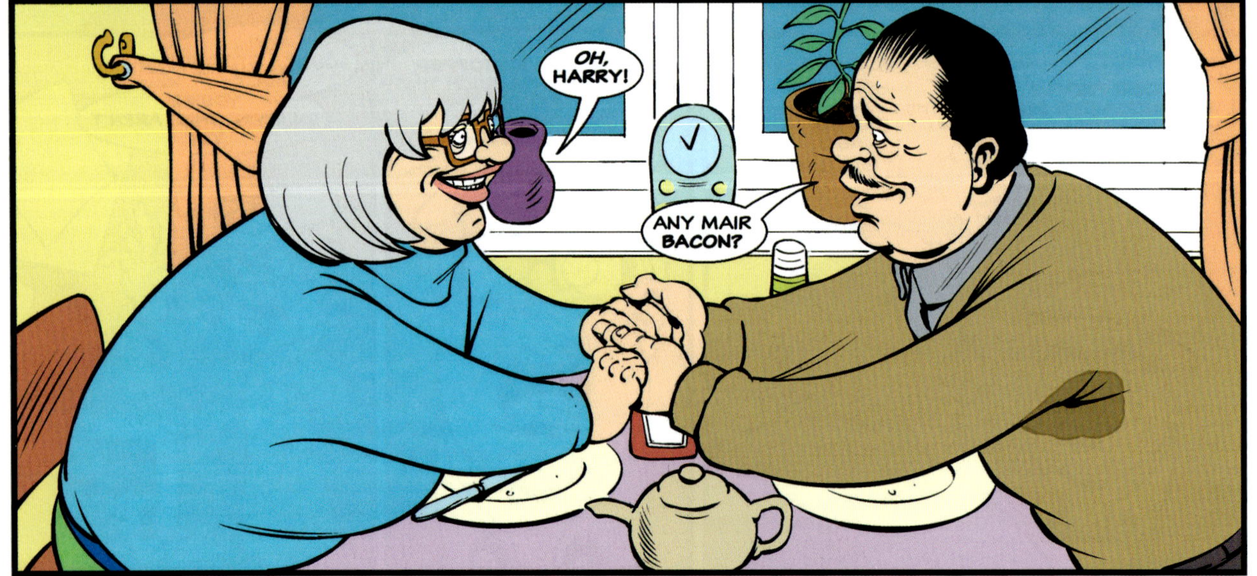

OH, HARRY!
ANY MAIR BACON?

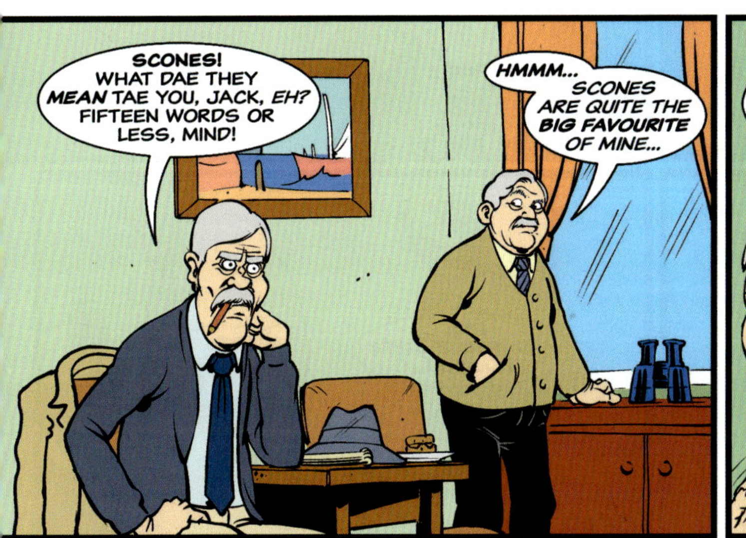

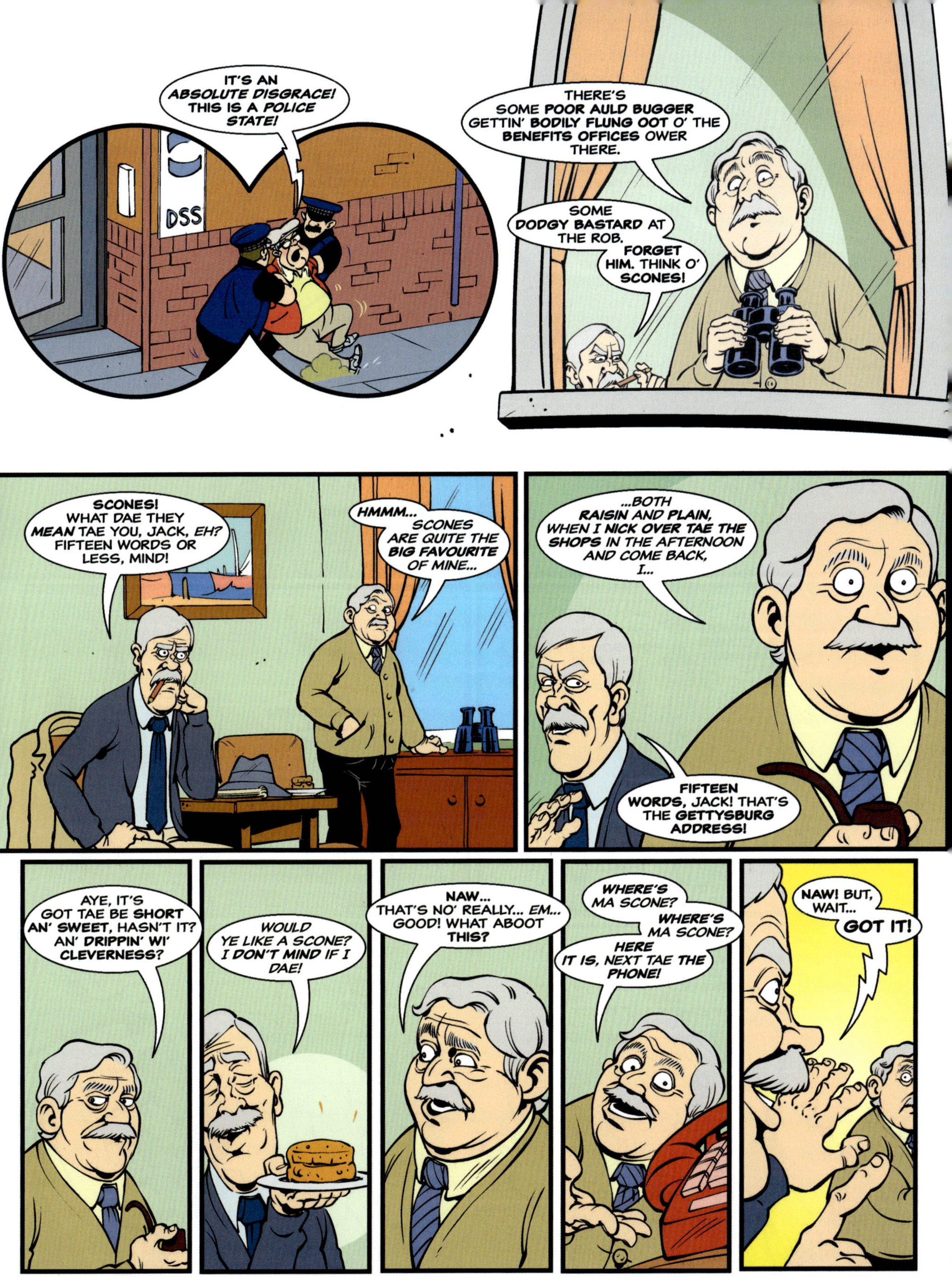

IT'S AN ABSOLUTE DISGRACE! THIS IS A POLICE STATE!
DSS
THERE'S SOME POOR AULD BUGGER GETTIN' BODILY FLUNG OOT O' THE BENEFITS OFFICES OWER THERE.
SOME DODGY BASTARD AT THE ROB. FORGET HIM. THINK O' SCONES!

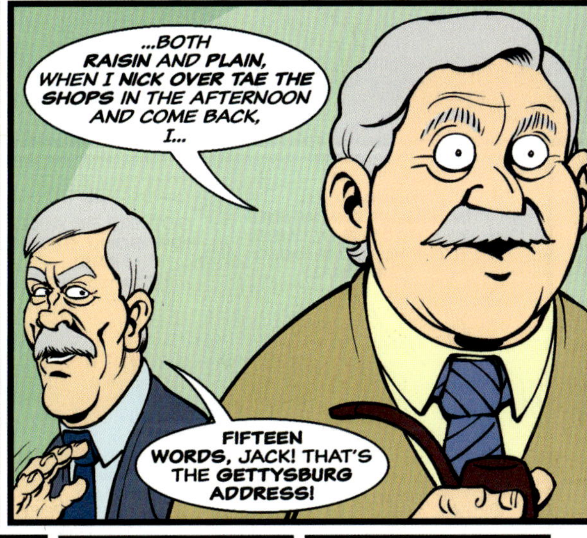

SCONES! WHAT DAE THEY MEAN TAE YOU, JACK, EH? FIFTEEN WORDS OR LESS, MIND!
HMMM... SCONES ARE QUITE THE BIG FAVOURITE OF MINE...
...BOTH RAISIN AND PLAIN, WHEN I NICK OVER TAE THE SHOPS IN THE AFTERNOON AND COME BACK, I...
FIFTEEN WORDS, JACK! THAT'S THE GETTYSBURG ADDRESS!

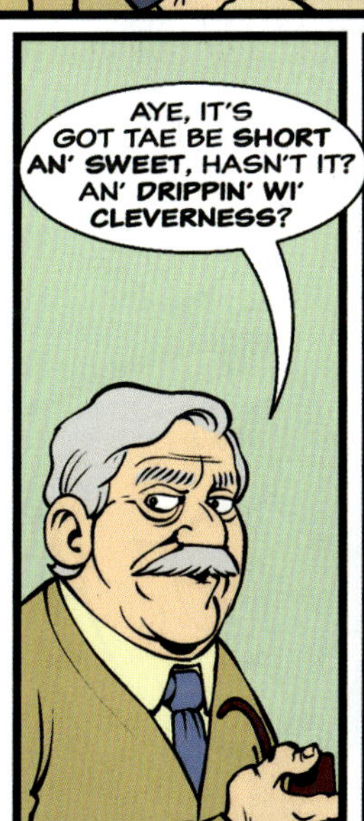

AYE, IT'S GOT TAE BE SHORT AN' SWEET, HASN'T IT? AN' DRIPPIN' WI' CLEVERNESS?

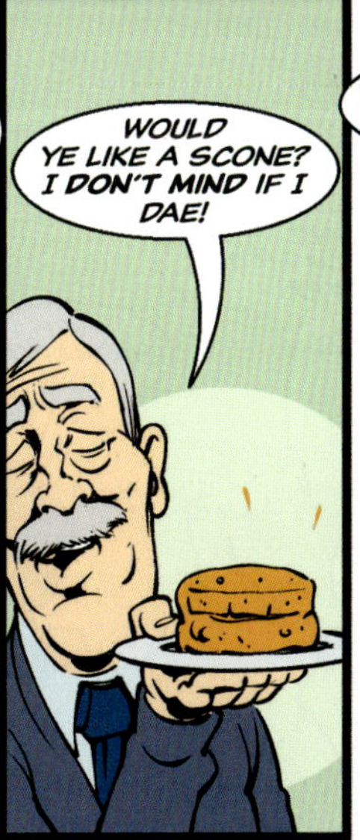

WOULD YE LIKE A SCONE? I DON'T MIND IF I DAE!

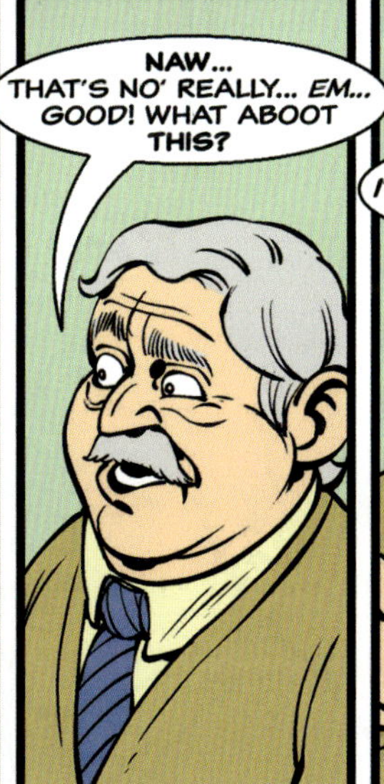

NAW... THAT'S NO' REALLY... EM... GOOD! WHAT ABOOT THIS?

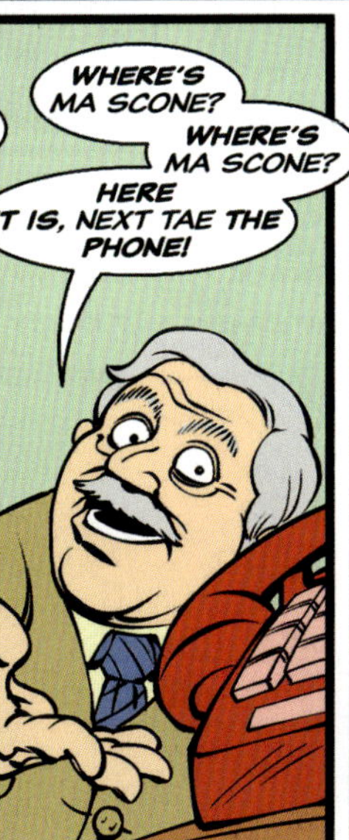

WHERE'S MA SCONE?
WHERE'S MA SCONE?
HERE IT IS, NEXT TAE THE PHONE!

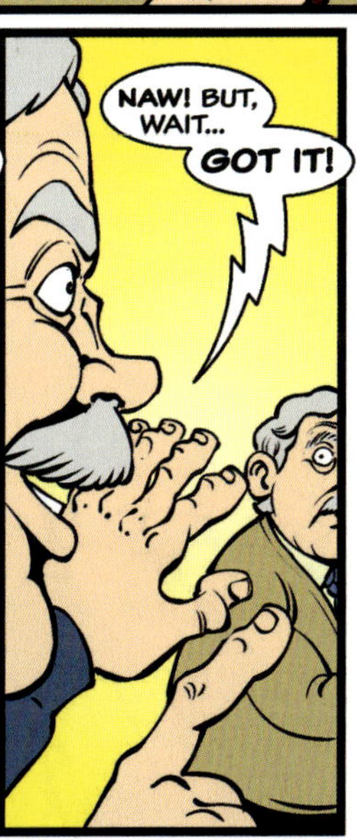

NAW! BUT, WAIT...
GOT IT!

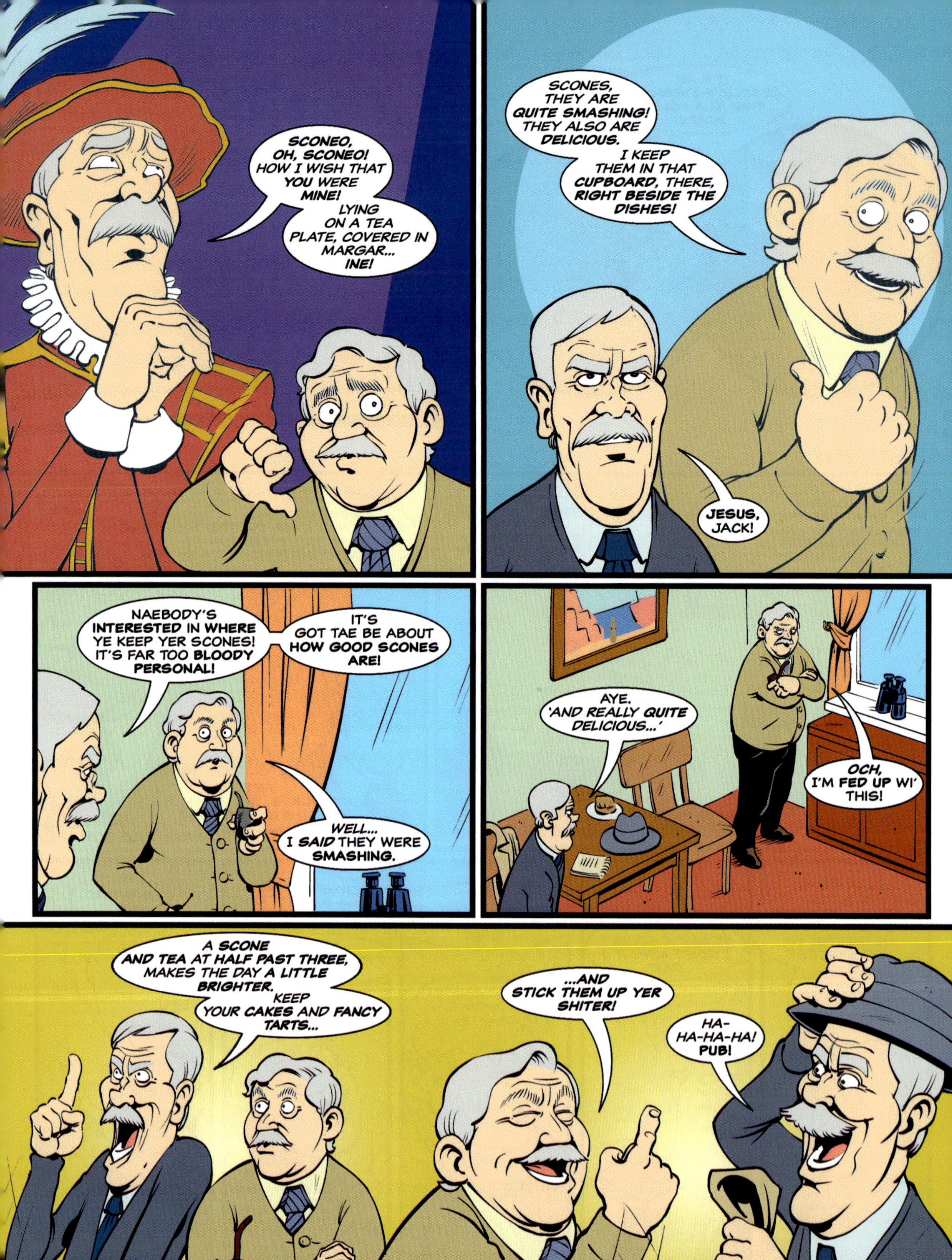
SCONEO, OH, SCONEO! HOW I WISH THAT YOU WERE MINE!
LYING ON A TEA PLATE, COVERED IN MARGAR... INE!
SCONES, THEY ARE QUITE SMASHING! THEY ALSO ARE DELICIOUS.
I KEEP THEM IN THAT CUPBOARD, THERE, RIGHT BESIDE THE DISHES!
JESUS, JACK!
NAEBODY'S INTERESTED IN WHERE YE KEEP YER SCONES! IT'S FAR TOO BLOODY PERSONAL!
IT'S GOT TAE BE ABOUT HOW GOOD SCONES ARE!
WELL... I SAID THEY WERE SMASHING.
AYE. 'AND REALLY QUITE DELICIOUS...'
OCH, I'M FED UP WI' THIS!
A SCONE AND TEA AT HALF PAST THREE, MAKES THE DAY A LITTLE BRIGHTER.
KEEP YOUR CAKES AND FANCY TARTS...
...AND STICK THEM UP YER SHITER!
HA-HA-HA-HA! PUB!

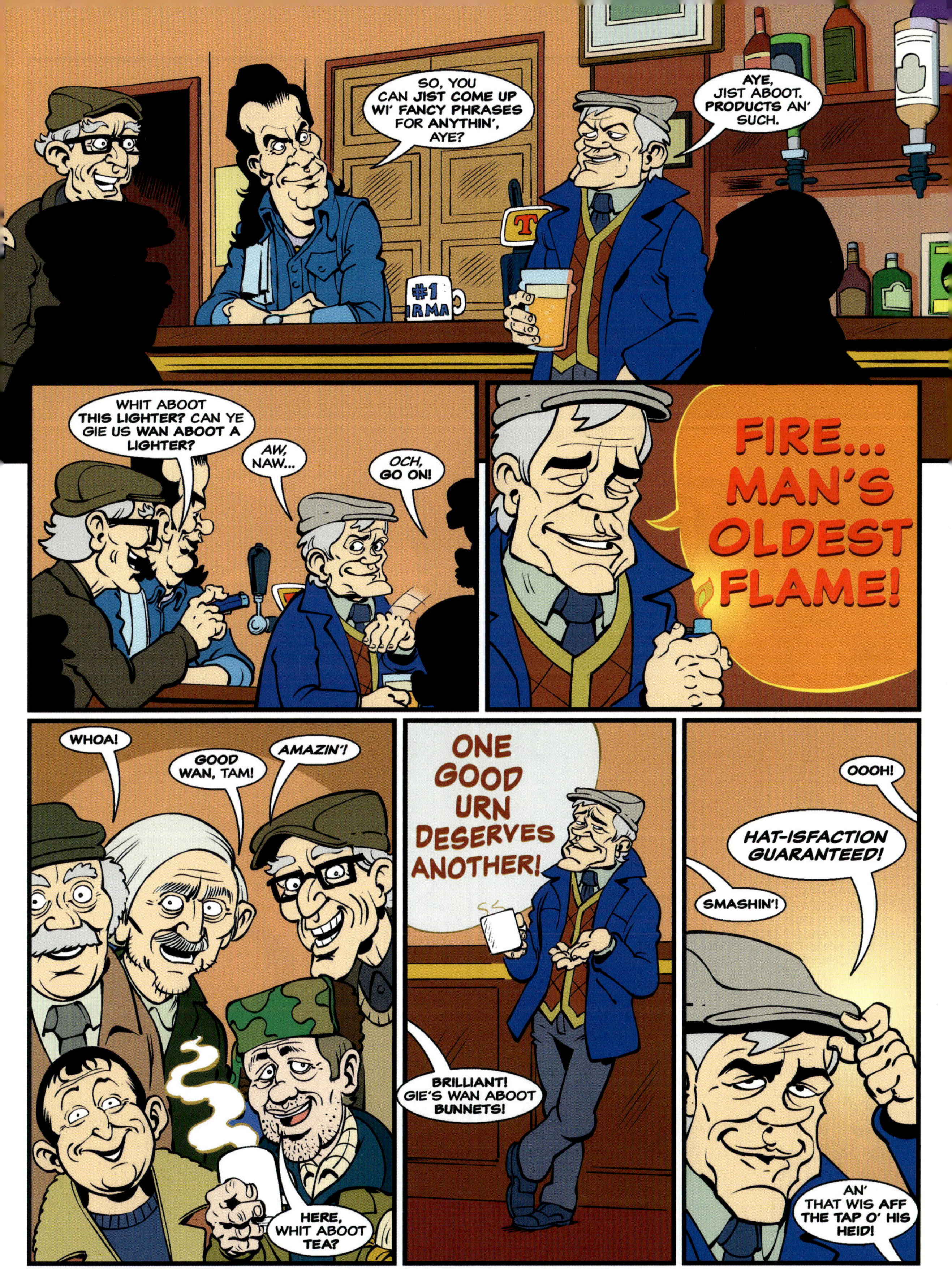

SO, YOU CAN JIST COME UP WI' FANCY PHRASES FOR ANYTHIN', AYE?
AYE, JIST ABOOT. PRODUCTS AN' SUCH.

WHIT ABOOT THIS LIGHTER? CAN YE GIE US WAN ABOOT A LIGHTER?
AW, NAW...
OCH, GO ON!
FIRE... MAN'S OLDEST FLAME!

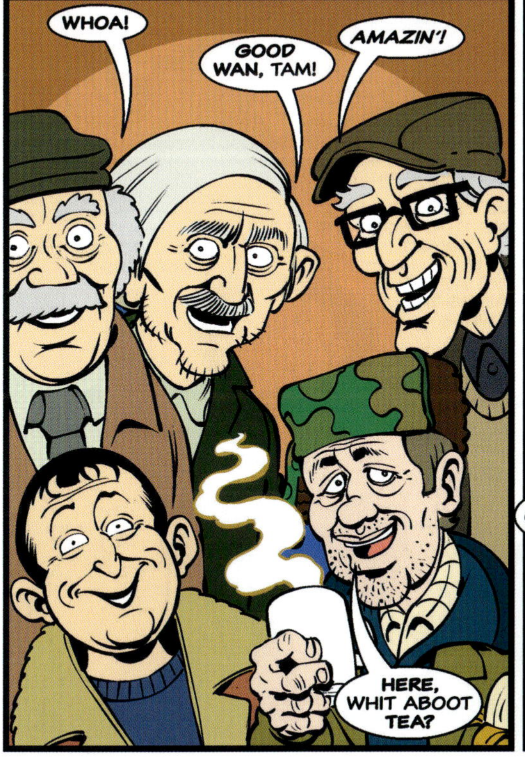

WHOA!
GOOD WAN, TAM!
AMAZIN'!
HERE, WHIT ABOOT TEA?

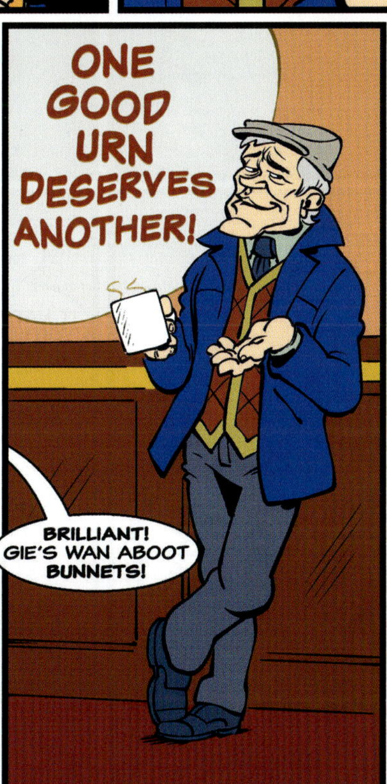

ONE GOOD URN DESERVES ANOTHER!
BRILLIANT! GIE'S WAN ABOOT BUNNETS!

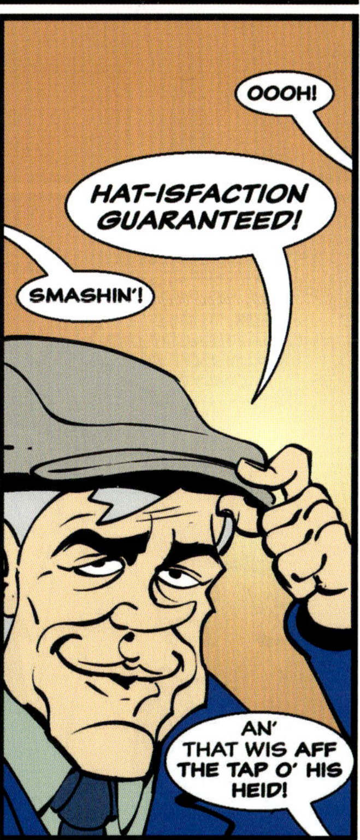

OOOH!
HAT-ISFACTION GUARANTEED!
SMASHIN'!
AN' THAT WIS AFF THE TAP O' HIS HEID!

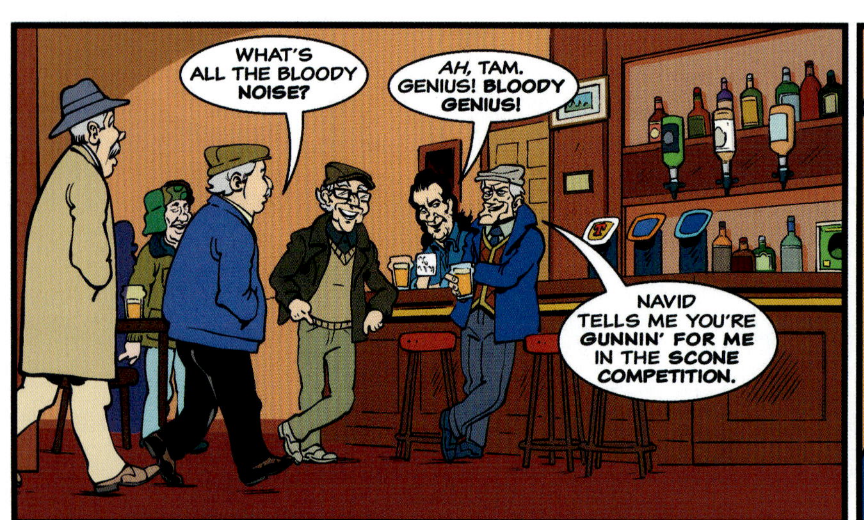

WHAT'S ALL THE BLOODY NOISE?
AH, TAM. GENIUS! BLOODY GENIUS!
NAVID TELLS ME YOU'RE GUNNIN' FOR ME IN THE SCONE COMPETITION.

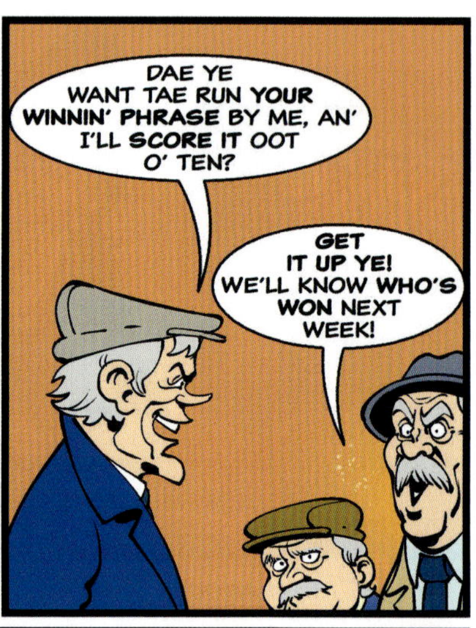

DAE YE WANT TAE RUN YOUR WINNIN' PHRASE BY ME, AN' I'LL SCORE IT OOT O' TEN?
GET IT UP YE! WE'LL KNOW WHO'S WON NEXT WEEK!

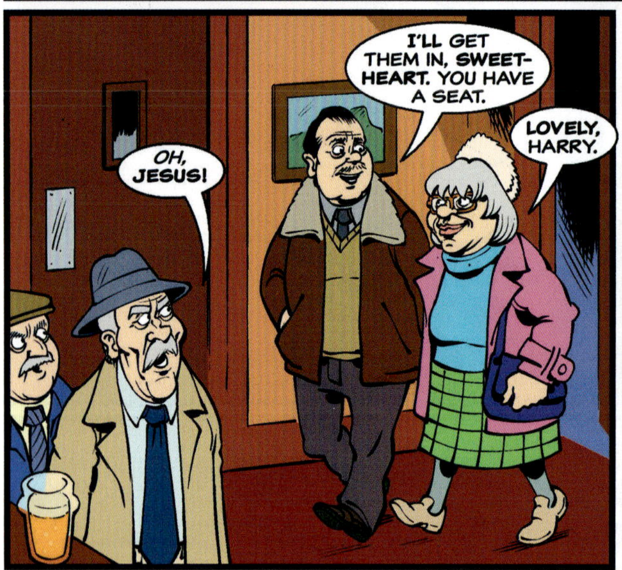

OH, JESUS!
I'LL GET THEM IN, SWEETHEART. YOU HAVE A SEAT.
LOVELY, HARRY.

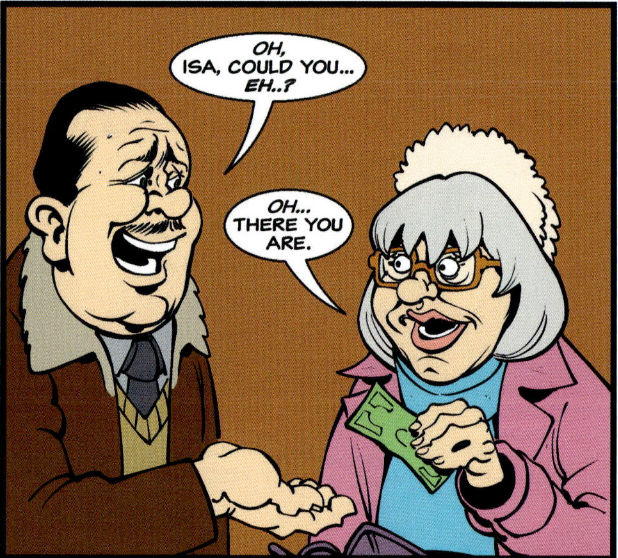

OH, ISA, COULD YOU... EH..?
OH... THERE YOU ARE.

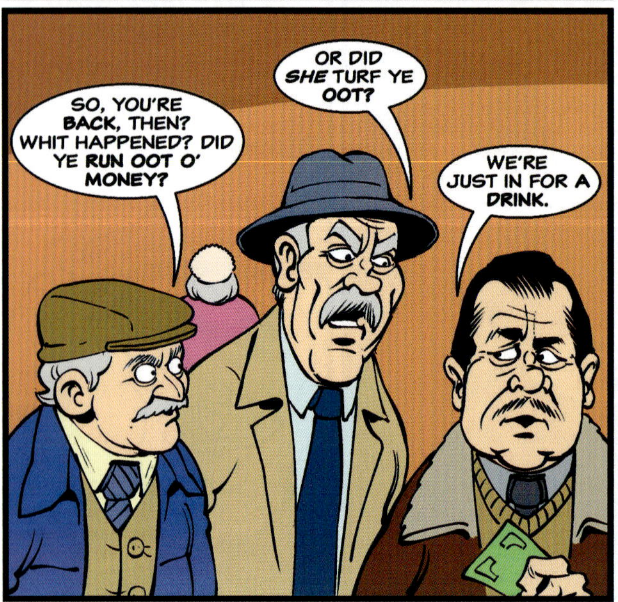

SO, YOU'RE BACK, THEN? WHIT HAPPENED? DID YE RUN OOT O' MONEY?
OR DID SHE TURF YE OOT?
WE'RE JUST IN FOR A DRINK.

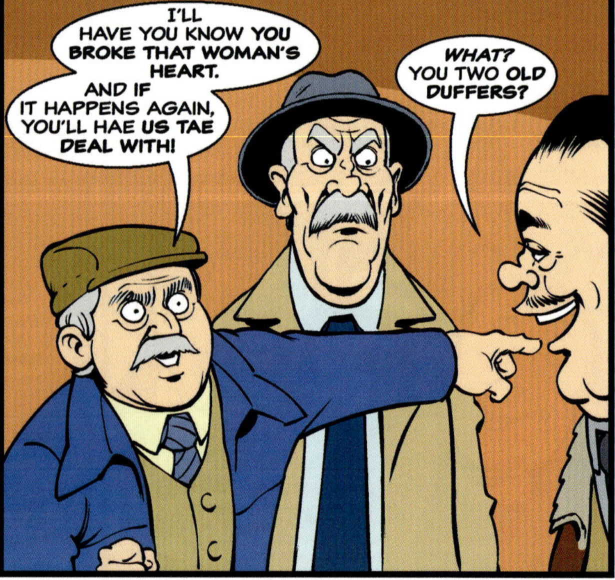

I'LL HAVE YOU KNOW YOU BROKE THAT WOMAN'S HEART. AND IF IT HAPPENS AGAIN, YOU'LL HAE US TAE DEAL WITH!
WHAT? YOU TWO OLD DUFFERS?

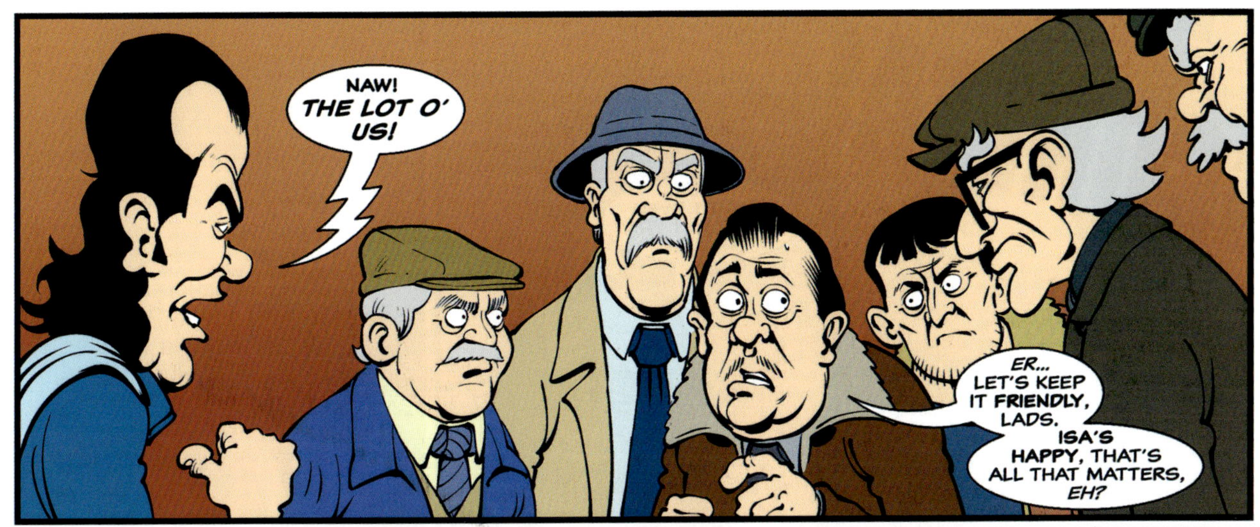

NAW! THE LOT O' US!
ER... LET'S KEEP IT FRIENDLY, LADS. ISA'S HAPPY, THAT'S ALL THAT MATTERS, EH?

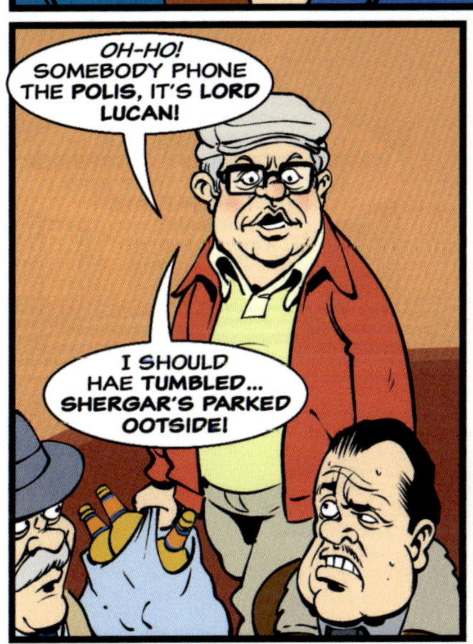

OH-HO! SOMEBODY PHONE THE POLIS, IT'S LORD LUCAN!
I SHOULD HAE TUMBLED... SHERGAR'S PARKED OOTSIDE!

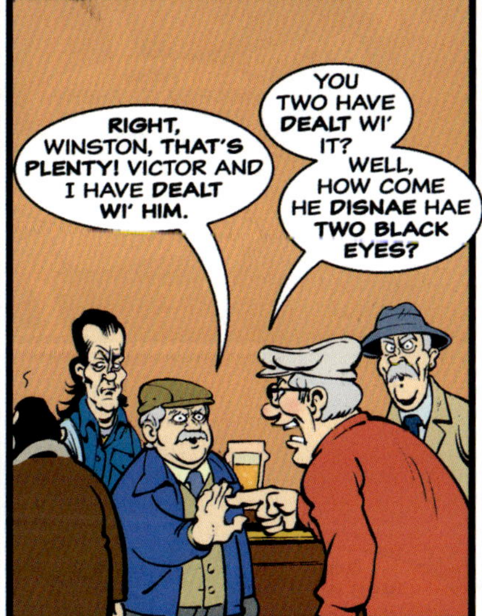

RIGHT, WINSTON, THAT'S PLENTY! VICTOR AND I HAVE DEALT WI' HIM.
YOU TWO HAVE DEALT WI' IT? WELL, HOW COME HE DISNAE HAE TWO BLACK EYES?

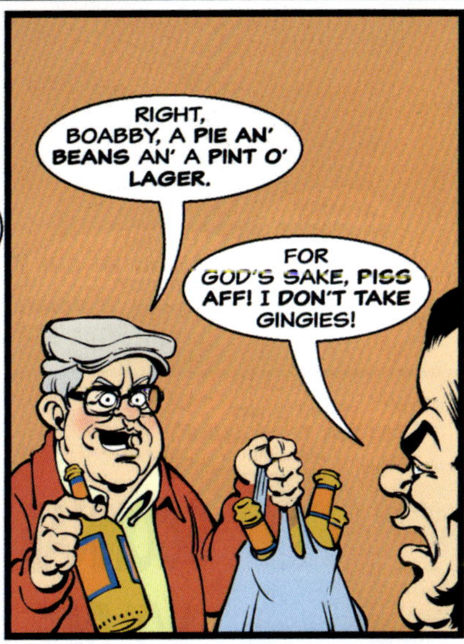

RIGHT, BOABBY, A PIE AN' BEANS AN' A PINT O' LAGER.
FOR GOD'S SAKE, PISS AFF! I DON'T TAKE GINGIES!

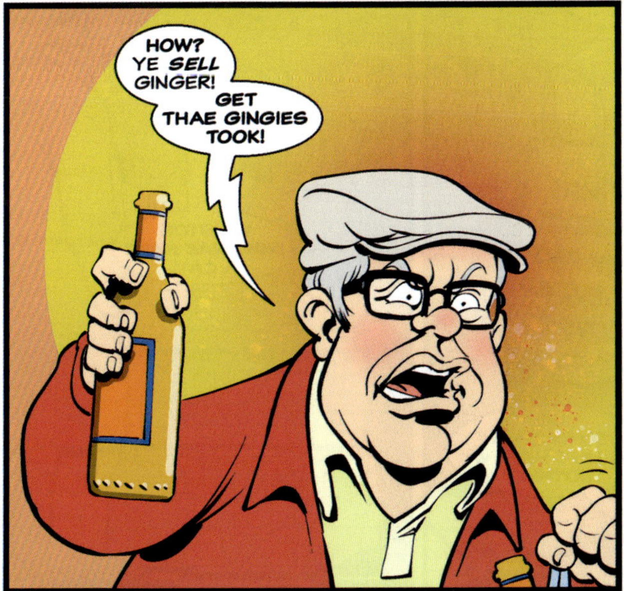

HOW? YE SELL GINGER! GET THAE GINGIES TOOK!

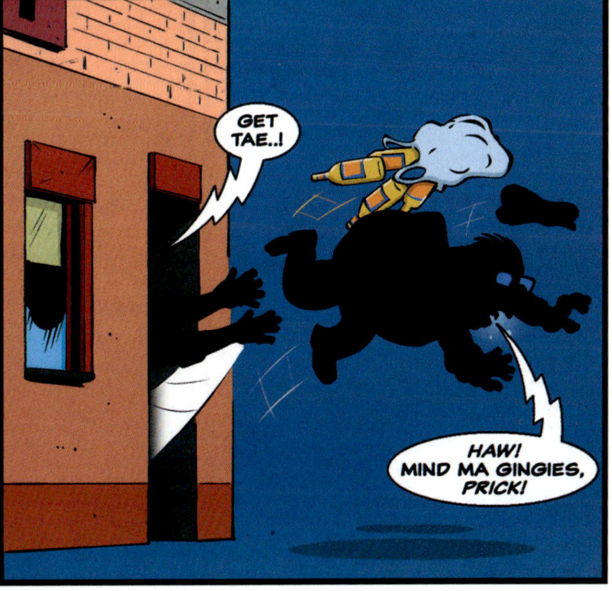

GET TAE..!
HAW! MIND MA GINGIES, PRICK!

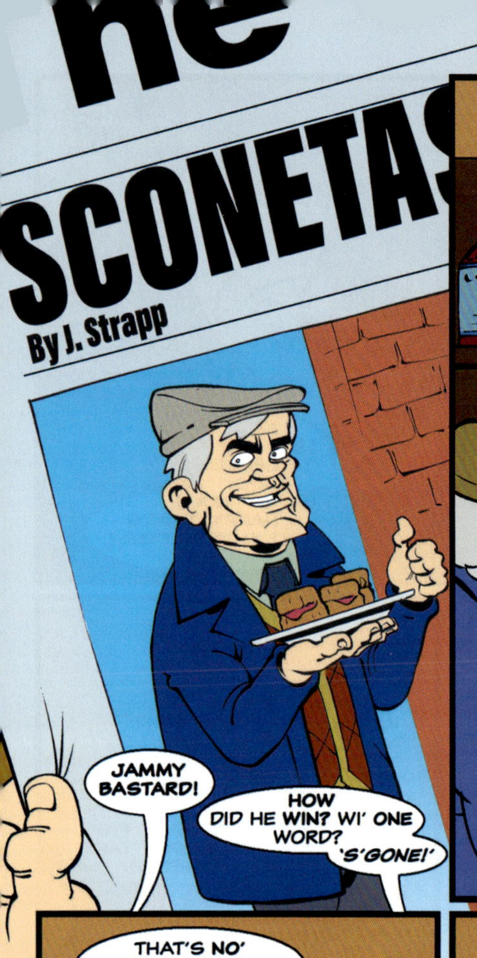
SCONETASTIC
By J. Strapp
JAMMY BASTARD!
HOW DID HE WIN? WI' ONE WORD?
'S'GONE!'

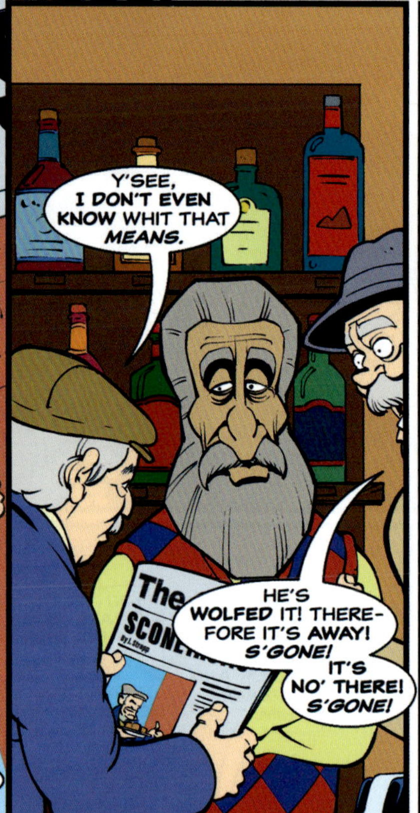
Y'SEE, I DON'T EVEN KNOW WHIT THAT MEANS.
HE'S WOLFED IT! THEREFORE IT'S AWAY! S'GONE! IT'S NO' THERE! S'GONE!
The SCONETASTIC

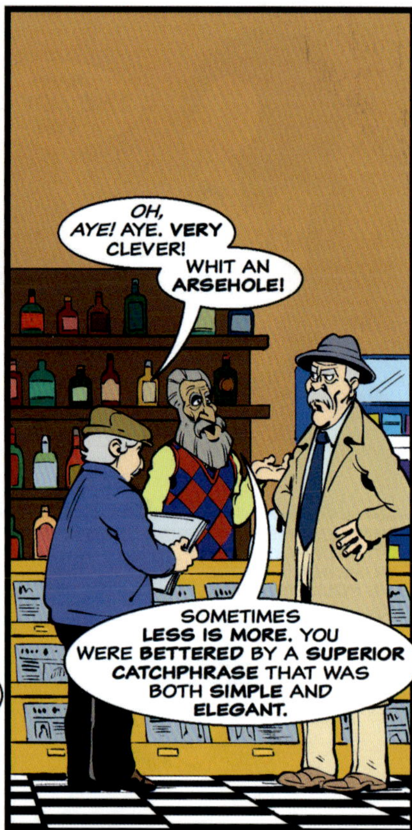
OH, AYE! AYE. VERY CLEVER!
WHIT AN ARSEHOLE!
SOMETIMES LESS IS MORE. YOU WERE BETTERED BY A SUPERIOR CATCHPHRASE THAT WAS BOTH SIMPLE AND ELEGANT.

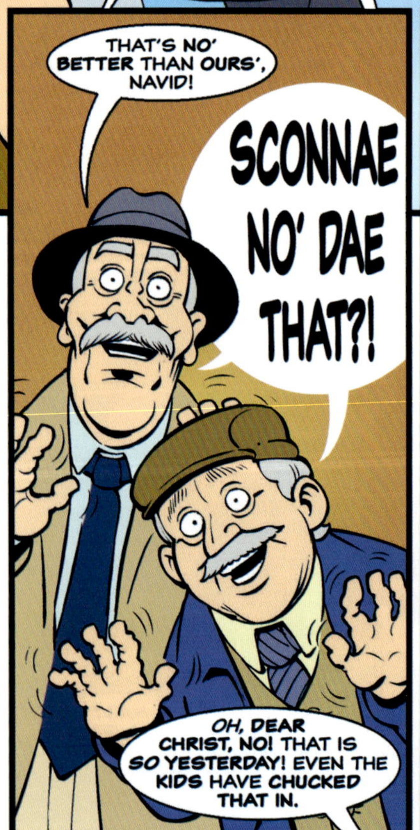
THAT'S NO' BETTER THAN OURS', NAVID!
SCONNAE NO' DAE THAT?!
OH, DEAR CHRIST, NO! THAT IS SO YESTERDAY! EVEN THE KIDS HAVE CHUCKED THAT IN.

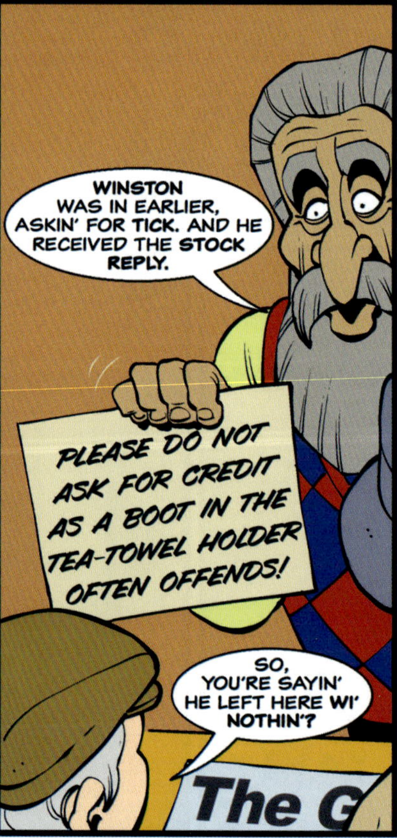
WINSTON WAS IN EARLIER, ASKIN' FOR TICK. AND HE RECEIVED THE STOCK REPLY.
PLEASE DO NOT ASK FOR CREDIT AS A BOOT IN THE TEA-TOWEL HOLDER OFTEN OFFENDS!
SO, YOU'RE SAYIN' HE LEFT HERE WI' NOTHIN'?
The G

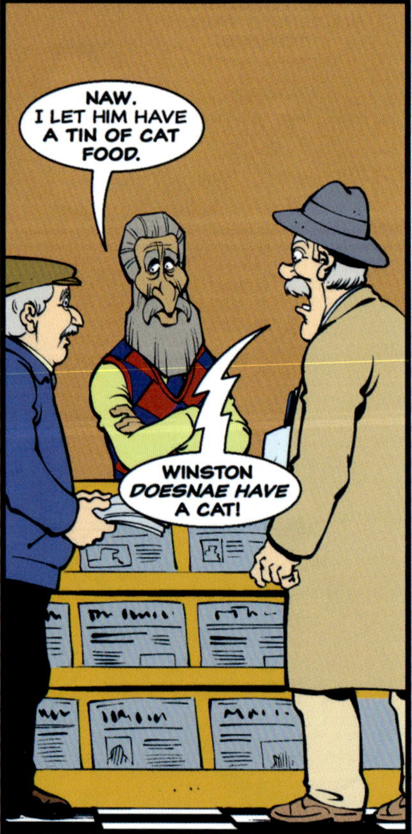
NAW. I LET HIM HAVE A TIN OF CAT FOOD.
WINSTON DOESNAE HAVE A CAT!

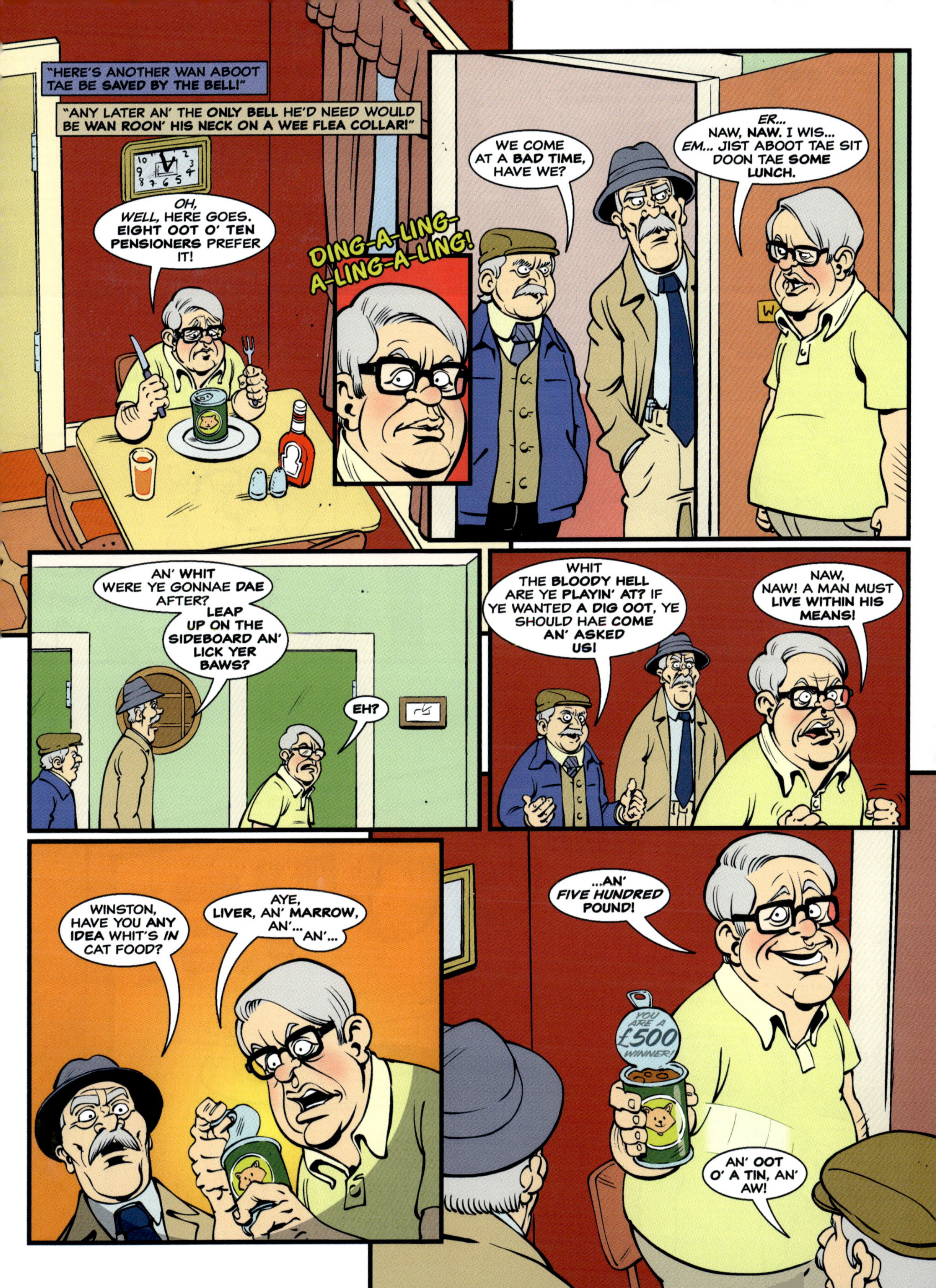

"HERE'S ANOTHER WAN ABOOT TAE BE SAVED BY THE BELL!"
"ANY LATER AN' THE ONLY BELL HE'D NEED WOULD BE WAN ROON' HIS NECK ON A WEE FLEA COLLAR!"
OH, WELL, HERE GOES. EIGHT OOT O' TEN PENSIONERS PREFER IT!
DING-A-LING-A-LING-A-LING!
WE COME AT A BAD TIME, HAVE WE?
ER... NAW, NAW. I WIS... EM... JIST ABOOT TAE SIT DOON TAE SOME LUNCH.
AN' WHIT WERE YE GONNAE DAE AFTER? LEAP UP ON THE SIDEBOARD AN' LICK YER BAWS?
EH?
WHIT THE BLOODY HELL ARE YE PLAYIN' AT? IF YE WANTED A DIG OOT, YE SHOULD HAE COME AN' ASKED US!
NAW, NAW! A MAN MUST LIVE WITHIN HIS MEANS!
WINSTON, HAVE YOU ANY IDEA WHIT'S IN CAT FOOD?
AYE, LIVER, AN' MARROW, AN'... AN'...
...AN' FIVE HUNDRED POUND!
YOU ARE A £500 WINNER!
AN' OOT O' A TIN, AN' AW!

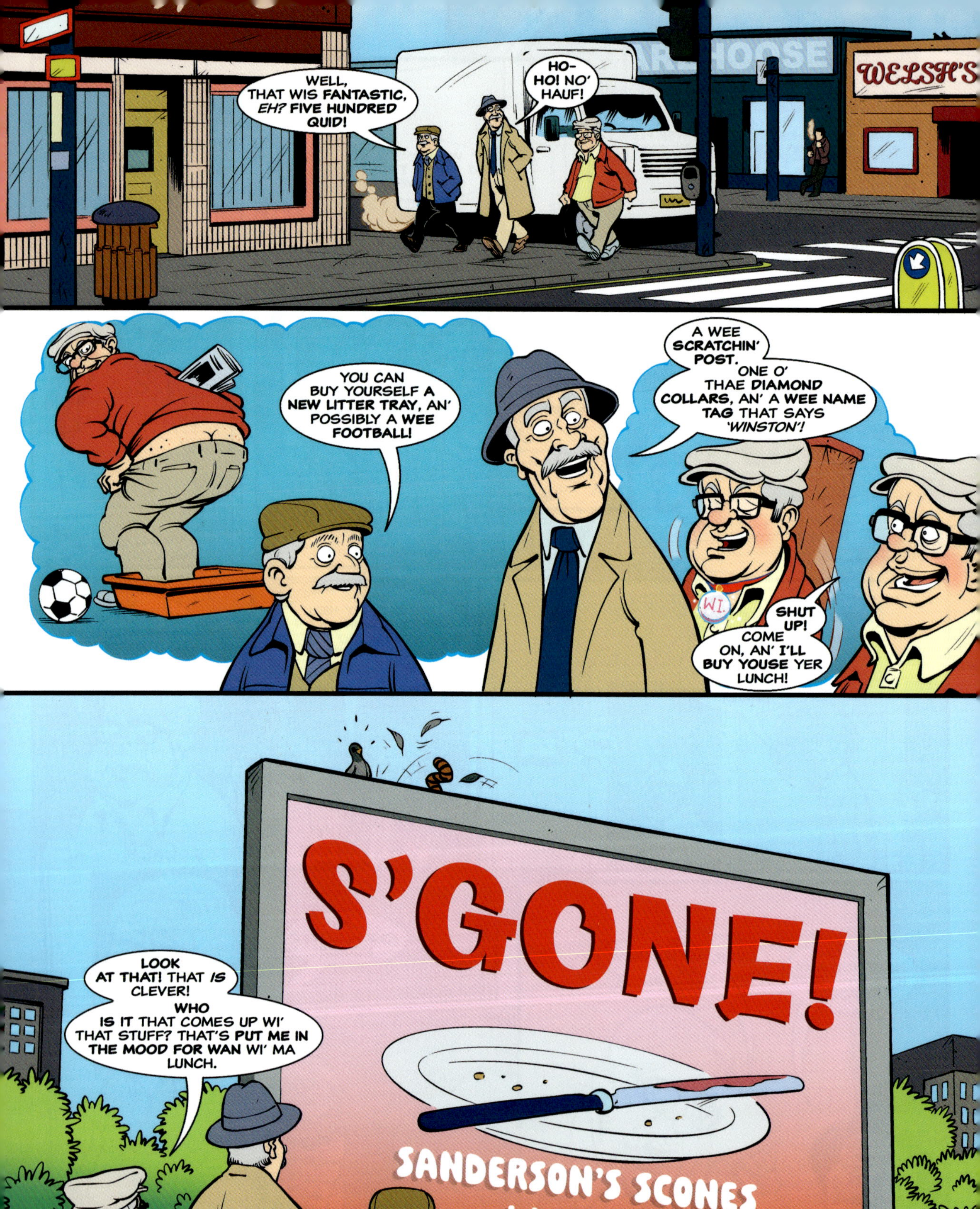

WELSH'S
WELL, THAT WIS FANTASTIC, EH? FIVE HUNDRED QUID!
HO-HO! NO' HAUF!
YOU CAN BUY YOURSELF A NEW LITTER TRAY, AN' POSSIBLY A WEE FOOTBALL!
A WEE SCRATCHIN' POST. ONE O' THAE DIAMOND COLLARS, AN' A WEE NAME TAG THAT SAYS 'WINSTON'!
W.I.
SHUT UP! COME ON, AN' I'LL BUY YOUSE YER LUNCH!
LOOK AT THAT! THAT IS CLEVER! WHO IS IT THAT COMES UP WI' THAT STUFF? THAT'S PUT ME IN THE MOOD FOR WAN WI' MA LUNCH.
S'GONE!
SANDERSON'S SCONES
Hurry before it's too late!

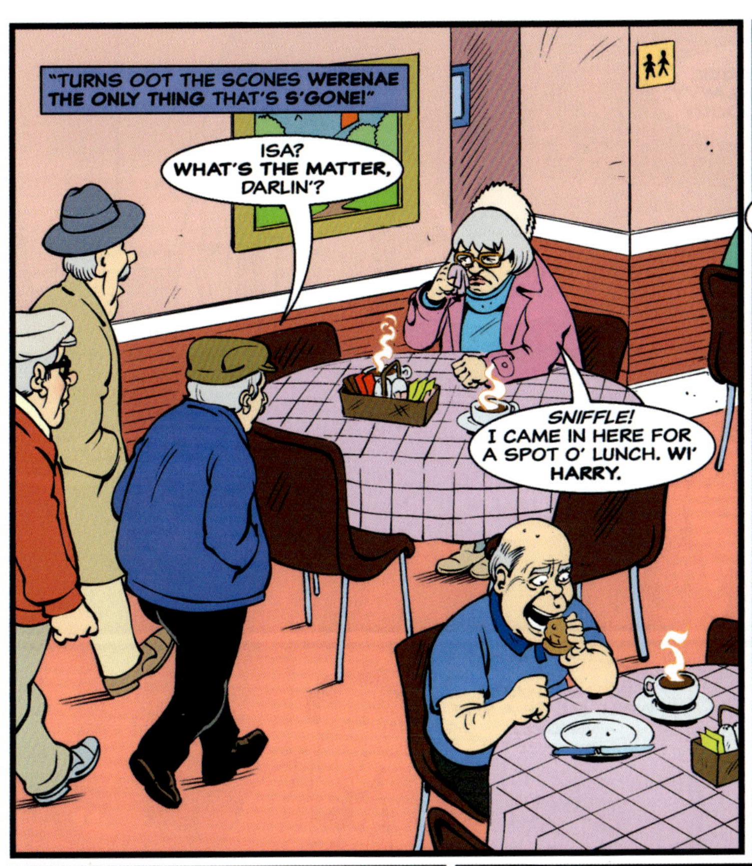

"TURNS OOT THE SCONES WERENAE THE ONLY THING THAT'S S'GONE!"
ISA? WHAT'S THE MATTER, DARLIN'?
SNIFFLE! I CAME IN HERE FOR A SPOT O' LUNCH. WI' HARRY.

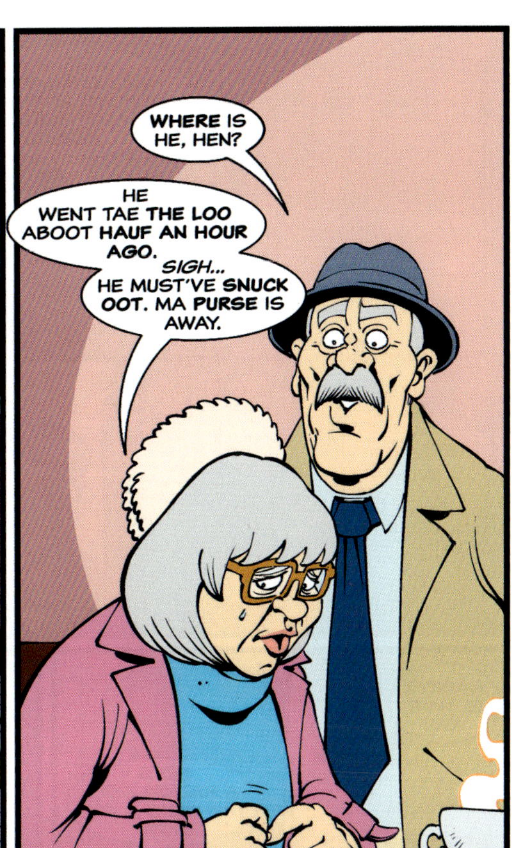

WHERE IS HE, HEN?
HE WENT TAE THE LOO ABOOT HAUF AN HOUR AGO.
SIGH... HE MUST'VE SNUCK OOT. MA PURSE IS AWAY.

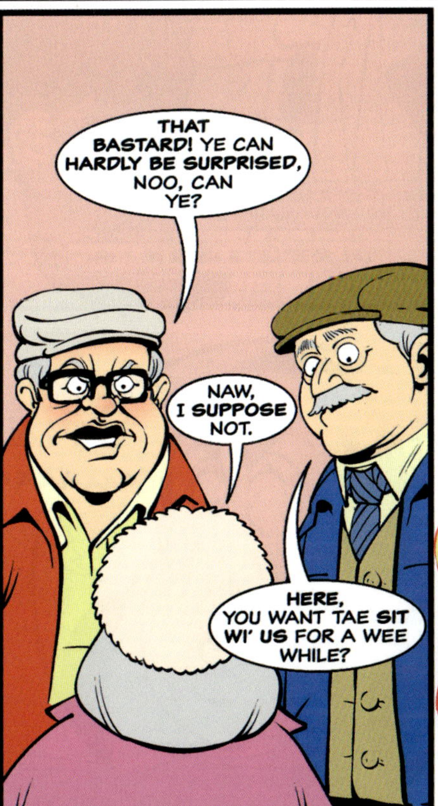

THAT BASTARD! YE CAN HARDLY BE SURPRISED, NOO, CAN YE?
NAW, I SUPPOSE NOT.
HERE, YOU WANT TAE SIT WI' US FOR A WEE WHILE?

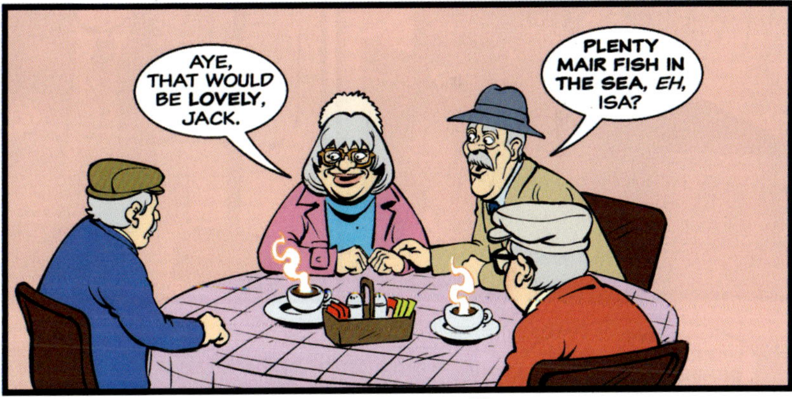

AYE, THAT WOULD BE LOVELY, JACK.
PLENTY MAIR FISH IN THE SEA, EH, ISA?

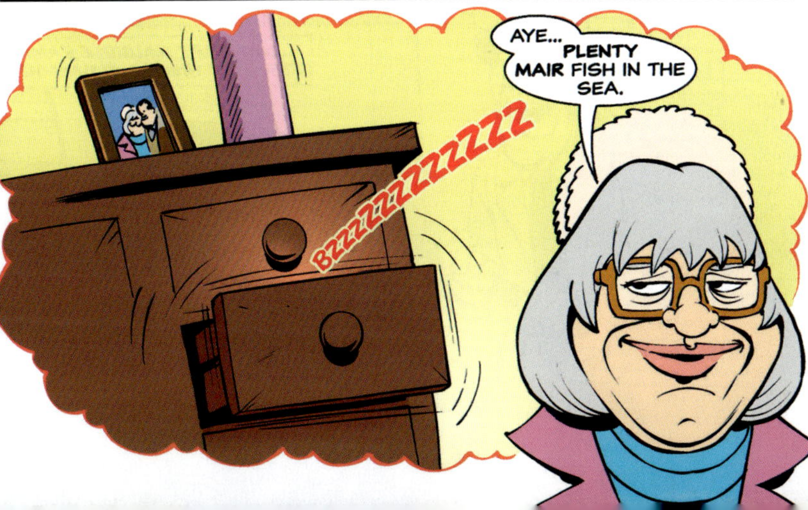

AYE... PLENTY MAIR FISH IN THE SEA.
BzzzzZZZZZ

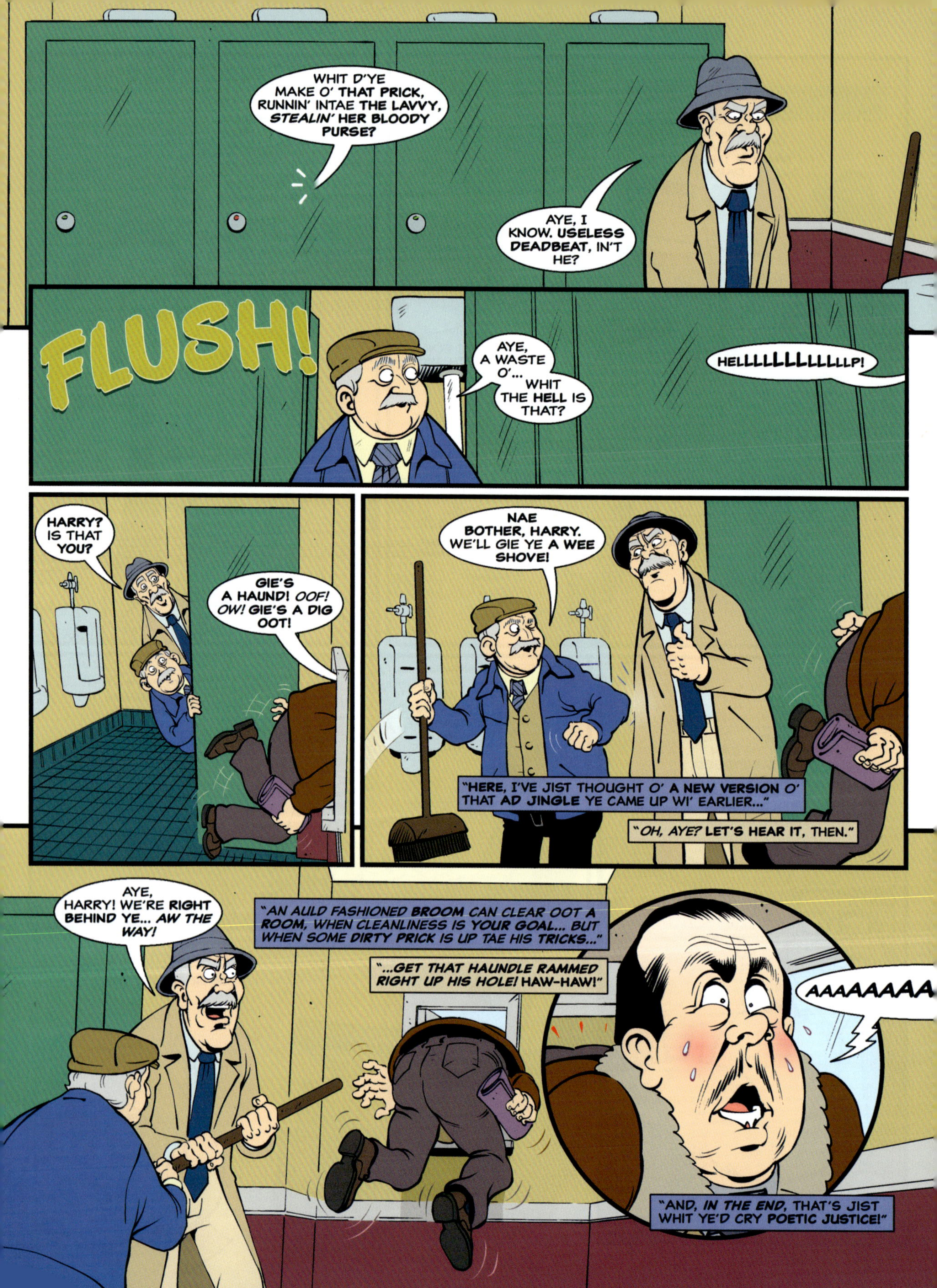

WHIT D'YE MAKE O' THAT PRICK, RUNNIN' INTAE THE LAVVY, STEALIN' HER BLOODY PURSE?
AYE, I KNOW. USELESS DEADBEAT, IN'T HE?
FLUSH!
AYE, A WASTE O'... WHIT THE HELL IS THAT?
HELLLLLLLLLLLLP!
HARRY? IS THAT YOU?
GIE'S A HAUND! OOF! OW! GIE'S A DIG OOT!
NAE BOTHER, HARRY. WE'LL GIE YE A WEE SHOVE!
"HERE, I'VE JIST THOUGHT O' A NEW VERSION O' THAT AD JINGLE YE CAME UP WI' EARLIER..."
"OH, AYE? LET'S HEAR IT, THEN."
AYE, HARRY! WE'RE RIGHT BEHIND YE... AW THE WAY!
"AN AULD FASHIONED BROOM CAN CLEAR OOT A ROOM, WHEN CLEANLINESS IS YOUR GOAL... BUT WHEN SOME DIRTY PRICK IS UP TAE HIS TRICKS..."
"...GET THAT HAUNDLE RAMMED RIGHT UP HIS HOLE! HAW-HAW!"
AAAAAAAA
"AND, IN THE END, THAT'S JIST WHIT YE'D CRY POETIC JUSTICE!"

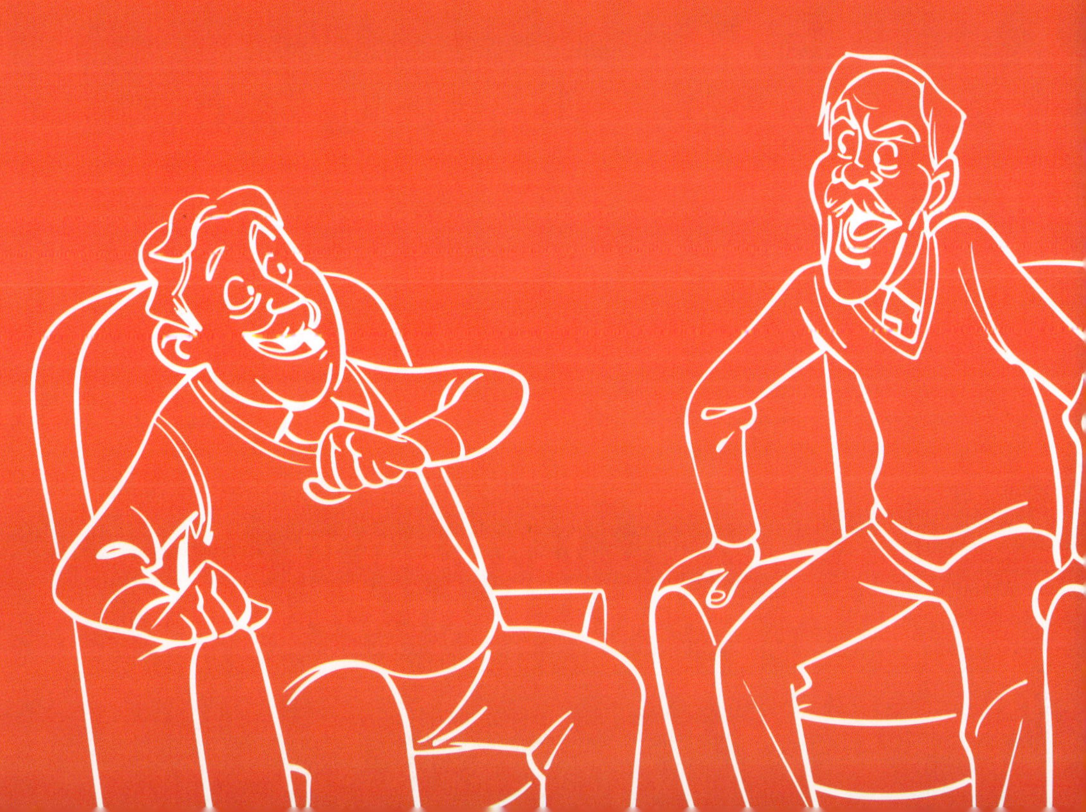

WADDIN'

BY
FORD KIERNAN &
GREG HEMPHILL

COMIC SCRIPT BY
DANIEL McGACHEY

PENCILS BY
KENNETH ANDERSON

INKS & COLOUR BY
**GORDON TAIT &
THE SCUNNERED INK STUDIO**

LETTERING BY
DANIEL McGACHEY

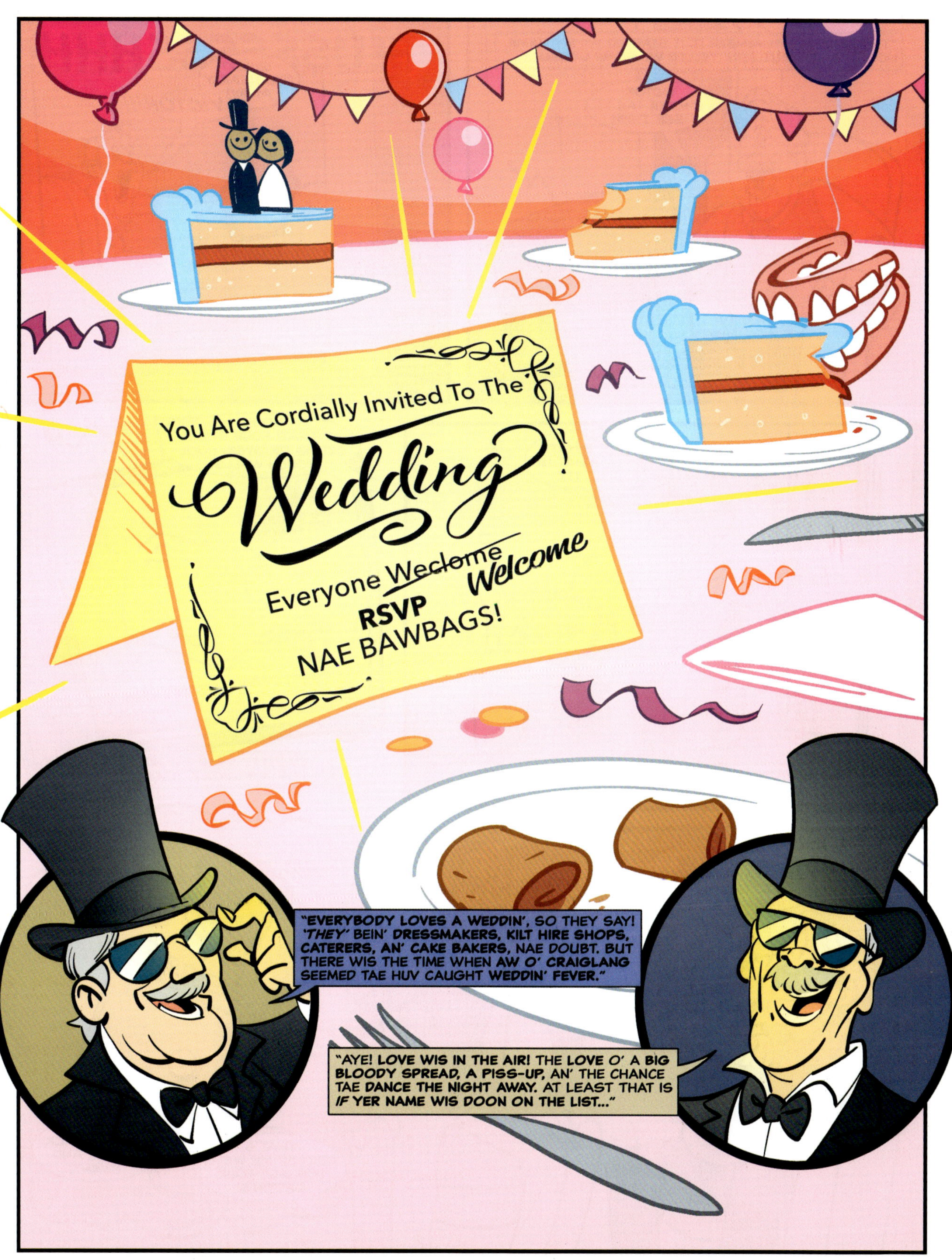

You Are Cordially Invited To The
Wedding
Everyone Welcome Welcome
RSVP
NAE BAWBAGS!
"EVERYBODY LOVES A WEDDIN', SO THEY SAY! 'THEY' BEIN' DRESSMAKERS, KILT HIRE SHOPS, CATERERS, AN' CAKE BAKERS, NAE DOUBT. BUT THERE WIS THE TIME WHEN AW O' CRAIGLANG SEEMED TAE HUV CAUGHT WEDDIN' FEVER."
"AYE! LOVE WIS IN THE AIR! THE LOVE O' A BIG BLOODY SPREAD, A PISS-UP, AN' THE CHANCE TAE DANCE THE NIGHT AWAY. AT LEAST THAT IS IF YER NAME WIS DOON ON THE LIST..."

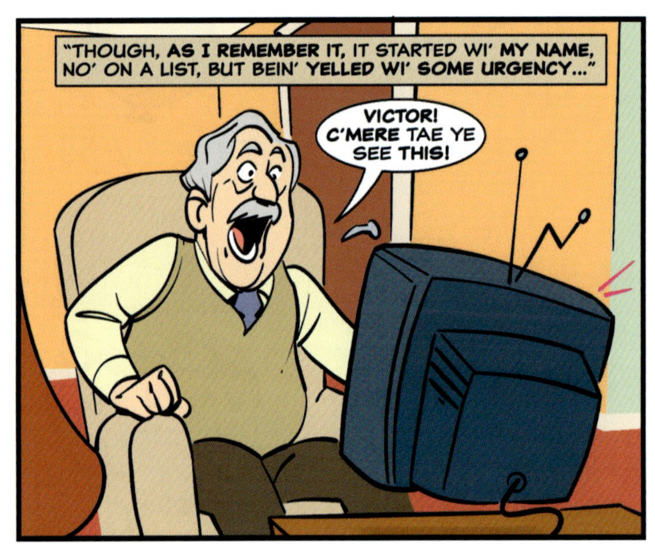

"THOUGH, AS I REMEMBER IT, IT STARTED WI' MY NAME, NO' ON A LIST, BUT BEIN' YELLED WI' SOME URGENCY..."
VICTOR! C'MERE TAE YE SEE THIS!

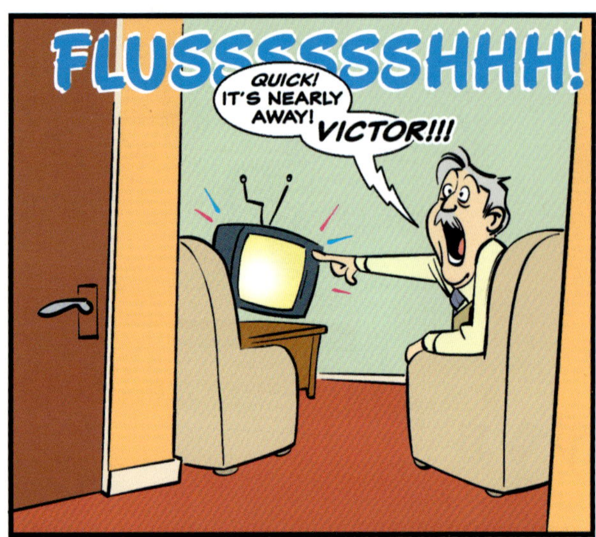

FLUSSSSSSSHHH!
QUICK! IT'S NEARLY AWAY! VICTOR!!!

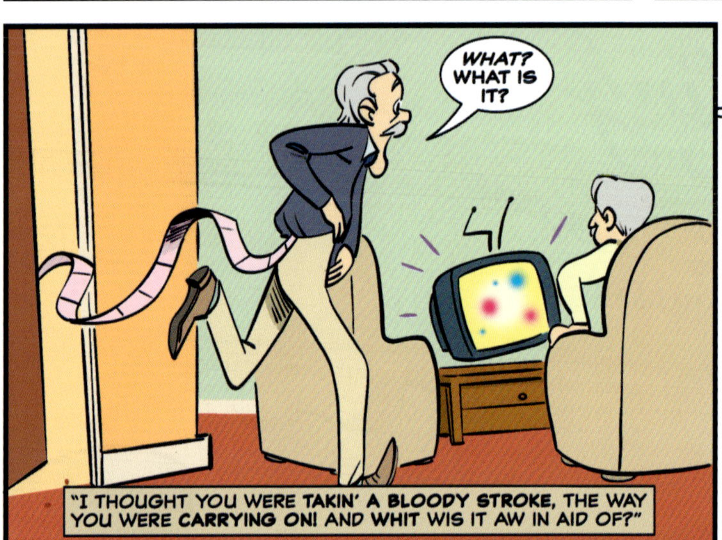

WHAT? WHAT IS IT?
"I THOUGHT YOU WERE TAKIN' A BLOODY STROKE, THE WAY YOU WERE CARRYING ON! AND WHIT WIS IT AW IN AID OF?"

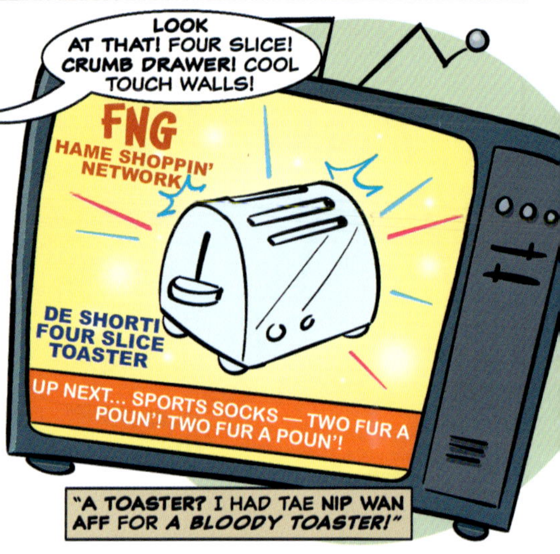

LOOK AT THAT! FOUR SLICE! CRUMB DRAWER! COOL TOUCH WALLS!
FNG
HAME SHOPPIN' NETWORK
DE SHORT! FOUR SLICE TOASTER
UP NEXT... SPORTS SOCKS — TWO FUR A POUN'! TWO FUR A POUN'!
"A TOASTER? I HAD TAE NIP WAN AFF FOR A BLOODY TOASTER!"

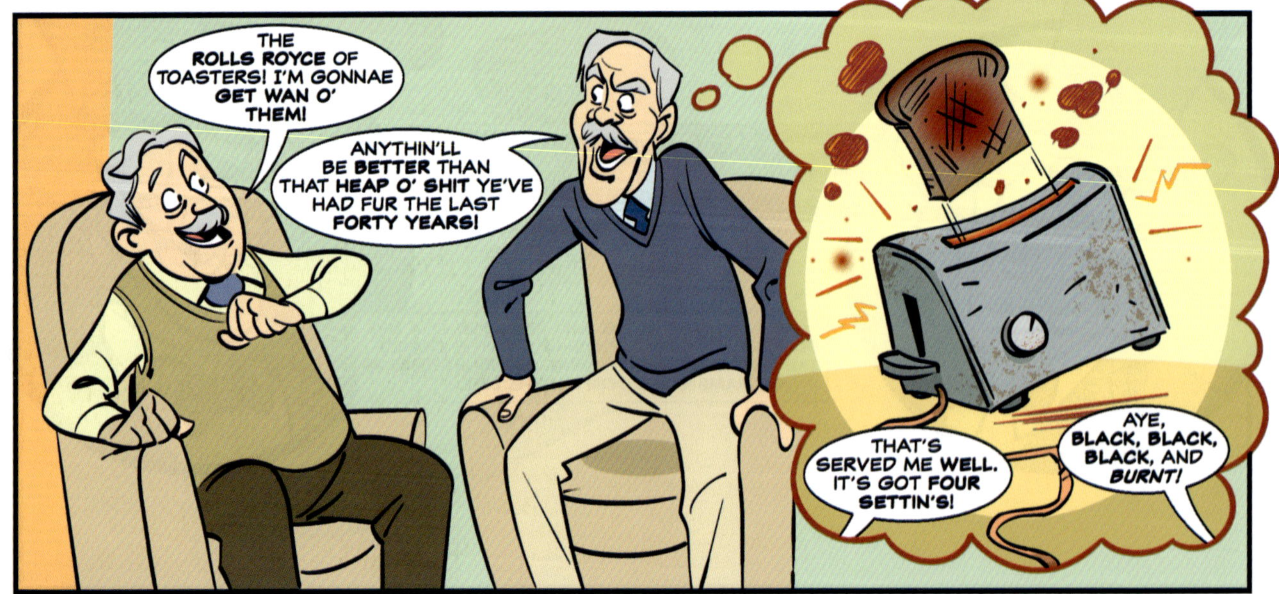

THE ROLLS ROYCE OF TOASTERS! I'M GONNAE GET WAN O' THEM!
ANYTHIN'LL BE BETTER THAN THAT HEAP O' SHIT YE'VE HAD FUR THE LAST FORTY YEARS!
THAT'S SERVED ME WELL. IT'S GOT FOUR SETTIN'S!
AYE, BLACK, BLACK, BLACK, AND BURNT!

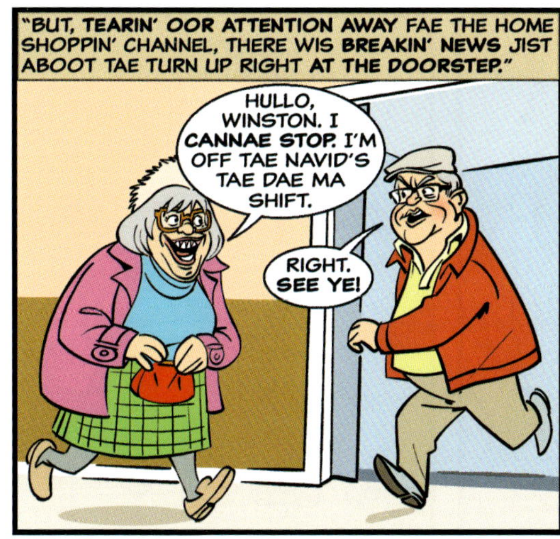

"BUT, TEARIN' OOR ATTENTION AWAY FAE THE HOME SHOPPIN' CHANNEL, THERE WIS BREAKIN' NEWS JIST ABOOT TAE TURN UP RIGHT AT THE DOORSTEP."
HULLO, WINSTON. I CANNAE STOP. I'M OFF TAE NAVID'S TAE DAE MA SHIFT.
RIGHT. SEE YE!

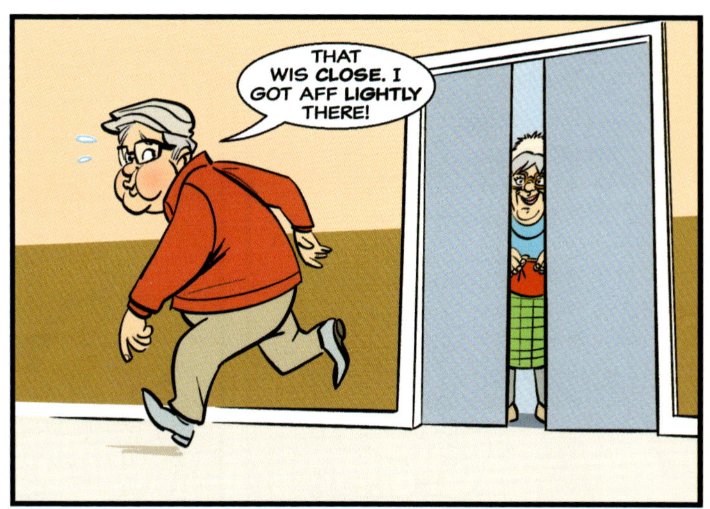

THAT WIS CLOSE. I GOT AFF LIGHTLY THERE!

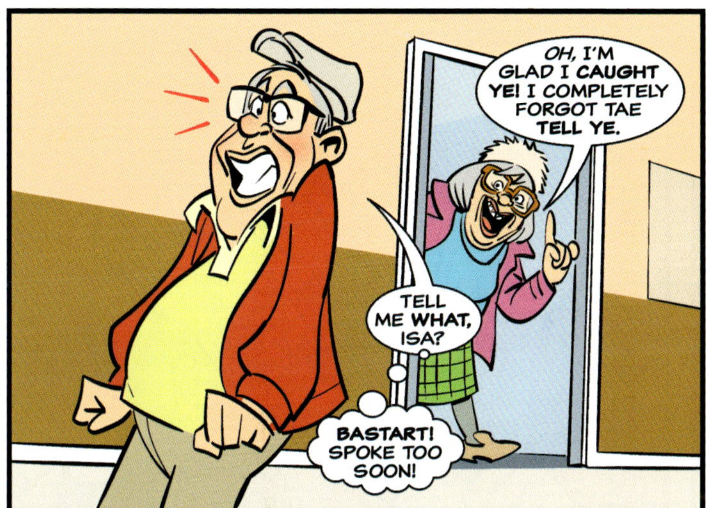

OH, I'M GLAD I CAUGHT YE! I COMPLETELY FORGOT TAE TELL YE.
TELL ME WHAT, ISA?
BASTART! SPOKE TOO SOON!

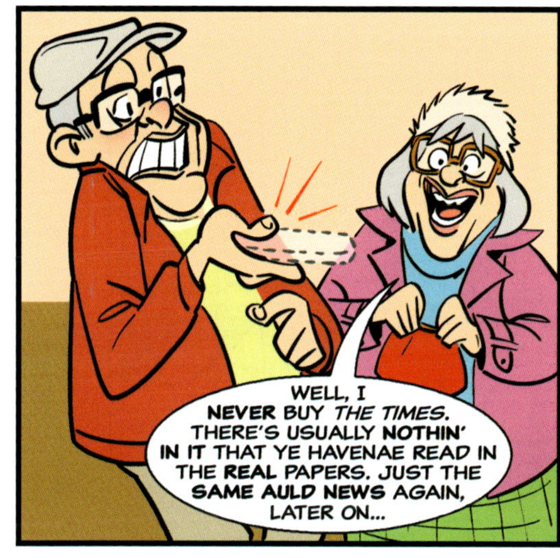

WELL, I NEVER BUY THE TIMES. THERE'S USUALLY NOTHIN' IN IT THAT YE HAVENAE READ IN THE REAL PAPERS. JUST THE SAME AULD NEWS AGAIN, LATER ON...

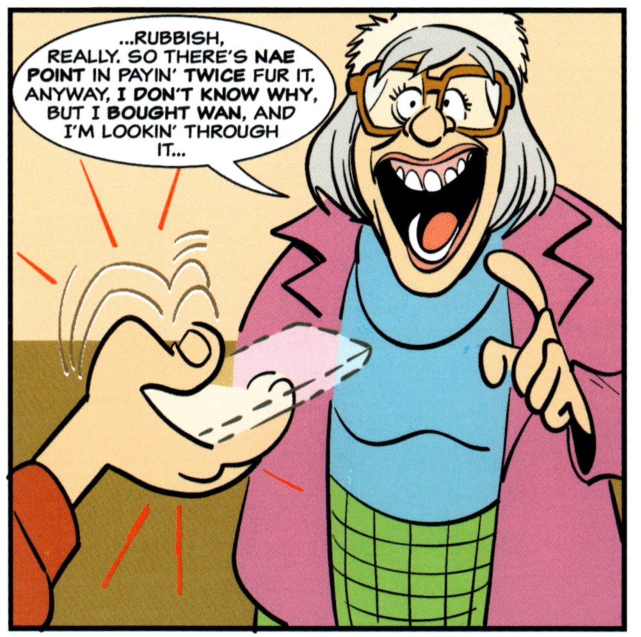

...RUBBISH, REALLY. SO THERE'S NAE POINT IN PAYIN' TWICE FUR IT. ANYWAY, I DON'T KNOW WHY, BUT I BOUGHT WAN, AND I'M LOOKIN' THROUGH IT...

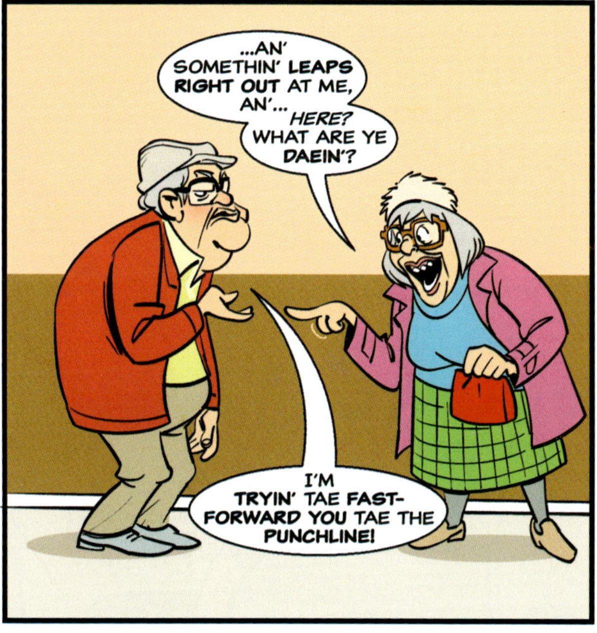

...AN' SOMETHIN' LEAPS RIGHT OUT AT ME, AN'... HERE? WHAT ARE YE DAEIN'?
I'M TRYIN' TAE FAST-FORWARD YOU TAE THE PUNCHLINE!

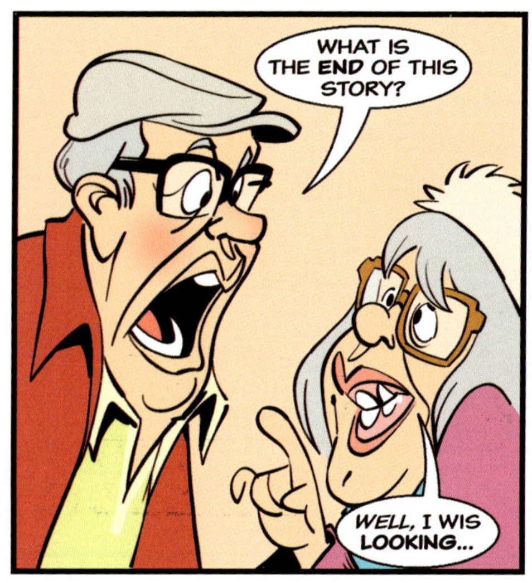

WHAT IS THE END OF THIS STORY?
WELL, I WIS LOOKING...

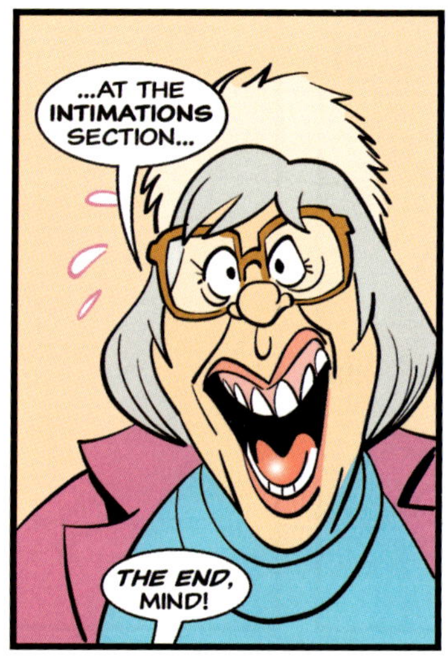

...AT THE INTIMATIONS SECTION...
THE END, MIND!

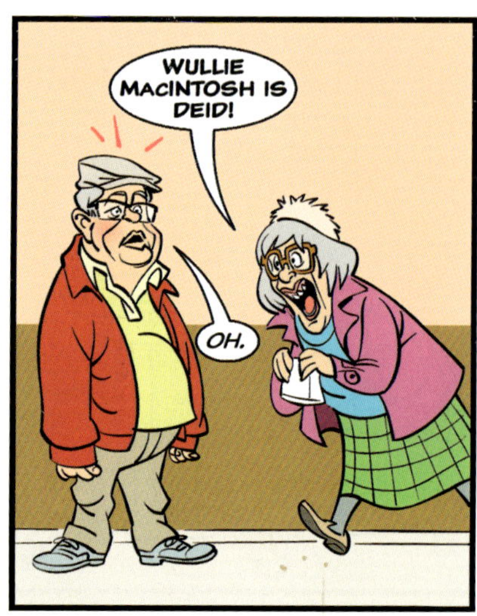

WULLIE MACINTOSH IS DEID!
OH.

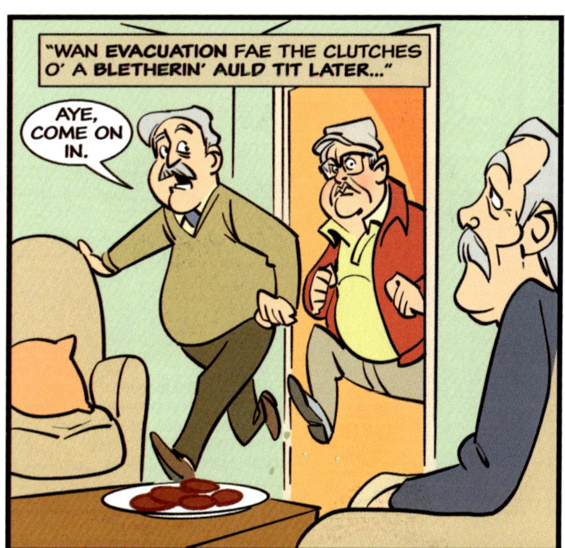

"WAN EVACUATION FAE THE CLUTCHES O' A BLETHERIN' AULD TIT LATER..."
AYE, COME ON IN.

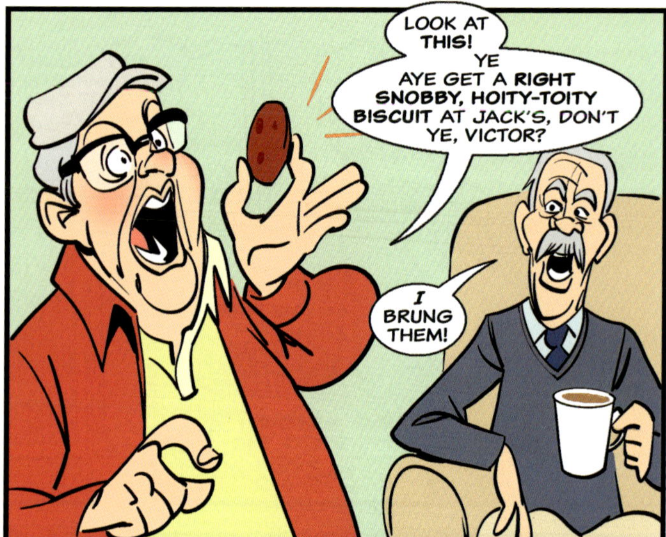

LOOK AT THIS! YE AYE GET A RIGHT SNOBBY, HOITY-TOITY BISCUIT AT JACK'S, DON'T YE, VICTOR?
I BRUNG THEM!

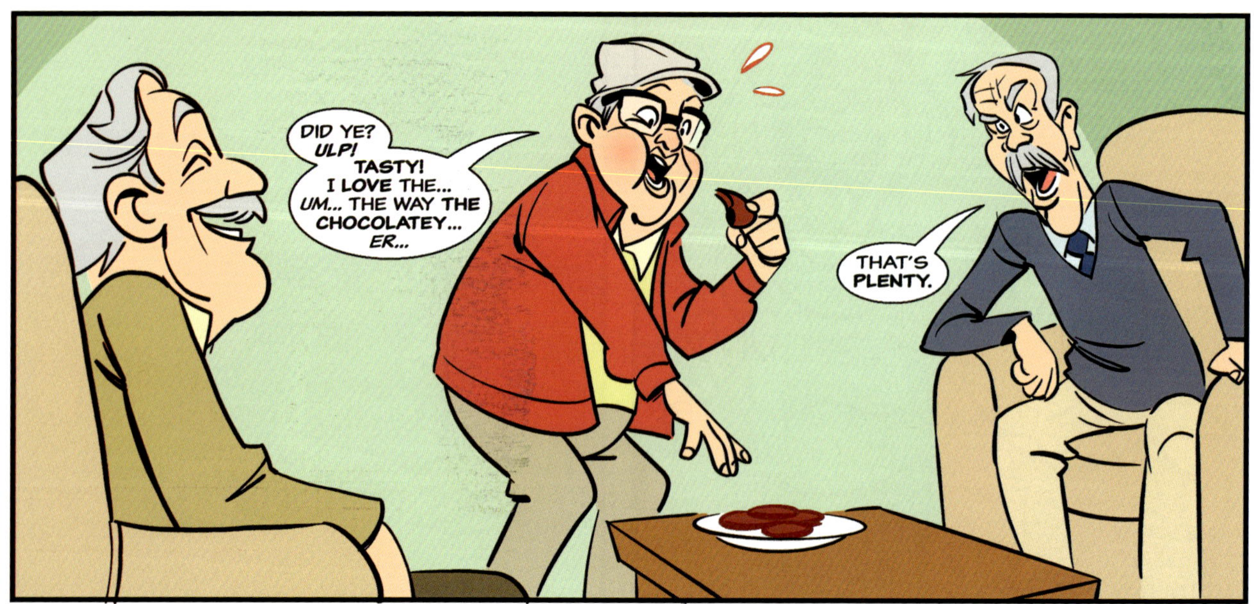

DID YE? ULP! TASTY! I LOVE THE... UM... THE WAY THE CHOCOLATEY... ER...
THAT'S PLENTY.

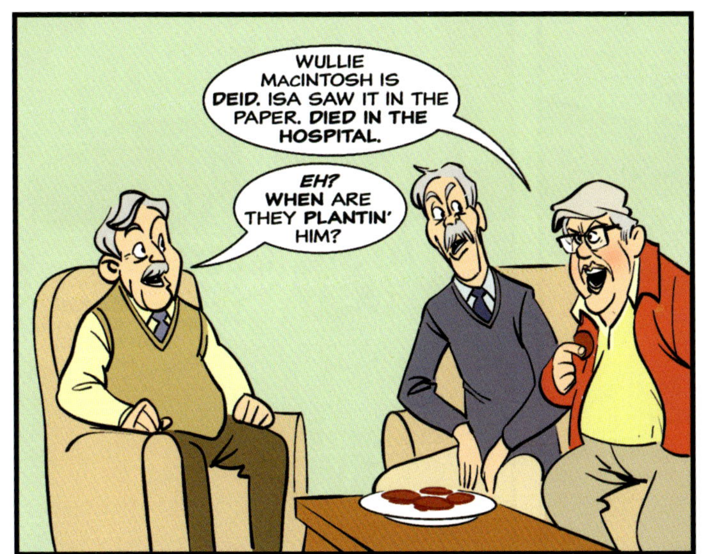

WULLIE MACINTOSH IS DEID. ISA SAW IT IN THE PAPER. DIED IN THE HOSPITAL.
EH? WHEN ARE THEY PLANTIN' HIM?

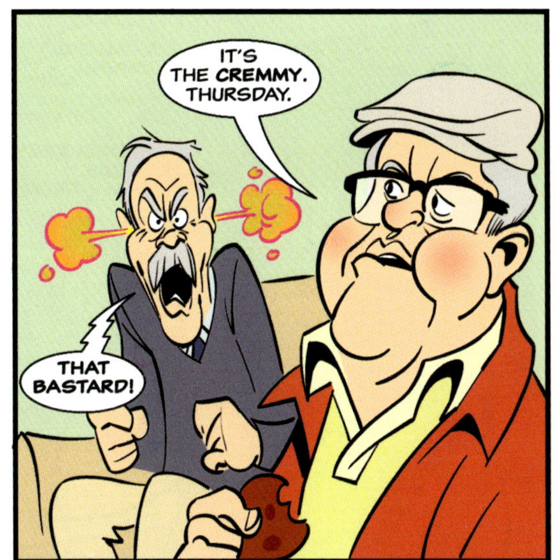

IT'S THE CREMMY. THURSDAY.
THAT BASTARD!

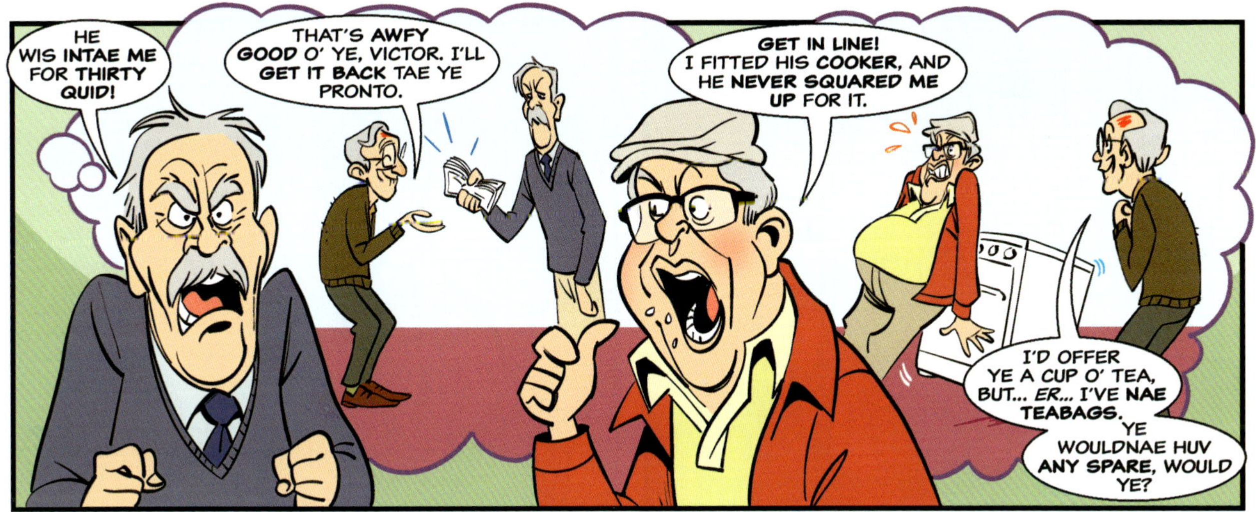

HE WIS INTAE ME FOR THIRTY QUID!
THAT'S AWFY GOOD O' YE, VICTOR. I'LL GET IT BACK TAE YE PRONTO.
GET IN LINE! I FITTED HIS COOKER, AND HE NEVER SQUARED ME UP FOR IT.
I'D OFFER YE A CUP O' TEA, BUT... ER... I'VE NAE TEABAGS. YE WOULDNAE HUV ANY SPARE, WOULD YE?

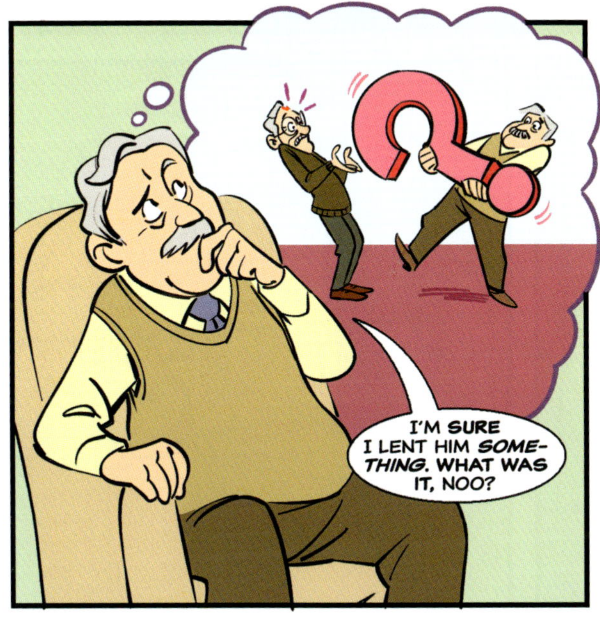

I'M SURE I LENT HIM SOMETHING. WHAT WAS IT, NOO?

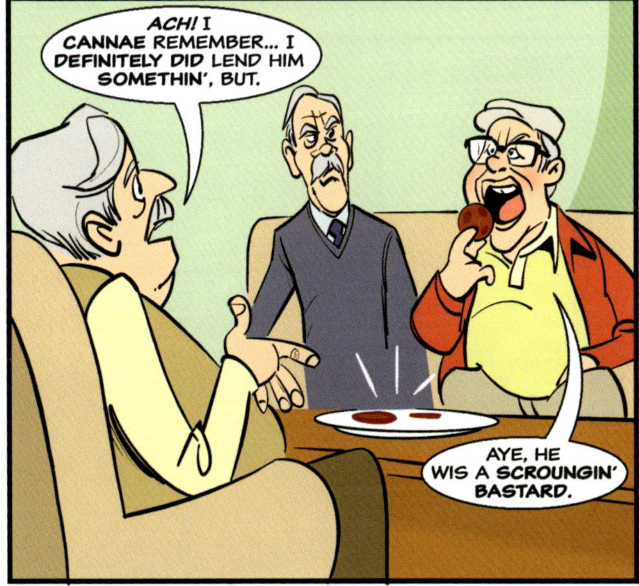

ACH! I CANNAE REMEMBER... I DEFINITELY DID LEND HIM SOMETHIN', BUT.
AYE, HE WIS A SCROUNGIN' BASTARD.

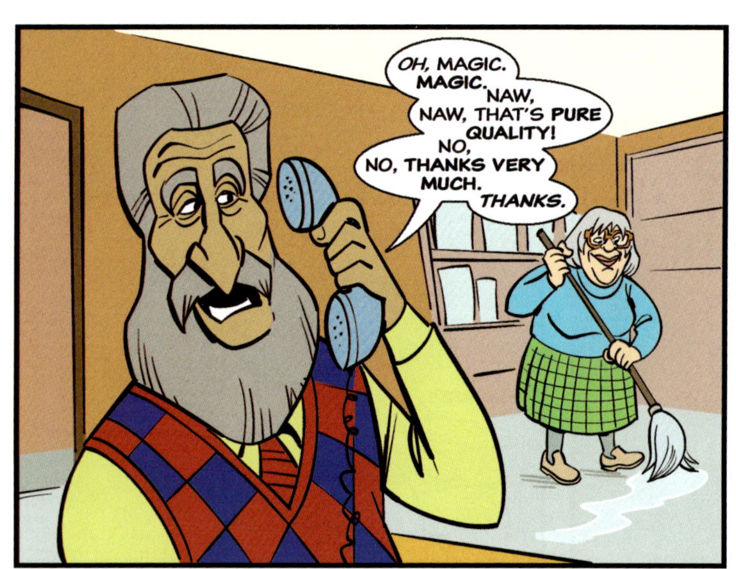

OH, MAGIC. MAGIC. NAW, NAW, THAT'S PURE QUALITY! NO, NO, THANKS VERY MUCH. THANKS.

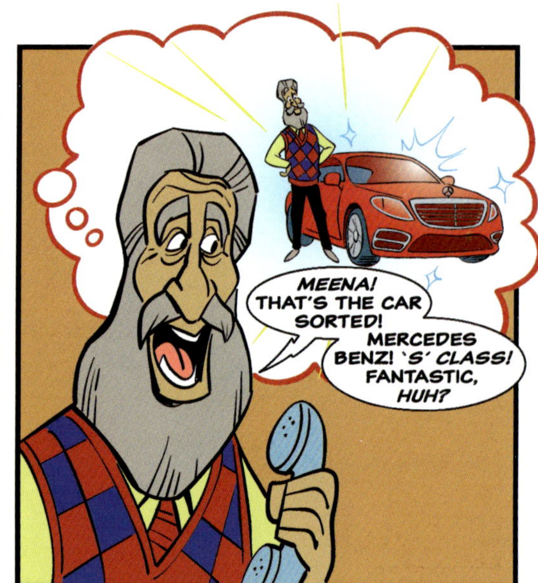

MEENA! THAT'S THE CAR SORTED! MERCEDES BENZ! 'S' CLASS! FANTASTIC, HUH?

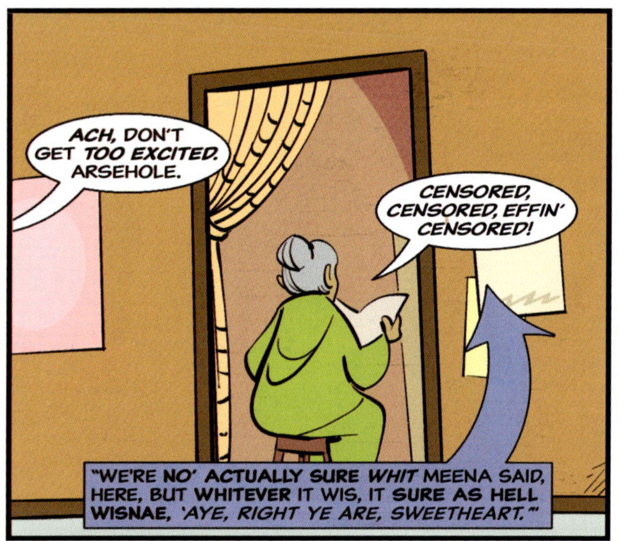

ACH, DON'T GET TOO EXCITED, ARSEHOLE.
CENSORED, CENSORED, EFFIN' CENSORED!
"WE'RE NO' ACTUALLY SURE WHIT MEENA SAID, HERE, BUT WHATEVER IT WIS, IT SURE AS HELL WISNAE, 'AYE, RIGHT YE ARE, SWEETHEART.'"

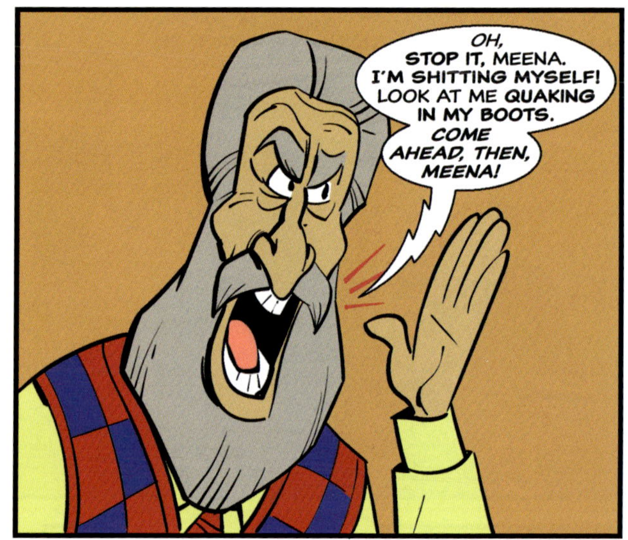

OH, STOP IT, MEENA. I'M SHITTING MYSELF! LOOK AT ME QUAKING IN MY BOOTS. COME AHEAD, THEN, MEENA!

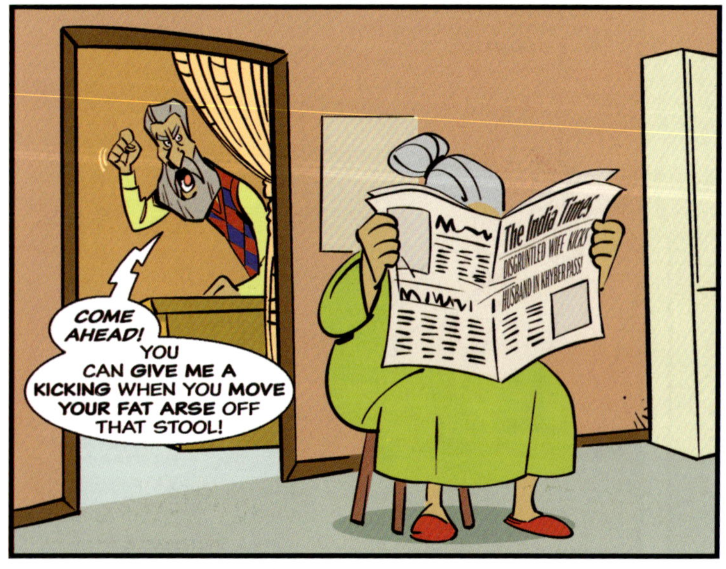

COME AHEAD! YOU CAN GIVE ME A KICKING WHEN YOU MOVE YOUR FAT ARSE OFF THAT STOOL!
The India Times
DISGRUNTLED WIFE KICKS HUSBAND IN KHYBER PASS!

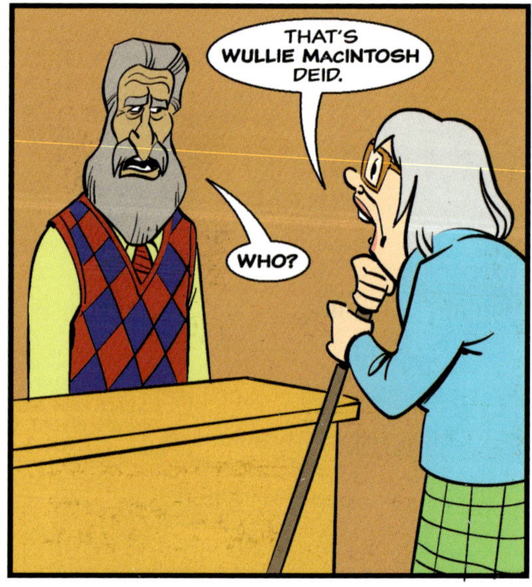

THAT'S WULLIE MacINTOSH DEID.
WHO?

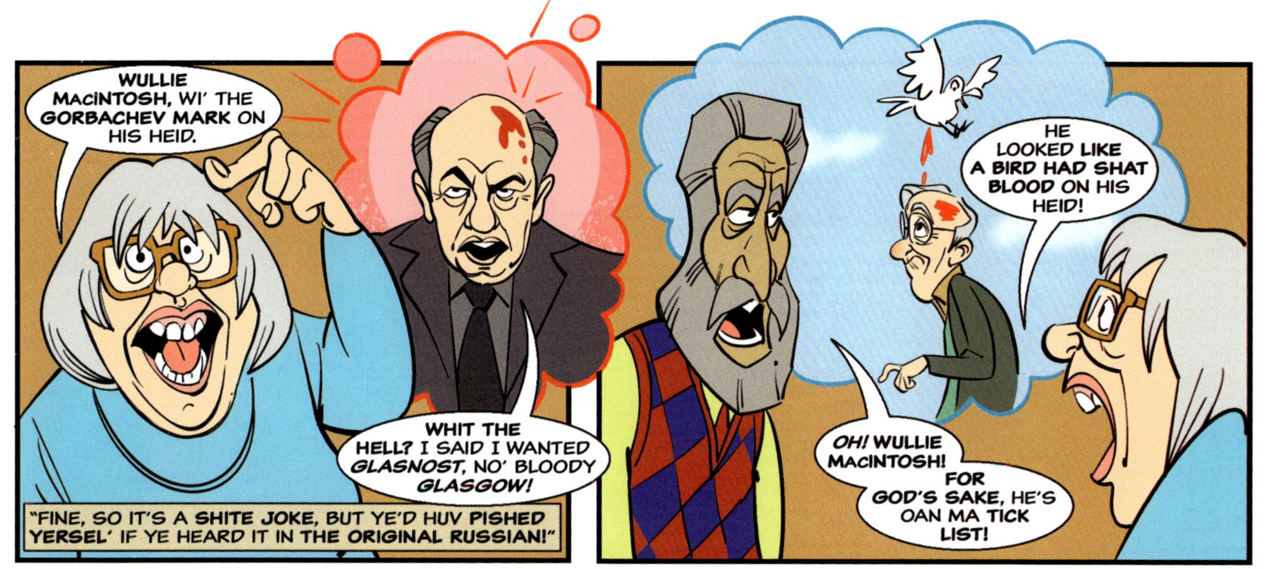

WULLIE MacINTOSH, WI' THE GORBACHEV MARK ON HIS HEID.
WHIT THE HELL? I SAID I WANTED GLASNOST, NO' BLOODY GLASGOW!
"FINE, SO IT'S A SHITE JOKE, BUT YE'D HUV PISHED YERSEL' IF YE HEARD IT IN THE ORIGINAL RUSSIAN!"
HE LOOKED LIKE A BIRD HAD SHAT BLOOD ON HIS HEID!
OH! WULLIE MacINTOSH! FOR GOD'S SAKE, HE'S OAN MA TICK LIST!

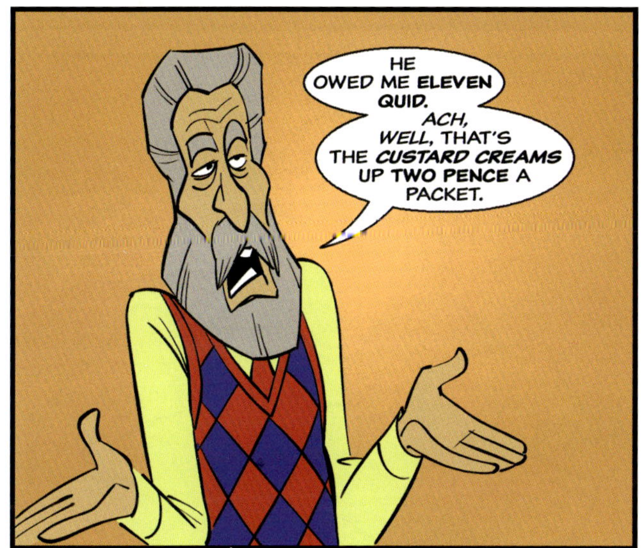

HE OWED ME ELEVEN QUID. ACH, WELL, THAT'S THE CUSTARD CREAMS UP TWO PENCE A PACKET.

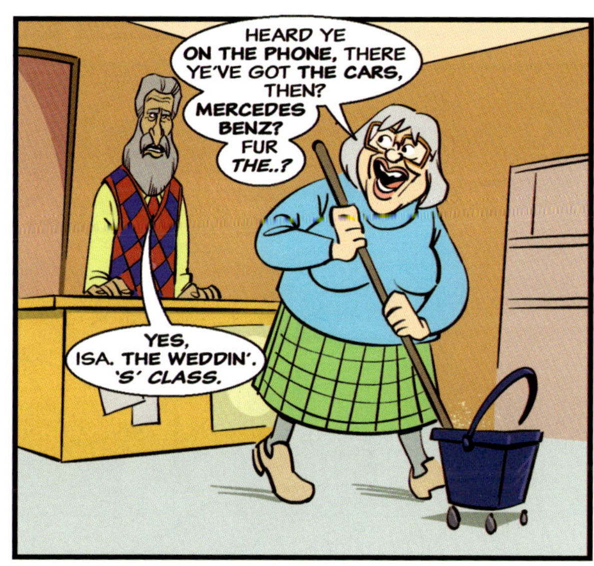

HEARD YE ON THE PHONE, THERE YE'VE GOT THE CARS, THEN? MERCEDES BENZ? FUR THE..?
YES, ISA. THE WEDDIN'. 'S' CLASS.

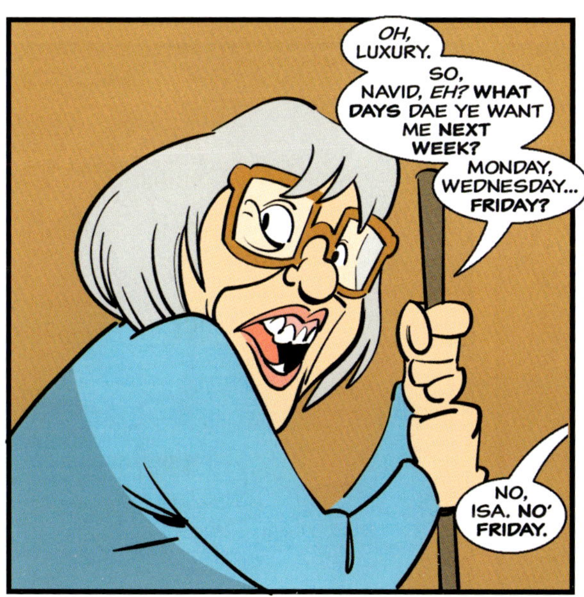

OH, LUXURY. SO, NAVID, EH? WHAT DAYS DAE YE WANT ME NEXT WEEK? MONDAY, WEDNESDAY... FRIDAY?
NO, ISA. NO' FRIDAY.

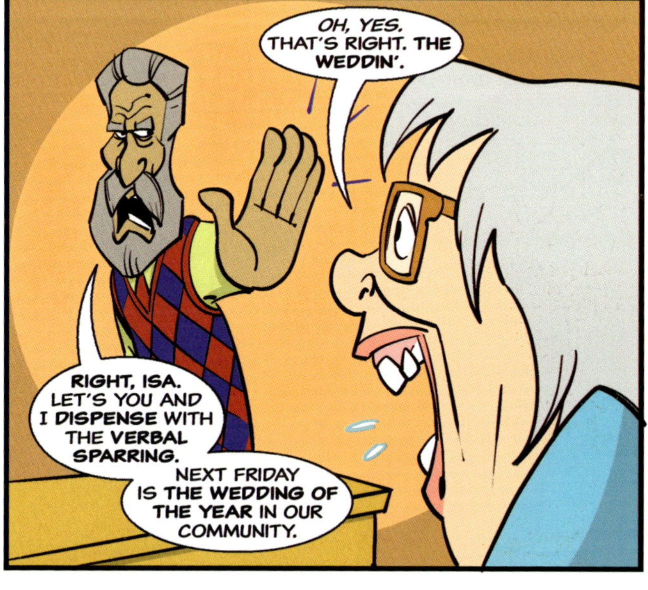

OH, YES. THAT'S RIGHT. THE WEDDIN'.
RIGHT, ISA. LET'S YOU AND I DISPENSE WITH THE VERBAL SPARRING. NEXT FRIDAY IS THE WEDDING OF THE YEAR IN OUR COMMUNITY.

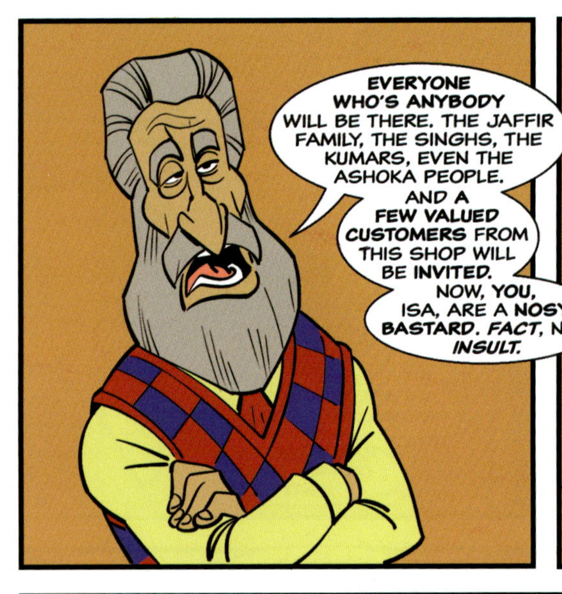

EVERYONE WHO'S ANYBODY WILL BE THERE. THE JAFFIR FAMILY, THE SINGHS, THE KUMARS, EVEN THE ASHOKA PEOPLE.
AND A FEW VALUED CUSTOMERS FROM THIS SHOP WILL BE INVITED.
NOW, YOU, ISA, ARE A NOSY BASTARD. FACT, NOT INSULT.

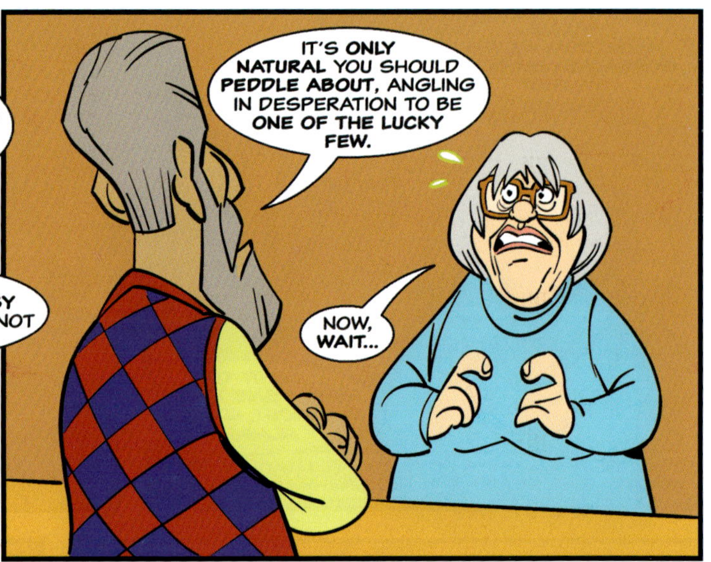

IT'S ONLY NATURAL YOU SHOULD PEDDLE ABOUT, ANGLING IN DESPERATION TO BE ONE OF THE LUCKY FEW.
NOW, WAIT...

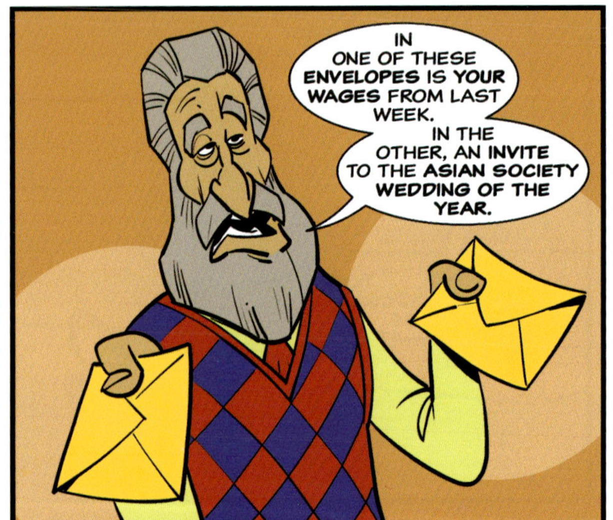

IN ONE OF THESE ENVELOPES IS YOUR WAGES FROM LAST WEEK.
IN THE OTHER, AN INVITE TO THE ASIAN SOCIETY WEDDING OF THE YEAR.

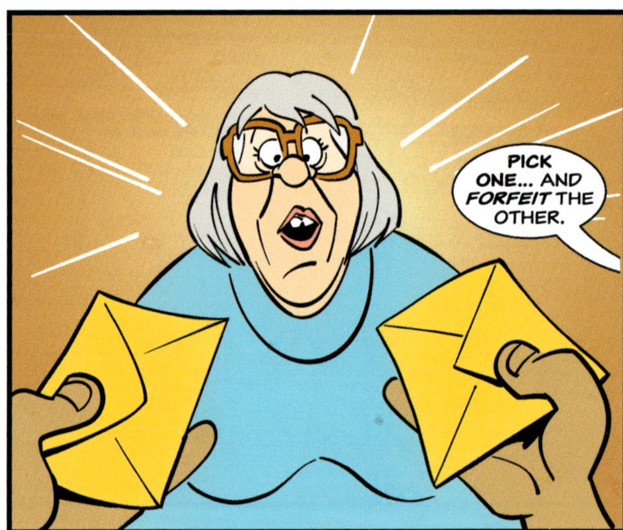

PICK ONE... AND FORFEIT THE OTHER.

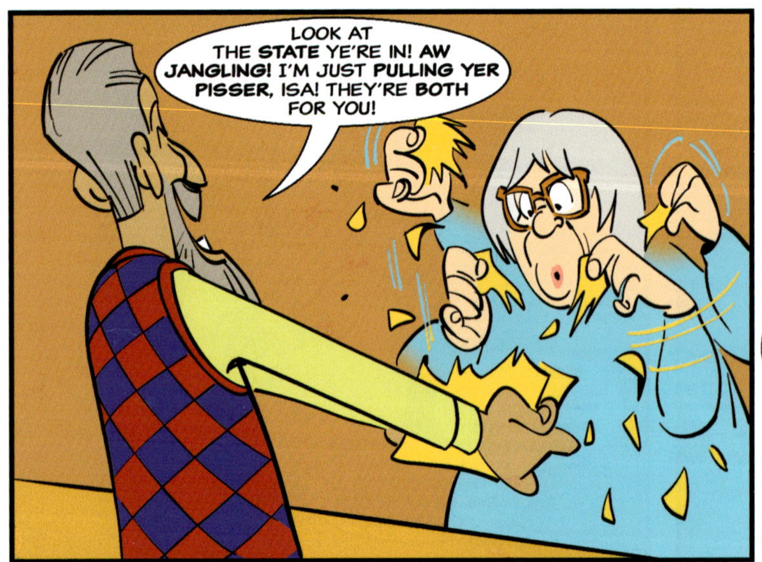

LOOK AT THE STATE YE'RE IN! AW JANGLING! I'M JUST PULLING YER PISSER, ISA! THEY'RE BOTH FOR YOU!

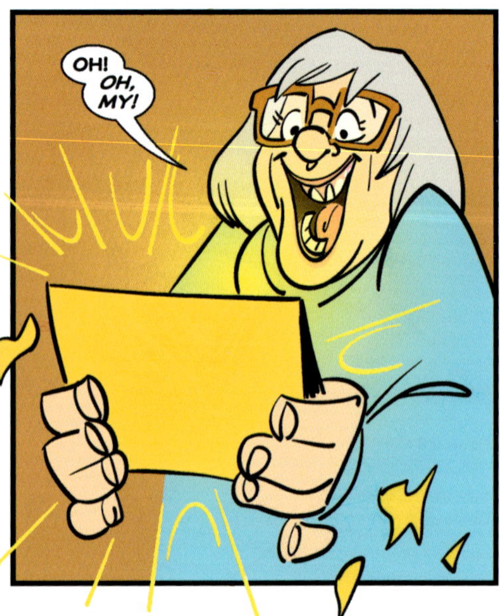

OH! OH, MY!

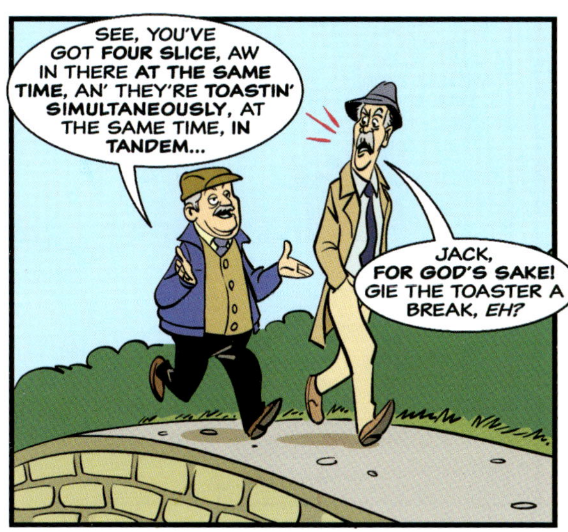

SEE, YOU'VE GOT FOUR SLICE, AW IN THERE AT THE SAME TIME, AN' THEY'RE TOASTIN' SIMULTANEOUSLY, AT THE SAME TIME, IN TANDEM...
JACK, FOR GOD'S SAKE! GIE THE TOASTER A BREAK, EH?

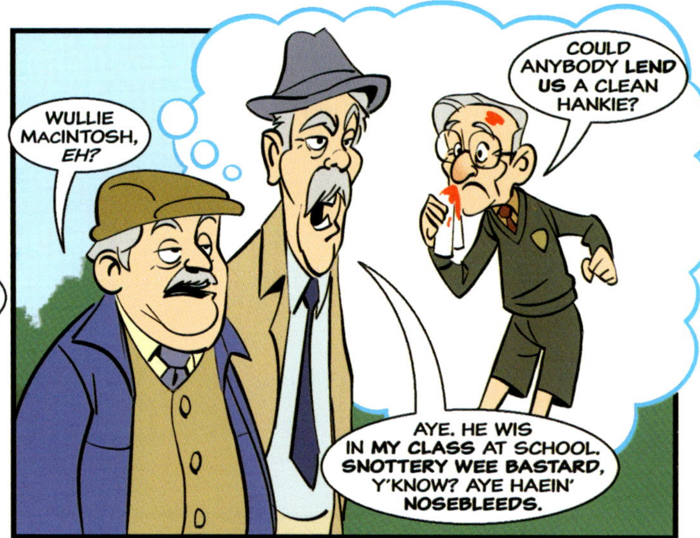

WULLIE MACINTOSH, EH?
COULD ANYBODY LEND US A CLEAN HANKIE?
AYE. HE WIS IN MY CLASS AT SCHOOL. SNOTTERY WEE BASTARD, Y'KNOW? AYE HAEIN' NOSEBLEEDS.

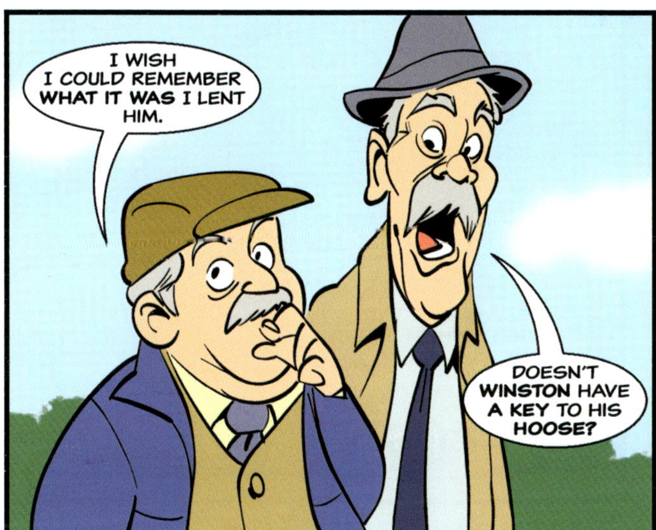

I WISH I COULD REMEMBER WHAT IT WAS I LENT HIM.
DOESN'T WINSTON HAVE A KEY TO HIS HOOSE?

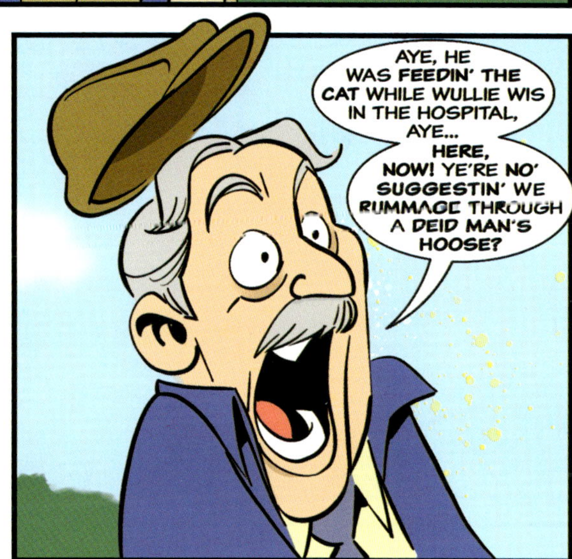

AYE, HE WAS FEEDIN' THE CAT WHILE WULLIE WIS IN THE HOSPITAL, AYE...
HERE, NOW! YE'RE NO' SUGGESTIN' WE RUMMAGE THROUGH A DEID MAN'S HOOSE?

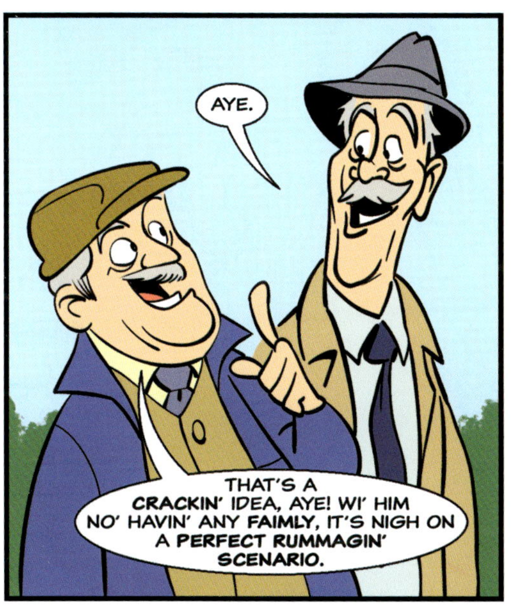

AYE.
THAT'S A CRACKIN' IDEA, AYE! WI' HIM NO' HAVIN' ANY FAIMLY, IT'S NIGH ON A PERFECT RUMMAGIN' SCENARIO.

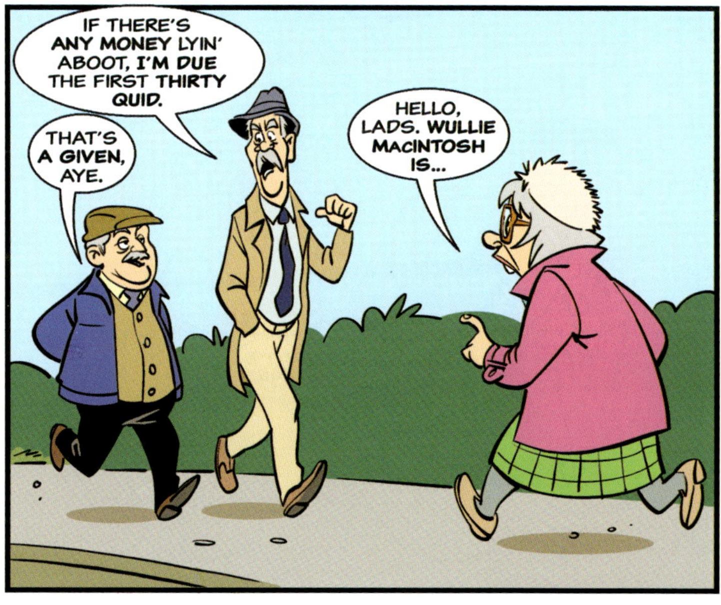

IF THERE'S ANY MONEY LYIN' ABOOT, I'M DUE THE FIRST THIRTY QUID.
THAT'S A GIVEN, AYE.
HELLO, LADS. WULLIE MACINTOSH IS...

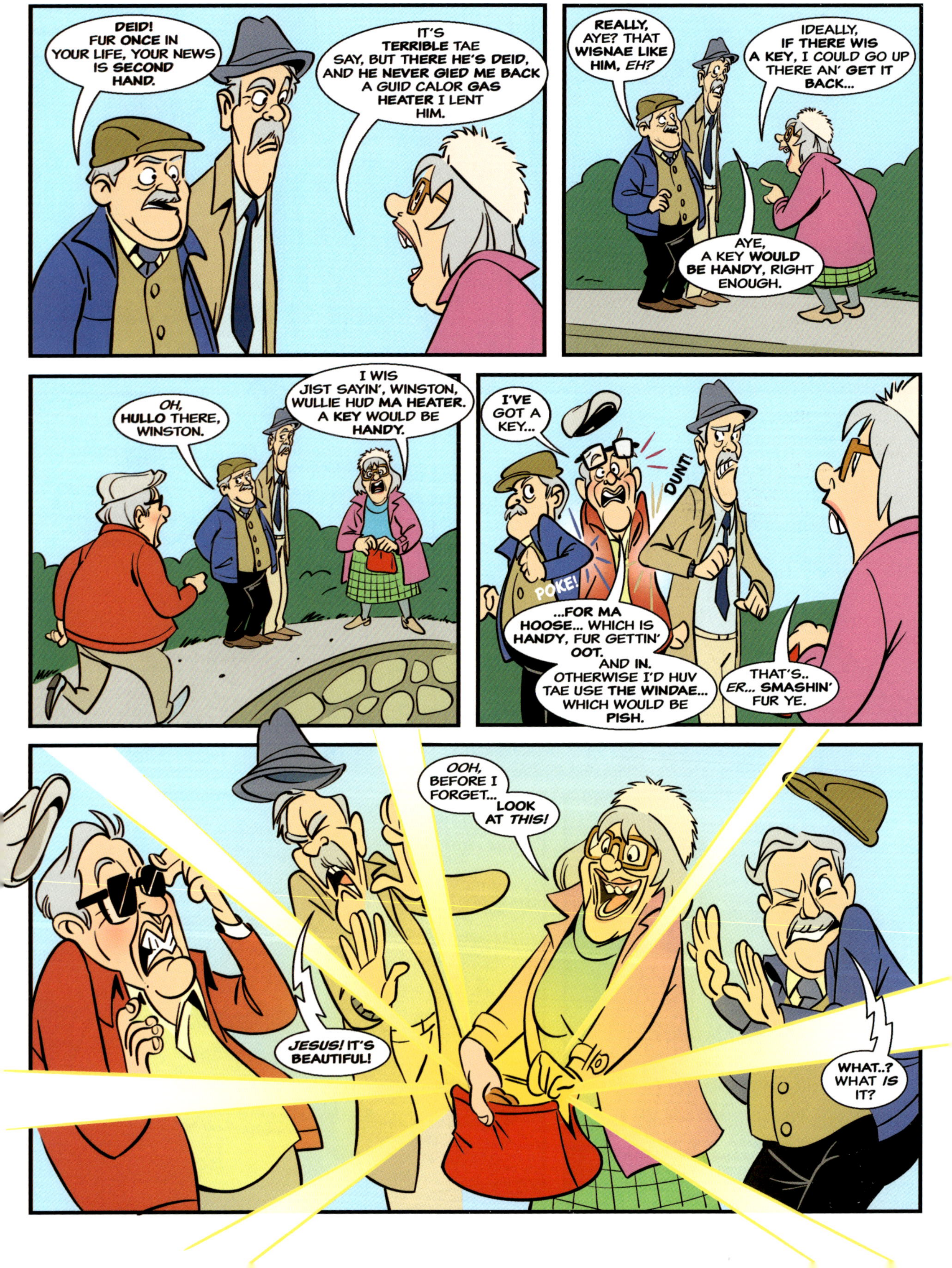

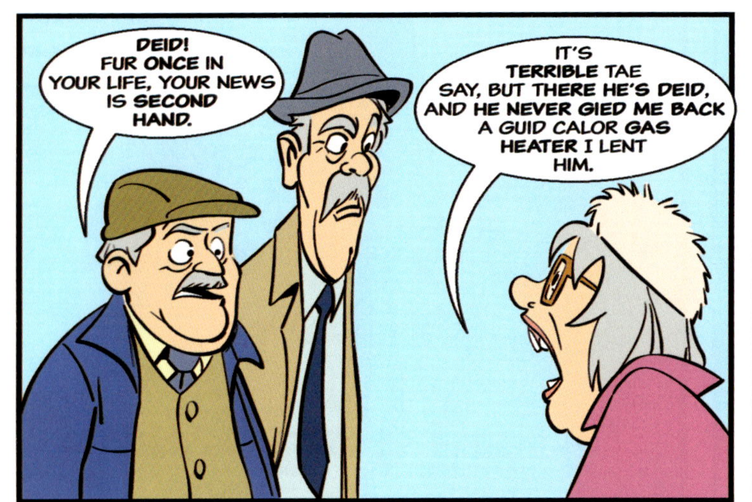

DEID! FUR ONCE IN YOUR LIFE, YOUR NEWS IS SECOND HAND.
IT'S TERRIBLE TAE SAY, BUT THERE HE'S DEID, AND HE NEVER GIED ME BACK A GUID CALOR GAS HEATER I LENT HIM.

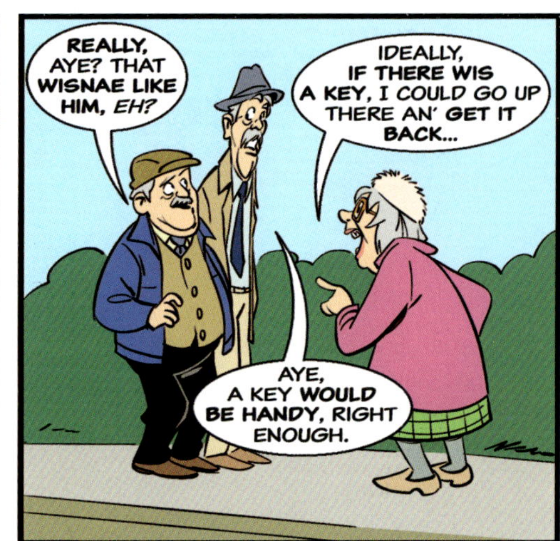

REALLY, AYE? THAT WISNAE LIKE HIM, EH?
IDEALLY, IF THERE WIS A KEY, I COULD GO UP THERE AN' GET IT BACK...
AYE, A KEY WOULD BE HANDY, RIGHT ENOUGH.

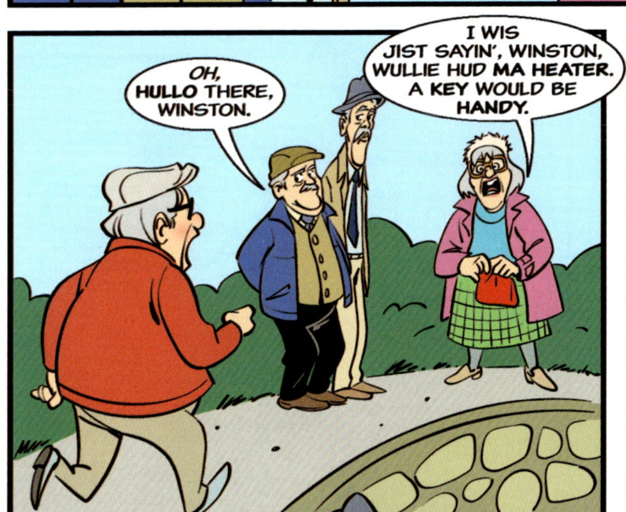

OH, HULLO THERE, WINSTON.
I WIS JIST SAYIN', WINSTON, WULLIE HUD MA HEATER. A KEY WOULD BE HANDY.

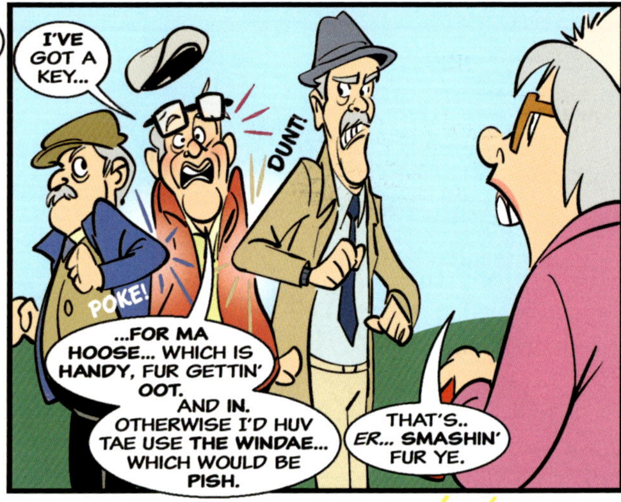

I'VE GOT A KEY...
DUNT!
POKE!
...FOR MA HOOSE... WHICH IS HANDY, FUR GETTIN' OOT. AND IN. OTHERWISE I'D HUV TAE USE THE WINDAE... WHICH WOULD BE PISH.
THAT'S.. ER... SMASHIN' FUR YE.

OOH, BEFORE I FORGET... LOOK AT THIS!
JESUS! IT'S BEAUTIFUL!
WHAT..? WHAT IS IT?

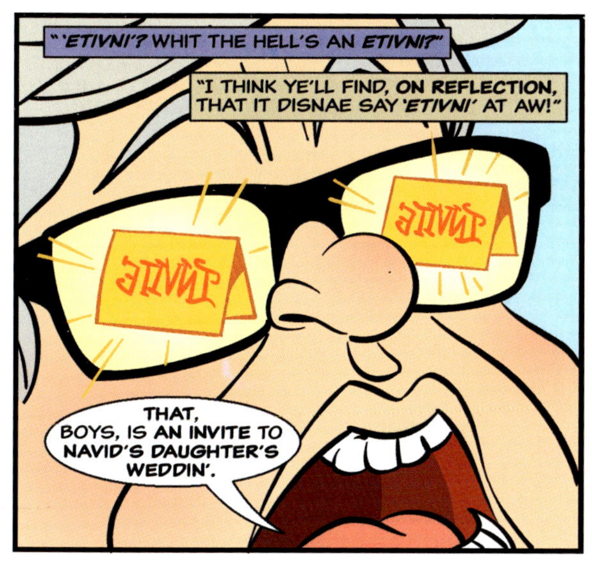
"'ETIVNI'? WHIT THE HELL'S AN ETIVNI?"
"I THINK YE'LL FIND, ON REFLECTION, THAT IT DISNAE SAY 'ETIVNI' AT AW!"
INVITE
THAT, BOYS, IS AN INVITE TO NAVID'S DAUGHTER'S WEDDIN'.

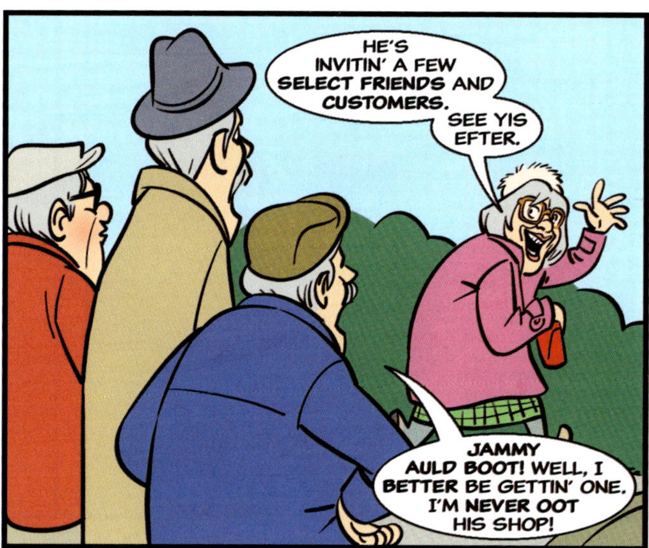
HE'S INVITIN' A FEW SELECT FRIENDS AND CUSTOMERS.
SEE YIS EFTER.
JAMMY AULD BOOT! WELL, I BETTER BE GETTIN' ONE. I'M NEVER OOT HIS SHOP!

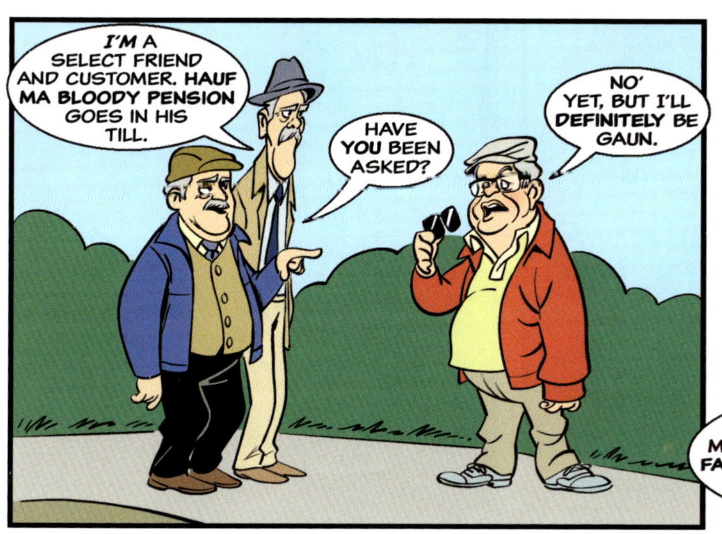
I'M A SELECT FRIEND AND CUSTOMER. HAUF MA BLOODY PENSION GOES IN HIS TILL.
HAVE YOU BEEN ASKED?
NO' YET, BUT I'LL DEFINITELY BE GAUN.

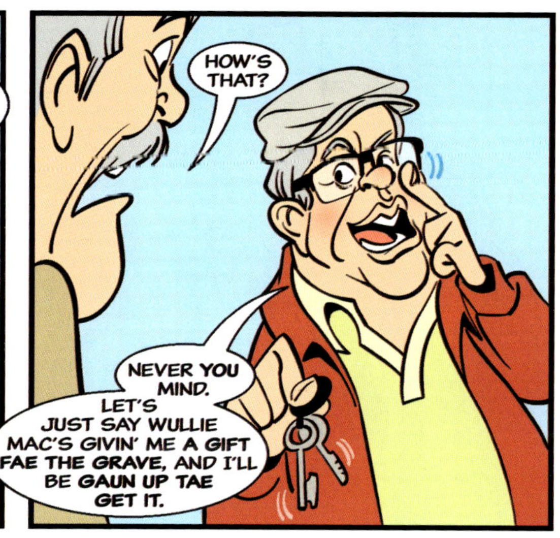
HOW'S THAT?
NEVER YOU MIND. LET'S JUST SAY WULLIE MAC'S GIVIN' ME A GIFT FAE THE GRAVE, AND I'LL BE GAUN UP TAE GET IT.

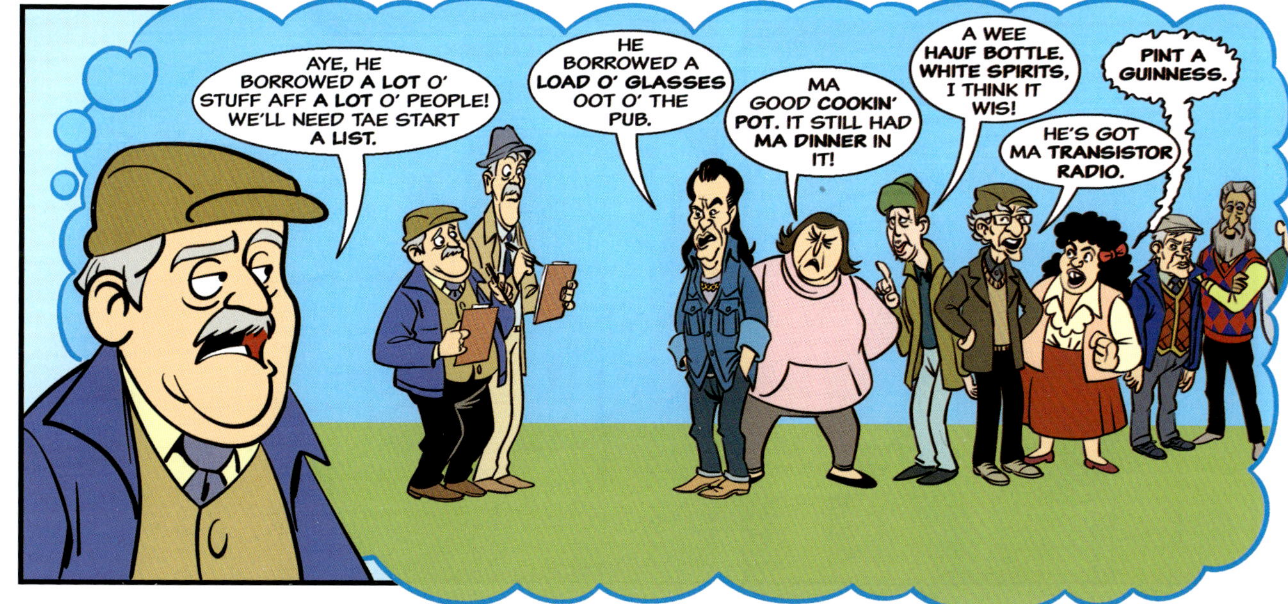
AYE, HE BORROWED A LOT O' STUFF AFF A LOT O' PEOPLE! WE'LL NEED TAE START A LIST.
HE BORROWED A LOAD O' GLASSES OOT O' THE PUB.
MA GOOD COOKIN' POT. IT STILL HAD MA DINNER IN IT!
A WEE HAUF BOTTLE. WHITE SPIRITS, I THINK IT WIS!
HE'S GOT MA TRANSISTOR RADIO.
PINT A GUINNESS.

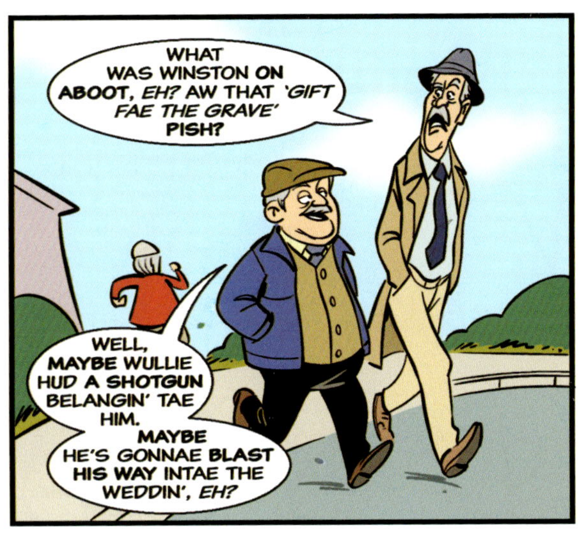

WHAT WAS WINSTON ON ABOOT, EH? AW THAT 'GIFT FAE THE GRAVE' PISH?
WELL, MAYBE WULLIE HUD A SHOTGUN BELANGIN' TAE HIM. MAYBE HE'S GONNAE BLAST HIS WAY INTAE THE WEDDIN', EH?

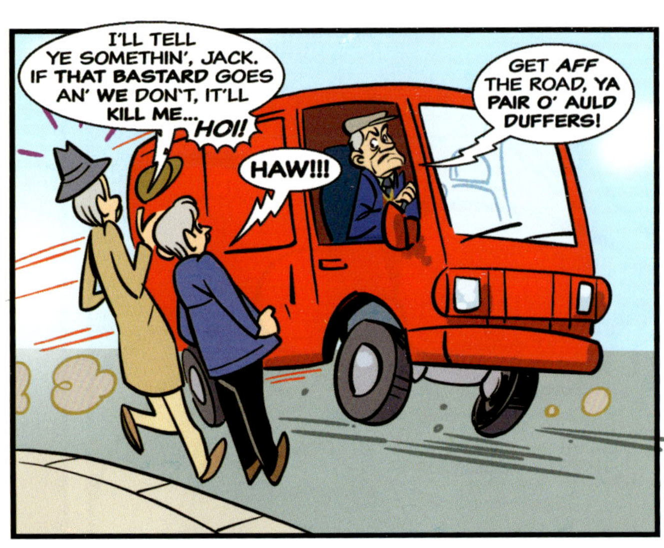

I'LL TELL YE SOMETHIN', JACK. IF THAT BASTARD GOES AN' WE DON'T, IT'LL KILL ME... 'HOI!
HAW!!!
GET AFF THE ROAD, YA PAIR O' AULD DUFFERS!

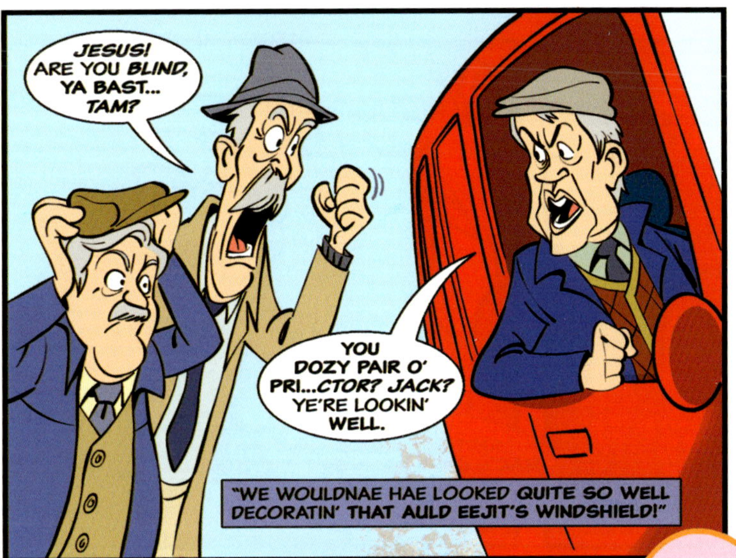

JESUS! ARE YOU BLIND, YA BAST... TAM?
YOU DOZY PAIR O' PRI...CTOR? JACK? YE'RE LOOKIN' WELL.
"WE WOULDNAE HAE LOOKED QUITE SO WELL DECORATIN' THAT AULD EEJIT'S WINDSHIELD!"

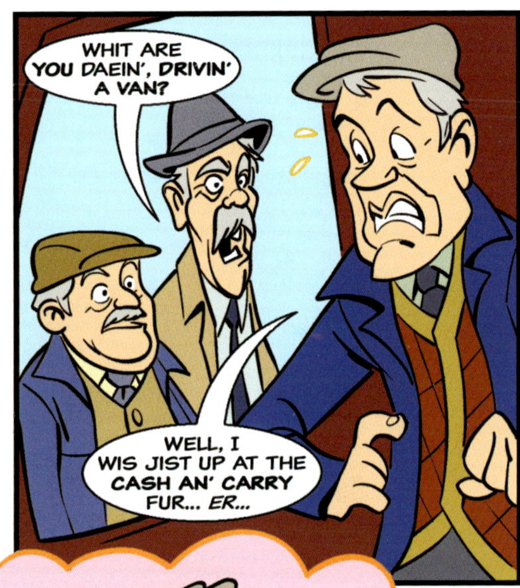

WHIT ARE YOU DAEIN', DRIVIN' A VAN?
WELL, I WIS JIST UP AT THE CASH AN' CARRY FUR... ER...

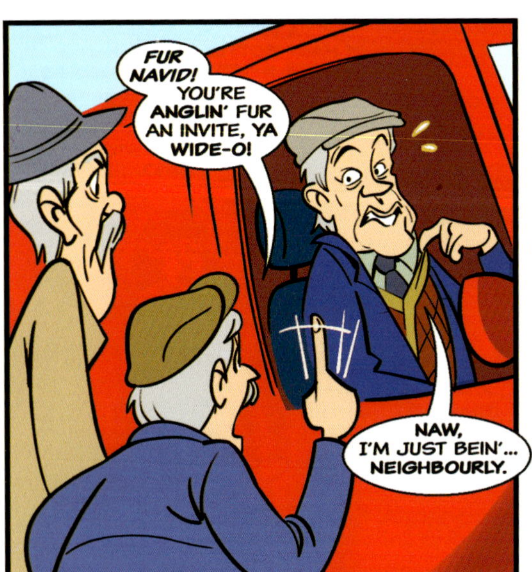

FUR NAVID! YOU'RE ANGLIN' FUR AN INVITE, YA WIDE-O!
NAW, I'M JUST BEIN'... NEIGHBOURLY.

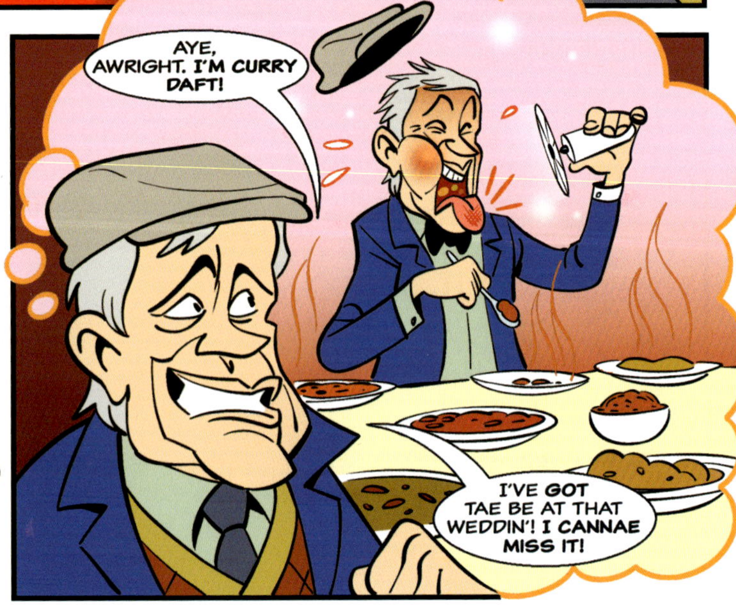

AYE, AWRIGHT. I'M CURRY DAFT!
I'VE GOT TAE BE AT THAT WEDDIN'! I CANNAE MISS IT!

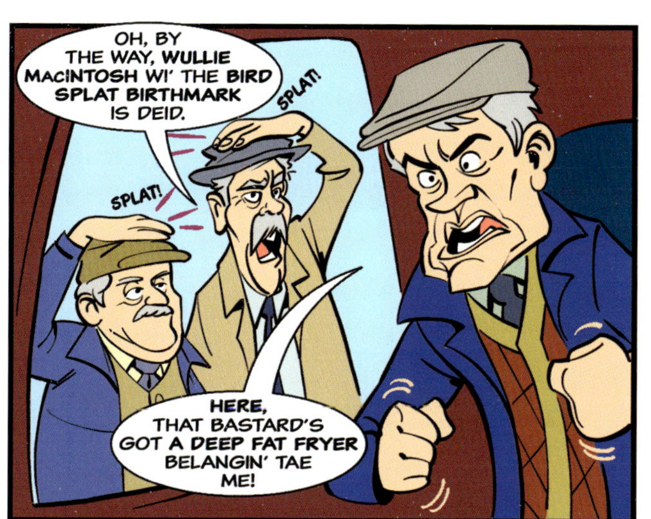

OH, BY THE WAY, WULLIE MACINTOSH WI' THE BIRD SPLAT BIRTHMARK IS DEID.
SPLAT!
SPLAT!
SPLAT!
HERE, THAT BASTARD'S GOT A DEEP FAT FRYER BELANGIN' TAE ME!

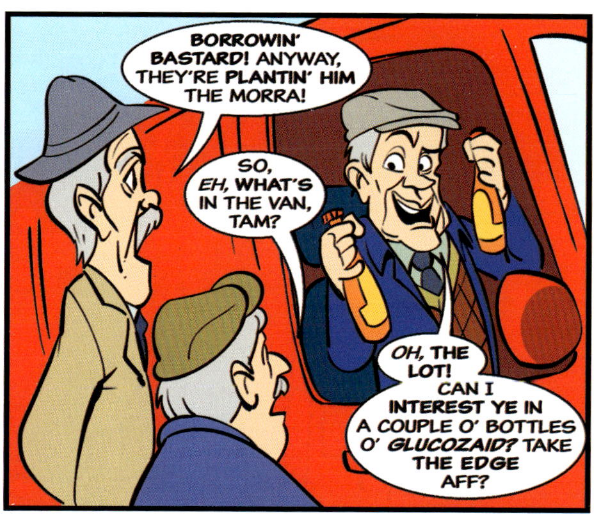

BORROWIN' BASTARD! ANYWAY, THEY'RE PLANTIN' HIM THE MORRA!
SO, EH, WHAT'S IN THE VAN, TAM?
OH, THE LOT! CAN I INTEREST YE IN A COUPLE O' BOTTLES O' GLUCOZAID? TAKE THE EDGE AFF?

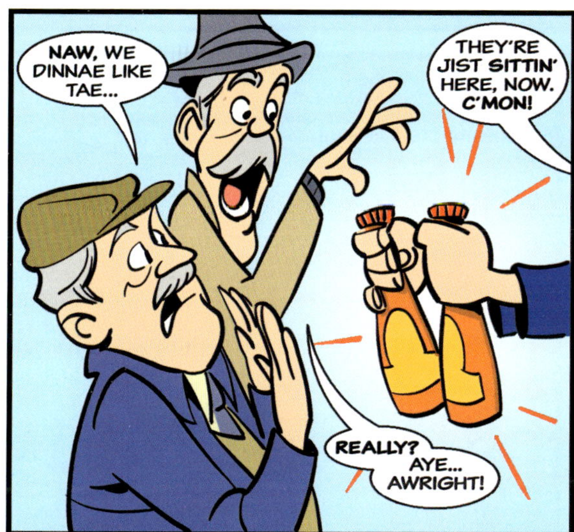

NAW, WE DINNAE LIKE TAE...
THEY'RE JIST SITTIN' HERE, NOW. C'MON!
REALLY? AYE... AWRIGHT!

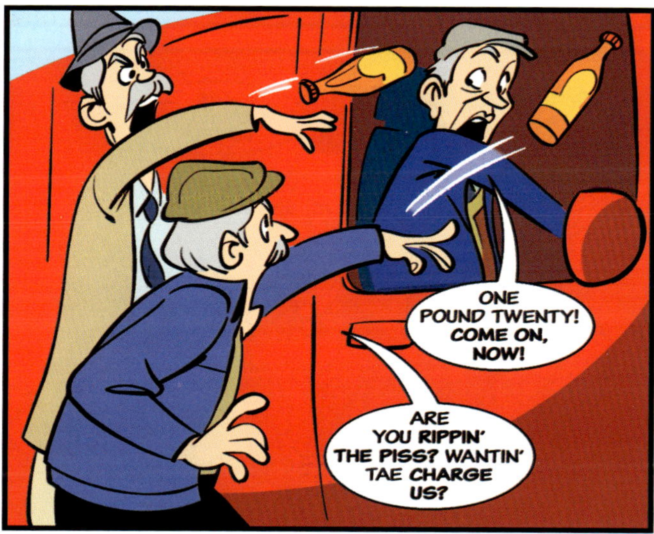

ONE POUND TWENTY! COME ON, NOW!
ARE YOU RIPPIN' THE PISS? WANTIN' TAE CHARGE US?

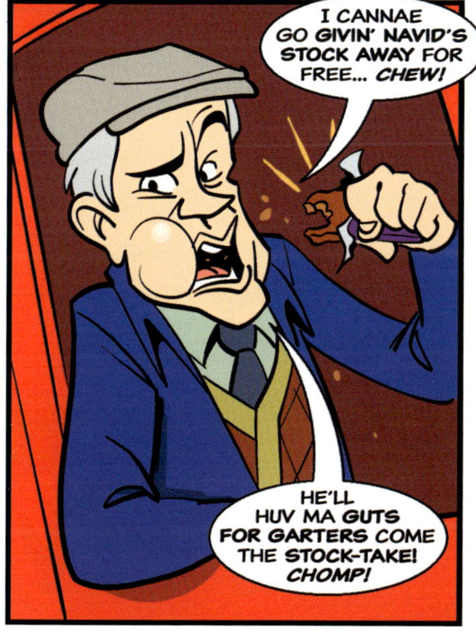

I CANNAE GO GIVIN' NAVID'S STOCK AWAY FOR FREE... CHEW!
HE'LL HUV MA GUTS FOR GARTERS COME THE STOCK-TAKE! CHOMP!

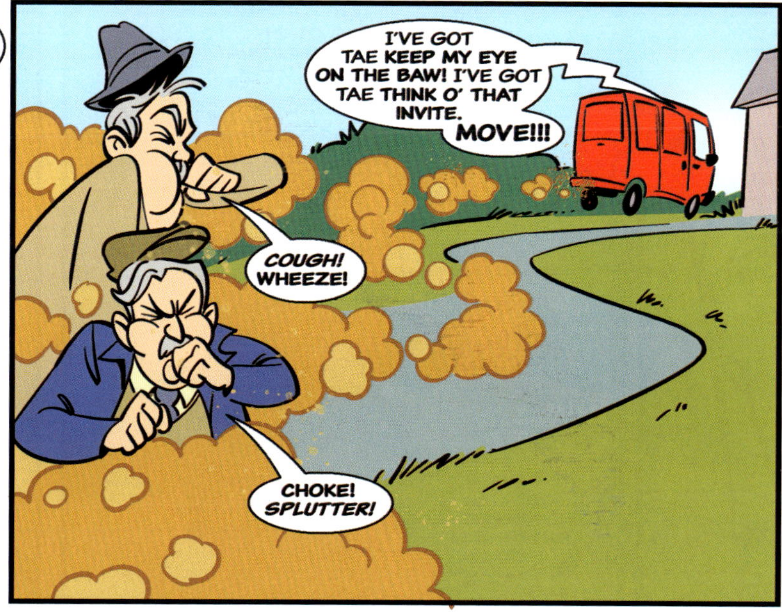

I'VE GOT TAE KEEP MY EYE ON THE BAW! I'VE GOT TAE THINK O' THAT INVITE. MOVE!!!
COUGH! WHEEZE!
CHOKE! SPLUTTER!

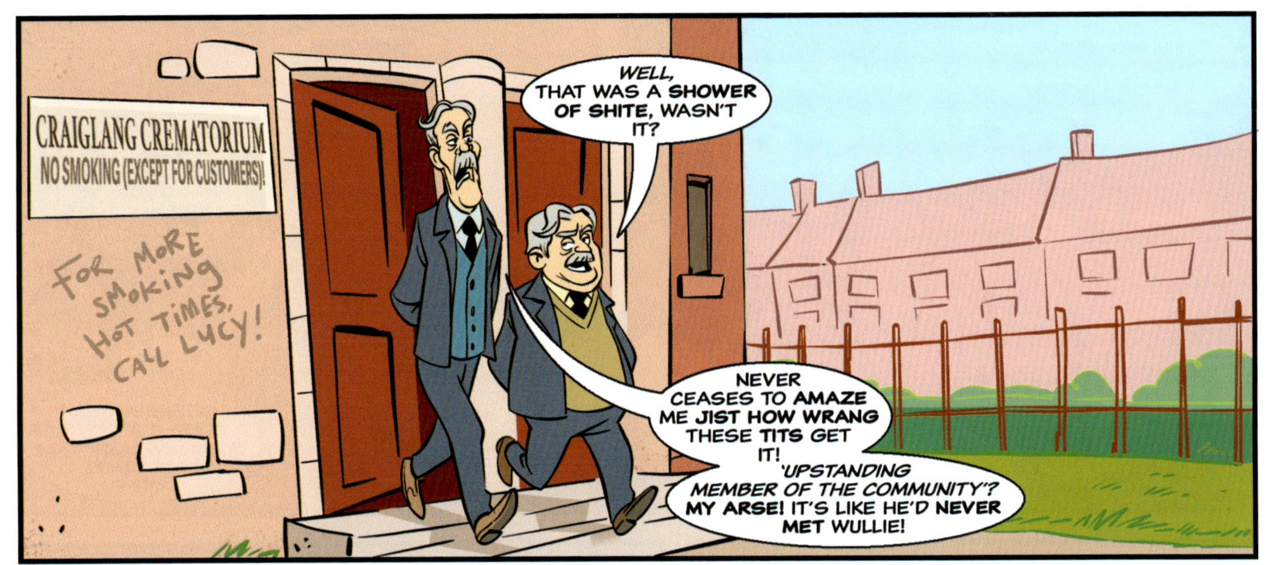

CRAIGLANG CREMATORIUM
NO SMOKING (EXCEPT FOR CUSTOMERS)!
FOR MORE SMOKING HOT TIMES, CALL LUCY!
WELL, THAT WAS A SHOWER OF SHITE, WASN'T IT?
NEVER CEASES TO AMAZE ME JIST HOW WRANG THESE TITS GET IT! 'UPSTANDING MEMBER OF THE COMMUNITY'? MY ARSE! IT'S LIKE HE'D NEVER MET WULLIE!

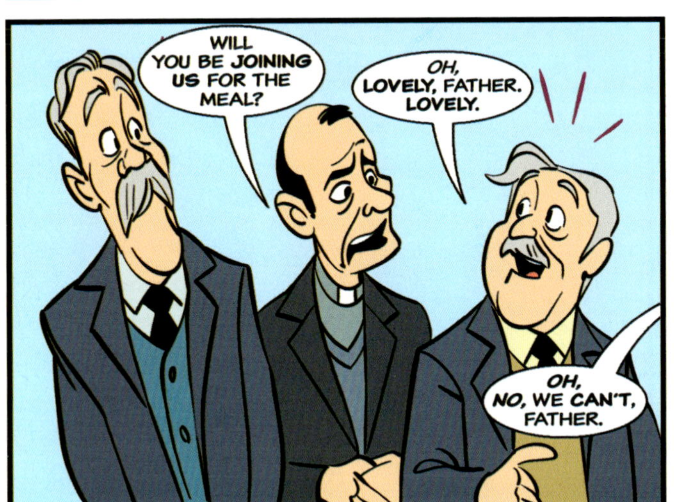

WILL YOU BE JOINING US FOR THE MEAL?
OH, LOVELY, FATHER. LOVELY.
OH, NO, WE CAN'T, FATHER.

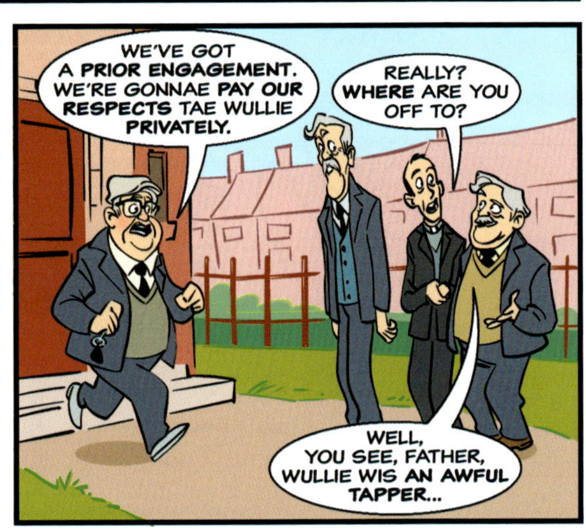

WE'VE GOT A PRIOR ENGAGEMENT. WE'RE GONNAE PAY OUR RESPECTS TAE WULLIE PRIVATELY.
REALLY? WHERE ARE YOU OFF TO?
WELL, YOU SEE, FATHER, WULLIE WIS AN AWFUL TAPPER...

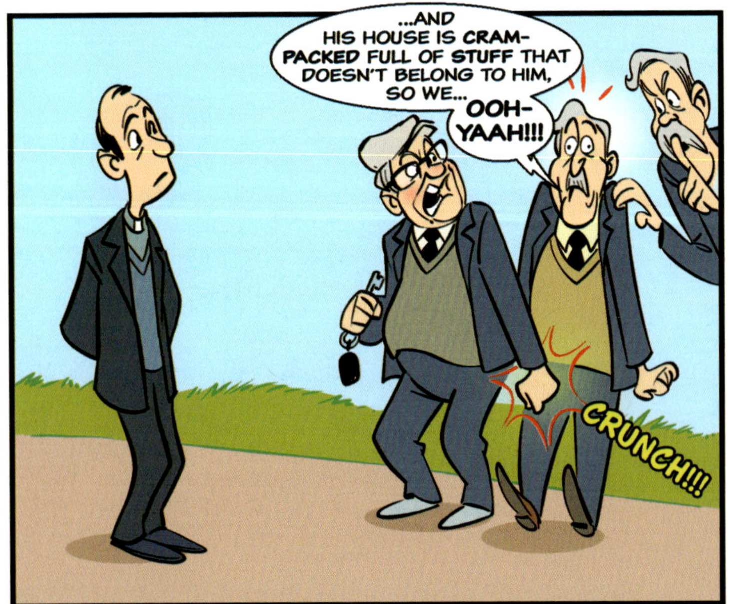

...AND HIS HOUSE IS CRAM-PACKED FULL OF STUFF THAT DOESN'T BELONG TO HIM, SO WE... OOH-YAAH!!!
CRUNCH!!!

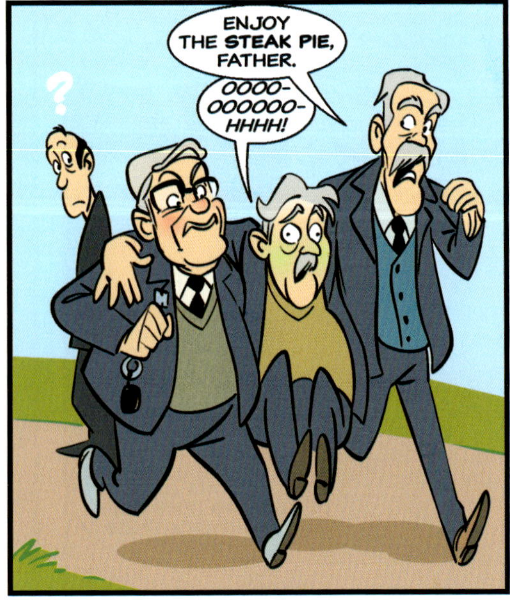

ENJOY THE STEAK PIE, FATHER.
OOOO-OOOOOO-HHHH!

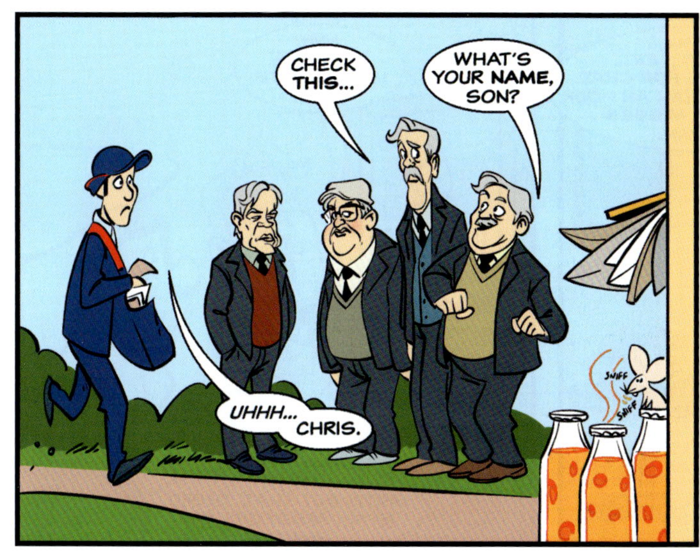

CHECK THIS...
WHAT'S YOUR NAME, SON?
UHHH... CHRIS.

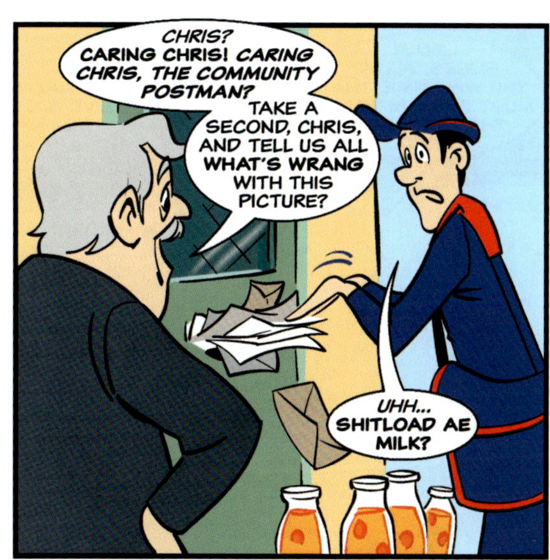

CHRIS? CARING CHRIS! CARING CHRIS, THE COMMUNITY POSTMAN?
TAKE A SECOND, CHRIS, AND TELL US ALL WHAT'S WRANG WITH THIS PICTURE?
UHH... SHITLOAD AE MILK?

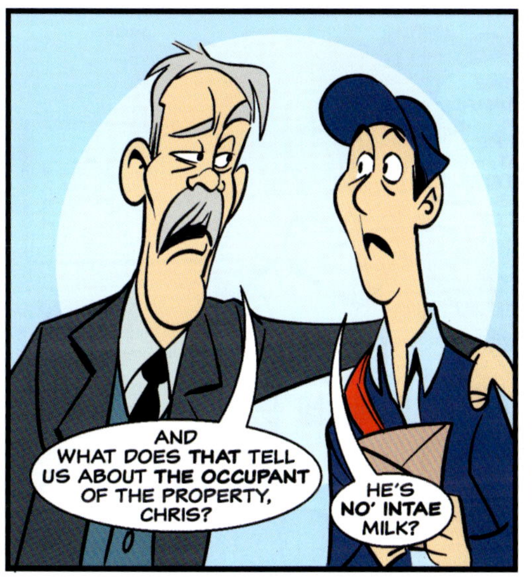

AND WHAT DOES THAT TELL US ABOUT THE OCCUPANT OF THE PROPERTY, CHRIS?
HE'S NO' INTAE MILK?

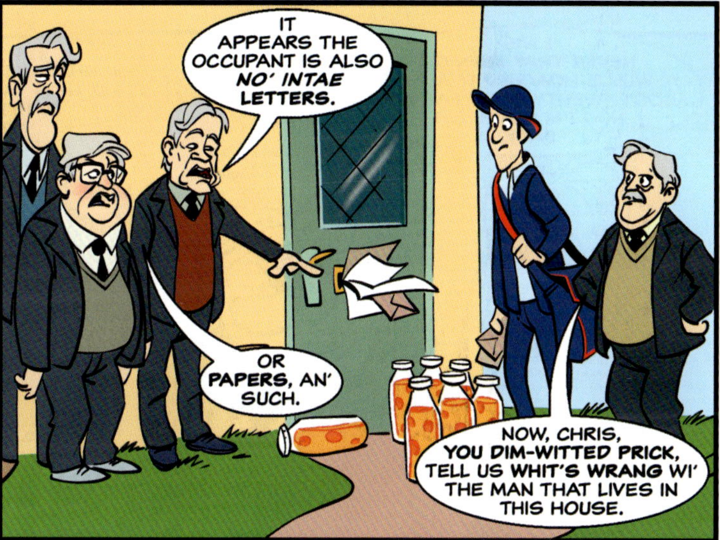

IT APPEARS THE OCCUPANT IS ALSO NO' INTAE LETTERS.
OR PAPERS, AN' SUCH.
NOW, CHRIS, YOU DIM-WITTED PRICK, TELL US WHIT'S WRANG WI' THE MAN THAT LIVES IN THIS HOUSE.

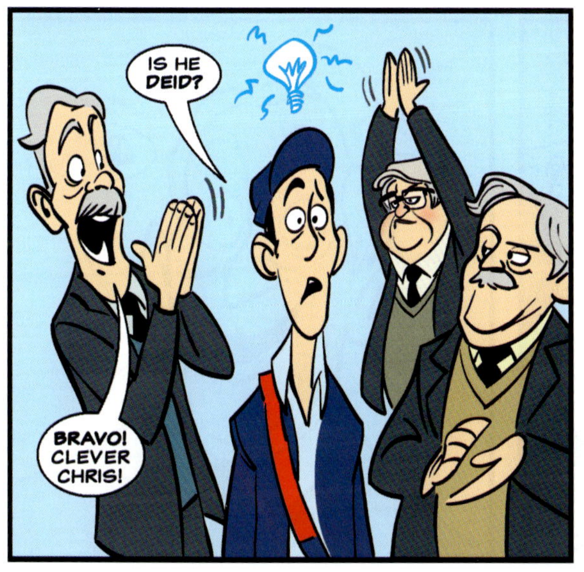

IS HE DEID?
BRAVO! CLEVER CHRIS!

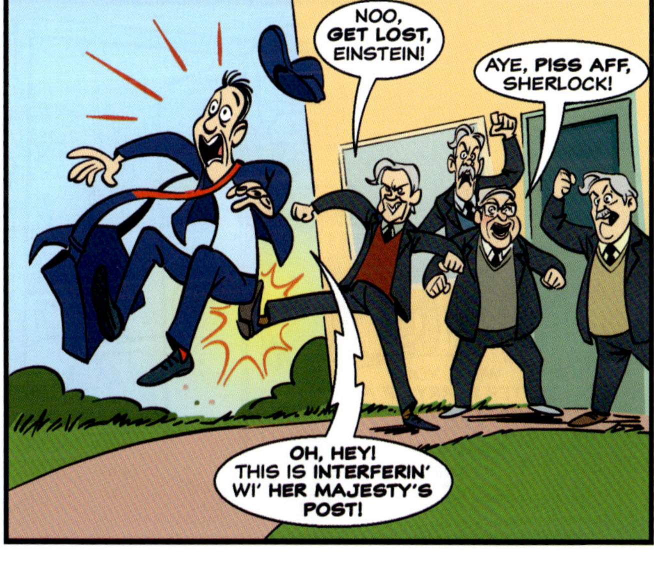

NOO, GET LOST, EINSTEIN!
AYE, PISS AFF, SHERLOCK!
OH, HEY! THIS IS INTERFERIN' WI' HER MAJESTY'S POST!

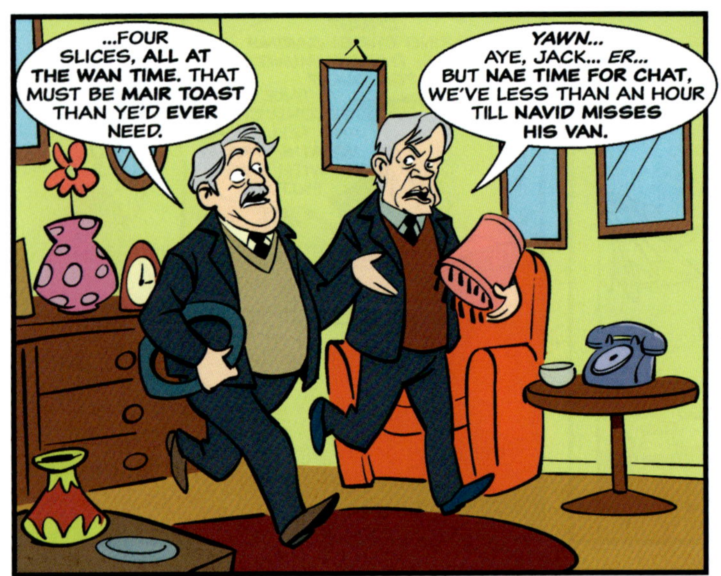

...FOUR SLICES, ALL AT THE WAN TIME. THAT MUST BE MAIR TOAST THAN YE'D EVER NEED.
YAWN... AYE, JACK... ER... BUT NAE TIME FOR CHAT, WE'VE LESS THAN AN HOUR TILL NAVID MISSES HIS VAN.

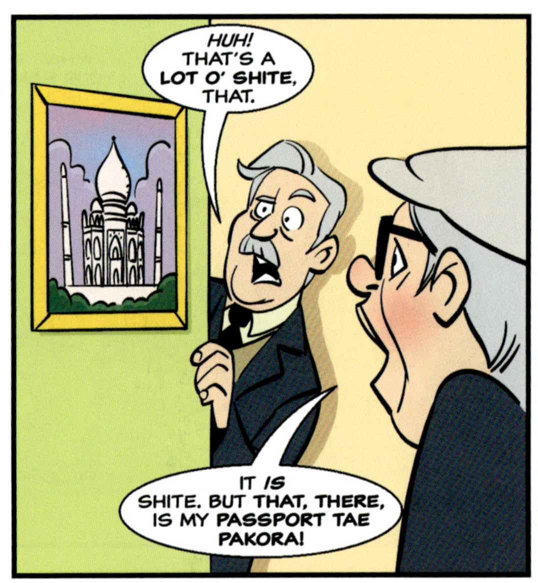

HUH! THAT'S A LOT O' SHITE, THAT.
IT IS SHITE. BUT THAT, THERE, IS MY PASSPORT TAE PAKORA!

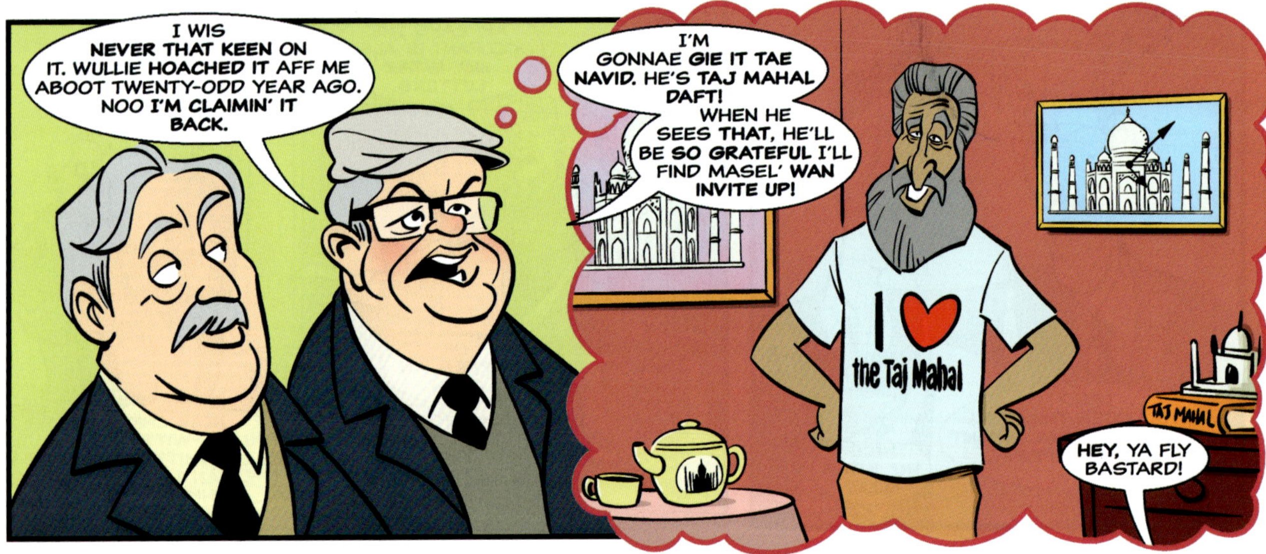

I WIS NEVER THAT KEEN ON IT. WULLIE HOACHED IT AFF ME ABOOT TWENTY-ODD YEAR AGO. NOO I'M CLAIMIN' IT BACK.
I'M GONNAE GIE IT TAE NAVID. HE'S TAJ MAHAL DAFT! WHEN HE SEES THAT, HE'LL BE SO GRATEFUL I'LL FIND MASEL' WAN INVITE UP!
I ♥ the Taj Mahal
TAJ MAHAL
HEY, YA FLY BASTARD!

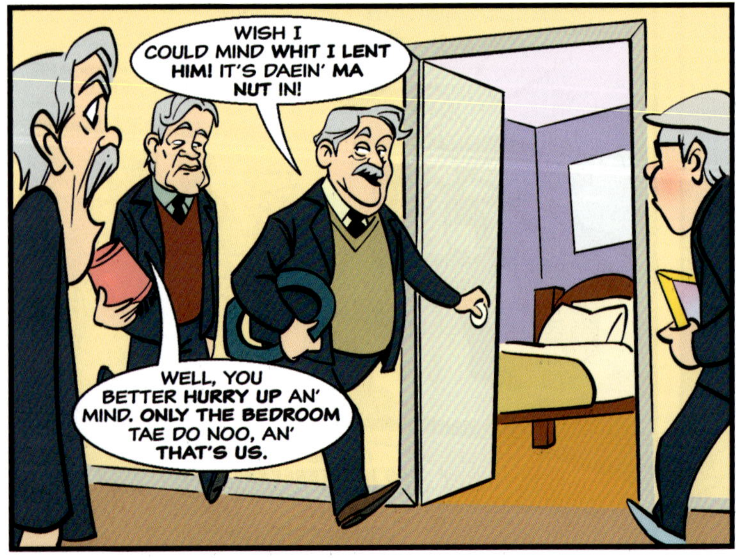

WISH I COULD MIND WHIT I LENT HIM! IT'S DAEIN' MA NUT IN!
WELL, YOU BETTER HURRY UP AN' MIND. ONLY THE BEDROOM TAE DO NOO, AN' THAT'S US.

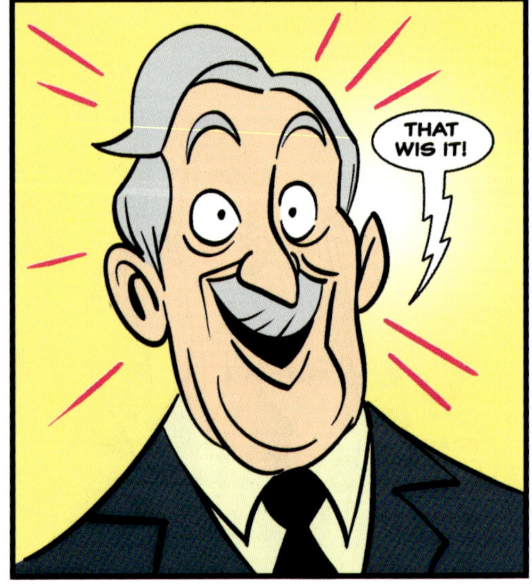

THAT WIS IT!

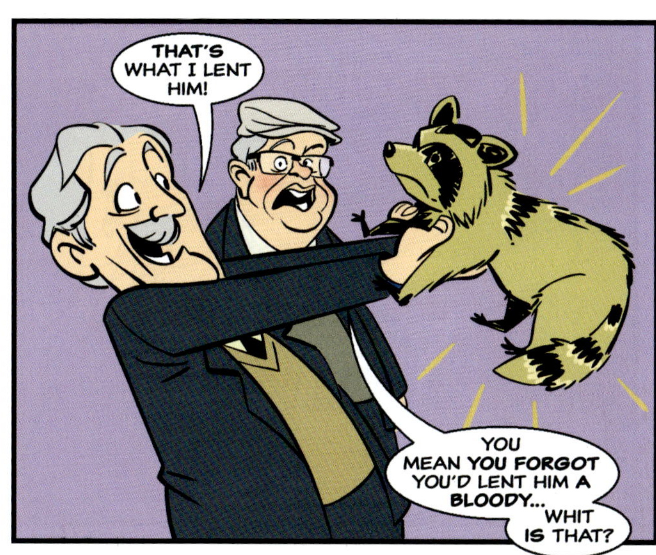

THAT'S WHAT I LENT HIM!
YOU MEAN YOU FORGOT YOU'D LENT HIM A BLOODY... WHIT IS THAT?

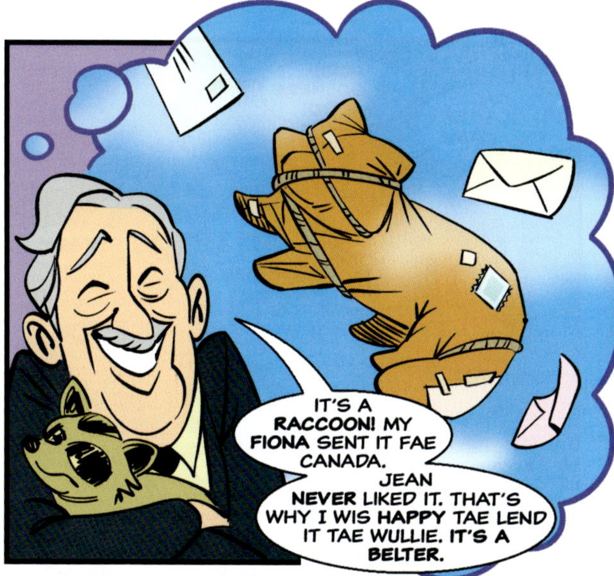

IT'S A RACCOON! MY FIONA SENT IT FAE CANADA.
JEAN NEVER LIKED IT. THAT'S WHY I WIS HAPPY TAE LEND IT TAE WULLIE. IT'S A BELTER.

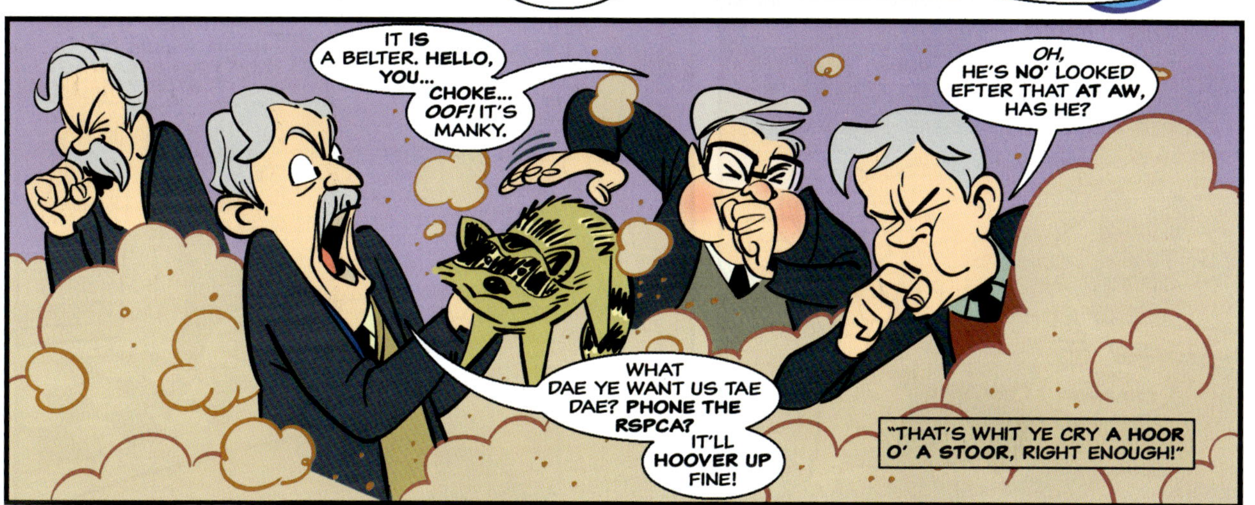

IT IS A BELTER. HELLO, YOU... CHOKE... OOF! IT'S MANKY.
OH, HE'S NO' LOOKED EFTER THAT AT AW, HAS HE?
WHAT DAE YE WANT US TAE DAE? PHONE THE RSPCA?
IT'LL HOOVER UP FINE!
"THAT'S WHIT YE CRY A HOOR O' A STOOR, RIGHT ENOUGH!"

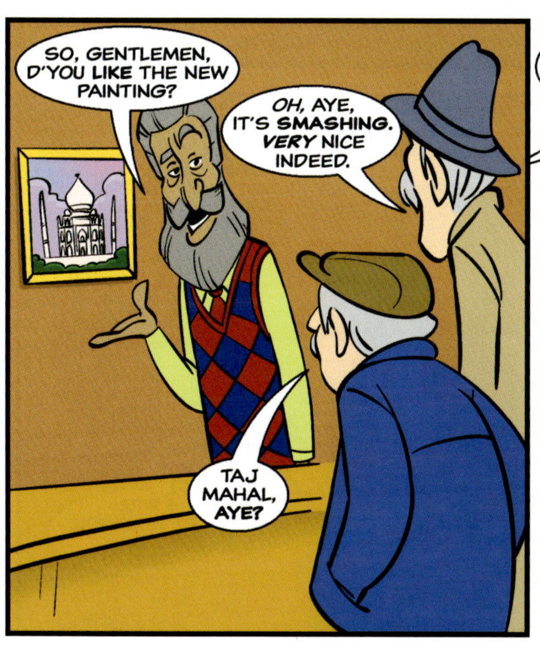

SO, GENTLEMEN, D'YOU LIKE THE NEW PAINTING?
OH, AYE, IT'S SMASHING. VERY NICE INDEED.
TAJ MAHAL, AYE?

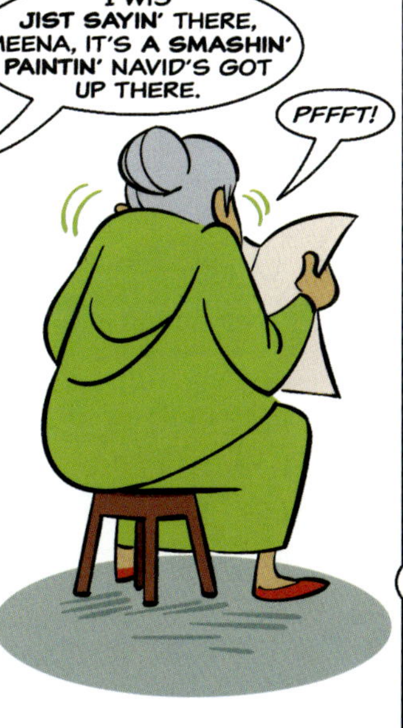

I WIS JIST SAYIN' THERE, MEENA, IT'S A SMASHIN' PAINTIN' NAVID'S GOT UP THERE.
PFFFT!

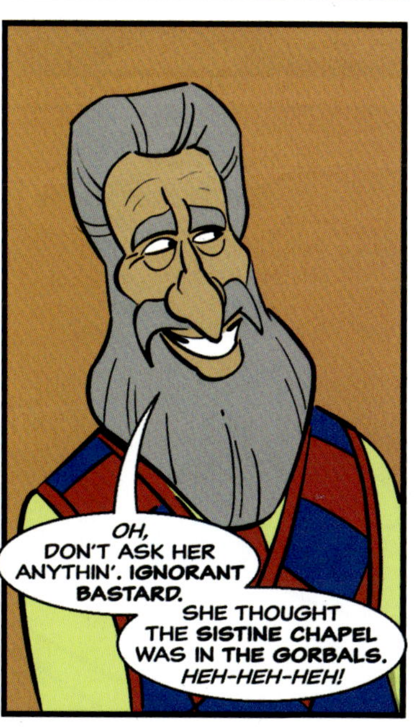

OH, DON'T ASK HER ANYTHIN'. IGNORANT BASTARD.
SHE THOUGHT THE SISTINE CHAPEL WAS IN THE GORBALS. HEH-HEH-HEH!

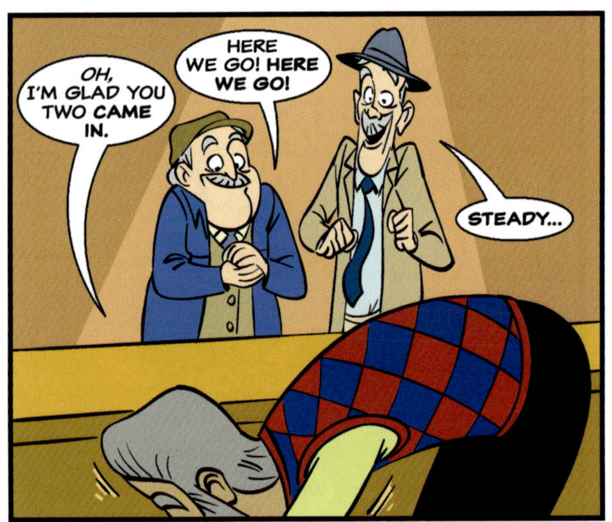

OH, I'M GLAD YOU TWO CAME IN.
HERE WE GO! HERE WE GO!
STEADY...

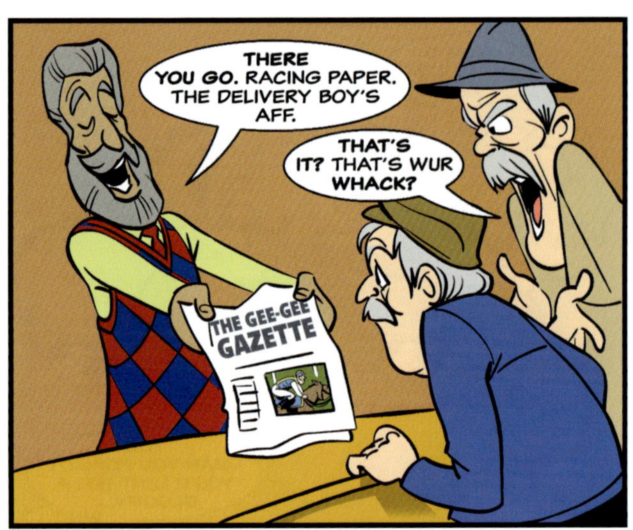

THERE YOU GO. RACING PAPER. THE DELIVERY BOY'S AFF.
THAT'S IT? THAT'S WUR WHACK?
THE GEE-GEE GAZETTE

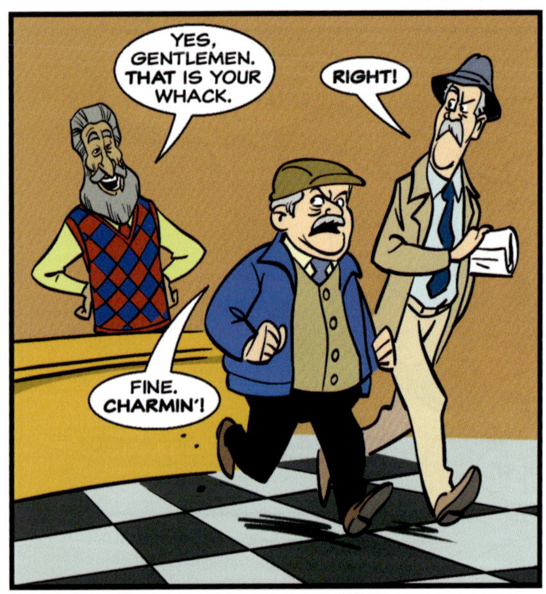

YES, GENTLEMEN. THAT IS YOUR WHACK.
RIGHT!
FINE. CHARMIN'!

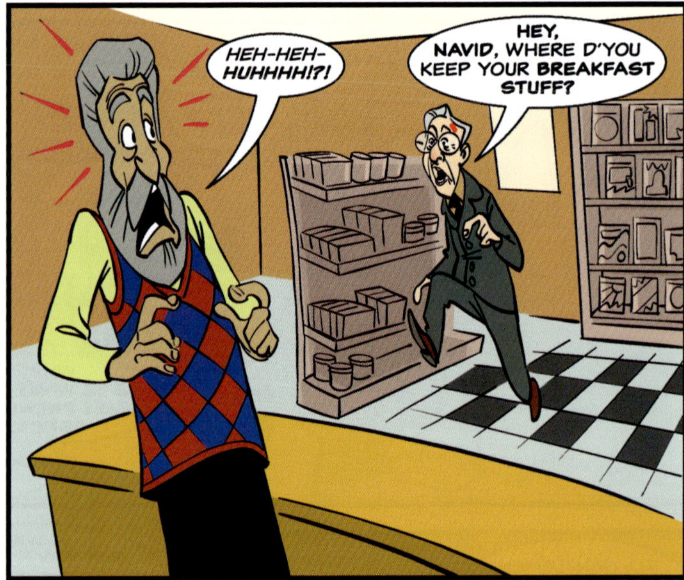

HEH-HEH-HUHHHH!?!
HEY, NAVID, WHERE D'YOU KEEP YOUR BREAKFAST STUFF?

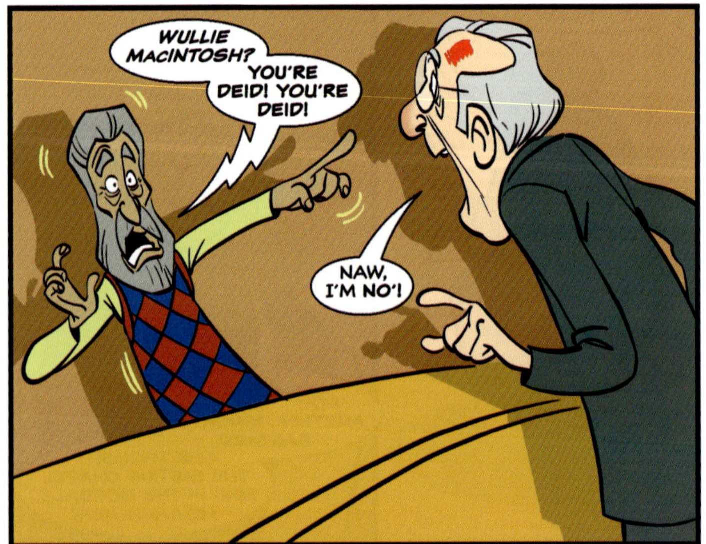

WULLIE MACINTOSH? YOU'RE DEID! YOU'RE DEID!
NAW, I'M NO'!

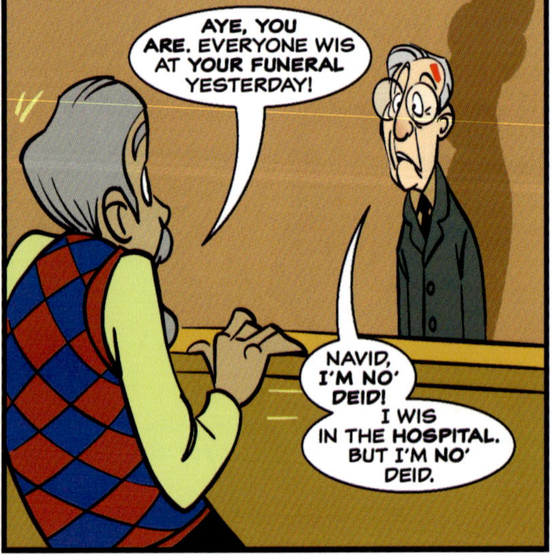

AYE, YOU ARE. EVERYONE WIS AT YOUR FUNERAL YESTERDAY!
NAVID, I'M NO' DEID! I WIS IN THE HOSPITAL. BUT I'M NO' DEID.

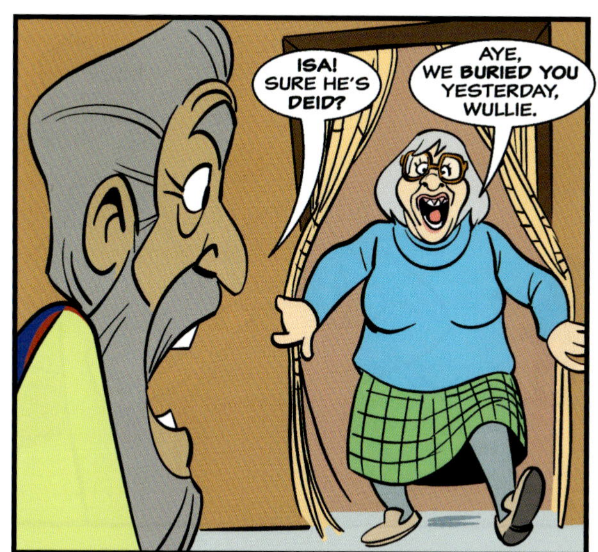

ISA! SURE HE'S DEID?
AYE, WE BURIED YOU YESTERDAY, WULLIE.

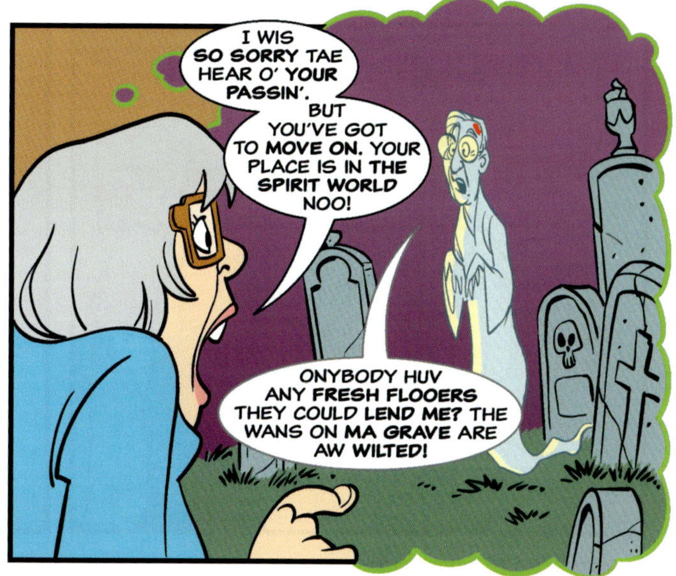

I WIS SO SORRY TAE HEAR O' YOUR PASSIN'. BUT YOU'VE GOT TO MOVE ON. YOUR PLACE IS IN THE SPIRIT WORLD NOO!
ONYBODY HUV ANY FRESH FLOOERS THEY COULD LEND ME? THE WANS ON MA GRAVE ARE AW WILTED!

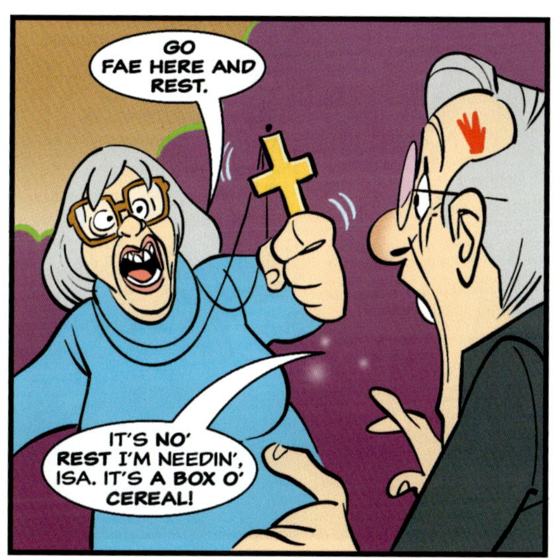

GO FAE HERE AND REST.
IT'S NO' REST I'M NEEDIN', ISA. IT'S A BOX O' CEREAL!

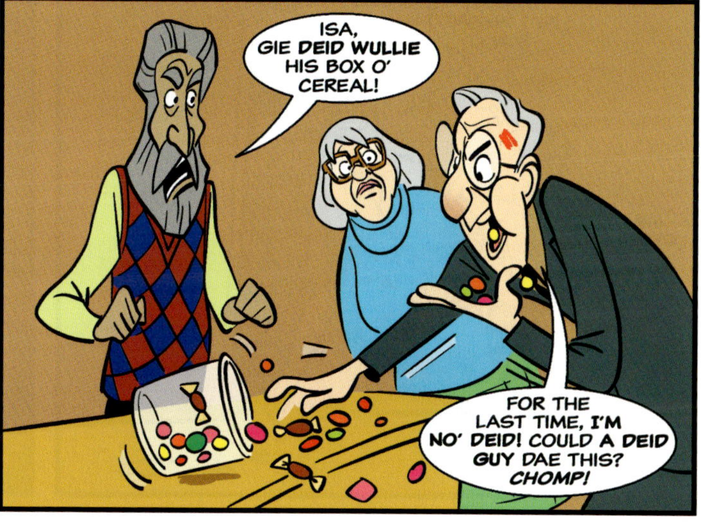

ISA, GIE DEID WULLIE HIS BOX O' CEREAL!
FOR THE LAST TIME, I'M NO' DEID! COULD A DEID GUY DAE THIS? CHOMP!

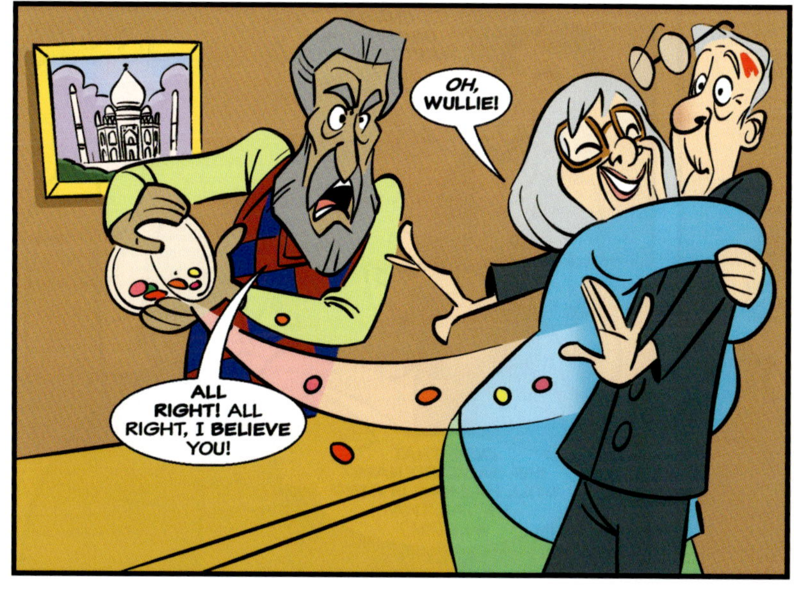

OH, WULLIE!
ALL RIGHT! ALL RIGHT, I BELIEVE YOU!

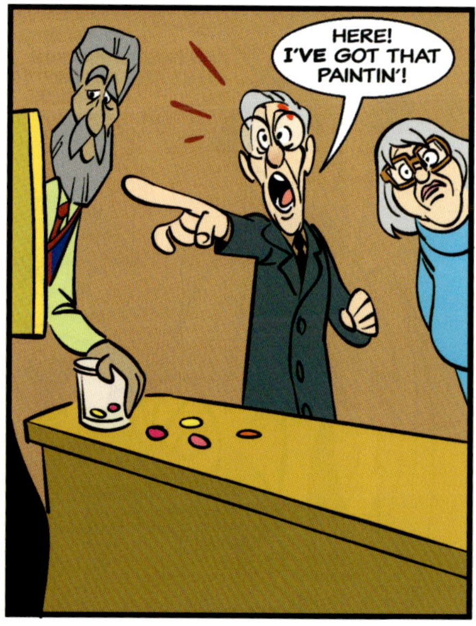

HERE! I'VE GOT THAT PAINTIN'!

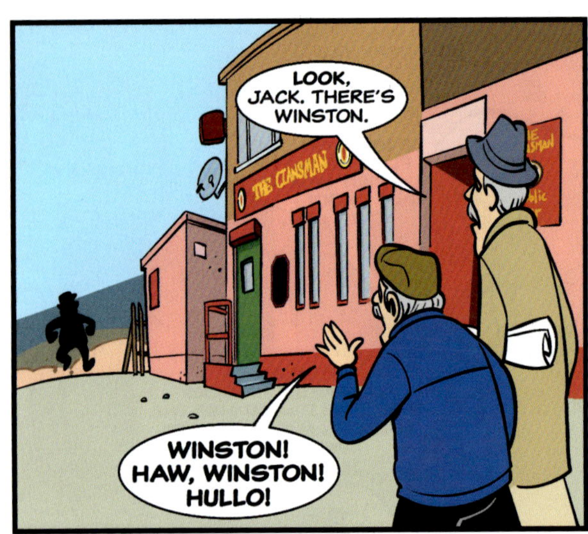

LOOK, JACK. THERE'S WINSTON.
THE CLANSMAN
WINSTON! HAW, WINSTON! HULLO!

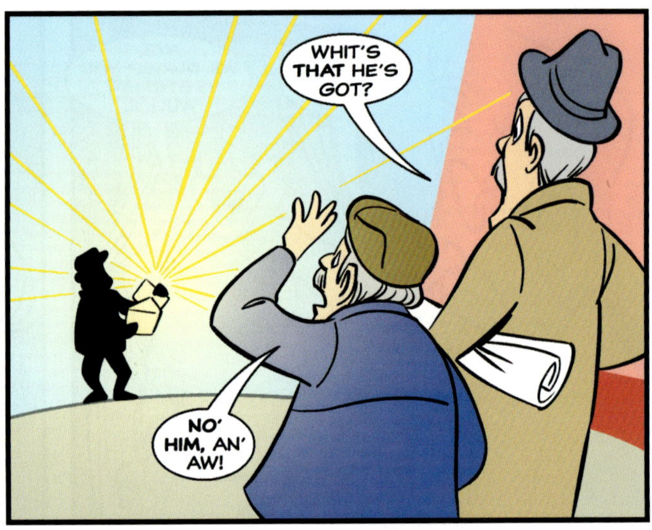

WHIT'S THAT HE'S GOT?
NO' HIM, AN' AW!

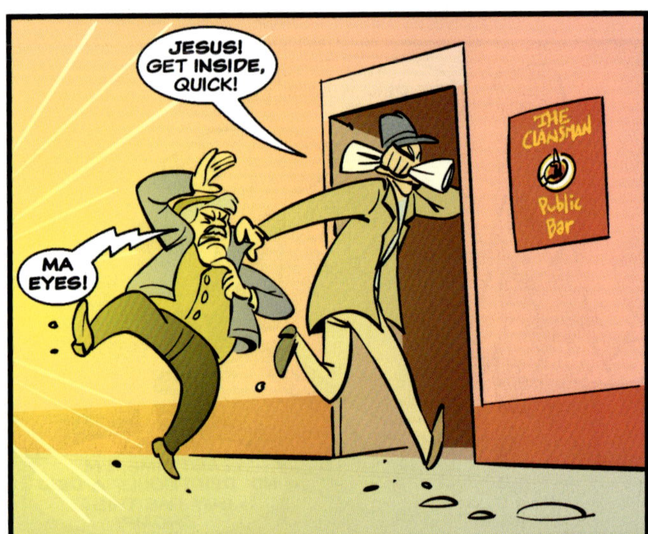

JESUS! GET INSIDE, QUICK!
MA EYES!
THE CLANSMAN
Public Bar

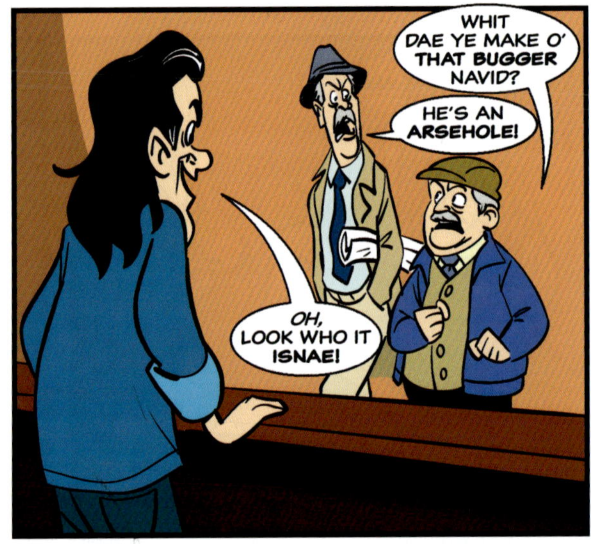

WHIT DAE YE MAKE O' THAT BUGGER NAVID?
HE'S AN ARSEHOLE!
OH, LOOK WHO IT ISNAE!

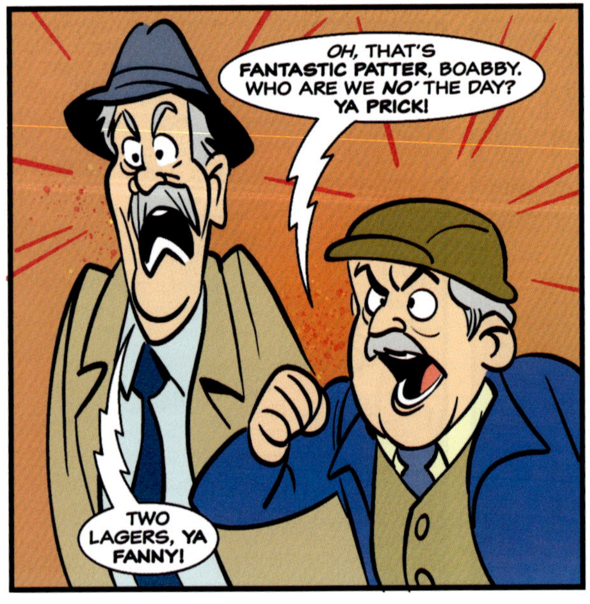

OH, THAT'S FANTASTIC PATTER, BOABBY. WHO ARE WE NO' THE DAY? YA PRICK!
TWO LAGERS, YA FANNY!

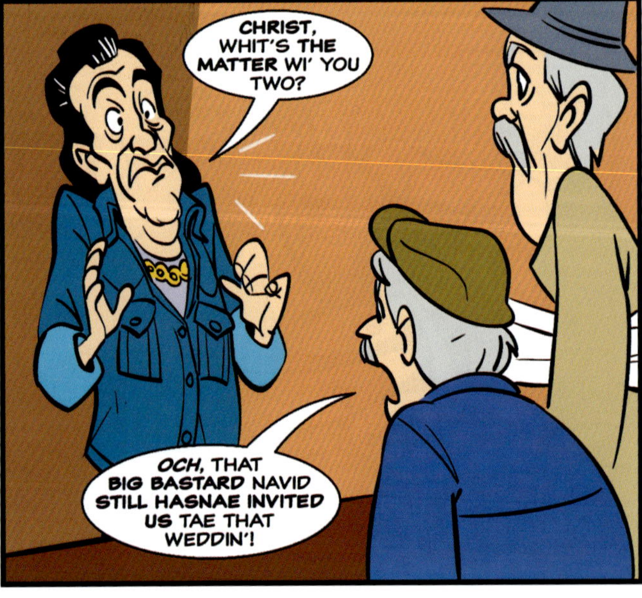

CHRIST, WHIT'S THE MATTER WI' YOU TWO?
OCH, THAT BIG BASTARD NAVID STILL HASNAE INVITED US TAE THAT WEDDIN'!

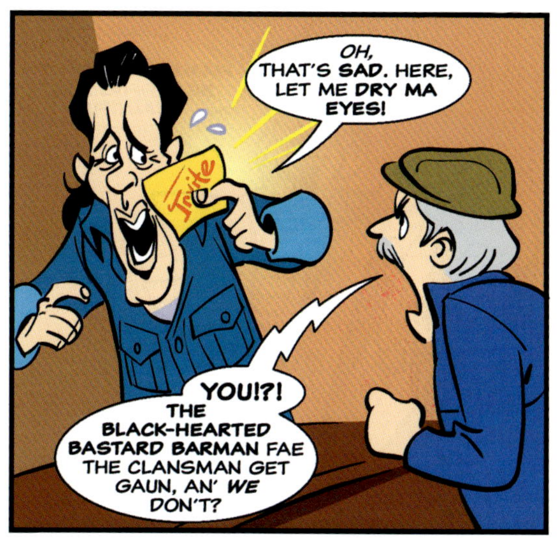

OH, THAT'S SAD. HERE, LET ME DRY MA EYES!
YOU!?! THE BLACK-HEARTED BASTARD BARMAN FAE THE CLANSMAN GET GAUN, AN' WE DON'T?

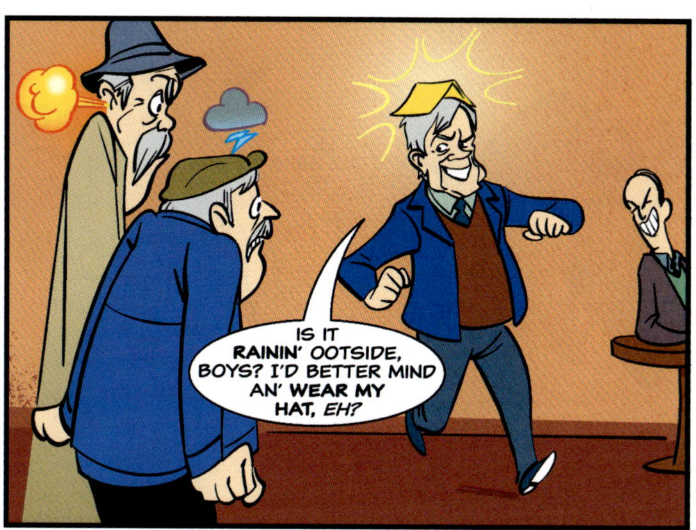

IS IT RAININ' OOTSIDE, BOYS? I'D BETTER MIND AN' WEAR MY HAT, EH?

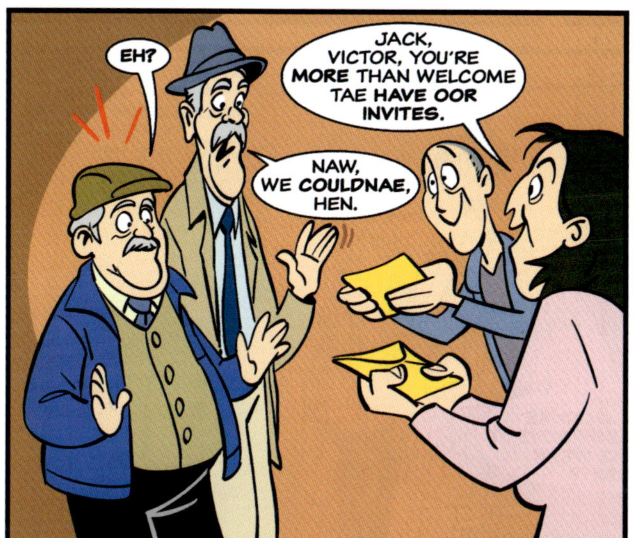

EH?
JACK, VICTOR, YOU'RE MORE THAN WELCOME TAE HAVE OOR INVITES.
NAW, WE COULDNAE, HEN.

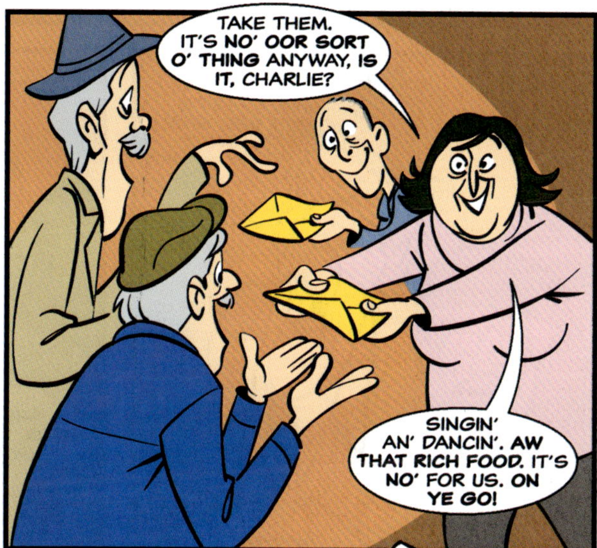

TAKE THEM. IT'S NO' OOR SORT O' THING ANYWAY, IS IT, CHARLIE?
SINGIN' AN' DANCIN'. AW THAT RICH FOOD. IT'S NO' FOR US. ON YE GO!

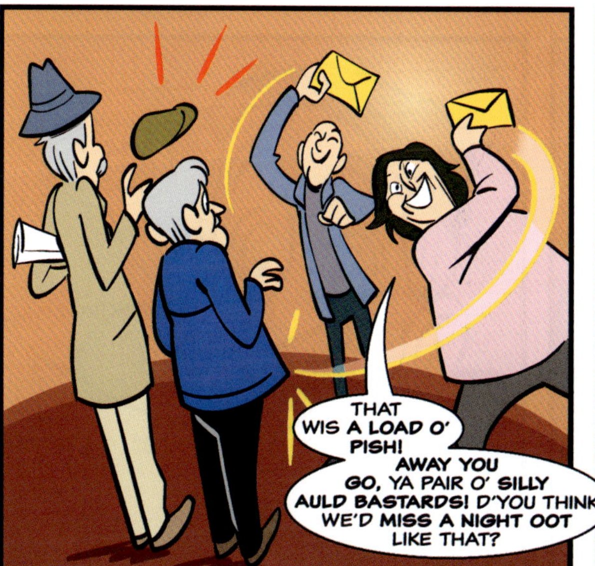

THAT WIS A LOAD O' PISH! AWAY YOU GO, YA PAIR O' SILLY AULD BASTARDS! D'YOU THINK WE'D MISS A NIGHT OOT LIKE THAT?

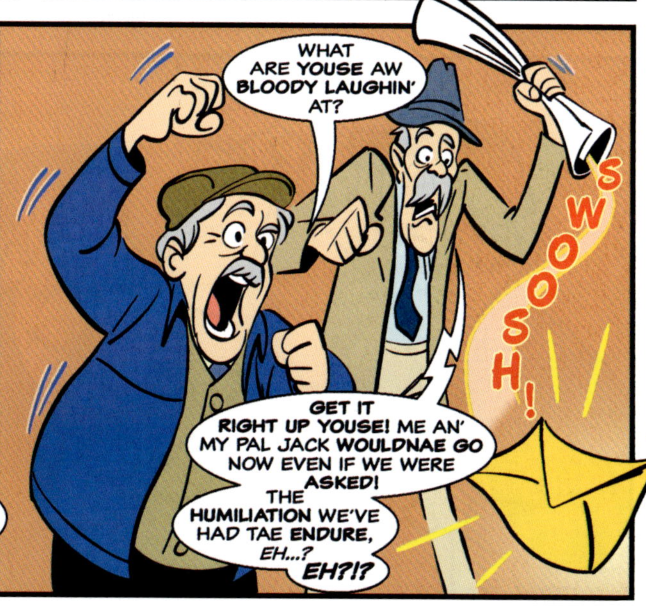

WHAT ARE YOUSE AW BLOODY LAUGHIN' AT?
GET IT RIGHT UP YOUSE! ME AN' MY PAL JACK WOULDNAE GO NOW EVEN IF WE WERE ASKED! THE HUMILIATION WE'VE HAD TAE ENDURE, EH...? EH?!?
SWOOSH!

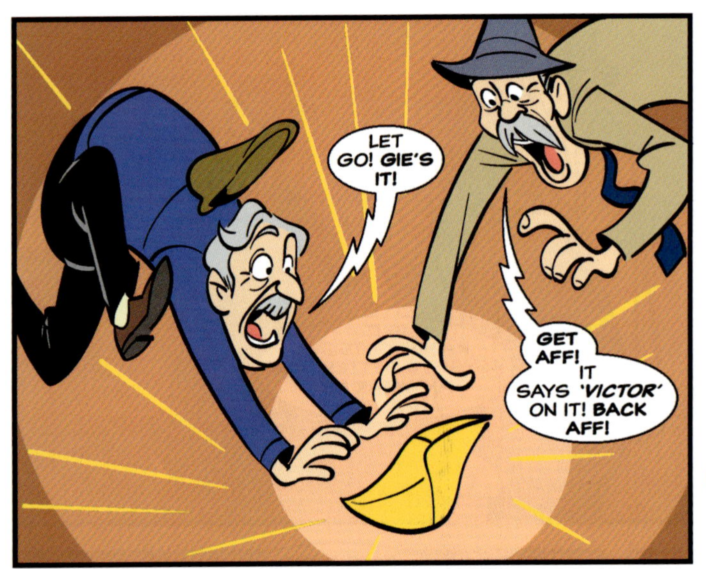

LET GO! GIE'S IT!
GET AFF! IT SAYS 'VICTOR' ON IT! BACK AFF!

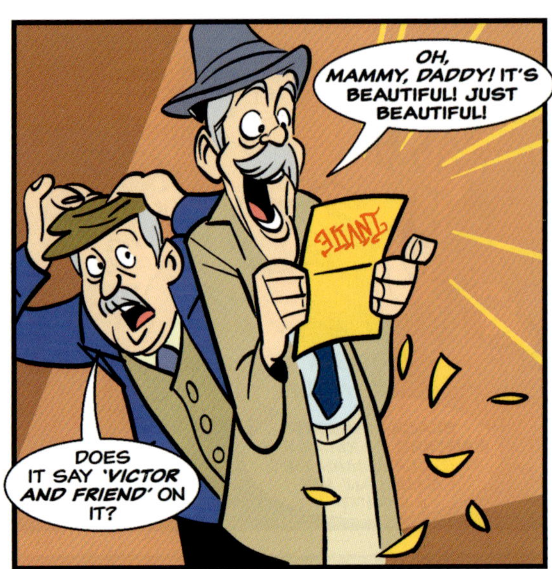

OH, MAMMY, DADDY! IT'S BEAUTIFUL! JUST BEAUTIFUL!
DOES IT SAY 'VICTOR AND FRIEND' ON IT?

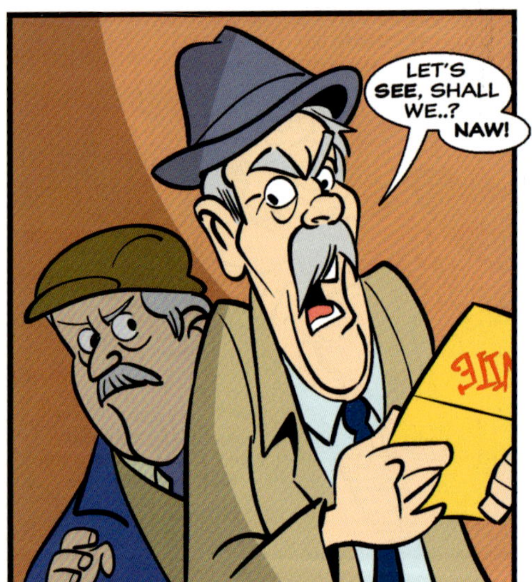

LET'S SEE, SHALL WE..? NAW!

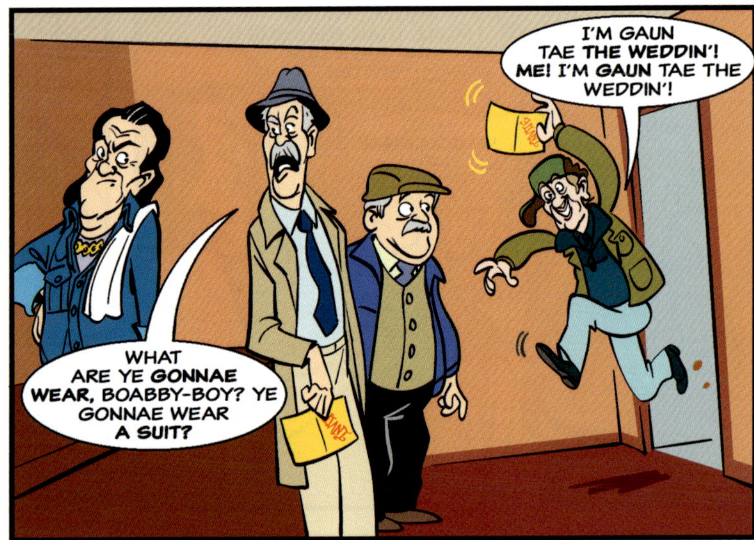

I'M GAUN TAE THE WEDDIN'! ME! I'M GAUN TAE THE WEDDIN'!
WHAT ARE YE GONNAE WEAR, BOABBY-BOY? YE GONNAE WEAR A SUIT?

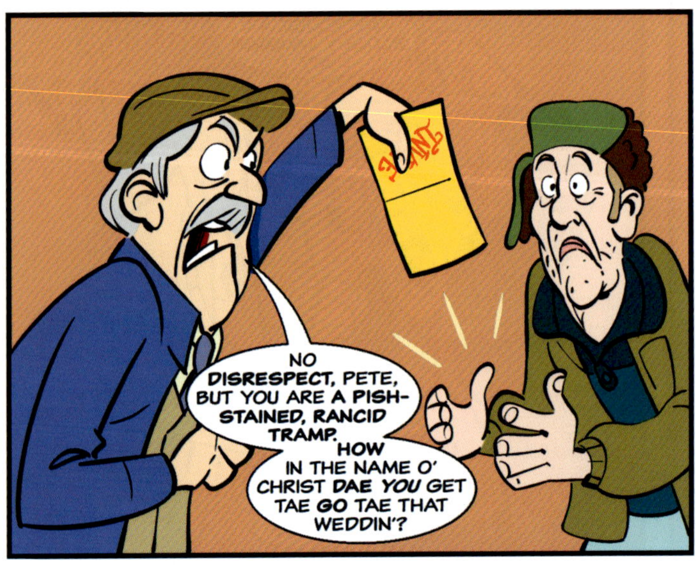

NO DISRESPECT, PETE, BUT YOU ARE A PISH-STAINED, RANCID TRAMP. HOW IN THE NAME O' CHRIST DAE YOU GET TAE GO TAE THAT WEDDIN'?

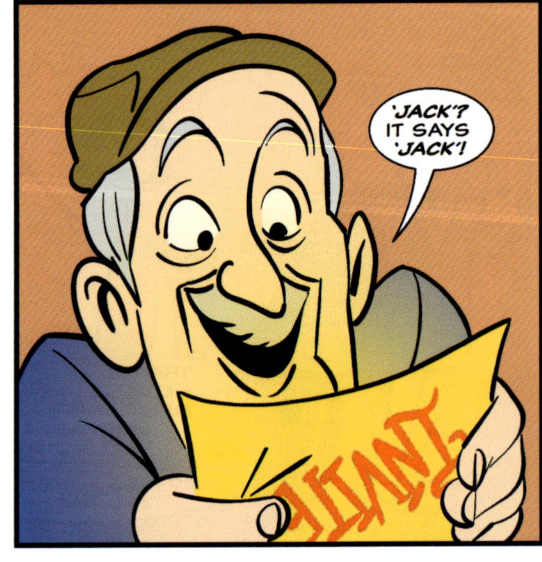

'JACK'? IT SAYS 'JACK'!

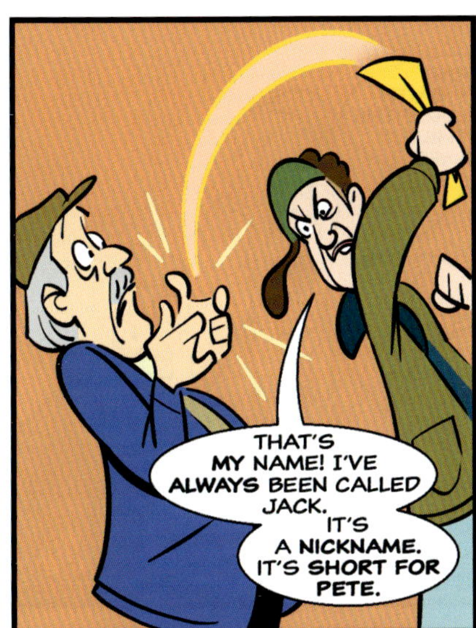

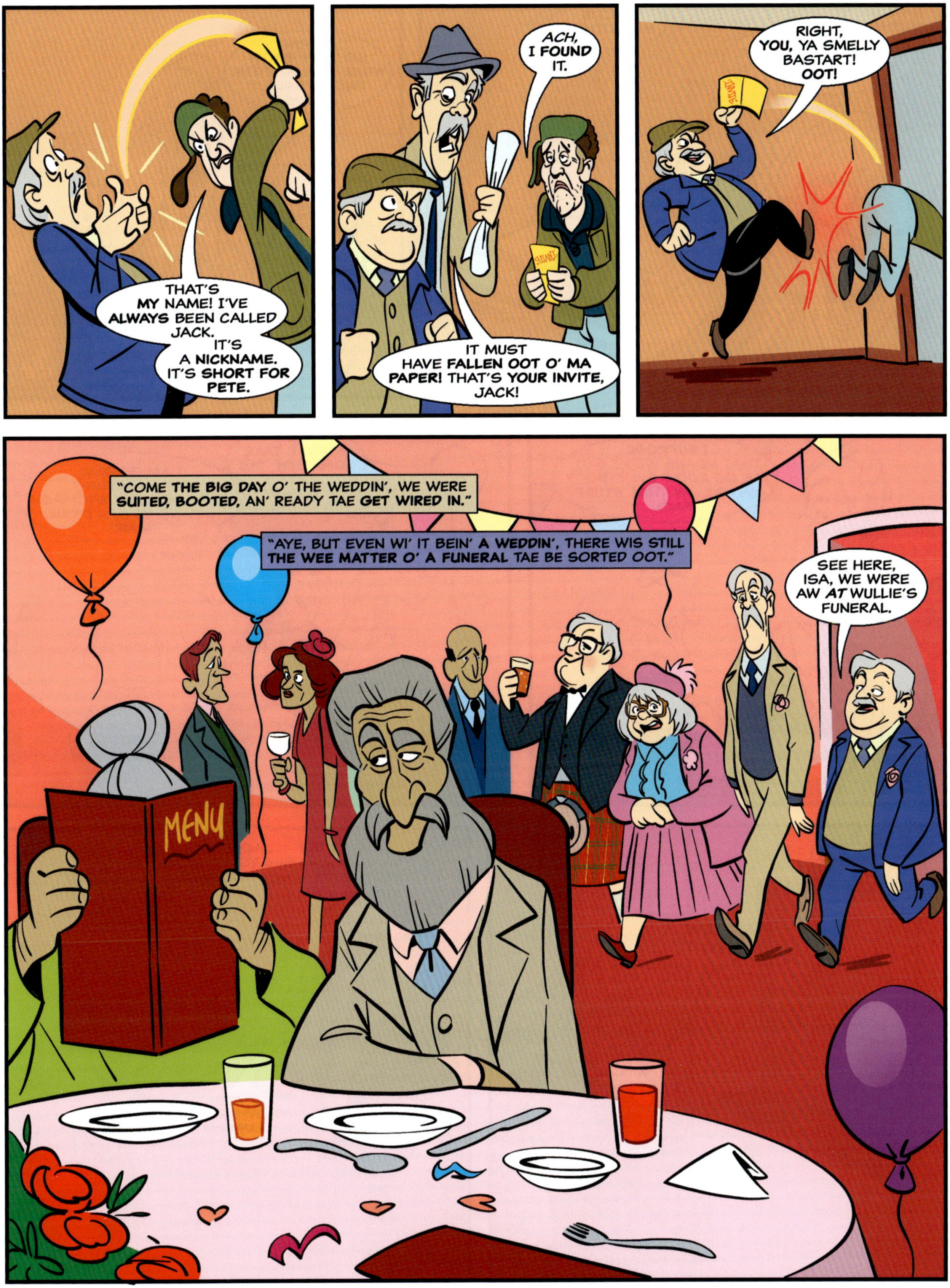

THAT'S MY NAME! I'VE ALWAYS BEEN CALLED JACK. IT'S A NICKNAME. IT'S SHORT FOR PETE.

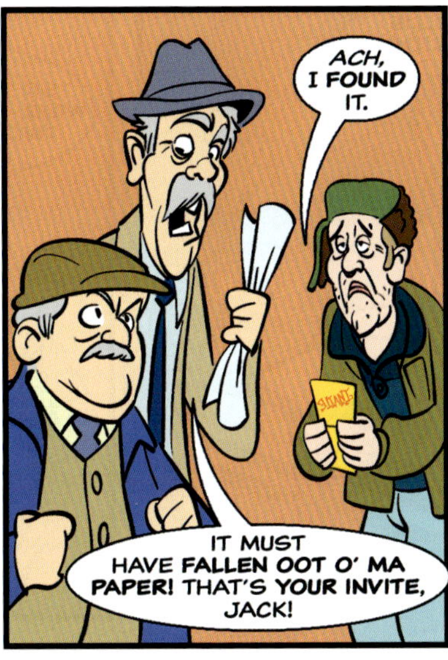

ACH, I FOUND IT.
IT MUST HAVE FALLEN OOT O' MA PAPER! THAT'S YOUR INVITE, JACK!

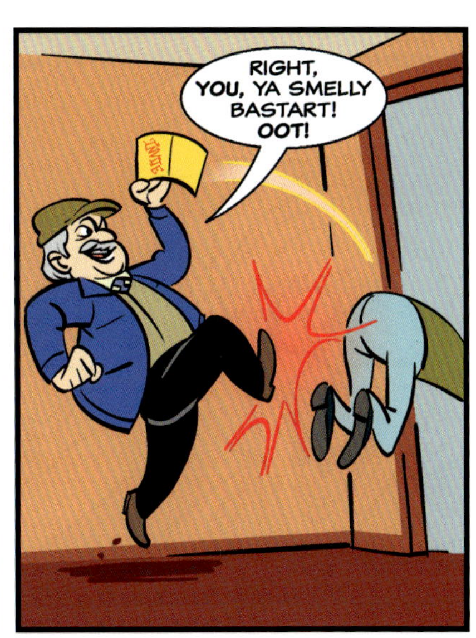

RIGHT, YOU, YA SMELLY BASTART! OOT!

"COME THE BIG DAY O' THE WEDDIN', WE WERE SUITED, BOOTED, AN' READY TAE GET WIRED IN."
"AYE, BUT EVEN WI' IT BEIN' A WEDDIN', THERE WIS STILL THE WEE MATTER O' A FUNERAL TAE BE SORTED OOT."
SEE HERE, ISA, WE WERE AW AT WULLIE'S FUNERAL.
MENU

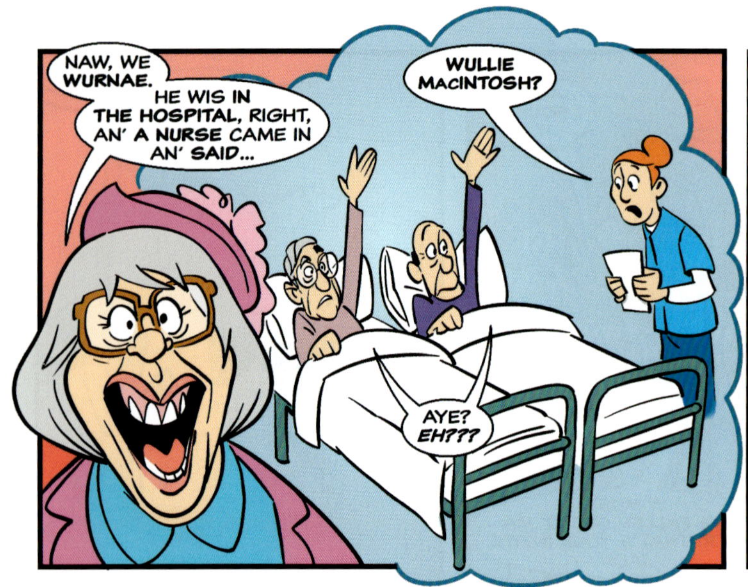

NAW, WE WURNAE.
HE WIS IN THE HOSPITAL, RIGHT, AN' A NURSE CAME IN AN' SAID...
WULLIE MacINTOSH?
AYE? EH???

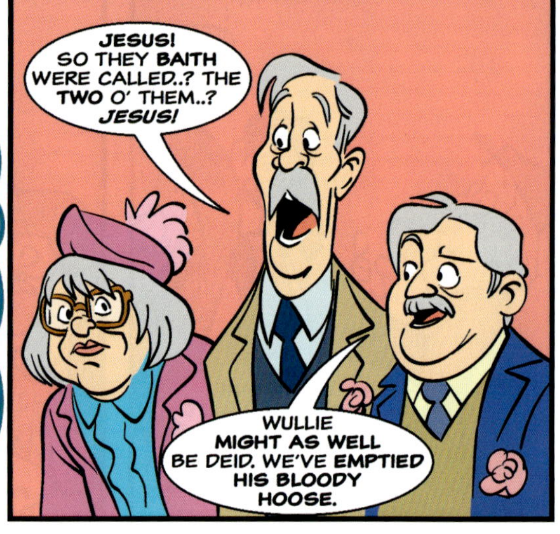

JESUS! SO THEY BAITH WERE CALLED..? THE TWO O' THEM..? JESUS!
WULLIE MIGHT AS WELL BE DEID. WE'VE EMPTIED HIS BLOODY HOOSE.

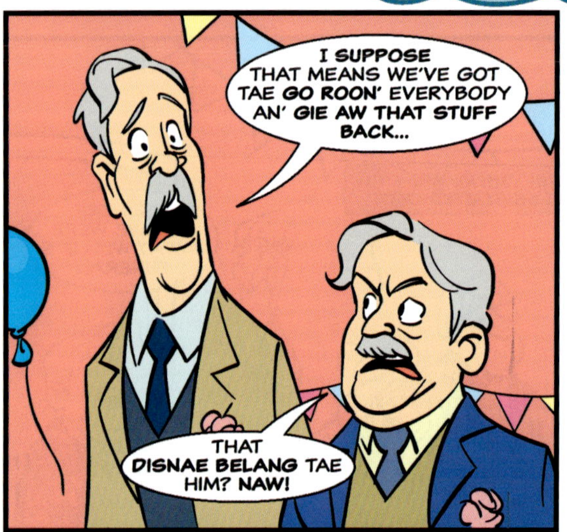

I SUPPOSE THAT MEANS WE'VE GOT TAE GO ROON' EVERYBODY AN' GIE AW THAT STUFF BACK...
THAT DISNAE BELANG TAE HIM? NAW!

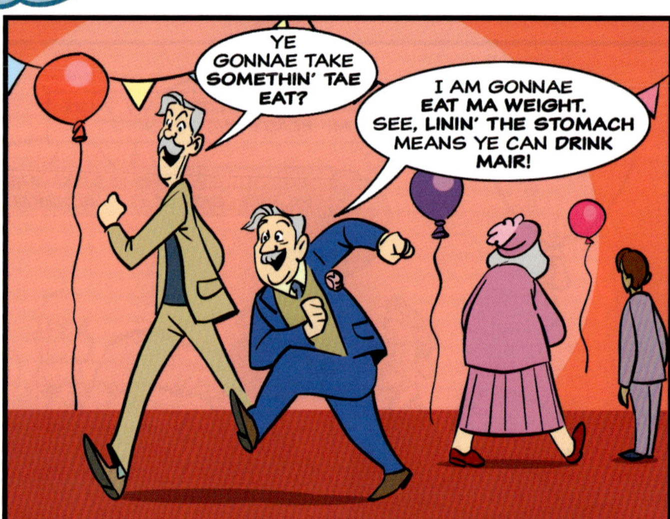

YE GONNAE TAKE SOMETHIN' TAE EAT?
I AM GONNAE EAT MA WEIGHT. SEE, LININ' THE STOMACH MEANS YE CAN DRINK MAIR!

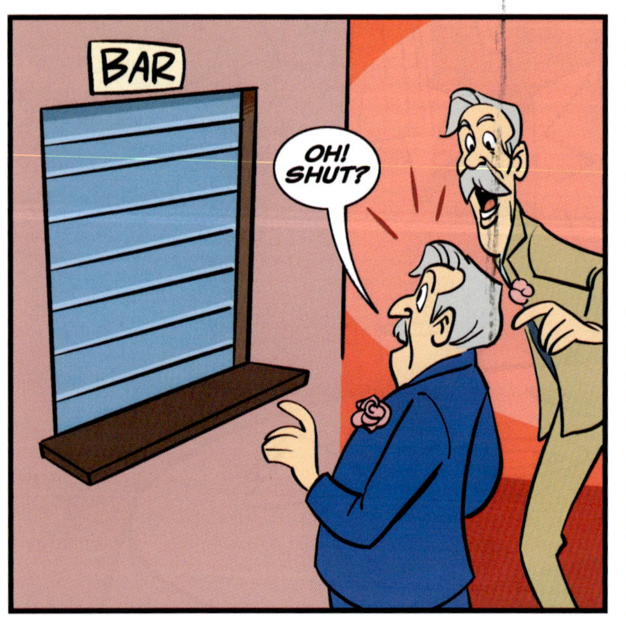

BAR
OH! SHUT?

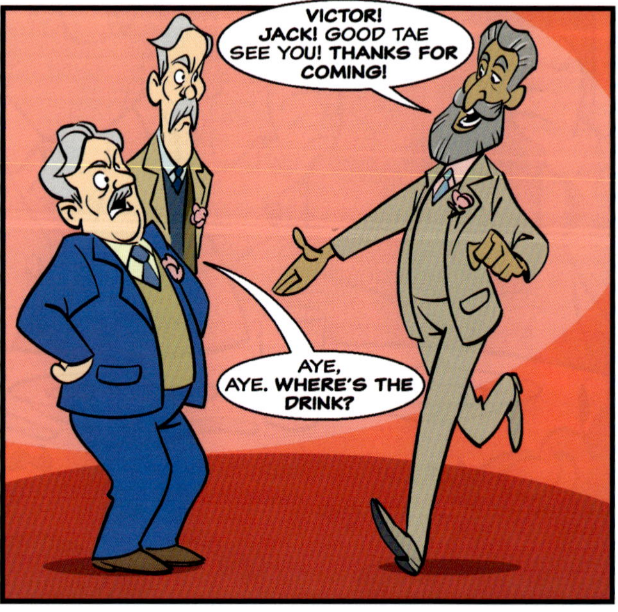

VICTOR! JACK! GOOD TAE SEE YOU! THANKS FOR COMING!
AYE, AYE. WHERE'S THE DRINK?

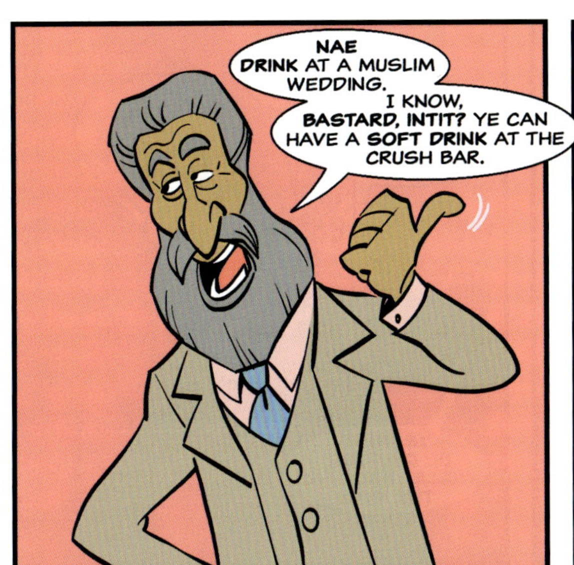

NAE DRINK AT A MUSLIM WEDDING. I KNOW, BASTARD, INTIT? YE CAN HAVE A SOFT DRINK AT THE CRUSH BAR.

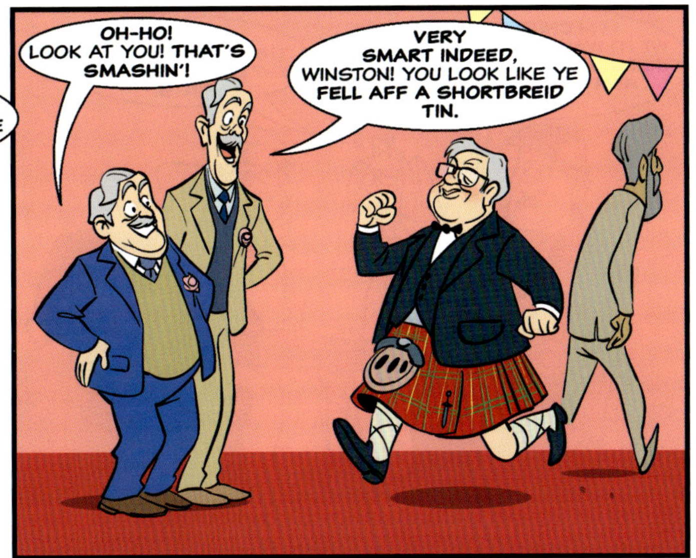

OH-HO! LOOK AT YOU! THAT'S SMASHIN'!
VERY SMART INDEED, WINSTON! YOU LOOK LIKE YE FELL AFF A SHORTBREID TIN.

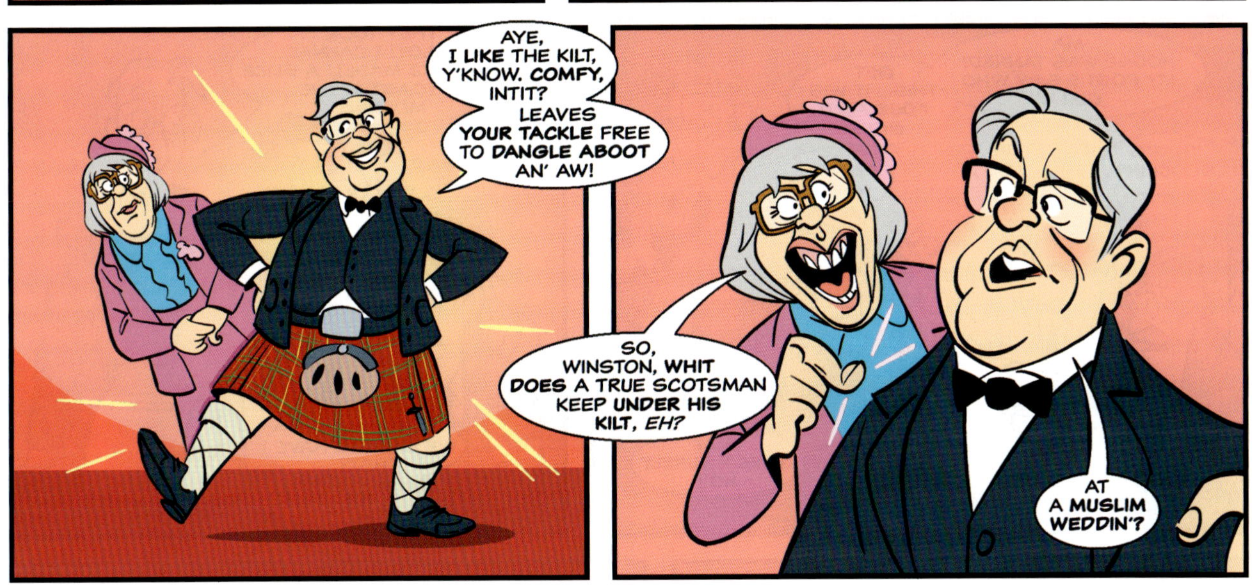

AYE, I LIKE THE KILT, Y'KNOW. COMFY, INTIT? LEAVES YOUR TACKLE FREE TO DANGLE ABOOT AN' AW!
SO, WINSTON, WHIT DOES A TRUE SCOTSMAN KEEP UNDER HIS KILT, EH?
AT A MUSLIM WEDDIN'?

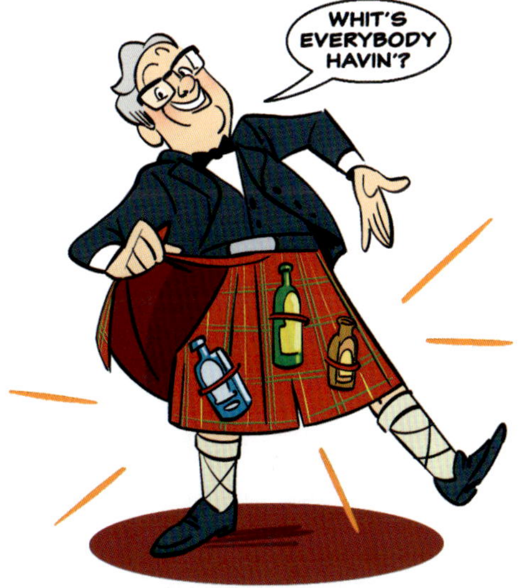

WHIT'S EVERYBODY HAVIN'?

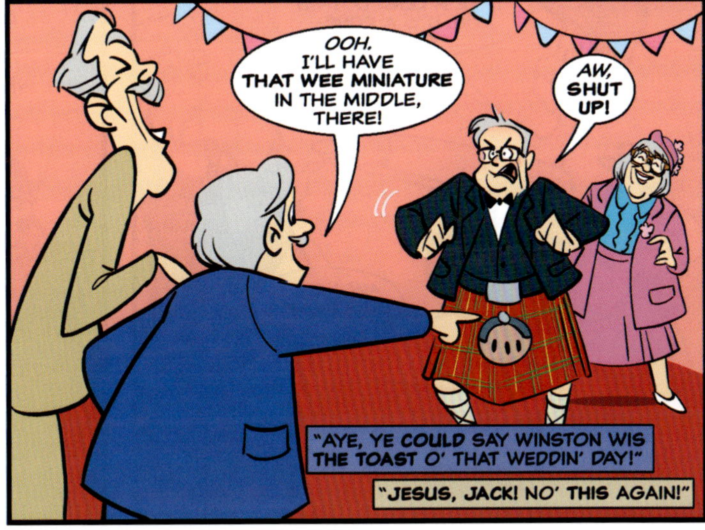

OOH. I'LL HAVE THAT WEE MINIATURE IN THE MIDDLE, THERE!
AW, SHUT UP!
"AYE, YE COULD SAY WINSTON WIS THE TOAST O' THAT WEDDIN' DAY!"
"JESUS, JACK! NO' THIS AGAIN!"

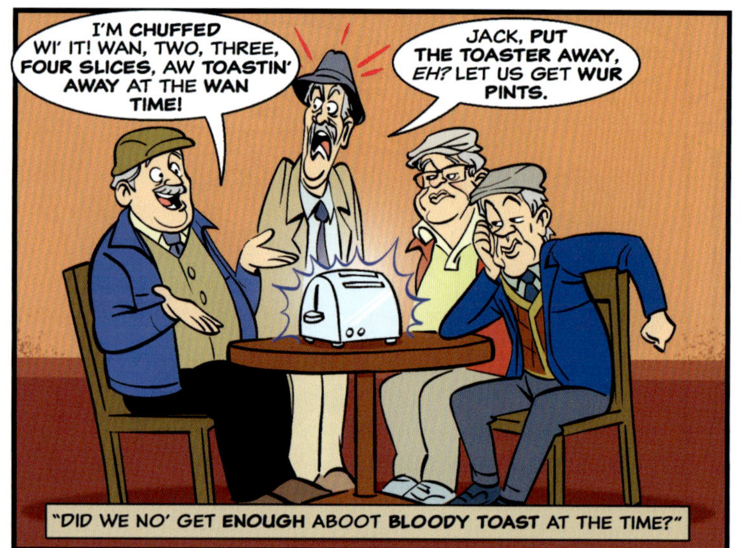

I'M CHUFFED WI' IT! WAN, TWO, THREE, FOUR SLICES, AW TOASTIN' AWAY AT THE WAN TIME!
JACK, PUT THE TOASTER AWAY, EH? LET US GET WUR PINTS.
"DID WE NO' GET ENOUGH ABOOT BLOODY TOAST AT THE TIME?"

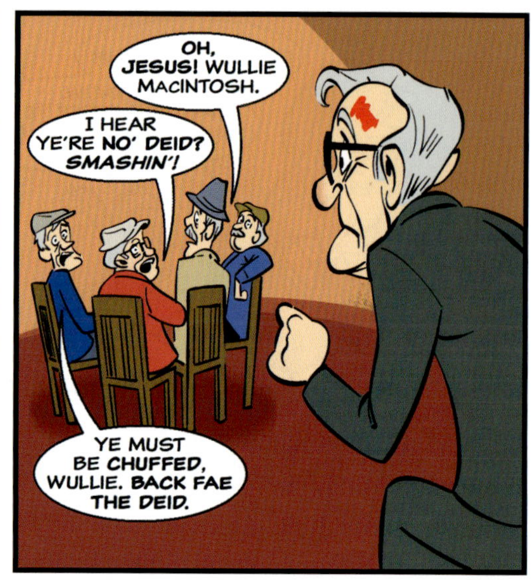

OH, JESUS! WULLIE MacINTOSH.
I HEAR YE'RE NO' DEID? SMASHIN'!
YE MUST BE CHUFFED, WULLIE. BACK FAE THE DEID.

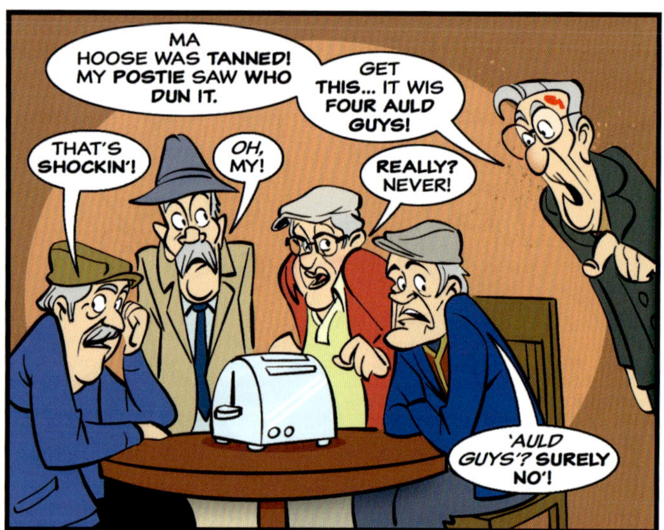

MA HOOSE WAS TANNED! MY POSTIE SAW WHO DUN IT.
GET THIS... IT WIS FOUR AULD GUYS!
THAT'S SHOCKIN'!
OH, MY!
REALLY? NEVER!
'AULD GUYS'? SURELY NO'!

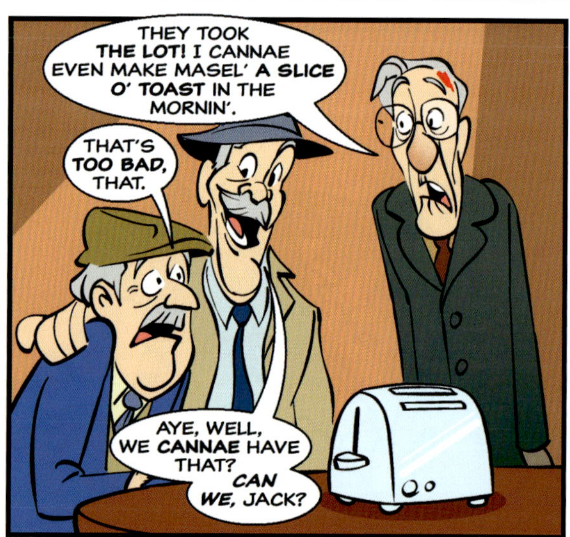

THEY TOOK THE LOT! I CANNAE EVEN MAKE MASEL' A SLICE O' TOAST IN THE MORNIN'.
THAT'S TOO BAD, THAT.
AYE, WELL, WE CANNAE HAVE THAT? CAN WE, JACK?

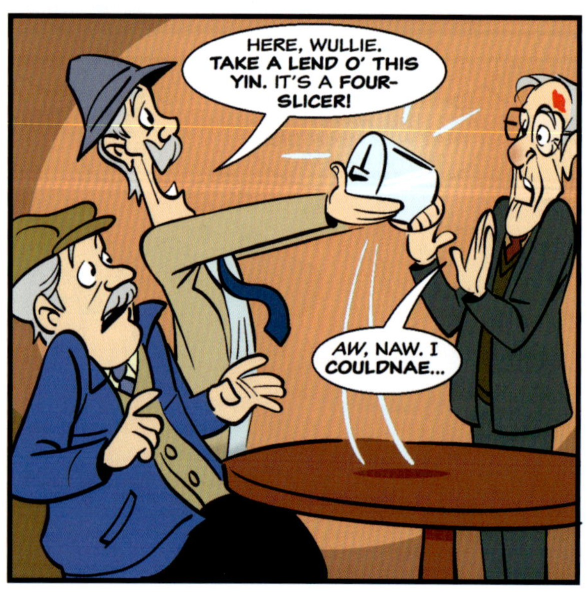

HERE, WULLIE. TAKE A LEND O' THIS YIN. IT'S A FOUR-SLICER!
AW, NAW. I COULDNAE...

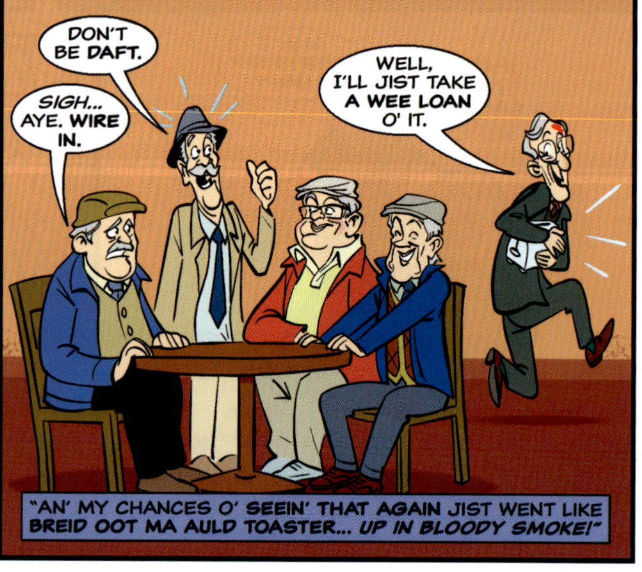

DON'T BE DAFT.
SIGH... AYE. WIRE IN.
WELL, I'LL JIST TAKE A WEE LOAN O' IT.
"AN' MY CHANCES O' SEEIN' THAT AGAIN JIST WENT LIKE BREID OOT MA AULD TOASTER... UP IN BLOODY SMOKE!"

AFORE YE GO!

IF YOU GO DAFT FOR GIGGLES GALORE,
AN' FUN, AN' JOKES, AN' LAUGHTER,
WE HOPE WAN LOOK AT OOR COMIC BOOK
WIS ENOUGH TAE DRIVE YE DAFTER!
(JACK JARVIS)

HEADIN' BACK OWER THE HILL TAE CRAIGLANG AGAIN,
WIS A REAL COMIC-STRIP DOON MEMORY LANE!
(VICTOR M'DADE)

ENJOY THE SIGHTS FAE OSPREY HEIGHTS
ACCOMPANIED BY A PAIR O' DAFT AULD SH...
(WINSTON INGRAM)

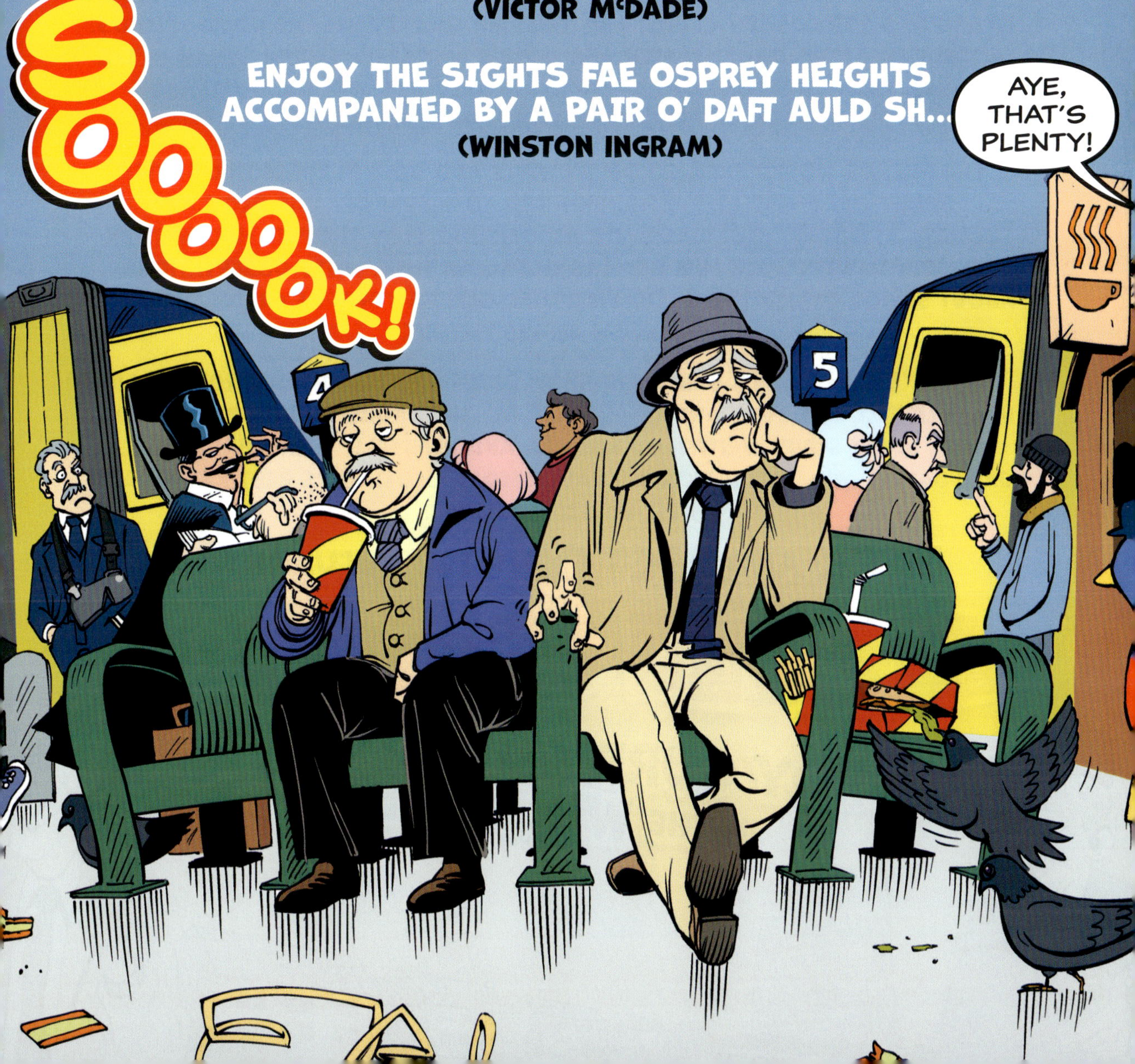

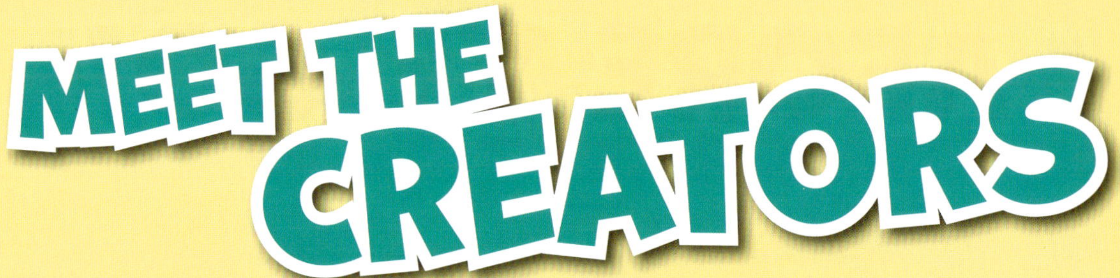

MEET THE CREATORS

GREG HEMPHILL IS AN ACTOR, SCREENWRITER AND DIRECTOR WITH A CAREER SPANNING FOUR DECADES. FROM AN AWARD-WINNING STINT AT THE EDINBURGH FRINGE IN 1990, HE BECAME ROOTED IN THE SCOTTISH COMEDY SCENE WHERE HIS PATH CROSSED WITH FELLOW COMEDIAN, **FORD KIERNAN**.

KIERNAN WAS AN ESTABLISHED AND POPULAR ACT IN MANY OF EDINBURGH AND GLASGOW'S TOP COMEDY CLUBS, AND THE PAIR QUICKLY BECAME GOOD FRIENDS. A CREDITED ACTOR, BROADCASTER AND WRITER WHOSE TV CAREER BEGAN IN THE 1990S, KIERNAN WROTE AND APPEARED IN SKETCHES FOR BBC SCOTLAND'S **PULP VIDEO**, ALONGSIDE HEMPHILL.

THE FRIENDS WOULD THEN GO ON TO WRITE AND STAR IN THE ICONIC SKETCH SHOW **CHEWIN' THE FAT**. THIS LED TO A SPIN-OFF BBC SCOTLAND SERIES, **STILL GAME**, BASED ON AN ORIGINAL PLAY THE PAIR HAD WRITTEN TOGETHER. WITH BOTH MEN BORN IN GLASGOW, THEIR WITTY OBSERVATIONS ABOUT SENIOR CITIZEN LIFE IN THE FICTIONAL GLESGA TOWN OF CRAIGLANG MADE THE SHOW AN INSTANT HIT.

STILL GAME LIVE SAW THEIR SHOW RETURN TO ITS THEATRE ROOTS FOR MULTIPLE SELL-OUT RUNS AND **STILL GAME** NOW RUNS TO NINE TV SEASONS. WITH EVERY SCRIPT WRITTEN BY KIERNAN AND HEMPHILL, THEIR CHARACTERS, JACK JARVIS AND VICTOR MCDADE, HAVE BECOME SCOTLAND'S BEST-KNOWN AND BEST-LOVED PENSIONERS.

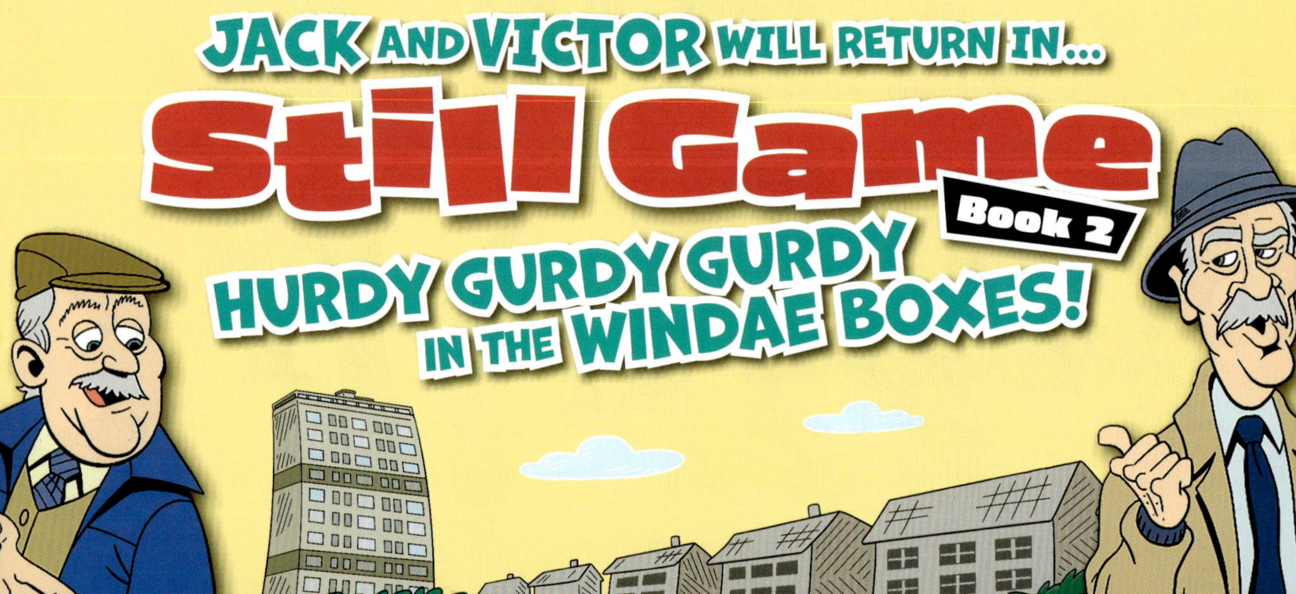

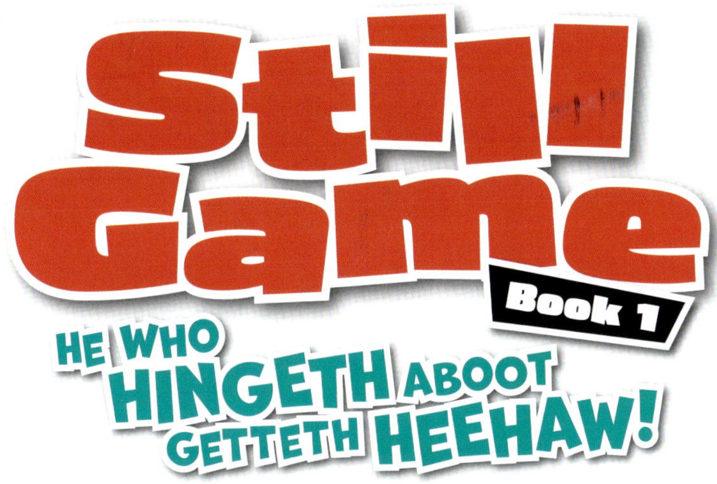

IS A SCUNNERED INK BOOK

DESIGN EDITOR
GRANT WOOD

MAIN CHARACTER DESIGNS
STEVE BRIGHT
GORDON TAIT
JAMIE BUCHANAN

COVERS BY
STEVE BRIGHT

ENDPAPERS BY
JAMIE BUCHANAN

ART ASSISTANT
H MAC

EDITORIAL CONSULTANT
LESLEY MANUEL

EDITOR-IN-CHIEF/CREATIVE DIRECTOR
GORDON TAIT

ACKNOWLEDGMENTS
SCUNNERED INK WOULD LIKE TO GIVE SPECIAL THANKS TO
SCOTT MATHIESON, WAYNE THOMPSON, PHILLIP VAUGHAN,
AND ALANNA BORTHWICK AND THE BUSINESS OXYGEN TEAM.
AND A VERY SPECIAL THANKS TO FORD KIERNAN AND GREG HEMPHILL.

ALL MATERIAL © 2024, FORD KIERNAN AND GREG HEMPHILL

FIRST PUBLISHED IN GREAT BRITAIN IN 2024 BY
SCUNNERED INK LIMITED,
72 NICOL STREET,
KIRKCALDY,
FIFE, KY1 1PF

ALL RIGHTS RESERVED. NO PART OF THIS PUBLICATION MAY BE REPRODUCED, STORED IN A RETRIEVAL SYSTEM,
OR TRANSMITTED IN ANY FORM OR BY ANY MEANS, ELECTRONIC, MECHANICAL, PHOTOCOPYING,
RECORDING OR OTHERWISE, WITHOUT PRIOR PERMISSION OF THE PUBLISHERS.

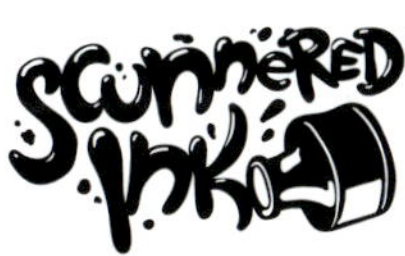

WWW.SCUNNEREDINK.COM

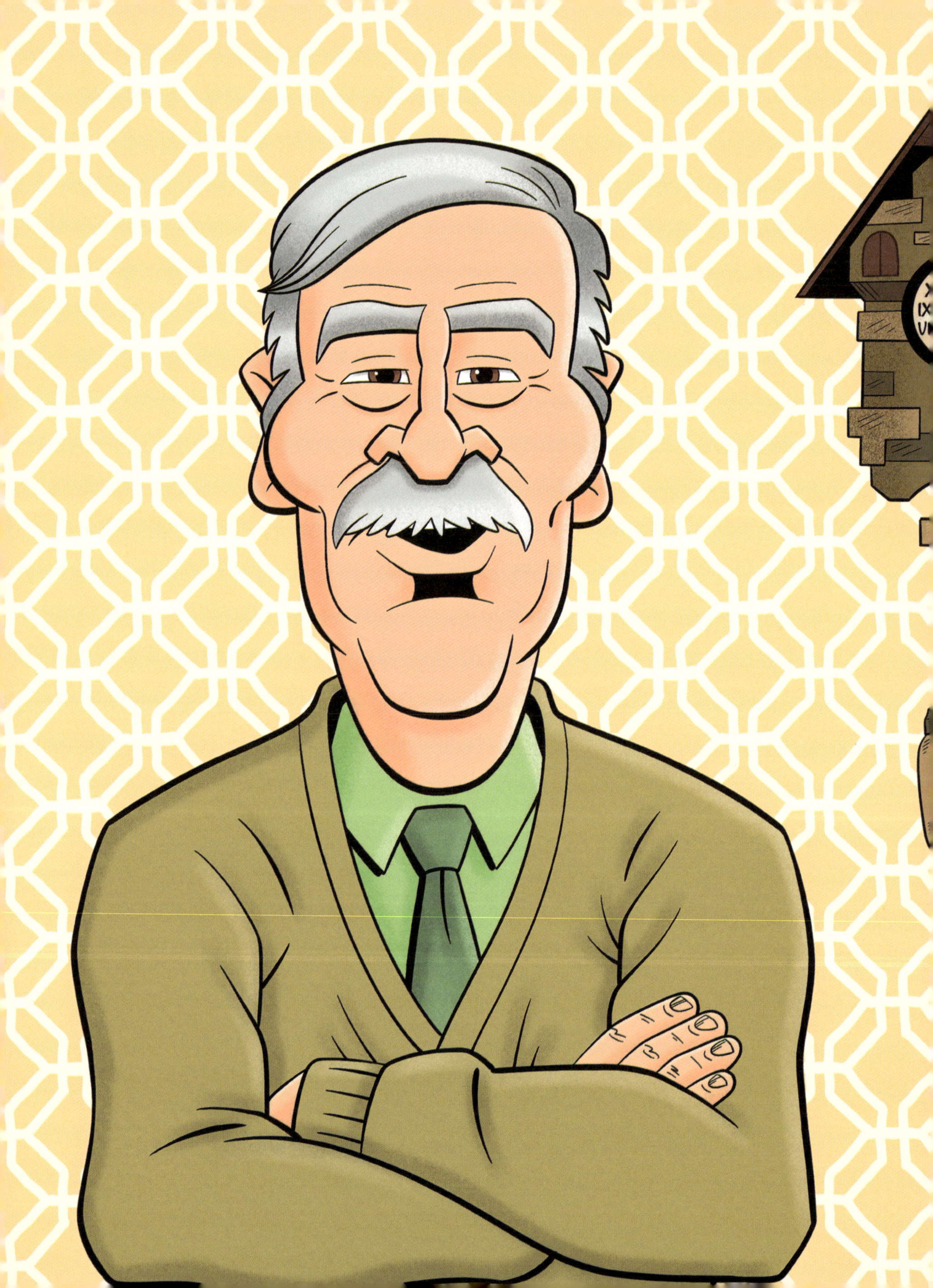